L f $^{34}_{10}$

HISTOIRE

DE L'ADMINISTRATION

DE LA

POLICE DE PARIS

Imprimerie de Gustave GRATIOT, 11, rue de la Monnaie.

HISTOIRE

DE L'ADMINISTRATION

DE LA

POLICE DE PARIS

DEPUIS PHILIPPE-AUGUSTE JUSQU'AUX ÉTATS GÉNÉRAUX DE 1789

OU

TABLEAU MORAL ET POLITIQUE DE LA VILLE DE PARIS

DURANT CETTE PÉRIODE

CONSIDÉRÉ DANS SES RAPPORTS AVEC L'ACTION DE LA POLICE

PAR

M. FRÉGIER

Auteur des CLASSES DANGEREUSES

TOME SECOND

PARIS

GUILLAUMIN ET Cie, LIBRAIRES

Éditeurs du *Dictionnaire du Commerce et des Marchandises*, du *Journal des Économistes*, de la *Collection des principaux Économistes*, etc.

14, RUE RICHELIEU.

1850

ERRATA

Page 106, ligne 24, en,	*lisez :*	à.
217, — 12, les sociétés,	—	la société.
473, — 13, après,	—	qu'après.
502, — 25, abusé,	—	abusés.
503, — 23, première,	—	dernière.
515, — 3, des,	—	sur les.
523, — 6, contraignit,	—	contraignait.
524, — 6, la distribution de ces eaux,	—	leur distribution.
556, table, chapitre IV, *in fine*, 305,	—	304.

HISTOIRE
DE L'ADMINISTRATION
DE LA
POLICE DE PARIS

LIVRE TROISIÈME.
1567-1639.

TITRE PREMIER.
DE LA TOPOGRAPHIE DE PARIS ET DES AUTORITÉS PRÉPOSÉES A SA POLICE.

CHAPITRE UNIQUE.

Situation politique de la France. — Résidence du roi et de la famille royale au Louvre et aux Tuileries. — Les grands se logent dans les faubourgs Saint-Honoré et Saint-Germain. — Embellissements de Paris. — Faubourgs Saint-Honoré et Montmartre compris dans la circonscription de la ville. — Cinquième enceinte. — Nombre des quartiers portés à dix-sept. — Essai d'un bureau de police pour les affaires sommaires. — Cette institution remplacée par des juges de police élus dans chaque quartier.—Leurs sentences déférées par voie de plainte à une assemblée présidée par le prévôt de Paris. — Le prévôt des marchands ou un échevin assiste à cette assemblée. — Les juges élus concourent à la police administrative. — Inspection des marchés et autres lieux par les lieutenants et conseillers du Châtelet. — Le prévôt des marchands et les échevins inspectent aussi les lieux et établissements confiés à leur vigilance.—Appels des sentences des deux prévôts jugés sommairement par le parlement.—Rapports périodiques de police au chancelier.—Règlement d'attribution entre le prévôt de l'île et le lieutenant de robe courte du prévôt de Paris. — Le lieutenant civil mis en possession définitive de la présidence du tribunal de police—Conseils généraux assistant ce lieutenant pour l'amélioration des diverses branches de la police.—Attribution au tribunal de police du Châtelet du droit de juger en dernier ressort et sans concurrence les voleurs, les vagabonds et les filles publiques. — Le parlement est augmenté de deux chambres.

Paris, vers le milieu du seizième siècle, eut à déplorer plus d'une catastrophe. Il fut témoin du massacre de la Saint-Barthélemy et des fureurs de la Ligue, autre drame que l'on peut considérer comme le corollaire sanglant de ce forfait exécrable. Les Guise, dont l'ambition fut la cause première de ces tragiques événements, périrent sous les coups dirigés contre eux par la haine de Henri III qu'ils voulaient détrôner. Ce roi, avili autant par sa dévotion hypocrite que par ses honteuses et dégoûtantes débauches, mourut aussi de mort violente. Un moine fanatique vengea sur sa personne le meurtre des Guise par un coup de stylet auquel il succomba. Henri IV, dont l'avénement inespéré fit monter sur le trône une dynastie nouvelle, celle des Bourbons, était digne, par l'élévation de son esprit, par sa bravoure et sa bonté, de porter le sceptre de saint Louis, premier auteur de sa race. Un autre assassin, suscité, comme le premier, par un fanatisme atroce, priva la France de ce grand roi, au milieu d'un règne glorieux, qu'il interrompit par un attentat à jamais déplorable. Sous le règne du faible mais juste Louis XIII, le cardinal de Richelieu se montra digne de continuer l'œuvre de Henri IV en réprimant d'une main puissante les tentatives factieuses des grands. Doué, comme homme d'État, des plus hautes qualités, il sut affermir au dedans l'autorité du roi par son invincible fermeté et défendre au dehors les intérêts et l'honneur de la France par une politique habile, dont les succès éclatants assurèrent la durée de son pouvoir, sans cesse menacé par les sourdes intrigues des courtisans.

Le carrousel dans lequel Henri II avait trouvé la mort ayant eu lieu dans les abords de l'hôtel Saint-Paul, où la cour résidait alors, Catherine de Médicis prit le séjour de cet hôtel en aversion. Elle fit construire les Tuileries, et l'hôtel Saint-Paul ayant été abattu, son emplacement fut livré à des spéculateurs qui y formèrent plusieurs rues. On démolit aussi le palais des Tournelles, situé dans le même quartier, et son emplacement fut dévolu à la voie publique. Charles IX transporta sa demeure au Louvre; il forma le projet de joindre ce palais aux Tuileries, du côté de la rivière, et il réalisa une partie de son dessein. Ce déplacement de la cour accrut beaucoup le faubourg Saint-Honoré. Celui de Saint-Germain se couvrit aussi, par le même motif, de nombreux hôtels, où plusieurs personnes considérables vinrent fixer leur résidence. Les princes et les seigneurs demeuraient depuis longues années sur la rive droite de la Seine, dans le voisinage des maisons royales [1].

Sous Henri IV et pendant le règne de Louis XIII, Paris vit augmenter le nombre de ses places, de ses ponts et ériger plusieurs monuments qui rehaussèrent son ancien lustre. Les faubourgs Saint-Honoré et Montmartre furent enfermés dans la ville, ce qui occasionna l'établissement d'une nouvelle portion d'enceinte, qui fut la cinquième et qu'il fallut relier à l'ancienne. Les particuliers construisaient de tous côtés sur les terrains vacants. Cette ardeur de bâtir s'étendit jusque dans la campagne. Le gouvernement ayant conçu des inquiétudes sur l'extension progressive de la ville et de la population, il intervint, en 1638, un arrêt du conseil qui annonça que des bornes seraient plantées tout autour de la circonférence de Paris et de ses faubourgs, et que nul ne pourrait bâtir au-delà sans une permission du roi [2].

L'ancienne division de Paris en seize quartiers ne pouvant plus subsister, à cause de leur inégale grandeur et de la difficulté que le prévôt éprouvait à y maintenir l'ordre, on créa un dix-septième quartier, qui fut celui du faubourg Saint-Germain [3]. Le nombre des commissaires de police fut

---

[1] Delamatre, t. I, p. 96-99. — [2] *Ibid.*, p. 101. — [3] *Ibid.*, p. 107-219.

augmenté successivement par Henri III et Louis XIII, et fixé par ce dernier à quarante-huit [1].

Les affaires de police s'étaient considérablement accrues. Charles IX, pour en accélérer l'expédition, établit un bureau de police chargé de connaître des contraventions qui ne comporteraient pas d'autre peine que l'amende. Ce bureau était autorisé à statuer en dernier ressort, sans le ministère d'avocats ni de procureurs, jusqu'à concurrence de cent sous, et provisoirement, nonobstant appel, jusqu'à quarante livres. Les délinquants passibles d'une peine corporelle étaient renvoyés devant le Châtelet pour tous les cas de police ordinaire. Quant aux contraventions qui touchaient à la police de la rivière elles furent renvoyées devant le bureau de police, excepté celles qui, punies d'une peine corporelle, furent maintenues dans la compétence du prévôt des marchands. Le nouveau bureau n'ayant pas rempli le but que le gouvernement s'était proposé, fut supprimé un an après son institution, et les deux prévôts furent rétablis dans les attributions qu'on avait distraites de leur juridiction.

Le gouvernement eut recours à une autre combinaison dont le succès fut plus heureux. Il commit dans chaque quartier deux notables habitants, désignés par l'élection de leurs concitoyens, pour juger les affaires de simple police qui n'entraîneraient pas une condamnation plus forte qu'une amende d'un écu. Les contrevenants ne pouvaient se pourvoir contre les ordonnances de ces juridictions sommaires que par voie de plainte devant une assemblée générale de police, qui se tenait chaque semaine sous la présidence du prévôt de Paris ou de ses lieutenants, et à laquelle devaient être appelés le prévôt des marchands ou un échevin, ou le procureur du roi près le bureau de l'hôtel de ville. Le concours d'un membre de l'échevinage aux délibérations de

---

[1] Delamare, *Ordonn.*, janvier 1572, 8 juillet 1572, 10 septembre 1573, t. I, p. 134.

cette assemblée était nécessaire, parce que la loi, ainsi que nous l'avons dit, attribuait au bureau de la ville droit de juridiction quant à la police de la rivière.

Les élus, c'est-à-dire les juges de police de chaque quartier, faisaient un rapport dans le sein de l'assemblée générale sur leurs opérations et sur les mesures qui leur paraissaient utiles au bien public dans l'étendue de leur ressort. Cette réunion, outre qu'elle avait l'avantage de centraliser l'instruction et le jugement des affaires, introduisit une jurisprudence uniforme en matière de police dans chaque quartier. Les élus n'exerçaient pas seulement des fonctions judiciaires; ils consacraient un ou deux jours de la semaine à inspecter les ports et les marchés et à visiter les maisons garnies ainsi que les ateliers des artisans. Ils étaient assistés de sergents dans leurs visites. Les commissaires de police, aussi bien que les lieutenants et conseillers du tribunal civil, devaient concourir, de leur côté, à l'inspection des marchés et des autres localités où leur présence était jugée nécessaire. Des devoirs analogues furent imposés au prévôt des marchands et aux échevins dans les limites de leur compétence.

Les appels des sentences de police rendues par le lieutenant civil et par le prévôt des marchands étaient jugés sommairement dans une audience particulière que le parlement tenait chaque semaine. Une des principales causes qui mettaient obstacle à la répression des contraventions, en matière de police, était le défaut ou l'insuffisance des fonds nécessaires pour assurer l'exécution des ordonnances rendues contre les auteurs de ces contraventions : c'est pourquoi les frais d'exécution furent désormais imputés sur le fonds des amendes [1].

Des rapports détaillés tenaient le chancelier informé du mouvement des contraventions et de l'efficacité des dispositions prescrites pour en punir les auteurs.

---

[1] Fontanon, *Ordonn.*, 21 novembre 1577, t. I, p. 838-839.

L'ensemble de ces mesures produisit une amélioration sensible dans toutes les branches de la police [1].

La compétence du prévôt de l'île, quant au jugement des vagabonds et des malfaiteurs, fut restreinte aux crimes et délits constatés par lui et commis hors de Paris et de ses faubourgs. Il pouvait, du reste, poursuivre et arrêter les auteurs de ces méfaits ou tous autres accusés dans l'enceinte de la capitale et dans les faubourgs de celle-ci ; mais il devait livrer aux juges ordinaires les prisonniers qui n'étaient pas ses justiciables.

Le lieutenant de robe courte du prévôt de Paris fut, en revanche, autorisé à exercer ses fonctions sur tout le territoire de la vicomté de Paris sous les mêmes conditions que le prévôt de l'île [2].

Nous avons indiqué précédemment les causes de la rivalité qui existait entre le lieutenant civil et le lieutenant criminel à l'égard de la présidence des audiences de police, lorsque le prévôt était empêché. Les difficultés occasionnées par cette rivalité cessèrent enfin. Le parlement arrêta qu'il serait tenu deux audiences de police par semaine et qu'elles seraient présidées par le lieutenant civil, lequel, en cas d'empêchement légitime, pourrait être suppléé par le lieutenant criminel ou le lieutenant particulier [3].

L'unité du tribunal de police se trouvant ainsi rétablie, le lieutenant civil convoqua fréquemment des conseils généraux de police, où l'on délibérait sur les imperfections de chaque service et sur les moyens d'y remédier. Ces conseils étaient composés des lieutenants criminel et particulier, du lieutenant de robe courte et du prévôt de l'île, des deux plus anciens conseillers du Châtelet, du chevalier du guet, des seize anciens commissaires de police, des échevins, des administrateurs de l'Hôtel-Dieu, des jurés des corps de mé-

---

[1] Delamare, t. I, p. 136.
[2] Delamare, arrêt du conseil du 20 décembre 1610, t. I, p. 251.
[3] Delamare, arrêt du parlement du 12 mars 1630, t. I, p. 136.

tier dont le commerce embrassait les subsistances de première nécessité et de deux notables par quartier [1].

Un règlement général fut publié par le nouveau magistrat chargé de la direction de la police [2], et afin de rendre la répression des délits plus prompte et plus énergique, le roi attribua, par une ordonnance spéciale, au présidial ou au Châtelet le droit de juger en dernier ressort et sans concurrence les voleurs, les vagabonds et les femmes débauchées qui lui seraient renvoyés par le prévôt ou son lieutenant civil. Cette mesure, prise pour dessaisir les justices seigneuriales ou particulières de la connaissance des faits de police nés dans les limites de leur juridiction et concernant la sûreté générale, devint un acheminement à la suppression de ces justices, qui furent incorporées par un acte de vigueur de Louis XIV au Châtelet.

Le bon ordre créé par ce nouveau régime dura sans interruption jusqu'à la minorité de ce monarque. Les troubles excités par les factions pendant la régence d'Anne d'Autriche replongèrent la police dans la confusion, et ce désordre n'eut un terme qu'à la paix des Pyrénées [3].

Le parlement fut augmenté par Charles IX d'une cinquième chambre d'enquêtes, et par Henri III d'une deuxième chambre de requêtes [4].

---

[1] Delamare, arrêt du parlement du 12 mars 1630, t. I, p. 136-137. —
[2] *Ibid.*, p. 137. Ordonnance de police du 30 mars 1635.
[3] Ordonnance du 24 mai 1639. Delamare, t. I, p. 142-143.
[4] Larocheflavin, p. 26-32.

TITRE DEUXIÈME.

DES MŒURS ET USAGES DES HABITANTS DE PARIS, DE LEURS CROYANCES, DE LEURS OPINIONS, DE LEURS AMUSEMENTS. — DES FÊTES ET CÉRÉMONIES PUBLIQUES.

CHAPITRE UNIQUE.

Observations préliminaires. — Nourriture. — Ameublement. — Habillement des Parisiens. — Croyances. — Tendance croissante vers la liberté religieuse. — Astrologie. — Opinions. — Lhopital. — Montaigne, son influence sur le seizième siècle. — Ayrault, un des premiers réformateurs de la législation criminelle. — Sully. — Oratoriens, doctrinaires. — Hôtel Rambouillet. — Académie française. — Descartes. — État moral de la cour et de la société. — Amusements. — Spectacles. — Mystères sacrés remplacés au théâtre de l'hôtel de Bourgogne par la tragédie et la comédie. — Établissement d'un nouveau théâtre au Marais, qui adopte le même genre de spectacle. — Progrès de l'art dramatique. — Pierre Corneille. — Cérémonies publiques. — Carrousel de la place Royale. — Règlement de police sur l'observation des fêtes religieuses.

Le moyen âge étant le berceau de notre civilisation, c'est-à-dire de nos mœurs, de nos usages, de nos croyances et de nos institutions sociales, j'ai cru devoir présenter un tableau détaillé, mais rapide, de ces divers objets pendant les treizième et quatorzième siècles, pour constater la première origine des formes actuelles de notre société. En rapportant ces formes à leurs principes, on voit qu'elles ont presque toutes subi, dans leurs allures primitives, plusieurs évolutions qui les ont modifiées ou transformées successivement avant de parvenir au point où elles sont arrivées. J'ai consigné dans le premier et le second livre de cet ouvrage tous les détails propres à faciliter l'étude des affinités que je voulais établir.

Le fond de la nourriture, et de ce qui tient en général à l'économie domestique, ayant peu changé, je négligerai à l'avenir de m'occuper de cette partie, à moins qu'il ne s'agisse de quelques découvertes nouvelles et importantes. Il en sera de même de tout ce qui se rattache à l'ameublement et à l'habillement. Je me bornerai à en faire ressortir à grands traits les principales variations, pour conserver à chaque époque sa physionomie particulière et distincte.

Les liqueurs spiritueuses ne commencèrent à être connues et recherchées que du temps de Catherine de Médicis. Les Italiens qu'elle amena à sa suite, et ceux que son crédit attira dans la capitale, quand elle fut reine, répandirent parmi nous l'usage de ces boissons voluptueuses que le luxe avait rendues communes dans leur pays.

La glace ne fut employée comme rafraîchissement que sous Henri III. Ce prince efféminé, qui raffinait sur tout ce qui pouvait flatter les sens et la vanité, mêlait la glace dans la boisson et dans les liqueurs. Son exemple fut suivi par les princes, et plus tard par les bourgeois riches [1].

Toutefois, le malheur des temps ayant obligé Charles IX et Henri III d'opérer des réformes considérables dans leurs maisons, le luxe de leur table s'en ressentit. Ils ne donnèrent de festins vraiment splendides que dans de rares occasions. Henri IV ne fut ni fastueux ni gourmand. Il n'aima que les bâtiments, le jeu et les femmes. La splendeur éclipsée des banquets de cour ne fut rétablie qu'en partie sous Louis XIII [2].

Au commencement du seizième siècle, le progrès des arts influa sensiblement sur la forme des meubles et sur les détails décoratifs. Des travées en stuc avec figures ou en faïence incrustée de mastic de couleur, brillaient dans les maisons royales ou dans les hôtels des princes ; les tapisseries firent place sous Henri IV à des arabesques légères et élégantes. Celles-ci, ainsi que les dorures, envahirent les

---

[1] *Vie privée des Français*, t. III, p. 90 et 329. — [2] *Ibid.*, p. 282-283.

plafonds et les parois des appartements; les tableaux devinrent un des principaux ornements des palais, les siéges gothiques en furent bannis, et François Ier y introduisit l'usage des chaises courantes dorées et garnies de velours ou d'étoffes de soie. On couvrait les tables de grands et beaux tapis, qui bientôt les enveloppèrent entièrement.

Dans la noblesse et dans la haute bourgeoisie on resta fidèle aux traditions du goût et du style gothiques; seulement durant la seconde moitié du seizième siècle, ce style fut chargé de broderies et de figures prodiguées quelquefois jusqu'à l'excès; les coffres ou bahuts, les armoires et les autres meubles de ce temps sont remarquables par la variété et le luxe des détails. Mais ces détails pèchent par une mauvaise ordonnance, ou, ce qui est pire, par la confusion. Les chaires magistrales, c'est-à-dire les siéges du maître et de la maîtresse de la maison, qui occupaient la place d'honneur près du lit ou du foyer, étaient aussi exécutées avec beaucoup d'art; les sculpteurs, les *huchiers* (menuisiers) et les *imagiers* travaillaient d'après des modèles gravés [1].

L'habillement dans toutes les classes subit les variations inépuisables et éternelles de la mode : les manouvriers portaient une veste serrée à la taille et la grègue à canon, espèce de large culotte ouverte par le bas, à quelque distance du genou; des chausses très longues venaient se perdre sous l'extrémité de la culotte. Ces chausses ou ces bas étaient arrêtés par des jarretières de couleur nouées sur le côté; le collet de la chemise était renversé, et la coiffure consistait en un chapeau de feutre.

Chez les femmes, le tablier qu'on appelait *devanteau* ou *devantière* faisait partie de leur toilette. La partie supérieure du corps était revêtue d'un corsage en étoffe collant, avec guimpe et fraise, ou décolleté. Elles avaient les cheveux courts [2].

---

[1] Willemin, *Monuments français inédits*, t. II, pl. 272-273, 276-277. — *Ibid.*, pl. 247.

Sous Charles IX on supprima les pans de la tunique ou tunicelle, usitée parmi les nobles et les bourgeois, et l'on s'en servit comme d'un justaucorps. Le manteau, écourté aussi, avait parfois de fausses manches et un capuchon. Le mauvais goût avait introduit les braguettes rebondies. Les trousses, enflées à peu près comme un ballon, avaient reçu une forme bizarre. Les femmes portaient le corps baleiné, le corset et le vertugadin [1].

Dans le règne suivant, une affectation outrée gâta toutes les parures. Les inclinations abjectes de Henri III et de ses mignons se peignaient dans la recherche molle et guindée de leurs vêtements et de leurs manières. Le roi, par une sorte de dépravation qui accusait ses goûts honteux, aimait à paraître en habits de femme au milieu de ses familiers ; ceux-ci, ou plutôt ses mignons, portaient, comme lui, des cheveux teints et frisés en bichons. Leurs joues étaient fardées, à leurs oreilles pendaient des boucles brillantes, et leur cou était orné d'un collier et de fraises immenses. Deux petites moustaches ombrageaient leur lèvre supérieure, et contrastaient d'une manière choquante avec leurs allures féminines, qui n'excluaient pas pourtant une outrecuidance insupportable. La grande barbe sous les trois fils de Henri II avait perdu la faveur qu'elle reprit sous Henri IV. Les prêtres et les magistrats ne renoncèrent pas sans résistance à une coutume qui s'alliait si bien avec la dignité de leurs fonctions [2].

Le costume des hommes se composait d'un justaucorps étriqué, lequel s'allongeait en panse de polichinelle, d'un petit mantelet venant à peine au coude, de chausses collantes et de trousses considérablement réduites. Au lieu de chausses collantes, qui supposaient une mise recherchée, on employait comme vêtement ordinaire le haut-de-chausse

---

[1] Herbé, *Costumes français du seizième siècle*, p. 2. Willemin, *Monuments français*, t. II, pl. 242.
[2] Herbé, *Henri III*, p. 1.

et les bas, que l'on portait par-dessus, et qui formaient un petit bourrelet sur le genou. On coupait les cheveux courts, relevés sur le front, et rebroussés au-delà des tempes; la tête, coiffée de petits chapeaux d'étoffe froncés ou de toquets ridicules, se perdait pour ainsi dire dans des fraises gigantesques, façonnées en tuyaux d'orgue, ou en choux crépus. Ainsi que les chapeaux, les toquets étaient très variés dans leurs formes: il y en avait de noirs, de gris, de blancs, avec ou sans panache [1].

Chez les femmes, les grands collets ouverts, développés en éventail et bordés de points coupés, faisaient partie de la grande toilette; ils étaient empesés et soutenus par des fils d'archal. La taille, très amincie par les corsets baleinés, se terminait en pointe d'aiguille; de vastes manches en gigot augmentaient la largeur des épaules, et le corsage effilé venait se poser pour ainsi dire sur une large circonférence, formée par des coussins et des cerceaux qui rendaient les hanches énormes. La tête était coiffée d'une petite toque, et, le plus souvent, les cheveux relevés par derrière formaient deux bichons sur les tempes et une échancrure au sommet de la tête [2]. Les femmes nobles ne sortaient que masquées. Ce qui ne fut d'abord qu'un caprice de la mode devint, pour ainsi dire, une loi de la décence [3].

Les habitudes sévères du protestantisme firent disparaître peu à peu les couleurs tranchantes et les formes bizarres des costumes que nous venons de décrire, et y substituèrent, avec des teintes plus uniformes, des ajustements plus convenables, quoiqu'ils ne fussent pas exempts de raideur. Les réformés s'habillaient avec une grande simplicité; ils portaient le pourpoint court de buste, sans baleines et à manches étroites. Les trousses, de moyenne largeur, descendaient au genou. Cet usage se répandit sous

---

[1] Willemin, t. II, pl. 243. Herbé, *Henri III*, p. 2.
[2] Herbé, *Henri III*, p. 3.
[3] Herbé, *Costumes français. Henri III*, p. 3.

Henri IV dans toutes les classes. Le manteau et la manteline à manches fendues chez les bourgeois entraient aussi dans le costume [1]. Le chapeau remplaça définitivement la toque, et l'on porta de simples collets rabattus, unis ou bordés de points coupés, au lieu de grandes fraises [2].

Les femmes avaient conservé le corps de baleine. Les grands collets montés descendirent du cou presque sur les hanches; les robes qu'ils couvraient furent appelées robes à fraise : elles étaient arrondies au moyen d'un cerceau placé à la hauteur de la ceinture. La chevelure était poudrée et bichonnée, crêpée en boule ou en pyramide. Les hommes avaient aussi adopté l'usage de la poudre pour complaire, dit-on, à Henri IV, qui avait les cheveux gris [3].

Au commencement du règne de Louis XIII, le haut-de-chausse, très large, était ouvert ou fermé par le bas. On ajouta aux pourpoints des pans écourtés et ornés de crevasses et de broderies ; le chapeau était d'une moyenne largeur et le manteau assez long. A l'imitation du jeune roi, les nobles se coiffaient à l'enfant, c'est-à-dire avec des cheveux frisés et crépés. Le menton imberbe du prince fit proscrire les longues barbes; on ne voyait presque plus que de petites barbes pointues auxquelles succédèrent bientôt des moustaches relevées et une royale. Louis XIII, ayant atteint sa majorité, abandonna sa première coiffure, et laissa flotter ses cheveux sur ses épaules, ce qui amena un nouveau changement dans la coiffure de ses sujets [4].

Dès lors on allongea les basques du pourpoint et on rétrécit le haut-de-chausse. Les chapeaux, de couleur grise ou blanche, étaient très bas et à grands bords ; ils étaient ornés d'un grand panache tricolore. Sur la fin du règne de Louis XIII, ce fut le petit chapeau rond et noir qui prévalut. Les souliers furent réservés pour le bal et remplacés par

---

[1] Herbé, *Costumes français. Henri IV*, p. 2.
[2] Willemin, *Monuments français*, t. II, pl. 245.
[3] Herbé, *Henri IV*, p. 2-3. — [4] *Ibid., Louis XIII*, p. 1.

les bottes. On portait celles-ci à cheval dans toute leur longueur ; mais quand on était à pied, on les faisait retomber sur les mollets. Leur embouchure était garnie, dans ce cas, de mousseline et de dentelle. Les rubans et les boutons devinrent fort à la mode. Les manteaux à manches remplacèrent dans le costume ordinaire les autres manteaux, qui ne figuraient plus que dans les grandes parures. La braguette rebondie ne paraissait plus que dans les campagnes ou sur le théâtre : les culottes collantes commençant à prendre faveur, la place de cette partie du costume fut dissimulée par un triple rang de rubans, dont le supérieur formait la ceinture [1].

La toilette des femmes éprouva aussi des changements. Les cerceaux appelés vertugadins furent réduits. Pendant quelque temps on les dessina en trèfle, puis on les supprima, en transportant les trois dentelles au bas du corsage. Les tailles, qui étaient élancées, devinrent courtes. Les dames voulurent paraître aussi longues de corps qu'elles avaient été grosses et petites ; elles adoptèrent donc pour chaussure des socques de trois à quatre pouces de hauteur, et elles firent traîner leurs robes à terre. On fendit par-devant le jupon de la robe, ainsi que le corsage, qui était très étroit, et que l'on arrêta sur celui de dessous avec de beaux brandebourgs ornés d'or ou de pierreries. La robe de dessous était de couleur claire, et celle de dessus de couleur très foncée. Les nœuds de rubans faisaient partie de la toilette des femmes, ainsi que de l'habillement des hommes. Les premières portèrent pendant quelques années les cheveux frisés et arrondis sur les tempes. Cette coiffure était accompagnée d'une petite ligne de cheveux tombant au milieu du front [2].

Dès que les hommes adoptèrent les cheveux flottants, la coiffure des femmes prit une nouvelle forme empruntée en partie à la coiffure des hommes. Elles portaient les bavolants, ou garçons, qui tombaient le long du cou, et le

---

[1] Herbé, *Costumes français. Louis XIII*, p. 2. — [2] *Ibid.*, p. 2-3.

reste de la chevelure, relevé en couronne derrière la tête, était orné de perles et de rubans. Les dames étaient presque toujours nu-tête à la ville ; mais à la campagne elles se coiffaient d'un grand chapeau à panache. La mode des bavolants continua jusqu'au règne de Louis XIV [1].

Nous avons vu les prédécesseurs de Charles IX persécuter ceux de leurs sujets qui avaient embrassé la réforme, les contraindre à l'abjuration de ce qu'on appelait leur erreur, et, en cas de refus, les faire mourir par le supplice du feu. Maintenant, ce n'est plus à visage découvert, ni juridiquement, que l'on procède envers eux : on s'enveloppe, pour ainsi dire, de ténèbres, afin de les mieux enlacer ; et au lieu de sévir en détail contre les sectes dissidentes, on veut les détruire, soit par l'extermination, soit par la guerre. Le despotisme clérical est devenu implacable, et les grands lui servent d'auxiliaires ou le combattent, suivant l'intérêt de leur ambition.

La religion parmi les princes et la noblesse n'est plus un sentiment ni une croyance, c'est un masque. Durant les guerres qu'elle fait naître, ils changent de camp avec une légèreté qui témoigne autant de leur indifférence religieuse que de leur égoïsme. Le peuple seul combat des deux côtés pour une idée, pour des doctrines qu'il n'entend pas, mais qu'il croit. Au surplus, dans les classes éclairées, il règne une incertitude qui porte les hommes religieux à secouer, sinon avec éclat, au moins secrètement, le joug des traditions de l'Église romaine pour se vouer à la foi plus simple et plus philosophique du christianisme primitif. Lhopital, Sully et d'autres hommes d'État, toléraient ou approuvaient cette tendance, parce qu'elle élargissait le cercle du christianisme, trop resserré par l'orthodoxie de la religion dominante, et qu'elle devait avoir pour effet de rapprocher tous les chrétiens.

Le temps avait fait justice de l'ancienne influence des

---

[1] Herbé, *Costumes français. Louis XIII*, p. 3.

arts magiques ; mais il n'avait pas détruit toutefois cette crédulité presque universelle qui, non contente du merveilleux du catholicisme, ajoutait foi encore à une espèce de divination fondée sur l'état du ciel et sur l'aspect des phénomènes astronomiques. Le titre de mathématicien que l'on donnait, en général, à ceux qui faisaient métier de pronostiquer, fit place à une autre appellation, celle d'astrologue. Les princes aimaient à interroger les astrologues sur leur destinée ou sur celle de leurs enfants, et Henri IV ne fut pas exempt de cette faiblesse. Lorsque l'héritier de sa couronne vint au monde, les horoscopes ne lui manquèrent pas. Les astrologues flattaient l'orgueil paternel, et Sully, qui, loin de se piquer d'astrologie, en accueillait les prédictions par des railleries, fut obligé, pour complaire à son maître et à son ami, de tirer aussi l'horoscope du royal enfant.

Les ordonnances distinguèrent bientôt l'astrologie licite de celle qui ne l'était pas. Nous ferons connaître dans le chapitre suivant les règlements qui furent publiés à cet égard [1].

Parmi les hommes qui ont jeté le plus d'éclat sur le seizième siècle, il en est un qui se détache, pour ainsi dire, des annales de cette époque célèbre par un caractère antique, par une austérité de mœurs admirable et par une gloire qui n'appartient qu'à lui.

Lhopital, dont nous voulons parler, fut tour à tour conseiller au parlement, ambassadeur, surintendant des finances à la cour des comptes et chancelier. Lorsqu'il entra dans la magistrature, la vénalité des charges venait d'en ouvrir l'accès à la richesse ; mais le savoir et le talent étaient encore des titres privilégiés pour ceux qui n'étaient pas favorisés de la fortune, et Lhopital ne dut son admission qu'à son propre mérite. Le parlement de Paris était alors illustre par la vertu, la science et la haute culture littéraire

---

[1] Delamare, t. I, p. 560.

de l'esprit. La jurisprudence n'y était pas seulement en honneur, mais l'étude du droit public et la connaissance approfondie de l'antiquité classique. Le président Olivier, ami et protecteur de Lhopital, était un des membres les plus considérés du parlement. Parvenu à la dignité de chancelier de France, il fit nommer Lhopital ambassadeur au concile de Trente. Le concile ayant été suspendu, le représentant politique de la France revint à Paris ; il apprit qu'Olivier était tombé en disgrâce.

Lhopital, privé du seul appui sur lequel il pût compter, trouva, dans sa réputation d'intégrité et d'homme de talent, un moyen de fortune inespéré. La duchesse de Berri, fille de François Ier, qui aimait les lettres et les sciences, et encourageait ceux qui les cultivaient avec succès, attacha Lhopital à sa maison comme chancelier particulier, et lui accorda toute sa confiance. C'est elle qui, de concert avec le cardinal de Lorraine, le fit nommer plus tard surintendant à la cour des comptes. Dans ces fonctions laborieuses et difficiles, il montra une inflexible conscience et une force de caractère qui suffirent pour rétablir les finances de l'État, épuisées par des dissipations sans mesure et des malversations sans pudeur. Il remit en vigueur les anciennes lois tombées dans le mépris, effraya les coupables par des exemples éclatants de sévérité, et refusa, dans l'intérêt même du roi, d'exécuter les ordonnances de faveur.

Henri II étant mort, les princes de la maison de Lorraine devinrent les maîtres sous un jeune roi consumé de langueur. Afin de se concilier l'opinion publique, ils n'appelèrent aux grands emplois que des hommes qu'elle honorait. C'est ainsi qu'Olivier, affaibli par l'âge, fut invité à reprendre la dignité dont il avait été dépouillé ; mais il s'aperçut bientôt que le parti qui dominait à la cour voulait faire de lui l'instrument de ses calculs et de ses passions ; et, malgré sa juste défiance, il paraît qu'il ne fut pas exempt de faiblesse dans l'exercice de sa charge. Plusieurs des mesures sanguinaires provoquées par le duc de Guise, et auxquelles il souscrivit en gémissant, excitèrent dans son âme des remords qui vinrent troubler les derniers instants de sa vie, dévorée par les soucis d'un pouvoir exposé aux embûches et aux entreprises continuelles des factions.

Au milieu de l'effervescence des esprits, Lhopital fut désigné par la régente pour l'emploi périlleux de chancelier, comme étant l'homme le plus capable de contenir les partis par l'énergie de sa volonté et la sincérité de son patriotisme. L'intolérance religieuse étant la cause, sinon réelle, au moins apparente, des troubles qui désolaient le pays, il crut pouvoir la faire disparaître en proclamant la tolérance; mais ses efforts pour rapprocher les croyances opposées échouèrent toujours contre les prétentions exclusives de la suprématie romaine et contre les fureurs du fanatisme entretenues par l'influence de cette suprématie.

Le chancelier fortifia dans les parlements et les juridictions inférieures le lien de la discipline qui se relâchait. Ami de la liberté, mais ennemi implacable du désordre, il conçut l'espoir de ranimer dans les cœurs le respect de la loi et de l'autorité royale par une administration ferme et vigilante et par la réforme de nombreux abus que la législation était impuissante à prévenir.

Le cardinal de Lorraine ayant proposé d'introduire l'inquisition en France comme le moyen le plus sûr d'y extirper l'hérésie, Lhopital combattit ce projet et fit attribuer aux évêques la connaissance des accusations dirigées en matière religieuse contre les dissidents. Cette attribution fut consacrée par l'édit de Romorantin.

Le chancelier jugea nécessaire d'entourer le roi de l'élite de la nation pour contrebalancer ou neutraliser les passions turbulentes des grands. C'est dans ce but qu'il proposa de convoquer les états généraux, dont il était, d'ailleurs, le partisan déclaré. Il fit reconnaître dans cette assemblée le pouvoir de la reine comme régente et profita de son concours pour améliorer l'administration du royaume. Le plus important des travaux de Lhopital fut l'ordonnance d'Orléans, qui limitait la puissance des nobles, abolissait les taxes arbitraires, établissait de nouveaux officiers pour veiller à l'observation des lois, et corrigeait les abus que le malheur des temps avait introduits dans l'ordre judiciaire.

Placé entre deux écueils, entre la régente dont l'esprit mobile et astucieux rendait la politique de la cour flottante et incertaine, et les partis qui, abusés tour à tour par cette politique, étaient prêts sans cesse à recourir à la force des armes, le chancelier, quand il ne pouvait prévenir la guerre civile, s'efforçait de perfectionner les monuments de la législation. Il fit approuver de la sorte, dans une assemblée composée des chefs de la magistrature et des grands du royaume, des vues d'amélioration qui furent la base de l'ordonnance de Moulins, non moins célèbre que celle d'Orléans. C'est dans l'ordonnance de Moulins qu'il inscrivit cette belle maxime : que dans les matières judiciaires, les lettres du roi dépourvues des formes qui constituent la loi ne doivent exercer aucune influence sur les déterminations de la justice.

En même temps qu'il travaillait à combattre par de sages édits les maux de la licence et de l'impunité, il s'occupait de garantir la sûreté du commerce par de nouvelles dispositions législatives et de diminuer le luxe par des lois somptuaires, dont la sévérité eût mieux convenu à Rome républicaine qu'à une grande monarchie. Au surplus, ses idées politiques sur le luxe, qu'il avait empruntées à l'antiquité, peuvent s'expliquer par l'ardeur des richesses, la soif des confiscations et les folles dépenses qui caractérisaient la plupart des chefs de faction de son temps. Lhopital a pu croire que le luxe, qui paraissait le but de tant de convoitise et de prodigalité, était un aliment pour la guerre civile. D'ailleurs, la gravité de ses habitudes, son désintéressement et la vie simple qu'il menait dans son intérieur l'autorisaient à être sévère contre le luxe.

La modération et la loyauté dont Lhopital avait donné tant de preuves dans une cour artificieuse et corrompue, devaient finir par être importunes aux conseillers de Catherine de Médicis connus par leur violence et qui balançaient le crédit du chancelier dans les conseils de la couronne. Le cardinal de Lorraine, dont l'ancienne affection pour ce dernier s'était tournée en une profonde haine, et le vieux connétable de Montmorency ne se bornaient pas à contredire les vues de clémence et de légalité exprimées avec force devant la régente par Lhopital; ils joignirent l'outrage à une opposition systématique et calculée pour l'éloigner du pouvoir.

Médicis, dont le caractère inclinait à toutes les mesures rigoureuses et même cruelles, s'étant résolue à prêter son concours à la partie du conseil hostile au chancelier, la disgrâce de celui-ci fut la suite de cet accord funeste. Il la supporta avec calme et comme un homme qui jugeait que son rôle pacifique serait désormais impuissant. Il se retira dans sa maison de campagne de Vignay. Entouré de sa famille et visité par quelques vertueux amis, il trouva dans les lettres un adoucissement à son exil. La postérité a recueilli et conservera précieusement plusieurs épîtres de lui écrites dans l'ancienne langue des Romains, et où il a déposé des pensées nobles et touchantes inspirées par les malheurs de la patrie et par les sentiments d'une âme forte que la mauvaise fortune n'avait pu abattre.

Partisan de la tolérance religieuse et uni à une femme protestante, sa vie fut menacée dans les horribles jours du massacre de la Saint-Barthélemy; mais la régente, qui avait sacrifié tant d'innocentes victimes par cette épouvantable trahison, fut touchée des vertus du grand magistrat ainsi que des services qu'il avait rendus à la couronne, et elle le protégea contre le poignard des assassins. Malgré ces marques d'intérêt, le cœur de Lhopital fut navré de douleur à l'aspect des maux toujours croissants de son pays. Ses forces défaillirent peu à peu, et au bout de quelques mois il expira [1].

Un philosophe aimable autant que profond, qui répandit par ses écrits une vive lumière sur le seizième siècle, Montaigne, attaqua les préjugés ridicules ou funestes dont ses contemporains étaient infatués. Parmi ces préjugés, l'astrologie, les faux miracles, et l'art des sorciers qui semblait s'éclipser en même temps que la créance qu'on avait en eux, ne furent pas ceux dont il se moqua le moins. Ami de la vraie science, il travailla sans relâche, par ses mordantes saillies, à décréditer le pédantisme scolastique; plein d'un respect sincère pour la religion et la vertu, il démasqua la superstition et le faux zèle, et fut un des apôtres les plus fervents de la tolérance. Ses fonctions de conseiller du parlement de Bordeaux l'avaient mis à portée d'étudier les lois de son temps, dont plusieurs lui paraissaient indignes d'une nation humaine et éclairée.

C'est en parlant de ces lois dans son admirable livre des *Essais* qu'il exprime des plaintes généreuses et touchantes contre la torture et qu'il condamne, comme *pure cruauté*, tout ce qu'on faisait souffrir aux criminels *au-delà de la mort simple*.

Montaigne ne tarda pas à quitter la robe pour l'épée. Il fut deux fois élu par les habitants de Bordeaux comme maire de cette grande cité. Durant le cours de son administration laborieuse et difficile, il s'efforça de mettre en pratique les sages maximes sur la liberté civile qu'il proclame dans son ouvrage. Sa modération prudente et ferme préserva les Bordelais de la fureur des factions et ne fut blâmée que par ceux qui se complaisaient dans le désordre. Il fait au sujet de ceux-ci une réflexion bien juste : « *S'ils n'oyent du bruit,* dit-il, *il leur semble qu'on dorme.* »

---

[1] Voir dans les *Études historiques* de M. Villemain sa belle Notice sur Lhopital. Il en existe une autre de Bernardi, qui est plus utile à consulter qu'agréable à lire.

Un écrivain beaucoup moins célèbre que l'auteur des *Essais*, mais aussi courageux, suivit avec honneur les traces de ce dernier, son contemporain. Ayrault, membre du barreau de Paris et nommé lieutenant criminel à Angers, publia un ouvrage plein d'idées neuves et hardies sur la procédure criminelle et sur les peines monstrueuses qui avaient excité une indignation si légitime dans le cœur du philosophe du siècle de Charles IX [1]. Les réformes proposées par ce savant criminaliste sont aussi judicieuses qu'humaines. On a droit de s'étonner que l'expérience et les lumières des deux derniers siècles n'aient pas suffi pour les introduire dans l'ancienne législation, et qu'il n'ait pas fallu moins qu'une révolution pour en doter la génération actuelle.

De tous les ministres qui furent chargés, avant Sully, de l'administration des finances, nul ne montra des vues plus neuves, plus étendues et plus judicieuses que ce dernier. Il joignit au génie d'un grand financier une austérité de principes sans laquelle il eût été hors d'état d'accomplir les réformes importantes et fondamentales qui ont marqué avec tant d'éclat son rôle dans l'histoire des finances de notre pays.

Avant qu'il fût nommé surintendant, les finances étaient dirigées par un conseil dont les membres étaient intéressés pour la plupart dans les fermes des traitants, que l'on concédait sans publicité, non au plus offrant, mais à celui qui était le plus appuyé. Des personnages jouissant d'une haute influence à la cour recevaient aussi une part des revenus de l'État, en retour de la protection dont ils couvraient les exactions des fermiers de l'impôt. Ce concert frauduleux, qui avait étendu ses racines jusque dans les chambres des comptes, fut démontré au roi par Sully avec une telle évidence que le conseil des finances fut dissous et que l'admi-

---

[1] Ordre, formalités et instruction judiciaires.

nistration supérieure de celles-ci fut confiée à Sully, avec le titre de surintendant.

Ce dernier, pour rétablir l'ordre et la clarté dans la gestion des deniers publics, s'enquit d'abord de toutes les facultés contributives du royaume, des revenus existants, des impôts qui avaient été abolis, de ceux dont la perception était la plus abondante, la plus prompte et la moins onéreuse au peuple. Il se fit rendre compte de la dépense des régies et s'entoura de tous les renseignements qui pouvaient l'aider à connaître avec exactitude les profits des fermiers.

Son attention se porta ensuite sur la dette publique et sur les différentes espèces d'offices conférés par le roi.

Afin d'augmenter les ressources du trésor, il simplifia les rouages de l'administration en réduisant le nombre des agents de la perception en même temps que ses frais. Il mit en adjudication publique les fermes générales, dont les produits furent presque doublés.

Il fit rentrer dans les mains du roi, malgré les clameurs et les sollicitations des intéressés, certains droits domaniaux qui avaient été affermés à vil prix à de hauts personnages, qui les faisaient recouvrer par des sous-traitants à leur profit. Le produit réel de ces droits fut imputé sur le capital et les intérêts légitimes, remboursés par le roi. Lorsque le droit ne paraissait pas devoir être remboursé, l'usufruit en était abandonné au fermier pendant un certain temps, à condition de le rendre, libre de toute charge, à l'expiration du terme.

Le domaine s'accrut encore des immeubles aliénés ou engagés, au moyen d'indemnités raisonnables accordées aux détenteurs.

C'est par les soins de Sully que furent abolies les taxes illégales levées sur le peuple par les gouverneurs, et qu'il fut enjoint aux trésoriers de France de ne tolérer aucune perception qui ne serait point autorisée par les ordonnances. Le duc d'Espernon s'était créé de la sorte soixante mille écus de rente au préjudice de ses vassaux.

Les offices inutiles, soit à la cour, soit dans l'administration et l'armée, furent recherchés et supprimés. Ces offices entraînant l'exemption de l'impôt, plus on les multipliait, plus on aggravait les charges des contribuables ainsi que les non-valeurs que le trésor avait à supporter.

La comptabilité publique fut perfectionnée dans toutes ses parties. On établit la recette et la dépense par exercice ou année financière. Les recettes furent consignées avec détail dans des états généraux, analogues à nos budgets. On divisa la dépense en deux catégories : *dépenses ordinaires* et *dépenses extraordinaires*. Chaque nature de dépense fut assignée ou imputée sur un crédit spécial. Sully prescrivit aux comptables de ne point appliquer l'excédant d'un crédit à une dépense étrangère à celle pour laquelle il avait été ouvert, afin de prévenir la confusion et les abus que ces revirements avaient favorisés jusqu'alors. Les travaux de cet administrateur éminent sur l'économie des finances sont remarquables par un grand nombre de vues générales que la science a recueillies et érigées en axiomes.

Comme grand maître de l'artillerie, Sully fit dresser un inventaire de toutes les munitions de guerre existantes, et comme grand voyer, il ordonna la confection d'un état général comprenant toutes les communications dépendant de la grande voirie, telles que ponts, pavés, chemins, chaussées, ainsi que le détail des réparations dont elles étaient susceptibles. Un semblable travail fut exécuté pour la réparation et les ouvrages de défense exigés par les villes, châteaux et places frontières.

Quoique Sully fût sévère envers les financiers, il ne souscrivit pas sans opposition à l'établissement d'une chambre de justice pour rechercher ceux qui avaient malversé dans leurs emplois. Il aurait voulu réduire les profits excessifs des traitants, parce que ces profits étaient la source d'un luxe scandaleux qui excitait la cupidité de la noblesse et des autres classes de la société, en les détournant de travaux utiles et honorables pour les jeter dans les calculs usuraires et les rapines de la finance ; mais il pensait en même temps que, sans poursuivre les petits employés, il était nécessaire d'imposer aux chefs des taxes proportionnées à leurs gains illicites, et qu'en tout cas, si l'on jugeait à propos d'entreprendre un examen approfondi et régulier de chaque régie, on n'écoutât aucune sollicitation. Le roi, en prenant le parti de la rigueur, promit de se montrer inflexible envers les coupables ; promesse qu'il ne put tenir, ainsi que son ministre l'avait prévu, car les prévaricateurs les plus audacieux et les plus opulents furent absous, tandis que les moins coupables et les moins riches portèrent la peine que les premiers auraient dû subir. Enfin, le résultat de ce grand appareil de poursuites fut d'enrichir les courtisans qui s'étaient interposés entre la justice et les principaux accusés, sans dédommager le trésor des pertes que ses fermiers lui avaient fait éprouver.

Sully appartenait à la même école philosophique que le chancelier Lhopital, laquelle avait aussi pour disciples la plupart des magistrats du seizième siècle. Ses opinions, ainsi que ses allures, étaient empreintes de l'austérité des vieux Romains de la république : comme eux, il prisait les travaux et les avantages de l'agriculture, parce que, dans l'antiquité, ils étaient en quelque sorte l'apanage des hommes libres, à la différence des arts et métiers qui, frappés de défaveur par le préjugé public, étaient abandonnés aux esclaves, comme une occupation vile. Guerrier et homme d'État, Sully appréciait, d'ailleurs, à ce double titre la force qu'un souverain pouvait puiser, pour la défense de la patrie, dans une population forte et robuste telle que la classe des cultivateurs, et ne voyait dans les manufactures qu'un foyer capable d'amollir le corps et de corrompre les mœurs de ceux qui se vouaient aux professions industrielles.

D'un autre côté, cet habile financier, par une erreur commune aux meilleurs esprits de son temps, considérait le luxe comme un fléau destructeur de la richesse publique. Il résulta de là que les manufactures n'ayant, en grande partie, d'autre but que de flatter et de satisfaire le goût du luxe, l'aversion de Sully pour les objets destinés à l'alimenter devait s'étendre, comme elle s'étendit en effet, à la source même de ceux-ci, c'est-à-dire aux manufactures. Ce sentiment peut, du reste, paraître étrange dans le ministre de l'agriculture et du commerce de Henri IV, mais il ne saurait l'être dans l'homme privé, dans le philosophe dont les vêtements simples et modestes étaient en parfait accord avec sa conviction.

Cette prévention funeste de Sully contre le luxe lui inspira des règlements qui furent nuisibles au commerce et à l'industrie, encore que l'intention de leur auteur fût d'en favoriser l'essor et d'en protéger les opérations. C'est ainsi qu'il proscrivit la consommation des produits étrangers, afin de ménager un débouché plus sûr et plus étendu aux produits semblables fabriqués en France; qu'il réprima par des mesures oppressives la sortie du numéraire, sans songer que l'argent est, pour ainsi dire, cosmopolite, se montrant insensible aux menaces de la loi ou sourd à ses avances, et n'étant attiré que par l'appât des profits. Enfin, s'il ne mit pas le premier en pratique les théories du *système mercantile* dont le germe remonte aux premiers développements de notre commerce, il les sanctionna par des peines d'autant plus exagérées que ce système était radicalement faux.

Le dédain de Sully pour l'industrie, appuyé sur des précédents erronés, lui fit méconnaître les règles de prudence et de bonne administration qui avaient jusque-là présidé à la plus grande partie de ses mesures. Henri III ayant érigé en principe que *la permission de travailler* était un droit royal et domanial, afin de tenir sous sa main la classe importante et redoutable des gens de métier, Sully, qui aurait dû répudier ce prétendu droit et inaugurer, au nom de Henri IV, la liberté du travail, renchérit sur le privilége créé par le prédécesseur de ce monarque en vendant des lettres de maîtrise qui dispensaient les titulaires d'apprentissage et d'épreuves. Cette mesure, conçue dans un esprit fiscal et qui s'alliait, du reste, parfaitement avec les préoccupations de Sully en faveur de l'agriculture, forme une tache inexcusable dans l'administration de ce grand homme.

La vie politique de Sully fut une vie de labeur et de lutte. Il partagea l'amour de Henri IV pour le peuple et il répandit sur ce dernier, et principalement sur les cultivateurs, tous les bienfaits qui peuvent assurer l'abondance et la tranquillité dans l'humble condition du pauvre. Pour atteindre ce résultat, il fallait délivrer le paysan *de tous ses tyrans dans la finance, la noblesse et la milice* (ce sont les propres paroles de Sully que je copie). Une telle entreprise ne pouvait être tentée que par un ministre d'un grand caractère, investi de toute la confiance de son roi. Elle réussit au-delà de toute espérance, car elle entoura Henri IV d'une popularité qui durera autant que sa mémoire. Cependant les réformes les plus utiles opérées sous l'ancienne monarchie ne reposant sur aucune base stable, puisque leur durée ne dépendait que de la volonté du souverain, l'intrigue et les efforts réunis des courtisans ne tardèrent pas à détruire l'œuvre savante et nationale de Sully, dès que la mort tragique et prématurée de Henri IV et la retraite de son principal ministre eurent rouvert la carrière à l'ambition et aux rapines des grands [1].

Cette carrière fatale, où la minorité de Louis XIII fit éclore tant de coupables projets, ne fut fermée que par l'administration vigoureuse du cardinal de Richelieu, dont la politique fut inexorable envers les factieux et zélée pour la grandeur de la France ainsi que pour les lettres et les arts. Durant cette administration tranquille mais formidable, l'instruction publique reçut un plus vaste développement. Louis XIII autorisa l'établissement des prêtres de l'Oratoire et des prêtres de la Doctrine chrétienne. Ces deux congrégations, créées dans un même but, furent animées du même esprit.

---

[1] Sully, *Mémoires*. Forbonnais, *Recherches et considérations sur les finances*.

Étrangères aux querelles théologiques, elles restèrent toujours attachées aux règles les plus pures de l'état clérical. L'instruction de la jeunesse et la prédication de l'Évangile furent leurs seuls attributs. Les oratoriens surtout se distinguèrent par des œuvres éclatantes dans l'éloquence chrétienne. C'est du sein de leur illustre communauté que sortit l'orateur sacré le plus éminent du dix-huitième siècle, l'élégant et pathétique Massillon [1].

Les douceurs de la paix répandirent un grand charme sur la société. Les réunions de l'hôtel de Rambouillet, composées de l'élite de la cour et de la ville, devinrent le centre de l'esprit et du goût. La marquise de Rambouillet et Julie d'Angennes, sa fille, en faisaient les honneurs avec tant de politesse et de grâce, que les jeunes femmes briguaient la faveur d'y être admises ; la noblesse y était représentée par les noms les plus illustres, et le bel-esprit par les écrivains les plus renommés. Les princesses, malgré la rigueur de l'étiquette, fréquentaient assidûment les salons de la marquise de Rambouillet, et venaient y chercher les jouissances de l'esprit. La poésie dramatique et la poésie légère en étaient les principales sources. L'auteur de *Polyeucte* et de *Rodogune*, avant d'électriser par son sublime langage la foule rassemblée au théâtre et avide d'entendre les mâles accents de sa muse, crut devoir soumettre ces grandes compositions à peine écloses à la critique de l'illustre et ingénieux aréopage présidé par la marquise de Rambouillet. Voiture faisait succéder aux graves émotions causées par le génie de Pierre Corneille des sentiments plus doux qui naissaient, soit de l'élégant badinage de quelque lettre, soit de la gaieté ou de la tendre volupté de quelque rondeau.

Le perfectionnement de la langue était aussi l'âme des occupations favorites des familiers de l'hôtel de Rambouillet : on y faisait la guerre aux mots surannés ou dé-

---

[1] Félibien, t. II, p. 1285. *Ibid.*, liv. XXVI, § 40.

pourvus d'harmonie; on s'efforçait d'en créer de nouveaux ; et si le langage fut enrichi par ces discussions grammaticales de quelques expressions heureuses et pittoresques, la recherche et le néologisme en produisirent d'autres dont le tour affecté et précieux sembla désormais prévaloir dans ce rendez-vous de la haute société, lequel, de ce moment, ne donna que trop de prise au ridicule, et finit par dégénérer en école de pédanterie et de mauvais goût. Cette dernière époque, qui date du mariage de Louis XIV et de la paix des Pyrénées, fut le terme de l'influence exercée par l'hôtel de Rambouillet sur les mœurs et les habitudes de la société polie [1].

La littérature française, qui devait jeter un si grand éclat sur les dernières années du règne de Louis XIII et sur la première moitié du règne suivant, était cultivée par des écrivains que le goût des lettres réunissait quelquefois, mais qui manquaient d'un centre permanent et d'une organisation publique et indépendante. Le cardinal de Richelieu, ami et protecteur des lettres, leur érigea, pour ainsi dire, un temple, en fondant l'Académie française. Cette compagnie, où vinrent prendre place tour à tour les hommes de lettres les plus distingués, fut chargée, par les premiers statuts de son établissement, de conserver la pureté de la langue et d'en perfectionner les progrès. Elle est restée constamment fidèle aux lois de son origine, par l'esprit judicieux et le goût qui a présidé au choix de ses membres.

Après Pierre Corneille, Descartes fut le plus grand esprit du dix-septième siècle; il marqua du sceau de son génie la première moitié de ce siècle fameux; il agrandit et généralisa l'œuvre de Luther, en adoptant le doute et l'examen comme méthode dans l'art de penser. L'apôtre de la réformation attaqua l'autorité du souverain pontife dans l'ordre religieux, et l'auteur du *Discours sur la Méthode* attaqua l'autorité de l'École dans toutes les sciences qui composent

---

[1] Walkenaer, *Mémoires sur madame de Sévigné*, 1re partie, chap. IV et V.

le domaine de l'esprit. En brisant le joug des scolastiques, il n'imposa point comme ceux-ci un nouveau joug à l'intelligence : il enseigna aux hommes à user de leur raison, à examiner, à méditer, et à ne se rendre qu'à l'évidence. Il les conduisit, comme par la main, dans l'application de sa méthode, et après avoir réduit au néant les sentiments les plus intimes et les plus élevés de la nature humaine, il les ressuscita, pour ainsi dire, avec une admirable logique par la force de sa pensée, ou plutôt par le secours puissant et irrésistible de sa méthode. Le doute qui en forme la base n'est point stérile et désolant comme celui des sceptiques ; il est fertile en nobles croyances, en leçons salutaires, et riche des divines espérances que le pyrrhonisme refuse orgueilleusement à l'humanité [1].

Les vices de la société n'offrent à aucune époque une difformité plus repoussante que pendant la période dont il s'agit ici. L'immoralité des grands et leurs passions effrénées ruinaient le pays. Ils tiraient parti de toutes les crises politiques et de toutes les faiblesses du pouvoir pour entraver sa marche par des révoltes continuelles. Les princes du sang y étaient presque toujours mêlés, et ne répugnaient pas à s'aider de l'appui de l'étranger, pour atteindre plus sûrement le but de leur ambition perverse. Excités par des intrigants à jouer un rôle dans l'État, quand ils n'y étaient pas portés d'eux-mêmes, ils étaient ordinairement les chefs des mécontents. Ils mettaient en avant, suivant l'usage des factieux, les prétextes les plus respectables pour colorer leur rébellion ; mais en réalité, ils n'avaient d'autre objet que d'amener le pouvoir à augmenter le nombre de leurs gouvernements et de leurs domaines ; à les doter de nouvelles pensions, à payer leurs dettes et à satisfaire leurs adhérents par des concessions analogues. Telle était la vieille coutume des grandes existences aristocratiques, et l'espèce de privilége qu'elles s'étaient arrogé.

---

[1] Descartes, *Discours sur la Méthode*.

Elles ne respiraient que troubles et que guerre, parce que la paix tenait en échec leur esprit remuant, et les obligeait de contenir leur turbulence habituelle et leur basse convoitise.

Quand on réfléchit à l'origine de certaines fortunes, à l'illustration de certains noms, l'on ne peut se défendre d'une vive indignation contre les écrivains qui, au lieu de protester contre des richesses mal acquises, et contre une célébrité entachée par la révolte, ont fait mentir l'histoire par un vil sentiment d'adulation, ou en vue d'un intérêt plus méprisable encore.

Les cours de Charles IX, de Henri III et de Henri IV furent corrompues de diverses manières : celle de Henri III se livrait à des privautés qui outrageaient la nature ; elle fut un objet de haine pour les femmes et de dégoût en même temps que de mépris pour les hommes. Catherine de Médicis, ayant fait de la galanterie un instrument de sa politique, instruisait les femmes qui l'entouraient à servir ses desseins, en usant de leurs charmes pour captiver les grands utiles à ses intérêts. L'esprit de licence qui régnait à la cour de son second fils (Charles IX), où elle dominait, est peint en traits énergiques par ces paroles de la mère vertueuse de Henri IV : *Là ce ne sont pas les hommes qui prient les femmes, ce sont les femmes qui prient les hommes.* C'est peut-être aux exemples qu'il eut sous les yeux, dans cette cour dépravée, où il passa quelques années de sa première jeunesse, que ce prince puisa ce penchant immodéré qu'il montra depuis pour les femmes.

Il eut publiquement, étant marié, des maîtresses en titre, et il se livrait fréquemment à des plaisirs passagers et à des amours de fantaisie. S'il faut en croire Sully, il trouvait parmi ses familiers des complaisants qui servaient ou flattaient ses faiblesses avec un impudent cynisme.

Gabrielle d'Estrées (duchesse de Beaufort), fière de l'amour qu'elle avait inspiré à Henri IV, avait conçu le fol espoir de se faire épouser par ce dernier; entretenue dans cette illusion par quelques intrigants, qui répandaient adroitement le bruit de ce prétendu projet de mariage, afin d'y accoutumer les esprits, elle fit baptiser un fils qu'elle avait eu du roi, avec la même solennité que les enfants de France. Le sage Sully déjoua les calculs de Gabrielle, non sans péril pour sa propre fortune. Ami du roi, jaloux de maintenir dans tout son éclat la grandeur de son nom, il n'eut pas de peine à lui faire comprendre le ridicule et l'inconvenance des prétentions d'une femme abusée sur son état par la flatterie et par ses propres bontés. Henri IV montra, dans cette circonstance, qu'il avait assez d'empire sur lui-même pour faire prévaloir la dignité de sa couronne contre sa faiblesse et l'estime due à son ministre fidèle, contre les emportements de la maîtresse irritée qui avait osé le traiter de valet [1].

Après la mort de Gabrielle, mademoiselle d'Entragues (marquise de Verneuil) fut aimée par Henri IV; mais avant de s'abandonner à lui, elle exigea cent mille écus; et après avoir reçu cette somme, elle prétexa les scrupules de sa famille, et la sévère surveillance dont elle était l'objet, pour ajourner sans cesse le moment où la passion du roi devait être satisfaite. Cette femme artificieuse réussit à obtenir de Henri IV, par une résistance adroitement calculée, une promesse de mariage qu'il lui remit à l'instant même où l'on négociait pour lui un mariage beaucoup plus sérieux avec Marie de Médicis. A l'imitation de celle qu'elle avait remplacée dans le cœur du roi, mademoiselle d'Entragues manifesta la prétention de faire considérer, comme enfants de France, les enfants issus de ses relations adultères avec ce prince. Cette prétention, connue de la reine, avait blessé sa fierté et irrité sa jalousie; le roi ne dissimulait pas non plus le déplaisir qu'elle lui causait. Le juste ressentiment de Marie de Médicis contre les infidélités de Henri IV, et les emportements de mademoiselle d'Entragues, étaient pour ce dernier une source continuelle d'anxiété et de tourments. Ces

---

[1] Sully, *Mémoires*, t. II, p. 295-298, 2ᵉ série, collection de Michaud.

débats domestiques remplirent ses jours d'amertume, et préparèrent de graves embarras à son gouvernement; car la d'Entragues, ulcérée contre la reine, qu'elle affectait d'appeler la grosse banquière, et humiliée de n'occuper que la seconde place dans le cœur, ou plutôt dans l'estime de son royal amant, était mêlée à toutes sortes de cabales, et entretenait des intelligences avec l'étranger contre la sûreté de l'État.

Du reste, l'austère Sully n'inspira pas plus de sympathie à mademoiselle d'Entragues qu'à Gabrielle d'Estrées; en effet, il sauva, par des conseils pleins de prudence et souvent d'une rude franchise, le grand et faible Henri de ses propres égarements, et il défendit de tout son pouvoir les deniers de l'État contre l'avidité de ses deux maîtresses qui le tyrannisaient [1].

Bassompierre, l'un des hommes les plus brillants de la cour de Henri IV, réunissait toutes les qualités et tous les vices des seigneurs de son temps. On ne saurait faire une peinture plus vraie de la noblesse d'alors, qu'en esquissant le portrait de cet homme singulier, dont la vie offre les contrastes les plus piquants.

Doué d'une bravoure à toute épreuve et d'une amabilité qui le firent chérir des plus jolies femmes, il était passionné pour le jeu, pour le luxe, et il se livrait aux plaisirs de la table avec une intempérance qui allait souvent jusqu'à l'ivresse. Il parut dans une fête de la cour avec un habit en drap d'or, orné de palmes, lequel était chargé d'une si grande quantité de perles, qu'il les estime dans ses Mémoires à cinquante livres pesant. Cet habit lui coûta quatorze mille écus, dont sept cents écus de façon. Son tailleur, avant de l'entreprendre, lui ayant demandé quatre mille écus d'arrhes, il le remit au lendemain pour les lui compter. Il fut invité à souper, dans la soirée, chez le duc d'Épernon, qui devait réunir joyeuse compagnie. Dès qu'on

---

[1] Sully, *Mémoires*, t. II, p. 537-538, 559-568, 2ᵉ série.

fut sorti de table, on engagea plusieurs parties de jeu, et Bassompierre, qui n'avait pour tout argent que sept cents écus, gagna cinq mille écus ; il donna au tailleur les arrhes convenues, et les jours suivants, favorisé encore par la fortune, il gagna non seulement de quoi solder le prix de son habit magnifique, mais encore une somme de onze mille écus, dont il employa la moitié à l'acquisition d'une épée enrichie de diamants, réservant le surplus pour ses menus plaisirs [1]. Du reste, ce courtisan frivole attachait si peu d'importance aux actions les plus sérieuses, qu'il annonce dans ses Mémoires avoir fait ses pâques avec la même légèreté qu'il devise sur les brillantes soirées où il s'est trouvé et sur les *belles nuits* qu'il a passées avec ses maîtresses.

Le jeu était en honneur à la cour aussi bien que chez les grands. Henri IV était lui-même un joueur déterminé, et, qui pis est, un mauvais joueur. Il gagna en une seule nuit cinq mille écus à Lesdiguières, et à Sancy un cordon de perles estimé huit mille écus. Le maréchal de Biron, dont la fin fut si tragique, perdit en une année cinq cent mille écus au jeu. Quels désordres et quelles mœurs ! Serait-il impossible que cette perte et le besoin de rétablir ses affaires eussent précipité ce seigneur dans la conspiration qui le conduisit au supplice ?

On sent qu'avec un vert galant comme Henri IV et des seigneurs tels que Bassompierre les mœurs n'avaient pas dû s'épurer dans la cour du Béarnais. Quant au clergé, ce n'est pas dans la ligue, aux excès de laquelle il prit une si grande part, qu'il dut retremper son saint caractère. Ses fréquents écarts prouvaient tous les jours que la dévotion, quand elle n'est qu'extérieure, est plus facile à pratiquer que la morale. Le tiers-état, sans être irréprochable dans ses mœurs, était encore la classe la moins déréglée et la plus recommandable. On est toutefois obligé de convenir que la justice n'était pas inaccessible à la corruption. Cette

---

[1] Bassompierre, *Mémoires*, 2ᵉ série, t. VI, p. 56, collection de Michaud.

plaie, que les prédicateurs du moyen âge signalaient avec tant de force dans leurs sermons, était aussi le sujet habituel des plaintes et des censures du vertueux chancelier de Lhopital dans ces graves assemblées où sa voix imposait à tous par la haute réputation dont il jouissait comme chef suprême de la magistrature et comme homme d'État.

Les principaux amusements de la cour consistaient dans des ballets, des mascarades, et dans la représentation de comédies dont les rôles étaient quelquefois remplis par des seigneurs et des dames admises dans la familiarité du roi et de la reine. La musique et les bals étaient aussi en vogue à la cour, de même que dans les salons de la haute société.

Les pièces que les confrères de la Passion donnaient à l'hôtel de Bourgogne avaient beaucoup perdu de leur ancienne faveur. Ce théâtre n'était plus fréquenté que par la dernière classe des artisans. On s'y rendait deux heures avant le commencement du spectacle, comme dans une espèce de taverne. On y buvait, on y jouait aux dés, et l'on y entendait des propos obscènes qui contrastaient d'une manière choquante avec la nature des pièces qu'on y donnait. Ce théâtre était vu de mauvais œil par le clergé, et le parlement, ayant égard aux plaintes réitérées de ce dernier, y interdit la représentation des mystères sacrés.

En 1588, les confrères cédèrent leur privilége et leur théâtre à une troupe de comédiens qui y joua des tragédies et des comédies. Les représentations de ce théâtre furent plusieurs fois interrompues pendant les guerres civiles. Sous Henri IV, il devint florissant. Un nouveau théâtre fut établi vers la fin du règne de ce prince, d'abord dans la rue de la Poterie, près de la Grève, et plus tard au haut de la Vieille rue du Temple. Il prit le nom de Théâtre du Marais. On y jouait des pièces dramatiques, de même que sur le théâtre de l'hôtel de Bourgogne. Les spectacles commençaient alors à trois heures. Après la tragédie, on donnait une petite pièce, c'est-à-dire une comédie burlesque ou une pastorale. Les productions de ce dernier genre, dépourvues de l'assaisonnement et du mordant nécessaires aux pièces de théâtre, ne tardèrent pas à être exclues de la scène.

Outre ces théâtres qui étaient permanents, on jouait la comédie sur l'emplacement de la foire Saint-Germain pendant tout le temps que durait la foire. Celle-ci était dès lors une espèce de lieu franc pour la licence, et les grands n'étaient pas les derniers à user du privilége accordé à ceux qui la fréquentaient [1].

Depuis Jodelle, la tragédie avait fait des progrès ; mais ces progrès furent signalés par des pièces qui ne devaient avoir qu'une existence éphémère, et qui ont plus servi à l'histoire de l'art qu'à la réputation de leurs auteurs, dont les noms sont maintenant ensevelis dans l'oubli. On peut porter le même jugement de la comédie. Les auteurs étaient féconds, mais leurs œuvres manquaient d'action ; elles étaient languissantes ; le nœud de l'intrigue péchait par trop de simplicité, et la marche de la pièce était conduite sans art. D'ailleurs, les bienséances y étaient méconnues ; les personnages s'exprimaient avec une licence de langage qui déparait alors toutes les productions de l'esprit, sans en excepter la littérature sacrée. La seule comédie qui ait survécu au théâtre de cette époque est l'*Avocat pathelin*, ouvrage plein de verve et de gaieté, dont quelques traits ne seraient pas indignes de Molière, et qui a fourni à notre langue des expressions nouvelles, et même des maximes devenues proverbiales.

Rotrou, l'auteur de *Venceslas*, fut le précurseur du grand poëte qui devait fixer le vrai caractère de la tragédie.

L'apparition de Pierre Corneille dans la carrière dramatique changea la face entière du théâtre. Il sut rester original en imitant les beautés des écrivains étrangers, et son

---

[1] Parfait, *Histoire du théâtre français*, t. III, p. 237-239, 240, 243-244.

génie, après quelques essais où il ne se montra guère supérieur à son siècle, enfanta le *Cid*, chef-d'œuvre qui excita, en naissant, l'admiration universelle. Cet ouvrage obtint l'honneur suprême d'être cité comme le modèle du beau. L'art comique dut également à Corneille une production qui, parmi les comédies d'intrigues, les seules qui fussent alors accueillies avec faveur, est mise hors de ligne pour les mérites qu'elle renferme. Cette production, qui est le *Menteur*, est encore applaudie sur notre théâtre. Après le *Cid*, qui eût suffi pour immortaliser le nom de son auteur, Corneille s'éleva encore dans *Horace*, dans *Cinna*, dans *Polyeucte*; il créa enfin *Rodogune*, qu'il parut préférer à ses autres chefs-d'œuvre. Mais la flamme de son génie commença dès lors à pâlir, et finit bientôt par s'éteindre avec l'imagination et les autres qualités qui forment les grands poëtes.

Parmi les fêtes militaires les plus brillantes, il en est peu qui aient surpassé le carrousel donné à la place Royale par Marie de Médicis pendant sa régence. Le pourtour de cette place était garni de gradins qui s'élevaient jusqu'au premier étage des maisons. On avait dressé un amphithéâtre particulier pour le jeune roi Louis XIII, la régente, les princesses et les dames de la cour. Les gradins et les fenêtres des maisons bordant la place où était le camp du tournoi contenaient plus de dix mille spectateurs. Les barrières qui fermaient la lice étaient entourées de mille mousquetaires du régiment des gardes et de cinq cents Suisses commandés par le duc d'Épernon. Le grand bastion de la place était armé de cent pièces de canon et de deux cents boîtes pour faire des salves en l'honneur du roi et de la reine, sa mère.

Le connétable et quatre maréchaux de France avaient été désignés par la régente comme juges du camp; ils étaient placés sur un amphithéâtre séparé. La reine choisit pour tenants MM. de Guise, de Nevers, de Bassompierre, de Joinville et de la Chataigneraie.

Le 6 mars 1612, après midi, le roi et la reine mère, suivis de toute la cour, ayant pris place sur les siéges qui leur étaient réservés, l'artillerie et les boîtes annoncèrent leur arrivée par une salve à laquelle répondirent plusieurs décharges faites par les mousquetaires. Les tenants attendaient dans le palais de la Félicité que la barrière leur fût ouverte pour entrer en lice. M. de Praslin, leur maréchal de camp, sortit de ce palais, où l'on exécutait des fanfares et des airs de musique, pour aller demander au connétable la permission d'occuper le camp du tournoi. Il était vêtu de riches habits et monté sur un très beau cheval. Sa suite était composée de douze écuyers habillés de velours noir, rehaussé par des galons d'or.

Le connétable et les maréchaux se rendirent aussitôt au pied de l'estrade où étaient assis le roi et la reine. Le premier, ayant pris les ordres de la régente, dit à M. de Praslin : « Le roi et la reine autorisent les tenants à entrer en lice ; vous pouvez leur remettre le camp. » Ceux-ci, d'après cette autorisation, firent leur entrée dans la lice, précédés de leurs équipages, chariots d'armes, et de diverses machines offensives ou défensives. Leurs gens, composés d'environ cinq cents personnes, étaient revêtus de costumes de velours incarnat et de drap d'argent. Dans le nombre il y avait deux cents cavaliers dont les chevaux étaient caparaçonnés avec les mêmes étoffes. Les tenants portaient des habits éclatant d'or et enrichis de broderies.

Après eux entrèrent les assaillants, savoir : le prince de Conti et M. de Vendôme, avec leurs troupes à cheval, qui exécutèrent des évolutions très brillantes ; puis vint M. de Montmorency, qui entra seul, ainsi que MM. d'Uxelles et de Luz, sous les noms d'Amadis et de Galaor. Les tenants coururent contre les assaillants, et sur la fin du jour les chevaliers du tournoi se séparèrent. Le départ du roi et de la reine fut salué par de nouvelles salves d'artillerie et de boîtes suivies de feux de mousqueterie. Dès que la nuit fut venue, on tira sur le palais de la Félicité un feu d'artifice qui surpassa, par son éclat merveilleux, tous ceux qu'on avait vus jusque-là.

Le lendemain, de nouvelles courses eurent lieu entre les mêmes tenants et d'autres chevaliers, accompagnés de leurs hommes d'armes réunis en troupes. Des salves d'artillerie annoncèrent l'ouverture et la fin du tournoi ; et comme la plupart des habitants de la capitale avaient été privés du plaisir d'assister aux fêtes de ces deux journées, les chevaliers du tournoi, pour satisfaire aux vœux des autorités de la ville, parcoururent en grand cortége les quartiers les plus populeux, menant avec eux leurs équipages et tout leur attirail de combat. La reine et la cour vinrent voir le défilé sur le pont Notre-Dame [1].

L'Église catholique ayant pris un ascendant considérable sur la direction politique du gouvernement pendant les règnes de Charles IX et de Henri III, l'observation des dimanches et des fêtes solennelles devint l'objet de règlements de police aussi sévères que minutieux. On y interdit la tenue de toute espèce de foires et de marchés. Les divertissements publics, le travail et l'exercice du droit de locomotion, en vue d'un gain quelconque, durant les jours fériés, étaient déclarés illicites et punis comme tels. Les peines décernées contre les infracteurs des règlements ne consistaient pas seulement dans de fortes amendes, mais dans des confiscations dont l'importance devait tenir chacun en éveil. Louis XIII renchérit sur toutes ces rigueurs [2].

---

[1] Bassompierre, *Mémoires*, t. VI, p. 78-79, 2ᵉ série.
[2] *Recueil de Néron*, ordonn., janvier 1560, t. I, p. 380. Delamare, arrêt du 20 décembre 1572, t. I, p. 375. *Recueil de Néron*, ordonn., mai 1579, t. I, p. 537. Delamare, arrêt du 15 octobre 1588, et ordonnance de police du 12 novembre 1638, t. I, p. 375.

TITRE TROISIÈME.

DE LA POLICE DANS SES RAPPORTS AVEC LES DOCTRINES RELIGIEUSES, LA LIBERTÉ D'ÉCRIRE, LE MAINTIEN DES BONNES MŒURS ET LA PAIX PUBLIQUE.

CHAPITRE UNIQUE.

Efforts du chancelier Lhopital pour calmer les haines religieuses.— Divisions du conseil du roi sur la liberté de conscience. — Nouveaux conflits entre les catholiques et les réformés. — Disgrâce de Lhopital. — Difficultés éprouvées par Henri IV pour la publication de l'édit de Nantes. — Ordonnances rendues pour la répression des délits de la presse. — Édits somptuaires. — Obligation pour les chefs de famille de délivrer des certificats de moralité aux domestiques ayant quitté leur service. — Jeux de hasard, rigueurs que l'on déploye pour les abolir. — Régime intérieur des maisons garnies, leur police. — Clôture des maisons de prostitution. — Dispositions pénales contre les propriétaires et locataires qui souffriraient dans leurs habitations des filles publiques. — Mesures prises pour combattre le vagabondage et la mendicité. — Blasphémateurs. — Atteintes portées par les grands à la tranquillité publique. — Humeur querelleuse de certaines classes de la société. — Ordre aux habitants de Paris de déposer leurs armes à feu à l'hôtel de ville. — Législation sur les duels.

Sous le règne de Charles IX, le chancelier de Lhopital poursuivit avec persévérance, tant que sa voix put se faire entendre, dans les conseils de la couronne, l'œuvre de pacification qu'il avait commencée sous François II. Il essaya d'établir la concorde entre les catholiques et les réformés, en faisant à chaque communion les concessions qui lui paraissaient propres à faire naître entre elles une tolérance mutuelle; mais son attente fut trompée. Les convictions étaient trop ardentes des deux côtés et les hostilités trop récentes, pour que des cultes fondés sur des doctrines opposées pussent subsister ensemble, lors surtout que les enseignements de la réforme étaient réputés sacriléges par les catholiques et les seuls conformes à l'Évangile par les protestants. Il était difficile que des masses d'hommes professant des opinions aussi tranchées sur des matières que l'Église romaine avait, d'ailleurs, la prétention de régler avec une autorité absolue et infaillible, pussent transiger, à cet égard, d'une manière durable. La fatalité des temps et les passions aveugles qui animaient les partis y mirent un obstacle invincible.

On en jugera par l'analyse des édits eux-mêmes. Le premier défendit à tous les citoyens de troubler ou d'injurier qui que ce fût sous prétexte de religion. Il pardonna aux réformés leurs fautes passées à condition qu'ils n'assisteraient à aucune assemblée publique, avec ou sans armes, et qu'ils ne feraient partie d'aucune réunion privée où l'on se livrerait à d'autres exercices religieux que ceux qui sont usités dans l'Église catholique.

Le droit de connaître des accusations d'hérésie fut attribué aux évêques, malgré les efforts du cardinal de Lorraine qui méditait depuis longtemps le projet d'introduire en France le tribunal de l'inquisition, dans l'espoir de dompter plus sûrement la réforme. La peine du bannissement fut substituée à la peine de mort [1].

Un autre édit convia de nouveau tous les chrétiens à la concorde et proscrivit les qualifications irritantes de papiste et de huguenot. Ce dernier nom demeura, en effet, aboli; mais les esprits ne cessèrent pas d'être agités, comme auparavant, par les dissidences religieuses [2].

Lhopital, auteur de ces tentatives de rapprochement qui n'étaient encore qu'un acheminement vers la liberté de conscience, fit adopter enfin un nouvel édit qui aurait pu fonder cette liberté, si ses dispositions mêmes ne montraient toute la grandeur du mal qui l'avait rendu néces-

---

[1] Fontanon, *Ordonn.*, juillet 1561, t. IV, p. 264. — [2] *Ibid.*, octobre 1561, même tome, p. 265.

saire et toute la difficulté de le guérir. Les protestants étaient autorisés à pratiquer leur culte partout, excepté dans les villes. Il leur était enjoint de rendre au clergé catholique les églises, les reliques, les ornements et les biens dont ils s'étaient emparés par violence. Ils ne pouvaient tenir aucun synode ni consistoire hors la présence d'un officier du roi. Enfin, les ministres des cultes réformés devaient s'engager à ne rien enseigner de contraire au concile de Nicée, au symbole et aux livres de l'Ancien et du Nouveau Testament [1].

Cet édit, dont la durée était subordonnée à la décision du concile de Trente, n'était que provisoire. Malgré cette restriction, le parlement de Paris opposa une forte résistance à l'enregistrement d'un acte qui lui semblait introduire dans l'ordre religieux une tolérance inusitée, et qui, d'ailleurs, était contraire aux principes rigoureux qui avaient dicté, jusque-là, ses arrêts contre les réformés. Ce n'est qu'après trois lettres de jussion qu'il consentit à l'enregistrement [2].

Tandis que le parlement protestait contre le nouvel édit comme étant trop favorable aux réformés, ceux-ci se récriaient contre son insuffisance et invoquaient le droit d'exercer leur culte dans les villes aussi bien que dans les campagnes. Ils ne s'apercevaient pas ou ils ne voulaient pas s'apercevoir que cette exception ne pouvait être que momentanée, et qu'elle cesserait du jour où les passions ne se mêleraient plus aux questions religieuses et où la diversité des cultes ne serait pas incompatible avec la paix publique. Malheureusement le conseil du roi était partagé sur la question même de la liberté religieuse : la partie modérée du conseil, à la tête de laquelle se trouvait le chancelier, voulait organiser prudemment et par degrés cette liberté ; mais l'autre partie, dirigée par le cardinal de Lorraine, répugnait

---

[1] Fontanon, janvier 1561, t. IV, p. 267.
[2] De Thou, liv. XXIX.

à traiter avec l'hérésie et aurait voulu la soumettre par la force; c'est pourquoi elle n'approuva qu'avec peine l'édit qui lui fut arraché par Lhopital.

La régente, dont le caractère astucieux ne connaissait de loi que l'intérêt de sa domination, entretenait des intelligences dans tous les partis et semblait alors pencher vers celui de la maison de Lorraine. On savait, d'ailleurs, qu'une alliance récente avait été conclue par elle avec l'Espagne, et que le duc d'Albe, ce terrible ennemi de la réforme, avait donné à Médicis des conseils tout à fait opposés à l'esprit de justice et de modération qui avait inspiré, depuis quelques années, les mesures de son gouvernement. Le parti protestant prit donc de nouveau les armes, craignant d'être dépouillé des faibles garanties qui lui avaient été accordées par tant d'édits solennels. Lhopital voulut tenir tête à l'orage et défendre tout ensemble la liberté de conscience et l'autorité du roi contre les partis; il s'interposa entre eux dans l'espoir de prévenir l'effusion du sang; mais malgré les marques de respect qu'il reçut des chefs protestants, il comprit qu'un choc était inévitable et la bataille de Saint-Denis ne tarda pas à justifier son pressentiment. On fit la paix après un combat sanglant où le connétable de Montmorency, l'un des partisans les plus acharnés de l'extirpation de l'hérésie, fut blessé mortellement. Toutefois, cette paix ne fut pas plus durable que les précédentes. Les ennemis du chancelier s'étant insinués peu à peu dans l'esprit de la régente, celle-ci, aidée du cardinal de Lorraine, parvint à détruire le crédit dont Lhopital jouissait encore auprès du roi et sa disgrâce fut décidée.

La retraite de ce grand homme fut le signal d'une politique haineuse et féroce qui, après s'être souillée d'un épouvantable massacre et de tous les excès de la guerre civile, vint aboutir à l'édit de Nantes, édit qui permit enfin à la nation de respirer et de cicatriser ses plaies. Il n'appartenait qu'à Henri IV, né protestant et converti au catholicisme depuis son avénement à la couronne, de calmer les discordes religieuses et d'asseoir pour longtemps sur des bases solides la paix qui devait soumettre à une égale obéissance des partis qui tendaient, par leur antipathie, à former deux peuples séparés dans l'État et à vivre sous des autorités différentes.

L'édit de Nantes déclara que nul ne pouvait contraindre un protestant à faire un acte religieux contraire à sa croyance. Le culte public de la religion réformée fut autorisé partout, excepté à Paris et dans sa banlieue. L'esprit encore effervescent de la multitude dans la capitale exigeait momentanément cette pénible et dernière concession à la religion du plus grand nombre. Afin de garantir aux protestants une impartiale distribution de la justice, il fut créé au parlement de Paris une chambre mi-partie de conseillers catholiques et protestants, ainsi que dans plusieurs autres parlements du royaume [1].

Cet acte réparateur ne fut publié qu'un an après sa signature, tant étaient profondes les racines que l'intolérance avait jetées dans les cœurs. Il fallut négocier avec la chambre des comptes et la cour des aides pour vaincre leur répugnance, et le roi fut obligé de mander au Louvre des députés de chaque chambre du parlement pour les déterminer à consentir à l'enregistrement de l'édit.

Après l'assassinat de Henri IV, la nation, qui avait goûté pendant dix ans les bienfaits de la tolérance, réclama d'une commune voix et obtint de Louis XIII la confirmation du grand acte de politique et de justice qui avait assuré dans toute la France la tranquillité publique auparavant si précaire [2]. Cependant, les chefs les plus accrédités des protestants, enhardis par la faiblesse d'une minorité et par l'espoir de satisfaire leurs vues ambitieuses, abusèrent du zèle aveugle de leurs coreligionnaires et les précipitèrent dans la révolte. Le pouvoir commença par traiter avec eux, mais

---

[1] Fontanon, *Ordonn.*, avril 1598, t. IV, p. 361 et suiv. — [2] *Ibid.*, 22 mai 1610, même tome, p. 1207.

il finit par opposer la force à la force et par les réduire à l'obéissance.

Le conflit des ambitions et des doctrines religieuses imprima une activité extraordinaire à la liberté d'écrire. Dans les temps de crise qui furent si fréquents alors, cette liberté donna lieu à des excès condamnables, qui furent réprimés avec plus ou moins d'énergie, selon qu'ils pouvaient compromettre l'intérêt de la religion ou celui du gouvernement. Il existait toujours deux censures : l'une ecclésiastique, chargée de l'examen des livres religieux, et l'autre laïque, à qui l'on avait remis le soin d'apprécier les écrits littéraires et politiques. Il n'est pas inutile de remarquer que jusqu'à Charles IX les condamnations capitales qui reçurent leur exécution ne furent prononcées que contre des *crimes* d'hérésie, qu'il ne faut pas confondre avec les délits de la presse.

Les dispositions législatives rendues depuis pour la répression de ces délits ont été très sévères; mais on doit convenir qu'en réalité cette sévérité fut plus comminatoire que réelle. L'autorité avait embrassé dans ses prévisions tout ce qui pouvait influer sur l'opinion, placards, libelles, *cartes* et *peintures;* les caricatures étaient d'autant plus redoutables qu'elles mettaient les produits de la presse à la portée d'un peuple qui ne savait pas lire. Les imprimeurs et les colporteurs d'écrits prohibés étaient passibles, pour la première fois, de la peine du fouet, et en cas de récidive, de la peine capitale [1].

Déjà les almanachs, les livres de pronostications, de prophéties et d'astrologie judiciaire avaient excité la vigilance du gouvernement, qui les avait soumis à l'examen de l'évêque. Ils ne pouvaient paraître sans l'approbation des censeurs commis par la faculté de théologie; les contreve-

---

[1] Fontanon, *Ordonn.*, 17 janvier 1561, art. 13, t. IV, p. 267. Arrêt du 15 janvier 1561. Leber, *De l'état réel de la presse*, p. 16.

nants étaient passibles d'emprisonnement et d'une amende arbitraire [1].

On résuma dans une nouvelle ordonnance les plus grandes rigueurs déployées dans les précédentes. La loi sévit désormais non seulement contre les imprimeurs et distributeurs de toute espèce d'écrits en prose ou en vers publiés sans la permission du roi, mais contre leurs auteurs ; les coupables devaient être *pendus et étranglés*, sans acception d'état ni de condition. Mais la force morale qui seule constitue le frein que la loi porte avec elle, manquait à celle-ci, parce qu'elle punissait sans discernement et sans mesure, et que, d'ailleurs, les partis dévoués à la défense d'un principe ou aveuglés par les passions sont plutôt irrités que désarmés par la terreur des peines [2].

La célèbre ordonnance de Moulins, qui s'était proposé particulièrement de prévenir la distribution des pamphlets, étendit par un article spécial la rigueur des lois à toutes les personnes qui, ayant en leur possession un écrit prohibé, ne l'auraient pas détruit dans les trois mois de la publication de l'ordonnance. Afin d'assurer l'exécution de cet article, le recteur de l'université ou son délégué, assisté d'un commissaire de police, fut autorisé à se transporter dans les colléges pour en visiter les papiers et les livres. Les mêmes recherches eurent lieu chez tous les libraires [3]. Du reste, le parlement, investi du pouvoir réglementaire, faisait fléchir ces sortes de lois suivant les circonstances ; il admonestait dans beaucoup de cas l'inculpé avant de le punir.

Un arrêt de cette compagnie défendit plus tard l'impression, la vente et la distribution de tous écrits anonymes, et ordonna aux imprimeurs et libraires de ne point s'établir ailleurs que dans le quartier de l'université, au-dessus de

---

[1] Fontanon, *Ordonn.*, janvier 1560, art. 26, t. IV, p. 240, et mai 1579, art. 35, même tome, p. 241. — [2] *Ibid.*, *Ordonn.*, 10 septembre 1566, même tome, p. 375. — [3] *Ibid.*, *Ordonn.*, février 1566. même tome, p. 376.

Saint-Yves[1]. Plusieurs années après, les relieurs furent également relégués dans le même quartier. On interdit à ceux-ci et aux premiers de tenir plus d'une boutique. Toutefois le Palais fut ouvert au commerce de la librairie par une sorte d'exception, à cause des besoins de la magistrature et du barreau. Les gens de qualité qui possédaient chez eux une imprimerie reçurent l'ordre de la supprimer[2].

Enfin une ordonnance de Louis XIII décida qu'il serait fait de tout manuscrit destiné à l'impression deux copies, dont une, portant l'avis original des censeurs, serait déposée dans les bureaux du garde des sceaux, et dont l'autre, certifiée conforme à la première, serait remise au libraire ou à l'imprimeur, avec permission d'imprimer[3].

Dans les états généraux d'Orléans, convoqués par Charles IX, la question des subsides souleva de vives censures contre les mœurs et le luxe du clergé, des gens de justice, des traitants et des financiers. Le gouvernement essaya, par une ordonnance, de mettre des bornes à l'extension toujours croissante du luxe. Il interdit aux cardinaux et aux prélats toute recherche et tout ornement dans leurs vêtements, et détermina les étoffes dont ils pourraient faire usage chacun selon son rang dans la hiérarchie. Le costume des gens d'Église ordinaires fut également réglé. La noblesse, la magistrature, l'administration, la bourgeoisie, les artisans, et jusqu'aux serviteurs et laquais, tous furent soumis, quant à leur habillement, à des prohibitions auxquelles ils durent se soumettre, et à des limites qu'ils ne pouvaient franchir. Mais les troubles civils ne permirent pas d'exécuter cette réforme[4]. Le chancelier de Lhopital, ayant été placé depuis à la tête du conseil du roi, entreprit de la réaliser, après avoir calmé les passions et rétabli la paix dans l'État. Il fit publier un édit somptuaire plus com-

---

[1] Arrêt du 1er avril 1620, collection Lamoignon, t. II, p. 6.
[2] Arrêt du 21 décembre 1630, collection Lamoignon, t. II, p. 404.
[3] *Recueil de Néron*, ordonnance de janvier 1629, t. I, art. 52, p. 797.
[4] Delamare, t. I, p. 421. Fontanon, *Ordonn.*, 22 avril 1561, t. I, p. 984.

plet que le précédent, et qui reçut plus tard des additions, par suite de l'omission de certains objets de luxe que l'on ne jugea pas convenable de tolérer.

Il fut défendu aux tailleurs, brodeurs et chaussetiers de travailler aux ouvrages frappés de prohibition, sous peine d'encourir l'amende, et, en cas de récidive, la flagellation avec une amende double de la première. Les marchands qui avaient vendu à crédit des étoffes prohibées ne pouvaient exercer aucune action en justice contre leurs débiteurs. Quiconque se montrait en public avec un habillement ou des objets de parure contraires aux ordonnances, était arrêté et traduit en justice pour être puni de sa contravention. Cette peine consistait dans la confiscation de la chose saisie et dans une amende convertie en détention du contrevenant, quand celui-ci ne pouvait l'acquitter sur-le-champ [1].

Le parlement appelé à enregistrer l'ordonnance de réformation sur le luxe, rendue par Charles IX, demanda au roi que les carrosses fussent compris au nombre des objets prohibés [2].

Les dissensions qui troublèrent les premières années du règne de Henri III, ôtèrent à l'administration les moyens d'assurer l'exécution des ordonnances contre le luxe. La ligne de démarcation que l'on avait tracée entre chaque classe fut effacée par la vanité et l'insubordination de tous. Quand le calme revint, il fallut prendre de nouvelles mesures pour remettre en vigueur les prohibitions contenues dans les édits, et quoique ces prohibitions eussent été considérablement restreintes, le public, d'accord, en ce point, avec le commerce, mit tout en œuvre pour les éluder. L'industrie manufacturière, opprimée par une économie mal entendue et contraire aux véritables lois de la production des richesses, ne se lassait pas plus d'aiguillonner la vanité

---

[1] Fontanon, *Ordonn.*, 17 janvier 1563, t. I, p. 986.
[2] Delamare, t. IV, p. 436.

des consommateurs, par l'élégance et la diversité de ses produits, que le gouvernement ne se lassait de réprimer les atteintes portées à ses prescriptions. A mesure qu'une étoffe ou un ornement était proscrit, il était aussitôt remplacé par un autre qui l'égalait en luxe et en valeur [1].

Henri IV encouragea, par instinct, le progrès des arts et des manufactures, et aurait protégé la liberté du commerce malgré le système prohibitif qui régnait alors dans l'esprit des hommes d'État, si Sully, infatué de ce système, et voulant faire prévaloir, pour obéir aux idées reçues, l'agriculture sur l'industrie manufacturière, n'avait amené le roi à adopter les doctrines qui imposaient des restrictions aux jouissances du luxe, afin de subvenir aux besoins du trésor [2].

Louis XIII, fidèle à la tradition des lois somptuaires, se montra prohibitif autant qu'aucun de ses prédécesseurs. Il interdit l'usage de l'or et de l'argent, non seulement dans tout ce qui touche à la parure, mais dans la confection des carrosses alors fort à la mode, dans la décoration des appartements et dans les ornements des meubles qui les garnissaient. Il proscrivit aussi les gros ouvrages d'orfèvrerie; ces prohibitions furent sanctionnées par des amendes excessives, ou par la destruction des marchandises saisies. Les classes riches se rejetèrent alors sur des modes importées de l'étranger, telles que les points coupés, les broderies et les dentelles de fil, qui furent à leur tour frappés d'interdiction [3].

Les mêmes considérations, c'est-à-dire la détresse des contribuables et les profusions de la noblesse ou des gens riches, firent assigner aux dépenses de table, sous les rois que nous venons de citer, des limites précises qu'il n'était pas permis d'excéder. Le maintien de ces limites, posées par plusieurs ordonnances, obligea le législateur à déter-

---

[1] Fontanon, *Ordonn.*, 24 mars 1583, t. I, p. 993. — [2] *Ibid.*, juillet 1601, t. I, p. 996.
[3] Delamare, *Ordonn.*, mars 1613, t. I, p. 305, Isambert, janvier 1629, t. XVI, p. 264. Voir les autres édits publiés par Louis XIII.

miner le nombre des services d'un repas ou d'un festin, et celui des plats dont chaque service pouvait être composé. Les convives qui n'avaient pas dénoncé les infractions dont ils avaient été témoins, étaient sujets à une amende de quarante livres. Les officiers de justice, dans le même cas, devaient quitter la table de leur hôte, et poursuivre les contrevenants. La rigueur des règlements s'étendait sur les cuisiniers eux-mêmes : les commissaires de police avaient le droit de pénétrer dans les maisons pour veiller à l'exécution des ordonnances [1].

L'usage de réglementer les repas finit avec le règne de Louis XIII.

La nécessité de fortifier l'ordre moral, et de garantir la sécurité intérieure des familles, donna lieu à une coutume qui s'est perpétuée jusqu'à nous, mais qui n'a presque plus de cours aujourd'hui, quoique son utilité n'en soit pas moins réelle : c'était d'astreindre les maîtres de maison à délivrer aux domestiques sortant de chez eux un certificat propre à éclairer le public sur la moralité de ceux-ci [2].

La passion du jeu fut combattue avec une énergie inflexible. Les jeux de paume furent interdits. L'argent et les bijoux perdus aux jeux de hasard par des mineurs pouvaient être réclamés en justice par ces derniers, ou par leurs parents, tuteurs et curateurs ; les dettes que des majeurs avaient eux-mêmes contractées dans une maison de jeu, pour satisfaire leurs passions, n'étaient susceptibles d'aucune poursuite judiciaire, non plus que les promesses et obligations souscrites dans le même but [3].

Les propriétaires des maisons où l'on donnait à jouer furent considérés comme responsables des pertes faites chez eux ou chez leurs locataires, et la loi enjoignit aux

---

[1] Fontanon, *Ordonn.*, 23 janvier 1563, t. I, p. 942 ; février 1573, t. I, p. 993. Isambert, janvier 1629, t. XVI, p. 264-265.
[2] Arrêt du 21 février 1565, collection Lamoignon, t. VIII, p. 159.
[3] Delamare, *Ordonn.*, février 1566, t. I, p. 489. Fontanon, *Ordonn.*, mars 1577, t. I, p. 952.

officiers de police, informés de l'existence d'une assemblée de joueurs dans un lieu public ou dans une maison particulière, de se transporter immédiatement dans cette assemblée, et de se rendre maîtres, non seulement de la personne des joueurs, mais de l'argent, des valeurs et des objets précieux exposés au jeu. Des poursuites correctionnelles étaient ensuite dirigées et contre les joueurs et contre les propriétaires et locataires qui les avaient reçus.

La responsabilité des propriétaires fut aggravée encore, et la sévérité des nouvelles peines portées contre eux annonçait l'insuffisance des moyens de répression employés jusque-là par le gouvernement. Ces peines méritent d'être connues. Le propriétaire convaincu d'avoir toléré des jeux de hasard dans sa maison, était réputé infâme; il ne pouvait disposer de ses biens par testament, ni exercer aucun emploi public. Il était banni de la ville témoin de sa contravention, et dans le cas où les joueurs auraient continué leur réunion chez lui pendant six mois sans interruption, sa maison devait être confisquée, sauf son recours contre le locataire qui aurait reçu ou favorisé ces assemblées. Toute personne convaincue d'avoir fait partie trois fois de celles-ci était également notée d'infamie et déclarée incapable de tester.

L'autorité assujettit les artisans tenant hôtellerie, maisons garnies, ou cabaret, à n'exercer leur industrie qu'après en avoir obtenu l'autorisation par écrit. Il leur fut défendu de recevoir aucun habitant domicilié, afin de prévenir de la part de ceux-ci des dépenses inconsidérées; toutefois, on excepta de cette mesure la population flottante; mais comment distinguer ces deux classes d'habitants, à moins de les soumettre à une sorte d'inquisition? Dans le vrai, la mesure en elle-même créait plus d'embarras pour les ouvriers domiciliés, qu'elle n'offrait d'avantages à leurs familles; car ceux-ci, obligés de travailler le plus souvent à de grandes distances de leurs demeures, ne pouvaient, sans perdre un temps précieux, être contraints d'aller prendre leur repas dans leurs foyers, quand ils le trouvaient à proximité du lieu où leurs bras étaient occupés [1]. Cette mesure était donc mal entendue ; aussi elle fut constamment éludée.

Ces dernières dispositions, malgré leur extrême sévérité, furent exécutées, à Paris, avec une ponctuelle exactitude [2].

Avant que la loi eût attribué formellement au lieutenant civil du Châtelet la direction exclusive de la police, sous l'autorité immédiate du prévôt, les diverses branches du service de sûreté étaient assujetties à des dispositions générales, dont le parlement recommandait sans cesse l'exécution par ses arrêts, mais qui demeuraient en quelque sorte stériles, faute de règlements spéciaux et détaillés. Le lieutenant civil comprit la nécessité de disposer fréquemment par voie réglementaire, et suivant les besoins que l'expérience lui faisait connaître, soit sur l'ensemble des services divers de la police, soit spécialement sur chacun d'eux. Il parvint de la sorte à éclairer la marche ténébreuse des malfaiteurs, à démêler leurs manœuvres et à suivre leurs pas, à l'aide de ses agents, dans les retraites qu'ils avaient coutume de fréquenter, et où ils trouvaient faveur et protection, par la connivence coupable des logeurs, qui leur en facilitaient l'accès à toute heure du jour et de la nuit.

Les maisons garnies étaient divisées comme elles le sont aujourd'hui, en plusieurs catégories. Le plus grand nombre de ces maisons était habité par des gens honnêtes, appartenant aux diverses classes de la société ; le reste, qui se composait de logis infimes et situés dans les rues les plus étroites, les plus sales et les plus écartées, servait en général de refuge aux vagabonds, ou gens sans aveu, aux mendiants et aux malfaiteurs de profession.

Chaque maison garnie devait être annoncée au public par un écriteau ou une enseigne apparente. L'hôtelier ou

---

[1] Delamare, arrêt d'avril 1579, t. III, p. 730.
[2] Isambert, *Ordonn.*, 30 mai 1611, t. XVI, p. 16-20. Delamare, *Ordonn.*, 20 décembre 1612, t. I, p. 490 ; 15 janvier 1629, p. 491.

le logeur n'était autorisé à exercer son industrie par le lieutenant civil, qu'après avoir justifié de sa bonne moralité, et donné caution de remplir fidèlement les devoirs de son état. Il était assujetti à tenir un registre sur lequel il devait inscrire, jour par jour, les noms et qualités de ses locataires, des personnes de leur suite, le lieu de leur résidence habituelle, et la durée du séjour qu'ils comptaient faire à Paris ; un extrait de cette inscription était envoyé, dans la journée, au commissaire de police, sous les yeux duquel on mettait le registre contenant l'inscription originale. On logeait dans les maisons garnies au mois, à la semaine, à la journée ou à la nuit. Le logeur ne pouvait recevoir personne après dix heures du soir, et avant quatre heures du matin. Le commissaire de police de chaque quartier devait visiter les maisons garnies, au moins une fois par semaine, dans l'intérêt du bon ordre et de la salubrité [1].

Dans l'assemblée des états généraux, tenus à Orléans, on résolut de poursuivre la clôture des maisons publiques de prostitution, tolérées depuis trois siècles. Une ordonnance royale, de 1560, proscrivit à Paris tous les mauvais lieux connus. Mais la prostitution fut loin cependant d'être abolie ; ne pouvant plus se produire, même sous le contrôle de l'autorité, elle essaya, pour continuer son infâme commerce, de tromper les regards de celle-ci, en se cachant. La prostitution clandestine fit renaître les inconvénients, les excès et les crimes qui s'étaient manifestés sous saint Louis, et qui obligèrent ce monarque de substituer aux rigueurs qu'il avait d'abord déployées contre les filles publiques, le régime de tolérance qu'un vœu imprudent des états venait de faire supprimer. Les propriétaires des maisons qui donnaient asile à des femmes de mauvaise vie furent condamnés à des amendes ruineuses, égales à la valeur d'un an à trois ans de loyer de toute la maison. Les prostituées,

---

[1] Delamare *Ordonnance de police*, 30 mars 1635, t. I, p. 137, collection Lamoignon. Ordonnance de police du 26 novembre 1639, t. XI, p. 1100.

convaincues de désobéissance aux règlements de police, étaient bannies de la ville, après avoir eu la tête rasée ; mais la prostitution en elle-même ne fut point extirpée ; on en jugera par les mesures prises sous le règne de Louis XIV [1].

Les vagabonds et les mendiants, cette excroissance parasite des grandes villes, inquiétaient toujours la population laborieuse et réglée de Paris, et l'autorité plus encore que la population.

Les bons pauvres étaient secourus par des bureaux de charité établis dans l'étendue de chaque paroisse. Les fonds sur lesquels les secours étaient assignés provenaient de quêtes faites dans les églises ou d'une taxe spéciale imposée aux habitants. Nul ne pouvait prétendre aux secours dont les bureaux de bienfaisance disposaient s'il n'était né à Paris ou sur le territoire de la vicomté, et hors d'état de travailler. Les mendiants valides et étrangers devaient quitter la ville, sous peine d'être envoyés aux galères. La loi punissait d'une amende quiconque faisait publiquement l'aumône. Les pauvres ne pouvaient parcourir les rues, ni stationner aux portes des églises, soit debout, soit couchés. Il leur était interdit de se faire porter dans des lits ou grabats pour mendier [2].

Les efforts tentés par le gouvernement pour extirper le fléau de la mendicité dans la capitale ayant été infructueux, on eut la pensée, sous Louis XIII, d'enfermer dans des hospices, ou plutôt dans des maisons de travail, tous les vagabonds des deux sexes dépourvus de moyens d'existence et vivant du produit de la mendicité. On n'excepta de cette mesure que les mendiants étrangers à Paris, c'est-à-dire ceux qui n'y étaient pas domiciliés depuis longues années. Les maisons servant de dépôt furent choisies, l'une dans le faubourg Saint-Victor, où l'on renferma les mendiants va-

---

[1] Isambert, ordonnance de janvier 1560, t. XIV, p. 88. Delamare, *Ordonn. de police*, 19 juillet 1619, t. I, p. 525-526.
[2] Arrêts du 28 août 1562 et du 22 décembre 1565, *Collection Lamoignon*, t. VIII, p. 19 et 226.

lides ; l'autre dans le faubourg Saint-Marcel, qui servit de retraite aux femmes, aux filles et aux enfants malades au-dessous de huit ans; et la troisième dans le faubourg Saint-Germain, où furent reçus les hommes et les femmes atteints de maladies incurables, et qui les mettaient dans l'impossibilité de travailler. Les hommes valides furent employés à moudre du blé dans des moulins à bras, à faire de la bierre, à battre du ciment ou à d'autres ouvrages pénibles. Les femmes, les filles et les enfants s'occupaient à tricoter des bas, à faire des boutons et d'autres menus objets dont il n'existait à Paris aucun métier juré. Les malades étaient portés et traités à l'Hôtel-Dieu [1].

Le parlement ayant ordonné l'exécution immédiate du règlement destiné à l'administration de ces établissements, on y enferma, dans moins de huit jours, la plus grande partie des mendiants de Paris. Les *gros gueux* et les *caïmans*, qui demandaient l'aumône l'épée au côté et le collet empesé, s'éclipsèrent comme par enchantement [2]. L'ordre et la discipline furent maintenus avec fermeté pendant quelques années dans chaque maison ; mais, en 1618, les administrateurs eurent à réprimer plusieurs révoltes parmi les mendiants valides : ceux-ci, n'ayant pu recouvrer leur liberté par la violence, furent plus heureux en recourant à la ruse et à la corruption. Ils gagnèrent quelques gardiens, qui favorisèrent leur fuite, et ils résistèrent avec succès à un petit nombre de sergents, lesquels voulaient les faire rentrer de force dans la maison de répression d'où ils s'étaient évadés. Le parlement renouvela ses défenses à l'égard de la mendicité. Cependant, soit manque de fonds, soit mauvaise administration, les dépôts de mendicité ne tardèrent pas à se dissoudre [3].

L'administration, ayant remis en vigueur les anciens rè-

---

[1] Règlement sur les hôpitaux affectés aux mendiants, 27 août 1612, *Collection Lamoignon*, t. X, p. 727.
[2] Arrêt du 15 septembre 1612, *Collection Lamoignon*, t. X, p. 786.
[3] Arrêt du 3 avril 1618, *Collection Lamoignon*, t. X, p. 1019.

glements, se bornait à les appliquer tant que sa sollicitude n'était pas fortement excitée par les plaintes des habitants ou par des conjonctures difficiles ; mais sitôt que les délits et les crimes se multipliaient, ou que le mauvais état des récoltes faisait renchérir les denrées, elle ordonnait aux vagabonds et aux mendiants valides de justifier, dans les vingt-quatre heures, de moyens d'existence certains, ou de quitter la ville ; et s'ils ne se conformaient pas à cette injonction, ils étaient arrêtés et conduits aux galères. Les femmes qui se trouvaient dans le même cas étaient flagellées et bannies.

Les ouvriers manquant de travail ne pouvaient eux-mêmes continuer d'habiter la capitale sans courir le risque d'être traités comme vagabonds. L'autorité redoublait de rigueur dans ces circonstances extraordinaires, soit pour diminuer le nombre des attentats qui pouvaient compromettre la sûreté publique, soit pour faire baisser le prix des subsistances, en délivrant la capitale de cette masse d'individus qui, sans produire et sans contribuer aux charges publiques, consommait une partie des ressources de la population par la mendicité ou par le vol [1].

Durant les règnes de Charles IX et de Henri III, les blasphémateurs durent se ressentir de la sévérité des peines décernées contre les hérétiques et en général contre tous ceux dont les actes tendaient à affaiblir le respect de la religion catholique. Une forte amende, le carcan et la perforation de la langue ou des lèvres, telles étaient les peines qu'encouraient les personnes convaincues d'un ou de plusieurs blasphèmes. Henri IV apporta quelque adoucissement à ces peines, et Louis XIII fut encore plus modéré sous ce rapport que son père [2].

En parlant de l'état moral du seizième siècle, nous avons

---

[1] Arrêt du 6 juillet 1632, *Collection Lamoignon*, t. XI, p. 473. Delamare, *Ordonnance de police*, 30 mars 1635, t. I, p. 137. *Collection Lamoignon*, t. XI, p. 629.

[2] Fontanon, *Ordonn.*, janvier 1560, t. IV, p. 340. Le même arrêtiste fait

fait observer que ce siècle avait été un des plus corrompus et des plus indisciplinés de l'ancienne monarchie. Le mal était d'autant plus profond et plus difficile à guérir qu'il avait sa racine dans les plus hautes régions de la société. Les princes et la noblesse en étaient infectés, et leur exemple affligeait ou corrompait de proche en proche les divers rangs de la société. Ils comptaient parmi leurs passe-temps l'orgie, le bruit et des excès qui ne sont usités que dans la classe méprisée et coupable des malfaiteurs.

Charles IX, le roi de Pologne, son frère, et le roi de Navarre, alors fort jeune et devenu depuis Henri IV, projetèrent un jour avec quelques favoris une partie de plaisir qu'ils transformèrent en orgie. Afin de mettre le comble à leurs déportements, les princes mandèrent à Nantouillet, prévôt de Paris, qu'ils iraient dans la soirée faire collation chez lui. Nantouillet, qui appréhendait les suites de cette visite, fit tout ce qu'il put pour en décliner l'honneur ou plutôt le danger; mais Charles IX ne voulut admettre aucune excuse et invita le prévôt à faire ses dispositions pour le recevoir avec sa compagnie.

Après la collation, les rois et leurs satellites firent main basse sur l'argenterie, forcèrent les coffres du malheureux prévôt, qui leur opposa une résistance inutile, et lui enlevèrent plus de cinquante mille francs. Ce crime, que ses auteurs ne regardaient que comme un mauvais tour, une fredaine de jeunesse, fut connu le lendemain de toute la ville, et la clameur générale obligea le premier président du parlement de s'en expliquer avec Charles IX, à qui il ne dissimula point que le public le désignait comme le fauteur et même comme un des complices du vol. Le roi s'indigna du soupçon qu'on avait osé faire planer sur lui dans cette circonstance et protesta qu'il était entièrement étranger à l'événement de la veille. Le premier président, charmé

---

mention des ordonnances publiées jusqu'à Louis XIII. On trouvera dans Delamare celles que ce monarque a rendues sur le même sujet.

d'apprendre que son souverain avait été calomnié, lui dit qu'il allait donner ordre qu'on informât et que justice serait faite des coupables. Le roi lui répondit aussitôt : « *Non, non, ne vous mettez point en peine de ce qui s'est passé; faites entendre seulement à Nantouillet que s'il voulait en demander raison, il aurait à faire à trop forte partie* [1]. »

Henri III, dont le déréglement surpassait celui de son frère, hantait les mauvais lieux avec ses mignons et y faisait des orgies. Il courait les rues accompagné par eux, et à la faveur des masques qui couvraient leurs visages, ils insultaient les passants par toutes sortes d'avanies. Pendant la nuit, ce prince aimait à se rendre souvent dans les hôtels de quelques gentilshommes complaisants, où l'on organisait à ses frais des fêtes divertissantes et de somptueuses collations. Là se trouvait réunie une société de mœurs équivoques. Les femmes y étaient accoutumées, ainsi que les hommes, à une licence élégante, et le peu de familles honnêtes qu'on y remarquait se virent quelquefois obligées de déserter les salons par respect pour la pudeur. Ces espèces de bachanales étaient familières à ce prince bizarre, qui croyait les faire oublier par des processions solennelles où il se montrait affublé d'un sac de pénitent [2].

Une sorte d'incandescence entretenue par les divers éléments de trouble qui divisaient les esprits animait les citoyens les uns contre les autres. Non seulement la noblesse se plaisait dans la turbulence, mais le goût du désordre avait gagné jusqu'à de jeunes magistrats qui, après avoir déposé la toge, à l'issue de l'audience, ceignaient l'épée comme les autres jeunes gens de leur âge et couraient les aventures la nuit, qu'ils passaient quelquefois au jeu. Les registres du parlement témoignent de la surveillance que les chefs de la cour exerçaient sur eux, et plus d'une fois des avis sévères vinrent les arrêter sur la pente du vice [3].

---

[1] L'Étoile, *Mémoires et journal*, t. I, 1re partie, p. 28, collection de Michaud et Poujoulat. — [2] *Ibid.*, t. I, p. 158-245. — [3] *Ibid.*, t. I. 2e partie, p. 443.

Les écoliers, les clercs, les pages et les laquais, artisans habituels des désordres qui troublaient la tranquillité publique, se formaient en troupes et se provoquaient dès qu'ils se rencontraient. Non seulement ils s'attaquaient les uns les autres, mais quand ces occasions leur manquaient, ils insultaient les passants et plusieurs osaient même leur enlever, comme des voleurs, leurs manteaux ou leurs chapeaux. Les habitants des faubourgs se battaient à coups de pierre. Paris, dans des conjonctures semblables, nous a déjà offert des désordres analogues [1].

Le prévôt de Paris s'étant concerté avec le gouverneur de cette ville et son lieutenant général, donna l'ordre aux habitants de déposer à l'hôtel de ville toutes les armes à feu dont ils étaient en possession, et défendit aux armuriers de n'en vendre qu'à ceux qui leur feraient connaître leurs noms et leurs demeures. Le désarmement ne s'étendit point aux armes blanches. Cette mesure fut prise afin de prévenir entre les partis des collisions plus sérieuses [2]. Les haines de religion étaient si vives qu'en cas de décès d'un protestant, ce dernier ne pouvait être inhumé que la nuit et sans autre suite que les sergents délégués pour protéger son convoi [3].

Les duels particuliers et collectifs s'accrurent d'une manière effrayante. Le désir de ménager le sang de la noblesse dans l'intérêt de la défense du pays et la sévérité des préceptes de la religion qui défendent à l'homme d'attenter à la vie de son semblable, firent interdire le duel sous peine de mort. Charles IX institua une espèce de tribunal d'honneur composé du connétable et des maréchaux de France, lequel fut saisi de la connaissance de toutes les querelles entre gentilshommes et autres pouvant donner lieu à des duels, et chargé d'ordonner envers l'offensé les satisfactions

---

[1] Arrêt du 18 février 1595, *Collection Lamoignon*, t. IX, p. 841. Arrêt du 12 avril 1630, *Collection Lamoignon*, t. XI, p. 357.
[2] Fontanon, *Ordonn.*, 21 décembre 1561, t. I, p. 651.
[3] Arrêt du 14 décembre 1563, *Collection Lamoignon*, t. VIII, p. 90.

nécessaires lorsque l'agresseur refusait de lui faire des excuses volontairement. Ce tribunal prononçait souverainement sur les différends nés dans le ressort de l'Ile-de-France et il connaissait par appel de ceux qui, dans les provinces, ayant été portés devant le gouverneur ou son lieutenant général, n'auraient pu être conciliés [1].

Sous Henri IV, la prohibition du duel fut sanctionnée par des rigueurs exercées non seulement contre les combattants, mais contre ceux qui interviendraient dans le différend, soit par la remise d'un cartel au nom de l'offensé, soit comme porteurs de paroles offensantes pour l'honneur d'autrui. Cette entremise étant réputée la cause occasionnelle du duel, le législateur punit celui qui en serait convaincu d'une prison perpétuelle, ou même de la peine de mort et de la confiscation d'une partie de ses biens. Le but essentiel de la loi étant de prévenir le duel par l'intervention du tribunal d'honneur, quiconque se croyait offensé devait porter plainte à ce tribunal et demander le combat. L'agresseur, cité sur cette plainte, était tenu de comparaître devant ses juges, en même temps que l'offensé. Si le propos ou l'acte qualifié offense était censé trop futile pour mériter ce nom, l'auteur de la plainte était renvoyé avec honte. Dans le cas, au contraire, où l'offense dénoncée aurait semblé assez grave au tribunal pour porter atteinte à l'honneur de celui qui l'aurait reçue, l'agresseur était suspendu pendant six ans de ses charges, honneurs et dignités, et s'il n'était revêtu d'aucune fonction publique, la loi le privait du tiers de son revenu pendant le même laps de temps. Enfin, dans le cas où il n'aurait joui d'aucun revenu, il devait être condamné à deux ans d'emprisonnement.

L'offensé qui, sans avoir demandé au tribunal l'autorisation de combattre, provoquait l'agresseur en duel, était déchu du droit de se mesurer, les armes à la main, avec son adversaire ni avec aucun autre, et ne pouvait obtenir réparation

---

[1] Fontanon, *Ordonn.*, février 1566, t. I, p. 665

de l'offense qu'il avait reçue. La personne provoquée qui, dans ce cas, n'aurait pas donné avis du cartel à l'autorité compétente et aurait accepté le combat, était privée de ses charges et emplois. Dans le cas où l'un des combattants aurait succombé, il était privé des honneurs de la sépulture et le survivant encourait la peine de mort. Si le duel n'avait été fatal ni à l'un ni à l'autre, ils n'en étaient pas moins passibles de la peine de mort ou de la prison perpétuelle, avec confiscation de la moitié de leurs biens.

Le législateur avait réservé toute sa sévérité envers les seconds qui auraient pris part au combat les armes à la main. Ils étaient poursuivis comme coupables de lèse-majesté au premier chef, et punis de la peine capitale et de la perte entière de leurs biens. Les particuliers qui auraient assisté au combat comme simples spectateurs étaient sujets à une peine plus ou moins forte, selon qu'ils s'y seraient rendus spontanément ou que le hasard les y aurait conduits [1].

Louis XIII usa, dans les commencements de son règne, d'une excessive sévérité envers les duellistes, parce que la fureur du duel ne connaissait plus de bornes. Il attribua la connaissance et la répression des duels aux parlements, à l'exclusion du tribunal d'honneur, et dans certains cas aux juges ordinaires. Il confondit tous les degrés de culpabilité dans l'application d'une même peine, et cette peine atteignit tous les condamnés dans leur vie comme dans leurs biens [2].

Les parlements renchérirent encore sur l'impitoyable rigueur d'une pénalité dictée par la colère plutôt que par la justice; mais le gouvernement recula devant l'exécution des sentences terribles qu'il avait provoquées, et après avoir franchi les limites immuables de la justice, il chercha, pour

---

[1] Fontanon, *Ordonn.*, avril 1602, t. I, p. 665. Isambert, *Ordonn.*, juin 1609, t. XV, p. 350 et suiv.

[2] Cauchy, *Du duel*, Édit d'août 1623 et arrêt du 24 avril 1624, t. I, p. 168-169.

ainsi dire, contre ses propres remords un remède dans l'impunité. Une amnistie, en jetant sur le passé le voile de l'oubli, le délivra des embarras qu'il s'était imprudemment créés et le ramena dans la voie frayée par les anciens édits.

L'édit qu'il promulgua eût produit des effets salutaires, s'il avait été exécuté avec fermeté; mais les vacillations du pouvoir donnèrent lieu à de nombreuses infractions [1].

Le roi ayant placé sa personne, ainsi que son royaume, sous la protection de la Vierge Marie, voulut consacrer cette circonstance mémorable par une procession solennelle. Tous les corps de l'État furent réunis à Notre-Dame. Les cours supérieures s'y trouvèrent. Au moment où la procession se mit en mouvement, le premier président de la chambre des comptes ayant élevé la prétention de marcher après le premier président du parlement de Paris, les présidents à mortier s'opposèrent à ce qu'aucun fonctionnaire, excepté le gouverneur de Paris, pût s'interposer entre eux et le chef de leur compagnie. Ce conflit donna lieu à un grand trouble occasionné par le choc des deux cours, dont les membres se gourmèrent les uns les autres. Le duc de Montbazon mit l'épée à la main, avec ses gardes, pour apaiser le désordre, et il ne fit que l'accroître. Les deux compagnies verbalisèrent chacune de leur côté; mais le roi ayant été averti de cette scandaleuse querelle, évoqua l'affaire [2].

---

[1] Isambert, *Ordonn.*, février 1626, t. XVI, p. 175 et suiv.
[2] Bassompierre, *Mémoires*, t. VI, 2ᵉ série, p. 355 et suiv.

TITRE QUATRIÈME.

DE LA POLICE DE SURETÉ, DE LA POLICE POLITIQUE ET DE L'ADMINISTRATION DES PRISONS.

CHAPITRE I.

DE LA POLICE DE SURETÉ.

Mesures de précautions imposées durant la nuit aux habitants de Paris.— Des filous connus sous le nom de *tireurs de laine* et de *coupeurs de bourse*. — Leurs manœuvres. — Comment ils se recrutaient— Associations et bandes. Noviciat et maîtrise des malfaiteurs. — Lieux habituellement fréquentés par les filous. — Récits de plusieurs vols singuliers. — Stratagèmes employés par les filous dans les églises. — Quêtes à domicile par de faux religieux. — Traits d'audace de ces derniers. — Vol curieux commis à la suite d'une partie de boule. — Autre espèce particulière de vol. — Rôle des indicateurs de vols. — Récit. — Détails sur l'organisation des bandes de voleurs et sur leur manière de vivre. — Escrocs qui volaient au jeu. — Amorces qu'ils employaient pour attirer des joueurs. — Voleurs de pierres précieuses. — Marchandises payées avec de la monnaie fausse. — Manége des voleurs pour arriver à leur but. — *Poire d'angoisse*, instrument à l'usage de certains voleurs. — Vols nocturnes dans les boutiques.— Les rougets et les grisons. — Assassins.

Nous nous sommes abstenu jusqu'ici de faire connaître les catégories et l'organisation des classes dangereuses à Paris, parce que nous manquions de renseignements précis et dignes de foi. Un auteur contemporain de Louis XIII a écrit *une histoire générale des larrons*, dont les premiers récits remontent au temps de Henri IV. Cette histoire porte un caractère de bonne foi et d'exactitude qu'il est impossible de méconnaître. Quiconque a étudié les habitudes et le genre de vie des malfaiteurs sera frappé de l'intelligence et de la véracité de cet historien. Les faits exposés dans ce chapitre ont été extraits, en grande partie, de son ouvrage.

Les rues de Paris n'étaient éclairées que l'hiver. Les habitants avaient la coutume de se retirer vers neuf heures du soir, et ceux qui sortaient à pied, après cette heure, pendant l'été, devaient, pour montrer au public que leurs desseins étaient inoffensifs, se munir, conformément aux règlements de police, d'une lanterne ou d'une lumière, qui ordinairement était une chandelle entourée d'une feuille de papier; mais cette précaution était généralement négligée.

Les malfaiteurs débutaient dans la carrière du crime par de petits vols. L'industrie des uns consistait à dérober des manteaux ou tous autres objets, et celle des autres à enlever de vive force, ou avec adresse, dans la poche des particuliers, leur bourse, qui renfermait leur argent. Les premiers étaient connus sous le nom de tireurs de laine, et les seconds sous celui de coupeurs de bourses, parce que celles-ci étant fixées dans la poche par des cordons, les malfaiteurs ne pouvaient s'en saisir qu'après avoir coupé les liens qui les y attachaient. Les filous, car les tireurs de laine et les coupeurs de bourse rentrent dans la catégorie des classes dangereuses, désignées par cette appellation, recherchaient la foule, ou se mêlaient aux curieux pour exercer leur coupable métier. Ils erraient aux abords des théâtres, et épiaient, à l'entrée ou à la sortie, les occasions de commettre quelque larcin. Ils se ménageaient souvent, dans ce but, des intelligences avec les domestiques des personnes qui aimaient à fréquenter les spectacles. Chaque bande avait un ou plusieurs recéleurs, à qui elle vendait le produit de ses larcins.

Le Pont-Neuf étant très fréquenté avait un vif attrait pour les malfaiteurs. Dès que la nuit était close, ils se distribuaient les rôles : les uns se tenaient au débouché des rues et des quais qui venaient aboutir aux extrémités ou au centre de ce pont, afin de reconnaître parmi les passants ceux qui pourraient leur faire espérer quelque bonne récolte ; ils étaient en outre chargés d'observer le mouvement des patrouilles du guet, pour prévenir toute surprise. Les autres étaient apostés non loin de la chaussée du pont, pour arrêter et dépouiller les passants qui leur étaient indiqués par les éclaireurs de la bande.

Lorsque Louis XIII fit élever sur le Pont-Neuf la statue équestre de son auguste père, la vue de cette image chérie excita longtemps la curiosité des habitants, et captivait chaque jour l'attention des provinciaux et des étrangers arrivés à Paris. Les groupes ou les curieux isolés qui contemplaient la statue étaient presque toujours entourés et pressés par des filous, qui les quittaient rarement sans emporter quelque butin.

La troupe légère des malfaiteurs, c'est-à-dire les filous, se recrutaient des éléments les plus divers ; ils comptaient parmi eux de mauvais sujets vivant dans l'oisiveté, et des repris de justice condamnés déjà pour vol, soit au bannissement, soit à la flétrissure ; une des peines infligées communément aux voleurs ou aux filous consistait dans l'amputation d'une oreille, et quelquefois de deux. Les condamnés frappés de cette dernière peine, qu'on appelait les essorillés, étaient d'ordinaire expulsés de la capitale, après avoir subi la mutilation d'où leur catégorie tirait son nom ; mais ils parvenaient aisément à se procurer des oreilles postiches, et au moyen de ce stratagème, ils rentraient sans difficulté à Paris, et y circulaient librement, parce que la cicatrice qui aurait pu éveiller l'attention des agents de l'administration et la défiance du public avait disparu par un habile artifice.

Les filous formaient entre eux des associations ou des bandes, placées chacune sous les ordres d'un chef. L'un d'eux, connu sous le nom de Petit-Jacques, et redouté non seulement à Paris, mais dans les villes et les campagnes voisines, à cause de son audace et de ses cruautés, vivait dans une défiance continuelle, qui le rendait mystérieux même à l'égard de ses compagnons les plus affidés; aucun d'eux ne connaissait le lieu de sa demeure, à Paris. Il les réunissait tous les soirs vers minuit, ainsi que le reste de sa bande, sous l'une des arches du Pont-Neuf. Là, dans un affreux conciliabule, favorisé par les ténèbres de la nuit, il réglait froidement les expéditions souvent sanglantes du lendemain, assignait à chacun son rôle, et ceux qui ne rapportaient aucun butin étaient sévèrement punis. Quelquefois Petit-Jacques, dont le caractère était d'une extrême violence, les tuait d'un coup de poignard et les jetait à la rivière. Les aspirants n'étaient réputés membres de l'association, à laquelle ils s'étaient affiliés, qu'après avoir été reçus maîtres. La maîtrise s'acquérait par quelque tentative périlleuse, ou par des apports nombreux à la masse commune [1].

Les lieux habituellement fréquentés par les filous, outre ceux que nous avons déjà cités, étaient les halles, la grand' chambre du parlement, la salle des pas-perdus qui la précédait, et les églises. La richesse et la variété des étalages qui faisaient de la foire Saint-Germain un lieu de délices pour le peuple et pour la cour, y attiraient aussi les gens de rapine, qui venaient y tendre leurs filets.

Un des larrons les plus déliés de Paris fut chargé, par sa bande, de dresser un jeune aspirant qui, nouvellement admis par celle-ci, avait couru les rues de la ville pendant quinze jours sans avoir versé une obole dans les mains de l'association. Le madré filou, suivi de son disciple, s'étant mis en quête, arrive au cloître Saint-Innocent, près de la grande halle. Ils virent une bonne vieille agenouillée sur une tombe, et priant avec un profond recueillement; le patron dit à son compagnon : voici le moment, mon ami, de gagner le titre de maître que tu ambitionnes. Il faut aller couper la bourse de cette femme en prière. L'autre, qui n'aurait pas hésité, s'il avait eu à tenter ce coup dans une foule,

---

[1] *Histoire générale des Larrons*, liv. I, chap. XXXV.

ne dissimule point les difficultés qu'il y avait à se saisir de la bourse d'une femme seule, et qu'il n'avait aucun motif d'aborder. Il résiste, mais le larron le presse, l'encourage, et le jeune homme dirige enfin ses pas du côté de la femme. Il vient se mettre à genoux à côté de celle-ci, qui, persuadée que son voisin n'avait, comme elle, d'autre motif que l'accomplissement d'un devoir religieux, poursuivit sa prière sans méfiance. Au bout de quelques instants, l'apprenti larron, soit irrésolution, soit remords, se retourne avec un air incertain vers son chef, qui lui fait signe impérieusement d'achever son entreprise. Le novice s'approche de plus en plus de la vieille, et ayant coupé avec dextérité les cordons de sa bourse, il se retire sans bruit nanti de celle-ci, et rejoint son compagnon, tout joyeux de la bonne issue de sa tentative.

Le maître filou regarde au fond de la bourse, et voyant qu'elle est fort peu garnie, il dit à son acolyte qu'il n'était pas encore digne de la maîtrise, et qu'il allait lui montrer un tour de son métier. Il le prend aussitôt par la main, et dit tout haut à la femme : Madame, voici un coupeur de bourses qui vous a dérobé. La pauvre vieille, jetant les yeux sur sa pochette, n'y trouva en effet que les cordons de sa bourse, et appela à son secours pour se la faire rendre. Cet esclandre amena sur les lieux quelques personnes, qui s'emparent du jeune homme, et le conduisent à coups de bâton hors du cloître, jusque dans la rue Saint-Denis. Bientôt il se forme un rassemblement considérable, lequel est augmenté par degrés des marchands voisins qui accourent de leurs boutiques. Dans la cohue occasionnée par ce mouvement, le vieux filou, dont la conduite n'avait eu d'autre but que d'assembler la foule, coupe quatre ou cinq bourses à autant de curieux ; l'un de ceux-ci s'aperçoit qu'il a été volé, et ayant cru reconnaître dans cet homme l'auteur des larcins dont plusieurs personnes se plaignaient, ainsi que lui, il se met sur ses traces, accompagné de quelques assistants. On l'arrête dans sa fuite, ayant encore une

5.

bourse dans sa main. Il est accablé de coups, et quelqu'un l'ayant pris par une oreille pour la lui couper, le filou se dégage vivement, et pendant qu'il se sauve à toutes jambes, le bourgeois qui n'avait pas lâché prise emporte l'oreille; mais celle-ci, ô prodige! n'était autre chose qu'un morceau de drap artistement façonné. Cependant le transfuge s'était dirigé vers la Grève, où l'on faisait une exécution. Arrivé là il s'enfonce dans la foule, et y trouve l'occasion d'enlever deux autres bourses.

Les deux filous se revirent le soir au logis où leur bande avait coutume de se réunir pour le partage du butin de la journée. Le novice accusa son ancien de l'avoir trahi; mais comme le mauvais tour dont il avait été victime avait été fructueux pour la masse, on se contenta de rire de son infortune et on le reçut maître [1].

Voici un nouveau trait qui témoigne de l'esprit inventif et subtil des filous.

Un gentilhomme poitevin, attiré à Paris par un procès, fut se loger chez son frère, avocat au parlement. Comme il se rendait souvent au Palais pour presser le jugement de son affaire, son frère le mit en garde par ses avertissements contre les nombreux filous qui fréquentaient journellement les diverses chambres du parlement ou qui stationnaient aux portes, à la fin des audiences, pendant que la foule des plaideurs ou des curieux s'écoulait dans la salle des pas-perdus et dans les galeries. Notre provincial avait si bonne opinion de lui-même qu'il semblait vouloir, par son assurance, mettre au défi les plus hardis filous. Son frère, ayant résolu de faire l'épreuve de sa prudence, parvint, à l'aide de l'entremise de personnes qu'il connaissait, à s'aboucher avec deux coupeurs de bourses, à qui il promit dix écus de récompense s'ils lui rapportaient dans huit jours la bourse de son frère, dont il leur fit connaître le signalement, le port et l'habit.

---

[1] *Histoire générale des Larrons*, liv. I, chap. XVII.

Les deux larrons eurent l'occasion, durant cet espace de temps, de rencontrer plusieurs fois au Palais le frère de l'avocat et même de le serrer de fort près; mais l'avisé plaideur se tenait sur ses gardes et il leur fut impossible de le surprendre. Cependant, un jour, s'étant adjoint un troisième compagnon, ils épièrent si bien les démarches du gentilhomme poitevin qu'au moment où il descendait de *l'affreuse grand'salle* dans la galerie des Libraires, ils l'accostent et le pressent avec rudesse. Le gentillâtre se retourne brusquement pour voir ceux qui le talonnent ainsi : il y avait des groupes considérables derrière lui. Les filous, qui le suivaient immédiatement, feignant d'être poussés, prirent leurs mesures pour le faire tomber par terre; mais aussitôt ils s'empressèrent autour de lui pour le relever avec beaucoup de soumission et de bienveillance : l'un lui tient le bras, l'autre le corps, et au milieu de toutes ces marques de civilité, le troisième, glissant légèrement la main dans sa poche, lui enlève sa bourse qui contenait bon nombre de pistoles. L'honnête plaideur, flatté des attentions dont il avait été l'objet, remercia beaucoup les personnes qui l'avaient relevé avec tant d'empressement. Celles-ci, s'étant rendues chez le jurisconsulte pour lui remettre la bourse de son frère, en reçurent la récompense promise.

Sur ces entrefaites, notre gentilhomme, ayant besoin d'argent pour payer une emplette qu'il venait de faire, s'aperçoit que sa bourse lui a été dérobée. Il va de tous côtés pour la retrouver, et ne peut s'imaginer comment il a pu être surpris. Enfin, plein de dépit et de honte, il retourne chez son frère. Il avait le cœur tellement navré qu'il était hors d'état d'articuler une parole. L'avocat, qui savait aussi bien que lui la cause de sa tristesse, joua fort bien son rôle. Plus son frère affectait de garder le silence sur les questions que sa sollicitude et son amitié lui inspiraient, plus il s'efforçait d'arracher de lui quelque confidence propre à faire cesser son anxiété.

L'heure du dîner vint couper court à cet entretien. On se mit à table; le gentilhomme ne put manger un seul morceau. Lorsqu'on fut au dessert, l'avocat prit un plat qui était couvert, et dit à son frère : « Il faut que vous man-« giez de ce fruit-ci ; j'espère qu'il vous rendra l'appétit. » Au même instant il découvre le plat, et le gentilhomme, voyant apparaître sa bourse, pousse un cri de joie. Il demande à son tour des explications sur les circonstances qui ont fait tomber cette malheureuse bourse entre ses mains, et l'avocat, pour satisfaire son impatience, lui raconte le stratagème qu'il avait mis en usage afin de rabattre sa présomption [1].

Les larrons, quoique rusés, avaient quelquefois affaire à des particuliers aussi habiles qu'eux. Un seigneur étant venu à Paris pour suivre une affaire importante qu'il avait à la cour, fut prié par un de ses amis qui habitait le même pays que lui de donner, durant son séjour dans la capitale, quelques soins à un procès dont le parlement était saisi. Un jour qu'il s'était rendu au Palais pour solliciter en faveur de son ami, il se trouva engagé dans un flux de curieux où sa bourse lui fut volée. Cette bourse contenait environ cent cinquante pistoles. Le gentilhomme avait d'autant plus de peine à se consoler de cette perte qu'il était très circonspect dans les lieux publics, et que, d'ailleurs, la somme qui lui avait été dérobée était considérable. Il jura donc de se venger. Il se rend chez un serrurier qui passait pour un ingénieux mécanicien et il lui commande une espèce de trébuchet qu'il pût placer dans sa poche et dont la structure fût telle que la main de celui qui toucherait les cordons de sa bourse restât au même instant captive par les étreintes de cette machine.

Le serrurier ayant servi à souhait le solliciteur trompé, celui-ci recommence ses courses au Palais avec une ardeur toute nouvelle et où, comme on le pense bien, la soif de

---

[1] *Histoire générale des Larrons*, liv. I, chap. XXII.

la vengeance avait encore plus de part que l'amitié. Il affectait les allures d'un curieux éventé et sans défiance, se mêlait aux groupes de la grand'salle et semblait par son abandon convier les filous à fouiller sans crainte dans ses poches. Ce manége n'eut aucun résultat pendant les premiers essais qu'il en fit; mais un matin qu'il avait été au Palais, suivant sa coutume, et qu'il regardait les portraits des rois de France qui ornaient la salle d'audience de la grand'chambre, il fut reconnu par un coupeur de bourses, qui dit à ses compagnons que celui à qui on avait pris depuis peu cent cinquante pistoles était à peu de distance d'eux.

Ceux-ci, excités par l'espoir d'une proie aussi riche que la première, envoient chercher le larron qui l'avait dérobée avec tant de succès. En attendant, ils suivent les pas du gentilhomme pour ne pas le perdre de vue, et dès que le filou arrive, ils le lui montrent du doigt et le décident à tenter sur lui un nouveau larcin. L'audience de la grand'chambre venait de finir. La foule se pressant à la porte, l'adroit filou, qui aperçoit le seigneur parmi les curieux, l'accoste avec prudence et introduit tout doucement la main dans sa poche; mais à peine a-t-il touché les cordons de la bourse qu'il convoitait, que son poignet se trouve arrêté par deux serres de fer. Le gentilhomme, averti de sa réussite par le bruit de la détente de la machine, fit semblant de ne pas voir le filou; il se promena de côté et d'autre suivi pied à pied par celui-ci, que la douleur empêchait de faire le moindre effort pour se dégager des entraves qui enchaînaient sa main. La honte que le larron éprouvait était égale à sa souffrance.

Cependant, le promeneur, ou plutôt le triomphateur, se retournait quelquefois et repoussait son prisonnier comme un importun. Ce dernier lui disait à voix basse et d'un ton suppliant : « *Monsieur, je vous en prie, ne m'humiliez pas « davantage.* » Mais celui dont il implorait la pitié paraissait ne pas entendre, et continuait paisiblement sa promenade.

L'attitude triste et honteuse du filou fixait sur lui tous les regards, et plusieurs, se doutant du piége dans lequel il était tombé, riaient de sa déconvenue.

Enfin, le gentilhomme, se retournant vers lui brusquement, lui dit avec un visage enflammé de colère : « *Pourquoi suivez-vous ainsi mes pas, monsieur le larron ?* » Le filou confus ne sachant que répondre, l'autre ajouta aussitôt : « *C'est toi, misérable, qui as pris ma bourse ; il faut que je te fasse pendre.* » A ces mots, le coupable se jette à ses genoux et promet de lui restituer l'argent qu'il lui a dérobé s'il consent à dégager sa main. Le seigneur ne voulut point le relâcher avant d'avoir été dédommagé de ce qui lui avait été pris. Le filou, ayant aperçu un de ses camarades, le pria de lui procurer la somme qui lui était nécessaire pour recouvrer sa liberté, et aussitôt qu'elle lui eut été remise, il la compta au seigneur qui lui avait donné une si rude leçon [1].

L'affluence considérable qu'attirait dans les églises la pompe des cérémonies religieuses durant les jours de fêtes solennelles ou la vogue de quelque prédicateur célèbre, donnait lieu à des vols nombreux. Les filous étaient distribués, les jours de grandes fêtes, par le chef de la bande ou de la brigade, dans les divers quartiers de Paris. Ils étaient formés en sections et l'on assignait à chacune d'elles une église. Les membres des diverses sections, en arrivant à leur poste, se rendaient en un certain lieu de l'église, où ils trouvaient une espèce de dé que le premier venu mettait sur le côté marqué d'un point. Celui qui arrivait le second le plaçait sur le deux, et ainsi de suite, jusqu'à ce que la section fût au complet.

Les filous expérimentés étaient, d'ordinaire, bien couverts ; ils portaient des habits de panne de soie, de drap d'Espagne. L'épée, qui était une marque de distinction, ne les quittait jamais. L'élégance du costume était à

---

[1] *Histoire générale des Larrons*, liv. I, chap. XVIII.

leurs yeux une sauvegarde, ou du moins un moyen de détourner le soupçon que les gens de leur sorte devaient naturellement inspirer. C'est, en effet, avec ces idées qu'ils pouvaient espérer de réussir dans des assemblées pareilles à celles dont nous venons de parler. Ils dérobaient isolément, ou de concert avec leurs compagnons, selon le besoin des circonstances.

Un larron italien, dont l'esprit était aussi entreprenant qu'ingénieux, avait mis en usage dans les églises un moyen singulier d'abuser les femmes qu'il avait le dessein de voler : il se plaçait à côté d'elles, tenant dans des mains artificielles un livre de piété où il paraissait lire très dévotement, et avec ses mains naturelles il coupait le cordon de la montre ou de la bourse de sa voisine pendant qu'elle priait sans nulle défiance. Ce stratagème, protégé par la coutume existant encore alors de porter des manteaux sur les habits, était parvenu à un tel degré de perfectionnement, qu'on saisit des filous porteurs de mains de bois gantées et à ressort. Il fut, du reste, la source de tant de vols, qu'à la fin, ayant excité la vigilance du public instruit de cette espèce d'embûche, il tomba dans un discrédit complet parmi les voleurs [1].

Les quêtes faites à domicile par les religieux appartenant aux divers couvents de Paris ou des environs furent le prétexte des vols les plus hardis. Le bandit redoutable que nous avons désigné tout à l'heure, Petit-Jacques, excellait avec une funeste habileté dans l'art de contrefaire certains religieux ; il en portait l'habit avec aisance ; ses manières reproduisaient toutes leurs allures, et son visage respirait une douceur grave et pleine de sérénité. Dans une de ses excursions autour de Paris, ayant commis un vol à main armée sur un religieux de l'ordre des minimes, de la province de Tours, il s'empara de ses lettres d'obédience. Peu de temps après, il retourna dans la capi-

---

[1] *Histoire générale des Larrons*, liv. I, chap. XXI et XXX.

tale, et forma le projet d'entreprendre une quête au nom du couvent des Bons-Hommes de Chaillot, qui faisait partie du même ordre. Revêtu du costume de minime, il se présenta dans les grandes maisons de Paris pour y recueillir les dons que le couvent recevait tous les ans des familles riches et bienfaisantes pour ses propres besoins et pour ceux des malheureux qu'il avait l'habitude de secourir. Petit-Jacques amassa de la sorte des sommes importantes. Il parcourut pendant un mois, sous ce déguisement et sans malencontre, la plupart des rues de Paris.

Enhardi par le succès de cette première tentative, il vint demander l'hospitalité comme religieux de la province de Tours aux Bons-Hommes de Vincennes. Le supérieur du couvent ayant désiré voir son obédience, il la lui montra en bonne forme, et il obtint une chambre dans la communauté. Il y séjourna près de quinze jours. Durant cet espace de temps, il alla à Saint-Maur et à Fontenai, où, sous ombre de dévotion, il déroba plusieurs objets de valeur. Il vint aussi assez souvent à Paris.

Avant de quitter le couvent, Petit-Jacques résolut de crocheter la porte du buffet qui renfermait l'argenterie. Dans une des courses qu'il avait faites à Paris, il s'était muni d'une fausse clef et des instruments qui pouvaient servir à l'exécution de son crime. La veille de son départ, tandis que les Pères se rendaient à Matines, il prétexta une légère indisposition pour se dispenser de les accompagner, et il profita du temps où tous étaient réunis à la chapelle pour forcer la porte du buffet : il s'empare des couverts qu'il trouve sous sa main, referme adroitement la porte, et vient se recoucher. Le lendemain matin, il se lève, prend congé du supérieur, et se dirige vers Paris, où il continua ses déprédations avec la même effronterie et le même succès, tantôt déguisé en médecin, tantôt prenant un autre déguisement. Ce misérable, auteur de plusieurs meurtres, fut enfin arrêté et livré à la justice, à la grande satisfaction de la capitale dont il était le fléau.

Il n'avait que vingt ans lorsqu'il expira sur la roue [1].

Nous avons souvent parlé du Pré aux Clercs comme d'un lieu de divertissement pour les écoliers ; les bourgeois et même les gens de qualité venaient également s'y distraire. Parmi les jeux et les exercices qui égayaient cette promenade, outre les agréments naturels du site, le jeu de boules était le plus animé et celui qui attirait plus particulièrement les curieux.

Un certain nombre de bourgeois se disputaient entre eux, avec ardeur, le gain d'une partie dont l'issue paraissait beaucoup intéresser les assistants qui, suivant l'usage, se rassemblent autour des joueurs de boule ; il ne s'agissait pourtant que d'un goûter. Lorsque la partie fut terminée, ceux qui l'avaient perdue donnèrent rendez-vous à leurs adversaires dans une des auberges les plus renommées du faubourg Saint-Germain. Le goûter devait être servi à douze convives. Ces détails ayant été recueillis par un des spectateurs qui était un filou à l'affût de quelque bonne occasion, il prend les devants, va droit à l'hôtellerie convenue, et demande un goûter pour douze personnes. Il se fait indiquer le salon où les convives seraient reçus ; et après avoir pourvu à ces premières dispositions avec un aplomb imperturbable, il vient attendre la compagnie dans la cour de l'auberge. Dès qu'il la voit arriver, il dit aux premiers venus et successivement à ceux qui les suivaient : « Messieurs, donnez-moi vos manteaux, et montez au salon n° 1. » Les bourgeois, qui croyaient que cet homme était un serviteur du logis, lui remettent en entrant leurs manteaux et se rendent au salon qui leur est indiqué.

Cela fait, le filou met les manteaux dans un cabinet attenant à la cuisine. On dresse la table, et l'on sert le goûter. Les convives prennent place et mangent de bon appétit. La gaieté et les saillies assaisonnent le repas. Le voleur diligent, la serviette sur l'épaule, semblait se multiplier pour

---

[1] *Histoire générale des Larrons*, live I, chap. XXXV.

satisfaire tout le monde. Le maître du logis supposait qu'il avait été envoyé à l'avance par la compagnie qu'il lui avait annoncée, et il s'abusait aussi bien que celle-ci. Cette double illusion permit au filou de ne point précipiter le coup qu'il méditait ; il mit d'abord largement à profit les restes du goûter, et lorsqu'il fut bien repu, il vint dans le cabinet où les manteaux étaient déposés, et, ayant fait choix des meilleurs, il disparut pendant que les bourgeois, charmés de se trouver ensemble, devisaient entre eux avec un entier abandon.

Le moment de compter avec l'hôte étant venu, ils acquittèrent ce qu'ils devaient, et ils descendirent pour reprendre leurs manteaux ; mais plusieurs d'entre eux, étonnés, ne retrouvèrent pas ceux qui leur appartenaient. L'hôte, appelé, témoigna encore plus de surprise qu'eux-mêmes à cet égard. Il n'hésita pas à imputer la soustraction des manteaux réclamés à l'individu qui avait servi la compagnie, et qu'il croyait être, sinon de la connaissance de celle-ci, au moins avoué par l'un de ceux qui en faisaient partie. Les convives, à qui cet homme était parfaitement inconnu, persuadés au contraire que le voleur était attaché à la maison et protégé par l'hôte, voulurent rendre ce dernier responsable du vol. Ils lui adressèrent des paroles outrageantes, et ils se seraient portés à des voies de fait envers lui sans l'entremise de quelques voisins officieux, lesquels parvinrent à calmer les personnes volées, qui, naturellement, étaient les plus irritées, en protestant de la bonne réputation du maître du logis, et en attribuant le larcin dont elles avaient été victimes à une méprise qui avait inspiré une fausse sécurité aux convives aussi bien qu'à leur hôte, sur la qualité du fourbe qui était venu s'interposer entre eux. Ces explications conciliantes, et d'ailleurs plausibles, finirent par apaiser la querelle, et l'affaire n'eut pas d'autre suite [1].

---

[1] *Histoire générale des Larrons*, liv. I, chap. XXIV.

La crédulité publique était circonvenue par une infinité de piéges. Dans certains cas, le malfaiteur profitait non seulement de la simplesse de celui qu'il avait l'intention de voler, mais il faisait appel à sa cupidité, afin de le mieux tromper, et cet appel n'était que trop souvent entendu. Un de ces voleurs rusés et clairvoyants, qui ont un tact si fin pour distinguer le vrai Parisien de ces provinciaux dont l'admiration ou la curiosité banale atteste la récente arrivée sur le pavé glissant de la capitale, rencontre une espèce de lourdaud, du reste fort bien vêtu, et lui montrant un paquet couvert d'une enveloppe, laquelle portait une suscription, il le prie de lui dire à qui ce paquet est adressé ; il ajoute, avec une secrète satisfaction, qu'il venait de le trouver sur son chemin, et qu'il renfermait peut-être quelque chose de précieux.

L'étranger lit la suscription, d'après laquelle le paquet était destiné à une dame de Robecourt, demeurant à Abbeville. Le cachet de l'enveloppe est brisé par le voleur, qui découvre dans le paquet une lettre accompagnée d'un objet soigneusement ficelé dans plusieurs feuilles de papier. Cet objet était une chaîne d'or envoyée, suivant le contenu de la lettre, comme cadeau de noce à la dame de Robecourt dont il vient d'être question. Après la lecture de cette lettre, dans laquelle on paraissait s'excuser de n'avoir pu mettre une plus forte somme à ce joyau, qu'on disait avoir coûté cent écus, le quidam s'écria : « Plût à Dieu que j'eusse fait une aussi bonne trouvaille ! » L'autre lui répond : « Il ne tient qu'à vous de vous la rendre propre, si vous voulez me donner la moitié du prix que la chaîne a coûté. » Le provincial s'empresse d'accepter le marché, et compte la somme convenue au fortuné larron, qui s'éloigne bien vite, laissant le bourgeois malavisé en possession d'une chaîne en or faux [1].

---

[1] *Histoire générale des Larrons*, liv. I, chap. XII.

Les voleurs étaient instruits, par des indicateurs qui leur étaient dévoués, des habitudes de certains personnages que leurs fonctions élevées dans l'État ou leur crédit à la cour obligeaient de recevoir beaucoup de monde chez eux. Deux individus, accoutumés à vivre de rapines, avertis par quelqu'un de la maison d'un grand fonctionnaire que la salle d'attente, où se tenaient d'ordinaire les solliciteurs qui devaient être reçus par ce dernier, était ornée d'une tapisserie qu'il était facile de déposer, s'y rendirent un jour d'audience, avec deux de leurs camarades, pour enlever cette tapisserie. En arrivant, ils se mettent à l'œuvre, sans embarras et avec autant de sécurité que s'ils y avaient été autorisés par le maître de la maison.

Les personnes qui attendaient dans la pièce, croyant que cette opération était conduite par le tapissier de ce dernier, et exécutée d'après des ordres sérieux, ne montraient aucun souci de ce qui se passait en leur présence. Elles virent emporter toute la tapisserie par les mêmes hommes qui venaient de la déposer, et cet enlèvement se fit sans aucune précipitation et en cinq charges. Peu d'instants après le transport de la dernière charge, le personnage sort de son cabinet, et, voyant que les murs de son salon étaient nus, il demanda aux personnes présentes si son tapissier était venu. Celles-ci lui répondirent qu'elles l'avaient vu en compagnie de plusieurs ouvriers. Le propriétaire de la tapisserie, croyant qu'elle avait besoin de quelque réparation, ne s'appesantit pas davantage sur cette idée, et il continua ses audiences. Cependant, trois jours après, le personnage en question ayant envoyé un de ses domestiques chez son tapissier pour savoir si la tapisserie qu'il supposait en sa possession était raccommodée, celui-ci répondit au domestique qu'il n'avait ni enlevé ni fait enlever aucune tapisserie chez son maître, qui, d'ailleurs, ne lui avait donné aucun ordre à ce sujet. Dès lors on ne put douter que la tapisserie n'eût été volée, quoiqu'il fût difficile d'ajouter foi à un vol consommé avec tant d'impudence et en présence de tant de personnes [1].

Le récit suivant contient quelques traits de mœurs qui jettent une vive lumière sur l'organisation des bandes de voleurs dans Paris au dix-septième siècle et sur le genre de vie de ceux-ci.

Un avocat célèbre, nommé Polidamor, avait, par sa célébrité, éveillé l'attention et la convoitise de quelques chefs de bande, qui s'étaient flattés, en l'arrêtant, de trouver sur lui une somme importante. Ils firent donc épier ses pas par trois hommes déterminés, qui, après plusieurs tentatives infructueuses, le rencontrèrent un soir, accompagné d'un jeune laquais. Les malfaiteurs, l'ayant abordé de manière à lui ôter tout moyen de fuir, le fouillent; mais, comme par un hasard singulier, il n'avait pas pris sa bourse; ils lui ôtèrent un manteau de drap d'Espagne, doublé de panne de soie, lequel était tout neuf et d'un grand prix. Polidamor, qui voulait d'abord ne pas se laisser dépouiller, prit néanmoins le parti de céder à la force, et demanda comme une grâce aux voleurs qu'ils lui permissent de racheter son manteau. On convint, dans ce but, d'une somme de trente pistoles, et les voleurs ajournèrent l'avocat au lendemain, à six heures de l'après-midi, au même endroit, en lui disant que son manteau lui serait rendu en échange de la somme promise. Ils lui recommandèrent surtout de venir seul, ajoutant que s'il arrivait escorté, il mettrait sa vie en danger.

Polidamor se rendit, un peu avant l'heure, à l'endroit où il avait été arrêté la veille. Après quelques moments d'attente, il voit arriver un carrosse où se trouvaient quatre individus vêtus comme des gentilshommes. Ceux-ci descendent de la voiture, et l'un d'eux, s'étant avancé au-devant de l'avocat, lui demande tout bas si c'était à lui qu'on avait pris un manteau doublé de panne. Il répond

---

[1] *Histoire générale des Larrons*, liv. I, chap. XXIII.

affirmativement, et offre, pour le ravoir, de compter la somme à laquelle il avait été taxé. Les voleurs, s'étant assurés qu'il était seul, s'emparent de lui, le font monter dans le carrosse, et pendant que l'un d'eux lui bandait les yeux, un autre tenait un pistolet appuyé sur sa gorge pour l'empêcher de crier. Polidamor craignant que les voleurs ne voulussent attenter à sa vie, on le rassure, et en même temps on donne ordre au cocher de fouetter ses chevaux.

Après une course rapide et qui fut pourtant bien longue au gré de Polidamor, dont l'esprit n'avait pas cessé d'être agité par une vive crainte, le carrosse s'arrête devant une grande maison, dont la porte s'ouvre aussitôt et se referme ensuite dès que la voiture en a franchi le seuil. Les voleurs descendent, ainsi que Polidamor, à qui on enlève le bandeau qui couvrait ses yeux. On le mène dans une grande salle où il voit plusieurs tables abondamment servies et un grand nombre de personnes bien vêtues qui causaient entre elles familièrement, mais sans confusion. Ses introducteurs l'engagèrent de nouveau à déposer toute crainte ; ils lui dirent qu'il était en bonne compagnie et qu'on ne l'avait amené en ce lieu que pour avoir le plaisir de lui donner à souper.

Cependant, on apporte de l'eau aux convives pour se laver les mains avant de se mettre à table. Chacun prend sa place, et l'on fait asseoir Polidamor au haut bout d'une table qui semblait privilégiée. Celui-ci, étonné ou plutôt stupéfait de toutes les circonstances qui avaient accompagné son aventure, se serait abstenu volontiers de prendre part au repas ; mais il affecte de manger quelques morceaux pour faire bonne contenance. Quand on eut soupé et que les tables eurent été enlevées, un des individus qui l'avaient arrêté vint lui adresser quelques paroles polies et lui dit avec bienveillance qu'il n'avait pas mangé. Pendant ce court entretien, l'un prend un luth, l'autre une viole, et l'on se divertit. Polidamor est invité à passer dans une pièce voisine, où il aperçoit un nombre considérable de manteaux rangés avec ordre. On l'invite à prendre le sien et à compter, outre la somme convenue, une pistole pour le cocher ainsi que son écot, qu'il paya avec une autre pistole. Polidamor, qui avait appréhendé au commencement que le drame, dont son manteau avait été l'occasion, n'eût un tout autre dénouement, fut charmé d'en être quitte seulement pour quelque argent. Il prit congé de ses gens en leur exprimant sa reconnaissance. On fait atteler le carrosse, et avant de l'y faire monter, on lui bande de nouveau les yeux et on le ramène au même endroit où on l'avait pris. Là, le mouchoir attaché sur ses yeux lui est ôté et ses conducteurs le mettent à terre, en lui donnant un billet portant au bas un cachet en cire verte et ces mots écrits en grosses lettres : *La grande bande y a passé.* Ce billet était un passeport qui devait assurer son manteau et sa bourse contre de nouvelles tentatives de vol.

Polidamor se hâte de regagner sa demeure ; mais au détour d'une rue et comme il était sur le point d'arriver chez lui, il est assailli par trois autres malfaiteurs qui lui demandent la bourse ou la vie. L'avocat tire son billet de sa poche, quoiqu'il n'eût pas grand'foi dans ce préservatif, et il le présente aux voleurs. L'un de ceux-ci, muni d'une lanterne sourde, le lit, en reconnaît l'authenticité et invite le porteur à continuer son chemin, sans rien exiger de lui. L'avocat se hâte de rentrer dans sa famille, qui l'attendait avec anxiété, et plein d'émotions diverses, il lui raconte l'étrange aventure dont il était sorti avec un bonheur inespéré[1].

Paris était infesté de tant de sortes de malfaiteurs qu'on eût dit que le génie du mal y avait établi le siége de son empire. Chaque bande comptait dans ses rangs des hommes nés avec un esprit souple et artificieux, qui les rendait capables de remplir tous les rôles et de subir toutes les métamorphoses. Ils étaient tour à tour bateleurs, gentilshommes, soldats, capitaines, manouvriers, faquins et mendiants. S'ils se trouvaient dans la compagnie d'étrangers dont ils avaient

---

[1] *Histoire générale des Larrons*, liv. I, chap. XX.

le dessein de faire leurs dupes, ils se disaient Allemands, Italiens, Espagnols, suivant les occurrences, et ils parlaient assez bien la langue de ces peuples pour donner à leur imposture une couleur vraisemblable. Quand ils avaient commis un vol assez important pour provoquer les recherches de la police, ils se couvraient des haillons de la misère, cachaient une partie de leur visage sous des emplâtres, ou bien ils contrefaisaient l'aveugle en jouant de la vielle. C'est à l'aide de ces stratagèmes qu'ils s'efforçaient d'échapper aux poursuites dirigées contre eux [1].

Les vols les plus communs parmi les escrocs étaient ceux qu'ils commettaient au jeu, en dupant des hommes simples qui, entraînés par quelques coups heureux, lesquels n'étaient que de vaines amorces, se raidissaient ensuite contre la fortune, lorsque les chances leur étaient défavorables, et perdaient jusqu'à leur dernière pistole. L'embarrassant était de trouver des dupes et de les attirer dans les tavernes ou dans certains lieux moins apparents hantés par les voleurs. Ceux-ci avaient des compagnons affidés et même des filles publiques, dont le principal soin était de leur amener quelque victime.

Il fut un temps où les escrocs durent à l'usage du tabac, qui, dans certaines classes, avait tout le charme de la nouveauté, de fréquentes occasions d'exercer au jeu leur funeste habileté. Comme la vente du tabac n'était permise qu'aux épiciers et aux apothicaires, et que même, pour en modérer le débit, l'administration finit par défendre d'en acheter à quiconque ne serait pas porteur d'une ordonnance de médecin, on juge combien certains amateurs de tabac peu réfléchis devaient être sensibles à des invitations qui tendaient à leur procurer un passe-temps d'autant plus agréable qu'il était défendu. Les priseurs étant quelquefois défiants et peu disposés à risquer leur argent au jeu, on les enivrait et on les volait. S'ils étaient assez tempérants

---

[1] *Histoire générale des Larrons*, liv. I, chap. XXXIX.

pour se préserver de l'ivresse, on s'emparait de leur argent de vive force. L'administration, voulant mettre un terme à ces déprédations, interdit aux priseurs de se réunir dans les lieux publics ou ailleurs pour satisfaire leur goût [1].

La nomenclature des diverses espèces de vol s'étendait et se renouvelait sans cesse. Les orfèvres étaient exposés à des piéges dont ils ne savaient pas toujours se garantir. Le voleur de pierres précieuses, avant de consommer le larcin qu'il avait médité, s'entourait de tous les renseignements dont il avait besoin pour agir à coup sûr. Il témoignait le désir d'acheter ou des diamants, ou des perles, ou des rubis; mais ce désir n'avait d'autre but que d'observer la forme des boîtes dans lesquelles les pierres étaient conservées, la nature du bois dont elles étaient faites, et dès qu'il avait achevé ses remarques, il achetait un bijou de peu de valeur, afin de ne pas mécontenter le marchand. Après avoir jeté son dévolu sur une des boîtes qu'on lui avait montrées, il en faisait confectionner une pareille, et muni de cette boîte, il se rendait de nouveau chez l'orfèvre, observant, avant d'entrer, si l'occasion était favorable à ses vues. Il fuyait les témoins et prenait ses mesures de façon qu'il n'y eût dans le magasin que l'orfèvre ou sa femme. Il demandait qu'on lui fît voir les diamants contenus dans la boîte qu'il avait choisie *in petto*, et débattait le prix de l'un d'eux qu'il achetait; enfin, il priait l'orfèvre de lui montrer une pièce d'argenterie qu'il avait le projet d'acquérir avant peu, et sitôt que le marchand avait tourné la tête pour prendre dans l'armoire la pièce demandée, il substituait adroitement sa boîte à celle de l'orfèvre qu'il cachait sous son manteau. Après un examen fugitif de l'objet, il en demandait le prix qui paraissait lui convenir, et il prenait congé [2].

---

[1] *Collection Lamoignon*, arrêt du 23 juin 1629, t. XI, p. 299. Delamare, *Ordonn. de police*, 30 mars 1635, t. I, p. 137-138. Le tabac n'a été connu en Europe que vers la fin du seizième siècle.
[2] *Histoire générale des Larrons*, liv. I, chap. XXXII.

C.

Les marchands de drap étaient trompés par une autre manœuvre. Le voleur était porteur de deux mouchoirs semblables : dans l'un il y avait de la bonne monnaie et dans l'autre des écus faux. Le larron, en recevant le coupon de drap qu'il avait demandé, étalait sur son mouchoir le prix de son emplette, qui était en écus parfaitement recevables. Dès que le commis qui l'avait servi avait compté l'argent qui lui revenait et reconnu qu'il était de bon aloi, le voleur prenait un prétexte pour envoyer le commis vers son maître, et pendant son absence il remplaçait le mouchoir contenant la bonne monnaie par celui qui renfermait la fausse. Le commis comptait de nouveau la somme qui lui était due; mais l'ayant déjà examinée en détail et ne soupçonnant pas de substitution frauduleuse, le larcin était irréparable [1].

Du temps de Henri IV, il parut une espèce de voleurs qui s'introduisaient dans les maisons sous prétexte d'affaires. Ces bandits étaient parfaitement vêtus et se donnaient des airs de gentilshommes. Ils étaient reçus sans défiance par le maître de la maison, et dès qu'ils se trouvaient seuls avec lui, ils lui demandaient de l'argent en lui mettant le poignard sur la gorge. Quelques-uns bâillonnaient leurs victimes à l'aide d'un instrument connu sous le nom de *poire d'angoisse*. Cet instrument avait la forme d'une bille percée de petites ouvertures. On la faisait entrer de force dans la bouche de celui qu'on avait l'intention de voler. On pressait ensuite un ressort qui avait pour effet de développer cette bille, en la hérissant de pointes, et de la rendre assez grosse pour remplir la bouche du patient de manière à lui ôter les moyens de crier. On ne pouvait la remettre en son premier état que par le secours d'une clef qui faisait replier l'instrument sur lui-même. Cette invention satanique fut adoptée par tous les malfaiteurs voués à cette espèce de vol, et elle

---

[1] *Histoire générale des Larrons*, liv. II, chap. XVI.

causa les plus grands maux à Paris et dans toute la France [1].

Les voleurs de boutiques, qui opéraient la nuit, étudiaient les lieux avant d'exécuter leur entreprise. Ils faisaient prendre l'empreinte de la serrure de la porte d'entrée, et au milieu des ténèbres de la nuit, ils dévalisaient la boutique. Souvent, pour donner le change à la personne volée et aux voisins, on jouait des airs de musique devant la boutique même. C'étaient les musiciens de la bande que l'on chargeait de ce soin; ils servaient en même temps de sentinelles pour la sûreté des voleurs. Les inconvénients attachés aux sérénades, qui étaient alors à la mode, les firent interdire [2].

En 1621, il se forma une bande de voleurs qui devint très redoutable. On ne put la détruire qu'au bout de deux ans. Pendant cet espace de temps, Paris et ses environs furent le théâtre de ses rapines et de ses meurtres. Les malfaiteurs dont se composait cette bande étaient habillés de rouge ou de gris; ils portaient de hauts panaches à leurs chapeaux. Les uns s'appelaient rougets et les autres grisons. Ils avaient à leur tête un homme sanguinaire et cruel qui semblait se complaire dans l'effusion du sang. Il n'admettait dans sa bande que des jeunes gens à l'épreuve des privations et d'un genre de vie très dur. Il les renfermait deux jours entiers dans une chambre sans leur donner à manger, et les contraignait ensuite de coucher tête nue à la belle étoile, pendant trois nuits. Ce n'est que lorsqu'ils avaient subi avec succès ces deux épreuves, qui ne pouvaient, du reste, recevoir d'application que dans les champs ou dans les bois, qu'ils étaient enrôlés. Ces recrues étaient, en général, des soldats licenciés qui, ne voulant ni travailler ni mendier, se faisaient bandits. Quelques-uns de ces malfaiteurs se promenaient, le jour, sur le Pont-Neuf et

---

[1] *Histoire générale des Larrons*, liv. I, chap. XXI. Journal de L'Étoile, année 1605.

[2] *Histoire générale des Larrons*, liv. I, chap. XXVI. Collection Lamoignon, arrêt du 20 août 1595, t. IX, p. 860.

aux environs du Louvre et du Palais pour faire des dupes; mais, en général, le plus grand nombre, qui se composait de criminels endurcis, ne sortait que la nuit [1].

Les voleurs les plus renommés de la province venaient à Paris pour prendre le commandement de quelque bande. Ils recherchaient ce qu'ils appelaient les grands coups, c'est-à-dire les assassinats, pourvu que le détestable salaire qu'ils en attendaient fût assez important pour tenter leur cupidité. On vit des héritiers impatients de jouir de la succession d'un vieillard, leur proche parent, débattre avec un assassin, par l'entremise d'un infâme courtier, le prix du meurtre de l'auteur de leur fortune. Si la législation prodiguait la peine de mort, et punissait, après plusieurs récidives, le vol comme l'assassinat, en revanche, les voleurs audacieux et sanguinaires ne reculaient pas devant le meurtre pour assurer la réussite de leurs méfaits. Voués à une mort certaine, ils savaient qu'un crime de moins ne les sauverait pas de la roue, et cette pensée, en redoublant leur audace, les poussait avec une rage fatale aux résolutions les plus violentes et les plus cruelles.

CHAPITRE II.

DE LA POLICE POLITIQUE ET DE L'ADMINISTRATION DES PRISONS.

Les protestants exerçaient leur culte dans deux temples ; l'un était situé rue Popincourt, l'autre rue Mouffetard.— Conflit sanglant entre les protestants qui fréquentaient ce dernier temple et les catholiques de l'église Saint-Médard. — Dévastation du temple de la rue Popincourt par le connétable de Montmorency. — Sa réparation et établissement d'un second temple rue de l'Égout, faubourg Saint-Jacques. — Ces deux temples livrés aux flammes par le connétable. — Célébration de la cène chez les frères Gâtines.— Ils sont condamnés au dernier supplice.— Alternatives de guerre et de paix entre les catholiques et les protestants. — Mariage de Margue-

---

[1] *Histoire générale des Larrons*, liv. II, chap. IV.

rite de Valois et du prince de Béarn. — Ce mariage cache un piége tendant à la destruction du parti protestant. — Concessions et faveurs faites aux protestants pour mieux colorer ce piége. — Ballets, mascarades et festins à l'occasion du mariage. — Tentative d'assassinat sur la personne de Coligny. — Blessures de ce dernier. — Conduite artificieuse du roi et de sa famille à l'égard de l'amiral. — Pressentiments sinistres de la plupart des seigneurs protestants. — Journée de la Saint-Barthélemy. — Mort de Charles IX. — Ses derniers moments. — Supplice de Montgommery. — Origine de la ligue, ses progrès. — Meurtre du duc de Guise et du cardinal, son frère. — Henri III assassiné. — Meurtre tenté par Châtel sur la personne de Henri IV. — Exécution du meurtrier. — Détresse où Paris est réduit par la ligue. — Henri IV se convertit au catholicisme. — Son entrée dans la capitale. — Condamnation du maréchal de Biron à la peine de mort. — Son exécution. — Attentat de Ravaillac, qui ôte la vie à Henri IV. — Supplice du coupable. — Mort du maréchal d'Ancre et de sa femme. — Administration des prisons.

Les protestants, tolérés par le gouvernement, mais haïs par le clergé et par un peuple fanatique, possédaient deux temples dans les faubourgs de Paris ; l'un de ces temples était situé dans la rue Popincourt, hors la porte Saint-Antoine, et l'autre rue Mouffetard, dans le faubourg Saint-Marceau. Le cardinal de Lorraine, ennemi implacable des doctrines de la réforme, excita en secret les prédicateurs de toutes les paroisses de Paris à blâmer le gouvernement d'avoir permis l'établissement de deux temples destinés à propager l'hérésie. La plupart des prédicateurs répondirent aux excitations du cardinal. Leur véhémence fut poussée jusqu'à la sédition, car ils osèrent envelopper le roi et la reine dans leurs censures. Un de ces déclamateurs, connu pour le plus violent, fut enlevé de son couvent par ordre du roi.

Quelques jours après cette arrestation, les protestants se rendirent dans leur temple de la rue Mouffetard pour assister au prêche. L'assemblée était très nombreuse. Les prêtres de l'église Saint-Médard, située dans le voisinage de ce temple, mirent en branle toutes leurs cloches afin d'empêcher les protestants d'entendre la voix de leur pasteur. Ils firent si bien que le ministre chargé du prêche fut obligé d'envoyer deux de ses auditeurs auprès du curé pour le prier de faire cesser le bruit incommode occasionné par les cloches de son église.

A peine les deux députés eurent-ils expliqué le sujet de leur mission, qu'ils furent assaillis et maltraités dans l'église même. L'un d'eux prit le parti de fuir; mais l'autre, s'étant défendu avec son couteau, fut frappé de plusieurs coups de hallebarde et expira.

Ce meurtre consommé, les prêtres de Saint-Médard, s'attendant à quelque représaille de la part des protestants, firent sonner le tocsin. Le prévôt des marchands, qui était venu au prêche pour y maintenir l'ordre, envoya un de ses sergents afin de faire cesser ce nouveau bruit; mais le sergent trouva les portes de l'église fermées, et il fut accueilli à coups de pierre par des gens apostés autour du clocher.

Des hommes de la lie du peuple et des vagabonds, prenant ce prétexte pour piller, brisent les portes de l'église et en viennent aux mains, dans son enceinte, avec ceux que les prêtres y avaient introduits pour défendre le lieu saint. Pendant ce tumulte, le chevalier du guet, étant survenu avec un grand nombre d'archers, entra dans l'église à cheval. Sa présence, loin de calmer la fureur des combattants, ne fit que l'accroître. Parmi les défenseurs de l'église, plusieurs furent blessés, et d'autres emmenés par le chevalier du guet, comme prisonniers. La troupe, entraînée par de mauvais conseils, donna un appareil déplacé à la conduite de ses prisonniers, et entra dans Paris d'un air triomphant.

Le lendemain, les protestants revinrent en armes dans leur temple; mais dès qu'ils en furent sortis, la multitude l'envahit, brisa tout ce qui s'y trouvait, et y mit le feu. Plusieurs des maisons voisines furent la proie des flammes. Le parlement, dans le sein duquel dominait le parti des Guise, attribua aux protestants la cause de ces excès, et en fit porter la peine au chevalier du guet, qui les avait secourus. Ce dernier, ainsi qu'un de ses archers, furent condamnés à subir le supplice de la potence. La populace s'empara de leurs corps, et après les avoir traînés ignominieusement dans les rues, elle les jeta dans la rivière [1].

Il restait encore un temple aux protestants, celui de Popincourt. Le connétable de Montmorency, l'un des adversaires les plus exaltés de la réforme, cédant à un mouvement aveugle de fanatisme, se mit à la tête d'une troupe de gens armés, et s'étant dirigé vers ce temple, il en expulsa les ministres, et en dévasta l'intérieur. Toutefois, le chancelier de Lhopital ayant fait rendre, en janvier 1562, un édit qui autorisait l'exercice public de la religion réformée, les protestants qui habitaient Paris obtinrent par ce même édit la permission de se réunir dans les faubourgs de cette ville, pour y pratiquer leur culte; ils firent réparer le temple de Popincourt, et en établirent un second dans le faubourg Saint-Jacques, rue de l'Égout.

Le parti qui, dans le conseil du roi, inclinait à la violence, garda pendant quelques mois une certaine mesure, touchant l'exécution de cet édit; mais bientôt il cessa de se contraindre. Le connétable recommença ses expéditions sacriléges : il se rendit, à la tête de deux cents hommes armés, dans le temple du faubourg Saint-Jacques, et en fit brûler la chaire et les bancs. De là il se transporta au temple de Popincourt, et les meubles qui le garnissaient ayant été livrés aux flammes par ses ordres, celles-ci gagnèrent l'édifice, et le réduisirent en cendres [2].

Le chancelier de Lhopital ayant cessé ses fonctions en 1568, le parti des Guise resta maître du gouvernement. De ce moment le dernier édit de pacification fut mis en oubli. Les protestants étaient insultés dans les rues de Paris, et bientôt ils ne purent se montrer en public sans danger pour leur vie. Malgré les périls continuels qui les menaçaient, le zèle religieux soutint leur courage.

En 1569, ils se réunirent secrètement pour célébrer la cène, dans une maison, rue St-Denis, appartenant à un marchand

---

[1] De Thou, liv. XXVIII. — [2] *Ibid.*, liv. XXIX.

considéré pour sa fortune et sa probité. Ce marchand s'appelait Philippe Gâtines. Il fut arrêté, ainsi que son frère et son beau-frère, et tous trois furent pendus ; la maison où l'assemblée s'était réunie fut rasée, et sur son emplacement on fit construire une pyramide en forme de croix, à laquelle on attacha une tablette de cuivre, indiquant les motifs de la condamnation des frères Gâtines.

L'année suivante, la paix ayant été conclue entre les protestants et les catholiques, le roi, dans des vues de conciliation et d'oubli, ordonna que la croix des Gâtines serait transportée au cimetière des Innocents, et qu'on en ferait disparaître l'inscription. Cette mesure, malgré sa sagesse, éprouva de la résistance de la part du parlement, où les Guise comptaient beaucoup d'amis. Les agents de ceux-ci se mirent en mouvement pour agiter l'opinion, et lorsque la croix fut transférée au lieu désigné par l'ordre du roi, une sédition éclata parmi le peuple, qui pendant trois jours commit toutes sortes d'excès envers les protestants, et pilla les maisons de plusieurs d'entre eux. Ces violences furent provoquées par les coupables excitations de quelques prédicateurs [1].

Durant son administration, le chancelier de Lhopital avait fait prévaloir dans le conseil du roi les maximes d'une politique humaine et généreuse. Ces maximes eurent pour effet d'éteindre les bûchers, et le parlement dès lors ne condamna plus les malheureux protestants poursuivis juridiquement qu'à l'emprisonnement ou à l'exil. Il y eut bien encore des condamnations capitales ; mais dans ce cas la potence remplaça les horribles tortures du bûcher.

Cet adoucissement apporté au système pénal établi contre les protestants ne fit pas cesser les machinations des ambitieux qui dirigeaient le parti catholique. Une entrevue ayant eu lieu à Bayonne entre Charles IX, la reine d'Espagne et le duc d'Albe, il y fut question des moyens d'extirper

---

[1] De Thou, liv. L.

l'hérésie en France, et le duc d'Albe proposa au roi, dans ce but, une alliance entre les deux couronnes. Cette alliance devait avoir pour effet l'anéantissement du parti protestant, par un massacre qui devait d'abord atteindre les grands formant la tête du parti, et s'étendre ensuite à tous les sectateurs de la réforme. Ce sinistre expédient, conçu par le duc d'Albe, obtint l'assentiment du roi et de sa mère, présente à la conférence. Mais les expressions menaçantes de cet atroce projet ayant frappé l'intelligence du jeune Henri, prince de Béarn, qui assistait à ce fatal entretien, et dont l'extrême jeunesse n'inspirait aucune méfiance, il fit part de ce qu'il avait entendu à sa mère, qui en instruisit le prince de Condé et l'amiral de Coligny [1].

Ceux-ci se concertèrent avec les autres chefs protestants pour déjouer le complot tramé contre eux; et afin de ruiner le crédit et l'autorité des Guise, leurs plus redoutables ennemis, ils tentèrent en 1567 d'enlever à Meaux le roi et la reine, sa mère, dans l'espoir de les attacher à leur parti. Mais cette tentative échoua, et la guerre fut rallumée entre les protestants et les catholiques. De 1568 à 1570 les deux partis interrompirent deux fois les hostilités, par des arrangements qui n'étaient que de véritables trèves, quoiqu'ils eussent reçu le nom de traité de paix. Ces collisions perpétuelles, nées de la mauvaise foi d'une cour qui violait ses promesses envers les protestants avec autant de facilité qu'elle était prête à les renouveler, étaient attribuées à la turbulence prétendue d'une secte qu'on opprimait, à cause de ses croyances, et qui, détestée plutôt que protégée par l'autorité publique, s'était unie et organisée pour opposer la force à la force, c'est-à-dire pour trouver en elle les garanties et les moyens de défense que le chef de l'État lui déniait.

Catherine de Médicis, lasse des vicissitudes de la guerre civile, et capable de tout oser contre ceux qu'elle voulait perdre, avait résolu fermement de mettre à exécution le

---

[1] De Thou, liv. XXXVII.

projet sanguinaire qui lui avait été suggéré par le duc d'Albe. Après avoir essayé vainement d'attirer à la cour les principaux chefs du parti protestant pour se défaire d'eux, elle conçut le dessein de marier sa fille Marguerite de Valois au prince de Béarn, depuis si célèbre sous le nom de Henri IV, afin de réaliser plus sûrement son affreux projet. Les négociations qui devaient amener ce mariage furent conduites avec tant d'art, et accompagnées de protestations si bienveillantes de la part de la cour, que les soupçons de Coligny, alors chef principal du parti de la réforme, s'évanouirent devant une alliance qui devait avoir pour effet de ménager au parti protestant un puissant appui dans la personne du prince de Béarn, appartenant par ses croyances à la religion réformée. Le roi et la famille royale se rendirent jusqu'à Blois, pour recevoir l'époux destiné à Marguerite de Valois. L'amiral de Coligny, séduit par une démarche aussi décisive, n'hésita point à joindre la cour dans cette ville, et son exemple décida la reine de Navarre, qui vint aussi au rendez-vous pour conclure le mariage projeté [1].

Charles IX prodiguait à la mère de son futur beau-frère les noms les plus affectueux; il la comblait de soins et de prévenances. Coligny fut aussi l'objet des démonstrations les plus amicales : à son arrivée, le roi l'embrassa plusieurs fois en l'appelant « Mon père! » et il ajouta de l'air le plus gracieux, en lui serrant la main : « Nous vous tenons maintenant; vous ne nous échapperez pas. » La reine mère et son fils le duc d'Anjou le traitèrent aussi avec la faveur la plus marquée. Le roi lui donna cinquante mille francs pour le dédommager des pertes qu'il avait éprouvées pendant la guerre, et lui fit d'autres largesses: il lui rendit sa place au conseil, combla d'honneurs son gendre Teligny, et prodigua les emplois et les faveurs aux amis de l'amiral; il le consulta sur un prétendu projet de guerre qu'il méditait contre la Flandre; enfin il accorda aux protestants, par un

---

[1] De Thou, liv. L.

nouvel édit, le redressement de tous les griefs dont ils avaient à se plaindre depuis la paix.

Cependant toutes ces caresses, tous ces dons n'étaient que des artifices employés pour retenir à la cour Coligny et les autres chefs protestants. Catherine de Médicis et Charles IX couvaient, pour ainsi dire, leur proie, afin de parvenir plus sûrement à l'accomplissement du forfait dont la pensée obsédait sans cesse leur esprit [1].

La cour revint à Paris pour la célébration des noces de Marguerite de Valois et du prince de Béarn. La mère de ce prince y mourut. Cette mort inattendue donna lieu à divers commentaires : elle fut attribuée par les uns aux fatigues résultant des apprêts du mariage, et par les autres au poison. La prudence et la sagacité de Jeanne d'Albret étaient capables, en effet, d'exciter les ombrages de la mère perfide de Charles IX ; et si le soupçon qui a plané sur celle-ci à l'égard de l'empoisonnement supposé de la reine de Navarre n'a pas acquis la valeur d'un fait historique, il est au moins très vraisemblable [2].

Coligny, averti de tous côtés de se défier des séductions dont il était entouré à la cour, vivait dans la plus complète sécurité. Cet homme austère et vertueux, ne pouvant révoquer en doute la sincérité du roi, se révolta plus d'une fois contre les efforts que l'on faisait pour dissiper ses illusions [3]. Sur ces entrefaites, les dispenses demandées au pape pour le mariage de Marguerite de Valois avec le prince de Béarn, devenu roi de Navarre depuis la mort de sa mère, arrivèrent, et quoiqu'elles ne fussent pas telles que la cour les aurait désirées, on convint de passer outre. Les seigneurs protestants accoururent à Paris de toutes les parties de la France pour assister aux fêtes dont ce mariage devait être l'occasion ; il fut célébré à Notre-Dame par le cardinal de

---

[1] L'Étoile, *Journal*, t. I, 1re partie, p. 24, collection Michaud et Poujoulat. D'Aubigné, t. II, liv. I, chap. I. De Thou, liv. L.

[2] L'Étoile, *Journal*, citations en note.

[3] De Thou, liv. LII.

Bourbon, oncle de l'époux hérétique. Marguerite de Valois n'avait consenti à cette union que malgré elle, et vaincue par les instances de sa mère et du roi son frère, car elle avait engagé sa foi au duc de Guise, ennemi capital de celui qu'on voulait lui donner pour époux.

La cour ne fut occupée pendant quatre jours que de ballets, de mascarades et de festins. On voulait captiver par des plaisirs enivrants et endormir dans une trompeuse sécurité ceux que l'on s'apprêtait à égorger. Catherine de Médicis présida, d'un air serein et riant, à ces épouvantables fêtes. Son génie malfaisant ne fut détourné par aucun remords, par aucun sentiment humain des abîmes qu'elle allait ouvrir sous les pas de tant de Français innocents. Aussi froide, aussi impitoyable qu'elle était artificieuse, elle usa de toute la souplesse de son caractère pour triompher des irrésolutions de Charles IX, quoique l'âme de ce dernier fût presque aussi perverse que celle de sa mère. On convint d'épargner toutefois les princes du sang, et en particulier le roi de Navarre [1].

Ceci se passait en 1572. Le 22 août, Coligny, sortant du Louvre après avoir assisté au conseil, se rendit à son hôtel, situé rue de Béthisy. Il était accompagné de douze gentilshommes, et marchait lentement, occupé de la lecture d'un mémoire qu'on venait de lui présenter. Arrivé dans la rue des Fossés-Saint-Germain-l'Auxerrois, en face d'une maison habitée par un ancien précepteur du duc de Guise, il fut atteint d'un coup d'arquebuse chargé de deux balles : l'une lui emporta l'index de la main droite, et l'autre lui fit une blessure grave au coude gauche. Coligny montra la maison d'où le coup était parti, et il continua son chemin à pied, soutenu par plusieurs de ses gentilshommes. Le meurtrier, qui se nommait Maurevel, était un des affidés

---

[1] D'Aubigné, t. II, liv. I, chap. III. Tavannes, *Mémoires*, t. VIII, p. 386, collection Michaud ; et Marguerite de Valois, *Mémoires*, t. X, p. 407, même collection. De Thou, liv. LII.

du duc de Guise, qui lui avait donné l'infâme commission d'assassiner l'amiral. On enfonça la porte de la maison d'où Maurevel avait tiré ; mais il avait pris la fuite par une porte de derrière, et il se déroba aux poursuites des amis de l'amiral en gagnant à cheval la porte Saint-Antoine, où, ayant trouvé un autre cheval qui l'attendait, il s'éloigna de Paris [1].

Le roi apprit ce triste événement pendant qu'il jouait à la paume ; il en parut consterné, jeta sa raquette par terre avec colère, et retourna au Louvre. Il donna ordre aussitôt de faire fermer toutes les portes de Paris, excepté deux, où il établit une garde nombreuse qui eut pour consigne de ne laisser sortir personne de la capitale. Après avoir dîné précipitamment, Charles IX se rendit auprès de l'amiral avec sa mère, le duc d'Anjou et plusieurs seigneurs de sa cour ; il y trouva le roi de Navarre, le prince de Condé et la plupart des seigneurs protestants. Le roi, en entrant dans la chambre de l'amiral, dit à celui-ci : « Mon père, « vous avez la plaie, et j'en ressens la douleur, qui sera « éternelle ; mais je jure que j'en tirerai une vengeance « si terrible, que jamais la mémoire ne s'en perdra. » Coligny, à qui son chirurgien avait coupé le doigt, et dont le coude fracassé lui causait beaucoup de souffrances, répondit au roi qu'il se confiait à la volonté de Dieu, et il lui demanda la permission de se retirer dans une de ses terres pour se faire soigner. Charles IX dit, avec une feinte sollicitude, qu'il ne saurait permettre que son père, blessé comme il l'était, entreprît un voyage capable de compromettre une santé aussi précieuse que la sienne ; que son devoir, au contraire, était de prendre des mesures pour la sûreté de sa personne ; qu'il l'invitait à s'entourer de ses amis les plus dévoués, et que, pour lui, il allait faire rentrer à Paris le reste des gardes, dont il mettrait une

---

[1] Tavannes, t. VIII, p. 386. Saint-Auban, *Mémoires*, t. XI, p. 497, collection Michaud. De Thou, liv. LII.

compagnie à la porte de son hôtel. Cosseins, colonel des gardes et créature de Guise, vint, en effet, s'y établir dans la journée [1].

Après que le roi et la cour eurent quitté l'amiral, les seigneurs protestants, réunis dans son hôtel, tinrent conseil, et plusieurs inclinaient à sortir de Paris et à se mettre en état de défense, considérant l'attentat dirigé contre Coligny comme le premier acte d'une tragédie dont le dénouement devait être le massacre de tous leurs coreligionnaires; mais les médecins venaient de déclarer que l'amiral était hors d'état d'être transporté même jusqu'au Louvre. Téligny et d'autres seigneurs montraient une grande confiance dans les assurances bienveillantes du roi, et se récrièrent avec force contre les fausses alarmes de ceux qui ne voyaient que des embûches dans les démonstrations de la cour. Les protestants demeurèrent donc calmes, et leur sécurité étonna leurs ennemis, en même temps qu'elle encouragea la reine mère et les principaux fauteurs du massacre à ne pas en différer l'exécution [2].

Le samedi soir 23 août, le duc de Guise se rendit chez Jean Charron, président de la cour des aides, lequel avait été nommé récemment prévôt des marchands, pour lui donner l'ordre, de la part du roi, de convoquer deux mille bourgeois armés, qui devaient porter extérieurement, pour se reconnaître, une manche de chemise sur le bras gauche et une croix blanche à leur chapeau. Il leur fit dire qu'ils ne tarderaient pas à recevoir de nouveaux ordres. Les échevins prirent en même temps des mesures pour que dans chaque quartier on mît de la lumière aux fenêtres dès qu'on entendrait sonner le tocsin. Marcel, prédécesseur de Charron dans les fonctions de prévôt des marchands, et dévoué à la reine mère, fut choisi, quoique étant désormais étranger à l'échevinage, pour transmettre aux bour-

---

[1] D'Aubigné, t. II, liv. I, chap. III. De Thou, liv. LII.
[2] D'Aubigné, t. II, liv. I, chap. III. De Thou, liv. LII.

geois assemblés à l'hôtel de ville les intentions de la cour et le terrible secret de l'expédition à laquelle on les avait appelés à concourir. Marcel les harangua, et n'eut pas de peine à enflammer leur fanatisme, que des prédicateurs, échauffés par l'esprit de faction, avaient constamment tenu en haleine depuis plusieurs années par des discours pleins d'animosité contre les protestants [1].

A minuit, Médicis descendit dans l'appartement du roi, où se trouvaient réunis le duc d'Anjou, Guise, Nevers, Biraguc, Tavannes et de Retz; toutes les dispositions étaient faites pour la consommation du grand meurtre qui devait ensanglanter la capitale. Le Louvre était rempli d'hommes armés; des troupes nombreuses avaient été rangées en bataille au dehors, et n'attendaient plus que l'ordre de marcher. Les rues adjacentes étaient également occupées par des détachements qui déjà avaient insulté et repoussé plusieurs protestants voisins de l'hôtel de l'amiral, lesquels, inquiets de cet appareil militaire, en avaient demandé la cause aux soldats des avant-postes. Cette première alarme du parti protestant ayant été rapportée aussitôt à Catherine de Médicis, celle-ci dit au roi qu'on ne pouvait plus contenir l'ardeur des troupes, et qu'il était temps de donner le signal. Il était deux heures du matin lorsque, d'après l'ordre du roi, on sonna le tocsin à l'église Saint-Germain-l'Auxerrois. C'était un dimanche, le 24 août, jour de la Saint-Barthélemy. Au son lugubre de la cloche de cette église, les soldats qui stationnaient au dehors de la demeure royale se mirent en mouvement au cri de *vivent Dieu et le roi!* et commencèrent le massacre sous la conduite de plusieurs commissaires porteurs de la liste des protestants qui devaient être immolés [2].

Les ducs de Guise et d'Aumale, ainsi que Jean d'Angoulême, grand prieur de France, suivis d'une troupe de trois

---

[1] D'Aubigné, t. II, liv. I, chap. IV. De Thou, liv. LII.
[2] De Thou, liv. LII.

cents hommes, coururent, au premier bruit du tocsin, à l'hôtel de Coligny, où Cosseins avait fait mettre sa compagnie sous les armes. Comme les amis de l'amiral étaient persuadés que cet officier avait été chargé par le roi de veiller à la sûreté du chef de leur parti, ils lui ouvrirent la porte de l'hôtel, sans défiance; mais sitôt qu'il fut entré, il leva le masque, et montra qu'il était l'instrument et le principal sicaire des Guise. Il fondit avec sa compagnie sur les gardes du roi de Navarre et sur un petit nombre de Suisses qui se trouvaient dans la cour, et après les avoir massacrés, il monta, suivi de plusieurs officiers et de leurs soldats, dans l'appartement de Coligny. Celui-ci, réveillé par les coups de feu tirés dans sa cour et par les cris des mourants, se leva, et, appuyé contre le mur de sa chambre, il adressait sa dernière prière à Dieu, lorsque sa porte ayant été enfoncée, un des familiers du duc de Guise, appelé Bême, se jetant sur lui l'épée à la main, lui dit: « Est-ce toi qui es l'amiral ? Oui, c'est moi, » répondit Coligny avec assurance; et en même temps, sans s'émouvoir de la mort qui le menaçait, il dit à celui qui venait de l'interroger : « Jeune homme, tu devrais respecter ma vieillesse et mes infirmités; mais, en tout cas, tu n'abrégeras ma vie que de quelques jours. » A peine avait-il achevé ces mots que Bême lui plongea son épée dans la poitrine, et que ceux qui l'avaient suivi le frappèrent de plusieurs coups de poignard.

Le duc de Guise, qui était resté dans la cour avec d'autres seigneurs catholiques, impatient de connaître l'issue de la criminelle tentative de Bême contre l'amiral, cria, en s'adressant à son familier : *Est-ce fait ?* Celui-ci lui répondit : *Il est mort.* Guise répliqua : *Monsieur d'Angoulême ne le croira que lorsqu'il le verra de ses propres yeux. Jette-nous le cadavre.* Alors Bême et un autre assassin levèrent le corps de Coligny, et le laissèrent tomber dans la cour par une fenêtre. Le visage du noble vieillard était tellement défiguré par les blessures et les taches de sang dont il était couvert, que Guise et d'Angoulême doutaient que ce corps criblé de coups fût en effet celui de l'amiral. Ils essuyèrent sa figure avec leurs mouchoirs, et Guise, laissant éclater une horrible joie, s'écria : C'est bien lui ! Après avoir insulté au cadavre de la victime, en le foulant aux pieds, ils remontèrent à cheval et sortirent. Guise se mit à la tête de la troupe qui l'attendait, et s'étant adressé aux soldats, il leur dit : « Courage, mes amis ! nous avons heureusement commencé, continuons notre entreprise : le roi l'ordonne. »

Le généreux et trop confiant Teligny, ainsi que d'autres personnes de marque, furent également massacrés dans l'hôtel de Coligny [1].

Après cette première scène de meurtre, la cloche du palais répondit à celle de Saint-Germain-l'Auxerrois, et le massacre devint général. Les bourgeois rassemblés sur la place de l'hôtel de ville parcoururent en armes les divers quartiers de la capitale, et firent main basse sur tous les protestants qui leur furent désignés. Nous interromprons un moment le cours de ce récit pour faire connaître les événements qui se passaient au Louvre.

Dès que le jour commença à paraître, le roi de Navarre et le prince de Condé, logés sous le même toit que le roi et la famille royale, furent appelés dans la chambre de la reine mère, où leur vie trouva protection. M. d'O, maître de camp de la garde, qui avait la liste de tous les protestants de la suite de ces deux princes, les fit descendre dans la cour du Louvre, où des soldats leur donnèrent la mort à mesure qu'ils arrivaient. Leurs corps furent dépouillés par ceux qui les avaient égorgés, et rangés sous les fenêtres du palais.

Marguerite de Valois, à qui sa mère avait caché la veille les excès sanglants auxquels on devait se livrer avec l'as-

---

[1] Tavannes, t. VIII, p. 387-388. De Thou, liv. LII. Brantôme, t. III, p. 280, édition de Petitot.

sentiment du roi dans la propre demeure de ce dernier, ne s'était couchée qu'avec répugnance ; et malgré les idées sinistres dont son esprit était assailli par suite des paroles qu'elle avait entendues, elle avait fini par s'endormir, lorsqu'un homme, frappant des pieds et des mains à sa porte, se mit à crier : Navarre ! Navarre ! Son ancienne nourrice, qu'elle avait gardée à son service, et qui couchait dans une pièce voisine de sa chambre, croyant que c'était le roi, son mari, courut lui ouvrir la porte ; mais, au lieu du roi de Navarre, elle voit devant elle un malheureux gentilhomme blessé qui s'élance dans l'appartement de la princesse, poursuivi par quatre archers. Ce gentilhomme, qui s'appelait Gaston de Lévis, sieur de Léran, espérant arrêter le bras de ses bourreaux, se précipite dans le lit de la reine de Navarre. Celle-ci, se sentant pressée par plusieurs hommes, se jette dans la ruelle, suivie du sieur de Léran, qui la tenait embrassée pour sauver ses jours. Il poussait des cris en même temps que la princesse, aussi effrayée que lui. Enfin un capitaine des gardes survint, qui, voyant la sœur du roi dans cet état, ne put s'empêcher de rire, malgré l'émotion dont il était saisi. Il expulsa les archers avec colère, et, sur les instances de Marguerite de Valois, il respecta les jours de l'infortuné qui s'était mis sous la sauvegarde de cette princesse. Celle-ci fit coucher dans son cabinet le sieur de Léran, donna ordre de panser ses blessures, et, rassurée sur la vie de son mari par le récit que lui fit le capitaine des gardes, elle put se convaincre de la triste réalité de ses appréhensions de la veille [1].

Le roi de Navarre et le prince de Condé ayant été mandés dans la matinée par Charles IX, celui-ci leur promit le pardon des actes de rébellion qu'ils avaient commis contre lui, s'ils consentaient à abjurer l'hérésie pour la religion catholique. Il ajouta que si au bout de trois jours ils n'a-

---

[1] Marguerite de Valois, t. X, p. 409-410.

vaient point pris ce parti, ils subiraient le même sort que leurs coreligionnaires.

Les deux princes résistèrent avec force à la volonté du roi; mais enfin ils furent obligés de céder pour conserver leur vie [1].

Pendant que Guise et ses adhérents conduisaient leurs soldats de maison en maison pour y saisir les seigneurs protestants et les égorger, les ducs de Montpensier et de Nevers, ainsi que le duc de Tavannes, accoururent pour se joindre à eux. Le dernier criait au peuple : « Saignez, sai- « gnez! Les médecins disent que la saignée est aussi bonne « au mois d'août qu'au mois de mai. » Parmi les officiers les plus distingués du parti protestant qui tombèrent sous le poignard des chefs catholiques, on cite le comte de Larochefoucauld, qui avait plaisanté toute la soirée avec le roi et qui crut, lorsqu'on vint l'éveiller en son nom, que c'était une plaisanterie de ce prince qui l'avait menacé de venir le fouetter pendant la nuit [2].

Le faubourg Saint-Germain étant habité par un grand nombre de protestants, Laurent de Maugiron s'était chargé d'aller les détruire; mais les bourgeois, au nombre de mille, qu'on lui avait promis pour exécuter cette nouvelle boucherie, étaient restés dans leurs quartiers pour tuer et piller ceux de leurs voisins qu'ils soupçonnaient d'hérésie. Après avoir réuni d'autres hommes de bonne volonté, son entreprise échoua devant un nouvel obstacle, car les clefs qu'on lui avait données pour ouvrir la porte du faubourg ne purent lui servir. Cependant, le bruit du canon que l'on tirait du côté du Louvre vint répandre l'alarme parmi les protestants du faubourg. A l'approche des Suisses et des gardes françaises qui traversaient la Seine pour venir les attaquer, ils prirent les armes, et s'étant réunis en corps de troupe,

---

[1] De Thou, liv. LII. Tavannes, t. VIII, p. 388. D'Aubigné, t. II, liv. I, chap. IV.
[2] De Thou, liv. LII. Brantôme, t. IV, p. 204.

ils sortirent, en se défendant pied à pied, du côté de Vaugirard pour aller se réfugier en Normandie [1].

Les bourgeois, conduits par les échevins, faisaient, de leur côté, couler des flots de sang dans d'autres quartiers. Le fanatisme n'était pas leur seul mobile : ils étaient excités aussi par la soif de la vengeance, par l'amour du pillage. L'appât d'une succession ou d'un emploi important arma plus d'une fois le bras d'un catholique contre un catholique, d'un parent contre son parent.

Dès qu'un citoyen passait, à tort ou à raison, pour attaché aux doctrines de la réforme, la maison qu'il habitait était envahie; on le mettait à mort, ainsi que sa femme et ses enfants, et ses biens étaient livrés au pillage. Beaucoup d'hommes distingués dans la magistrature et dans les lettres, Ferrières, avocat célèbre, Loménie, secrétaire d'État, l'historien Laplace, président de la cour des aides, et Pierre Ramus, professeur illustre, furent ainsi égorgés par les hordes fanatiques sorties des rangs de la bourgeoisie. Les cadavres de la plupart des victimes étaient traînés dans les rues par la populace et jetés dans la rivière.

Le corps de Coligny, après avoir été souillé de toutes sortes d'outrages, fut pendu par les pieds au gibet de Montfaucon. Charles IX, qui lui avait prodigué sur son lit de douleur tant de témoignages apparents d'intérêt et d'affection, fut le voir à Montfaucon accompagné de plusieurs courtisans. Ceux-ci se tenant éloignés du corps à cause de l'infection qu'il exhalait, le roi leur dit, en s'approchant de plus près de la victime : « L'odeur d'un ennemi est toujours « très bonne. » Le duc de Montmorency, parent et ami de Coligny, fit plus tard détacher ses restes du gibet et les fit inhumer à Chantilly [2].

A la fin de cette première journée marquée par tant de crimes, le roi enjoignit aux bourgeois, par une publication

---

[1] De Thou, liv. LII.
[2] De Thou, liv. LII. Brantôme, t. IV, p. 205. Tavannes, t. VIII, p. 388.

faite dans les principaux quartiers de la ville, de rentrer chez eux et de laisser la garde des rues aux archers. Malgré cette publication, la nuit fut encore témoin de plusieurs meurtres, et le lendemain la populace, altérée de sang à son tour, continua les massacres avec une fureur nouvelle. Pendant trois jours, on vit le sang couler à flots dans les rues; un grand nombre de maisons furent pillées et saccagées; les cris de rage des égorgeurs et les gémissements des victimes retentissaient en tous lieux et les rues étaient jonchées de cadavres [1].

Enfin, la tranquillité publique ayant été rétablie, Charles IX, après avoir délibéré pendant quelques jours sur la conduite qu'il aurait à tenir à l'égard de la nation et du parlement, au sujet des événements qui venaient de se passer, prit le parti d'en assumer personnellement la responsabilité dans un lit de justice qu'il tint au parlement, et où il déclara « qu'il voulait que tout le monde sût que ce qui « s'était fait, le 24 août, pour punir tant de coupables, avait « eu lieu par ses ordres. » Le premier président, Christophe de Thou, ne rougit pas d'applaudir, dans sa réponse, à un forfait qui devait exciter l'horreur de la postérité. Il abjura, par crainte ou par flatterie, en présence du parlement et de toute la cour qui avait accompagné le roi, les maximes de modération et d'humanité qui avaient jusque-là honoré son caractère, et il osa même préconiser dans le temple de la justice l'axiome favori de Louis XI : *Qui ne sait pas dissimuler ne sait pas régner.*

Le parlement, comme pour s'associer lui-même, dans ces temps de vertige, aux sentiments odieux et cruels qui avaient dirigé la politique du roi, condamna deux protestants considérables qui avaient échappé au massacre, et dont un était âgé de soixante-dix ans, à être tenaillés et pendus. Charles IX, entraîné par sa férocité naturelle à se repaître du spectacle de leur mort, ne fut pas même arrêté

---

[1] De Thou, liv. LII.

par l'heure de l'exécution qui eut lieu pendant la nuit. Il fit allumer des flambeaux que l'on tint près de la potence, afin qu'il pût contempler le visage et la contenance des deux victimes [1].

Deux ans après la journée de la Saint-Barthélemy, Charles IX mourut au bout de trois mois de maladie. Dès qu'il sentit sa fin s'approcher, il fut saisi d'une terreur involontaire qui vint glacer d'effroi ses derniers moments. Le souvenir des meurtres qu'il avait ordonnés et des scènes d'horreur dont il avait été témoin obsédait sans cesse son imagination troublée, et son cœur était rongé par des remords déchirants. Sa nourrice, qu'il aimait, bien qu'elle fût protestante, étant assise auprès de lui pendant son agonie, l'entendit se plaindre, soupirer et pleurer. Elle s'approcha de son lit, et lorsqu'elle eut écarté le rideau, le roi lui dit d'une voix défaillante et entrecoupée de sanglots : « Oh! « mon amie, que de sang! que de meurtres! quel détes- « table conseil j'ai suivi! ô Dieu, pardonnez-moi tous ces « crimes, s'il vous plaît! » Son esprit était d'autant plus effrayé des fantômes funèbres que son imagination lui retraçait que, durant les crises douloureuses de sa maladie, il était baigné d'une sueur de sang. Il expira le 30 mai 1574, à l'âge de vingt-trois ans et onze mois [2].

Tel est l'homme atroce qui régna sur la France pendant treize ans et demi. Dans une cour où la volupté se mêlait à la dépravation, il se montra insensible aux plaisirs de l'amour; il n'eut de maîtresse qu'une jeune fille d'Orléans, dont il eut un fils. Il n'avait de goût que pour les exercices violents, auxquels il se livrait avec ardeur. La chasse, le ballon, les danses outrées, la fabrication des armes occupaient presque tous ses loisirs et formaient ses passe-temps ordinaires [3].

---

[1] De Thou, liv. LII. Tavannes, t. VIII, p. 388. Brantôme, t. IV, p. 206.
[2] L'Étoile, t. I, p. 30-31, 1re partie. D'Aubigné, t. II, liv. II, chap. VIII.
[3] De Thou, liv. LVII.

Quelques efforts que l'on ait faits pour prouver que le pape Grégoire XIII fut étranger à la pensée du massacre de la Saint-Barthélemy, on ne saurait nier qu'à la nouvelle de cette affreuse catastrophe la cour de Rome n'ait montré une joie impie, et prostitué les augustes cérémonies de la religion à la célébration d'une *journée* qu'elle ne rougit pas d'appeler une *exécution chrétienne*, et que la postérité a placée au rang des plus grands crimes qui aient souillé l'humanité et déshonoré le fanatisme religieux [1].

Par un singulier contraste, c'est sous le règne de Charles IX, si fécond en guerres civiles et en meurtres privés clos par un massacre, que la jurisprudence fut enrichie de ses plus beaux monuments. Le chancelier de Lhopital lutta avec constance, non seulement dans le conseil du prince, mais dans les lois, dont il fut le principal auteur, contre l'esprit de discorde enfanté par les ambitions rivales des grands et la fureur des querelles religieuses. Nos lois les plus sages et les plus capables d'affermir l'ordre public furent l'œuvre impérissable de sa courageuse et savante administration.

Catherine de Médicis, depuis la mort de Henri II, qui eut lieu dans un tournoi près de la rue Saint-Antoine, nourrissait un sentiment profond de vengeance contre Montgommery, capitaine des gardes, lequel fut, pour ainsi dire, forcé de courir et de combattre contre le roi avec une lance que ce dernier choisit et qu'il lui fit remettre, ayant l'intention de tenter une dernière fois le sort qui l'avait favorisé pendant les premières courses du tournoi. Montgommery, qui avait décliné à plusieurs reprises l'honneur de se mesurer avec Henri II, céda enfin à sa volonté et eut le malheur de tuer son souverain d'un éclat de lance dans l'œil. La reine, bien qu'elle sût que la mort de son époux devait être attribuée à un pur accident et non à Montgommery, qui en avait été la cause involontaire, conçut

---

[1] De Thou, liv. LIII.

contre lui une effroyable haine et attendait avec impatience une occasion favorable pour la satisfaire.

Montgommery était un des chefs du parti protestant. Dans une des guerres fréquentes que ce parti eut à déclarer ou à soutenir contre le gouvernement pour assurer la liberté de son culte, il fut fait prisonnier, les armes à la main, en Normandie, et conduit à Paris dans la prison de la Conciergerie. Là, il fut interrogé par Catherine de Médecis, le chancelier et plusieurs présidents du parlement. L'instruction fit connaître que s'étant établi en Angleterre, où il était bien voulu de la reine Élisabeth, il en fut rappelé par le frère de Henri III (le duc d'Alençon), qu'il refusa constamment de nommer, pour faire partie de l'union des protestants dans laquelle le roi de Navarre et le prince de Condé étaient entrés, et que c'était par suite de cette circonstance qu'il avait combattu contre l'armée du roi.

Montgommery opposait aux charges résultant contre lui de l'instruction qu'il était prisonnier de guerre et qu'on n'avait pas tenu à son égard les promesses qui lui avaient été faites lorsqu'il déposa les armes, puisqu'il ne s'était rendu qu'à la condition d'avoir la vie sauve. Malgré ses protestations, il fut condamné, par arrêt du parlement, comme convaincu du crime de lèse-majesté, à avoir la tête tranchée, sur la place de Grève, et à être tiré en quatre quartiers. Lorsqu'il fut conduit au supplice, il disait à haute voix qu'il mourait pour sa religion et non comme traître à son roi. Il refusa les secours spirituels qui lui furent offerts par des prêtres catholiques. Un cordelier ayant été placé à ses côtés dans le fatal tombereau, il interrompit ce religieux qui insistait pour le désabuser de l'erreur où, disait-il, de mauvaises doctrines l'avaient entraîné, en lui adressant ces paroles : « Si j'ai embrassé une religion
« fausse, c'est par le conseil d'un moine de votre ordre; car
« le premier qui me donna et me fit lire une Bible en fran-
« çais était cordelier. C'est dans ce livre sacré que j'ai ap-
« pris la religion que je professe, qui seule est la vraie et

« dans laquelle je veux mourir. » Étant monté sur l'échafaud, il fit sa prière et il fut décapité. Sa tête demeura exposée sur un poteau; mais, à l'entrée de la nuit, elle fut enlevée par ordre de la reine mère, qui avait assisté à l'exécution pour assouvir sa vengeance [1].

Le cardinal de Lorraine, dès l'année 1562, jugeant par la corruption de la cour des Valois et par les vices qui y dominaient que les deux frères de Charles IX, alors régnant, derniers rejetons d'une race funeste à la France, mourraient, ainsi que ce monarque, sans héritiers directs, avait créé, sous le nom de sainte ligue et dans le dessein apparent de protéger la religion catholique contre les protestants, une vaste association, dont les ramifications s'étendaient sur toute la France, et qui, en réalité, était destinée à placer la couronne sur la tête du duc de Guise, uni par des liens étroits de parenté à la maison de Lorraine.

Ce projet ne reçut d'abord d'exécution que dans l'étendue du gouvernement du duc de Guise; mais plusieurs années après, au commencement du règne de Henri III, la ligue recruta de nombreux partisans dans les diverses provinces du royaume. Paris surtout devint le centre de la confrérie ou plutôt de la conspiration des ligueurs. Le pape et le roi d'Espagne encourageaient secrètement, dans des vues diverses, les progrès de cette association [2].

Henri III, informé de l'existence et de la rapide propagation de la ligue, songea un instant à la dissoudre; mais abusé sur son vrai caractère qu'on lui avait dépeint comme purement religieux, il eut la faiblesse de l'autoriser. Bientôt après et pendant la tenue des états de Blois, il signa la formule de l'association avec un grand nombre de seigneurs, et pour déjouer les manœuvres du duc de Guise, il s'en déclara le chef.

Après qu'il eut pris cette résolution, il chargea Nicolas

---

[1] L'Étoile, *Journal*, t. I, p. 36-39.
[2] De Thou, liv. LXIII.

Lhuillier, prévôt des marchands, de faire tous ses efforts pour obtenir l'adhésion des habitants de Paris au pacte de l'union. Les quarteniers et les dizainiers de cette ville se présentèrent, suivant les instructions du prévôt, dans les maisons des bourgeois pour leur faire signer le serment de la ligue; mais plusieurs d'entre eux, et en particulier les membres du parlement, ne se méprirent pas sur la pensée secrète de cette association. Quelques-uns refusèrent leur concours [1].

L'accession du roi à la ligue eut pour effet d'en calmer les agitations, du moins pour quelques années. Le duc de Guise, privé de la libre disposition de ce grand levier, ne laissa pas de conserver un ascendant considérable sur l'esprit des ligueurs. Il fomentait des intrigues dans le parti, et ces intrigues ne tendaient qu'à déverser le ridicule et le mépris sur la conduite du roi.

La mort du duc d'Anjou, frère unique de Henri III, qui rendait le roi de Navarre l'héritier le plus proche de la couronne, servit de prétexte au duc de Guise pour soulever le parti de la ligue, en lui faisant craindre de voir monter sur le trône un prince séparé de l'Église catholique; car le roi de Navarre, qui avait abjuré par contrainte les croyances de la réforme pour se soustraire au massacre de la Saint-Barthélemy, était rentré plus tard sous l'empire de ces croyances. Les chefs de la ligue avaient conclu un traité avec le roi d'Espagne pour réaliser plus sûrement l'exécution de leur entreprise. Le duc de Guise se procura des armes à grands frais et fit des levées de gens de guerre. Il mit garnison dans la ville de Châlons-sur-Marne, dont il s'était emparé, et y attira plusieurs de ses partisans; il tenait également en sa possession plusieurs autres villes importantes. Henri III, livré tout entier à ses plaisirs, ne voulut pas ajouter foi d'abord à ces préparatifs menaçants; mais les informations qu'il recevait de toutes parts à ce

---

[1] De Thou, liv. LXIII. L'Étoile, t. I, p. 83

sujet étaient si précises et si concordantes qu'il prit enfin la résolution de pourvoir à sa défense dans Paris et au dehors.

Instruit que le menu peuple et les marchands de cette grande cité étaient tous affiliés à la ligue, il espéra se rendre maître d'eux en leur donnant des officiers de son choix, qu'il prit dans les rangs de la magistrature et de l'administration. Il assembla ces officiers au Louvre, et après leur avoir fait comprendre que les projets séditieux du duc de Guise pouvaient compromettre leur sûreté comme celle de sa couronne, il les exhorta à le servir avec loyauté et à faire bonne garde aux portes de la ville [1]. Plusieurs de celles-ci furent fermées, et l'on établit des postes à l'entrée de celles qui restèrent ouvertes. Le roi fit inspecter régulièrement le service de ces postes par plusieurs seigneurs qui lui étaient dévoués, et il les visita lui-même accompagné de ses gardes.

Sur ces entrefaites, les principaux ligueurs publièrent, sous le nom du cardinal de Bourbon, un manifeste pour démentir les vues turbulentes et ambitieuses que leur supposaient les gens paisibles à l'occasion de leur dernier soulèvement. Ils indiquèrent les prétendues causes qui leur avaient fait prendre les armes. Le roi publia, de son côté, une déclaration sur les troubles qui venaient d'éclater, et le roi de Navarre, accusant les Guise de n'avoir eu d'autre but dans la formation de la ligue que de se ménager un instrument propre à soutenir leurs prétentions à la couronne de France, après la mort de Henri III, au détriment des héritiers légitimes représentés par sa famille, protesta dans plusieurs écrits contre l'usurpation méditée par cette maison [2].

Cependant, la reine mère, que l'on ne croyait pas étrangère aux troubles excités par les Guise, avait opéré par son intervention un rapprochement entre ceux-ci et son fils. Le maintien de l'unité catholique étant en apparence le but

---

[1] L'Étoile, t. I, p. 183. — [2] *Ibid.*

que la ligue s'était proposé lorsqu'elle fut constituée, le roi, pour ôter tout prétexte aux auteurs de la dernière sédition de continuer leurs menées, révoqua l'édit de pacification qu'il avait rendu en faveur des protestants lors de son avénement à la couronne, ainsi que les édits précédents, et il défendit en même temps, par une déclaration expresse, l'exercice de tout autre culte que celui de la religion catholique. Le roi dit au cardinal de Bourbon, en prenant cette grave mesure, que, bien qu'elle fût conforme aux inspirations de sa conscience, il n'en avait consenti l'exécution qu'avec peine, parce qu'il avait le pressentiment qu'elle serait funeste à la paix publique et aux intérêts de son peuple.

Le roi envoya des députés auprès du roi de Navarre, pour le prier d'embrasser la religion romaine, sa conversion seule pouvant le dérober aux maux de la guerre qui allait éclater contre lui et contre ceux de sa secte.

L'élévation de Sixte-Quint au trône pontifical donna de nouvelles forces au parti de la ligue ; en effet, ce pape ambitieux et fanatique excommunia le roi de Navarre et le prince de Condé qui, comme ce dernier, était rentré dans le sein de l'Église réformée. Le parlement fut si outré des doctrines que contenait la bulle d'excommunication, qu'il crut devoir protester contre ces doctrines, et surtout contre la suprématie temporelle que le nouveau pontife s'arrogeait sur les souverains de la chrétienté.

Les princes excommuniés formèrent opposition à cette bulle, par une déclaration énergique et non moins hautaine que celle-ci [1].

Bien que les diverses compagnies dont la ligue était composée à Paris fussent commandées par des officiers dévoués au roi, ou présumés tels, l'association était travaillée sourdement par des comités qui ne reconnaissaient pour chefs que les Guise, et qui faisaient tous leurs efforts pour leur

---

[1] L'Étoile, t. I, p. 187-190.

gagner des créatures, en rendant suspectes toutes les actions du roi. Ces comités, pour échapper à la surveillance du gouvernement, tenaient leurs séances, chaque fois qu'ils se réunissaient, dans des lieux différents. Les conjurés avaient des complices dans toutes les classes, et surtout parmi les curés et les prédicateurs. L'or de l'Espagne soutenait l'ardeur des principaux agents.

Le fardeau des impôts qui devenait chaque jour plus pesant, et la création de nouveaux offices, excitaient des murmures parmi le peuple ou dans les corps de l'État qui devaient recevoir les titulaires de ces offices. On savait que le produit des impôts et du prix des charges ajoutées aux anciennes, quoique celles-ci fussent suffisantes aux besoins du service public, était dévoré en partie par les prodigalités du roi. Ce prince était outragé et tourné en ridicule dans des libelles et dans des couplets qui circulaient de main en main. Des folliculaires excitaient contre lui la haine de la multitude par des placards injurieux, affichés aux portes même du Louvre. Les prédicateurs faisaient des allusions continuelles dans leurs sermons aux désordres de sa vie privée, aux abus de son gouvernement et à sa prétendue faiblesse pour les protestants.

La duchesse de Montpensier, sœur du duc de Guise, était alors l'âme de la ligue. C'est elle qui provoquait toutes ces agitations par ses intrigues et par son influence sur les principaux ligueurs qui étaient à ses gages. Elle se vantait d'avoir plus avancé la cause de la ligue par son habileté audacieuse, que ses frères par leurs tentatives armées ; enfin elle disait, avec un air de mépris, qu'elle portait à sa ceinture les ciseaux qui orneraient d'une troisième couronne la tête de frère Henri de Valois. En effet, ce dernier joignait au titre de roi de France celui de roi de Pologne, et il était traité de moine par les Guise, ce qui explique le propos outrageant de leur sœur [1].

---

[1] L'Étoile, t. I, p. 244.

En 1587, la ligue était dirigée par un comité secret qu'on appelait le comité des seize, parce qu'il était composé d'autant de membres qu'il y avait alors de quartiers à Paris. En réalité, le nombre des quartiers était de dix-sept ; mais on avait conservé la précédente répartition en seize quartiers, apparemment pour ne rien changer à une organisation municipale qui était déjà ancienne. Les ligueurs, craignant d'être découverts et sévèrement punis, avaient envoyé à diverses reprises des émissaires au duc de Guise, pour le presser de se rendre dans la capitale, afin de changer la face du gouvernement. Le duc, après avoir fait plusieurs promesses qu'il ne tint pas, prit le parti de leur envoyer son frère, le duc de Mayenne.

Ce dernier, pour sauver les apparences, se rendit à la cour dès son arrivée, et après avoir renouvelé au roi ses protestations de fidélité et de dévoûment, il se mit en rapport avec les principaux ligueurs, et parut disposé à mener à fin la vaste et périlleuse entreprise de la ligue. On convint d'un projet de conspiration, dans lequel il fut arrêté que l'on s'introduirait, pendant la nuit, dans les hôtels du chancelier, du premier président du parlement et de plusieurs autres magistrats, pour les égorger. On devait se rendre maître du grand et du petit Châtelet, de la Bastille, de l'Arsenal, du palais, du Temple et de l'hôtel de ville. Les conjurés auraient ensuite investi le Louvre et combattu ceux qui se seraient présentés pour le défendre. Ils auraient tendu les chaînes et élevé des barricades dans chaque rue ; en un mot, on aurait massacré tous les suspects en matière de religion, et surtout *les politiques,* gens paisibles et prudents qui tenaient le milieu entre la ligue et le parti protestant. Après ces sanglantes expéditions les conjurés devaient parcourir les rues en criant : *vive la messe !* pour rallier à eux les bons catholiques [1].

---

[1] Procès-verbal de Nicolas Poulain, à la suite du *Journal* de L'Étoile, t. I, p. 323-324.

Henri III, informé du plan des conspirateurs par Nicolas Poulain, lieutenant du prévôt de l'Ile de France, lequel faisait partie du comité secret de la ligue, ordonna de renforcer tous les postes, et prit d'autres mesures de précaution, qui prouvèrent aux conjurés que leur projet avait été éventé. Le duc de Mayenne, soupçonné d'être le chef de ce complot, quitta Paris après avoir engagé les ligueurs à ne pas désespérer du succès de leur entreprise. Ceux-ci, réduits à eux-mêmes, ne laissèrent pas d'ourdir de nouveaux complots, tendant à s'emparer de la personne du roi; mais les résolutions qu'ils arrêtaient dans leurs conciliabules étaient aussitôt communiquées à Henri III par Nicolas Poulain, et elles avortaient par les précautions que prenait le monarque [1].

Le comité des seize, enhardi par l'impunité de ses coupables tentatives, remit à des temps plus favorables le parti de la violence, et continua de saper l'autorité du roi en le dénigrant, et en poussant les prédicateurs à suivre ses traces dans la voie odieuse de la diffamation. Le but des seize, par ces excitations, était de mettre aux prises le gouvernement avec le clergé, et de fournir ainsi aux ligueurs le prétexte de se déclarer en faveur de ce dernier par une émeute. C'est ce qui ne tarda pas à arriver. Le roi, instruit qu'un prédicateur s'était permis des paroles séditieuses à Saint-Germain-l'Auxerrois, et que les curés de Saint-Séverin et de Saint-Benoît attaquaient à l'envi le gouvernement avec une hardiesse et une insolence qui ne pouvaient être tolérées sans danger, donna l'ordre au prévôt de Paris de se saisir de leurs personnes, et de les lui amener au Louvre. Cette arrestation ayant été confiée à Rapin, lieutenant de robe courte, et la nouvelle en étant parvenue dans la rue Saint-Jacques, des hommes armés sortirent de leurs maisons en criant : *Aux armes ! qui est bon catholique nous suive ! les huguenots veulent tuer les prédicateurs et les catholiques.*

---

[1] Procès-verbal de Nicolas Poulain, t. I, p. 325-326.

En même temps on sonna le tocsin à l'église Saint-Benoît pour accroître l'alarme. La sédition devint assez grave pour empêcher l'exécution des ordres du roi. Un notaire, nommé Hatte, connu pour un ardent ligueur, fut signalé comme le principal auteur de cette sédition. On envoya chez lui pour l'arrêter, mais on ne put l'atteindre, parce qu'il avait pris la fuite [1].

Les meneurs de la ligue cherchaient à pervertir l'opinion publique par tous les moyens. On vendait publiquement la gravure d'un tableau peint, sur la demande et aux frais de madame de Montpensier, lequel représentait des rigueurs cruelles exercées par Élisabeth, reine d'Angleterre, contre les catholiques de son royaume. L'exposition de cette gravure, que l'on voyait dans les principales rues de Paris, avait pour objet d'animer la populace contre les protestants. Avant d'être gravé, ce tableau avait été placé par le curé de Saint-Séverin dans le cimetière de sa paroisse, où la foule se pressait pour le contempler, en vomissant des imprécations contre les protestants et les politiques. Le roi n'était même pas épargné. Outré de ce qui se passait dans ce cimetière sous les auspices du clergé, le roi enjoignit au parlement de faire ôter le tableau sans bruit, de peur de quelque émeute. Il fut enlevé, en effet, pendant la nuit [2].

Henri III, toujours attaqué par les invectives des prédicateurs, et par les insinuations perfides des confesseurs, à qui le secret du confessionnal offrait un moyen moins dangereux que la chaire d'exciter leurs pénitents à la révolte, manda au Louvre la faculté de théologie, qu'il reçut avec appareil et entouré du parlement tout entier. Doué d'une élocution facile, il parla aux docteurs de la faculté avec une verve d'indignation, qui malheureusement ne fut soutenue par aucun acte énergique. Il prit à partie quelques-uns d'entre eux, à propos de la licence effrénée de leurs ser-

---

[1] L'Étoile, t. I, p. 230-231. Procès-verbal de Nicolas Poulain, t. I, p. 327.
[2] L'Étoile, t. I, p. 227-228.

mons, qui renfermaient presque toujours quelques traits dirigés contre lui ; mais il s'adressa plus particulièrement à Boucher, curé de Saint-Benoît, qu'il traita de méchant homme. Venant ensuite à un décret récent de la Sorbonne, qui avait établi en termes formels qu'on pouvait ôter le gouvernement aux princes qu'on ne trouvait pas dignes de leur haute mission, il déclara qu'il ferait châtier d'une manière exemplaire les auteurs de cette proposition audacieuse et criminelle, s'il ne savait qu'elle avait été délibérée à la suite d'un déjeuner qui avait échauffé outre mesure la tête des convives. Il finit son discours en disant qu'accablé par les théologiens de toutes sortes d'outrages, il pourrait se venger, s'il le voulait, comme le pape Sixte-Quint qui avait envoyé aux galères plusieurs cordeliers qui avaient osé médire de lui ; mais qu'il préférait tout oublier, et qu'il pardonnait aux coupables, à condition qu'ils n'y reviendraient plus ; que, du reste, si quelqu'un d'entre eux abusait désormais de son indulgence, il se flattait que les magistrats fidèles qui l'entouraient sauraient réprimer son crime par une prompte et sévère justice [1].

Malgré cette apparence de vigueur que démentait la faiblesse de son caractère, le roi se laissa braver par la duchesse de Montpensier, à qui il avait donné ordre de quitter Paris, et qui continua d'y résider, en redoublant d'audace et de calomnie contre lui. Le comité directeur de la ligue, d'après les instructions du duc de Guise, réduisit les seize quartiers de Paris à cinq. Chacun de ces nouveaux quartiers fut placé sous l'autorité d'un colonel, assisté de quatre capitaines, à qui l'on remit un livret contenant leur règle de conduite et l'indication des lieux où ils pourraient trouver des armes pour ceux de leur compagnie qui n'en auraient pas. Le comité fit le recensement de ses forces, qui s'éleva à trente mille hommes, et en écrivit au duc de Guise, qui lui envoya un certain nombre d'officiers dévoués

---

[1] L'Étoile, t. I, p. 234-235. De Thou, liv. LXXXVI.

à ses intérêts et remplis d'expérience, lesquels furent distribués dans chaque quartier [1].

On avait tramé un nouveau complot, pour l'exécution duquel le duc s'était approché de Paris avec des troupes, et attendait à Gonesse l'avis des premiers succès de ses partisans pour se mettre à la tête du mouvement. Mais le roi, informé à temps par Nicolas Poulain de cette nouvelle entreprise, traversa encore les préparatifs que les conjurés avaient faits contre lui, et le duc de Guise s'éloigna aussitôt de Paris [2].

Cependant les seize, qui ne se lassaient pas de conspirer, mandèrent au duc de revenir à Paris, où sa présence, disaient-ils, était indispensable à cause des dangers que courait la ligue, dont le gouvernement se méfiait de plus en plus. Le roi, qui connaissait l'effervescence des esprits, et qui craignait que la présence du duc de Guise ne provoquât un conflit entre les ligueurs et les protestants, ou les politiques, fit défendre à ce dernier de venir à Paris; mais le duc céda enfin aux sollicitations de son parti, et s'étant rendu dans la capitale, accompagné de quelques gentilshommes, il vint descendre à l'hôtel de la reine mère, situé sur l'emplacement de la halle aux blés. Catherine de Médicis se fit porter dans sa chaise au Louvre, ayant à ses côtés le duc de Guise, qui marchait à pied. Pendant le trajet, les ligueurs, qui s'étaient rendus en foule sur le passage de leur chef, poussèrent de vives acclamations en sa faveur. Le peuple le saluait des cris de : vive Guise ! vive le pilier de l'Église ! La femme d'un marchand placée à l'entrée de sa boutique dit à haute voix, en le voyant passer : « Bon prince, puisque tu es ici, nous sommes tous sauvés. »

Le roi, à qui l'on avait annoncé l'arrivée du duc de Guise

---

[1] L'Étoile, t. I, p. 244. Procès-verbal de Nicolas Poulain, p. 327-328, tome I.

[2] Nicolas Poulain, p. 328.

et sa marche triomphale jusqu'au Louvre, le reçut avec une froideur et un dépit marqués. Il lui exprima son mécontentement de ce que, malgré ses ordres, il s'était permis de revenir à Paris. Le duc, en l'abordant avec les dehors d'un respect affecté, et où perçait un embarras visible, s'excusa le mieux qu'il put, et après quelques explications, il laissa à la reine mère le soin de calmer le ressentiment du roi [1].

Henri III, avant de recevoir le duc de Guise, avait demandé conseil au colonel Ornano, l'un de ses familiers, sur la conduite qu'il devait tenir à son égard. Le colonel, le voyant livré à des perplexités continuelles, à cause des mauvais desseins qu'il supposait au duc, lui offrit d'apporter sa tête à ses pieds, ou de l'arrêter et de le conduire en tel lieu qu'il lui plairait d'indiquer; mais le roi, qui se flattait de maîtriser toujours les événements, répondit au colonel qu'il n'était pas encore temps d'en venir à de telles extrémités.

Le 10 mai 1588, le roi eut avis que le duc de Guise avait appelé à Paris des gens de guerre qui lui étaient dévoués ; que ces troupes étaient sur le point d'arriver, et qu'en attendant tous les amis et serviteurs du duc se tenaient prêts à répondre à sa voix au premier signal. Le roi ordonna des dispositions pour prévenir toute surprise de la part de son ennemi. Le lundi 12, de grand matin, il fit occuper les ponts, ainsi que les places les plus importantes de la ville, par quatre mille Suisses et plusieurs compagnies des gardes françaises. Toutes ces troupes furent échelonnées jusqu'au Louvre. Le roi avait cru devoir déployer ces forces militaires pour appuyer l'exécution d'un projet arrêté dans son conseil, et dont le but était de se saisir des partisans les plus dangereux du duc de Guise, et de les faire mourir sur l'échafaud pour servir d'exemple aux autres. Les chefs des divers détachements avaient, au surplus, reçu

---

[1] L'Étoile, t. I, p. 248-249.

l'ordre de défendre à ceux-ci d'user de leurs armes contre le peuple, sous peine de la vie [1].

A la vue de ces dispositions menaçantes, aggravées encore par la présence d'un corps si considérable d'étrangers, l'alarme se répand et gagne toutes les classes de la société. Depuis l'ouvrier jusqu'au magistrat, chacun s'arme; on tend les chaînes, on fait des barricades. Le duc de Guise envoie des officiers, dont il était sûr, pour se mettre à la tête de l'insurrection et diriger la défense des bourgeois. Henri III, qui, pendant la plus grande partie de la journée, était resté le plus fort et pouvait empêcher les bourgeois d'élever des barricades, confirma l'ordre qu'il avait donné d'abord à ses troupes d'opposer la force d'inertie à l'émeute qui venait d'éclater, espérant que la temporisation et la voie de la douceur désarmeraient les mutins; mais la contenance impassible des Suisses et des gardes françaises ne fit qu'enhardir les bourgeois : ceux-ci, ayant commencé à braver les troupes royales, leur déclarèrent qu'ils les mettraient en pièces si elles ne sortaient de la ville.

Le roi, informé de l'irritation toujours croissante des bourgeois, ordonna de ramener les Suisses et les gardes sur le Louvre. Toutefois, les ligueurs avaient commencé l'attaque vers le Petit-Pont et le Marché-Neuf, qui étaient occupés par des compagnies suisses; plusieurs soldats furent blessés sans pouvoir se défendre. Ces compagnies battirent en retraite par le pont Notre-Dame. Dans le nombre des soldats qui les composaient, il y en eut qui furent tués à coups d'arquebuse par le peuple furieux ; les femmes et les enfants secondaient le feu des bourgeois en jetant des pierres par les croisées sur les troupes du roi. Une partie de celles-ci se rendit en criant : *Vive Guise !* Les prisonniers furent désarmés et enfermés dans une grande boucherie dépendant du Marché-Neuf.

---

[1] L'Étoile, t. I, p. 249.

Les détachements qui stationnaient sur la place de Grève et sur la halle des Innocents auraient subi le même sort, si le duc de Guise, d'après les instantes prières du roi, qui lui envoya le maréchal de Biron, n'avait prévenu l'effusion du sang, en s'interposant entre les bourgeois et les troupes, et s'il n'eût conduit celles-ci en lieu de sûreté. Le duc, afin de paraître étranger à l'insurrection, n'avait point quitté son hôtel pendant la plus grande partie de la journée ; on le vit plusieurs fois à ses fenêtres avec un pourpoint blanc découpé et un grand chapeau. Il était quatre heures après midi lorsqu'il sortit de sa demeure pour sauver d'une destruction imminente les troupes dont nous venons de parler. Dans la foule des curieux qui accouraient pour le voir passer, on entendit ce propos : « *Il ne faut plus lanterner ; il faut mener monsieur à Reims.* » Les acclamations dont il fut l'objet étaient si vives et si universelles, qu'il les interrompit plusieurs fois avec une sorte d'embarras, en disant : « *Mes amis, c'est assez... c'est trop ; criez vive le roi !* »

Les autres compagnies françaises de la garde royale se retirèrent vers le Louvre en bon ordre, excepté deux ou trois qui, ayant voulu braver les bourgeois du carrefour Saint-Séverin, commandés par le comte de Brissac, un des officiers du duc de Guise, furent assez maltraitées dans leur mouvement de retraite. Pendant la nuit de cette journée, dont la suite fut si funeste à Henri III, le peuple demeura sur pied, et Brissac, qui avait fait armer les écoliers, vint à deux reprises dans le quartier de Saint-Séverin pour tenir les bourgeois en haleine et les encourager à mener à fin l'entreprise qu'ils avaient si bien commencée, leur promettant l'appui d'un renfort considérable d'écoliers [1].

Le lendemain, 13 mai, toutes les portes de la ville qu'on avait tenues fermées, excepté la porte Saint-Honoré, furent ouvertes et occupées par les ligueurs. Le prévôt des marchands et les échevins, voyant que le peuple, ivre de ses suc-

---

[1] L'Étoile, t. I, p. 249-250.

cès et excité tant par les Guise que par des moines factieux, paraissait disposé à s'attaquer à la royauté elle-même, se rendirent au Louvre, accompagnés de quelques capitaines de la bourgeoisie, et dirent au roi que la ville était exposée aux plus grands malheurs s'il ne prenait à l'instant des mesures pour arrêter la sédition. Le roi, qui était fort triste, essayant de montrer un peu d'assurance, leur dit qu'il se prêterait à tout, pourvu que le peuple fit disparaître les barricades et déposât les armes. Il ajouta qu'il était prêt, quant à lui, à faire retirer les troupes à dix lieues de Paris et à contremander les renforts qu'il avait appelés. Le prévôt et les échevins répliquèrent au roi qu'il ne parviendrait à calmer la fureur du peuple qu'en faisant sortir de Paris, à l'heure même, toute la force armée qu'il y avait réunie, et que le moindre retard pouvait rendre tout accommodement impossible. Le roi leur donna l'assurance qu'il allait faire évacuer la ville par ses troupes, ainsi qu'ils le désiraient, en les priant de faire de leur côté tous leurs efforts pour apaiser le peuple.

Pendant que ces pourparlers avaient lieu, le tumulte augmentait de plus en plus. La reine mère, qui n'avait que trop favorisé, par sa conduite passée, les intrigues du duc de Guise, sortit du Louvre, éplorée, pour se rendre à l'hôtel de ce dernier, dans l'espoir d'amener une réconciliation entre le roi et son redoutable adversaire; elle eut à surmonter toutes sortes de difficultés pour pénétrer dans les rues qui conduisaient chez le duc. Ceux qui gardaient les barricades lui ménagèrent à peine une ouverture suffisante pour laisser passer sa chaise. Médicis, étant arrivée à la demeure du chef des ligueurs, le supplia de mettre un terme aux maux que souffrait la ville de Paris, et d'éteindre l'incendie qu'on lui reprochait d'avoir allumé de ses mains; elle l'engagea à venir chez le roi, et à lui prouver, par son dévouement dans des conjonctures si périlleuses, qu'il avait plus à cœur d'affermir sa couronne que de l'ébranler.

Le duc de Guise, prenant un air froid, répondit à Catherine de Médicis qu'il regrettait que les choses en fussent venues à cette extrémité; mais que le peuple ne connaissait plus de frein; que c'était un taureau échauffé qu'on ne pouvait plus contenir; qu'à l'égard de la démarche qu'elle l'invitait à faire auprès du roi, le Louvre lui était trop suspect pour aller se jeter dans les mains de ses ennemis. La reine mère, jugeant qu'il n'y avait aucune soumission à attendre du duc de Guise, en fit prévenir le roi par un de ses serviteurs. Les nouvelles que ce prince infortuné recevait de tous côtés n'étaient pas moins affligeantes. L'hôtel de ville et l'Arsenal étaient au pouvoir des ligueurs, et plusieurs bandes de ceux-ci, s'étant approchées du Louvre, avaient commencé à se retrancher derrière des barricades pour en attaquer les portes. Dans le quartier de l'Université, on se préparait aussi à marcher contre le palais du roi. Le comte de Brissac et les prédicateurs les plus violents, étant à la tête de huit cents écoliers et de quatre cents moines armés, disaient tout haut qu'il fallait aller chercher frère Henri dans son Louvre [1].

Le roi, sur les cinq heures du soir, instruit par un de ses officiers, qui était parvenu à s'introduire dans le Louvre à la faveur d'un déguisement, que sa vie était en danger s'il ne quittait à l'instant son palais, en sortit à pied, une badine à la main, comme s'il allait, suivant sa coutume, se promener aux Tuileries. Après avoir fait quelques pas, on lui fit savoir que le duc de Guise, à la tête de douze cents hommes, se portait sur le Louvre avec l'intention de se rendre maître de sa personne. Lorsque le roi arriva aux Tuileries, il fut botté par un de ses serviteurs, qui, dans le trouble où il était, lui mit un de ses éperons à l'envers. Le roi, s'en étant aperçu, lui dit : « *Peu importe, je ne vais pas voir ma maîtresse ; nous avons un plus long chemin à faire.* » En même temps il monta à cheval, et partit avec sa

---

[1] L'Étoile, t. I, p. 251.

suite pour Saint-Cloud. Les Suisses et les gardes françaises l'escortèrent jusque là, et poursuivirent ensuite leur route plus lentement que lui pour le rejoindre à Chartres, où il se rendit. Au moment où il sortit des murs de sa capitale, il jeta un dernier regard sur celle-ci, et, lui donnant sa malédiction, il jura qu'il n'y rentrerait que par la brèche [1].

Après le départ du roi, les ligueurs se hâtèrent de placer leurs créatures dans l'administration municipale et dans les emplois d'officiers de la garde bourgeoise. L'ancien prévôt des marchands fut destitué et mis à la Bastille. Les ligueurs lui donnèrent pour successeur La Chapelle Marteau, gendre du président de Nully, lequel était une créature du duc de Guise et de sa maison. Les échevins et le procureur du roi de l'hôtel de ville furent également remplacés dans le même esprit. Un des premiers actes du nouveau prévôt des marchands fut de proposer au corps de ville de procéder à l'épuration des capitaines commandant les dizaines de chaque quartier, et de confier les emplois des officiers suspects ou trop vieux à des hommes dévoués au parti de la ligue. Cette proposition ayant été acceptée, les bourgeois se réunirent par dizaines, et éloignèrent principalement des fonctions de capitaine toutes les personnes revêtues d'un caractère public, telles que les administrateurs et les magistrats ; on élut à leur place de petits marchands et une foule d'intrigants vendus au parti des Guise. Pour faire entrer la multitude dans leurs vues, les meneurs avaient répandu le bruit que les officiers remplacés étaient tous hérétiques, ce que le vulgaire ne manqua pas de croire et de répéter en tous lieux.

La superstition et l'esprit de parti exercèrent un tel empire sur la populace, que quiconque était hérétique, politique ou navarriste, était réputé par elle hors la loi, et qu'elle donnait ces noms aux plus grands criminels comme

---

[1] L'Étoile, p. 252.

pour mettre le dernier sceau à leurs méfaits. Aussi les protestants, et même les indifférents en matière de religion, affectaient d'observer avec une grande rigidité les formes extérieures du culte catholique.

On vit dans le même temps des spadassins, se prévalant du nom et de l'autorité du duc de Guise, pénétrer dans les maisons de plusieurs bourgeois appartenant à la banque ou au commerce riche, les arrêter sous prétexte qu'ils étaient huguenots ou politiques, et les entraîner hors de chez eux, pour les conduire, disaient-ils, auprès du duc de Guise. Dès qu'ils avaient franchi le seuil de leur demeure, ils étaient menés dans un lieu écarté par les brigands qui s'étaient emparés d'eux, et qui les mettaient à rançon en les menaçant de leur donner la mort s'ils ne comptaient entre leurs mains la somme qu'il leur avait plu d'exiger d'eux.

Dès que le duc connut cette infâme industrie, il désavoua hautement, et avec indignation, ceux qui avaient osé s'étayer de son nom, offrant de les poursuivre avec toute la rigueur des lois, si l'on pouvait les lui faire connaître. Quoi qu'il en soit, plusieurs bourgeois timides furent victimes de semblables extorsions. D'autres, plus courageux, parvinrent à s'échapper des mains de cette nouvelle espèce de voleurs, en invoquant le secours de leurs voisins.

Henri III ayant laissé, par son départ, le duc de Guise maître de la capitale, ce dernier fut visiter, avec quelques uns des siens, Achille de Harlay, premier président du parlement de Paris; il le trouva dans son jardin, se promenant avec son fils. L'arrivée du duc et de ses adhérents ne troubla point le calme du courageux magistrat. Comme il était au bout d'une allée, et qu'il revenait paisiblement sur ses pas, Guise fut au devant de lui, et à peine avait-il prononcé quelques paroles, dont le but était de le rendre favorable au parti victorieux, que Harlay, l'interrompant d'une voix forte, quoique émue, lui dit: *C'est grand' pitié quand le valet chasse le maître. Au reste, mon âme est à Dieu, mon cœur est à mon roi, et mon corps est entre les mains des méchants* [1].

La fierté de cette réponse, à laquelle le chef des rebelles devait s'attendre, ne le déconcerta point. Il pressa Harlay d'assembler le parlement ; mais l'austère magistrat s'y refusa en disant : *Quand la majesté du prince est violée, le magistrat n'a plus d'autorité.* Les factieux, irrités de sa constance, l'ayant menacé du dernier supplice, il les congédia par ces nobles paroles : *Il n'est ni tête ni vie que je préfère à l'amour que je dois à Dieu, au service que je dois au roi et au bien que je dois à ma patrie* [2].

Le parlement, les autres compagnies, et même le clergé, envoyèrent, au milieu de l'anarchie qui désolait Paris, des députés au roi, pendant son séjour à Chartres, pour prendre ses ordres sur la conduite qu'ils avaient à tenir. Henri III enjoignit aux juridictions de continuer à rendre la justice comme auparavant, et au clergé de poursuivre également l'exercice de son ministère [3].

Les ligueurs, n'écoutant que leurs passions et leur aveugle fanatisme, avaient oublié toute retenue et tout respect pour l'autorité : plusieurs d'entre eux, s'étant rendus au Palais avant l'ouverture de l'audience, demandèrent à être introduits dans le cabinet du premier président, et lui firent des représentations inconvenantes sur la lenteur que la cour mettait à faire justice d'un protestant nommé Dubelloy, lequel était détenu à la Conciergerie depuis assez longtemps. Ils invitèrent ce magistrat, d'un air arrogant, à ne pas différer davantage de provoquer la mise en jugement du prisonnier, afin que le peuple ne fût pas réduit à lui infliger lui-même le châtiment qu'il méritait. Les mêmes observations et les mêmes menaces furent faites à un grand nombre de conseillers, à mesure qu'ils traver-

---

[1] *Discours sur la vie et la mort du président de Harlay*, par Jacques Lavallée, 1616.

[2] *Biographie universelle* de Michaud, t. XIX, au mot *Harlay* (Achille).

[3] L'Étoile, t. I, p. 253, 254 et 256.

saient la grande salle du Palais pour aller prendre séance dans la chambre à laquelle ils appartenaient.

Ces démarches téméraires et insolites excitèrent l'indignation autant que la surprise du parlement, lequel délégua un président et deux conseillers pour se transporter à Chartres, où était le roi, et lui faire connaître la forme des requêtes présentées par les ligueurs aux membres de la cour. A son retour, la députation ayant mandé le prévôt des marchands et les échevins pour savoir s'ils avaient donné leur assentiment à une telle demande, ceux-ci assurèrent qu'ils y étaient complétement étrangers et en désavouèrent les auteurs. Mais les députés, ayant voulu approfondir les motifs véritables qui avaient fait agir les individus dont le parlement avait cru devoir se plaindre, ne tardèrent pas à savoir que l'impulsion leur avait été donnée par de grands personnages qui passaient pour diriger les mouvements de la ligue [1].

Le cardinal de Bourbon et le duc de Guise ayant été priés par le premier président de se rendre au Palais pour s'entendre avec le parlement sur les mesures à prendre au sujet des murmures et de l'agitation qu'avait causés dans Paris la destitution des anciens capitaines de la garde bourgeoise, se rendirent à cette invitation. Ils parurent écouter avec beaucoup d'attention les observations du premier président sur les inconvénients du choix des nouveaux élus, tirés en partie de la lie du peuple ou mal famés, et qu'on avait osé préférer à des présidents et à des conseillers du parlement, quoique ceux-ci eussent obtenu les suffrages de la majeure partie des bourgeois et qu'ils fussent bons catholiques. Le cardinal de Bourbon répondit en peu de mots au premier président, et le duc de Guise, qui acheva sa réponse, conclut, en son nom, au maintien des nouvelles élections, en priant la cour avec beaucoup de soumission et de respect de vouloir bien faire cette nouvelle concession à la difficulté

---

[1] L'Étoile, t. I, p. 259.

des circonstances et au vœu du public. Le parlement comprit que les considérations générales mises en avant par le duc de Guise n'étaient qu'un prétexte employé pour dissimuler son ambition et son intérêt particulier; il jugea donc prudent de céder à la force, qui était de son côté [1].

Le 11 juillet 1588, Catherine de Médicis, ainsi que le cardinal de Bourbon et le duc de Guise, signèrent un édit de réunion ayant pour objet, en apparence, d'extirper l'hérésie dans le royaume, mais ne tendant, en réalité, qu'à exclure de la couronne de France le roi de Navarre et les princes de la maison de Bourbon. Cet édit fut enregistré au parlement. On chanta dans l'église Notre-Dame un *Te Deum*, auquel assistèrent toutes les cours et compagnies, ainsi que la reine mère, les princes et les princesses. Le lendemain, on fit un feu de joie devant l'hôtel de ville, pour célébrer cet événement; mais le peuple, loin de prendre part à cette réjouissance, fit entendre des murmures sur le pacte en lui-même, disant que les princes y avaient stipulé largement leurs intérêts, mais qu'ils n'avaient montré nul souci du bien-être des Parisiens. Le roi approuva ce second édit, en versant des larmes, et n'en attendit pas plus d'effet que du premier [2].

Sur les instances du duc de Guise, la reine mère se rendit à Mantes, auprès du roi, pour l'engager à revenir à Paris, afin d'y rétablir la concorde par sa présence; mais le monarque s'y refusa. Une démarche tentée dans le même but par le prévôt des marchands et les échevins n'eut pas plus de succès. Enfin, le duc de Guise et le cardinal de Bourbon entraînèrent Médicis à essayer un dernier effort pour surmonter la résistance de son fils. Ils l'accompagnèrent, avec l'archevêque de Lyon et plusieurs seigneurs, dans le voyage qu'elle fit à Chartres dans ce dessein. Le duc y fut escorté de quatre-vingts chevaux, et le cardinal de Bourbon de cinquante archers de sa garde richement vê-

---

[1] L'Etoile, t. I, p. 259. — [2] *Ibid.*, p. 260.

tus. Henri III leur fit bon accueil; toutefois, malgré les prières et les larmes de sa mère, il opposa un refus invincible à la demande qu'elle lui fit de nouveau de retourner à Paris [1].

Ce voyage ne fut pourtant pas stérile pour le duc de Guise et le cardinal de Bourbon; car le roi confia au premier le commandement de ses armées, en le nommant son lieutenant général, et il donna au second, comme s'il eût été son parent le plus proche, le droit d'instituer un maître de chaque métier dans toutes les villes du royaume, et à ses officiers les mêmes priviléges dont jouissaient ceux de sa maison. Cette dernière concession était une ratification implicite de l'article fondamental de la ligue, qui avait pour objet d'exclure le roi de Navarre de la couronne de France au profit de la maison de Guise. Henri III répandit en même temps de grandes largesses parmi les principaux chefs de la ligue, non qu'il les en jugeât dignes, mais dans l'espoir d'attacher un certain nombre d'entre eux à son parti par l'appât de nouvelles faveurs, et avec l'intention de se défaire des autres, dans le cas où ils persisteraient dans la rébellion [2].

Malgré toutes ces concessions, le roi n'avait conservé à Paris aucune autorité réelle. Le duc de Guise exerçait secrètement une influence décisive sur le choix des fonctionnaires les plus importants. Ainsi, le roi aurait voulu rétablir dans les fonctions de chevalier du guet et de commandant de la Bastille un bourgeois du nom de Testu, que les ligueurs en avaient éloigné pour diviser les deux places et les confier, la première à un certain Congi, et la seconde à Bussy-Leclerc, l'un des membres les plus audacieux de la sainte union; mais le duc de Guise, par ses manœuvres, fit naître des obstacles aux vues du roi dans le sein de l'administration de la ville, qui repoussa Testu comme suspect au parti des ligueurs [3].

Ceux-ci usèrent encore de leur crédit, ou plutôt de leur

---

[1] L'Étoile, t. I, p. 260-261. — [2] *Ibid.*, p. 262. — [3] *Ibid.*, p. 263.

despotisme, pour expulser les curés de Saint-Nicolas-des-Champs et de Saint-Gervais de leurs églises et les faire remplacer par des prédicateurs dévoués à la ligue. Le cardinal de Guise pourvut de leurs cures les docteurs Pigenat et Lincestre, deux des six prédicateurs subventionnés par la duchesse de Montpensier, et qui acquirent bientôt une si déplorable célébrité par la virulence séditieuse et sanguinaire de leurs sermons. Le roi, qui était alors à Blois, ayant appris de quelle manière les fonctions se distribuaient dans sa capitale, dit que les Parisiens étaient rois et papes, et que si on les laissait faire, ils finiraient par disposer de tout le temporel et de tout le spirituel de son royaume [1].

Le roi présida, le 16 octobre 1588, à l'ouverture des états généraux qu'il avait convoqués à Blois. Il y prononça un discours où les actes de la ligue, la journée des Barricades et la conduite du duc de Guise furent peints sous des couleurs dont la vigueur, quoique adoucie par la prudence de l'orateur, produisit une vive impression sur les principaux chefs de la ligue présents à la séance, et en particulier sur le duc de Guise et le cardinal son frère. Le premier en fut tellement outré qu'il changea de couleur en entendant les paroles du roi qui faisaient allusion au rôle qu'il avait joué lors des barricades. Le cardinal assembla le clergé des états, et parvint à lui faire prendre la résolution de se présenter le lendemain devant Sa Majesté pour lui signaler ce qu'il avait jugé inconvenant dans son discours et pour en exiger la rétractation.

Ce malheureux prince, qui avait déjà donné tant de marques de faiblesse funestes à son autorité et à la paix de son royaume, se laissa imposer les termes mêmes de la rétractation qui lui fut arrachée par le clergé. Le cardinal de Guise, fauteur de tant d'insolence, fut, dans sa présomption, assez imprudent pour dire à son frère qu'il ne faisait jamais les choses qu'à demi, et que s'il eût voulu le

---

[1] L'Étoile, t. I, p. 263-264.

croire, ils ne seraient pas dans la peine où ils se trouvaient. Ces paroles furent rapportées au roi, qui les ajouta à tous les autres griefs qu'il avait contre les Guise. Dissimulé, comme tous les êtres faibles, il promit d'oublier les outrages que cette famille lui avait fait éprouver, et de se réconcilier avec le duc de Guise. Cette réconciliation fut même scellée par un serment solennel qu'il prêta dans le lieu saint, au pied de l'autel. Le monarque étant en veine de dissimulation, fut jusqu'à déclarer que son intention était de se décharger du fardeau des affaires de l'État sur son cousin le duc de Guise et sur la reine sa mère, afin de ne plus songer qu'à Dieu et à faire pénitence [1].

La ligue, par les suggestions de son chef, marchait toujours d'un pas ferme vers le but qu'elle s'était proposé et qui était de faire exclure le roi de Navarre de la couronne de France. Le concours des états, qui avaient été gagnés par les Guise, pouvait aider merveilleusement à l'accomplissement du vœu de ceux-ci. Henri III, pressé de donner la main à l'exécution de ce projet, ne répondit aux sollicitations dont il était continuellement assailli que par des ajournements, qui n'empêchèrent pourtant pas les trois ordres d'émettre un avis favorable aux prétentions de la maison de Guise [2].

Pendant que le roi hésitait entre le parti de la vengeance et celui de la douceur, auquel le portait son naturel, il apprit que les ligueurs tramaient une conspiration contre sa personne. Le duc d'Épernon, instruit de cette conspiration, en écrivit à Henri III pour qu'il se tînt sur ses gardes. Le duc de Mayenne et le duc d'Aumale, brouillés avec leur frère le duc de Guise, lui transmirent les mêmes informations et lui indiquèrent le jour où le crime devait être consommé. Henri III, furieux, jura de prévenir son ennemi en le faisant mourir. Ayant demandé conseil à ses principaux confidents sur le moyen qui leur paraissait le plus favo-

---

[1] L'Étoile, t. I, p. 264-266. — [2] *Ibid.*, p. 266.

rable à l'exécution de son dessein, quelques-uns opinèrent pour l'emprisonnement du duc et pour qu'on lui fît son procès ; mais cet expédient, qui était légal, devant entraîner des délais, fut combattu par le plus grand nombre, qui déclara qu'en matière de crime de lèse-majesté la peine devait précéder le jugement. Ce dernier avis, contraire aux maximes sévères de la justice, fut adopté par le roi qui dit : « Mettre le guisard en prison, serait prendre aux filets un « sanglier, qui se trouverait peut-être plus puissant que nos « cordes ; tandis que, lorsqu'il sera tué, il ne nous fera plus « de peine ; car homme mort ne fait plus guerre [1]. »

Le roi, après avoir résolu la mort du duc de Guise, ne laissa pas de le voir et de lui faire bon visage. Ce dernier, en se mettant à table pour dîner, trouva sous sa serviette un billet qui l'engageait à être circonspect, en l'informant *qu'on était sur le point de lui jouer un mauvais tour.* Après avoir lu ce billet, il écrivit au-dessous ces deux mots : *On n'oserait.*

Le vendredi 23 décembre 1588, le duc de Guise et le cardinal son frère furent mandés au conseil par le roi. En entrant au château où ce dernier avait établi sa résidence, le duc s'aperçut que les soldats des gardes étaient en plus grand nombre que de coutume et qu'ils lui montrèrent moins de respect qu'auparavant. Il ne tint aucun compte de ces circonstances, quoiqu'il eût reçu dans la matinée jusqu'à neuf billets, qui tous le prévenaient qu'on devait attenter à sa vie. Il mit le dernier dans sa pochette, en disant : « Voilà le neuvième d'aujourd'hui. » Le duc était vêtu d'un habit neuf de couleur grise et fort léger pour la saison. Au moment où il entra dans le conseil, on remarqua que l'œil, du côté de sa blessure qui l'avait fait nommer le Balafré, pleurait ; il rendait aussi par le nez quelques gouttes de sang. Ayant envoyé chercher un mouchoir par un page, il paraît qu'on y attacha un billet dans lequel on le pressait

---

[1] L'Étoile, t. I, p. 267-268.

de sortir du château, sans perdre un moment, s'il ne voulait s'exposer à une mort certaine; mais le mouchoir ayant été pris entre les mains du page, on ne le lui rendit qu'après avoir ôté le billet.

Le duc éprouva, pendant quelques instants, un malaise et une sorte de faiblesse qu'on attribua plutôt aux excès de la nuit, qu'il avait passée avec une dame connue pour être sa maîtresse, qu'à tout autre motif. Sur ces entrefaites, le roi l'appela dans son cabinet. Il achevait de serrer dans un drageoir d'argent quelques prunes ou raisins qu'il avait pris pour se remettre de sa légère indisposition. Il quitta aussitôt le siége qu'il occupait dans le conseil et se rendit auprès du roi. Comme il entrait dans la chambre qui précédait le cabinet de sa majesté, un des gardes lui marcha sur le bout du pied, et quoiqu'il ne pût se méprendre sur le sens de cette démonstration, il feignit de ne pas comprendre et se dirigea vers le cabinet. Soudain, il est assailli par une dizaine d'individus qui étaient cachés derrière une tapisserie et qui, l'ayant saisi par les bras et par les jambes, le frappent de plusieurs coups de poignard et l'étendent sans vie à leurs pieds. Ses dernières paroles furent : « Mon Dieu, « je suis mort, ayez pitié de moi! » On jeta sur son corps un méchant tapis, et pendant tout le temps qu'il resta gisant sur le carreau, il fut en butte aux outrages et aux railleries des courtisans, qui l'appelaient le beau roi de Paris, nom que Henri III lui avait donné [1].

Le cardinal de Guise, qui était assis, au conseil, à côté de l'archevêque de Lyon, réputé le flambeau de la ligue, s'écria, en entendant le bruit que ce meurtre avait causé, ainsi que la voix gémissante du duc de Guise : « On tue « mon frère! » Au même instant, comme il se disposait à sortir avec l'archevêque de Lyon, il en fut empêché par les maréchaux d'Aumont et de Retz, qui, se levant avec leurs épées nues à la main, dirent d'une voix forte et menaçante :

---

[1] L'Étoile, t. I, p. 266-267.

« *Que personne ne bouge s'il ne veut mourir.* » Le roi ayant fait appeler presque aussitôt les deux prélats, les envoya prisonniers dans un galetas destiné à des feuillants et à des capucins, et où ils restèrent quelque temps sans feu et sans siége. On arrêta en outre le cardinal de Bourbon, la duchesse de Nemours et son fils, le duc d'Elbeuf et le prince de Joinville. Le roi ordonna plusieurs autres arrestations importantes [1].

Les députés du clergé qui faisaient partie des états écrivirent au roi pour le prier de leur rendre le cardinal de Guise, leur président; mais ce prince, sachant que le cardinal était plus remuant et plus dangereux que son frère, avait résolu de le faire mourir. Il chargea le capitaine Gost de cette exécution, et sur son refus, on trouva, moyennant quatre cents écus, quatre sicaires qui se rendirent dans la chambre où le cardinal était détenu, et qui, l'en ayant fait sortir sous prétexte de le conduire auprès du roi, le massacrèrent à coups de hallebardes. L'archevêque de Lyon, dès qu'il vit entrer les sbires, se doutant de la fin tragique qui attendait son compagnon d'infortune et persuadé qu'il n'éviterait pas lui-même un pareil sort, se prosterna au pied d'un crucifix pour se préparer à la mort; mais le baron de Lux, neveu de l'archevêque, ayant offert sa tête au roi pour sauver la vie de son oncle, Henri III eut égard à sa prière, en donnant de justes éloges au sentiment généreux qui avait inspiré sa démarche.

Dans la soirée du jour où le cardinal fut massacré, le roi ordonna que son corps et celui de son frère fussent brûlés dans de la chaux vive, et que leurs cendres fussent jetées au vent [2].

Ainsi périrent deux factieux puissants, dont la popularité menaçait depuis longtemps, d'une ruine qui semblait inévitable, l'autorité du roi légitime. Quoique celui-ci fût moins digne du trône que le rival brillant et courageux qui

---

[1] L'Étoile, t. I, p. 268. — [2] *Ibid.*, p. 268-269.

voulait l'en faire descendre, on ne peut le blâmer d'avoir défendu ses droits contre l'usurpation ; toutefois, si le duc de Guise fût mort par un meurtre légal, la justice serait satisfaite, et l'histoire, au lieu d'enregistrer dans ses pages un coup violent et arbitraire d'autorité, y aurait consigné un arrêt irréprochable, qui eût été, tout ensemble, un hommage rendu à la morale publique, et une sévère leçon pour les grands. Celui des deux coupables qui, par le caractère sacré dont il était revêtu, aurait paru avoir droit à plus de ménagement de la part du roi, était celui qui en méritait le moins. Infidèle aux maximes humaines prêchées par le Dieu dont il était le ministre, il ne connut que la haine, ne respira que le sang et le meurtre, et ne conseilla que la guerre. Sa mort fut pour ainsi dire le corollaire de sa vie : il aurait voulu que son frère servît les fureurs de la ligue par un régicide, et le projet de ce crime fut tourné contre lui par celui-là même qui devait en être la victime.

Dès que la nouvelle des événements tragiques de Blois fut arrivée à Paris, le peuple prit les armes ; les seize poussèrent des cris de vengeance ; les capitaines de la garde bourgeoise assemblèrent leurs dizaines, et il fut résolu qu'on n'épargnerait rien pour venger sur le tyran (c'est ainsi que, dès lors, on appela le roi) la mort des deux princes lorrains, idoles de la multitude. Un grand nombre de gens de bien, parmi lesquels on comptait une portion de la haute bourgeoisie et de la magistrature, ne partageaient pas cette opinion ; mais au lieu de protester contre les dispositions violentes qui allaient attirer de nouveaux malheurs sur la ville de Paris, ils cédèrent au torrent, et les principaux ligueurs, voyant que les hommes sages n'apportaient aucun obstacle à leurs projets de vengeance, s'emparèrent de la direction des affaires pour maîtriser les événements [1].

Le duc d'Aumale, nommé gouverneur de Paris par les ligueurs, envoya les seize dans les maisons de ceux qui

---

[1] L'Étoile, t. I, p. 269.

passaient pour royalistes ou pour politiques, afin de les mettre à contribution dans l'intérêt de la défense de la ville. Les récalcitrants étaient envoyés en prison, et ils n'obtenaient leur mise en liberté qu'en composant avec les meneurs de la ligue. Les curés furent aussi chargés de faire des levées d'argent dans l'étendue de leurs paroisses, pour subvenir aux frais de la guerre que l'on préparait contre le roi. On répandit, pour noircir la réputation de ce prince, une nuée de pamphlets et de vers satiriques. Les prédicateurs, dont l'esprit s'évertuait contre *Henri de Valois*, firent sur ces mots un anagramme dans lequel se rencontraient ceux de *Vilain, Hérodes*. Le fougueux Lincestre, prêchant à l'église de Saint-Barthélemy, exalta tellement la fureur du peuple qui l'écoutait, que celui-ci, en sortant du sermon, arracha les armoiries du roi placées au-dessus du portail de l'église, et qu'après les avoir brisées, il en foula les débris aux pieds et les jeta dans le ruisseau [1].

Le même prédicateur, à la suite d'un sermon qu'il prononça quelques jours après dans la même église, exigea de tous les assistants le serment qu'ils emploieraient jusqu'au dernier sou de leur bourse et jusqu'à la dernière goutte de leur sang pour venger le meurtre des Guise. Le premier président de Harlay étant assis au banc de l'œuvre, en face de lui, il l'interpella en ces termes : « Levez la main, monsieur « le président, levez-la bien haut, encore plus haut, s'il « vous plaît, afin que le peuple la voie. » Le magistrat fidèle jugea prudent de prêter le serment comme les autres, afin de détromper la foule qui remplissait l'église sur le prétendu consentement que ses ennemis lui reprochaient d'avoir donné au meurtre des princes lorrains. Cet acte fut suivi de quelques rumeurs, et il eût été dangereux pour ce vénérable magistrat de s'y refuser [2].

Catherine de Médicis mourut à Blois, le 7 janvier 1589, âgée de soixante-onze ans [3]. Cette princesse, que l'on peut

---

[1] L'Étoile, t. I, p. 269-270. — [2] *Ibid.*, p. 278. — [3] *Ibid.*, p. 278.

comparer à Isabelle de Bavière pour les maux qu'elle a causés à la France, appartenait par son caractère à cette race de princes que Machiavel a flétrie à son insu d'un éternel opprobre, en transmettant à la postérité le secret de leur atroce politique. La ruse, le poison et l'assassinat, tels étaient, de son temps, les moyens de gouvernement employés par les princes qui portaient le sceptre dans les diverses parties de l'Italie, et en général par tous les rois de l'Europe. L'amour du bien et la loyauté appliqués aux matières d'État, témoignaient plutôt de la faiblesse d'esprit et de l'inhabileté du souverain, qui faisait de ces vertus la règle de sa conduite, que de ses lumières et de l'élévation de ses vues. Médicis, corrompue par la politique italienne, en apporta les théories en France. Non seulement elle était imbue des doctrines enseignées, ou, pour mieux dire, exposées par le célèbre publiciste de Florence, mais elle les fit pénétrer dans l'esprit de ses enfants. Charles IX, surtout, excella, comme on sait, à mettre en pratique ces détestables maximes.

Le nom de Médicis, durant la longue carrière politique de celle-ci, ne fut mêlé qu'à des intrigues ourdies par elle, pour s'emparer du pouvoir ou pour le conserver, et qu'à des actes de violence réprouvés par la justice et l'humanité. La journée de la Saint-Barthélemy, dont elle fut la principale instigatrice, a marqué son nom de stigmates sanglants qui ne s'effaceront jamais, et qui l'ont fait inscrire sur la liste de ces noms néfastes que l'histoire a voués à l'horreur des hommes de tous les temps et de tous les pays.

La multitude, agitée sans cesse par les curés et par les prédicateurs, prit les armes le 16 janvier 1589, pour appuyer un attentat que Bussy-Leclerc, gouverneur de la Bastille, accompagné de vingt-cinq hommes armés, devait exécuter contre plusieurs membres du parlement. Bussy, ancien maître d'armes, et naguère procureur près de cette compagnie, était devenu, comme membre du comité des seize, un personnage politique important. Il se rendit, ce jour même, au palais, et entra, suivi de sa bande, dans la salle de la grand'chambre, où la plupart des membres du parlement étaient réunis. Là, déployant une liste qu'il tenait à la main, il somma plusieurs présidents et conseillers qu'il désigna par leurs noms de le suivre à l'hôtel de ville, où, dit-il, ils étaient attendus. Le premier président, et d'autres magistrats inscrits sur la liste, lui ayant demandé en vertu de quel ordre il agissait, il leur répondit brusquement qu'ils eussent hâte de le suivre, sinon qu'il saurait bien les y contraindre. Alors Achille de Harlay, premier président, Potier et Christophe de Thou, présidents de chambre, descendirent de leurs siéges, et suivirent d'un pas ferme l'émissaire de la ligue. Soixante conseillers de toutes les chambres, notés comme suspects, de même que leurs chefs, se joignirent à eux, et parmi les autres magistrats il y en eut plusieurs qui, entraînés par un sentiment généreux, voulurent partager le sort de leurs collègues, quoi qu'ils ne fussent pas portés sur la liste du comité.

Ces magistrats, qui faisaient partie d'un corps si puissant et si vénéré, recueillirent dès leur sortie du palais, et malgré leur attitude de prisonniers, des marques nombreuses de respect sur leur passage. Ils s'acheminèrent avec gravité et revêtus de leurs robes par le pont au Change jusqu'à la place de Grève. Là, voulant s'arrêter, suivant les explications que leur avait données Bussy-Leclerc, pour entrer à l'hôtel de ville, ils en furent empêchés par ce ligueur audacieux, qui avait mis en avant ce prétexte afin de les déterminer plus aisément à le suivre. Il les obligea donc de passer outre, et les conduisit à la Bastille par des rues remplies d'une foule de gens armés, affiliés à la ligue, lesquels, en les voyant, se permirent contre eux des propos inconvenants et même des insultes.

Quelques conseillers ne s'étant pas trouvés au palais au moment de l'expédition de Bussy-Leclerc, ce dernier les fit arrêter chez eux et conduire à la Conciergerie. La cour des aides, la chambre des comptes, et d'autres compagnies furent également privées de plusieurs de leurs membres, que l'on enferma dans diverses prisons. Mais les uns obtinrent leur élargissement le même jour, et les autres deux ou trois jours après, parce qu'ils furent reconnus pour des catholiques zélés [1].

Bien que la fraction du parlement qui n'avait pas suivi le roi eût perdu la partie la plus éclairée et la plus indépendante de ses membres, par l'effet de la mesure arbitraire conçue et exécutée par les seize, elle ne laissa pas le lendemain de reprendre le cours de ses fonctions. Le président Brisson, l'un des magistrats restés libres, homme faible et cauteleux, crut devoir transiger avec les seize pour conserver sa liberté, et devint dès lors, en réalité, premier président. La peur détermina ses autres collègues à s'unir avec le corps de ville pour prêter main forte à la ligue.

Le conseiller Molé, qui avait passé plusieurs jours à la Bastille comme suspect, avec les autres magistrats détenus, fut assez heureux pour obtenir sa mise en liberté. Désigné comme procureur général, en remplacement du titulaire légitime de ces fonctions, lequel avait accompagné le roi dans son exil, il n'accepta qu'à son grand regret et dans la crainte de s'attirer l'animosité du peuple, qui ne voulait pas que ces fonctions fussent confiées à un autre qu'à lui. On nomma aussi deux avocats généraux que l'on choisit dans les rangs du barreau [2].

Quelques jours après ces événements, le roi envoya au duc d'Aumale un officier de sa cour, porteur d'un ordre qui lui enjoignait de quitter Paris, et qui faisait défense au parlement, ainsi qu'aux autres juridictions, de continuer à rendre la justice. Cet officier fut mis en prison, et courut risque un moment d'être pendu. On se contenta de le renvoyer sans réponse, après l'avoir abreuvé de mépris et d'outrages. Le nom du roi était devenu si odieux à la populace, qu'il eût été dangereux de le prononcer en public.

---

[1] L'Étoile, t. I, p. 279-280. — [2] *Ibid.*, p. 281.

On n'appelait plus ce prince que Henri de Valois, et on lui prodiguait les épithètes les plus injurieuses et les plus cyniques.

La Sorbonne et la faculté de théologie, qui n'étaient alors, comme les églises, que de véritables clubs politiques, rendirent un décret qui déliait le peuple de tout serment de fidélité envers le monarque dont le nom fut rayé des prières publiques. Un service funèbre fut célébré avec la plus grande pompe dans toutes les paroisses de Paris en l'honneur du duc et du cardinal de Guise, que les prédicateurs dépeignaient au peuple comme des martyrs, comme des saints. Vers la fin du mois, le clergé ordonna la première de ces processions qui furent si fréquentes et si célèbres dans le cours de la ligue. On y voyait des personnes de tout âge, de tout sexe, de toute qualité, qui cheminaient deux à deux avec un cierge à la main, et dont la plupart étaient en chemise et marchaient pieds nus, malgré la rigueur de la saison. Le parlement et les autres compagnies assistèrent, avec tous les corps religieux, à cette cérémonie pour en augmenter l'éclat [1].

Les processions, qui, dans le vrai, n'étaient que des rassemblements destinés à entretenir le feu *sacré* de la ligue, préoccupaient tellement la multitude, que durant le carnaval elles prévalurent aux dépens des mascarades. Le chevalier d'Aumale, qui, pour flatter les goûts du peuple, assista pendant les jours gras à plus d'une de ces solennités, jetait au travers d'une sarbacane des dragées parfumées aux dames de qualité qu'il reconnaissait, soit dans les grandes rues, soit même dans les églises où les processions faisaient des stations. Ce seigneur était arrivé récemment à Paris avec la duchesse de Montpensier, la duchesse de Mayenne, la duchesse de Nemours et le duc de Mayenne.

Le peuple était tellement épris de l'appareil des proces-

---

[1] L'Étoile, t. I, p. 282-283.

sions, que dans certains quartiers de bons paroissiens se levaient souvent la nuit, et se rendaient chez leurs curés pour qu'ils les menassent en procession. Le curé de Saint-Eustache, dans une circonstance semblable, ayant essayé de tempérer la ferveur de ceux qui le sollicitaient, en leur représentant les inconvénients des processions nocturnes, fut traité par eux de politique et d'hérétique, et il ne put apaiser leur colère qu'en satisfaisant à leur demande.

Ces processions, où les hommes et les femmes, les filles et les garçons marchaient pêle-mêle en chemise, méritaient peu, en effet, d'être encouragées, parce que dans plus d'un quartier elles avaient produit, dit un chroniqueur contemporain, des fruits autres que ceux pour lesquels elles avaient été instituées.

Pendant le carême, les prédicateurs vomissaient mille injures contre le roi. Boucher disait de lui : *C'est un Turc par la tête* (à cause d'un turban dont il était coiffé), *un Allemand par le corps* (attendu qu'il portait un habit fourré, suivant la mode des Allemands), *une harpie par les mains, un Anglais par la jarretière, un Polonais par les pieds, et un vrai diable en l'âme.*

Lincestre, dans un de ses sermons, annonça qu'il ne prêcherait point l'Évangile, parce que chacun le savait, mais qu'il prêcherait sur la vie, les gestes et les faits abominables de Henri de Valois, qu'il traita de perfide tyran. Après force invectives et déclamations, il l'accusa d'invoquer les diables, et, pour preuve de son assertion, il montra aux fidèles assemblés un des chandeliers du roi que les seize avaient dérobés à l'église des Capucins, et sur lesquels on avait sculpté des figures grotesques et des satyres ; il eut l'impudence d'affirmer à cette foule imbécile que ces figures étaient les démons du roi ; que *ce misérable tyran* n'honorait pas d'autre Dieu, et qu'il s'en servait dans ses enchantements [1].

---

[1] L'Étoile, t. 1. p. 284-285.

Les principaux membres de la ligue provoquèrent une grande assemblée à l'hôtel de ville pour établir un conseil général de la sainte union. Les princes et seigneurs catholiques qui se trouvaient alors à Paris, et en particulier les membres de la famille de Guise, y assistèrent, ainsi que les échevins, les conseillers de ville, les quarteniers et quatre bourgeois du conseil des neuf de chaque quartier. Le duc de Mayenne, ayant fait connaître l'objet de la réunion, proposa une liste de candidats pour la composition du conseil général qu'il était question de former. Cette liste lui avait été remise par Senault, l'un des membres les plus accrédités du conseil des seize ; elle fut adoptée à l'unanimité des suffrages. Senault fut nommé secrétaire du nouveau conseil. Cet homme jouissait d'une telle influence parmi le peuple et dans le sein même du grand conseil de la ligue, que lorsqu'une proposition ne lui convenait pas, et qu'il voyait que l'assemblée inclinait à la voter, il se levait en disant : *Messieurs, je l'empêche et je m'y oppose pour quarante mille hommes.* Son avis, exprimé d'un ton ferme et quelquefois menaçant, imposait à ses collègues, et la proposition demeurait sans suite [1].

Le grand conseil de l'Union, ayant appris que la maison de Pierre Molan, caissier du trésor royal, renfermait des sommes considérables qu'on y tenait cachées, désigna plusieurs de ses membres pour y faire une descente. Ceux-ci, éclairés par les indications des maçons qui avaient travaillé à la construction des cachettes, découvrirent en effet, dans plusieurs endroits, des sommes importantes dont ils s'emparèrent pour subvenir aux besoins de la guerre [2].

Le titre de lieutenant général du royaume fut conféré par les représentants de la ligue au duc de Mayenne, et lui fut confirmé par le parlement, devant lequel ce seigneur vint prêter serment [3].

Les familles des magistrats et des officiers du roi, déte-

---

[1] L'Étoile, t. I, p. 285-286. — [2] *Ibid.*, p. 287. — [3] *Ibid.*, p. 288.

nus à la Bastille et dans d'autres prisons de la capitale, ne cessaient de faire des démarches auprès des princes, des princesses et des ligueurs les plus influents pour obtenir leur élargissement. Le duc de Mayenne et le conseil général de l'Union se laissèrent fléchir en faveur de quelques-uns, mais ce ne fut pas sans sacrifices de la part de ceux qui sollicitaient pour eux, car ils achetèrent la voix de plus d'un membre du grand comme du petit conseil [1].

Cependant, Henri III et le roi de Navarre, éclairés par les trames des chefs de la ligue et par le sentiment vrai de leur situation particulière, négocièrent entre eux une alliance offensive et défensive, et se préparèrent à soumettre les Parisiens par la force des armes. Le roi de Navarre ne reçut les premières ouvertures qui lui furent faites, à ce sujet, qu'avec défiance ; mais, réfléchissant que si Henri III était vaincu par les ligueurs, ceux-ci le combattraient lui-même à outrance, il résolut, pour fortifier sa propre cause et pour donner un gage personnel de dévouement à son roi légitime, de s'unir à lui. Les deux princes se virent au Plessis-les-Tours, et s'embrassèrent avec effusion au milieu des acclamations d'une foule nombreuse qui se pressait autour d'eux.

Dès que cette alliance fut connue à Paris, les ligueurs ne manquèrent pas de la représenter au peuple comme une sorte d'abjuration faite par Henri III de la religion catholique, puisqu'il avait, disaient-ils, levé le masque dont il couvrait son hypocrisie, en unissant sa cause à celle d'un hérétique. Les Guise et leurs adhérents recommencèrent la guerre d'injures et de pamphlets qu'ils avaient déjà essayée contre le roi avec tant de succès. Les prédicateurs lui prodiguaient du haut de la chaire évangélique les épithètes les plus odieuses, et les folliculaires gagés par la ligue vomissaient tous les jours contre lui de nouveaux libelles qu'ils faisaient crier et répandre dans Paris [2]. On fabriquait des bulletins dans lesquels on attribuait aux généraux de

---

[1] L'Étoile, t. I, p. 288. — [2] *Ibid.*, p. 291-292.

l'Union des avantages imaginaires, ou au moins exagérés, sur les troupes du roi [1]. Lorsque celles-ci étaient victorieuses, il y aurait eu danger à faire paraître dans Paris le moindre signe public de satisfaction. Ceux qui ne savaient pas dissimuler dans ces occasions étaient tenus pour royalistes et politiques. Les prédicateurs excitaient la multitude à se saisir des personnes qui auraient osé se réjouir de tels événements, et l'on voulut mettre en prison quelques femmes qui, à propos d'une victoire des troupes royales, s'étaient montrées en public avec leurs habits de fête. Au surplus, si les amis de la cause du roi étaient contraints de déguiser leurs sentiments en public, ils savaient s'en dédommager dans des vers spirituels et piquants qu'ils faisaient répandre secrètement contre les généraux de la ligue qui avaient éprouvé quelques revers [2].

Les troupes royales s'étant approchées de Paris, les bourgeois fermèrent leurs boutiques et prirent les armes. Les colonels des corps composant la garde bourgeoise reçurent ordre d'envoyer dix hommes de chaque dizaine aux portes et avenues de la ville, ainsi qu'aux postes les plus importants. Ces hommes recevaient une solde payée par chaque dizaine. Les succès des deux rois qui avaient suivi leurs troupes obligèrent les ligueurs à joindre aux soldats du duc de Mayenne logés dans les faubourgs quinze cents à deux mille bourgeois qui gardaient les tranchées conjointement avec eux. Ces détachements de bourgeois étaient relevés tous les jours par d'autres détachements. Les cultivateurs de la banlieue, exposés aux réquisitions et aux violences des deux partis, se réfugiaient dans les murs de la capitale avec leurs meubles et leur bétail. Les religieuses établies hors de ces murs s'étaient hâtées aussi de quitter leurs couvents pour se procurer dans cette ville un asile plus sûr [3].

Cependant, le pape Sixte-Quint ayant excommunié Henri III, le roi de Navarre, qui l'était déjà, lui dit d'un

---

[1] L'Étoile, t. I, p. 293. — [2] Ibid., p. 295. — [3] Ibid., p. 296-298.

ton résolu qu'à cela il n'y avait qu'un remède, c'était de vaincre leurs ennemis. La détresse des finances de la ligue fit mettre en liberté plusieurs magistrats détenus au Louvre et à la Bastille, lesquels furent rançonnés, eu égard aux besoins du moment [1].

Les affaires du roi s'amélioraient de plus en plus. Il avait établi son quartier général à Saint-Cloud. Les ligueurs se voyant si étroitement investis, et sachant que Henri III s'était flatté d'entrer avant peu dans son ancienne capitale, et de réduire à l'obéissance jusqu'au dernier partisan de la ligue, firent arrêter près de trois cents bourgeois qu'ils soupçonnaient de favoriser la cause royale, et les envoyèrent en prison pour que, dans le cas où les deux rois tenteraient un coup de main sur la ville, ils ne pussent les secourir en organisant au dedans quelque complot [2].

Un jeune moine de l'ordre des jacobins, tourmenté par les visions d'une imagination exaltée et mystique, avait formé la résolution d'ôter la vie à Henri III, afin d'affranchir le catholicisme du joug de ce prétendu tyran. Ce moine, nommé Jacques Clément, comptant sur l'assistance divine pour la réussite de son projet, et prêt d'ailleurs, si cette assistance lui manquait, à sacrifier sa vie avec résignation pour mériter la palme du martyre, fit part du dessein qu'il méditait au prieur de son couvent, lequel applaudit à son pieux dévouement et à son courage.

Clément, dans sa tranquille fureur, n'était préoccupé que des moyens d'avoir accès auprès du roi. Le prieur crut devoir communiquer au duc de Mayenne la pensée fatale conçue par ce religieux. On mit en délibération dans le conseil du duc les chances de réussite d'un projet si hasardeux ; les opinions semblaient partagées, lorsque Bussy-Leclerc fut annoncé au duc comme étant porteur de lettres écrites par plusieurs membres du parlement détenus à la Bastille. Ce paquet, confié par l'un d'eux à un augustin

---

[1] L'Étoile, t. I, p. 299. — [2] Ibid., p. 300.

qui leur avait dit la messe, et qui devait se charger de le faire parvenir secrètement à Henri III, fut communiqué par le religieux au gouverneur de la Bastille.

Bussy-Leclerc ayant déposé ces lettres sur le bureau du conseil, on jugea que le moyen le plus sûr de faciliter à Jacques Clément l'approche de la personne du roi était de remettre le paquet entre ses mains. On chargea de ce soin le prieur, et l'on donna à ce dernier une instruction d'après laquelle le moine devait guider sa conduite. Un des articles de cette instruction recommandait à Jacques Clément, en cas qu'il fût pris, de ne nommer personne, si ce n'est son prieur, et l'on promit à celui-ci, dans cette supposition, une escorte qui le conduirait en Flandre pour qu'il pût y trouver un refuge [1].

Jacques Clément partit de Paris, le 1er août 1589, avec un passeport qui faisait connaître qu'il se rendait à Orléans ; mais cette destination en cachait une autre moins éloignée et plus importante. En effet, au lieu d'aller à Orléans, le jeune religieux se dirigea de bon matin sur Saint-Cloud ; il fut introduit dans la maison où le roi demeurait par M. de la Guesle, procureur général au parlement, lequel était du petit nombre des magistrats qui avaient suivi la fortune de Henri III. Il était huit heures lorsque ce dernier fut averti qu'un moine demandait à lui parler. Comme ses gardes faisaient des difficultés pour le laisser entrer, il en montra de l'humeur, disant que s'il ne le recevait pas, on dirait à Paris qu'il rebutait les moines et qu'il ne voulait pas les voir. Il passa aussitôt sa robe de chambre, et donna ordre qu'on introduisît Jacques Clément. Celui-ci, ayant fait une profonde révérence au roi, lui présenta ses lettres en disant, qu'elles lui avaient été confiées par des prisonniers de Paris attachés à sa cause, et il ajouta qu'il désirait l'entretenir en secret de choses importantes. Le roi, n'éprouvant aucune défiance à la vue de ce jeune moine, invita ses offi-

---

[1] L'Étoile, t. I, p. 300-301.

ciers à se retirer. Étant resté seul avec lui, il ouvrit une lettre pour la lire. Pendant que cette lecture fixait son attention, le moine tire un poignard de sa manche, et le frappe au bas-ventre. Ce prince ayant retiré avec force de sa blessure l'arme fatale, en dirigea la pointe sur la figure de l'assassin, et l'atteignit au sourcil gauche; au même instant il s'écria : *Ah! le méchant moine; il m'a tué! Qu'on le mette à mort*. A ce cri, les gardes accourent et égorgent le meurtrier aux pieds du roi. Ce dernier succomba durant la nuit du lendemain [1].

Le corps de Jacques Clément fut tiré à quatre quartiers; il fut ensuite brûlé, et l'on jeta ses cendres dans la rivière [2].

Dès que la nouvelle de la mort de Henri III fut connue à Paris, le peuple fit éclater les plus vives démonstrations de joie, et en signe d'allégresse il porta le deuil vert, qui était la livrée des fous. Madame de Montpensier étalait son bonheur avec une sorte d'ivresse; elle fit délivrer des écharpes vertes aux principaux ligueurs, disant qu'après Jacques Clément elle revendiquait le principal honneur du meurtre de Henri de Valois. Elle se rendit ensuite auprès de la duchesse de Nemours, sa mère, et, étant montées toutes deux en voiture, elles parcoururent la ville, s'arrêtant à chaque carrefour, et criant à haute voix, lorsqu'elles apercevaient des hommes du peuple rassemblés: *Bonnes nouvelles, mes amis! bonnes nouvelles, le tyran est mort!* Après cette première manifestation, elles allèrent à l'église des Cordeliers, où madame de Nemours, du haut des marches du maître-autel, harangua le peuple sur le prétendu acte de dévouement du martyr qui avait délivré la France du joug odieux de Henri de Valois. Elles firent faire des feux de joie, et célébrèrent dans des festins l'événement qui frayait le chemin du trône à un membre de leur famille [3].

Les prédicateurs ne tarissaient pas non plus sur le meur-

---

[1] L'Étoile, t. I, p. 300-301. — [2] *Ibid.*, p. 302. — [3] *Ibid.*, p. 3, 2ᵉ partie.

tre de Henri III, qu'ils appelaient un bienfait de la Providence, un miracle; ils préconisaient les vertus et le courage de l'assassin, à qui ils décernèrent le titre et la gloire de martyr.

Le duc de Mayenne, n'osant s'emparer de la royauté pour lui, fit proclamer roi de la ligue le vieux cardinal de Bourbon, détenu alors comme prisonnier à Tours, et à qui l'on donna le titre de Charles X. Ce vieillard ne fut, en effet, qu'un simulacre de roi; car il n'en exerça pas un seul moment les fonctions. Le duc de Mayenne en garda toute l'autorité, sous le nom de lieutenant général de la couronne.

D'un autre côté, le roi de Navarre prit le titre de roi de France, et conserva le commandement des forces réunies à Saint-Cloud. Il eut besoin d'un grand courage et de hautes qualités pour dissiper les factions qui contestèrent les droits que lui donnait sa naissance. Ces factions furent d'autant plus redoutables qu'elles s'appuyaient sur des ambitions diverses entretenues par le pape, le roi d'Espagne, la maison d'Autriche, les ducs de Savoie et de Lorraine. Henri IV, dénué un moment de toutes ressources, fut obligé d'abandonner la position qu'il occupait presqu'aux portes de Paris, et de se retirer en Normandie, pour y faire subsister son armée et y recueillir les fonds provenant des impôts, afin de pourvoir à la paye de ses soldats [1].

Les bourgeois qu'on avait incarcérés lorsque le conseil de la ligue résolut le meurtre de Henri III, furent mis en liberté sitôt que le crime fut consommé. Plusieurs des magistrats qui gémissaient encore dans les prisons de la Bastille et du Louvre obtinrent aussi leur élargissement; mais ce ne fut pas sans de grands sacrifices d'argent [2]

Henri IV, que le peuple appelait le Béarnais et qu'il croyait mort ou pris, d'après les nouvelles du duc de Mayenne, parut, le 30 octobre 1589, sous les murs de

---

[1] L'Étoile, t. I, p. 4-5. — [2] Ibid., p. 4.

Paris avec une forte et vaillante armée, après avoir vaincu les troupes de la ligue dans la célèbre bataille d'Arques. Le 1ᵉʳ novembre, à la faveur d'un brouillard épais dont il profita pour opérer une surprise, il marcha contre les faubourgs de la capitale, et cette attaque imprévue y jeta l'épouvante. Les troupes de Henri IV, commandées par M. de Châtillon, fondirent sur les habitants et en tuèrent un grand nombre au cri *de la Saint-Barthélemy*, comme pour venger la mort du père de leur commandant et des autres protestants qui avaient été victimes de cette journée cruelle. Le duc de Mayenne étant venu au secours de Paris, Henri IV fit évacuer les faubourgs par ses soldats, après avoir tenté en vain d'attirer l'ennemi en pleine campagne pour lui livrer bataille [1]. Il emmena quatre cents prisonniers avec lui. Dans ce nombre se trouvait Edmond Bourgoin, prieur des jacobins, lequel fut pris l'épée à la main et couvert d'une cuirasse. Ce moine avait été confesseur de Jacques Clément. Il avoua qu'il avait contribué au meurtre de Henri III et loué en chaire le meurtrier. Traduit devant le parlement séant à Tours, sur la demande de la reine, veuve de ce prince, il fut condamné à être tiré à quatre quartiers [2].

Le cardinal Cajetan, légat du pape, étant arrivé à Paris, fut reçu à l'entrée du faubourg Saint-Jacques par les principaux de la ligue suivis de dix mille bourgeois. Il fut harangué par Lachapelle-Marteau, prévôt des marchands. Comme une portion de la bourgeoisie ne paraissait pas éloignée de traiter avec Henri IV, le légat mit tout en œuvre pour traverser les négociations projetées. Informé de ses intrigues, ce prince fit rendre un arrêt du parlement, à Tours, qui défendit aux habitants de Paris et à tous autres d'avoir la moindre communication avec le cardinal Cajetan, jusqu'à ce qu'il se fût présenté au roi et au parlement, selon les lois du royaume et les libertés de l'Église gallicane. Cet arrêt fut cassé par un autre arrêt du parlement de Paris [3].

---

[1] L'Étoile, t. I, p. 7. — [2] *Ibid.*, p. 8. — [3] *Ibid.*, p. 12.

Le serment de l'union fut renouvelé par le prévôt des marchands, les échevins, les colonels et les officiers de tous les quartiers et dizaines de Paris, dans l'église des Augustins, entre les mains du légat assisté de plusieurs évêques. La formule de ce serment ayant été remise aux officiers de la garde bourgeoise, ceux-ci en firent jurer l'observation au peuple, chacun dans son quartier. Quelques jours après cette démonstration de la ligue, Henri IV remporta sur le duc de Mayenne la victoire d'Ivry. Plusieurs villes voisines de la capitale firent leur soumission au vainqueur, qui occupa divers passages importants de la Seine [1].

Henri IV étant toujours en observation devant Paris, fit attaquer le faubourg Saint-Martin par une partie de ses troupes; mais il fut repoussé. Enhardis par ce succès, plusieurs corps religieux, tels que les feuillants, capucins et autres, se réunirent en armes sous les ordres de Rose, évêque de Senlis. D'autres compagnies, mêlées de religieux et de bourgeois, furent formées par les soins du curé de Saint-Côme, du prieur des chartreux et d'autres abbés, qui en prirent le commandement. Ces divers détachements, ayant pour enseignes une croix et une bannière représentant l'image de la Vierge Marie, se rendirent chez le légat pour lui demander sa bénédiction. Le cardinal les compara aux Machabées dans une courte allocution qu'il leur adressa. Les hommes qui composaient ces compagnies, ayant voulu répondre à la bénédiction du légat par quelques salves de mousqueterie, tuèrent un de ses gens et blessèrent un serviteur de l'ambassadeur d'Espagne [2].

Henri IV fit détruire tous les moulins qui existaient autour de Paris, espérant réduire cette ville par la famine. Quoique les seize fussent toujours très puissants, ils craignaient les conséquences de quelques assemblées de bourgeois, où la situation de la ville et les avantages remportés

---

[1] L'Étoile, t. I, p. 12, 13 et 15. — [2] *Ibid.*, p. 16.

par le Béarnais avaient fait mettre en question s'il ne serait pas opportun de traiter avec ce dernier.

Les Parisiens commencèrent à fortifier la capitale, par ordre du duc de Nemours, son gouverneur. Les plus grands personnages de la ligue allaient souvent voir les travailleurs, afin de les animer par leur présence, et les prédicateurs soutenaient leur zèle par des exhortations [1].

Vers le même temps, le cardinal de Bourbon, que les ligueurs appelaient leur roi, mourut à Fontenay-le-Comte, où il était retenu prisonnier [2].

La solde des troupes de la ligue était fournie par les subsides de l'Espagne et par des cotisations que s'imposaient les seigneurs, le légat, l'ambassadeur d'Écosse, le cardinal de Gondy, évêque de Paris, l'archevêque de Lyon et plusieurs membres du parlement. Ces cotisations étaient indépendantes des levées de deniers opérées sur les habitants. Lorsqu'il y avait pénurie dans les finances, on réduisait en lingots, pour le même service, les ornements d'or et d'argent des églises de Paris. De temps en temps, pour ne pas laisser s'attiédir le zèle des ligueurs, on le réchauffait par des processions, à la suite desquelles on renouvelait le serment de mourir plutôt que de se soumettre au roi de Navarre [3].

Des exécutions fréquentes faisaient avorter les complots que les amis de ce dernier ne se lassaient pas d'ourdir en sa faveur. Non seulement la participation à un complot, mais de simples propos tendant à des propositions de paix étaient punis de mort [4].

Le gouverneur de Paris assistait souvent aux assemblées que les principaux de la ligue tenaient au couvent des Augustins. Dans une de ces réunions, où se trouvaient des ecclésiastiques et des religieux, il fut arrêté que l'on ferait une revue extraordinaire, tant du clergé séculier et des

---

[1] L'Étoile, t. I, p. 18. — [2] *Ibid.*, p. 16-17. — [3] *Ibid.*, p. 18. — [4] *Ibid.*, p. 19-20.

corps religieux que des écoliers. Voici dans quel ordre eut lieu cette revue. L'évêque de Senlis commandait le clergé séculier, dont les membres marchaient sur quatre de front. Après lui, venaient les chartreux, les feuillants, les ordres mendiants, les capucins, les minimes ; ces congrégations se formèrent en détachements, qui comptaient, d'ailleurs, plusieurs rangs d'écoliers [1].

Les chefs placés à leur tête n'étaient autres que les prieurs et abbés de chaque communauté. Ils portaient d'une main un crucifix et de l'autre une hallebarde. Leurs soldats étaient armés d'arquebuses, de pertuisanes, de dagues et de plusieurs autres espèces d'armes. Ils avaient tous retroussé leurs robes et leurs capuchons étaient abattus sur leurs épaules. Plusieurs portaient des casques, des corselets et d'autres armures. L'Écossais Hamilton, curé de Saint-Côme, remplissait les fonctions de commandant en chef et présidait au bon ordre des lignes de chaque détachement. Tantôt il leur faisait faire halte pour chanter des hymnes, tantôt il commandait des décharges de mousqueterie. La foule accourut à ce nouveau spectacle [2].

La rareté des subsistances était un sujet continuel d'inquiétude pour les autorités de la ville. Le blé surtout manquait, et les classes pauvres n'avaient à manger que de la bouillie faite avec du son d'avoine, laquelle était, du reste, fort chère. On distribuait assez fréquemment de l'argent au peuple ; mais c'était du pain qu'il lui fallait. Aussi ne cessait-il de se plaindre et de dire que l'argent qu'on lui donnait lui était inutile, puisqu'il ne pouvait se procurer aucune nourriture.

Le prévôt des marchands et les échevins, ayant provoqué une visite générale des couvents et des communautés où l'on supposait que les abbés avaient amassé des provisions qui excédaient de beaucoup les besoins de leurs maisons, les capitaines de quartier, accompagnés de deux prud'-

---

[1] *L'Étoile*, t. I. p. 19. — [2] *Ibid.*, p. 19-20.

hommes, entreprirent cette visite[1]. On trouva dans tous les établissements religieux du blé ou du biscuit en abondance. Les jésuites, surtout, s'étaient approvisionnés de manière à pouvoir résister à la disette pendant près d'une année. Outre le blé et le biscuit qu'ils possédaient en grande quantité, ils étaient munis de chair salée, de légumes et d'autres vivres[2].

D'après le résultat de ses recherches, il fut décidé par le conseil des seize que le clergé, tant séculier que régulier, distribuerait tous les jours des soupes et des rations de pain aux pauvres dont la liste lui serait remise par l'autorité civile. Les chiens et les chats furent réunis dans plusieurs endroit sous la garde des ecclésiastiques, qui en nourrirent les pauvres pendant quinze jours. Les rigueurs de la disette, ou plutôt de la famine, et la mauvaise qualité de la nourriture, avaient accru la mortalité dans toutes les classes. Les pauvres, exténués par la faim, mouraient d'inanition dans les hôpitaux, sur des tas de fumier ou sur la voie publique. Le trésor de Saint-Denis fut mis à contribution pour fournir aux besoins des malheureux, et celui qui en avait la garde livra plusieurs objets d'un grand prix à l'autorité[3].

Les Parisiens, quoique épuisés par la faim, étaient obligés de veiller à la défense de le capitale. Le duc de Mayenne leur promettait des secours dont l'arrivée était continuellement ajournée, et les prédicateurs salariés par les chefs de la ligue usaient en chaire de toutes sortes d'artifices pour fortifier la résignation de leurs auditeurs. Henri IV, par sa vigilance, incommodait Paris de plus en plus; il s'était emparé de Saint-Denis, et, quelques jours après, il se rendit maître des faubourgs de la capitale, où il fit exécuter plusieurs travaux de défense[4].

Dès ce moment, la condition du peuple ne fit qu'empirer.

---

[1] L'Étoile, t. I, p. 20-21. — [2] *Ibid.*, p. 21. — [3] *Ibid.*, p. 22. — [4] *Ibid.*, p. 22.

On établit dans les rues de grandes chaudières où l'on apprêtait de la chair de cheval, d'âne ou de mulet, qui était la subsistance ordinaire des pauvres. Ceux-ci même se disputaient entre eux avec violence quelques parcelles de cette rebutante nourriture. On ne mangeait plus que du pain fabriqué avec de l'avoine ou du son, et les distributions en étaient mesurées avec épargne. Dans les maisons les plus riches, les domestiques ne recevaient qu'une demi-livre de pain par jour. Les gens du peuple, accablés de privations, recherchaient l'herbe crue, à défaut de pain [1].

Plusieurs habitants, chez qui le cri de la faim avait fait taire l'esprit de parti, se rendirent secrètement auprès du roi de Navarre pour implorer sa pitié. Attendri par leurs larmes et leur misère, il permit à trois mille pauvres de parcourir les campagnes de la banlieue pour y chercher de quoi subsister. Le manque de vivres ou leur mauvaise qualité avait causé la mort de trente mille personnes. Les bourgeois murmuraient aussi bien que le peuple. Ils se présentèrent deux fois au Palais de Justice en assez grand nombre, demandant la paix ou du pain. La seconde fois, ils vinrent armés; mais, ne gardant aucune discipline et étant mal conduits, ils furent aisément dissipés. Ce mouvement fut réprimé, moins comme une émeute provoquée par la faim que comme une sédition royaliste. Il paraît que la politique n'y fut pas, en effet, étrangère; et si le gouverneur de Paris n'était pas intervenu pour étouffer la révolte dès son commencement, il est probable que les seize et leurs compagnons auraient ensanglanté la lutte par les violences qui leur étaient familières. Quoi qu'il en soit, plusieurs des séditieux furent emprisonnés et rançonnés; d'autres furent bannis, et quelques-uns payèrent de leur tête la part qu'ils avaient prise à la révolte [2].

Comme la famine allait toujours croissant, et que les Parisiens avaient, pour ainsi dire, épuisé les aliments les

---

[1] L'Étoile, t. I, p. 23. — [2] Ibid., p. 27.

plus immondes, on prit le parti, suivant les conseils de la duchesse de Montpensier, de confectionner du pain avec des ossements humains réduits en poudre; mais l'usage de ce pain, qu'on appelait le pain de madame de Montpensier, et dont la seule idée révoltait les sens, ne dura guère. Henri IV, touché de l'infortune des Parisiens, fit donner des passeports à toutes les femmes, filles, enfants et écoliers qui voudraient sortir de la capitale. Il étendit cette faveur à ses plus cruels ennemis, et il souffrit même, contre son propre intérêt, que l'on fît passer des vivres aux princes et princesses qui étaient restés dans la ville. Tant de clémence et d'humanité ne hâtèrent pas la soumission des Parisiens infectés par les prédicateurs des préventions les plus calomnieuses contre leur bienfaiteur [1].

Cependant, pour gagner du temps, on fit porter au roi de Navarre des propositions de paix. L'archevêque de Paris et l'archevêque de Lyon furent envoyés comme négociateurs. Pendant la durée des conférences, Henri IV accorda une trêve aux habitants de la capitale, mais il les fit menacer d'entrer de vive force s'ils ne se rendaient pas au bout de huit jours [2].

Le duc de Nemours avait été remplacé dans les fonctions de gouverneur de Paris par M. de Belin. Les seize, en même temps qu'ils s'efforçaient de diminuer le crédit du duc de Mayenne, qui, de son côté, cherchait à annuler leur influence malfaisante, travaillaient à augmenter la puissance du roi d'Espagne. Ils prièrent l'ambassadeur de ce dernier de faire venir un corps de troupes espagnoles à Paris pour y tenir garnison et pour fortifier les moyens de résistance de la ligue dans sa lutte avec le Béarnais. Ce corps, composé tout ensemble d'Espagnols et de Napolitains, et fort d'environ quatre mille hommes, ne tarda pas à entrer à Paris dès que le parlement eut donné les mains à l'exécution de ce dessein [3].

---

[1] *L'Étoile*, t. 1, p. 28-29. — [2] *Ibid.*, p. 32. — [3] *Ibid.*, p. 43-44.

Le bruit s'étant répandu que Henri IV ne serait pas éloigné d'embrasser la religion catholique, Boucher et les plus forcenés prédicateurs de la ligue redoublèrent d'injures dans leurs sermons contre le prince généreux qui avait secouru si noblement les Parisiens, en proie aux plus vives angoisses de la faim. Ils recommencèrent à attiser le feu de la discorde entre les politiques et les ligueurs, quoique la haine des deux partis fût loin d'être assoupie ; ils ne faisaient retentir la chaire que de paroles enflammées et propres à amener l'effusion du sang. Boucher, qui était l'écho des mesures violentes résolues par les seize, appela dans un de ses discours la proscription sur la tête de plusieurs magistrats du parlement et de la chambre des comptes, qu'il dénonça comme politiques. L'homme d'église, plein de fiel et de fureur sanguinaire, conseillait en pleine chaire de les mettre à mort ; mais le duc de Mayenne, plus humain, se contenta de les bannir de Paris. Le président Brisson et le procureur général Molé, tenus pour suspects, échappèrent néanmoins à la proscription, à force de prudence et d'adresse [1].

Le duc de Mayenne, homme sans énergie, savait que les seize étaient capables des résolutions les plus audacieuses, et que la force publique avait été usurpée par eux. Le parlement, qui les connaissait mieux encore que le duc, n'eût pas balancé à sévir contre eux, si ce dernier y eût consenti ; mais, comme tous les esprits faibles, il était impuissant à les contenir dans les bornes de la justice et du devoir, et il ne voulait pas que le parlement les prît à partie dans l'occasion ; de là vint que ces hommes de malheur, quoique divisés entre eux, entreprirent de lutter impunément non seulement contre le duc de Mayenne, mais contre le parlement. Ils se réunirent chez le curé de Saint-Jacques pour frapper un grand coup sur les politiques. Leur projet avait transpiré. Le curé de Saint-Séverin, qui en avait été in-

---

[1] L'Étoile, t. 1, p. 45, 46 et 47.

formé, sachant que le président Brisson, dont il était l'ami, avait été placé en tête des magistrats que l'on devait sacrifier, le prévint du danger qui le menaçait, afin qu'il pût se dérober aux poursuites de ses ennemis; mais cet avertissement, qui n'était pas le seul qu'il eût reçu, le trouva impassible : une sorte de fatalité le retenait sur son siége [1].

Il fut arrêté dès sept heures du matin et constitué prisonnier, ainsi que Larcher, conseiller en la grand'chambre, et Tardif, conseiller au Châtelet; tous trois furent pendus dans la prison du petit Châtelet, avant midi. Brisson fut exécuté le premier. Il chercha, mais en vain, à toucher le cœur de ceux des seize qu'on avait envoyés pour présider aux apprêts de sa mort. Il leur demanda comme une insigne faveur de le faire enfermer entre quatre murailles, au pain et à l'eau, pour lui laisser le temps de terminer un ouvrage qu'il destinait à l'instruction de la jeunesse; ses instances n'eurent d'autre résultat que de différer son supplice de quelques moments. Avant de mourir, il s'écria : *O Dieu, que tes jugements sont grands!*

Larcher, amené dans le lieu de l'exécution, dit, en voyant le corps inanimé du président Brisson. *Voilà donc, monsieur, le sort qui vous était réservé! Ah! je n'éprouve plus le regret de mourir, puisqu'on a eu la cruauté d'ôter la vie à un si digne magistrat, à un homme si honorable.*

Tardif, venu le dernier, fut saisi d'un tel trouble en voyant suspendus au gibet les deux magistrats infortunés qu'on venait de faire mourir, qu'il tomba dans un profond évanouissement, et que ses bourreaux le traînèrent presque sans vie au supplice.

Le lendemain, les corps de ces malheureux furent portés à la Grève et attachés à une potence. Au-dessus de leurs têtes se trouvaient des écriteaux portant ces inscriptions :

Barnabé Brisson, l'un des chefs des traîtres, hérétique.

---

[1] L'Étoile, t. I, p. 65-66.

Claude Larcher, l'un des fauteurs des traîtres, et hérétique.

Tardif, l'un des ennemis de Dieu et des princes catholiques.

Crômé, conseiller au grand conseil, qu'on avait chargé de la mission dérisoire de les juger, eut le courage de conduire, dès la pointe du jour, le funèbre convoi sur la place de Grève, tenant à la main une lanterne pour éclairer les porteurs [1].

Bussy-Leclerc se transporta dans la matinée sur la même place, accompagné des ligueurs les plus actifs et les plus turbulents. Il assigna à chacun son poste, pour qu'il pût abuser de la crédulité du peuple quand le moment serait favorable, et sitôt que la foule fut rassemblée pour contempler ce triste spectacle, Bussy-Leclerc lui adressa une allocution dans laquelle il déclamait contre les traîtres et les politiques qui avaient vendu la ville au Béarnais hérétique, et fait des dispositions pour lui en faciliter l'entrée. Il essaya, ainsi que ses compagnons, à exciter le peuple au meurtre et au pillage, offrant, disait-il, de se mettre à sa tête pour purger Paris de tous les traîtres, dont il connaissait les noms et les demeures. Mais la populace, plus émue de compassion que de colère, demeura inaccessible aux provocations de Bussy et de ses satellites, et s'écoula lentement [2].

Le cours de la justice avait été suspendu depuis les dernières exécutions. Le parlement, privé violemment de deux de ses membres, semblait avoir abdiqué ses fonctions. Mais cette abdication apparente était due à des causes diverses : à la peur et à l'indignation. Ceux qui avaient cédé à la première de ces passions, et c'était le grand nombre, n'étant touchés que du soin de leur propre sûreté, consentirent à reprendre l'exercice de leurs fonctions, pourvu que leur vie fût respectée. Quelques magistrats intrépides, tels que l'avocat général d'Orléans et le président Lemaître, ne se

---

[1] L'Étoile, t. I, p. 66-67. — [2] Ibid., p. 67-68.

montrèrent pas si flexibles. Le premier, quoique attaché au parti de la ligue, flétrit hautement devant les députés de madame de Montpensier et de madame de Nemours, qui venaient le prier de retourner au palais, l'assassinat juridique commis sur la personne du président Brisson et sur celle du conseiller Larcher. Il traita de meurtriers ceux qui y avaient concouru, et déclara, sans balancer, qu'ils ne pouvaient expier leur crime que par le dernier supplice. Le président Lemaître ne s'expliqua pas avec moins de franchise et de vigueur en présence des mêmes députés. Il leur dit qu'il ne remonterait sur son siége que pour faire pendre les auteurs du meurtre de ses collègues [1].

L'audace des seize étant parvenue à son comble, et ces factieux ne tenant plus compte d'aucune autorité, sans en excepter celle du duc de Mayenne, les princesses, le parlement, le gouverneur et le prévôt des marchand écrivirent au duc pour le presser de se rendre à Paris, afin de les délivrer de la tyrannie d'une tourbe d'intrigants qui travaillaient à mettre un étranger à la tête du royaume de France. Le duc de Mayenne vint en effet avec sept cents chevaux et quinze cents hommes d'infanterie. Il ôta le commandement de la Bastille à Bussy-Leclerc, qui s'estima fort heureux d'avoir la vie sauve, et il le confia à un gentilhomme nommé Dubourg, attaché à son service. Le lendemain il alla au palais, où il avait convoqué le parlement, et en sa présence il fit procéder à l'élection de quatre présidents de chambre.

Après ces dispositions préliminaires, qui tendaient au rétablissement de la force publique, le duc de Mayenne, après avoir consulté plusieurs membres du parlement, condamna de sa propre autorité, à la peine capitale, et fit arrêter par Vitry, l'un de ses officiers, quatre membres du conseil des seize, qui avaient pris la part la plus active au meurtre des trois magistrats, dont la mort avait affligé toutes les classes de citoyens. Ces individus étaient Ameline,

---

[1] L'Étoile, t. I, p. 68-69.

avocat au Châtelet, Louchart, commissaire près la même juridiction, Aimonnot, procureur en la cour, et Auroux, qui était un des plus entreprenants et des plus cruels du comité. Ils furent tous pendus à une poutre de la salle basse du Louvre [1].

Cinq autres coupables, appartenant aussi au conseil des seize, devaient subir le même sort que les premiers, mais ils cherchèrent leur salut dans la fuite, et plusieurs d'entre eux obtinrent depuis des lettres d'abolition.

Le duc de Mayenne ayant quitté Paris, emmena avec lui Bussy-Leclerc et quelques autres membres du comité, dont les gens de bien redoutaient le séjour dans cette ville, à cause même des actes de rigueur dont leurs affiliés avaient été l'objet. Du reste, un assez grand nombre de bourgeois firent le serment de ne plus obéir désormais aux réquisitions des seize, et de ne prendre les armes que sur l'ordre exprès du duc de Mayenne, du gouverneur, du prévôt des marchands ou des échevins [2]. Cette résolution énergique n'empêcha pas le prédicateur Boucher et le curé de Saint-Germain-l'Auxerrois de faire publiquement le panégyrique des quatre misérables qui avaient provoqué et favorisé le meurtre des magistrats, dont le duc de Mayenne avait vengé la mort sur leurs personnes [3].

Dans toutes les classes des habitants de Paris, il n'y avait alors qu'un vœu: c'était la fin de l'anarchie et le rétablissement d'une autorité forte et régulière. Les esprits se calmaient parce qu'une longue et rude expérience les avait éclairés. L'influence des prédicateurs sur les masses avait sensiblement diminué; on ne les considérait plus que comme des brouillons ou de méprisables jongleurs. Il s'était formé un parti qui ne tendait qu'à la conversion du roi de Navarre au catholicisme, et à sa reconnaissance comme roi de France. Ce parti se recrutait tous les jours de gens amis de l'ordre ou de partisans de la ligue fatigués des

---

[1] L'Étoile, t. I, p. 74-75. — [2] Ibid., p. 76, 79 et 80. — [3] Ibid., p. 80.

excès de leur propre parti. Les politiques n'avaient pas d'autre but que de voir se réaliser les espérances des nouveaux amis du roi de Navarre.

Les ligueurs, restés fidèles au vieux serment de l'union, persistaient dans leur haine contre ce prince, et s'appuyaient sur les membres du clergé pensionnés par le roi d'Espagne. Le duc de Mayenne paraissait tenir le milieu entre les uns et les autres, mais en réalité il ne songeait qu'à ses intérêts. Il avait convoqué les états généraux pour qu'ils eussent à s'occuper de l'élection d'un roi. Il était au nombre des candidats qui aspiraient à la couronne de France, et à mesure que les députés arrivaient, il cherchait, soit par lui-même, soit par ses amis, à capter leurs suffrages [1].

L'assemblée des états ayant été ouverte par le duc de Mayenne, le roi de Navarre publia un édit dans lequel il déclara que le duc, en convoquant cette assemblée, avait fait acte de souveraineté, quoi qu'il ne fût pas dépositaire de l'autorité royale; que pour son compte il protestait contre l'illégalité d'une semblable convocation, considérant d'avance comme abusifs et complétement nuls les actes qui pourraient émaner de la réunion des états [2].

Malgré cette protestation publique, le roi de Navarre envoya des députés à une conférence qui devait avoir lieu à Surène, entre les partisans de la ligue, délégués par les états, et ses propres partisans. L'objet de cette conférence était de traiter de la paix et de réconcilier le roi avec le parti catholique, pourvu qu'il consentît à se faire instruire dans la religion dominante, et à en professer ouvertement les croyances. Une trêve fut la suite de ces pourparlers, et donna lieu à des marques publiques d'allégresse qui éclatèrent parmi le peuple, avec autant de vivacité que dans la partie la plus éclairée et la plus saine de la bourgeoisie [3].

Toutefois, le duc de Feria et l'ambassadeur chargés des

---

[1] L'Étoile, t. I, p. 109. — [2] *Ibid.*, p. 115. — [3] *Ibid.*, p. 130-139.

pouvoirs du roi d'Espagne, avaient demandé, dans le sein des états, l'abolition de la loi salique et l'élection de l'infante comme reine de France. On devait la marier à un archiduc d'Autriche ou à un prince de la maison de Lorraine. Mais le parlement, malgré les opinions qui le divisaient, protesta contre les prétentions du roi d'Espagne et en faveur du maintien de la loi salique. Le président Lemaître et le procureur général Molé, tous deux bons Français et ennemis de l'intervention étrangère, entraînèrent à leur sentiment, par leur exemple et leur patriotisme, ceux de leurs collègues qui étaient indécis, dans la crainte de se compromettre avec le parti des seize, qui favorisait les menées de l'étranger [1]. Cet arrêt fut porté le lendemain par la cour tout entière au duc de Mayenne, qui répondit à celle-ci d'un ton bref et avec un mécontentement qu'il ne put dissimuler [2].

Le principal obstacle qui éloignait du roi de Navarre la plupart des habitants de Paris venait d'être levé. Ce prince avait adhéré formellement aux dogmes de la religion catholique, et avait entendu la messe à Saint-Denis. Cette ville était devenue, pour un grand nombre de personnes, un lieu de pèlerinage. Le légat du pape, d'accord avec les représentants du roi d'Espagne, traça aux prédicateurs un plan de conduite dont l'objet était de faire considérer le roi de Navarre comme un hérétique relaps, dont la conversion était insuffisante pour racheter ses torts envers l'Église catholique. On déclara excommuniés ceux qui se rendraient à Saint-Denis, et ce double texte défraya pendant quelque temps les discours moitié frénétiques, moitié bouffons des prédicateurs de la ligue [3]. Mais les excommunications, comme les indulgences, avaient été tellement prodiguées, qu'on n'y attachait plus aucune importance [4]. Le duc de Mayenne, qui partageait à cet égard le sentiment public,

---

[1] L'Étoile, t. I, p. 149. — [2] *Ibid.*, p. 150. — *Ibid.*, p. 167. — [4] *Ibid.*, p. 169.

indigné du cynisme de certains prédicateurs, qui ne l'épargnaient pas plus dans leurs déclamations furibondes que le roi de Navarre, fit dire au légat que s'il ne réprimait pas l'intempérance de langue de ses détracteurs, il les ferait jeter à la rivière[1].

Du reste, la question politique d'où dépendait le sort de Paris et de la France finit par être posée d'une manière très nette : il ne s'agit plus, dans le langage des partis, de ligueurs et de huguenots, ou de politiques, mais de Français et d'Espagnols. La question étant réduite à ces termes, il était évident que l'intérêt français devait l'emporter. Le parlement ne négligea rien pour qu'il prévalût en effet. Il protesta contre l'introduction d'une garnison espagnole à Paris, s'éleva contre la destitution de M. de Belin, gouverneur de cette ville, que le duc de Mayenne avait sacrifié, parce qu'il ne voulait pas tremper dans les intrigues des amis du roi d'Espagne[2].

Bien que le pape eût refusé d'approuver l'absolution donnée au roi, lorsqu'il fut reçu dans le sein de l'Église catholique, ce prince se fit sacrer à Chartres ; plusieurs prélats se disputèrent même l'honneur de présider à cette cérémonie[3].

Les circonstances devenant de jour en jour plus favorables au roi de Navarre, le parti des seize, exaspéré, méditait quelque mauvais dessein contre les adversaires du parti espagnol, avec lequel il s'était identifié ; mais la cause du Béarnais avait acquis la consistance et la force d'une cause toute nationale, et du moment que le duc de Mayenne en fut convaincu, il cessa toute tergiversation, car il avait jusque-là prêté l'oreille à tous les partis, et il traita avec le roi de Navarre. Le duc de Brissac, nommé gouverneur de Paris en remplacement de M. de Belin, conserva jusqu'à la fin des relations avec les seize, non par sympathie pour eux, mais afin de connaître le fond de leurs pensées. Il

---

[1] L'Étoile, t. I, p. 169. — [2] Ibid., p. 202. — [3] Ibid., p. 208.

assistait, dans ce but, à leurs réunions; mais d'un autre côté, il rassurait le parlement sur les nouveaux projets de violence que ces infâmes intrigants avaient laissé percer contre lui, et il travaillait secrètement à la réduction de Paris, de manière à prévenir toute collision entre les ligueurs et les troupes du roi, qui s'étaient avancées jusque sous les murs de cette ville [1].

Cependant Lhuillier, prévôt des marchands, et d'autres personnes influentes sur l'esprit du peuple, concertèrent leurs efforts pour aplanir les obstacles qui retardaient encore l'entrée d'Henri IV dans Paris.

Cette entrée eut lieu le 22 mars 1594, au milieu d'une foule immense. Le roi avait ordonné à ses troupes d'observer la discipline la plus sévère, ne voulant pas que l'occupation d'une ville si considérable, et qui avait été si malheureuse, fût marquée par le meurtre d'un seul homme. Ayant avisé dans la rue Saint-Honoré un de ses soldats qui voulait prendre du pain, par force, chez un boulanger, il courut sur lui, et il l'aurait tué si le peuple n'eût intercédé en sa faveur. Lorsqu'il fut arrivé sur le pont Notre-Dame, il y fut accueilli par des acclamations si vives et si unanimes, qu'il dit : *Je vois bien que ce pauvre peuple ne pouvait faire éclater en mon absence ses vrais sentiments.* Étant sur le point d'entrer dans l'église Notre-Dame, il reçut des Parisiens un nouveau témoignage d'amour, qui lui permit de montrer sa généreuse confiance et la bonté vraiment royale de son cœur. La foule se pressait tellement sur ses pas, qu'il était pour ainsi dire porté par elle. Les grands officiers, qui veillaient sur la sûreté de sa personne, inquiets de le voir ainsi engagé dans des flots de peuple, se mirent en devoir de faire retirer ceux qui l'approchaient de trop près; mais lui, plus touché de l'empressement spontané et affectueux de ceux qui l'entouraient, que des craintes de ses officiers,

---

[1] L'Étoile, t. I, p. 199, 200, 212 et 214.

disait à ceux-ci : qu'il aimait mieux avoir un peu plus de peine pour continuer sa marche, et que les Parisiens le vissent à leur aise, *car ils sont*, ajoutait-il, *affamés de voir leur roi.*

Ce grand homme, contre lequel les ligueurs avaient épuisé tous les traits de la diffamation et de la calomnie pour le rendre odieux à son peuple, opposa le pardon à l'injure et la clémence à la fureur de ses ennemis. Il fit publier, le jour de son entrée à Paris, une proclamation dans laquelle il exprimait l'intention de jeter un voile sur le passé, et d'oublier même les maux que les seize lui avaient faits. Le duc de Feria fut invité, en son nom, à quitter Paris avec ses troupes, et on lui donna une sauvegarde pour qu'aucun des siens ne courût risque de la vie et ne fût lésé dans ses biens [1].

Il gagna ou plutôt il désarma, par la franchise de son caractère noble et bienveillant, la duchesse de Nemours et la duchesse de Montpensier, qui avaient excité contre lui, dans le peuple et chez les gens d'église, des passions formidables [2]. Les magistrats qui avaient partagé les vicissitudes de la fortune de Henri IV, et qui faisaient l'office de parlement à Tours, ayant, par leurs prétentions, froissé l'amour-propre de la portion du parlement restée à Paris, le roi prévint, par sa fermeté et sa modération, les différends qui pouvaient résulter d'un conflit d'ambitions et d'intérêt prêt à éclater. Il reconstitua le parlement de Paris avec ses anciens éléments [3].

Toutefois, le fanatisme faisait bouillonner encore quelques âmes ardentes et perverses. Le roi, venant d'arriver d'un voyage qu'il avait fait en Picardie, reçut, tout botté, dans son palais, plusieurs seigneurs qui s'étaient présentés pour lui rendre leurs hommages. Un jeune homme, favorisé par l'affluence des curieux qui étaient accourus pour

---

[1] L'Étoile, t. I, p. 217, 218 et 224. — [2] *Ibid.*, p. 219. — [3] *Ibid.*, p. 232.

voir le roi, parvint à se glisser à la suite des gardes qui l'accompagnaient, et il pénétra jusque dans la chambre de ce prince au moment de la réception. S'étant avancé vers lui, il lui porta un coup de couteau à la gorge ; mais comme le roi se baissait pour relever les seigneurs qui, en signe d'hommage, voulaient baiser ses pieds, il reçut le coup à la lèvre. A l'instant, Henri IV, qui se sentit blessé, regardant autour de lui et ayant aperçu Mathurine, sa folle, s'écria : *Au diable soit la folle ; elle m'a blessé !* Mais elle, le niant, courut fermer la porte de la chambre, et fut cause, par cette mesure de précaution, de l'arrestation du meurtrier. Ce dernier, à peine âgé de dix-neuf ans, se nommait Jean Châtel, fils d'un drapier de Paris. Comme on le fouillait, il laissa tomber son couteau encore tout sanglant, et ne put s'empêcher de confesser son crime.

Cet affreux événement répandit une alarme universelle dans Paris. La famille du coupable fut emprisonnée. Comme on apprit qu'il suivait les cours du collège des jésuites, on fit investir la maison de ceux-ci, et on les retint prisonniers. Châtel, ayant été interrogé, déchargea les jésuites de toute participation à l'attentat qu'il avait commis. Il déclara même qu'il n'avait aucun complice, et que le seul mobile qui l'eût fait agir était le zèle qui l'animait pour la religion catholique, dont il considérait Henri de Bourbon comme l'ennemi ; que d'ailleurs, bien que ce prince eût été admis dans le sein de cette religion, sa conversion n'était pas orthodoxe, puisqu'elle n'avait pas été approuvée par le pape ; il exprima enfin l'opinion qu'il était permis de tuer les rois non reconnus par le souverain pontife.

On fit subir à Châtel la question ordinaire et extraordinaire pour obtenir de lui quelques aveux ; mais l'excès de la douleur ne put lui en arracher aucun. Il fut condamné, par arrêt du parlement, à être tenaillé et tiré à quatre quartiers. Avant son exécution, il fit amende honorable, et eut le poing coupé, tenant dans sa main le couteau fatal dont il avait frappé le roi. Après que la justice eut été satisfaite, le corps du patient fut brûlé et ses cendres jetées au vent ¹.

Quant à la famille de Châtel, elle fut absoute, à l'exception du père, qu'un arrêt bannit pour neuf ans du royaume et de la prévôté de Paris pour toujours. Condamné à quatre mille écus d'amende, il obtint une modération en payant la moitié de cette somme comptant. Sa maison fut rasée, et, sur l'emplacement où elle avait été construite, on éleva une pyramide indiquant sur une de ses faces le crime de Jean Châtel et sa condamnation ².

Les doctrines anti-sociales soutenues par ce dernier, et enseignées par les jésuites, entraînèrent la suppression de cette communauté, qui fut toute puissante du temps de la ligue, et qu'un huissier du parlement suffit pour dissoudre et expulser de Paris lorsque Henri IV fut monté sur le trône. Ce prince, trop confiant, la rappela depuis.

Un vicaire de Saint-Nicolas-des-Champs, armé d'un couteau, ayant dit publiquement qu'il voulait faire un coup de saint Clément, le parlement l'envoya au gibet. L'attentat récent dirigé contre le roi et la nécessité de frapper de terreur, par un exemple éclatant, les prêtres exaltés que l'anarchie de la ligue avait jetés dans les divagations les plus funestes, commandèrent cet acte rigoureux du parlement ³.

Le maréchal de Biron, l'un des seigneurs que Henri IV traitait avec le plus de distinction et de confiance, et qu'il avait comblé d'honneurs et de richesses, fut arrêté comme ayant entretenu avec le roi d'Espagne et le duc de Savoie des intelligences et des menées contraires à l'intérêt et à la sûreté de l'État ; il fut enfermé à la Bastille. Cette arrestation étant de nature à remuer les esprits en raison de la haute qualité du personnage, le roi donna ordre à Sully d'informer le parlement et l'hôtel de ville des causes qui l'avaient contraint à se saisir de la personne du maréchal.

---

¹ L'Étoile, t. I, p. 252-253. — ² *Ibid.*, p. 255. — ³ *Ibid.*, p. 255.

Des commissaires pris dans le sein du parlement furent désignés pour instruire son procès. Lorsque l'information eut été terminée, la cour, présidée par le chancelier, entendit pendant plusieurs jours la lecture des pièces du procès et de l'interrogatoire de l'accusé. Celui-ci, ayant été ensuite amené devant le parlement assemblé dans la grand'-chambre, fut de nouveau interrogé, durant deux heures, par le chancelier.

La cour, après que le ministère public eut donné ses conclusions, se réunit pour délibérer sur le sort de l'accusé. Il y eut cent vingt-sept juges qui prirent part à cette délibération, et qui, par un arrêt solennel, condamnèrent le maréchal à être décapité sur la place de Grève ; ses biens furent déclarés confisqués et sa pairie réunie à la couronne.

La famille du condamné s'étant pourvue auprès du roi, afin d'obtenir sa grâce, le prince, quoique naturellement enclin à la clémence, répondit que le danger couru par l'État dans cette circonstance lui interdisait toute miséricorde ; que néanmoins, pour épargner à l'homme qu'il avait autrefois aimé l'humiliation de mourir comme un criminel ordinaire, il permettait que l'exécution eût lieu dans la Bastille.

Le lendemain, le chancelier et le premier président du parlement, accompagnés des lieutenants civil et criminel du Châtelet, du prévôt des marchands, des échevins, et d'autres officiers suivis de quelques détachements, se rendirent à la Bastille où se trouvaient déjà deux prêtres chargés de préparer le maréchal à la mort. Le chancelier, après avoir ordonné que celui-ci fût dépouillé des insignes qu'il portait comme maréchal de France, le fit mettre à genoux pour entendre la lecture de son arrêt de mort. Biron interrompit plusieurs fois cette lecture par des exclamations pleines de colère contre le roi ; il s'emporta aussi contre le chancelier. S'étant levé ensuite, il parcourut la chambre à grands pas, lançant sur les personnages qui l'entouraient des regards étincelants de fureur, et que l'état d'exaspération où il était rendait affreux.

Au milieu de cette scène dramatique, le bourreau entre et dit au condamné que l'heure fixée pour l'exécution de la sentence était passée, et qu'il fallait se résigner. Biron lui répondit qu'on aurait dû l'en avertir, et en même temps il marcha vers l'échafaud. Avant d'y arriver, ayant aperçu un groupe nombreux de spectateurs, du milieu duquel il s'était élevé quelque rumeur à sa vue, il dit : *Que font là tous ces marauds ? qui les y a mis, et pourquoi tout ce bruit ?* Lorsqu'il fut monté sur l'échafaud, l'exécuteur ayant voulu mettre la main sur lui, il lui dit avec indignation qu'il se retirât, et qu'il se donnât bien de garde de le toucher autrement qu'avec le glaive ; il l'invita seulement à lui apprendre ce qu'il avait à faire. D'après ses explications, il ôta son pourpoint et le donna à son domestique. L'exécuteur lui ayant présenté un mouchoir pour se bander les yeux, il le refusa et prit le sien ; mais celui-ci s'étant trouvé trop court, il demanda le mouchoir qui d'abord lui avait été offert. Après s'être bandé les yeux, il se mit à genoux, et puis, se levant brusquement, il s'écria : *N'y a-t-il point de miséricorde pour moi ?* En même temps, regardant le bourreau avec des yeux où se peignait le désespoir, il lui signifia de nouveau de se retirer s'il ne voulait qu'il l'étranglât, ainsi que la plupart des personnes présentes. Cette menace faite par un homme dont les membres n'étaient point liés, et dont le courage avait été tant de fois éprouvé sur le champ de bataille, jeta le trouble dans l'âme de plusieurs assistants.

Au bout de quelques moments de réflexion, cet infortuné se couvrit de nouveau les yeux d'un mouchoir, et paraissait résigné à subir sa sentence. Toutefois, l'instinct qui attache l'homme à la vie reprenant le dessus en lui, il se leva subitement, et, arrachant son mouchoir, il dit qu'il voulait voir encore une fois le ciel, puisque sa dernière heure était venue, et qu'il n'avait point de pardon à attendre. S'étant mis une troisième fois à genoux pour recevoir le coup fatal, le bourreau lui trancha la tête à l'instant même où il l'assurait qu'il lui laisserait le temps nécessaire pour adresser sa prière à Dieu [1].

Le comte d'Auvergne, arrêté comme complice de Biron, et détenu ainsi que lui à la Bastille, fut mis en liberté après l'exécution du principal coupable [2].

Henri IV, par sa prudence et par sa fermeté, avait rendu le repos et le bonheur à la France. Les catholiques et les protestants semblaient avoir oublié leurs vieilles querelles, et vivaient en bonne intelligence dans les villes même où la population professait des croyances diverses. Au milieu de ce calme universel, un homme venu d'Angoulême à Paris frappa le roi de deux coups de couteau, dans la rue de la Ferronnerie, pendant que le cocher du carrosse de ce prince, arrêté par suite de la rencontre de plusieurs charrettes, avait été obligé d'attendre que l'embarras eût cessé. François de Ravaillac, auteur de cet attentat, et qui depuis longtemps épiait une occasion favorable pour l'exécution de son crime, fut servi par une merveilleuse fatalité dans cette circonstance, car le roi n'avait point d'escorte; et pendant que sa voiture attendait, il écoutait avec attention la lecture d'une lettre que le duc d'Épernon tenait à la main. N'étant arrêté par aucun obstacle ni par aucune surveillance, Ravaillac s'élance et plonge à deux reprises son couteau dans la poitrine du roi. Le second coup, ayant atteint ce prince au cœur, le priva de la vie instantanément [3].

L'assassin fut pris et déposé provisoirement à l'hôtel de Retz. Le duc d'Épernon jeta un manteau sur le corps du prince, pour soustraire aux regards du peuple son sang qui coulait à flots; en même temps les autres seigneurs qui se trouvaient dans le carrosse cherchaient à rassurer les passants rassemblés autour d'eux, disant que le roi n'était que blessé. Mais, sur le soir, la nouvelle de sa mort s'étant répandue, on ferme les boutiques, la foule égarée se presse

---

[1] L'Étoile, t. I, p. 333-336. — [2] Ibid., p. 339. — [3] Ibid., p. 577-578.

dans les rues et dans les églises ; grands et petits, jeunes et vieux, tous versent des larmes sur la perte immense que la nation venait de faire. Tous se serrent autour du trône, occupé désormais par un roi enfant. Le duc de Mayenne et le duc de Guise, qu'Henri IV avait subjugués par le charme de son caractère et de ses manières, ne furent pas les moins affligés de la mort de ce grand homme [1].

Ravaillac, durant son interrogatoire, ne cessa de dire qu'il avait seul conçu la pensée de son crime, et qu'il n'avait point de complices. On le confronta avec un jésuite qui avait été son confesseur. Mais ce jésuite, nommé d'Aubigny, garda un silence inviolable sur le fond de la confession qu'il avait reçue, protestant de son humilité et de son éloignement pour les affaires de ce monde, dispositions qui lui étaient communes, disait-il, avec tous les religieux de son ordre. Le magistrat interrogateur (c'était le premier président du parlement) lui répondit qu'il croyait au contraire les jésuites très enclins à se mêler des affaires de l'État, et que s'ils y fussent intervenus moins souvent, l'ordre public n'en aurait été que mieux assuré [2].

Quoi qu'il en soit, l'auteur à jamais infâme de l'attentat dirigé contre le meilleur des rois fut égaré par le fanatisme comme Jean Châtel, qui ne put exécuter son crime qu'à demi, et comme d'autres qui, moins audacieux ou moins bien servis par l'occasion, ne furent heureusement pas à portée de tenter l'exécution de leurs détestables projets.

Ravaillac fut condamné à la peine des régicides, c'est-à-dire à être tiré à quatre quartiers, et à être ensuite consumé par le feu. Mis à la question, il déclara constamment que son crime était isolé, et qu'il n'y avait été excité par personne. Extrait de la chapelle de la Conciergerie pour être conduit au supplice, il fut, en traversant les cours et les corridors de la prison, accablé d'imprécations par tous les

---

[1] L'Étoile, t. I, p. 578-579. — [2] *Ibid*, p. 596.

prisonniers, qui voulaient se ruer sur lui. Lorsqu'il franchit le seuil de la porte extérieure de la maison pour monter dans la charrette qui devait le mener à la place de Grève, lieu de l'exécution, la foule était si considérable et si animée contre le condamné, que les gardes et les archers ne purent qu'à grand'peine le sauver de sa fureur. La plus grande partie des princes et des seigneurs de la cour se rendirent à l'hôtel de ville pour être témoins du supplice de ce misérable.

Au moment de mourir, il fit demander au peuple le secours de ses prières; mais un cri universel de réprobation annonça qu'il en était jugé indigne. S'étant alors tourné du côté de son confesseur, il le pria de lui accorder l'absolution. Le prêtre qui l'assistait, partageant l'horreur générale pour le forfait qu'il avait commis, la lui refusa, à moins qu'il ne fît connaître ses complices. Ravaillac, ayant de nouveau protesté qu'il n'en avait point, sollicita au moins une absolution conditionnelle, c'est-à-dire, qui ne devait avoir d'effet qu'autant qu'il aurait dit la vérité. Le confesseur souscrivit à cette condition, et lui dit, en l'absolvant : *que s'il l'abusait, son âme, au sortir de cette vie, irait droit en enfer et à tous les diables, ce qu'il lui annonçait comme certain et infaillible de la part de Dieu.*

Ravaillac, suivant son arrêt de condamnation, fut tenaillé en diverses parties de son corps. On versa sur ses blessures du plomb fondu et de l'huile bouillante. Sa main droite fut brûlée, et ensuite son corps fut écartelé. Après cette terrible exécution, le bourreau se disposait à jeter les membres du condamné dans le feu, lorsque la populace les lui arracha des mains, ainsi que le reste du cadavre; elle mit le corps en pièces, et après avoir promené ces lambeaux sanglants dans toute la ville, elle alluma de grands feux dans les carrefours pour les réduire en cendre. Des paysans, qui habitaient les environs de Paris, traînèrent aussi quelques-uns de ces affreux débris jusque dans leurs villages, et les livrèrent aux flammes, pour marquer, comme les Parisiens, leur indignation contre le crime horrible qui avait privé la France d'un si bon roi [1].

Pendant la minorité de Louis XIII, Concini, marquis d'Ancre, et Éléonore Galigaï, sa femme, exerçaient une grande influence sur l'esprit de la reine régente. Concini était en réalité le chef du gouvernement, et son extrême faveur avait excité la jalousie des grands qui s'étaient éloignés de la cour pour ne pas subir le joug de son autorité. Lorsque le roi fut déclaré majeur, il était dans sa quatorzième année. A cet âge, qui touchait à peine à l'adolescence, il ne pouvait tenir les rênes du gouvernement; il avait continué à sa mère l'exercice du pouvoir qui lui avait été dévolu comme régente, et le crédit du marquis d'Ancre ne fit que s'accroître. En 1617, ce dernier avait été nommé maréchal de France. Ivre d'une puissance et d'une fortune inespérées, il était hautain envers les courtisans qui le considéraient comme un parvenu et comme un étranger, et son orgueil démesuré l'aveugla au point de blesser l'amour-propre de son souverain dans plusieurs circonstances.

Louis XIII, étant parvenu à sa dix-septième année, se montra impatient d'occuper dans ses états le rang auguste qui lui appartenait, et fatigué de l'autorité subalterne de la créature de sa mère, il voulut enfin être roi. Marie de Médicis et le maréchal d'Ancre, connaissant ses projets d'indépendance, avaient paralysé le succès de plusieurs combinaisons, qui devaient avoir pour effet d'investir le roi de sa pleine autorité. L'opiniâtreté que le maréchal d'Ancre mettait à résister aux désirs légitimes de Louis XIII, et l'ambition insensée dont il faisait parade, révoltèrent l'orgueil du monarque et le poussèrent à des résolutions extrêmes. Il donna ordre à Vitry, capitaine de ses gardes, d'arrêter le maréchal d'Ancre, et de le tuer en cas de résistance. Ce dernier étant dans l'usage de se rendre tous les jours au Louvre, chez la reine mère, au moment de son

---

[1] L'Étoile, t. I, p. 597, 598 et 603.

lever, fut abordé un matin par Vitry, accompagné de plusieurs gardes du corps. Il était alors sur le pont qui conduisait à ce palais et non loin de la porte où les archers du roi étaient de service; Vitry, lui portant la main sur le bras droit, lui dit : *Le roi m'a commandé de me saisir de votre personne.* Le maréchal, étonné, répondit vivement : *De ma personne ?* En même temps faisant un pas en arrière, comme s'il voulait mettre la main sur la garde de son épée, Vitry, le serrant de plus près, lui dit : *oui, j'ai ordre de vous arrêter,* et il fit signe à ceux qui le suivaient de charger.

Au même instant plusieurs gardes du corps firent feu sur le maréchal avec leurs pistolets, et il tomba raide mort. Vitry reçut dans son manteau deux coups d'épée, qui lui furent portés par des gentilshommes de la suite du marquis d'Ancre; toutefois, ceux-ci ayant appris que cette entreprise n'avait eu lieu que par ordre exprès du roi, cessèrent toute résistance. Le roi, informé par le colonel Ornano du succès de l'expédition, parut à une des croisées donnant sur la cour du Louvre, et dit à Vitry, qui se trouvait sous cette croisée avec ses hommes : *Grand merci, mes amis, grand merci; maintenant je suis roi* [1].

La maréchale fut constituée prisonnière dans une chambre du Louvre, et la reine mère reçut ordre de ne point quitter ses appartements. Louis XIII, en lui faisant notifier cet ordre, l'instruisit que la mort du maréchal d'Ancre lui avait paru nécessaire dans l'intérêt de son autorité; les gardes de la reine furent licenciés, et les gardes du roi demeurèrent chargés de leur service. Ce prince fit en même temps défense à sa mère de ne recevoir personne sans son autorisation. Le même jour, il informa le parlement, les échevins et les ambassadeurs de la mort du maréchal et des raisons d'État qui l'avaient mis dans la nécessité de la prescrire [2].

---

[1] Pontchartrain, *Mémoires*, t. V, p. 387, et *Relation de la mort du maréchal d'Ancre*, même tome, p. 457-458, collection Michaud et Poujoulat, 2ᵉ série.

[2] Pontchartrain, *Mémoires*, p. 387-389.

Le corps du maréchal, qu'on avait déposé au Louvre dans une pièce du rez-de-chaussée, fut transporté secrètement, un peu avant la nuit, à l'église Saint-Germain-l'Auxerrois, pour y être inhumé. Le lendemain, le peuple, qui haïssait beaucoup plus que les grands la tyrannie du maréchal d'Ancre, ayant su que son corps gisait dans un des caveaux de Saint-Germain-l'Auxerrois, accourut pour l'enlever. L'attroupement était d'environ trois cents individus. En moins d'une demi-heure, la tombe fut descellée et le corps retiré; on lui attacha une corde au cou, et l'on mit en délibération s'il fallait le jeter à la rivière, le livrer aux flammes ou le pendre à quelque gibet. Plusieurs individus de la foule se mirent à traîner le corps hors de l'église et se dirigèrent vers le Pont-Neuf, au milieu de hurlements affreux. Il y avait sur ce pont trois potences dressées. La foule, à cette vue, pousse des cris de joie. Le cadavre est attaché par les pieds à une de ces potences; il est accablé d'outrages, et après que la foule a exhalé sa haine en imprécations contre le nom du maréchal, on détache le corps du gibet pour le traîner dans les principales rues de Paris; enfin, on le coupe en quartiers, et la foule s'étant divisée en plusieurs groupes considérables, chacun d'eux emporte avec soi un des débris du cadavre. Ces hordes en délire, obéissant au caprice cruel qui les entraîne, livrent aux flammes les restes de l'orgueilleux et despotique maréchal, ou se plaisent à les voir dévorés par des chiens, ou enfin les attachent de nouveau à un gibet [1].

La maréchale d'Ancre fut transférée du Louvre à la Bastille, et de cette prison à la Conciergerie, pour être jugée par le parlement. On l'accusa d'avoir usé de magie et de sortilége, d'entretenir des relations avec des juifs, d'avoir détourné une partie des finances du roi, d'avoir pratiqué des intelligences coupables avec l'étranger; enfin on arti-

---

[1] Pontchartrain, *Mémoires*, p. 390; *Relation de la mort du maréchal d'Ancre*, p. 466.

cula contre elle le crime de lèse-majesté divine et humaine. Condamnée par le parlement à avoir la tête tranchée, elle montra, en allant au supplice, une résignation et une constance vraiment chrétiennes. Le peuple, qui ne la haïssait pas moins que son mari, lui donna pourtant plus d'une fois sur son passage des marques de compassion [1].

Le roi ayant fait demander au parlement si les formes de la justice exigeaient, à l'égard du maréchal, qu'un procès fût instruit contre son cadavre pour régulariser le meurtre qui lui avait ôté la vie, il fut répondu par cette compagnie qu'étant notoire que ce meurtre avait été exécuté par les ordres du roi, le seul aveu du monarque suffisait pour couvrir l'absence des formalités ordinaires ; que penser autrement, ce serait révoquer en doute la toute-puissance de l'autorité souveraine. Cette réponse caractérise nettement les vices de l'ordre légal de ce temps, qui se résumait dans l'arbitraire pur de la royauté et qui reconnaissait comme légitime un meurtre dépouillé de toute forme judiciaire, pourvu que ce meurtre eût été commandé par la volonté du monarque [2].

Le régime des prisons n'ayant éprouvé aucun changement notable depuis 1560 jusqu'à 1650, nous ferons connaître quand il en sera temps les changements survenus dans ce régime.

---

[1] Pontchartrain, *Mémoires*, p. 393.
[2] *Relation de la mort du maréchal d'Ancre*, p. 464.

TITRE CINQUIÈME.

DE LA POLICE DANS SES RAPPORTS AVEC LES SUBSISTANCES, L'HYGIÈNE PUBLIQUE, LA VOIRIE, LA NAVIGATION ET LE COMMERCE.

CHAPITRE I.

DES SUBSISTANCES.

Améliorations introduites dans la police des subsistances par le chancelier de Lhopital. — Établissement de greniers de réserve dans les grandes villes. — Devoirs des marchands de grains, domiciliés ou forains. — Réduction du nombre des employés des marchés affectés à la vente des grains. — Boulangers des faubourgs de la capitale, d'abord libres, et ensuite assujettis aux mêmes conditions que les boulangers de celle-ci. — Procédés de l'administration en cas de disette. — Commerce de la boucherie, nouveaux marchés. — Tueries. — Mesures de salubrité. — Marchés de la volaille et du gibier réduits à un seul. — Inconvénients des règlements de police sur les tavernes et autres lieux publics. — Les distillateurs et marchands de liqueurs fortes érigés en corporation. — Améliorations dans le commerce du bois. — Répression de divers abus préjudiciables au commerce des fourrages. — Officiers particuliers préposés à la police des marchés de fourrages.

Depuis la publication du règlement général de police du roi Jean, le territoire de Paris avait acquis des accroissements considérables, ainsi que sa population. D'un autre côté, l'expérience de deux siècles avait mis le gouvernement en état de perfectionner la police particulière des subsistances, qui tient une place si importante parmi les attributions générales de la police administrative. Sous Charles IX, le chancelier de Lhopital opéra de grandes réformes dans tous les services publics, et spécialement en ce qui touche les matières de police. Une ordonnance organique du 4 février 1567 fut publiée à cet égard; la confusion et les troubles qui rendirent le règne de Charles IX si orageux apportèrent des entraves continuelles à l'exécution de cette ordonnance, qui fut renouvelée sous le règne suivant par une autre du 21 novembre 1577. Celle-ci devint seule exécutoire.

La liberté commerciale en matière de grains fut maintenue de province à province; on n'y mit qu'une seule restriction en faveur de la ville de Paris, dont l'approvisionnement devait être assuré avant aucun autre. Le gouvernement imposa l'obligation aux administrateurs des bonnes villes, et même à ceux de la capitale, de construire des greniers de réserve capables de contenir une quantité de grains suffisante pour fournir, en cas de disette, aux besoins de chaque ville pendant trois mois au moins. L'autorisation de la traite ou de l'exportation des grains dans l'étranger fut subordonnée à l'état de la récolte en France et à l'importance de la consommation intérieure.

Les personnes adonnées au commerce de grains devaient faire inscrire leurs noms et demeures au greffe de chaque localité. Il n'était pas permis aux laboureurs, aux nobles, aux officiers du roi et aux grands officiers des villes de se livrer à ce commerce. Les marchands devaient amener du grain au marché de la ville où ils résidaient, au moins une fois le mois, et avoir à leur disposition un grenier particulier, où ils étaient contraints d'entretenir une réserve. Ils ne pouvaient acheter des grains en vert ni les arrher avant la récolte. Enfin, il leur était interdit de faire des achats à moins de dix lieues de Paris, afin de les mettre dans la nécessité d'aller chercher du blé plus loin et d'attirer ainsi, par l'appât d'un commerce plus étendu et plus lucratif, sur les marchés de la capitale, des denrées qui, sans cela, n'y auraient peut-être jamais été apportées.

Les marchands forains, à la différence des marchands domiciliés, ne pouvaient déposer aucune partie de grains dans des greniers, si ce n'est en vertu d'une permission expresse; laquelle ne leur était délivrée que dans le cas où ces grains, étant mouillés, auraient eu besoin d'être séchés, ou bien si la ville à laquelle ils étaient destinés éprouvait, pour fournir à sa subsistance, des embarras capables de compromettre la sûreté de ses approvisionnements.

Le nombre des employés affectés au service des marchés aux grains fut réduit afin de diminuer les faux frais du commerce. On n'en conserva que de deux espèces : les uns furent préposés à la garde des sacs de blé à vendre d'un marché à l'autre, et les autres au mesurage de cette denrée [1]. Ceux-ci, qui originairement étaient commissionnés par le prévôt des marchands, furent, dès 1633, créés en titre d'office [2].

Par une sorte de tolérance ou de privilége, les boulangers des faubourgs de Paris n'étaient assujettis à aucune des formalités d'apprentissage ni de maîtrise imposées à ceux de la capitale. Cette exception avait été admise ou plutôt soufferte par l'autorité, afin d'avoir à sa disposition, dans les cas de disette, un grand nombre de boulangers, lequel aurait diminué sensiblement si les boulangers des faubourgs avaient été soumis à la même discipline que ceux de la ville. La liberté de cette industrie dans les faubourgs de la capitale avait attiré un tel nombre de boulangers sur le territoire des faubourgs Saint-Antoine, Saint-Martin et Saint-Denis, qu'on y en comptait cinq à six cents, tandis que dans le faubourg Saint-Germain, qui était plus étendu que tous les autres ensemble, il n'y en avait que soixante-dix. Le faubourg Saint-Marceau n'en contenait que dix-huit. Cette différence provenait de ce que, dans ces derniers faubourgs, les boulangers étaient obligés d'acquérir la maîtrise [3].

Les règlements généraux de police publiés sous Charles IX et sous Henri III firent disparaître la tolérance que le temps

---

[1] Fontanon, t. I, ordonn. du 4 février 1567, p. 805, et du 21 novembre 1577, p. 823. Delamare, *Ordonn. du prévôt*, 8 janvier 1622, t. II, p. 365. —
[2] *Ibid.*, ordonn. de février 1633, t. II, p. 15.
[3] Delamare, t. II, p. 211.

avait introduite au profit des boulangers de certains faubourgs. Ils décidèrent que ces boulangers seraient astreints aux mêmes formalités et à la même police que ceux de Paris et des autres villes, pour le pain qu'ils vendraient en boutique. Le gouvernement laissa aux autorités locales le soin d'examiner si, à l'égard du pain qu'ils apporteraient dans les marchés, ils devraient être assimilés ou non aux forains[1].

Les alternatives d'abondance et de disette qui se succédaient à Paris comme dans le reste de la France, obligeaient l'autorité à se tenir en garde contre les mauvaises récoltes. Dès que la cherté du blé faisait pressentir une disette, les boulangers se hâtaient d'élever ou de faire hausser le prix du pain, de manière à entretenir cette cherté. L'administration, c'est-à-dire le prévôt, avait donc à lutter non seulement contre la difficulté des conjonctures, mais encore contre l'avidité des boulangers qui n'avaient d'autre souci que de tirer parti de cette difficulté au profit de leur commerce[2].

L'établissement des greniers d'abondance ou de réserve rendit la condition des grandes villes, et surtout de Paris, moins pénible qu'auparavant. Les approvisionnements que ces greniers contenaient, quelle que pût être d'ailleurs leur insuffisance, permirent à l'autorité d'agir avec plus de maturité et de confiance pour parer aux premières atteintes de la disette. Dès qu'elles commençaient à se faire sentir, le gouvernement interdisait les traites foraines et l'administration réglait la taxe du pain en raison des circonstances. Les propositions ou les résolutions du prévôt étaient, en ce cas, soumises à la délibération d'assemblées de police dont nous avons déjà eu l'occasion de parler. Les pauvres, incapables de travailler, étaient nourris par les soins des monastères et par la bienfaisance publique[3]. Il était enjoint

---

[1] Delamare, t. II, p. 212. — [2] *Ibid.*, p. 355. — [3] *Ibid.*, arrêts du 24 septembre 1560, p. 358, et du 22 décembre 1565, p. 359.

aux mendiants étrangers à la ville de se retirer dans leur pays [1].

On faisait venir extraordinairement du blé des provinces ; mais les envois étaient souvent entravés par l'opposition des habitants des localités où il se trouvait, de sorte qu'il était rare qu'on reçût exactement les quantités qu'on avait demandées. En cas d'urgence, le parlement envoyait dans les provinces des conseillers qui, de concert avec les gouverneurs, travaillaient à lever les obstacles qui s'opposaient aux expéditions [2]. Le Châtelet désignait également des commissaires chargés de la même mission [3].

En parlant du commerce de la boucherie, nous n'avons fait mention jusqu'ici que des marchés établis à Paris où les bouchers avaient l'habitude de se pourvoir. Dès les premières années du dix-septième siècle, les achats se firent à Poissy et dans d'autres localités voisines de la capitale, quoiqu'elles fussent comprises dans l'ancien rayon prohibé. Ces marchés, affranchis de la prohibition, furent soumis à la même discipline et aux mêmes usages que ceux de Paris [4]. Au surplus, cette ville continua de rester en possession du marché affecté à la vente des veaux et des cochons [5].

Le régime des abattoirs, ou des tueries, fut amélioré par les règlements de 1567 et de 1577. Les commissaires de police devaient tenir la main à ce que ces établissements fussent construits, autant que possible, hors de la ville et à proximité de l'eau courante ; et lorsque la distance ou d'autres causes mettaient obstacle à l'exécution de cette disposition, la loi exigeait que l'emplacement réservé à l'abattage et à l'apprêt des viandes fût clos de murs, que le sang et les immondices fussent déposés dans des vases

---

[1] Delamare, arrêt du 15 juillet 1587, t. II, p. 364. — [2] *Ibid.*, arrêt du 7 juillet 1587, t. II, p. 364.
[3] Delamare, *Ordonn. du prévôt*, 14 décembre 1630, t. II, p. 372. — [4] *Ibid.*, ordonn., 22 avril 1611, t. II, p. 530. — [5] *Ibid.*, même tome, p. 500.

couverts, et jetés dans la rivière pendant la nuit [1]. Mais ces mesures, si nécessaires à la propreté et à la salubrité de Paris, ne furent sérieusement exécutées que dans les temps où la paix publique et le bon ordre permirent à la police d'exercer une vigilance efficace sur ces détails si importants de l'administration.

Le commerce du gibier et de la volaille, qui était originairement partagé entre plusieurs marchands résidant à Paris, ayant passé dans les mains des marchands forains par l'effet des mesures dont nous avons parlé dans le livre précédent, on réduisit les divers marchés de ce commerce à un seul, qui fut établi sur le quai de la Mégisserie, et qui reçut le nom de Vallée de Misère, à cause des nombreuses volailles qu'on y tuait chaque jour de marché [2].

L'administration, qui ne tient pas compte de certaines nécessités sociales, et qui se préoccupe trop de maintenir la rigueur de quelques maximes plus austères que sages, fait dégénérer son action, qui ne doit qu'éclairer et protéger, en procédés tracassiers et tyranniques. Malgré les conseils de l'expérience, les règlements de police avaient continué de défendre aux habitants domiciliés de fréquenter les hôtelleries, les tavernes et les cabarets ; on avait cru devoir renouveler cette défense, parce que des jeunes gens et des bourgeois venaient se divertir dans ces établissements, et que les repas qu'ils y prenaient n'étaient pas toujours exempts d'excès et même de scandale [3]. L'administration se serait montrée moins sévère si elle avait voulu considérer que ces abus étaient compensés par des avantages dont l'importance a fini par faire tomber en désuétude des défenses dépourvues de motifs plausibles.

Pendant le seizième siècle, la police du commerce de bois de chauffage fut sensiblement améliorée par des rè-

---

[1] Fontanon, ordonn. du 4 février 1567, t. I, p. 811.
[2] Delamare, t. II, p. 776.
[3] *Recueil de Néron*, ordonn. de janvier 1560, art. 25, t. I, p. 381. Delamare, arrêt du 30 avril 1579, t. III, p. 724.

glements généraux qui ont servi de base à la jurisprudence administrative sur cette matière. Dans les temps de disette, il était défendu à toutes personnes, autres que les marchands qui avaient l'habitude d'approvisionner la capitale, ou qui offraient de concourir à cet approvisionnement, d'acheter du bois dans les ports de la Seine. Les détenteurs des quantités de bois existant sur ces ports étaient obligés, à la première réquisition des agents de l'autorité, de charger leurs marchandises sur des bateaux qui devaient les conduire à Paris pour y être vendues. En cas de refus, les sergents de ville avaient ordre de pourvoir eux-mêmes au transport des bois refusés, aux frais de ceux auxquels ils appartenaient, et d'arrêter au besoin, par voie de réquisition, les bateaux nécessaires à ce transport [1].

Les différends nés des transactions entre les propriétaires de bois flotté étrangers à la capitale et les marchands domiciliés dans celle-ci furent attribués à la juridiction de l'hôtel de ville, et par appel au parlement. Les marchands parisiens qui se livraient à cette branche de commerce, trouvèrent plus de garantie et d'économie dans l'établissement d'une juridiction spéciale à Paris [2].

Le commerce du charbon n'a donné lieu, pendant la période que le livre III embrasse, à aucune disposition législative qui mérite d'être notée.

La police du foin resta soumise aux mêmes principes qu'auparavant. On eut à réprimer quelques nouveaux abus commis par des argentiers et pourvoyeurs des écuries du roi, de la reine, des princes du sang et des seigneurs de la cour, qui, accompagnés de pages, de valets de pied, de suisses et autres serviteurs de la famille royale, allaient au-devant des bateaux et des voitures de fourrages destinés aux besoins de la capitale, et qui, alléguant de prétendus ordres qu'ils auraient reçus des princes ou des grands, se

---

[1] Delamare, arrêt du 30 janvier 1563, t. III, p. 851. — [2] *Ibid.*, arrêts des 23 décembre 1566 et 22 octobre 1579, t. III, p. 852 et 864.

faisaient remettre par force, ou autrement, pour les revendre, des quantités considérables de foin, en contravention aux ordonnances de police [1].

Le commerce des fourrages avait des officiers particuliers de même que le commerce des autres marchandises qui arrivaient sur les ports pour l'approvisionnement de Paris. Ces officiers étaient autres que ceux qui étaient préposés à la police générale des ports, tels que les metteurs à part, les planchéeurs, les gardes de nuit, les débâcleurs et les boueurs [2].

CHAPITRE II.

DE L'HYGIÈNE PUBLIQUE, DE LA VOIRIE, DE LA NAVIGATION ET DU COMMERCE.

Nettoiement de la voie publique donné à entreprise. — Taxe spéciale de ce service remplacée par un droit d'octroi. — Division de l'entreprise en plusieurs baux, eu égard au nombre des quartiers. — Une compagnie est substituée aux entrepreneurs particuliers. — Abandon de ce système et retour à l'intervention directe de la bourgeoisie, ainsi qu'au payement de la dépense par cotisations. — Adoption de nouveaux moyens de contrainte pour vaincre la résistance des ecclésiastiques et des nobles compris dans le rôle des contribuables. — Ces moyens échouent, et les agents de la perception abandonnent le service. — L'administration du nettoiement attribuée au lieutenant civil. — Obligations imposées aux habitants pour faciliter l'enlèvement des boues et assurer la propreté de la voie publique. — Fontaines publiques. — Surveillance des comestibles. — Discipline des apothicaires et droguistes. — Léproseries. — Maladies épidémiques ou contagieuses. — Mesures nouvelles de police prises dans l'intérêt de la santé publique. — Phases diverses de l'administration du pavé de Paris. — Police des bâtiments. — Incendies, moyens de les prévenir ou d'y porter remède. — Secours aux incendiés. — Inondations. — Éclairage. — Saillies des bâtiments sur la voie publique. — Perfectionnement du régime de la voirie par Henri IV. — Carrosses et autres espèces de voitures ou de moyens de transport. — Commerce.

Nous avons fait connaître le mode de nettoiement de la voie publique par contribution, et comment des bourgeois

---

[1] Delamare, t. III, p. 978. *Ordonn. du prévôt*, 3 juillet 1615.
[2] Delamare, t. III, p. 997.

élus procédaient au recouvrement des taxes assises sur les habitants pour fournir à la dépense du transport des immondices opéré par les voituriers avec lesquels ils avaient traité. Les collecteurs de la taxe constataient fréquemment des non-valeurs par suite du refus que les princes, les seigneurs et les magistrats eux-mêmes opposaient au recouvrement de leurs cotisations; et comme ces non-valeurs tombaient à la charge des collecteurs, les bourgeois déclinèrent désormais non seulement la responsabilité des recettes, mais encore l'obligation de concourir au recouvrement des taxes.

Afin de lever cette difficulté, Henri IV publia un nouveau règlement, d'après lequel le nettoiement de Paris fut donné à entreprise. Les bourgeois cessèrent d'intervenir dans la mise à exécution du rôle des taxes, laquelle fut confiée aux entrepreneurs eux-mêmes. Mais les deux premiers adjudicataires du service ayant succombé au bout de quelques mois, l'un après l'autre, sous le fardeau d'une entreprise hérissée de difficultés provenant des lenteurs et des non-valeurs de la perception, l'ancienne taxe fut remplacée par un droit d'octroi sur le vin, et le roi, c'est-à-dire l'État, prit la dépense à sa charge. On divisa l'adjudication de l'entreprise en plusieurs baux, eu égard au nombre des quartiers, et cette division produisit de bons résultats. Les baux furent passés par le conseil du roi, et le contentieux de l'entreprise ressortit à la juridiction du lieutenant civil [1].

La substitution d'une compagnie générale à des entrepreneurs particuliers ayant été décidée plus tard, le service du nettoiement éprouva de nouvelles vicissitudes, qui furent une cause de ruine pour les diverses compagnies chargées successivement de ce service. En effet, ces compagnies, n'étant pas régulièrement payées par l'État, se virent dans la nécessité de faire des avances considérables, qu'elles ne

---

[1] Delamare, t. IV, p. 214 et suiv.

purent se procurer qu'à de gros intérêts, ce qui occasionna leur déconfiture [1]. On rétablit donc le mode d'administration fondé sur le concours direct de la bourgeoisie et sur des cotisations personnelles. Louis XIII, pour faire cesser les résistances perpétuelles des ecclésiastiques et des nobles, ordonna que les contraintes qui, auparavant, étaient décernées par les receveurs de la taxe, le seraient par son conseil [2]; et afin de donner aux receveurs plus d'autorité, il créa trois offices de receveurs héréditaires en remplacement des collecteurs élus, de sorte que les bourgeois furent déchargés à l'avenir du recouvrement des taxes. Le service administratif du nettoiement reçut, d'ailleurs, une organisation différente; mais ces nouvelles mesures échouèrent contre la force d'inertie des personnes en crédit. Le produit des taxes étant insuffisant pour couvrir la dépense, les receveurs se virent obligés de faire des avances, de leurs deniers, aux entrepreneurs, et finirent par abandonner le service au bout de quelques mois.

Dans ces circonstances, le roi, pour améliorer cette partie de la police, en renvoya l'administration au lieutenant civil [3].

Au surplus, les règlements qui intervinrent depuis Charles IX sur le nettoiement imposèrent aux habitants l'obligation de balayer le devant de leurs maisons deux fois par jour, et de déposer les boues le long des murs. A l'égard des immondices provenant de leurs ménages, ils devaient les mettre dans des paniers ou mannequins, et les garder jusqu'au passage des voitures des entrepreneurs, passage qui devait être annoncé au public par le bruit d'une sonnette dont chaque voiture était garnie [4].

Pendant les troubles de la ligue, l'entretien des fontaines de Paris et de leurs conduits fut complétement

---

[1] Delamare, t. IV, p. 216-217. — [2] *Ibid.*, p. 218-219. Arrêt du conseil, 22 septembre 1638. — [3] *Ibid.*, p. 222-224.
[2] Delamare, t. IV, p. 212-213. Ordonn. du roi, 22 novembre 1563.

négligé : le cours des eaux était interrompu, et celles qui ne se perdaient pas entièrement n'arrivaient qu'en partie aux fontaines qu'elles desservaient. Dès que le retour de l'ordre permit au prévôt des marchands et aux échevins de s'appliquer sérieusement aux intérêts matériels de la cité, ces magistrats placèrent aux premiers rangs des besoins publics la réparation des fontaines et de leurs conduits, et ils firent exécuter les ouvrages nécessaires pour assurer le service des eaux [1].

Henri III donna aux bouchers des statuts dont plusieurs articles avaient pour objet de prévenir dans le commerce de la boucherie toute fraude capable de nuire à la santé des consommateurs [2].

Dans l'intérêt de la salubrité publique, le prévôt rendit une ordonnance qui défendait aux marchands de poisson de garder les eaux provenant des trempis ayant servi à dessaler le poisson qui avait besoin de cet apprêt. Des vases fermés contenaient ces eaux, que l'on jetait tous les jours, durant la nuit, dans les égouts de la ville [3].

Les fruits et les légumes étaient visités par des jurés sur les marchés et les places publiques, et les revendeurs ne pouvaient acheter que là, pour que la surveillance des jurés ne fût point éludée par les cultivateurs. Les mêmes inspecteurs devaient faire des recherches dans les boutiques des revendeurs, afin d'empêcher qu'on n'y mît en vente des fruits ou des herbes qui auraient été insalubres [4].

Nous avons fait connaître combien l'autorité mettait d'importance à la visite des drogues ou des ingrédients qui entraient dans la composition des remèdes. Il paraît que les apothicaires, les droguistes et les épiciers, chez qui ces drogues se vendaient, redoutaient le contrôle de la faculté de médecine, qui devait fournir une partie des jurés visi-

---

[1] Delamare, t. IV, p. 383.
[2] Delamare, *Ordonn.*, février 1587, t. I, p. 604.
[3] Delamare, *Ordonn. du prévôt*, juillet 1603, t. I, p. 606. — [4] *Ibid.*, ordonn., novembre 1599, p. 610.

teurs, puisque cette Faculté était obligée sans cesse de provoquer auprès du prévôt l'emploi de la contrainte pour déterminer les apothicaires à nommer leurs jurés, afin de concourir aux visites qui devaient avoir lieu deux fois l'année [1].

La prérogative attribuée au prévôt par les règlements, et tendant à empêcher que nul ne pût s'immiscer dans l'exercice de l'art de guérir, s'il n'avait été reçu docteur, fut maintenue par plusieurs arrêts du parlement. L'un de ces arrêts, pour éloigner plus sûrement les empiriques, prescrivait aux apothicaires et épiciers de ne préparer aucune médecine ou de ne vendre aucune drogue, si ce n'est sur la présentation d'ordonnances datées et signées par des médecins reçus docteurs par la Faculté. Celle-ci faisait même dresser tous les ans un tableau des médecins autorisés à pratiquer à Paris, lequel était envoyé par le doyen de la Faculté aux gardes jurés des apothicaires [2].

Les lumières et les progrès de la médecine avaient eu pour effet sinon de détruire entièrement la lèpre, au moins d'empêcher qu'elle ne se propageât. L'administration des maladreries ayant été négligée, plusieurs des biens qui en dépendaient avaient été usurpés, et les ressources financières de ces établissements, qui n'auraient dû servir qu'à la guérison des malades, furent consumées par des vagabonds qui avaient trouvé le secret de se faire considérer comme lépreux, en se frottant d'herbes et de drogues particulières. Cet artifice ne fut pas d'abord découvert par les administrateurs des léproseries; mais, sous Louis XIII, le gouvernement rechercha les biens usurpés sur ces établissements, et créa des inspecteurs pris dans la faculté de médecine ou parmi les chirurgiens, pour expulser des maisons destinées à recueillir les lépreux ceux qui ne seraient réellement pas atteints de cette maladiet. Aucune admis-

---

[1] Delamare, *Ordonn. du prévôt*, novembre 1599, t. I, p. 626 et suiv.
[2] Delamare, arrêt du 12 septembre 1598, t. I, p. 630.

sion nouvelle ne put, d'ailleurs, avoir lieu que sur le rapport d'un médecin [1].

Les maladies épidémiques ou contagieuses, et la peste, venaient décimer par intervalles la population parisienne. L'administration appliquait en ce cas les anciens règlements et y ajoutait, selon les conseils de l'expérience, des dispositions nouvelles. Ainsi, l'on plaçait à chaque porte de Paris un barbier dont la mission était de subvenir aux besoins des malades infectés de la contagion [2]. Pendant la durée du mal, nul locataire ne pouvait déloger, bien que son bail fût expiré, à moins qu'il ne prouvât devant le juge de police que la maison qu'il habitait n'avait pas été atteinte par la contagion [3].

En cas de peste, les barbiers et chirurgiens devaient signaler aux commissaires de police les pestiférés auxquels ils donnaient des soins. Toute négligence à cet égard était punie du bannissement [4].

Pendant l'année 1596, Paris fut désolé par une maladie contagieuse si violente et si répandue, que l'on résolut, dans une assemblée générale de police, d'établir trois prévôts de la santé et de donner à chacun d'eux trois aides pour assurer l'exécution des règlements touchant la contagion. Le prévôt de Paris ayant été instruit que des locataires de plusieurs maisons frappées par la maladie régnante, avaient enlevé les marques auxquelles le public et l'autorité reconnaissaient d'ordinaire la présence de la contagion, il intervint une disposition réglementaire portant que les maisons qui se trouveraient dans ce cas seraient marquées de nouveau, et que l'auteur du délit aurait le poing coupé. La récidive avait pour effet de faire fermer et cadenasser la maison qui en aurait été l'objet [5].

Le nombre des malades fut si grand que l'administra-

---

[1] Delamare, t. I, p. 638-639. — [2] *Ibid.*, p. 655. Arrêt du 2 juillet 1561.
[3] *Collection Lamoignon*, arrêt du 26 septembre 1580, t. IX, p. 327.
[4] Delamare, *Ordonn. du prévôt*, 30 juillet 1596, t. I, p. 650. — [5] *Ibid.*, p. 652.

tion se vit obligée de créer un hôpital provisoire dans le faubourg Saint-Marceau, pour suppléer à l'insuffisance de l'Hôtel-Dieu[1]. Dix ans après, on construisit deux nouveaux hôpitaux, l'un sous la dénomination de Saint-Louis, et l'autre sous celle de Sainte-Anne. La maison de santé du faubourg Saint-Marceau continua néanmoins de subsister. De ce moment, les malades atteints de maladies contagieuses qui n'étaient que locataires dans la maison où ils habitaient, furent enlevés et conduits dans les nouveaux hôpitaux. Nul n'avait le droit de se faire traiter chez soi s'il n'occupait une maison entière. L'exécution de cette disposition éprouva une forte résistance dans le sein des familles; mais cette résistance fut vaincue parce que l'administration trouva un appui dans la faculté de médecine, alors imbue de tous les préjugés de la contagion.

Ces préjugés étaient portés à un si haut degré que les maisons occupées par les malades étaient fermées aussitôt après que ceux-ci avaient été transférés à l'hospice, et qu'il était pourvu à la nourriture des autres locataires par les soins des commissaires de police, qui devaient empêcher toute communication entre eux et le public. Cette dernière disposition serait incroyable, tant elle est déraisonnable et tyrannique, si elle n'était écrite dans un acte public[2].

On soumit les pestiférés convalescents à l'obligation de rester chez eux pendant l'espace de quarante jours. Dès que leur quarantaine était terminée, ils ne pouvaient se produire librement dans les rues de Paris qu'après avoir rapporté au magistrat de police un certificat du commissaire de leur quartier attestant, sur la déclaration de six voisins, qu'il s'était écoulé en effet quarante jours depuis leur guérison[3].

Après la convalescence des malades, ou après leur dé-

---

[1] Delamare, *Ordonn. du prévôt*, 30 juillet 1596, t. I, p. 652.
[2] Delamare, arrêt du 27 septembre 1619, t. I, p. 652.
[3] Delamare, *Ordonn. du prévôt*, 5 octobre 1596, t. I, p. 661.

cès, on purifiait les appartements occupés par eux sous la surveillance du prévôt de la santé. Les inhumations n'avaient lieu que la nuit[1].

En 1599, Henri IV créa la charge de grand voyer, dont Sully fut pourvu. On réunit à cette charge les fonctions de voyer de Paris. Sous le règne suivant, le bureau des finances absorba l'office de grand voyer. Celui de voyer de Paris ayant été supprimé, les droits de voirie qui lui étaient attribués furent versés dans les caisses du domaine du roi. Toutefois, cette suppression ne fut que momentanée. Une ordonnance royale de 1626 rétablit la charge de voyer de Paris, que l'on réunit plus tard à celle des trésoriers de France. Ceux-ci la firent exercer par un commis revêtu des mêmes fonctions que le lieutenant de l'ancien voyer[2].

La dépense occasionnée par l'entretien du pavé fut jointe, en 1609, à celle du nettoiement, et on les imputa l'une et l'autre sur le produit des droits d'entrée du vin, que le roi augmenta à cette occasion. Chaque dépense était payée sur le mandat du grand voyer par les trésoriers des ponts et chaussées, dont l'office avait été créé en 1615.

Le désordre s'étant introduit dans la gestion du service de l'entretien du pavé, et les frais de la guerre ayant consumé les ressources affectées aux besoins de ce service, on rendit de nouveau l'administration du pavé de Paris au prévôt, et l'on répartit la dépense comme autrefois entre le domaine du roi, la ville et les habitants. Cette répartition, ordonnée par le parlement, demeura sans effet, car le roi, d'après l'avis de son conseil, jugea plus convenable d'assigner, sur le produit de nouveaux droits, la dépense de l'entretien du pavé, et il en déchargea, par conséquent, les trois classes de redevables désignées dans la répartition du parlement.

La dépense du pavé fut, de ce moment, séparée de celle

---

[1] Delamare, *Ordonn. du prévôt*, 30 juillet 1596, t. I, p. 662. — [2] *Ibid.*, t. IV, p. 660.

du nettoiement, et l'on restitua les baux d'entretien au conseil du roi[1]. L'inspection et la réception des travaux de pavage ayant été ôtées aux délégués de la communauté des paveurs, furent conférées à six jurés paveurs placés sous l'autorité d'un commissaire général visiteur du pavé de Paris[2]. C'est aussi à compter de cette nouvelle organisation que les trésoriers de France prirent la direction du pavé. Ces officiers réunis composaient le bureau des finances[3].

La faculté que les anciens règlements avaient attribuée aux propriétaires, de faire réparer le pavé bordant leurs maisons par des compagnons paveurs, aussi bien que par des maîtres, fit naître des collisions entre ceux-ci et leurs ouvriers. Blessés du privilége dont jouissaient à cet égard les compagnons, les maîtres cessèrent de les employer et n'admirent dans leurs ateliers que des apprentis et des manœuvres. Les compagnons s'étant plaints de l'exclusion dont ils étaient victimes, une ordonnance royale incorpora dans la communauté des maîtres paveurs tous les compagnons reconnus aptes à recevoir la maîtrise. Cette mesure était d'ailleurs commandée par les besoins du service, lesquels s'étaient accrus en même temps que la surface du sol de la ville[4].

La police des bâtiments reçut plusieurs améliorations. Les officiers chargés de la visite et de l'estimation des bâtiments cessèrent d'être seuls appelés à l'exercice de ces fonctions, qu'ils ne remplissaient pas toujours avec loyauté; elles purent être exercées concurremment par des bourgeois versés dans la connaissance de la maçonnerie et de la charpente. Cette concurrence servit de frein aux anciens experts en même temps qu'aux nouveaux, qui partagèrent avec ceux-ci l'instruction des contestations relatives à la construction des bâtiments. Malgré la rigueur de cette réforme,

---

[1] Delamare, t. IV, p. 175-177. — [2] *Ibid.*, ordonn. de février 1638, t. IV, p. 182. — [3] *Ibid.*, t. IV, p. 189. — [4] *Ibid.*, Ordonn., 5 décembre 1568, t. IV, p. 187-188.

les experts jurés se rendirent de plus en plus indignes de la confiance publique, en sorte que leur nombre ayant été augmentés, les nouveaux offices ne trouvèrent pas d'acheteurs [1].

Les maîtres des œuvres de maçonnerie, à qui l'on donna plus tard le titre de généraux, obtinrent, sous Henri IV, un pouvoir plus étendu ; ils furent désignés sous le nom de maîtres généraux, et leur juridiction fut déclarée indépendante de celle du Châtelet. La loi, en les instituant comme juges d'exception, les soumit à la juridiction souveraine des parlements ; elle leur attribua en outre le droit de faire des règlements et de connaître de leur infraction. Ces règlements établirent des peines contre les fautes de discipline des gens de métier voués à l'art de la maçonnerie, et contre les abus commis par ceux-ci dans l'exercice de leurs professions [2].

La législation sur les périls imminents des constructions n'ayant éprouvé aucune modification, nous nous occuperons des dispositions nouvelles introduites dans celle qui régit les incendies.

Indépendamment des causes ordinaires d'incendie, il existe des causes extraordinaires qui ne sont ni moins dangereuses ni moins utiles à connaître que les premières.

Le commerce du salpêtre et de la poudre était si dépourvu de garantie sous le rapport de l'ordre public, à cause du grand nombre de personnes qui se livraient à ce commerce, et de la licence dont elles usaient impunément, au préjudice de la sûreté commune, qu'il était devenu urgent de régulariser la fabrication et la vente de ces deux substances. Plusieurs règlements, à partir du règne de Charles IX, essayèrent de remplir cette tâche, et ils parvinrent à établir une police assez efficace pour diminuer sensiblement les périls auxquels la sûreté des personnes et des propriétés était exposée. On trouvera les détails de cette police dans

---

[1] Delamare, *Ordonn.*, 13 août 1622, p. 61.
[2] Isambert, *Ordonn.*, 17 mai 1595 et 16 mai 1598.

les règlements eux-mêmes [1]. La défense de tirer des pétards ou de lancer des serpenteaux dans les rues fut une des précautions adoptées par l'administration pour prévenir les dangers du feu [2].

Les remèdes contre les incendies se sont perfectionnés avec le temps, comme tous les procédés de l'administration. Durant notre période, l'emploi des pompes n'était pas encore en usage; on se servait de seaux, d'échelles et de crocs, que l'on tenait en dépôt, soit à l'hôtel de ville, soit dans la demeure des quarteniers. Pour arrêter les progrès du feu, les officiers de police présents sur les lieux avaient le droit d'ordonner la démolition de la maison voisine de la propriété où l'incendie s'était déclaré.

L'administration ne se bornait pas à combattre le fléau par tous les secours qui dépendaient d'elle; le prévôt et le parlement se concertaient pour soulager la misère des incendiés; ils provoquaient en leur faveur des quêtes dans toutes les paroisses. On les logeait et on les nourrissait, ainsi que leurs familles, dans des établissements hospitaliers. Il était sursis au payement de leurs dettes. Des peines sévères étaient appliquées à ceux qui, ayant trouvé des effets provenant des maisons incendiées, ne les auraient pas rapportés à l'autorité. Lorsque les dégâts étaient considérables, la munificence royale contribuait elle-même au soulagement des infortunes particulières [3].

A l'égard des inondations, les chroniques ne signalent de remarquables que celles qui furent occasionnées par les débordements de la rivière des Gobelins, en 1579 et en 1625. Ces débordements se manifestèrent l'un et l'autre durant la nuit; les eaux envahirent tout le faubourg Saint-Marceau et causèrent des dommages considérables. La première fois, elles entraînèrent la chute de plusieurs mai-

---

[1] Delamare, ordonn. de mars 1572, de février 1582, de décembre 1601, t. IV, p. 142-143.
[2] Delamare, *Ordonn. du prévôt*, 20 juin 1594, t. IV, p. 149.
[3] Delamare, arrêt du 10 octobre 1621, t. IV, p. 161.

sons ou usines, ainsi que la perte d'un grand nombre d'habitants. L'inondation ne cessa qu'au bout de trente jours, et on lui donna le nom de déluge de Saint-Marceau. Quant à la seconde inondation, elle ne se prolongea pas au-delà de deux heures; mais les eaux s'élevèrent jusqu'au premier étage des maisons et marquèrent leur passage par de nombreux désastres [1].

Dès que Henri IV fut monté sur le trône, l'administration s'occupa d'améliorer tous les services publics, qui avaient longtemps souffert des troubles de la ligue, et dont plusieurs étaient restés interrompus par l'effet du malheur des circonstances, quoique le besoin s'en fît vivement sentir. Dès la première année du règne de ce grand roi, on essaya de rétablir le système d'éclairage introduit en 1558; une ordonnance de police prescrivit d'établir des lanternes dans chaque dizaine ou section de quartier, et de procéder à l'élection des notables habitants qui devaient pourvoir à l'administration de ce service. La dépense, suivant l'usage, devait être supportée par les habitants de chaque section. Ce service, qui fut constamment mené de front avec le nettoiement de la voie publique, en partagea les vicissitudes; il souffrit même plus de la misère publique, parce qu'il était jugé moins urgent [2].

Les ordonnances de police publiées sous Charles IX renouvelèrent l'ordre de poursuivre et de démolir les saillies anticipant sur la voie publique. Le gouvernement accorda aux propriétaires un délai de deux ans pour les faire disparaître; ce délai étant expiré, le prévôt se mit d'abord en mesure d'assurer la suppression des saillies fixes, et comme l'exécution des ordres du roi fut poursuivie avec vigueur, les propriétaires alarmés réclamèrent l'intervention du prévôt des marchands et des échevins au-

---

[1] Delamare, t. IV, p. 301.
[2] Collection Lamoignon, *Ordonn. de police*, 30 septembre 1594, t. IX, p. 770.

près de l'administration supérieure, pour obtenir un nouveau délai. Le terme de ce délai fut fixé à un an. Dès que son échéance fut arrivée, les officiers de police recommencèrent leurs poursuites et firent démolir les saillies les plus importantes ou qui rétrécissaient le passage des principales rues, sans avoir égard au rang et au crédit des gens privilégiés convaincus de contravention. On rechercha également les saillies mobiles, mais avec moins de sévérité[1].

Les troubles politiques dont Paris fut agité depuis les dernières années du règne de Charles IX jusqu'au temps où Henri IV eut acquis assez de force pour rétablir et consolider l'ordre public apportèrent à l'action de la police, dans toutes les matières où elle s'exerçait, des entraves qui se firent sentir plus spécialement dans les diverses parties de la voirie. Quoique les rues de Paris fussent assimilées aux grandes routes et régies comme telles, le prévôt de Paris cumulait dans ses mains, ce qui n'a plus lieu aujourd'hui, l'administration de la grande comme de la petite voirie. En 1595, le gouvernement imprima une forte impulsion à la répression de toutes les contraventions de police. L'administration fit rechercher et poursuivre toutes les espèces de saillies, et afin de prévenir le retour des infractions auxquelles celles-ci donnaient lieu, elle défendit aux entrepreneurs de bâtiments de commencer l'exécution d'aucun ouvrage de leur profession avant de s'être fait représenter la permission du voyer, à laquelle ils devaient se conformer. Toute atteinte portée par l'entrepreneur à cette permission et à l'alignement qu'elle indiquait engageait sa responsabilité personnelle. Le voyer, afin que les prescriptions de la permission ne fussent pas éludées, faisait vérifier les travaux après qu'ils avaient été achevés, pour s'assurer que l'entrepreneur n'avait point excédé les limites qui lui avaient été assignées. Ces précautions, qui n'ont pas cessé

---

[1] Delamare, ordonn. de 1560 ; règlement du conseil, 22 novembre 1563 ; ordonn., 29 décembre 1564, t. IV, p. 326.

d'être observées depuis, produisirent une notable amélioration dans cette partie de la police [1].

Malgré les défenses de l'autorité, les marchands ne voulaient pas réduire leurs étalages aux dimensions fixées par les ordonnances, et il fallut sévir contre eux pour les faire rentrer dans les bornes légales. Au lieu d'effectuer simultanément, comme par le passé, la recherche des contraventions dans toutes les rues de Paris, ce qui occasionnait un certain trouble défavorable au succès de l'opération, les commissaires de police procédèrent graduellement dans chaque rue de leur quartier à la poursuite de ces contraventions; de sorte qu'après qu'ils avaient exécuté la sentence prise par le Châtelet contre une rue, ils en abordaient une autre.

De cette façon, les contraventions furent réprimées sans éclat et avec promptitude [2]. On usa de la même énergie pour débarrasser la voie publique de tous dépôts capables d'en intercepter le cours [3]. C'est dans un semblable but que les étalagistes qui revendaient des denrées ou des marchandises devant les églises, les colléges et à l'encoignure des rues, furent expulsés par les officiers de police [4].

L'usage des carrosses ayant été prohibé sous Charles IX, les présidents et les conseillers du parlement qui avaient déclaré cette prohibition nécessaire, pour rendre plus complète la réformation du luxe, continuèrent d'aller au Palais sur des mules jusqu'au commencement du dix-septième siècle. Ce n'est qu'alors que l'emploi des carrosses devint très commun dans la classe noble et qu'il s'étendit bientôt dans la classe bourgeoise. La commodité de cette espèce de voiture, qui, d'ailleurs, permettait aux riches de se distin-

---

[1] Delamare, *Ordonn. du prévôt*, 12 septembre 1595, Édit de décembre 1607, t. IV, p. 327-328.

[2] Delamare, arrêt du 29 mars 1563, ordonn. du 22 septembre 1600 et du 30 mars 1635, t. IV, p. 330-331.

Delamare, *Ordonn. du prévôt*, 22 septembre 1600, t. IV, p. 342. — *Ibid.*, *Ordonn. du prévôt*, 28 mars 1591, t. IV, p. 343.

guer de la foule, fit disparaître les entraves légales qui s'étaient opposées, dès l'origine, à l'adoption de cette nouveauté. De là vint cette quantité considérable de voitures que l'on remarquait dans Paris dès l'origine du règne de Louis XIII [1].

Après que l'usage des carrosses eut été définitivement adopté, on inventa les chaises à bras, les chaises roulantes, le soufflet, le phaéton et d'autres espèces de voitures tirées par un ou plusieurs chevaux. Les carrosses étant très rares à la fin du seizième siècle, les chaises à porteurs étaient la seule voiture commode dont il fût possible de disposer à Paris. Les étrangers comme les Parisiens avaient coutume de s'en servir, et leur utilité devint si générale que le gouvernement permit à des entrepreneurs d'en déposer sur les places et les carrefours pour l'usage du public [2].

L'accroissement progressif du nombre des voitures facilita surtout les voyages de la cour et mit un terme à ces vexations connues sous le nom de prises, qui exposaient tout particulier ayant une voiture ou un cheval aux réquisitions forcées et quelquefois violentes des serviteurs attachés à la maison du roi ou à celles des princes de sa famille [3].

Dans les localités où le commerce n'était soumis à aucun statut ni à aucun contrôle, la fraude était employée impunément et d'une manière très préjudiciable à l'intérêt public. Les personnes qui tenaient à se procurer une marchandise bien fabriquée, étaient obligées de faire venir ce qui leur convenait de villes *jurées*, éloignées quelquefois de quinze à vingt lieues de leur demeure. Un inconvénient d'une autre nature existait dans ces villes. Les métiers érigés en maîtrises n'étaient presque sujets à aucune concurrence, à cause des difficultés que les maîtres en exercice opposaient à l'émulation des compagnons qui voulaient s'établir comme eux. Les jurés du métier exigeaient des

---

[1] Delamare, t. IV, p. 436. — [2] *Ibid.*, p. 436-449. — [3] *Ibid.*, p. 452-453.

aspirants un chef-d'œuvre dont l'exécution ne pouvait être achevée qu'au bout d'un an de travail, et qui bien souvent était rejeté si son auteur n'était pas en état d'acheter le suffrage de ses juges par des présents. L'impuissance où plusieurs compagnons, d'ailleurs habiles, étaient de satisfaire à de telles conditions, les déterminait à travailler en chambre, mode de travail réputé illicite, ou les obligeait à continuer indéfiniment leur profession d'ouvriers chez des maîtres qui ne les égalaient pas toujours sous le rapport de l'art. L'esprit exclusif du monopole était parvenu au point que l'industriel exerçant sa profession comme maître dans le faubourg d'une ville, n'était point admissible à user de la même faculté dans celle-ci s'il n'obtenait une nouvelle maîtrise.

Pour obvier à ces divers inconvénients, le gouvernement institua maîtres tous les artisans travaillant comme tels dans les localités dépourvues de corporations régulières ; ils n'étaient soumis à d'autre formalité qu'à prêter serment devant le juge ordinaire en leur nouvelle qualité. Dans les villes *jurées*, c'est-à-dire dans celles où il y avait maîtrise, les industries anciennes ou récemment établies, qui n'étaient régies par aucun statut, recevaient une organisation qui les assimilait aux communautés ordinaires, sans que les chefs d'industrie fussent assujettis à aucune épreuve, si ce n'est à la formalité du serment.

Les entrepreneurs investis de la maîtrise dans les faubourgs de Paris ou des autres villes de France furent déclarés aptes à exercer leur profession dans les villes elles-mêmes, sans être soumis à aucune condition préalable. Les artisans reçus maîtres à Paris jouissaient du privilége de travailler de leur état dans toute la France, sans autre obligation que de faire enregistrer l'acte de leur réception au greffe de la justice du lieu de leur résidence. Enfin, dans les villes de parlement ou qui servaient de siége soit à un bailliage, soit à une sénéchaussée, le maître institué jouissait de la prérogative d'exercer sa profession dans toute l'étendue du ressort de ces juridictions. La maîtrise ne pouvait s'acquérir avant l'âge de vingt ans révolus. L'aspirant fut dispensé désormais de payer aucun droit de confrérie ni aucuns frais de banquet. Les jurés appelés à prononcer sur le chef-d'œuvre furent réduits, pour toute rétribution, à un droit d'assistance [1].

Ces dispositions, introduites dans la législation par Henri III, furent si mal observées pendant le règne troublé de ce prince que Henri IV se vit contraint d'en faire l'objet d'une nouvelle ordonnance [2].

---

[1] Fontanon, *Ordonn.*, décembre 1581, t. I, p. 1091 et suiv. — [2] *Ibid.*, *Ordonn.* avril 1597, t. I, p. 1101 et suiv.

LIVRE QUATRIÈME.

1639-1789.

TITRE PREMIER.
DE LA TOPOGRAPHIE DE PARIS ET DES AUTORITÉS PRÉPOSÉES A SA POLICE.

CHAPITRE UNIQUE.

Observations générales. — Nouveaux accroissements de Paris. — Sous Louis XIV, les fossés du mur d'enceinte sont comblés et plantés d'arbres. — Promenade du cours. — Délimitation nouvelle de Paris, pour mettre obstacle à l'ardeur de bâtir hors de ses murs. — Division de la ville en vingt quartiers. — Mesures adoptées par Louis XV pour la circonscription de Paris et de ses faubourgs. — Nouveau mur d'enceinte construit sous Louis XVI. — Zone dans l'étendue de laquelle il est défendu de bâtir. — Justices seigneuriales incorporées au Châtelet. — Division du Châtelet en deux siéges présidiaux. — Création de deux lieutenants de police, remplacés plus tard par un lieutenant général de police. — Nombre des commissaires de police augmenté. — Suppression du nouveau présidial. — Changements apportés par le temps à l'autorité du prévôt. — Relations directes du lieutenant général de police avec le roi. — Le parlement dépouillé du droit de remontrance. — Sa surveillance éludée par les lieutenants généraux de police. — Changements apportés par Louis XIV au régime municipal. — Aspect nouveau du pouvoir administratif.

La minorité de Louis XIV fut orageuse, comme presque toutes les minorités des souverains. La fronde, contre laquelle eurent à lutter Anne d'Autriche, régente, et le cardinal Mazarin, son premier ministre, ne ressemble point aux guerres civiles qui l'ont précédée. Celles-ci étaient projetées et entreprises par les grands qui, le plus souvent, se ménageaient un point d'appui dans un prince de la famille royale, mais qui ne descendaient pas à des intrigues de ruelle. Les chefs les plus illustres de la fronde en usèrent autrement. Entraînés par l'amour autant que par l'ambition, ils firent paraître leurs maîtresses dans l'arène des partis, et donnèrent à des luttes ardentes et quelquefois meurtrières une couleur romanesque, qui réfléchit sur eux et sur leur conduite politique une sorte de ridicule auquel ils n'ont pu se soustraire, malgré leur audace et leur bravoure.

Dès que Louis XIV prit en main le timon de l'État, les discordes cessèrent, et le jeune roi, que tant de séductions et d'intérêts de cour semblaient devoir éloigner des affaires, sut concilier les fonctions importantes et difficiles de la royauté avec les plaisirs de son âge. Dans une cour guerrière et galante, il observa et il imposa aux courtisans les lois d'une décence sévère ; il imprima en même temps, par la justesse et l'étendue de son esprit, la force de sa volonté et sa magnificence, à la première moitié d'un long règne un caractère de grandeur qui ne fut point altéré par les infortunes de sa vieillesse, infortunes que la constance et le calme de son âme firent tourner encore au profit de sa gloire.

Toutefois, cette gloire fut ternie par des excès de pouvoir que la postérité a justement condamnés. En effet, Louis XIV détruisit tous les contre-poids, fruit du temps et de la tradition, qui auraient pu gêner le libre essor de son autorité, et il concentra en lui non seulement toutes les sources du pouvoir, mais encore la personnalité et jusqu'au nom de l'État.

Les protestants, paisibles et tolérés tant que vécut Colbert, qui appréciait leur industrie non moins que leur fidélité, furent réduits, après sa mort, à la condition de véritables ilotes par le fanatisme aveugle du chancelier Le Tellier et la froide cruauté de Louvois, son fils. Louis XIV, entraîné par les suggestions haineuses de ses confesseurs et les excitations impolitiques de ses principaux ministres à user de la contrainte et de la violence pour extirper le protestantisme, décrédita la fin de son règne par des rigueurs qui font frémir l'humanité et qui ont laissé sur sa mémoire une tache ineffaçable.

Le duc d'Orléans, qui gouverna la France en qualité de régent pendant la minorité de Louis XV, rétablit une partie des contre-poids supprimés par Louis XIV, non pour rendre hommage aux droits de la nation, mais pour aplanir, dans son propre intérêt, les difficultés que les prétentions du duc du Maine opposèrent un moment à son avénement à la régence. Le duc d'Orléans, que la nature avait doué des qualités les plus rares et les plus brillantes, déshonora son nom par une immoralité systématique. Il ne croyait ni à l'honneur ni à la vertu, et cette fatale incrédulité fut portée à un tel point qu'il ne craignit pas de corrompre sa propre fille en lui inculquant ses infâmes doctrines. Il partagea son temps entre les affaires de l'État et des soupers devenus célèbres par une licence effrénée. Dans ces orgies, l'esprit des convives semblait se complaire à braver l'honnêteté publique et à détruire toutes les maximes qui forment la base et la force de l'ordre social.

Lorsque Louis XV fut devenu majeur, il remit les rênes de l'État à l'évêque de Fréjus, son ancien précepteur, et il se plongea dans une apathique mollesse, n'ayant d'autre soin que de vivre pour lui-même, sans se préoccuper de la dignité ni de la grandeur de la nation. Après la mort de son premier ministre devenu cardinal, il livra la conduite des affaires du pays aux caprices de ses maîtresses, qui faisaient et défaisaient les ministres à leur gré, et dont la faveur était briguée non seulement par des courtisans avides et corrompus, mais encore par des souverains. La vie scandaleuse du monarque fut le signal d'une dissolution de mœurs générale. Les écrivains les plus graves trahirent, dans des ouvrages frivoles, le secret des mœurs domestiques par des peintures licencieuses, qui attestaient la décadence morale des classes les plus élevées de la société.

Louis XV, blasé par des plaisirs dont la variété facile ne pouvait assouvir sa lubricité, descendit les derniers degrés de l'opprobre en recevant dans son lit une prostituée, dont il fit sa favorite et qu'il osa installer dans sa cour, grâce à la condescendance de quelques femmes de grands seigneurs avilies par leurs mœurs et à la courtoisie honteuse du duc de Richelieu, qu'une galanterie dépravée avait, pour ainsi dire, constitué le patron du vice. La Dubarry, c'est le nom de cette femme, captiva son royal amant jusqu'à sa mort, et malgré la condition abjecte dont elle était sortie, elle influa sur la politique de la France, à la honte de celle-ci, pendant toute la durée de sa faveur.

Louis XVI avait près de vingt ans quand il monta sur le trône. Il avait été éloigné par son aïeul des affaires de l'État et abandonné à lui-même. Élevé loin de la cour dans des principes austères, madame Dubarry essaya d'exercer sur lui, pendant qu'il n'était que dauphin, l'empire que Diane de Poitiers avait exercé sur le fils de François Ier; mais le jeune prince, épris des charmes d'une compagne aimable, n'opposa que le mépris aux artifices de la favorite, et celle-ci, pour se venger de ses froideurs, fit tous ses efforts pour le rendre ridicule auprès du roi, et déclara même une guerre insolente à son épouse, Marie-Antoinette.

Tel était l'état de la cour à l'avénement de Louis XVI; la mort de son prédécesseur ayant dépouillé madame Dubarry non seulement de tout crédit, mais même de la considération qui demeure encore attachée à une faveur évanouie, l'ancienne courtisane disparut d'une région où elle n'avait régné que trop longtemps. La génération du dix-huitième siècle, impatiente de l'autorité absolue que Louis XIV avait fait peser sur tous les esprits, dans l'ordre religieux comme dans l'ordre politique, se plut à espérer de la philosophie un régime plus libre et la cultiva avec ardeur. Les écrivains de cette époque novatrice, relégués par les successeurs de ce prince dans le monde des abstractions, sondèrent toutes les doctrines sur lesquelles reposait la société, et se trouvant exclus des études pratiques du gouvernement, ils discutèrent non seulement sans précaution, mais avec une sorte de fougue, les questions les plus délicates et les plus périlleuses de l'ordre social.

Amoureux du paradoxe, ils ne se livrèrent que trop souvent à des élucubrations sans règle et sans limites, et pendant que le gouvernement semblait dédaigner de s'occuper des vues judicieuses et utiles exprimées dans plusieurs de leurs ouvrages, par la seule raison qu'elles étaient nouvelles, ils frayaient la voie à une révolution dans les esprits, dans les mœurs et dans les intérêts, sans prévoir que cette révolution dût si promptement éclater, et que, dans ses terribles luttes, elle dût engloutir l'ancienne monarchie pour la régénérer.

L'enceinte de la ville de Paris a été reculée successivement dans plusieurs de ses parties, selon les divers accroissements que son territoire a reçus par la suite des temps. Chaque section du mur d'enceinte était fortifiée et bastionnée, comme faisant partie d'un vaste système de défense. Des fossés entouraient le mur dans tous ses développements. Cet état de choses a duré tant que Paris, par sa proximité de la frontière, est resté exposé aux incursions et aux entreprises de ses puissants voisins; mais du moment que, par l'effet des conquêtes de Louis XIV, la capitale se trouva plus rapprochée du centre de la France, elle fut couverte par des places fortes, ouvrage du génie et de l'expérience de Vauban, et les travaux militaires, multipliés sur son territoire pour sa propre défense, firent place à des travaux destinés à son embellissement et à la commodité de ses habitants. C'est ainsi que les fossés de la capitale furent comblés pour recevoir des plantations d'arbres, et que de proche en proche Paris vit se déployer autour de ses murs, comme une magnifique ceinture, un cours servant de promenade à l'élite de sa population, et qui depuis, sous le titre de boulevards intérieurs, est devenu la communication la plus brillante, la plus riche et la plus animée qu'on ait vue dans aucune des villes les plus importantes de l'Europe [1].

Louis XIV opposa, par un nouvel édit, une résistance énergique à l'ardeur immodérée et irrégulière de bâtir qui se déclara au commencement de son règne. Après avoir déterminé d'une manière plus précise les limites de l'enceinte de Paris et de ses faubourgs, il s'occupa de perfectionner la division de la ville par une répartition plus exacte de la population [2].

L'étendue des différents quartiers entre lesquels la capitale était divisée offrant de choquantes inégalités et de graves inconvénients, soit pour l'exercice de l'action de la police, soit pour la perception des impôts, le gouvernement crut devoir porter à vingt au lieu de dix-sept le nombre des quartiers de cette ville, au moyen d'une distribution plus égale des rues dans chacun d'eux. Paris reçut, d'ailleurs, quelques accroissements partiels de territoire; mais pour prévenir les déplacements de la population non justifiés par une nécessité rigoureuse et pour combattre la tendance qu'ont en général les capitales à étendre outre mesure leur territoire, des ordonnances furent rendues par Louis XV afin d'assigner de nouvelles bornes à la circonscription de la ville et à l'étendue de ses faubourgs [3].

Sous Louis XVI, Paris fut entouré d'un mur d'enceinte complétement nouveau et qui subsiste encore aujourd'hui [4]. Une ordonnance du bureau des finances traça autour de ce mur une zone de cinquante toises, dans l'étendue de laquelle il fut défendu d'élever aucune construction [5].

L'équilibre établi ou du moins tenté par Louis XIV entre les diverses masses de la population agglomérées dans les

---

[1] Delamare, t. I, p. 103 et suiv. — [2] *Ibid.*, t. I, p. 104-105. Ordonn., avril 1672. — [3] *Ibid.*, Ordonn., 14 janvier 1702, t. I, p. 108. Ordonn., 18 juillet 1724, 29 janvier 1726, et autres, t. IV, p. 404-419.
[4] Voir le plan de Paris de Verniquet.
[5] Davesnes, *Recueil des lois de voirie*, ordonn. du bureau des finances de janvier 1789, t. II, p. 242.

quartiers de Paris, fut un premier pas vers un système de police plus régulier et plus efficace. Le roi, jugeant avec raison que la justice réglée était incompatible avec la police, et que, d'ailleurs, la réunion de l'une et de l'autre dans les mêmes mains engendrait des inconvénients trop nombreux et trop graves, prit le parti de créer un lieutenant de police et d'attribuer à ce dernier toutes les affaires qui se rattachaient à cette branche de l'administration. Il maintint en même temps le lieutenant civil dans la connaissance des affaires purement civiles [1]. La séparation de la justice et de la police eût été plus nette et plus normale si l'administration tout entière avait été distraite du domaine de l'autorité judiciaire; mais cette réforme importante n'était pas encore mûre.

Les justices seigneuriales et extraordinaires, qui partageaient la répression des délits avec le Châtelet, étaient considérées depuis longtemps non seulement comme une superfétation, mais comme un obstacle à l'affermissement de l'ordre public. Le roi, dont les vues aussi bien que le caractère tendaient à simplifier les instruments de son pouvoir et à les ramener à l'unité pour éviter entre eux des conflits nuisibles tout ensemble à la force et à la considération de l'autorité, incorpora ces justices à celle du Châtelet. Outre l'avantage de l'unité, cette fusion devait avoir pour effet de réduire les questions de compétence avec le nombre des juridictions et d'épargner aux plaideurs de fausses démarches, en même temps qu'un surcroît de frais occasionné souvent par la multiplicité des juridictions et l'incertitude de leurs limites.

Cependant, comme le gouvernement craignait que le Châtelet ne fût surchargé d'affaires par l'effet de la nouvelle extension d'attributions qu'il venait de recevoir, il décida qu'il y aurait deux siéges présidiaux au lieu d'un, mais formant un même corps, et que chacun d'eux serait com-

---

[1] Delamare, *Ordonn.*, mars 1667, t. I, p. 147.

posé des mêmes officiers, c'est-à-dire d'un prévôt, d'un lieutenant civil, d'un lieutenant de police, d'un lieutenant criminel, etc. Le ressort affecté à chaque siége fut limité par la rivière. Chaque année, les principaux officiers remplissant les fonctions de lieutenants, ainsi que les membres du parquet, devaient passer d'un siége dans l'autre. Le nombre des commissaires de police fut augmenté ainsi que celui des sergents [1].

Deux mois après l'établissement du nouveau siége, on créa un lieutenant général de police, en remplacement des deux lieutenants institués pour cette partie du service, et la police générale de Paris fut ainsi concentrée dans les mains d'un seul magistrat [2]. Le nombre des commissaires de police attachés au nouveau présidial ayant été réduit, ceux que l'on conserva furent autorisés, ainsi que les anciens commissaires, avec lesquels ils ne firent qu'une seule et même compagnie, à continuer d'exercer leur office [3].

Ce régime subsista pendant dix ans; mais la diversité de jurisprudence qui fut remarquée dans un même tribunal, dont les juges alternaient d'une année à l'autre, les empiétements continuels et inévitables d'un siége sur le territoire du siége opposé, et beaucoup d'autres inconvénients, jetèrent le trouble dans le cours de la justice, et obligèrent le gouvernement à supprimer le nouveau présidial, et à incorporer les membres de cette juridiction au Châtelet, excepté le prévôt, le lieutenant civil, le lieutenant criminel, et le procureur du roi, qui auraient fait double emploi avec les officiers du même grade qui existaient dans l'ancien tribunal [4].

L'autorité réelle du prévôt ayant passé insensiblement depuis son origine dans les mains de ses lieutenants, ce magistrat finit par ne plus être considéré que comme une

---

[1] Delamare, *Ordonn.*, février et août 1674, t. I, p. 124-126. — [2] *Ibid.*, 18 avril 1674, t. I, p. 150. — [3] *Ibid.*, 23 avril 1674, t. I, p. 150.
[4] Delamare, *Ordonn.*, septembre 1684, t. I, p. 128.

abstraction; le chancelier hérita du droit qu'il avait de faire au roi les rapports de police.

Sous Louis XIV, d'Argenson, esprit résolu et entreprenant, se mit en rapport direct avec le roi, comme lieutenant général de police, pour lui rendre compte des affaires secrètes de son administration. Le chancelier en éprouva un vif déplaisir; mais le roi, qui approuvait cette innovation et qui l'avait peut-être provoquée, maintint d'Argenson dans l'exercice de cette nouvelle fonction, qui fut depuis comptée parmi les attributions légales des lieutenants généraux de police [1].

L'autorité du parlement reçut des atteintes beaucoup plus graves que celle du chancelier. Louis XIV ne pardonnait pas à cette compagnie de s'être séparée de l'autorité royale pendant les troubles de la fronde, et d'avoir pris une part active à la sédition. Pour effacer le souvenir de ce qu'il regardait comme une félonie, il fit disparaître des registres du parlement les délibérations et les documents qui constataient sa résistance à la royauté, ou à la régente qui la représentait, pendant la durée de la guerre civile, c'est-à-dire depuis 1647 jusqu'à 1652 [2].

Vingt ans après, lorsque toute l'Europe fléchissait sous les lois du monarque absolu, ce dernier, ivre de sa puissance, jugea le moment opportun pour dépouiller le parlement du privilége antique de remontrance qu'il était en possession d'exercer, avant l'enregistrement des ordonnances des rois. L'usage de cette prérogative ayant été subordonné par un édit à l'enregistrement préalable des actes de l'autorité souveraine, le *veto* provisoire mais salutaire dont le parlement se trouvait armé fut annulé implicitement, et ce corps, dont le savoir avait répandu tant de lumière sur l'ancienne législation française, fut privé désormais de toute participation à la confection des lois [3].

---

[1] Saint-Simon, *Mémoires*, t. X, chap. XXV.
[2] Hénault, *Abrégé de l'histoire de France*, an. 1668.
[3] Isambert, ordonnance du 24 février 1673, t. XIX, p. 70.

Son influence sur les actes de l'administration se ress[e]
tit de cette défaveur. Les lieutenants généraux de pol[ice]
affectèrent à son égard une sorte d'indépendance pour t[out]
ce qui n'était pas du domaine réglementaire, et parvinr[ent]
de la sorte à soustraire jusqu'à un certain point, à s[on]
contrôle, les actes de pure administration. D'Argenson
même appelé plusieurs fois dans son sein pour être adm[o-]
nesté, à cause des tentatives réitérées qu'il avait faites d[ans]
ce but [1].

Après avoir effacé l'influence politique du parlement,
énervé son action dans la haute police, Louis XIV s'emp[ara]
de la nomination des maires et des officiers municipa[ux]
c'était mettre le sceau à l'établissement du pouvoir abso[lu.]
De ce moment, les maires perdirent le titre de représenta[nts]
des communes, et ne furent plus considérés que com[me]
des officiers du roi. Paris et Lyon conservèrent leurs p[ré-]
vôts des marchands ; mais la source de l'autorité de [ces]
magistrats cessa d'être populaire. Ils ne reçurent plus l[eur]
investiture que du pouvoir royal. Les échevins, seuls,
nombre de quatre, furent nommés, à Paris, par l'électi[on]
mais par une élection si restreinte qu'elle était à pe[ine]
digne de ce nom. En effet, le conseil général de la vi[lle]
auquel on avait remis l'exercice du droit électoral, é[tait]
composé du bureau de la ville, des vingt-six conseill[ers]
formant le conseil ordinaire, des seize quarteniers, et [de]
trente-deux notables appelés par ceux-ci.

Le premier échevin était choisi parmi les conseillers [de]
ville, le second parmi les quarteniers, et les deux derni[ers]
parmi les notables bourgeois.

Les fonctions d'échevin duraient deux ans. Il en était [de]
même de celles de prévôt des marchands, qui néanmo[ins]
était maintenu d'ordinaire dans sa charge pendant [quatre]
années.

Pendant la seconde moitié du dix-septième siècle, et to[ut]

---

[1] Saint-Simon, *Mémoires*.

la durée du dix-huitième, on appelait l'administration générale de l'État : l'*économique*. Les corps administratifs, et notamment les bureaux de finances, les élections, la table de marbre, etc., qui étaient en même temps des corps judiciaires, exerçaient deux sortes de fonctions : la juridiction économique, ou, pour me servir du mot primitif, la juridiction volontaire et la juridiction contentieuse. Les pouvoirs administratif et judiciaire étaient donc séparés, mais cette séparation n'était pas rationnelle, parce qu'ils résidaient dans les mêmes mains. La démarcation fut tranchée d'une manière complète par l'assemblée constituante.

TITRE DEUXIÈME.

DES MŒURS ET USAGES DES HABITANTS DE PARIS, DE LEURS CROYANCES, DE LEURS OPINIONS, DE LEURS AMUSEMENTS. — DES FÊTES ET CÉRÉMONIES PUBLIQUES.

CHAPITRE I.

MŒURS ET USAGES DES HABITANTS DE PARIS.

L'usage du café, du thé et du chocolat s'introduit en France. — Établissement des cafés à Paris. — Leur influence morale sur les habitudes. — La bonne société abandonne les cabarets. — L'ivresse diminue. — Vogue du café Procope et de celui de la Régence. — De la pomme de terre, comme substance alimentaire. — Variations dans les heures des repas. — Chansons bachiques et couplets badins usités dans les dîners. — Société du Temple. — Salons de mesdames de Lambert, de Tencin, Du Deffant et Geoffrin. — Société de mademoiselle Lespinasse. — Dîners littéraires. — Soirées du dix-huitième siècle. — Divertissements. — Soupers. — Table de Louis XIV. — Logement de la noblesse. — Service intérieur des hôtels. — Ruelles des chambres à coucher, alcôves, cabinets ou boudoirs, devenus successivement le centre de la société. — Ameublement. — Costumes pendant la régence d'Anne d'Autriche, sous Louis XIV, Louis XV et Louis XVI.

Si nous examinons la vie privée des Français pendant les dix-septième et dix-huitième siècles, nous remarquerons que l'économie domestique fit à cette époque de nouvelles acquisitions aussi utiles qu'agréables, telles que le café, le thé et le chocolat. On pouvait en prendre, non seulement chez soi, mais dans certains établissements publics, qui tenaient le milieu entre le cabaret et ce que nous appelons aujourd'hui le café. Ces établissements étant d'abord mal décorés et accessibles aux fumeurs, qui alors n'existaient guère que dans le menu peuple et parmi les artisans, les femmes, et en général la bonne compagnie, s'en tint éloignée jusqu'à l'époque où un Florentin, nommé Procope, eut l'heureuse idée de créer un de ces établissements, conforme, par les ornements dont il l'embellit et par le ton qui y régnait, aux habitudes élégantes de la classe riche ou aisée. Il ouvrit, en 1676, dans la rue des Fossés-Saint-Germain-des-Prés, en face de la Comédie-Française, plusieurs salons auxquels il donna le nom de café Procope. On y trouvait, avec du café, du thé et du chocolat, des glaces, des liqueurs spiritueuses, et toutes sortes de boissons froides ou chaudes [1].

Les cafés, en se multipliant, opérèrent une sorte de révolution dans les habitudes de la population parisienne ; ils amenèrent peu à peu le dégoût du cabaret et de l'ivresse, qui était commune alors parmi les hommes les plus considérables par leur naissance et leur fortune. Le cabaret n'était pas fréquenté seulement par ceux-ci, mais par les gens de lettres, qui s'y communiquaient leurs ouvrages.

C'est au cabaret que les petits maîtres et de jeunes courtisans faisaient leurs parties de débauche. On y trouvait des vins exquis et des liqueurs aussi fines que variées. Les excès y furent portés à un tel degré, que Louis XIV crut devoir exclure de la cour de jeunes seigneurs, qui faisaient en quelque sorte profession d'ivrognerie. Cette habitude était si répandue dans la haute société, que le grand prieur de Vendôme, l'un des hommes les plus corrompus de son temps, se vantait de ne s'être pas couché une seule nuit, pendant quarante ans, sans être ivre.

Lorsque les cafés furent à la mode, l'attrait des nouvelles, de la conversation, et de la société choisie qu'on y rencontrait, fit déserter les cabarets par la classe aisée. Les femmes ne répugnaient pas à y aller. La préférence accordée à quelques cafés par les savants, les artistes et les hommes de lettres, les rendirent célèbres. Le café Procope

---

[1] Legrand d'Aussy, *Vie privée des Français*, t. III, p. 106, 116, 119 et 129.

fut le premier où ils se réunirent, à cause du voisinage de la Comédie-Française. Pendant le dix-huitième siècle, le café de la Régence fut aussi fréquenté par de beaux-esprits et des artistes renommés [1].

Une nouvelle substance alimentaire, la pomme de terre, introduite en France à la fin du seizième siècle, y fut d'abord proscrite comme susceptible d'engendrer la lèpre. Elle se propagea plus tard, quoique faiblement, dans quelques parties du royaume, et surtout dans les provinces méridionales. Celles-ci en tirèrent un grand secours pour lutter contre les disettes qui affligèrent les dernières années du règne de Louis XV.

Turgot s'efforça de répandre la culture de cette plante bienfaisante dans le Limousin et l'Angoumois, dont il était intendant. Les bons esprits s'étaient flattés de l'espoir de rendre commun à toute la France l'usage de la pomme de terre, lorsque quelques vieux médecins essayèrent de renouveler contre elle les préjugés absurdes du seizième siècle. La lèpre n'existant plus, ils imaginèrent de lui attribuer les épidémies que son insuffisance même, aussi bien que celle des autres produits alimentaires, avait fait naître dans le Midi, à la suite des disettes dont nous venons de parler. La défiance causée dans le public par ces préventions aussi fâcheuses que vaines obligea le contrôleur général des finances, en 1770, à provoquer un avis de la faculté de médecine propre à rassurer les esprits.

Un savant, ami de l'humanité, l'illustre Parmentier, seconda les vues du ministre par un examen chimique des éléments de cette racine, et il prouva qu'aucun d'eux ne recelait de principe malfaisant. Les adversaires, aussi opiniâtres qu'ignorants de la pomme de terre, ne pouvant réfuter les démonstrations de son habile défenseur, ne l'accusèrent plus de nuire à la santé publique, mais de rendre les champs stériles. Parmentier détruisit cette nouvelle

---

[1] *Vie privée des Français*, t. III, p. 132.

erreur avec non moins de force que la première ; et pour rendre universelles les saines notions établies par la science sur l'usage du végétal non seulement inoffensif, mais salutaire, qu'il avait pris sous sa protection, il ne se lassait point de les reproduire dans des ouvrages savants, dans des instructions populaires, dans des journaux, dans des dictionnaires de tout genre [1].

Le temps avait amené plusieurs changements dans l'heure des repas vers le milieu du dix-septième siècle : l'heure du dîner fut fixée à midi. A la cour, on la recula pourtant à une heure pour permettre aux courtisans d'assister au couvert du roi. Pendant les premières années du dix-huitième siècle, l'usage de dîner à une heure était généralement établi chez les gens de qualité. Plus tard, ce repas eut lieu à deux heures, non seulement dans les classes nobles, mais dans la bourgeoisie. En 1782, on dînait de trois à quatre heures [2].

Des couplets spirituels et badins, où respiraient la gaieté et l'amour du plaisir, assaisonnaient les dîners du dix-septième siècle. M. de Coulange, le marquis de La Fare et l'abbé de Chaulieu brillaient par des poésies pleines de grâce et de volupté dans les salons et dans plusieurs sociétés amies du plaisir. Voltaire a donné à l'abbé de Chaulieu le surnom d'Anacréon *du Temple*, lieu où se réunissait la plus célèbre, mais non la plus délicate de ces sociétés. Celle-ci, dont le président ou l'amphitryon était le grand prieur de Vendôme, avait secoué, en effet, le joug de toutes les bienséances et affichait un cynisme qui avait ravalé plusieurs de ses membres jusqu'au dernier degré de la bassesse.

L'esprit littéraire et philosophique du dix-huitième siècle fit naître dans Paris des salons privilégiés où les gens de lettres et les artistes répandirent un vif éclat, par le goût

---

[1] Cuvier, *Éloges historiques*, t. II, p. 172 et suiv.
[2] *Vie privée des Français*, t. II, p. 308-310.

du beau dans les lettres et les arts, et par les saillies d'une raison indépendante et hardie. Ces salons étaient présidés par des femmes d'esprit dont les mœurs valaient moins chez quelques-unes que la réputation, mais qui, joignant à la bienveillance du caractère une connaissance parfaite du monde et une certaine fortune, avaient l'art de mettre en jeu, soit à table, soit dans leur salon, en les contenant dans de justes limites, les talents divers qu'elles réunissaient autour d'elles. Mesdames de Lambert, de Tencin, Du Deffant et Geoffrin étaient à la tête de ces bureaux d'esprit, et firent de leur maison le rendez-vous des plus grands seigneurs et des étrangers les plus illustres. Chacun, dans ces réunions célèbres, épiait le moment de placer son mot, son conte, son anecdote, sa maxime, ou son trait léger et piquant. C'est là que venaient se délasser de leurs nobles travaux Fontenelle, Montesquieu, Duclos, Buffon, d'Alembert, Condillac, Mairan, Marivaux, Saint-Lambert, Turgot, Marmontel et d'autres écrivains distingués [1].

Mademoiselle Lespinasse, si connue par le charme de son esprit et de son langage, tenait aussi un cercle littéraire ; il était peu nombreux, mais composé de gens si bien assortis et si heureux de plaire à celle qui les recevait dans son modeste salon, qu'il était peut-être plus recherché que les cercles les plus renommés par les écrivains vivement touchés de l'éclat de l'imagination et des grâces du sentiment [2].

Dans les maisons où l'on chantait à table, l'ariette avait remplacé la chanson bachique.

Les dîners dont les gens de lettres faisaient le principal agrément n'étaient pas tous aussi réservés que ceux dont nous venons de parler. Il y en avait, au contraire, où l'esprit était affranchi de tout frein, et se livrait aux écarts les plus inattendus ; mais cette licence n'éclatait qu'à la fin du

---

[1] Marmontel, *Mémoires*, t. I, p. 206 et suiv. et p. 333-344. — [2] *Ibid.*, t. I, p. 344 et suiv.

repas, en l'absence des domestiques et portes fermées. Mademoiselle Quinault, ancienne actrice du Théâtre-Français, donnait des dîners de ce genre et écoutait les esprits forts et sceptiques qui se trouvaient parmi ses convives, les coudes sur la table : cette attitude sans façon était aussi celle des femmes invitées.

Du reste, il y avait plus de forfanterie que de conviction dans les discours impies de certains convives, et, d'ailleurs, ces discours ne demeuraient pas sans réponse. Saint-Lambert et Duclos, soutenant un jour contre Jean-Jacques une thèse qui semblait devoir les conduire à nier l'existence de Dieu, mademoiselle Quinault dit à Saint-Lambert : « Marquis, est-ce que vous seriez athée ? » Sur sa réponse affirmative, Rousseau se fâcha, et prononça ces paroles : *Si c'est une lâcheté que de souffrir qu'on dise du mal de son ami absent, c'est un crime que de souffrir qu'on dise du mal de son Dieu, qui est présent. Pour moi, messieurs, je crois en Dieu.* Saint-Lambert ne voulant rien rabattre de ce qu'il avait dit, et paraissant décidé à justifier son incrédulité, Rousseau s'écria : *Messieurs, je sors si vous dites un mot de plus.* Il se leva en effet, et se disposait à partir, lorsque l'arrivée d'un grand personnage ayant coupé court à la discussion, Rousseau prit le parti de rester [1].

Le baron d'Holbach recevait aussi dans sa société des gens de lettres distingués qu'il conviait à sa table, soit à la ville, soit à la campagne, et qui formèrent une sorte de secte dont il devint le chef. On voyait parmi eux Diderot, J.-J. Rousseau, Helvétius, Grimm, Marmontel et d'autres écrivains. Cette société eut les prémices de la charmante musique du *Devin du Village*, à laquelle Rousseau travaillait alors. Il y chantait au clavecin les airs qu'il avait composés. Quoique l'esprit indépendant et audacieux de cet illustre écrivain le mît à l'unisson des théories exagérées ou révolutionnaires qui dominaient chez le baron d'Holbach, il ne

---

[1] Madame d'Épinay, *Mémoires*, t. II, p. 53 et suiv.

déguisait pas ses sentiments religieux dans des assemblées où Diderot, Helvétius, Grimm et le maître de la maison lui-même professaient l'athéisme le plus absolu et le matérialisme le plus grossier ; une discordance aussi marquée sur de semblables sujets entre ces écrivains et Rousseau devait amener tôt ou tard dans la société du baron d'Holbach une rupture que le caractère peu facile de Rousseau ne fit que hâter [1].

Avant de parler des soupers, nous ferons connaître un usage qui, vers le milieu du dix-huitième siècle, eut une grande vogue. Les dames qui recevaient du monde dans la soirée écrivaient à leurs amis que tel jour elles tiendraient café. On dressait dans la salle destinée à la réunion des tables de deux, trois ou quatre places : les unes étaient garnies de cartes, jetons, échecs, damiers, trictracs, etc. ; les autres de bière, de vin, d'orgeat et de limonade.

La maîtresse de la maison qui tenait le café était vêtue à l'anglaise ; elle avait devant elle une grande table en forme de comptoir, sur laquelle on trouvait des oranges, des biscuits, des brochures et tous les papiers publics. Les liqueurs étaient rangées sur la tablette de la cheminée. Les valets, qui devaient tous appartenir à la maison, portaient des vestes blanches et des bonnets blancs. On les appelait garçons, comme dans les cafés publics. La dame qui faisait les honneurs du café ne se levait pour personne. Chacun se plaçait à la table qui lui convenait [2].

Les changements apportés successivement à l'heure du dîner avaient influé sur le souper, en le rejetant toujours plus avant dans la nuit. L'heure de ce repas variait suivant la condition des familles, de même que celle du dîner. En 1782, où l'on dînait de trois à quatre heures, on soupait de dix à onze heures du soir.

A l'époque où l'usage de tenir café s'établit, la soirée

---

[1] Marmontel, *Mémoires*, t. I, 225-226.
[2] Madame d'Épinay, *Mémoires*, t. II, p. 355 et suiv.

était terminée par un souper que l'on prenait dans la salle à manger, meublée de petites tables de cinq places au plus. Ces places étaient numérotées, et on les tirait au sort pour prévenir toute discussion entre les dames. Le souper se composait d'une poule au riz, d'une forte pièce de rôti, d'une entrée et d'un entremets. Les pièces principales étaient placées sur le buffet, et les deux autres mets sur chaque table.

La réunion était égayée par des accessoires charmants : on y jouait des pantomimes, on y dansait, on y chantait, on y représentait des proverbes. Les proverbes avaient déjà pris faveur dans les sociétés avant l'établissement des cafés [1].

L'ordonnance des soupers était, au surplus, diversifiée suivant le goût et la fortune des personnes qui recevaient.

Pendant tout le temps que le dîner et le souper formèrent les principaux repas de chaque famille, il fallut recourir à un troisième repas, qui fut le déjeuner.

La table de Louis XIV effaça en luxe celle des rois, ses prédécesseurs et ses héritiers. Félibien a publié une relation complète de la fête donnée par ce prince dans les jardins de Versailles, à l'occasion de la paix de 1668. Après une collation magnifique de toutes sortes de fruits, ordonnée par le maréchal de Bellefond et par plusieurs seigneurs, et servie à toute la cour, on distribua des imprimés contenant le programme de la comédie, ou plutôt de l'impromptu que Molière avait préparé pour cette circonstance par ordre du roi.

Cette pièce fut représentée sur un théâtre construit exprès dans le jardin, et suivie d'un ballet. Après le spectacle, le roi se rendit avec toute la cour dans une autre partie du jardin, qu'on avait décorée et illuminée de la manière la plus pittoresque et la plus brillante. Là, on avait dressé,

---

[1] *Vie privée des Français*, t. II, p. 308-310, et *Mémoires* de madame d'Épinay, t. II, p. 355 et suiv.

sous des tentes, plusieurs tables pour le roi, la reine, les princes, les ambassadeurs, et toutes les personnes invitées. Le souper fut divisé en cinq services, chacun de cinquante-six plats. On remarqua au dessert seize plats de porcelaine chargés des fruits les plus rares et les plus exquis, s'élevant en forme de pyramides. La soirée fut terminée par un bal et par un feu d'artifice. Il faut lire dans la relation de Félibien les détails vraiment magiques de cette fête extraordinaire [1].

Dans les hôtels de la noblesse, et même dans les résidences royales, on sacrifiait au luxe les choses les plus nécessaires au bien-être; les logements y étaient presque nus et dénués des meubles les plus utiles. Pendant longtemps les grands seigneurs affectèrent de s'entourer d'un nombreux domestique, qui leur servait ou de cortége ou de garde; mais cet appareil exigé par les habitudes du moyen âge finit par tomber en désuétude dès que les gentilshommes furent assez prudents pour se préoccuper plutôt des besoins réels de leur maison que de l'éclat frivole de leur représentation. Dans certains hôtels, on comptait plus de cent domestiques, dont la plupart n'étaient pas même connus de leur maître. Celui-ci, loin d'exercer sur eux l'autorité ou l'influence qui lui appartenait, ne pouvait en obtenir les plus simples services; la difficulté de maintenir l'ordre et l'économie dans un si grand état de maison réduisait quelquefois les serviteurs à se priver des choses les plus nécessaires [2].

On songea enfin à supprimer bon nombre de valets inutiles, et l'on introduisit l'usage des Suisses faisant fonctions de portiers. Le défaut de sonnettes dans les appartements nuisait à la promptitude du service; on n'en fit usage que peu à peu, et l'emploi n'en devint général que sous la régence du duc d'Orléans [3].

---

[1] OEuvres de Molière, édition d'Aimé Martin, t. VI, p. 269 et suiv.
[2] Delaborde, *Notes sur le palais Mazarin*, p. 310, n° 355. — [3] *Ibid.*, même numéro et n° 356.

La chambre à coucher était, pour les hommes comme pour les femmes, le centre de la société et du commerce habituel qu'on entretenait avec ses amis. L'espace plus ou moins considérable qui existait entre le lit et le mur, et qu'on appelait ruelle, était garni de siéges où s'asseyaient les dames et les hommes en visite; les maîtresses de maisons recevaient ou couchées ou assises sur leur lit. Cette partie de la chambre à coucher fut connue plus tard sous le nom d'alcôve oue de réduit. C'est là que les dames donnaient un libre cours à leurs caquets et que les hommes du monde se faisaient remarquer par la politesse de leur esprit et la grâce de leurs manières. Les galants se piquaient d'être gens de ruelle, d'aller faire de belles visites; les poëtes étaient flattés aussi d'y avoir accès pour y lire leurs ouvrages, et il ne fallait pas peu de talent pour plaire à ces cercles redoutables par leur esprit, leur goût et leur malice; les écrivains répandus dans le grand monde et sachant agréablement conter voyaient dès le matin leurs ruelles envahies par des coureurs de nouvelles ou des amateurs de commérages. Le réduit appelé ruelle n'était pas seulement un lieu de causerie, on y mangeait et on y jouait [1].

L'alcôve, dernière transformation de la ruelle, fit donner à ses habitués le nom d'alcovistes; le lit, entouré d'un balustre, était bordé de chaque côté d'une ruelle dans laquelle on pénétrait au moyen d'une porte pratiquée dans la devanture. Le temps et la mode ont dispersé les alcovistes, en laissant subsister l'alcôve dépourvue de son antique entourage. Vers le milieu du dix-huitième siècle, les souvenirs piquants qui se rattachaient à la ruelle étaient presque oubliés, le cabinet, c'est-à-dire le boudoir, l'avait remplacée; dès la fin du dix-septième siècle, il était devenu partout le lieu des réunions, des causeries, et, dans une certaine classe de personnes, des intrigues galantes [2].

---

[1] Delaborde, *Notes sur le palais Mazarin*, p. 311, n° 359. — [2] *Ibid.*, p. 312-313, n° 360.

L'usage d'orner les meubles de sculptures se perpétua jusque sous Louis XIV; cependant, pour la confection des meubles de prix, on employait l'ébène, qui était relevée par des incrustations en cuivre doré. Ces meubles unissaient la gravité de la forme à un grand luxe; quant aux meubles ordinaires, les progrès de la civilisation en multiplièrent le nombre et perfectionnèrent de plus en plus leur élégance et leur commodité. On doit à l'industrie et au goût du dix-huitième siècle la plupart des meubles dont on fait usage aujourd'hui[1].

Pendant la minorité de Louis XIV, les courtisans réglèrent leur costume sur les habits du jeune roi. A la ville comme à la cour, on ne portait que de petites vestes très courtes, à manches plus courtes encore, et garnies de rubans et de dentelles; le reste de l'habillement consistait en chausses fort larges et en jupons allant de la ceinture aux genoux. Les cheveux descendaient sur la poitrine et formaient deux grandes faces le long des joues; l'usage des perruques rendit facile ce genre de coiffure. Le chapeau était à larges bords et orné de plumes.

Il n'était plus de mode de porter des bottes à la cour, mais des bas évasés par le haut qui retombaient vers le milieu de la jambe en forme de manchettes empesées. Quelquefois on ajoutait à des bas de couleur des garnitures en dentelles ou en mousseline blanche. Les vieillards et les guerriers avaient conservé l'ancien costume, c'est-à-dire le pourpoint, la casaque et les chausses larges[2].

Dès que le roi eut pris des habitudes viriles, il fit subir à son costume des modifications qui le rendirent plus grave et plus convenable. Sa veste fut couverte d'un surtout qui s'arrêtait au genou et dont les manches retroussées jusqu'au milieu du bras formaient deux grands parements et lais-

---

[1] Herbé, *Costumes français*, dix-septième siècle, pl. 5; dix-huitième siècle, Louis XV, pl. 5; Louis XVI, pl. 4.
[2] Herbé, *Costumes français*, dix-septième siècle, pl. 1.

saient voir les manches de la chemise, ainsi que les manchettes. Cette façon de s'habiller fut généralement adoptée en 1680; la veste ou justaucorps reçut la même longueur que le surtout; le chapeau fut un peu relevé par devant et roulé par derrière; ensuite on lui donna une forme triangulaire; et dans les deux cas on le garnit de plumes et de rubans. Les bottes en cuir fort et larges d'embouchure furent réservées pour la chasse. Les gens de cour portaient des souliers de couleur à grandes oreilles; les talons étaient rouges et haut de quatre à cinq pouces; la chaussure, le rabat, la ceinture, la poignée de l'épée, le manchon, les manchettes et les gants étaient garnis de nœuds de rubans; on faisait aussi des nœuds d'épaule pour fixer l'écharpe ou le baudrier [1].

Le costume des dames éprouva peu de changements jusqu'au mariage du roi. Comme la jeune reine était bien faite, les tailles longues devinrent à la mode; on reprit les robes fendues, que l'on drapait avec goût. Mais en conservant les manches courtes on supprima celles de la robe de dessous, pour découvrir l'avant-bras.

A la cour, les dames portaient, sur une coiffe de soie écrue ou de gaze brodée, une coiffe de soie noire; les robes étaient de brocard doublé en peluche ou de de velours sur une cotte d'hermine, de peluche ou de damas broché d'or; on les garnissait de dentelles flottantes en or ou en argent [2]. Pendant tout le temps que la reine vécut, les femmes parurent à la cour avec les épaules découvertes; lorsque le roi eut épousé madame de Maintenon, la toilette des femmes fut soumise à des règles sévères; on fit des robes montantes qui, en voilant les épaules, laissèrent pourtant la gorge découverte. L'étole ou l'écharpe, et les falbalas, firent partie à cette époque de la toilette des femmes. Dans les cérémonies, celles-ci portaient des robes à manteau et à queue; les

---

[1] Herbé, *Costumes français*, dix-septième siècle, pl. 1, 2. 3, 4. — [2] *Ibid.*, pl. 2.

manchons étaient en usage chez les hommes comme chez les femmes [1].

Dans les premières années du mariage de la reine, les dames se coiffaient comme elle, avec deux touffes de cheveux bouclés; bientôt on y ajouta deux mèches frisées qu'on laissait tomber sur les épaules. En 1690, ou peu auparavant, les hommes portaient de hauts toupets cornus; les dames adoptèrent cette bizarre coiffure, qui fit place bientôt à une nouvelle mode : elles couvrirent leur toupet d'une petite coiffe ronde et à rubans, en laissant derrière une légère avance; après la victoire de Steinkerque, on fit l'avance très haute et on lui donna le nom de cette bataille. Les dames avaient conservé l'habitude du masque; elles se fardaient et faisaient usage de mouches. Elles tenaient en main, lorsqu'elles sortaient, une canne, un éventail ou une ombrelle [2].

Louis XIV introduisit dans son armée des costumes uniformes, qui variaient suivant la nature et le caractère de l'arme [3].

Pendant la régence du duc d'Orléans, les élégants de la cour firent entrer dans leur costume de petits paniers et se vêtirent avec des habits très ouverts et très évasés par le bas, afin de faire paraître la veste, qui, avec ses garnitures de frange, cachait presque entièrement la culotte. Les grandes perruques furent abandonnées; on enferma les cheveux dans des bourses, et l'on porta, sous le nom de faces, des boucles qui ombrageaient les joues. Le fonds de ce costume, continué sous Louis XV, n'éprouva depuis que fort peu de changements [4]. Les hauts talons furent réformés, et les nobles commencèrent à porter des pantalons à la campagne. Vers 1750, on rétrécit les pans de l'habit par devant et on raccourcit ceux de la veste. La bourse fut moins en vogue, et beaucoup de personnes la remplacèrent par

---

[1] Herbé, *Costumes français*, dix-septième siècle, pl. 3-4. — [2] *Ibid.*, pl. 2 3 et suiv. — [3] *Ibid.*, pl. 3. — [4] *Ibid.*, dix-huitième siècle, pl. 1-2, régence.

une ou deux queues; les bas blancs prévalurent sur les bas de couleur [1].

Les paniers furent introduits dans le costume des femmes, et leurs dimensions allèrent toujours en augmentant, jusqu'à ce que leur diamètre fût égal en étendue à la hauteur de la dame. Pendant les chaleurs, on laissait flotter la robe sans ceinture, de sorte que les vêtements ne touchaient le corps que vers le cou; la coiffure passa d'un extrême à l'autre; on ne fit plus que deux boucles sur le front, et les bonnets devinrent si petits, qu'ils ne couvraient plus que la moitié du sommet de la tête; on reprit les corsages étranglés, et les robes plissées succédèrent aux robes sans plis [2]. Les paniers subirent à leur tour plusieurs changements; ils furent réduits peu à peu, de telle sorte que les bourgeoises ne les portèrent plus que pour se parer. Les grands paniers ne restèrent à la mode qu'à la cour, pour les jours de cérémonie [3].

Quoique le luxe fût beaucoup moins brillant sous Louis XV que pendant le règne de Louis XIV, il ne laissa pas cependant de conserver un certain éclat; les hommes s'habillaient avec des habits de camelot ou de droguet d'or et d'argent; leurs vestes étaient de même étoffe. On employait aussi pour les habits du velours ou du drap de soie; cette dernière étoffe était semée d'or en pluie, d'étoiles, de petits carrés, de paillettes ou de fleurs [4].

Les dames se paraient de robes de brocart ou en drap d'or et d'argent à fleurs coloriées; ces robes étaient accompagnées de mantilles en velours ou en satin écarlate, ornées de glands d'or. Des pendeloques, des girandoles, des colliers de grenat et des ceintures formaient autant d'accessoires brillants de la toilette des femmes; leur coiffure, alors très basse, était relevée par des fleurs, des papillons et des

---

[1] Herbé, *Costumes français*, dix-huitième siècle, pl. 3-4, Louis XV. — [2] *Ibid.*, pl. 1-2, même règne. — [3] *Ibid.*, pl. 3-4, même règne. — [4] *Ibid.*, pl. 1, même règne.

pierreries. Le fard et les mouches étaient toujours à la mode, ainsi que la poudre ; mais les masques avaient disparu. Chez les hommes, la perruque, dont l'usage s'était répandu dans toutes les conditions, fut aussi abandonnée avec le petit chapeau dit claque que l'on portait sous le bras [1].

A la fin du dix-huitième siècle, l'amour des nouveautés qui avait rajeuni la littérature opéra une sorte de révolution dans les modes ; on secoua le joug des antiques lois de l'étiquette. Jusqu'en 1780, les basques de l'habit furent diminuées ; on ajusta à ce dernier un collet droit ou à schall. L'étoffe qu'on employait d'ordinaire pour la confection de l'habit était du cannelé de diverses couleurs ; on portait la culotte en calmande et le gilet en tricot chiné ; on était chaussé en bas blancs à côtes ; enfin le chapeau triangulaire conservait toujours sa vogue. En 85, l'habillement emprunta de nouvelles formes ; on vit paraître successivement la lévite, la redingote à plusieurs collets, le frac à l'anglaise, la polonaise et l'habit à grandes bavaroises galonné. L'habit français ne fut plus usité qu'à la cour.

En 1775, on avait exclu la bourse de la coiffure ; les bourgeois tressaient leurs cheveux, qu'ils relevaient derrière la tête. On portait aussi la queue, laquelle était d'un usage général ; les magistrats et les docteurs avaient les cheveux longs. Sur les tempes s'abaissaient deux ou trois boucles, qui furent remplacées par des tire-bouchons ; à ceux-ci succédèrent des faces appelées ailes de pigeon ; enfin le toupet assez bas fut converti en grecques énormes. Ces diverses coiffures étaient chargées de pommade et de poudre. Le chapeau triangulaire se soutint jusqu'à 1785, époque du renouvellement du costume ; c'est alors qu'après un règne séculaire il fut éclipsé par les chapeaux hollandais, américains, à la jockei, à l'androsman, à l'indépendant et à trois cornes.

En 1775, les dames portaient des robes si décolletées,

---

[1] Hérbé, Costumes français, dix-huitième siècle, Louis XV, pl. 2 et suiv.

que le moindre mouvement faisait sortir les bouts des seins du corsage. Bientôt, déposant toute pudeur, les plus hardies les laissèrent habituellement dehors, et donnèrent encore plus d'échancrure à leurs robes. Les paniers reprirent faveur; mais ils devaient être plats d'avant en arrière, et très larges sur les hanches. En 85, ils furent remplacés par de petits paniers connus sous le nom de poches, et par un panier formant saillie au bas de la taille. On continuait à faire usage de robes fendues et de jupons garnis de falbalas. La mode des polonaises donna un attrait nouveau et piquant à la toilette des femmes : c'étaient des robes à jupes fendues, très courtes, et fort dégagées par devant et sur les côtés. Cette mode fit naître celle des caracos, simples vestes garnies de falbalas ou de rubans. Les caracos avaient souvent beaucoup d'analogie avec les habits d'hommes. Comme ceux-ci, ils étaient garnis de parements, de collets et de revers. On portait dessous un petit gilet. La coiffure des femmes était fort élevée en 78; elle n'avait pas moins de deux pieds de hauteur. Les cheveux étaient ornés de fleurs, de coiffes de gaze, de perles, de rubans et de colifichets, de glands ou de panaches. Ces coiffures firent hausser les portes, comme les paniers les avaient fait élargir. Mais, après plusieurs années, la reine ayant perdu ses cheveux à la suite d'une couche, on vit s'écrouler tout à coup les coiffures à la Flore, à l'Eurydice, à la Jeannot, à l'heureux Destin, à la Voltaire, etc., et à leur imposant édifice succéda la coiffure basse. Alors naquit l'usage des chapeaux de gaze ou de soie qui se produisirent sous tous les noms comme sous toutes les formes. Les dames substituèrent de la poudre blonde à la poudre blanche. Leur chaussure varia aussi. Après avoir porté des mules, elles adoptèrent le soulier à petit talon [1].

---

[1] Herbé, *Costumes français*, Louis XVI, pl. 1, 2 et 3.

CHAPITRE II.

CROYANCES RELIGIEUSES.

Établissements charitables fondés par Vincent de Paul. — Influence des idées religieuses et du clergé. — Bossuet et Fénelon. — Directeurs de conscience. — Prédicateurs. — Affaire de la régale. — Assemblée générale du clergé en 1682. — Maximes de l'Église gallicane. — Jansénisme. — Quiétisme. — Le livre des *Maximes des Saints*. — Révocation de l'Édit de Nantes. — Réflexions morales du père Quesnel. — Bulle unigenitus. — Astrologues et magiciens. — Réactions contre les idées religieuses sous la régence. — Succès extraordinaire du *Petit Carême de Massillon*. — Déclin de l'éloquence de la chaire. — Hardiesse politique des prédicateurs. — Miracles attribués au diacre Pâris. — Convulsionnaires. — Billets de confession.

Durant la minorité de Louis XIV, Mazarin, préoccupé du maintien de l'ordre que l'esprit de faction rendait constamment incertain, évita d'aggraver les embarras politiques du gouvernement par des recherches capables d'alarmer la conscience des protestants. D'ailleurs, les troubles civils avaient amorti la polémique religieuse, et la charité semblait avoir gagné, en ardeur et en dévouement, ce que la controverse avait perdu.

Un prêtre né dans la pauvreté, et entraîné comme par instinct, dès sa première jeunesse, à secourir les malheureux et à soulager leurs souffrances, Vincent de Paul, joignait à un saint zèle pour les intérêts de l'humanité un esprit aussi vaste qu'élevé. Nul n'était plus habile ni plus prompt à saisir l'utilité publique d'une idée, d'un projet, à l'organiser et à créer des ressources pour en assurer l'exécution. Sans parler des fondations ecclésiastiques dont il a enrichi le catholicisme, il attacha son nom à plusieurs établissements charitables que le temps n'a fait que consolider, et qui sont inséparables d'un État bien gouverné.

Dans les classes pauvres, un grand nombre de familles étant hors d'état, par leur misère, d'élever leurs enfants, les exposaient sur la voie publique, espérant qu'ils seraient recueillis par quelques personnes bienfaisantes. Les filles, que la séduction et leur faiblesse avaient rendues mères, aveuglées par une mauvaise honte, prenaient aussi ce parti douloureux, afin de dérober au public la connaissance de leur faute.

Les échevins, ayant résolu de mettre un terme, autant qu'il était possible, à ces cruelles nécessités de la misère ou du désespoir, ouvrirent dans la rue Saint-Landry un asile destiné aux enfants trouvés, et connu sous le nom de Maison de la Couche. Cet asile était dirigé par une femme charitable qui y demeurait avec deux servantes, et se chargeait de la nourriture des enfants ; mais ceux-ci étaient trop nombreux et le personnel de la maison trop faible pour que le but de l'institution pût être suffisamment rempli. D'ailleurs, la difficulté capitale était l'absence d'un revenu certain et assez important pour suffire à l'entretien des nourrices et aux besoins des pauvres enfants, après leur sevrage. La plupart d'entre eux mouraient de langueur, et les servantes de l'asile, pour se délivrer de l'importunité de leurs cris, les endormaient avec un breuvage qui les plongeait quelquefois dans un sommeil éternel.

Ceux qui étaient assez heureux pour ne pas succomber d'inanition étaient remis aux personnes qui venaient les réclamer ou vendus à vil prix. On les achetait pour leur faire sucer un lait corrompu qui leur causait souvent des maladies mortelles, ou pour consommer une supposition d'enfant dans une famille, dont un de ses membres cachait quelque mauvais dessein, ou enfin pour servir à une opération de magie. Ainsi, la mort, la misère ou l'ignominie, tel était le sort qui attendait les enfants abandonnés dès le début de la vie [1]. Beaucoup de femmes, ne pouvant se résoudre à délaisser ceux qu'elles portaient dans leur sein, recouraient à l'avortement pour les soustraire à une mort

---

[1] Abelly, *Vie de saint Vincent de Paul*, in-4º, liv. I, p. 141 et suiv.

certaine ou à l'infamie. Cet affreux remède était si accrédité, que dans une seule année on compta jusqu'à six cents avortements avoués par des femmes à leurs confesseurs [1].

Ces désordres et ces infortunes ne pouvaient échapper à la sollicitude et à l'active bienfaisance de Vincent de Paul. Plusieurs dames de charité furent chargées par lui de visiter la maison servant d'asile aux enfants trouvés, et de lui proposer les moyens de rendre plus efficaces les secours que ces enfants y recevaient. Un nouvel hospice fut créé sous la direction de mademoiselle Legras, dont le nom est devenu illustre dans les annales de la charité, et qui fut secondée dans ses pieux travaux par quelques filles de charité, connues de Vincent de Paul. Le premier dépôt confié à ces dames fut composé de douze enfants pris par la voie du sort dans la Maison de la Couche, et que l'on fit subsister avec du lait de chèvre ou de vache, en attendant qu'on pût leur procurer des nourrices. Vincent de Paul devint le patron et pour ainsi dire l'âme de l'œuvre entreprise par mademoiselle Legras et ses compagnes. Le nombre des enfants augmentait avec les ressources de l'hospice, qui, elles-mêmes, paraissaient croître en même temps que les charges.

Le saint prêtre ne se bornait pas à faire de fréquents appels à la bienfaisance publique pour assurer l'existence de son nouvel établissement; il employait, dans l'intérêt de l'humanité, une partie des nuits à explorer les quartiers les plus reculés de Paris pour y découvrir quelque enfant délaissé; aucun obstacle ne l'arrêtait, ni les rigueurs de l'hiver, ni le danger de parcourir seul des rues écartées; il arrivait quelquefois à l'hospice à une heure fort avancée de la nuit, portant dans ses bras un ou deux enfants, qui venaient à peine de naître. Ce dévouement admirable,

---

[1] Guy-Patin, *Lettres*, t. III, p. 226, édition de Baillière.

quoiqu'il ne fût connu que des dames de l'établissement, devint l'objet de tous les entretiens [1].

Vincent de Paul, béni par le pauvre et environné de respect partout où il portait ses pas, voyait ses efforts couronnés de succès. Plusieurs de ses enfants, car c'est ainsi qu'il appelait ses jeunes pupilles, étaient déjà assez grands pour être mis en apprentissage. L'hospice n'avait encore que quatorze cents livres de rentes; mais son vénérable fondateur, animé d'un zèle infatigable, ayant réuni une assemblée générale des dames de charité, leur parla de l'avenir et de la grandeur de l'œuvre nouvelle avec tant d'onction et d'éloquence, que ces dames, touchées du sort malheureux des enfants du peuple et des exhortations paternelles de celui qui avait déjà tant fait pour eux, prirent la résolution de l'aider de leur concours et de leur fortune. Les dons volontaires qu'il en reçut, joints aux secours qui lui furent envoyés par le roi et sa famille, élevèrent à vingt mille livres les revenus annuels de l'hospice.

Huit ans après, cette institution ayant acquis de nouveaux développements à cause du nombre toujours croissant des enfants qu'elle avait à soutenir, on loua une grande maison à l'extrémité du faubourg Saint-Lazare pour y transférer tous les enfants que la charité publique avait pris à sa charge. Dans cette circonstance, l'éloquence douce et entraînante de saint Vincent de Paul, qui fit entendre sa voix dans un brillant auditoire en faveur des enfants trouvés, émut de nouveau tous les cœurs, et les personnes bienfaisantes qui avaient contribué, par leurs offrandes, à fonder l'hospice, redoublèrent d'efforts pour le maintenir [2].

Les malades, les vieillards, les mendiants furent aussi l'objet de la prévoyance bienfaisante de Vincent de Paul. Non seulement il sollicita et obtint pour eux des secours

---

[1] Capefigue, *Vie de Vincent de Paul*, p. 67 et suiv.
[2] Abelly, *Vie de Vincent de Paul*, liv. I, p. 141 et suiv.

réguliers et abondants, mais il créa des maisons de travail dans lesquelles la ville de Paris se déchargeait par intervalles de cette population errante et étiolée qui attristait ses regards et renfermait des éléments de trouble toujours prêts à menacer la paix publique. Apôtre, ou plutôt héros de la charité, il préféra la pratique obscure des bonnes œuvres aux dignités les plus éminentes de l'Église, et celle-ci n'ayant pu le récompenser par les biens de la terre l'a élevé au rang des saints [1].

Louis XIV, jaloux d'assurer dans sa personne l'indépendance de la royauté, fit de la religion l'instrument, mais non la base de son pouvoir. Ennemi des nouveautés, il les proscrivit dans l'ordre religieux aussi bien que dans l'ordre politique ; plus dévot que pieux, il attacha une importance exagérée et même puérile à une foule de pratiques qui constituent plutôt la forme que le fond de la religion. Le Père de La Chaise, son confesseur, et Harlay de Chanvallon, archevêque de Paris, flattaient les préjugés du monarque, dont les passions ardentes repoussaient tout ce qui ressemblait à l'austérité. Il avait une foi aveugle dans le dogme, et il était rigide observateur de toutes les cérémonies du culte. A l'approche du carême, il prescrivait aux courtisans de ne point manquer aux usages établis par l'Église, et madame de Montespan, sa maîtresse déclarée, était si scrupuleuse à cet égard, que durant ce temps de jeûne et d'abstinence, elle faisait peser son pain [2]. Dans ses plus grands désordres avec les femmes, Louis XIV ne se départit jamais des exercices religieux qu'il s'était imposés, et les jours de grandes fêtes il éprouvait une secrète honte de ne pas communier, ou, s'il avait accompli ce devoir, il craignait de ne pas s'y être suffisamment préparé [3].

---

[1] Abelly, *Vie de Vincent de Paul*, p. 131 et suiv. Capefigue, *Vie de Vincent de Paul*, passim.
[2] *Souvenirs de madame de Caylus*, p. 57, édition d'Amsterdam.
[3] *Souvenirs de madame de Caylus*, p. 56.

La reine et le duc de Bourgogne étaient peut-être les seules personnes de la cour qui fussent animées d'une piété sincère. On peut mettre toutefois sur le même rang les ducs de Beauvilliers et de Chevreuse, ainsi que leurs épouses. L'orgueil et les passions violentes que Fénelon eut à combattre dans le duc de Bourgogne pendant qu'il était son précepteur, l'obligèrent à soumettre son élève à des habitudes sévères de piété, afin de mieux dompter son âpre caractère ; mais en cédant à cette nécessité, il ne prit pas assez en considération le haut rang du prince, et, au lieu de s'attacher à faire de lui un homme capable d'honorer la race de Louis XIV par une éducation forte et virile, il le rendit trop défiant de lui-même, et lui inspira une trop grande prévention contre les plaisirs du monde.

De faux scrupules de dévotion influèrent beaucoup aussi sur l'esprit de la reine ; et, en la détournant de rechercher les moyens de plaire, qui sont plus nécessaires encore à une souveraine qu'aux autres femmes, ils éloignèrent d'elle l'époux qu'elle chérissait, et dont les galanteries, en éprouvant ses vertus, n'affligèrent que trop souvent sa tendresse [1].

La ferme volonté de Louis XIV, plutôt que son exemple, imprima aux idées religieuses un ascendant extraordinaire. Le clergé s'en servit pour exercer sur toute les classes de la société une influence dont les bienfaits et l'éclat affermirent son autorité morale sans lui donner accès néanmoins dans les matières d'État. Deux prélats, doués l'un et l'autre d'un grand esprit et d'une imagination ardente, dominèrent leur siècle et l'Église de France par des qualités diverses et opposées qui révélèrent dans chacun d'eux un génie original créé pour étendre les conquêtes de la religion ou pour protéger l'intégrité de ses dogmes.

Bossuet, esprit fier et absolu, imposait autant par la profondeur et la sévérité de sa doctrine que par la majesté de son incomparable éloquence.

Souvenirs de madame de Caylus, p. 150.

Fénelon, moins touché du dogme de la religion chrétienne que de la douceur et de la bienfaisance de sa philosophie, était aussi tendre et aussi indulgent dans ses croyances que Bossuet était impétueux et tranchant dans les siennes. Il prisait avant tout, dans le christianisme, ces grands préceptes de morale qui tendent à rapprocher les hommes par la fraternité et à les unir par l'amour. Plusieurs de ses écrits brillent, parmi les richesses littéraires de la France, d'un éclat immortel. Recherché à la cour, il s'y faisait remarquer par une conversation noble et éloquente, souvent assaisonnée des traits d'un esprit fin et délicat.

Le clergé, marchant à la tête de la civilisation par ses lumières et par le talent des grands orateurs qui s'étaient formés dans son sein, éprouva d'autant moins de peine à seconder les vues de Louis XIV pour rendre la religion florissante, qu'il parvint à accréditer dans les familles l'usage des directeurs de conscience et qu'il était, d'ailleurs, exclusivement chargé de l'éducation dans les colléges. Le directeur était autre que le confesseur; il veillait sur la santé de l'âme en la soumettant à une sorte d'hygiène morale, tandis que le confesseur avait pour mission de rendre le fidèle qui avait failli plus circonspect et meilleur par la pénitence.

Malgré tout l'intérêt dû au perfectionnement de la vie morale, on ne saurait se dissimuler que la conscience livrée à elle-même eût été un guide plus sûr et moins minutieux qu'un directeur. Outre qu'elle est toujours en éveil au dedans de nous et qu'elle nous prémunit contre le mal par une résistance secrète, elle est naturellement si droite et si nette dans ses avertissements qu'elle est ennemie de tout casuisme, et qu'il suffit d'être docile à sa voix pour bien penser et bien faire.

La lumière la plus capable d'éclairer la conscience était, à vrai dire, la prédication. En effet, la méthode de celle-ci ayant été purgée, par Bossuet et Bourdaloue, des vieilles traditions de l'école et des formes ou des traits grossiers de langage qui avilissaient le ministère sacré, la chaire devint une source d'instruction tout à la fois morale et religieuse. Bourdaloue excella surtout à mêler avec art dans ses discours la philosophie morale aux dogmes religieux, et c'est cette heureuse innovation qui, soutenue par un talent remarquable d'exposition et par une dialectique forte et habile, rendit cet orateur si populaire. A la cour comme à la ville, il ne cessa pendant plus de trente ans d'intéresser et de captiver l'attention de ses auditeurs. Quoique les sermons de Bossuet ne soient pas tous également dignes de sa réputation, il en a prononcé plusieurs qui lui ont mérité de justes éloges, mais que la postérité a placés à une grande distance de ses oraisons funèbres.

Massillon, persuadé que l'orateur chrétien devait chercher moins à convaincre ses auditeurs par des raisonnements profonds qu'à les émouvoir par une peinture énergique du vice mêlée à des paroles affectueuses et consolantes, ouvrit une carrière nouvelle à l'éloquence de la chaire. Il unit, comme Bourdaloue, la morale à la religion; mais au lieu d'employer, comme lui, l'arme du raisonnement pour subjuguer les esprits, il préféra toucher les cœurs, en puisant ses arguments dans son âme et les couleurs de son éloquence dans sa tendre et brillante imagination.

Le bruit de ses succès fit naître à la cour de Louis XIV le désir de l'entendre. Le roi, qui était alors au comble de sa puissance et de sa gloire, fut charmé de ses sermons et lui dit un jour, en sortant de la chapelle de Versailles : « *Je suis toujours mécontent de moi après vous avoir entendu.* » Cette louange fine et si bien sentie excita l'envie contre l'orateur, et quoique le monarque eût manifesté à ce dernier l'intention bienveillante de l'appeler tous les deux ans auprès de lui pour mettre à profit la sagesse de ses instructions, ses ennemis prirent à tâche de l'éloigner non seulement de la chaire de Versailles, mais de l'épiscopat dont il s'était rendu digne par ses talents et ses vertus. N'osant révoquer en doute son orthodoxie justifiée par la saine doctrine de ses sermons, on calomnia ses mœurs, et Louis XIV, cédant à des insinuations perfides, commit, en le laissant dans l'oubli, une injustice qui fut réparée durant la régence par sa nomination à l'évêché de Clermont [1].

Les parlements du royaume ont toujours maintenu avec vigueur les libertés de l'Église nationale et la dignité de la couronne contre les prétentions du saint-siége.

Le différend le plus important et le plus délicat qui s'éleva, pendant le dix-septième siècle, à propos des affaires ecclésiastiques, entre Louis XIV et la cour de Rome, fut celui de la régale. On appelait de ce nom le droit qu'avaient les rois de France de pourvoir à tous les bénéfices simples d'un diocèse, pendant la vacance du siége épiscopal, et de disposer à leur gré des revenus de l'évêché. L'exercice de ce droit donna lieu, sous plusieurs règnes, à des contestations de la part de quelques évêques qui prétendaient en être exempts; mais pendant le règne de Henri IV, le parlement de Paris ayant eu l'occasion d'approfondir cette question, décida que la régale était applicable à tout le royaume. Le clergé se plaignit, et ce prince, qui avait besoin plus que tout autre de conserver la paix avec les évêques et le saint siége, évoqua l'affaire à son conseil et la laissa indécise.

Sous Louis XIII et durant la minorité de Louis XIV, la même difficulté se reproduisit, mais on craignit encore de la résoudre, après avoir demandé toutefois aux évêques qui l'avaient soulevée de produire les titres sur lesquels ils fondaient leur exemption. Enfin, en 1673, il parut un édit par lequel tous les évêchés du royaume étaient soumis à la régale. Deux évêques, celui d'Aleth et de Pamiers, refusèrent opiniâtrement d'exécuter cet édit. Louis XIV ayant nommé aux canonicats de leurs églises, en vertu de sa prérogative, les personnes pourvues furent excommuniées par les deux prélats. Le pape Innocent XI approuva la conduite de ceux-ci. Le roi, plus modéré qu'eux, crut devoir

---

[1] D'Alembert, *Éloge de Massillon*.

ménager le grand âge de l'évêque d'Aleth, dont la mort mit fin aux débats qui existaient entre lui et ce prélat. L'évêque de Pamiers ayant persévéré dans sa résistance, qu'il accompagna de nouvelles excommunications, le roi fit saisir son temporel.

La mort de cet évêque, loin d'éteindre la querelle, ne fit que l'envenimer. Les grands vicaires prirent en main la cause du prélat et s'opposèrent à l'investiture des chanoines nommés par le roi. Condamnés par leur métropolitain, archevêque de Toulouse, ils appellent de sa sentence à la cour de Rome. Le parlement donne des arrêts. Un des grands vicaires a l'audace de casser et la sentence du métropolitain et les arrêts du parlement. Ce dernier le condamne à la peine de mort et à être traîné sur la claie. Le coupable s'étant dérobé aux poursuites est exécuté en effigie. Du fond de la retraite où il s'est réfugié, il brave l'archevêque et le roi, et le pape le soutient. Pour combler la mesure, ce pontife casse lui-même la sentence de l'archevêque de Toulouse, et fulmine l'excommunication contre les nouveaux grands vicaires que ce prélat a nommés, les pourvus en régale et leurs fauteurs.

A cette querelle s'en joignit une autre plus obscure, mais que l'état critique des circonstances rendit importante. L'élection d'un prieuré dans un faubourg de la capitale en fut le sujet. Le souverain pontife ayant déclaré nulle une ordonnance de l'archevêque de Paris ainsi que la nomination faite par lui à ce prieuré, le parlement déclara la procédure de Rome abusive. L'arrêt du parlement est brûlé à Rome par l'inquisition, et la bulle du pape en vertu de laquelle l'inquisition avait agi est supprimée par un nouvel arrêt du parlement.

Ces conflits multipliés, qui annonçaient de la part de la cour de Rome une profonde animosité contre la France, déterminèrent Louis XIV à convoquer, en 1682, une assemblée du clergé à Paris. Cette assemblée, composée de trente-six évêques et d'autant de députés du second ordre, reconnut la justice des prétentions du roi et déclara qu'il était fondé à exercer le droit de régale dans tout le royaume. Mais en même temps il fut arrêté, de concert avec ce prince, que les bénéfices vacants ne seraient plus conférés par lui ; qu'il se réserverait seulement le droit de présentation, en laissant à l'autorité ecclésiastique le soin de régler l'institution canonique des sujets présentés.

Le gouvernement profita de cette occasion pour faire établir, d'après la doctrine de l'Église de France, les véritables limites de l'autorité du pape. L'opportunité de la question fut vivement débattue. Le chancelier Le Tellier et l'archevêque de Reims, son fils, furent les premiers qui en provoquèrent la solution, et ils trouvèrent dans Colbert un fort appui. Bossuet y répugnait, craignant que la discussion de cette question ne rendît plus difficile le rétablissement des bons rapports que le roi avait intérêt à conserver avec Rome. L'archevêque de Paris et le père de La Chaise même furent plus hardis que Bossuet et se rangèrent à l'opinion de ceux qui voulaient que l'autorité du pape fût soumise à la délibération de l'assemblée. Le chancelier et son fils, touchés plus tard des inconvénients que cette délibération pourrait faire naître, abandonnèrent leur premier avis pour adopter celui de Bossuet et de ses partisans. Mais Colbert fut inébranlable ; il combattit le sentiment de l'évêque de Meaux, en disant que si l'harmonie régnait entre le saint siége et la France, il y aurait de l'imprudence à la troubler par la question dont l'assemblée était saisie ; mais que, dans l'état d'hostilité où le pape s'était placé à l'égard du roi, il serait impolitique de reculer. Cette considération prévalut dans l'esprit de Louis XIV, et l'assemblée fut invitée à dresser une déclaration du clergé de France sur l'autorité du pape. C'est Bossuet qui la formula en quatre articles :

Le premier pose en principe que le pape n'a le droit d'exercer aucune autorité directe ni indirecte sur les choses temporelles.

Dans le second, le clergé de France tient pour maxime, d'après la décision du concile de Constance, que les conciles généraux sont supérieurs au pape dans le spirituel.

Le troisième déclare inébranlables les règles, les usages, les pratiques reçus dans le royaume et dans l'Église gallicane.

Le quatrième, enfin, n'admet comme sûres les décisions du pape, en matière de foi, qu'après que l'Église les a acceptées.

Ces propositions furent enregistrées dans tous les tribunaux et dans toutes les facultés de théologie, et le roi fit défense par un édit de rien enseigner de contraire.

Innocent XI, irrité de la conduite de l'assemblée du clergé, condamna ses résolutions et refusa des bulles d'institution à tous les évêques nommés depuis par le roi. Ces prélats n'osant se faire sacrer ni remplir les fonctions épiscopales, un grand nombre de diocèses se trouvèrent dépourvus d'évêques, à la mort du pape. Ses successeurs, Alexandre VIII et Innocent XII, confirmèrent tout ce qu'il avait fait. Les évêques non institués, désirant sortir de la situation équivoque où ils étaient placés, demandèrent au roi la permission de fléchir la rigueur de la cour de Rome, en faisant chacun leur soumission particulière au souverain pontife. Ce prince, fatigué d'une lutte qui se prolongeait depuis si longtemps, trouva dans l'ouverture faite par les évêques un moyen de recouvrer la paix par une concession qui sauvait sa propre dignité. Chacun d'eux écrivit donc séparément au pontife romain qu'il était douloureusement affligé des procédés de l'assemblée et déclara qu'il ne recevait point ce qu'elle avait résolu. Innocent XII parut satisfait de cette démarche et les évêques furent institués.

Les quatre propositions n'en restèrent pas moins le symbole de l'Église de France, et malgré le repentir arraché à la vieillesse de Louis XIV, malgré le désaveu d'une partie de ces propositions, obtenu sans bruit par le cardinal de Fleury d'une seconde assemblée du clergé, l'œuvre de Bossuet est encore en France le guide et la loi de l'épiscopat et du gouvernement [1].

Dans un temps où le gouvernement avait mis la politique hors du domaine de l'examen et de la critique, l'activité intellectuelle ne pouvait s'exercer que sur la littérature et les arts; aussi, les disputes religieuses et littéraires intéressaient vivement et passionnaient même les esprits. Les jésuites, attachés aux doctrines ultramontaines, avaient de fréquentes luttes à soutenir contre les parlements, les universités et une grande partie du clergé séculier, tous jaloux de maintenir l'indépendance du pouvoir temporel et les libertés de l'Église gallicane. Les solitaires de Port-Royal, composés de prêtres et de laïques appartenant aux rangs les plus distingués de la société, étaient à la tête de cette ligue à la fois politique et religieuse. Ils s'étaient créé une retraite près du monastère des religieuses de Port-Royal-des-Champs, et libres d'engagement, ils ne relevaient que d'une vocation toute volontaire.

Un dissentiment, devenu célèbre par la longue controverse dont il fut la cause, les séparait encore des jésuites. Ces moines ambitieux, appelés par leur institut au gouvernement des âmes, étaient toujours prêts à transiger avec le siècle, quoique leurs mœurs fussent d'ailleurs d'une pureté irréprochable. Quand ils ne pouvaient opérer des conversions entières, ils se contentaient de demi-conversions. Cette tendance à élargir la voie du salut suivant les circonstances les conduisit à rendre la dévotion plus facile pour la rendre plus populaire.

Les pieux habitants de Port-Royal s'alarmèrent de cet esprit de concession et d'amendement. Austères dans leurs doctrines comme dans leur vie, ils résolurent de corriger les mœurs en se vouant à l'instruction de la jeunesse. De-

---

[1] Bausset, *Histoire de Bossuet*, t. II, liv. VI, 5e édition. Fleury, *Nouveaux Opuscules*, 2e édition, p. 209 et suiv. Voltaire, *Siècle de Louis XIV*, chapitre XXXV.

venus les émules des jésuites, qui comptaient déjà un grand nombre d'élèves dans leurs colléges, ils fondèrent ces brillantes écoles d'où sont sortis tant d'hommes vertueux et distingués, et dont Racine fut l'illustre disciple. Ils produisirent en même temps de nombreux ouvrages, reçus du public avec faveur, et destinés à perfectionner les anciennes méthodes d'enseignement, ou à répandre la connaissance et le goût de la saine morale.

Les jésuites, hommes du monde autant qu'hommes de cloître, s'efforçaient par l'intrigue et par leur crédit à la cour de conserver un pouvoir moral qu'ils étaient menacés de perdre. Ils voulurent vainement opposer leurs écrivains à ceux de Port-Royal. Ces derniers, sachant beaucoup mieux que leurs rivaux approprier la morale chrétienne à l'intelligence et à l'esprit des gens du monde, leur furent préférés, et, encore qu'ils fussent aussi rigides dans leurs maximes que les jésuites se montraient flexibles dans les leurs, les personnes pieuses aimaient mieux tenter, sous leurs auspices, l'œuvre d'une réforme difficile à accomplir, que de confier leur salut à des religieux plus enclins aux ménagements et aux condescendances de la faiblesse qu'à la droiture et à la fermeté d'une morale sévère.

Tant que Port-Royal se renferma dans les limites d'une discussion morale, il conserva l'avantage sur ses antagonistes; mais du moment que la lutte fut engagée par ses docteurs sur le terrain théologique, l'indépendance de leur esprit et la fermeté de leurs convictions occasionnèrent entre eux et les jésuites un conflit aussi ardent qu'opiniâtre. Ce conflit ne s'éteignit que dans les ruines de Port-Royal, dont la destruction fut provoquée par l'ultramontanisme, c'est-à-dire par les jésuites.

La question, qui fut la cause première de ces débats et de la catastrophe qui les suivit, touchait à la prédestination et à la grâce. Jansénius, évêque d'Ypres, souleva le premier cette question dans un livre, qui partagea les docteurs de l'Église en deux camps. Les jésuites prétendirent que ce livre contenait cinq propositions hérétiques. Les jansénistes (et les solitaires de Port-Royal étaient de ce nombre) soutinrent que ces propositions ne se trouvaient pas dans l'ouvrage de Jansénius, et que d'ailleurs, prises dans leur véritable sens, elles étaient conformes à la doctrine de saint Augustin, et par conséquent orthodoxes.

La cour de Rome, ennemie des jansénistes par opposition de doctrine et par ambition, rendit leur perte inévitable, en condamnant les cinq propositions. En effet, Louis XIV, qui avait conçu contre eux une invincible défiance, parce qu'on lui avait fait accroire qu'ils nourrissaient des sentiments républicains, ne manqua pas de profiter d'une occasion aussi favorable pour se défaire d'une communauté qui lui causait de l'ombrage. Les évêques de France ayant dressé un formulaire conforme aux décisions des papes appelés à se prononcer sur les propositions attribuées à Jansénius, exigèrent des religieuses de Port-Royal, et en général des personnes suspectes de jansénisme, qu'elles souscrivissent à ce formulaire; mais ils eurent à combattre dans un grand nombre d'entre elles une résistance ou des restrictions jugées offensantes pour le saint-siége.

Le roi, irrité de l'esprit d'examen et de lutte qui, malgré les efforts de l'archevêque de Paris, s'était perpétué dans le monastère de Port-Royal-des-Champs, forma le projet de le supprimer; et en ayant obtenu la permission du pape, il mit ce projet à exécution. D'Argenson, alors lieutenant général de police, servit ses intentions avec une cruelle rigueur, en faisant tomber sous le marteau un asile vénéré, dont il effaça jusqu'aux derniers vestiges.

Parmi le grand nombre d'écrits enfantés par la dispute sur le jansénisme, il n'en est qu'un qui ait survécu à son souvenir : c'est le livre des *Provinciales*, dont l'auteur, jeune encore, eut le rare privilége de fixer la langue de son pays, par un chef-d'œuvre où brillent à la fois la force comique de Molière et la haute éloquence de Bossuet. Ce livre, dû au génie de Pascal, eut le sort de tous ceux qui servent de drapeau à un parti. Il fut loué par les uns et censuré par les autres avec une exagération extrême. Les jésuites, aidés de la faveur royale, parvinrent à le faire condamner par un arrêt du conseil d'État. Cet arrêt ordonna qu'il serait lacéré et brûlé publiquement par la main du bourreau. Mais ni le mérite éminent de l'ouvrage, ni la réputation éclatante de son auteur n'en éprouvèrent aucune atteinte.

L'intérêt puissant attaché par l'histoire au nom de Port-Royal ne repose point sur la vaine querelle née du livre de Jansénius; il a une base plus haute : il est fondé sur les opinions morales et politiques de cette stoïque et illustre société, opinions restées classiques malgré leurs vicissitudes diverses [1].

Une nouvelle division éclata dans l'Église, à propos du quiétisme. Une femme, madame Guyon, exaltée par des rêveries mystiques, se mit à dogmatiser sur le culte intérieur, sur l'amour de Dieu pur et désintéressé, et sur des idées de spiritualisme qui annonçaient en elle plutôt un esprit intempérant et une imagination sensible et passionnée qu'une véritable piété.

Dirigée par un barnabite nommé Lacombe, elle se rendit à Paris avec ce religieux, pour y répandre ses sentiments et sa doctrine. Elle trouva dans madame de La Maisonfort, sa cousine, et amie de madame de Maintenon, qui exerçait déjà une influence marquée sur l'esprit du roi, des encouragements dont elle sut tirer un parti utile dans une conjoncture grave. Ayant essayé de se créer des prosélytes par des conférences où la nouveauté de ses idées et l'éloquence de son langage avaient produit une vive impression sur les assistants, l'archevêque de Paris, informé de cette entreprise, dont le but lui parut contraire aux saines maximes de l'Église, obtint du roi un ordre pour faire enfermer

---

[1] *Histoire de Port-Royal*, Amsterdam, 1755. Delamare, t. I, p. 333 et suiv. On trouve dans cet auteur les bulles, lettres-patentes, arrêts du parlement et mandements touchant le formulaire. Saint-Simon, *Mémoires*, t. VII, chapitre XXXVI. Duclos, *Mémoires secrets*, t. V des œuvres complètes, p. 112 et suiv.

Lacombe, et pour mettre madame Guyon dans un couvent.

La nouvelle de l'acte de rigueur exercé contre madame Guyon étant parvenue aux oreilles de madame de Maintenon, celle-ci intervint pour lui faire rendre la liberté. Ce bienfait mit madame Guyon à portée de connaître, par l'entremise de sa cousine, la personne influente à qui elle en était redevable. Admise dans la maison de Saint-Cyr, dont madame de Maintenon était la protectrice, elle eut l'occasion d'y entendre l'abbé de Fénelon dans plusieurs entretiens de piété, et d'y expliquer elle-même les principes de sa doctrine sur l'amour de Dieu. Fénelon, touché du sentiment profond de piété que décelait cette doctrine, ne vit dans madame Guyon qu'une âme pure, dont les visions et les extases lui rappelaient les célestes ardeurs de sainte Thérèse. Il se lia donc sans scrupule avec elle.

Madame Guyon, flattée des égards de Fénelon, et comptant sur l'assentiment de sa bienfaitrice, prit à cœur d'inculquer toutes ses idées aux élèves de Saint-Cyr. L'évêque de Chartres, dans le diocèse duquel était cet établissement, s'en alarma et s'en plaignit. L'archevêque de Paris, de son côté, menaça de recommencer ses premières poursuites. Madame de Maintenon, qui professait une grande vénération pour l'évêque de Chartres, et qui savait d'ailleurs combien le roi était prévenu contre les nouveautés, cessa les relations qui existaient entre elle et madame Guyon, et lui défendit le séjour de Saint-Cyr.

Fénelon, alors précepteur de l'héritier du trône, crut devoir user de circonspection dans ces circonstances, et engagea madame Guyon à se mettre sous la direction du savant Bossuet, évêque de Meaux; elle écouta ce conseil, et donna tous ses écrits à Bossuet, pour qu'il pût les examiner. Elle se retira même dans la ville de Meaux, chef-lieu du diocèse de son directeur, afin de ne laisser aucun doute sur sa soumission. Le sage prélat obtint d'elle le désaveu de tout ce qui pouvait blesser l'Église dans ses écrits, et lui fit promettre de ne plus dogmatiser.

Sur ces entrefaites, Fénelon fut nommé archevêque de Cambrai, et sacré par l'évêque de Meaux. L'affaire du quiétisme était assoupie et semblait ne devoir plus renaître, lorsque madame Guyon fut accusée de propager de nouveau ses doctrines, malgré les promesses qu'elle avait faites. Enlevée par ordre du roi, elle fut mise en prison à Vincennes. Bossuet, abusant de l'ascendant qu'il avait acquis dans l'épiscopat par son grand savoir, et jaloux peut-être de la réputation et du crédit de Fénelon, exigea que ce dernier condamnât avec lui madame Guyon, et qu'il adoptât ses instructions pastorales comme étant l'expression de ses propres sentiments. Fénelon se faisait scrupule de participer à la condamnation d'une personne à laquelle il avait témoigné de l'affection; il refusa donc de s'associer à Bossuet dans le rigoureux ministère qu'il avait à remplir, et ne voulut pas davantage sacrifier ses opinions à celles de l'évêque de Meaux. Ces deux prélats échangèrent entre eux des explications par écrit, dont l'objet était d'arriver à une profession de foi commune sur le quiétisme; mais ils ne purent s'entendre [1].

Cependant, Fénelon, au moment de partir pour son diocèse, fit imprimer à Paris son livre des *Maximes des saints*. Dans cet ouvrage, l'auteur s'était proposé de réduire aux principes qui lui paraissaient les plus orthodoxes, les idées accréditées parmi les contemplateurs mystiques. Les tempéraments qu'il y apporta, loin de paraître suffisants au docte et sévère censeur de madame Guyon, furent jugés par lui comme une aggravation du mal qu'il s'était efforcé de réprimer. Le père de La Chaise, confesseur du roi, consulté par ce prince et madame de Maintenon, répondit que le livre de l'archevêque était irréprochable, et que tous les jésuites qui l'avaient lu en avaient été édifiés. Bossuet tint

---

[1] Bausset, *Histoire de Fénelon*, t. I, liv. II, t. II, liv. III. Saint-Simon, *Mémoires*, t. I, chap. XXIX et XXXI, et t. II, chap. X. Voltaire, *Siècle de Louis XIV*, chap. XXXVIII.

bon et écrivit contre Fénelon ; celui-ci répliqua, et la polémique dans laquelle ils s'engagèrent divisa pendant quelque temps la cour et la ville.

Enfin Bossuet, appuyé de l'adhésion des principaux prélats de France et d'un grand nombre de docteurs, l'emporta par la supériorité reconnue de ses lumières sur les nombreux et puissants amis de Fénelon. Le père de La Chaise et madame de Maintenon elle-même, qui avait tant contribué à l'élévation de l'archevêque de Cambrai, n'osèrent le soutenir contre cette masse imposante de témoignages. Le roi déféra le livre au pape Innocent XII, comme un ouvrage réputé pernicieux, en le pressant de juger. La commission chargée par le souverain pontife d'examiner l'écrit de Fénelon fut plus calme et plus sage que les accusateurs de ce vertueux prélat ; elle se divisa sur l'orthodoxie des propositions attaquées devant elle ; toutefois, la majorité s'étant déclarée pour la censure, le pape condamna, non sans regret, les maximes du livre entachées d'erreur.

Le succès éclatant que Bossuet obtint dans cette occasion fut éclipsé par un des plus beaux traits de la vie de Fénelon. L'archevêque de Cambrai se soumit sans réserve à la décision du souverain pontife et tira de sa défaite un véritable triomphe, en condamnant son propre livre dans un mandement dont la noble simplicité attendrit en même temps qu'elle édifia son diocèse et la France tout entière [1].

Ces luttes fréquentes qui agitaient l'Eglise catholique annonçaient parmi les théologiens une effervescence peu propre à tranquilliser les protestants. Tolérés par Mazarin avec une bienveillance justifiée par la sagesse de leur conduite pendant les troubles de la Fronde, ils éprouvèrent d'autant plus de sécurité sous l'autorité de ce ministre, qu'il ne fit pas difficulté de confier la place éminente de contrô-

---

[1] Bausset, *Histoire de Fénelon*, t. II, liv. III. Saint-Simon, *Mémoires*, t. I, chap. XL-XLI. Voltaire, *Siècle de Louis XIV*, chap. XXXVIII.

leur général des finances à un calviniste étranger, nommé Hervart. Ce choix ne fut pas seulement pour les réformés une garantie utile à leur repos, mais il leur ouvrit la route des emplois; ils entrèrent dans les fermes, les sous-fermes et dans les places qui en dépendaient.

Colbert, formé à l'école de Mazarin, se donna bien de garde d'apporter le plus léger changement à la situation des protestants. Ayant succédé à Fouquet dans la haute administration des finances, et obligé, pour répondre à la confiance du roi, de féconder toutes les sources de la richesse publique, taries presque entièrement par les libéralités et les déprédations de son prédécesseur, il sentit le besoin de donner une vive impulsion à tous les genres de travail et de maintenir dans ce but une parfaite union entre tous les Français sans acception de croyances. En favorisant par ses encouragements les manufactures et le commerce chez un peuple qui jusque-là s'était piqué d'être essentiellement agricole, il fournit à tous les hommes industrieux les moyens de s'enrichir avec plus de facilité, et les richesses particulières ayant accru graduellement les produits de l'impôt, contribuèrent à la grandeur du monarque en même temps qu'à la prospérité de l'État.

Les protestants purent, comme les catholiques, participer à l'aisance générale. Colbert les employa dans les arts, les manufactures, la marine, et la protection dont il les couvrit suscita contre lui de puissantes inimitiés. Les jésuites, le clergé et la cour de Rome tendaient vers un but diamétralement contraire à celui qu'il s'était proposé. Responsable du bon état des finances, il jugeait avec raison que la tolérance envers les protestants pouvait seule consolider la paix publique, indispensable pour faire fleurir l'industrie et le commerce, tandis que l'Eglise voulait avec persévérance ramener les dissidents à l'unité de ses doctrines, au risque de détruire la concorde qui régnait dans la nation. Elle trouva malheureusement un fort appui dans Le Tellier et Louvois, tous deux ennemis de l'homme d'État énergique et prudent qui n'avait cessé d'opposer une barrière insurmontable à ses prétentions.

Cependant, Louis XIV, cédant aux conseils pernicieux du clergé et affermi dans ce sentiment par l'avis des deux rivaux de Colbert, entreprit de miner peu à peu l'établissement de la religion réformée. Après avoir employé des moyens inoffensifs dont les résultats ne furent pas aussi efficaces qu'il l'espérait, il recourut à la contrainte et à la violence. Les temples furent démolis, les consistoires supprimés; les missions catholiques envoyées dans les provinces pour opérer des conversions, d'abord inoffensives, furent appuyées par des dragons. La terreur produisit l'émigration, et la fuite des émigrés donna lieu à la confiscation de leurs biens. Louis XIV, abusé comme les meilleurs esprits de son temps sur les droits imprescriptibles de la conscience, crut servir les intérêts de la religion en ne souffrant dans ses états qu'un seul culte, et pour favoriser le catholicisme, qui n'avait sur les autres cultes chrétiens que l'avantage de la primauté, il mutila ou il comprima dans leurs développements les rameaux nés après lui du christianisme primitif, leur souche commune. Le roi fut conduit par cet enchaînement de rigueurs à détruire le protestantisme dans ses derniers retranchements; en effet, l'édit de Nantes, qui était la loi fondamentale et le bouclier des cultes dissidents, fut révoqué par lui et le chancelier Le Tellier, en signant avec une joie fanatique cette révocation, qu'il considérait comme le salut de l'Eglise, ne se doutait pas qu'il signait un des plus grands malheurs qui pussent affliger la France.

L'expatriation des protestants fugitifs enrichit l'étranger de l'or qu'ils portaient avec eux et de leur habileté dans les arts et les manufactures. La juste haine qu'ils nourrissaient contre un gouvernement oppresseur en fit autant d'ennemis de la France. Des régiments de réfugiés français servirent sous les drapeaux du prince d'Orange et du duc de Savoie dans ces guerres formidables et acharnées qui furent la cause des désastres et des infortunes dont Louis XIV eut tant de peine à se relever [1].

Le père Quesnel, prêtre de l'Oratoire, avait publié des réflexions morales sur le texte du Nouveau-Testament. Ce livre acquit dans l'Eglise une grande réputation, et le pape Clément XI lui-même en porta le jugement le plus favorable. L'auteur, suspect de jansénisme, à cause de l'amitié qui l'unissait au célèbre Arnauld, l'un des oracles de Port-Royal, fut considéré par les jésuites comme un antagoniste dangereux de leur doctrine et de leur crédit. Quoiqu'il véeût retiré à Bruxelles, où il avait partagé l'exil de son maître et de son ami Arnauld, les jésuites l'y voyaient d'un œil inquiet, et ils obtinrent du roi d'Espagne un ordre pour le faire arrêter; mais Quesnel fut assez heureux pour s'évader, et il trouva un refuge assuré à Amsterdam, où il est mort dans une extrême vieillesse.

Un des partisans les plus déclarés de l'ouvrage de Quesnel était le cardinal de Noailles, archevêque de Paris, qui aimait peu les jésuites, sans néanmoins leur avoir jamais nui. Ceux-ci, toujours animés d'une forte prévention contre tout ce qui avait appartenu de près ou de loin aux anciens solitaires de Port-Royal, scrutèrent les maximes du père Quesnel avec un esprit pointilleux et jaloux qui leur fit découvrir des propositions condamnables là où les consciences les plus pures et les plus orthodoxes n'avaient trouvé que des sujets d'édification. Ils prétendirent que ces propositions n'étaient pas moins dangereuses que celles de Jansénius, et Louis XIV, dont ce rapprochement suffisait pour offusquer l'autorité, eut la faiblesse de provoquer lui-même la condamnation du livre auprès de la cour de Rome. Il intervint, en effet, une bulle conforme aux vues du roi ou plutôt des jésuites; mais cette bulle, rendue par le pape Clément XI dans un moment où la cour avait à se plaindre de sa conduite politique envers la France, demeura sans

---

[1] Voltaire, *Siècle de Louis XIV*, chap. XXXVI.

effet, sous le prétexte qu'elle contenait plusieurs nullités. Le père de La Chaise, qui ménageait dans le cardinal de Noailles, protecteur du livre de Quesnel, l'allié de madame de Maintenon, entra dans l'esprit de la cour, et la querelle fut assoupie pendant quelque temps.

Toutefois, le père de La Chaise étant mort, les choses changèrent bientôt de face. Le Tellier, son successeur dans le ministère spirituel qu'il avait exercé auprès du roi, apporta dans ces fonctions délicates, sous un flegme apparent, autant d'âpreté de caractère et de fanatisme que son devancier avait montré de souplesse et d'esprit de conciliation. Le Tellier, qui croyait avoir à se plaindre du cardinal de Noailles, ne tint aucun compte de ses sentiments à l'égard du livre de Quesnel; il réveilla le souvenir du prétendu danger qu'il y aurait à laisser impunies certaines propositions contenues dans ce livre, et le roi, alarmé dans sa conscience autant que blessé dans son autorité par l'idée de la résistance d'un parti qu'il croyait avoir anéanti en détruisant le monastère de Port-Royal, son principal foyer, prêta l'oreille aux conseils sévères qui lui furent donnés par son confesseur.

Après avoir déjà mis le pape en contradiction avec lui-même par la bulle où ce dernier condamnait un ouvrage auquel il avait donné d'abord les plus grands éloges, le roi rendit plus saillante encore cette contradiction, en demandant au souverain pontife une seconde bulle devenue fameuse sous le nom de constitution *unigenitus*. Cette bulle excita en France une clameur presque universelle, parce que, dans le nombre des propositions censurées par elle, il y en avait qui commandaient non seulement l'approbation, mais le respect par la plus pure morale. Une assemblée d'évêques fut convoquée à Paris. Quarante acceptèrent la bulle avec des correctifs pour calmer le mécontentement du public; mais le cardinal de Noailles et sept autres évêques la rejetèrent, malgré les modifications qu'elle avait subies, et ils écrivirent au pape pour qu'il adoptât ces modifications. La lettre ayant paru offensante pour le chef de l'Église, le roi défendit d'en faire l'envoi et de la publier. Les évêques opposants furent renvoyés dans leurs diocèses, et le cardinal de Noailles reçut ordre de ne plus paraître à la cour. La constitution fut enregistrée par la Sorbonne, encore qu'elle n'eût pas réuni la pluralité des suffrages. Le parlement l'enregistra aussi; mais le public ne fut pas dupe de ces apparences; l'opposition qu'elle souleva, et le blâme déversé sur le ministère furent tels, que celui-ci crut devoir lancer de nombreuses lettres de cachet pour envoyer les opposants en exil ou en prison.

Le Tellier, qu'on savait être le fauteur de ces mesures oppressives, était détesté. L'indignation publique fut portée au comble, quand on apprit qu'il avait proposé de faire déposer le cardinal de Noailles dans un concile national. Les habitants de Paris, accoutumés à vénérer en lui les plus hautes vertus de l'épiscopat, ne pouvaient ajouter foi au projet audacieux du confesseur du roi. La persécution qui semblait planer sur ce prélat le rendit l'idole du peuple. Quoi qu'il en soit, les dispositions étaient faites pour atteindre le but odieux que Le Tellier s'était proposé; mais la mort du roi, qui survint dans ces circonstances, ôta tout crédit à ce moine passionné et turbulent. Le cardinal de Noailles fut tiré de sa disgrâce et appelé par le régent à remplir un des postes les plus élevés du gouvernement. Les nombreux citoyens que des scrupules de conscience avaient fait jeter dans les prisons, recouvrèrent leur liberté, et l'auteur de tous ces maux fut banni de Paris [1].

Cependant le cardinal de Noailles et les évêques opposants appelèrent de la constitution à un futur concile. Mais le duc d'Orléans, dont la politique avait intérêt à pacifier l'Église, fit composer un corps de doctrine qui réunit les

---

[1] Bausset, *Histoire de Fénelon*, t. III, liv. VI, t. IV, liv. VIII. Saint-Simon, *Mémoires*, t. IX, chap. XI; t. XI, chap. I, VI et IX; t. XIII, chap. XV. Duclos, *Mémoires secrets*, t. V des Œuvres complètes, p. 116 et suiv.

suffrages des deux partis. L'acceptation de la bulle fut ordonnée par un édit, ainsi que la suppression des appels. Le parlement enregistra cet édit sous les réserves ordinaires pour le maintien des libertés de l'Église gallicane et des lois du royaume, et le cardinal, qui avait promis de se rétracter si le parlement consentait à enregistrer le nouvel édit, ne put s'empêcher de tenir sa promesse.

Malgré les progrès de la civilisation, et le ridicule jeté sur l'astrologie par la verve mordante et philosophique de Molière, les imposteurs qui abusaient de la crédulité publique, sous prétexte de dire la bonne aventure, ou de tirer l'horoscope de ceux qui les consultaient, avaient obtenu un tel crédit dans toutes les classes de la société, et surtout parmi les femmes, que Louis XIV se crut obligé de renouveler les défenses faites par les anciennes ordonnances. Parmi ces imposteurs, il y en avait qui se vantaient d'avoir commerce avec les esprits infernaux, et promettaient de découvrir les secrets, de pénétrer dans l'avenir, de faire trouver les choses perdues ou les trésors cachés. D'autres donnaient à leurs dupes des amulettes comme propres à les guérir de toutes maladies, ou à les préserver de tous dangers. D'autres, enfin, distribuaient des philtres ou breuvages dont on pouvait, disaient-ils, user avec assurance, pour se faire aimer, pour se rendre invulnérable, ou pour gagner au jeu. Les charlatans et les fripons qui spéculaient ainsi sur la faiblesse de quelques esprits intempérants ou pervers, avaient réveillé les superstitions les plus absurdes et les plus coupables. Quelques misérables, et en particulier La Voisin, célèbre par ses crimes, avaient introduit, dans la société si polie et si brillante du dix-septième siècle, l'usage de l'empoisonnement, et l'avaient, pour ainsi dire, érigé en art. Les honnêtes gens, frappés de terreur par les attentats que les leçons de cet art homicide avaient produits, furent bientôt rassurés par les supplices infligés à leurs exécrables auteurs [1].

---

[1] Delamare, ordonnance du 20 janvier 1628, t. I, p. 561.

L'esprit de dévotion que la vieillesse de Louis XIV et l'influence de madame de Maintenon accréditèrent à la cour, donna lieu à beaucoup de démonstrations hypocrites de la part des jeunes courtisans qui, jusque-là, autorisés par l'exemple du maître, n'avaient pas fait scrupule de mener de front la galanterie avec l'observance des pratiques religieuses. Pour ne pas encourir la disgrâce de ce dernier, il fallut désormais se réformer, ou du moins affecter des mœurs sévères, car la discipline intérieure de Versailles avait complétement changé. La conduite de chacun était scrutée, celle des hommes par le roi, et celle des femmes par madame de Maintenon. De là l'humeur et le mécontentement de la jeune cour, qui marquait son dépit secrètement contre ce rigorisme par des épigrammes, et qui, dans l'abandon de la familiarité, travestissait et rabaissait les goûts aussi bien que les habitudes de ses vieux et austères censeurs.

La mort du roi devait opérer une réaction dans l'état des idées religieuses, et cette réaction fut d'autant plus rapide et plus profonde, qu'elle fut singulièrement aidée par les sentiments personnels du régent, lequel professait, même sur les vérités fondamentales de la religion, une incrédulité qu'il n'avait jamais cachée. Le clergé, encouragé et honoré par Louis XIV, perdit une grande partie de sa faveur et de son ascendant. Les disputes qui l'avaient divisé et qui avaient influé d'une manière si funeste sur la liberté des consciences, ne furent pas une des moindres causes de l'affaiblissement de son crédit et de celui des croyances religieuses.

Cependant, Massillon, appelé à Paris, en 1718, pour y prêcher devant Louis XV, alors âgé de huit ans, rendit pendant quelque temps à l'éloquence de la chaire son ancien éclat. Au lieu de fonder la morale chrétienne sur les mystères, ainsi qu'il l'avait fait avant son épiscopat, à l'imitation de Bossuet et de Bourdaloue, quoique dans une mesure plus restreinte, il crut devoir la dégager de tout caractère dogmatique, afin d'en graver les préceptes avec plus de force dans l'esprit de l'enfant roi. Il sut, en effet, proportionner ses discours, ou pour mieux dire, ses entretiens avec tant d'art à la jeune intelligence de ce dernier, qu'il enleva les suffrages de toute la cour. Le régent fut un de ses auditeurs les plus assidus et les plus bienveillants. Ce prédicateur plein d'esprit, de goût et de tact fit entendre le premier, aux princes et aux grands, des paroles courageuses et vraies sur les droits des peuples. Il leur répéta plusieurs fois que les rois n'étaient pas les maîtres, mais les conducteurs des nations. Les devoirs des grands envers les faibles furent tracés par lui avec autant de mesure que d'énergie. Cette politique toute morale était une censure indirecte du gouvernement de Louis XIV, et si l'ombre du grand roi eût pu assister à ce haut enseignement des devoirs de la royauté, peut-être eût-elle ajouté de nouveaux regrets à ceux qui sont si noblement exprimés dans les instructions suprêmes laissées par le monarque à l'héritier de sa couronne.

Ces discours, prononcés dans la chapelle des Tuileries, furent publiés sous le titre de *Petit Carême*. La bourgeoisie les accueillit avec d'autant plus d'enthousiasme que l'auteur s'était déclaré ouvertement le défenseur des intérêts du peuple, devant un ordre de l'État qui les avait presque toujours méconnus ou foulés aux pieds. Ce livre eut une vogue extraordinaire et devint le manuel de morale ainsi que la charte politique du temps. On le vit pendant un demi-siècle sur la toilette des femmes et sur le bureau des gens de lettres. Voltaire ne se lassait pas de le lire et de le louer. Les parlements et les autres cours souveraines y puisèrent plus d'une maxime hardie qu'ils firent ressortir dans leurs remontrances [1].

Le clergé démêla aisément, dans cette faveur extraordinaire, la tendance qu'il devait suivre désormais pour approprier l'éloquence de la chaire au goût du public. Mais

---

[1] Maury, *Œuvres complètes*, édition de 1827, t. I, p. 172 et suiv.

au lieu d'enter, comme l'illustre auteur du *Petit Carême*, la morale sur la religion, afin de fortifier l'une par l'autre, il affecta de subordonner la seconde à la première et de prêcher sur les petites vertus, sur le demi-chrétien, sur le luxe, sur l'humeur, sur l'égoïsme, sur l'antipathie, en un mot sur une foule de sujets qui avaient plus de rapport avec la métaphysique ou la philosophie qu'avec la religion. Le style simple et nerveux des maîtres de l'éloquence sacrée fut remplacé, dans la plupart des sermons du dix-huitième siècle, par une diction où le bel esprit et l'affectation augmentaient encore les défauts attachés au choix du sujet et à l'entente de la composition [1].

Toutefois, si les prédicateurs du dix-huitième siècle furent moins éloquents que ceux du siècle précédent, ils montrèrent plus de courage pour attaquer les scandales de la cour et les abus de toutes sortes qui engendraient ou perpétuaient la misère du peuple. Ils embrassèrent avec ardeur la cause de ce dernier, et la philosophie ne fut pas étrangère à ce bienfait. Quoi qu'il en soit, cette conformité de vue fut peut-être la seule qui existât entre le clergé et les philosophes. L'immobilité de l'un en toute chose et l'esprit novateur qui poussait les autres vers un avenir inconnu, firent naître entre eux une défiance et une opposition constantes. Le clergé, appuyé par le gouvernement dont il était lui-même le principal soutien, semblait annoncer, par l'insuffisance de ses ressources et de ses efforts, qu'il ne croyait plus en soi et que le courant des nouvelles idées était plus fort que les fragiles barrières qu'il essayait de lui opposer. On ne saurait disconvenir, en effet, que les dépositaires les plus accrédités de la science théologique avaient, sinon répudié, du moins laissé dépérir dans leurs mains le riche et imposant héritage des Bossuet et des Fleury, et que toute lutte entreprise par l'Église contre l'esprit audacieux et progressif d'un siècle réformateur ne pouvait

---

[1] Maury, *Œuvres complètes*, t. I, p. 182 et suiv.

désormais tourner qu'à l'avantage de celui-ci. Les désordres de la cour de Louis XV, qui allèrent toujours croissant, eurent pour effet de tarir les sources de la pudeur publique, et le clergé, comme toutes les classes de la société, se ressentit de l'influence pernicieuse produite par ces désordres. Si la morale survécut, pendant le règne de ce prince, au naufrage de la religion, la France en fut redevable aux grands écrivains qui florissaient alors plutôt qu'au clergé.

Malgré le penchant des esprits vers l'incrédulité, les vieux débris du jansénisme eurent assez de force pour ranimer un instant la ferveur des anciennes croyances d'Arnauld, de Nicole et de Pascal; mais cette ferveur ne tarda pas à s'éteindre parce qu'elle fut provoquée par des moyens indignes des premiers solitaires de Port-Royal.

Un diacre de la paroisse de Saint-Médard, nommé Pâris, disciple fidèle de la doctrine de Quesnel, un des adversaires les plus ardents et les plus opiniâtres de la constitution *unigenitus*, était mort dans la plénitude de ses convictions religieuses, regretté des pauvres, auxquels il avait prodigué une partie de ses revenus, et vénéré parmi les dévots de sa secte comme un homme favorisé du ciel, à cause des visions particulières dont on le croyait doué. Il parut, en 1728, une histoire de la vie de ce sectaire, écrite pour le peuple, et dont l'effet sur les esprits faibles et superstitieux fut extraordinaire. Plusieurs des lecteurs de cette histoire, persuadés de la sainteté de celui qui en était l'objet, vinrent prier sur sa tombe, dans l'attente de quelque miracle. Le cimetière de Saint-Médard, où il avait été inhumé, fut profané à cette occasion par le plus grossier charlatanisme, et, comme il arrive d'ordinaire, ce charlatanisme trouva un appui aveugle dans l'imbécillité populaire.

Des mendiants supposés infirmes, poussés par les fauteurs secrets des prétendus miracles attribués au diacre Pâris, après avoir sollicité de ce dernier leur guérison par des prières, se plaçaient sur son tombeau; ils paraissaient en proie à des convulsions déterminées en apparence par l'approche ou la présence du saint, et cette crise passée, ils annonçaient être complétement guéris, ce qu'on pouvait croire d'autant plus aisément que leurs infirmités étaient feintes et qu'ils faisaient profession de les simuler, pour abuser la charité publique ou pour flatter l'esprit de secte. Ces prodiges furent certifiés par de nombreux témoins, et même par des personnes dont le rang et les lumières paraissaient dignes de toute confiance ; mais dans le vrai, les témoignages qu'on invoquait n'étaient l'œuvre que de la complaisance ou de la superstition.

Cependant, la police était instruite du délire fanatique dont le cimetière de Saint-Médard était le théâtre, et ne prenait aucune mesure pour l'arrêter. On discutait vivement dans les salons sur les miracles du diacre Pâris. Le parlement et les évêques jansénistes affectaient d'y croire. Le cardinal de Noailles, prévenu par son ancien attachement aux doctrines du père Quesnel, fut un moment séduit; mais M. de Vintimille, qui lui succéda dans ses fonctions d'archevêque, libre de tout préjugé de secte, prit parti contre les convulsionnaires et défendit d'invoquer le prétendu saint qu'ils priaient comme leur patron. Plusieurs curés appelèrent de cette défense au parlement de Paris, qui reçut leur appel. Les pamphlets vinrent à l'appui des mandements de l'archevêque pour démasquer la mauvaise foi des convulsionnaires, et les auteurs de ces pamphlets, où l'on faisait ressortir avec malice le côté ridicule des scènes insolentes jouées devant un public débonnaire, achevèrent de discréditer des inepties dont l'autorité avait été trop longtemps la dupe.

Enfin, le cimetière de Saint-Médard fut fermé, et le lieutenant de police Hérault, ayant fait arrêter un grand nombre de convulsionnaires, obtint de plusieurs d'entre eux l'aveu de leur imposture [1].

Christophe de Beaumont, appelé en 1746 au siége de

---

[1] Lacretelle, *Histoire du dix-huitième siècle*, t. II, liv. VI, p. 94 et suiv.

Paris, unissait à plusieurs des vertus du cardinal de Noailles le fanatisme et les emportements de Le Tellier; entraîné par l'exemple de celui-ci, il autorisa de nouvelles persécutions contre les jansénistes ou contre les adversaires de la bulle *unigenitus*, en les obligeant de justifier, à leur lit de mort, d'un billet de confession délivré par un prêtre approuvé, pour être admis aux derniers sacrements. Ni le rang le plus élevé, ni les vertus les plus recommandables, ne mirent les mourants à l'abri d'une odieuse inquisition. Un religieux nommé frère Bonettin, sorti du monastère de Sainte-Geneviève, où les doctrines du jansénisme dominaient, et alors curé de Saint-Étienne-du-Mont, fut un des agents les plus acharnés des instructions de l'archevêque de Paris. Transfuge du parti opprimé, il signala sa défection par des excès dont la déloyauté et la fureur ne pouvaient appartenir qu'à un apostat.

Le savant professeur qui remplaça Rollin dans les fonctions de principal du collège de Beauvais, l'émule de Santeuil dans la poésie sacrée, Coffin, dont le grand âge ajoutait un nouveau lustre à ses vertus, fut une des premières victimes de la fougue intolérante du curé de Saint-Étienne-du-Mont. Janséniste, mais indulgent comme le bon Rollin, il n'appliquait qu'à lui la sévérité de ses maximes. Ayant réclamé les secours de l'Église dans une grave maladie, le curé de Saint-Étienne vint obséder ses derniers moments pour lui arracher la rétractation de ses prétendues erreurs. Le vieillard, outré de cette violence, persévéra dans ses sentiments avec fermeté et mourut sans avoir été communié. Le curé lui refusa les honneurs de la sépulture; mais son neveu, conseiller au Châtelet, obtint que ses restes fussent déposés dans un des caveaux de l'église de Saint-Étienne. Étant lui-même tombé malade au bout de quelques mois, les sacrements lui furent refusés, et ce refus, qui l'affligea profondément, occasionna sa mort.

Le roi, informé de ces scandales, ne prit aucune mesure pour y remédier, sous prétexte qu'il n'avait pas le pouvoir d'intervenir dans des questions de discipline ecclésiastique ; mais, en réalité, le faible monarque ne voulait point s'aliéner le clergé, de peur qu'il ne fût tenté de déchirer le voile qui couvrait les mystères impudiques de la cour et du Parc-aux-Cerfs. Le parlement, au contraire, sentit se réveiller en lui, dans cette occurrence, sa vieille haine contre les empiétements et les abus du pouvoir spirituel. Il fit informer contre Bonettin et le décréta de prise de corps. Ce moine fanatique refusa de se défendre, en alléguant qu'il avait usé de son droit et que sa conduite avait été approuvée par ses supérieurs. Mais le parlement n'eut aucun égard à cette approbation, et condamna le curé de Saint-Étienne à une aumône de trois livres, avec injonction de ne plus refuser désormais les sacrements. Le conseil du roi cassa l'arrêt et laissa les choses dans le même état.

L'archevêque de Paris, le curé qui lui servait d'instrument, et les jésuites qui étaient le mobile secret de ces troubles, virent avec plaisir que l'autorité royale demeurait neutre entre eux et les habitants de la capitale. Ils ne changèrent donc rien à leurs procédés. Le duc d'Orléans, surnommé le Dévot, étant près d'expirer dans le monastère de Sainte-Geneviève, où il s'était choisi une retraite au milieu de quelques familiers, jansénistes opiniâtres comme lui, le curé de Saint-Étienne ne craignit pas de s'introduire auprès du prince pour alarmer sa conscience sur les doctrines religieuses dont il faisait profession : ses efforts ayant été infructueux, il refusa de lui donner la communion ; mais le prince, que cette scène n'avait point ému, parce que ses convictions étaient sincères et profondes, se fit administrer par son aumônier, et il défendit de poursuivre le curé.

Un ecclésiastique attaché à la maison d'Orléans, et demeurant sur le territoire de la paroisse de Saint-Étienne-du-Mont, fut également circonvenu dans sa dernière maladie par le frère Bonettin, qui, n'ayant pas réussi à lui faire abjurer ses opinions jansénistes, le priva des dernières consolations de la religion.

Ce système de violence excita de nouveau l'indignation du parlement; toutes les chambres furent assemblées, et, après avoir déclaré dans un arrêt solennel que la bulle *Unigenitus* ne pouvait pas être assimilée à un article de foi, elles ordonnèrent l'arrestation du curé. Cet arrêt, qui fut rendu à une époque où la tolérance était préconisée par les écrivains les plus populaires, fit éclater dans Paris un vif enthousiasme pour la magistrature. On en tira plus de dix mille exemplaires, et chacun l'achetait avec empressement en disant : *Voilà mon billet de confession.*

Le roi, affectant toujours de rester en dehors de ces collisions, qu'il aurait pu apaiser par une manifestation ferme de sa volonté, souffrit que cet arrêt fût cassé, comme le premier, par son conseil. C'était encourager tacitement la continuation des troubles. Les jésuites puisèrent, en effet, dans cette inertie du pouvoir un redoublement de fureur. L'exemple du curé de Saint-Étienne fut suivi par plusieurs autres curés de Paris. Le parlement ne déguisait pas son mécontentement. Certains prédicateurs s'étant permis de blâmer en chaire les dispositions de la magistrature envers le clergé, le parlement les fit arrêter. Les incrédules, par esprit de fronde, se disaient jansénistes, et plusieurs de ceux-ci, pour aggraver les torts de leurs persécuteurs et du gouvernement qui en tolérait les excès, feignaient d'être malades, dans l'attente d'un refus de sacrement qui devait les rendre célèbres pendant quelques jours.

Le ridicule se mêla, comme de coutume, à ces fureurs de parti. Les jésuites mettaient en scène leurs adversaires dans des comédies satiriques qu'ils faisaient jouer par les élèves de leurs colléges, et les jansénistes se vengeaient de ces satires par des caricatures où les jésuites étaient livrés à leur tour à la risée publique. Les libertins et le peuple renchérissaient sur tous par leur gaieté en prenant parti dans des couplets malins ou impies contre l'archevêque et les instruments de son despotisme.

Le parlement, fatigué de sévir inutilement contre des curés indociles, finit par prendre à partie l'archevêque de Paris, fauteur déclaré de la résistance qu'ils avaient opposée à ses arrêts. Une religieuse du couvent de Sainte-Agathe, nommée sœur Perpétue, cédant à la vanité d'appeler sur elle l'intérêt du public, en se posant comme victime, feignit une maladie grave, et fit appeler le curé de Saint-Médard pour recevoir de ses mains les derniers sacrements. Le curé, sachant qu'elle était janséniste, ainsi que sa communauté, les lui refusa. La conduite du curé ayant été approuvée par l'archevêque, le parlement les condamna tous les deux. Le comte d'Argenson, ministre du roi, sans tenir compte de l'arrêt rendu contre eux, fit enlever la religieuse. Cette mesure inique et arbitraire excita un récri universel. Le parlement s'assembla : la discussion fut très vive ; les jeunes et bouillants conseillers des enquêtes attaquèrent en termes énergiques l'abus de pouvoir, qui était le principal sujet de la délibération ; ils inclinaient à ce que le parlement prît une résolution énergique et capable de faire respecter son autorité méconnue ; mais les vieux conseillers parvinrent à calmer l'effervescence de la chambre des enquêtes, et l'on décida que des remontrances seraient adressées au roi.

Ce dernier, irrité de ce qui s'était passé dans le sein du parlement, refusa de recevoir la députation qui devait lui apporter ces remontrances. Le parlement arrêta, de son côté, que les chambres resteraient assemblées jusqu'à ce que la vérité pût parvenir au pied du trône, et qu'en attendant il cesserait de rendre la justice. Des lettres de jussion lui furent envoyées pour qu'il reprît le cours de ses travaux ordinaires ; mais sa résolution fut inébranlable. Le roi crut devoir, dès ce moment, recourir à des mesures de rigueur. Les conseillers des enquêtes et des requêtes furent exilés, et quatre magistrats, qui s'étaient fait remarquer dans les délibérations par la chaleur et la fermeté de leur résistance aux ordres de la cour, furent enfermés dans des prisons d'État.

Par l'effet de ce coup d'autorité, la grand'chambre se trouva investie de toutes les fonctions du parlement. Les exilés quittèrent Paris et leurs familles avec une résignation qui ennoblissait leur disgrâce. Dans le public, les mécontents ne contenaient qu'avec peine leur indignation ; les anciens magistrats qui composaient la grand'chambre, malgré la timidité naturelle à des vieillards, s'engagèrent mutuellement à ne sacrifier aucune des prérogatives du parlement, et refusèrent d'enregistrer l'édit qui leur donnait une existence nouvelle. Transférés à Pontoise, ils suspendirent le cours de la justice, et ne cessèrent de procéder contre l'archevêque et les curés de Paris. Enfin, la grand'chambre fut dissoute et remplacée par un nouveau tribunal formé de conseillers et de maîtres des requêtes. Il hérita des fonctions judiciaires du parlement, mais non du droit d'enregistrer les édits. On lui donna le titre de *chambre royale*. Le Châtelet, invité à enregistrer l'édit qui créait cette cour de justice extraordinaire, déclara qu'il n'en avait pas le pouvoir. La chambre royale, privée, dès sa naissance, de considération et d'autorité morale, fut exposée aux insultes du peuple et au dédain des avocats, qui s'obstinèrent à ne pas plaider devant elle.

La difficulté de trouver des fonds pour rembourser les charges des membres du parlement, et la tyrannie toujours croissante du clergé, que le gouvernement lui-même ne pouvait plus tolérer, déterminèrent le roi à profiter de la naissance d'un second fils du dauphin, depuis Louis XVI, pour opérer un rapprochement entre les partis. Machault, contrôleur général des finances, fut chargé de s'entendre avec Maupeou, alors premier président du parlement, afin de déterminer cette compagnie à reprendre ses fonctions. D'un autre côté, des démarches furent tentées auprès du clergé pour obtenir de lui qu'il renonçât à exiger à l'avenir des billets de confession. Ces démarches furent confiées au cardinal de La Rochefoucauld, qui, par son caractère doux et conciliant, fit fléchir l'orgueil des évêques sur ce point, et rétablit la paix si longtemps troublée.

Le retour du parlement à Paris fut célébré par les jansénistes, les philosophes et le peuple. Le premier acte de son autorité fut d'enregistrer un édit qui prescrivait un silence absolu sur les matières de religion. Les jésuites et l'archevêque de Paris, sachant que le pape Benoît XIV avait improuvé leur conduite dans l'affaire des billets de confession comme contraire à l'esprit du siècle et à une sage tolérance, parurent un moment découragés; mais bientôt la passion et le fanatisme l'emportèrent sur la modération, et la tranquillité publique fut de nouveau compromise. Les refus de sacrement recommencèrent. Le parlement ne cessait d'informer ou de décréter contre les curés et les desservants des paroisses de Paris. Le roi, blessé de l'atteinte portée par l'archevêque à son dernier édit, lui donna l'ordre de veiller à ce que l'administration des sacrements n'éprouvât plus aucun obstacle; mais le prélat hautain répondit que son devoir était d'obéir à Dieu avant d'obéir aux hommes. Il fut relégué dans sa maison de Conflans; et comme il s'y montra aussi inflexible que dans sa demeure épiscopale, il fut exilé dans un lieu plus éloigné.

Cependant, le parlement continuait à faire arrêter les prêtres récalcitrants, et condamna le séditieux curé de Saint-Étienne-du-Mont à un bannissement perpétuel. Cette lutte du clergé était trop scandaleuse pour durer plus longtemps. Entretenue par l'ambition cléricale plutôt que par le véritable intérêt de l'Église, elle diminua sensiblement dès que la feuille des bénéfices eut passé des mains de l'évêque de Mirepoix, qui favorisait les vues des jésuites, dans les mains du cardinal de La Rochefoucauld. Ce dernier, dont le bon sens et la piété douce condamnaient toute contrainte à l'égard des mourants qui réclamaient les secours de la religion, opéra une réforme complète dans l'esprit et les procédés du clergé, du moment que les fonctions épiscopales et les bénéfices ne furent plus le prix d'un dévouement servile à des ordres dictés par le fanatisme, mais la récompense du savoir uni à des vertus paisibles [1].

CHAPITRE III.

OPINIONS.

Considérations générales sur la régence d'Anne d'Autriche et sur la politique de Louis XIV. — L'opinion publique mise en parallèle avec celle-ci. — Écrivains moralistes : Molière, Boileau, La Bruyère, Fénelon, Saint-Simon. — Influence du sentiment religieux sur la littérature et les sciences durant le dix-septième siècle. — Économie publique : Colbert, Vauban, Boisguilbert. — Philosophie du dix-huitième siècle ; Écrivains déistes : Fontenelle, Voltaire, Montesquieu, Rousseau ; Encyclopédistes : Diderot d'Alembert et leurs disciples ; École sceptique ou sensualiste. — Duclos et Vauvenargues se séparent de la secte des incrédules. — Corruption de la philosophie ; Diderot, d'Holbach et Helvétius ses principaux artisans ; Voltaire, leur complice, combat trop tard les doctrines anti-sociales. — Dépravation du philosophe Lamettrie ; Condillac admet dans la sensation le principe intellectuel. — Écrivains réformateurs : Rousseau, Morelly et Mably. — Économie politique : Law et son système. — Quesnay, fondateur de l'école physiocratique ; doctrine des écrivains de cette école. — Turgot, aperçu de ses travaux. — État moral de la France.

Pendant la régence d'Anne d'Autriche, Mazarin, qui fut l'âme du gouvernement, triompha des factions et des intrigues de l'étranger avec un rare bonheur. Ce ministre, qui de son vivant, essuya toutes les traverses et tous les outrages qu'un homme d'État puisse éprouver, apparaît dans la postérité comme un des politiques les plus raffinés et les plus habiles qui aient gouverné la France. Dans un temps de faction, et malgré l'exemple de son terrible prédécesseur, il ne fut point sanguinaire. Il rétablit l'ordre, releva l'au-

---

[1] Voltaire, *Siècle de Louis XV*, chap. XXXVI. *Histoire du parlement de Paris*, chap. LXV. Lacretelle, *Histoire du dix-huitième siècle*, t. III, p. 186 et suiv., 3ᵉ édition. *Biographie nouvelle*, article *Christophe de Beaumont*. *Ibid.*, article *Coffin*.

torité abattue, dota la France de l'Alsace, qui devint l'une de ses plus riches et plus belliqueuses provinces, et pressentit les destinées de Louis XIV, dont il protégea la jeunesse agitée par tant de vicissitudes, en disant qu'il y avait en lui l'étoffe de trois rois.

Mazarin eût laissé un nom glorieux, s'il n'avait été corrompu par la soif de l'or et l'esprit de rapine.

Louis XIV affectait, comme ses prédécesseurs, de croire que l'autorité royale était une émanation de la Divinité, et qu'il était lui-même un délégué, un lieutenant de celle-ci. Dans ses instructions au dauphin, il établit comme une maxime fondamentale de droit public, que quiconque est né sujet doit obéir aveuglément, et que le roi en France est maître de la vie et des biens des peuples qui lui sont soumis. La nation ne fait pas corps ; les particuliers qui la composent ne sont que des individus par rapport au roi, son existence se confond avec celle du souverain qui représente seul l'État, en même temps qu'il est la source de tous les pouvoirs.

Tel était le symbole de la royauté de Louis XIV ; il assujettit la noblesse, sans acception de naissance ni de rang, aux prescriptions absolues de son autorité, et à des hommages ou à des devoirs de cour qui firent de chaque grand seigneur un courtisan, et de l'office de ce dernier un art dans lequel les plus habiles se disputaient la faveur du prince, pour jouir du crédit et de la fortune qui en découlaient. Le changement que ce nouveau régime introduisit dans la condition et l'avenir de la noblesse, opéra une révolution politique d'autant plus importante, qu'elle s'effectua sans secousse et d'une manière insensible. L'indépendance des nobles fut enchaînée par les plaisirs de la cour, par les distinctions les plus capables de flatter la vanité de la naissance, en un mot, par toutes les séductions de la grandeur.

Anne d'Autriche excellait dans l'art de tenir une cour, et Louis XIV, formé à cette brillante école, regretta plus d'une fois, après la mort de sa mère, que la timidité de la reine, son épouse, n'eût pas permis à celle-ci d'hériter d'un talent qui aurait ajouté un nouvel attrait à la splendeur des réceptions de Versailles. Du reste, les grâces du monarque et la majesté de sa personne semblaient l'avoir fait naître pour plaire et pour recevoir les hommages de ses semblables.

Les commencements de son règne furent servis admirablement par les talents et les conseils de trois hommes supérieurs qui élevèrent sa puissance au plus haut degré, en lui apprenant à être roi. Colbert, Lyonne et Louvois, célèbres, à divers titres, comme hommes d'État, réunirent dans leurs mains les trois principaux ressorts d'où dépend la prospérité des empires. Le premier, que la vaste étendue de son esprit mit hors de ligne, créa ou développa au-dedans les ressources et les institutions qui sont les premiers éléments de la force et de la grandeur d'une nation. Le second fut un négociateur d'une habileté consommée, et à qui l'histoire n'a pas assigné le haut rang qui lui appartient dans les annales de la diplomatie. Le dernier, chargé de pourvoir aux dispositions militaires qui devaient assurer la défense du pays ou aider à son agrandissement, pouvait peut-être seul, par l'inflexible sévérité de son caractère, fournir à Louis XIV les moyens d'établir dans ses armées cette forte discipline qui produisit tant d'habiles capitaines, et qui enfanta des triomphes si glorieux pour la France.

Sous Louis XIV, cette nation fut grande par l'esprit, les armes et la dignité morale; mais elle perdit les derniers restes de la liberté civile conquise par ses ancêtres. Cette liberté ne lui fut rendue qu'à l'époque où la société française fut reconstruite sur des bases nouvelles. Durant le long règne de Louis XIV, la noblesse se recruta par intervalle de quelques bourgeois, remarquables par leur capacité pour les affaires; mais l'ensemble de la bourgeoisie et le commun peuple vécurent dans le mépris comme par le passé: ils supportèrent seuls toutes les charges publiques, remplirent seuls les cadres des nombreuses armées du roi, et furent privés non seulement des honneurs et des récompenses militaires qui étaient l'apanage exclusif de la noblesse, mais même de la considération naturellement attachée au courage, aux lumières et au talent. On n'eût pas osé écrire peut-être comme au seizième siècle : que le peuple avait été déshérité de tous les avantages sociaux, parce qu'il descendait de Caïn, et que la tache de son origine avait dû faire de lui une race maudite[1]; mais les nobles avaient encore assez d'outrecuidance pour dire sérieusement à un bourgeois distingué par son mérite personnel : *Vous êtes un trop galant homme pour rester dans la bourgeoisie;* et le gouvernement, pour détourner la noblesse de provoquer en duel un homme non titré, ou d'accepter de lui un cartel, le qualifiait, ainsi que ses semblables, de l'épithète insolente d'ignoble[2].

Madame de Sévigné, cet esprit si judicieux, si orné, si littéraire, ne parlait de Racine et de Despréaux qu'avec une sorte de dédain. Elle écrivait à son *noble* cousin, Bussy de Rabutin, chroniqueur satirique mais pâle écrivain, qu'il serait bien plus capable de raconter aux générations futures les hauts faits militaires du règne de Louis XIV, que *des bourgeois* tels que l'auteur d'*Athalie* et l'auteur de l'*Art poétique*, désignés néanmoins pour cette mission privilégiée par Louis XIV lui-même.

Il est inconcevable que la naissance, dont le lustre n'est qu'emprunté, ait pu prévaloir sur le mérite personnel dans un siècle si fécond en grands hommes. Cependant, quoi de plus rare, de plus brillant, de plus élevé que les dons de l'esprit? Le génie militaire, que la noblesse revendiquait par-dessus tout, et qu'elle avait concentré et circonscrit dans sa caste parce qu'elle ne prisait que les inclinations guerrières, n'était lui-même qu'une émanation, qu'une

---

[1] Gaspard de Tavannes, *Mémoires*, t. VIII, 1re série, p. 54, collection Michaud et Poujoulat.
[2] Cauchy, *Du duel*, Édit du 7 septembre 1651, art. 15, t. I, p. 192-193.

forme de l'esprit. D'ailleurs, existe-t-il, peut-il exister, dans une aristocratie quelconque, un chef de famille, un ancêtre formant souche qui ne doive les qualités ou les vertus qui l'ont anobli à son origine populaire? La noblesse, quand elle est vraie, atteste une nature d'élite, mais ne la donne pas. Elle est personnelle ou elle n'est rien. Et, si le préjugé n'admet d'extraction noble que celle qui se rattache à un ancêtre titré, il est démenti par l'expérience et par l'histoire qui constatent que le peuple, c'est-à-dire le corps de la nation, est la pépinière éternelle de tous les grands hommes et la source de toutes les gloires.

L'opinion publique est une force qu'il est impossible de comprimer. A l'époque de la fronde, elle éclata par des milliers de voix et de pamphlets, et ne gardant aucune mesure, comme dans les temps de discorde, elle s'attaqua à toutes choses et principalement à la politique du gouvernement. Dans une période d'ordre et d'autorité absolue, telle que le siècle auquel Louis XIV a donné son nom, l'opinion fut contrainte de mettre des bornes à son examen, et s'il lui fut interdit de contrôler le pouvoir, elle prit sa revanche sur les vices et les ridicules de la cour aussi bien que de la ville. Un des précepteurs les plus habiles et les plus aimables du genre humain, Molière, peignit le faux dévot, ou plutôt l'hypocrite profondément pervers, avec des traits effrayants de vérité; les manières efféminées des jeunes marquis, la fatuité de leur air et de leur langage, ainsi que le manége des courtisans, prirent sous sa plume un relief qui semble faire revivre leur ridicule ou leur bassesse. Il fronda avec un égal bonheur les efforts tentés par d'imbéciles bourgeois pour se donner de nobles allures. Enfin il attaqua, chez les femmes comme chez les hommes, les abus de l'esprit, le jargon des ruelles et l'appareil pédantesque du savoir [1].

---

[1] Molière, *Tartufe*, *l'Impromptu de Versailles*, *le Bourgeois gentilhomme*, *les Précieuses ridicules* et *les Femmes savantes*.

L'esprit satirique de Boileau s'exerça principalement contre les vices du clergé et contre la direction étroite donnée à la religion. Le roi lui ayant demandé un jour son avis sur un prédicateur qui attirait la foule et qu'il avait eu l'occasion d'entendre : « *Sire*, répondit le poëte ou, pour mieux dire, le philosophe, *votre majesté sait qu'on court toujours à la nouveauté ; c'est un prédicateur qui prêche l'Évangile*[1]. » La dévotion étant devenue tyrannique à force d'exigence, il répétait souvent dans sa brusque franchise : « *La dévotion n'est pas dans l'Évangile*[2]. »

La Bruyère fut le Juvénal du dix-septième siècle ; toutefois, ses peintures et ses caractères ne sont empreints d'aucune exagération et son style se ressent plutôt de la tristesse du moraliste que de l'amertume du satirique. Il a signalé les vices et les travers de ce siècle célèbre avec autant d'éclat dans le langage que Voltaire en a mis à en faire ressortir toute la grandeur. Ils sont l'un et l'autre véridiques dans leur appréciation, et malgré les teintes rembrunies des censures de La Bruyère, on demeure convaincu que le siècle de Louis XIV est et restera un grand siècle[3].

Fénelon, dans une lettre à ce monarque qui seule aurait suffi pour honorer sa mémoire, a prouvé que la fermeté de caractère n'est pas incompatible avec la douceur et la bonté et que la voix courageuse d'un prêtre peut, sinon détruire, du moins contrebalancer l'effet enivrant du concert d'adulations qui aveugle les princes et quelquefois les perd. Le ton de cette lettre est peut-être trop sévère ; mais si l'on songe que Fénelon était chargé de former dans le duc de Bourgogne un roi qui devait présider aux destinées de la France, il n'est pas étonnant qu'il ait cherché à garantir le jeune prince de la contagion des mauvais exemples donnés

---

[1] *Mémoires sur la vie de Jean Racine*, par son fils.
[2] *Œuvres de Boileau*, satire XI, à M. de Valincourt.
[3] La Bruyère, *Caractères*.

par son illustre aïeul au sein même de sa cour, en usant de la liberté de son ministère pour provoquer dans les mœurs de ce dernier une réforme salutaire.

Quelle saine et admirable politique dans ses *Directions pour la conscience d'un roi!* Quels graves enseignements pour les princes et les peuples dans le *Télémaque*, dans cet ouvrage qui n'était pas destiné à voir le jour, et qu'une heureuse indiscrétion a révélé au monde comme un trésor de morale, de sagesse et d'instruction pour tous les âges [1] !

L'abbé Ramsay, secrétaire de Fénelon, a inséré, dans la notice qu'il a publiée de la vie de ce grand homme, un fragment précieux de ses *Conversations avec Jacques III*, prétendant à la couronne d'Angleterre. Cet extrait renferme en peu de mots des conseils qui devraient être gravés dans la mémoire et dans le cœur de tous ceux sur qui pèse la tâche difficile du gouvernement des peuples :

« Ne forcez jamais, dit-il au prétendant, vos sujets à « changer leur religion. Nulle puissance humaine ne peut « forcer le retranchement impénétrable de la liberté du « cœur. La force ne peut jamais persuader les hommes : « elle ne fait que des hypocrites. Quand les rois se mêlent « de religion, au lieu de la protéger, ils la mettent en ser- « vitude. Accordez à tous la tolérance civile : non en ap- « prouvant tout, comme indifférent, mais en souffrant avec « patience tout ce que Dieu souffre et en tâchant de ramener « les hommes par une douce persuasion. »

Ces paroles, prononcées à Cambrai, en 1709 ou 1710, vingt-cinq ans après la révocation de l'édit de Nantes, portent avec elles quelque chose de solennel, comme les plus hautes leçons de l'histoire. Dans le même entretien, le sage prélat engage le prétendant à peser mûrement tous les avantages qu'il peut tirer de la forme du gouvernement de son pays et des égards qu'il doit au parlement. « Ce sénat, « lui dit-il, ne peut rien sans vous : n'êtes-vous pas assez

---

[1] Fénelon, *Œuvres complètes*.

« puissant? Vous ne pouvez rien sans lui : n'êtes-vous pas
« assez heureux d'être libre pour faire tout le bien que vous
« voudrez et d'avoir les mains liées quand vous voudrez
« faire le mal? Tout prince sage doit souhaiter de n'être que
« l'exécuteur des lois et d'avoir un conseil suprême qui
« modère son autorité. » L'homme qui tenait un pareil
langage, sous le règne du monarque le plus absolu qui ait
gouverné la France, devançait l'avenir et semait autour de
lui des idées qui sont aujourd'hui des axiomes populaires
ou des droits publics, et qu'il eût été probablement appelé
à mettre en pratique si le duc de Bourgogne n'eût pas été
ravi à la France par une mort prématurée [1].

De tous les écrivains qui ont exercé leur plume sur le
siècle de Louis XIV, nul ne se serait hasardé impunément
à soulever le voile qui couvrait les mystères galants et politiques de la cour de ce monarque. Un grand seigneur, un
observateur fin, pénétrant et incapable de flatterie, un écrivain original, dont la plume est parfois incorrecte mais
toujours vigoureuse ou brillante, le duc de Saint-Simon, a
entrepris cette œuvre difficile, et s'il a donné un cours trop
libre à son humeur satirique, il a légué à la postérité une
suite de peintures d'une touche admirable et qui le placent,
par le génie de l'observation et la force du trait, à côté de
Molière, et par la combinaison savante et pittoresque des
couleurs, à côté de Rembrandt.

La galerie de Saint-Simon n'a été publiée sans réserve
que de nos jours; mais elle est contemporaine de l'époque
où les portraits ont été tracés, et c'est pourquoi nous avons
rangé l'auteur parmi les grands écrivains du siècle de
Louis XIV qui ont jeté une vive lumière sur les opinions
dont ce siècle a reçu l'influence.

Il serait difficile d'analyser un livre qui renferme dans
son cadre une immense variété d'objets; toutefois, il importe de constater, en l'honneur de l'esprit moderne, que

---

[1] Ramsay, *Vie de Fénelon*, Amsterdam, 1727, p. 176.

Saint-Simon fut un de ses apôtres cachés, mais fervents. Il ne fut infatué que d'un préjugé rétrograde, celui de la noblesse. Il le porta jusqu'à la manie, jusqu'à la rage. Les membres des parlements n'étaient, à ses yeux, que de *vils bourgeois*. Il attisa sous Louis XIV, au grand déplaisir de ce dernier, la vieille querelle des ducs et pairs avec le parlement de Paris; mais il ne put réussir à rendre la vie à des priviléges décrépits et à une cause condamnée par le temps et par la raison[1].

Louis XIV se déclara le protecteur de l'Académie française et créa pour l'érudition, les sciences et les beaux arts des compagnies semblables à la première. Les savants voués à l'étude des sciences naturelles et mathématiques sont, en général, peu enclins à adopter d'autres vérités que les vérités démontrées par le raisonnement et l'expérience. L'esprit investigateur qui les porte à scruter les lois de la nature et à lui dérober ses secrets, les fait se raidir contre l'autorité des vérités révélées que l'Église impose aux fidèles comme étant au-dessus de la compréhension humaine et appartenant à un ordre surnaturel.

Toutefois, les idées religieuses qui régnèrent dans le dix-septième siècle et qui s'unirent par des liens étroits et sympathiques avec les lettres et les arts, pénétrèrent aussi dans le domaine des sciences et suscitèrent des hommes qui se partagèrent entre l'étude de la nature et le culte du grand Être que l'instinct universel a proclamé l'auteur de toutes choses. Sans parler des beaux génies étrangers à la France, tels que Leibnitz et Newton, qui furent, pour ainsi dire, des révélateurs dans les sciences physiques et mathématiques et qui professèrent une si haute admiration pour la toute-puissance divine, les savants français ne restèrent pas, sous ce dernier rapport, en arrière de leurs illustres modèles. Ils firent de la science l'auxiliaire de la religion,

---

[1] Saint-Simon, *Mémoires complets*.

en mêlant à leurs méditations sur les phénomènes de l'univers une ferveur religieuse d'autant plus respectable qu'elle fuyait en quelque sorte la lumière, non par mauvaise honte, mais par excès d'humilité. Ces hommes, dont un savant, bel esprit, qui fut le confrère de plusieurs d'entre eux, a écrit la vie avec un choix exquis de particularités et un art admirable, furent dignes de l'estime publique, non seulement par une piété douce et simple, mais par une charité qui savait trouver dans de modestes ressources de quoi secourir les malheureux.

Les écrivains littéraires du dix-septième siècle se sont acquis, en général, un grand renom par la pureté morale de leurs écrits non moins que par leur profonde habileté dans la connaissance des formes du langage. Leur esprit était même plus que chaste, il était religieux. Néanmoins, si on les compare à la plupart des membres de l'Académie des sciences dont la vie nous est connue, on distingue dans ceux-ci un amour des choses divines qui paraît plus intime parce qu'il est plus éclairé, et qui, joignant au témoignage spontané de la conscience humaine l'expression d'une opinion approfondie et puisée dans les entrailles mêmes de la nature, imprime au sentiment religieux un caractère de force et de grandeur capable d'humilier et d'abattre l'orgueil des incrédules.

L'économie publique doit à Colbert des améliorations d'une grande importance, dont plusieurs sont de véritables créations. Il débuta dans la carrière des finances par la vérification des opérations du surintendant Fouquet, dont il découvrit et prouva les concussions. Après avoir donné au roi, dans cette circonstance, la mesure de la supériorité de son esprit, il fut appelé, par la confiance du prince, à refaire l'œuvre que Sully avait accomplie sous Henri IV avec tant d'habileté, c'est-à-dire à réparer les profondes atteintes portées à la fortune publique durant la minorité de Louis XIV, par l'éternelle cupidité des grands et l'ignorance ou l'immoralité des chefs de l'administration des finances.

Il déjoua, pour arriver à ce but, les manœuvres des traitants ainsi que celles des courtisans corrompus qui les protégeaient, fit pénétrer la lumière dans les détours les plus secrets du labyrinthe des finances, et ayant soumis leur gestion à des principes sages et invariables, il réduisit l'administration du Trésor à des formes si simples, qu'il mit le roi à portée de connaître chaque jour, par des états sommaires, la situation réelle des finances du royaume.

Colbert, dès son entrée dans les conseils du roi, s'entoura de collaborateurs habiles; contrôleur général des finances, ministre de la marine, des manufactures et du commerce, surintendant des bâtiments, il mit à profit les traditions éprouvées de l'administration de Sully, et loin de partager les préventions de cet homme d'État contre les manufactures, il prodigua au commerce français tous les encouragements capables de l'élever au niveau de celui des nations les plus avancées dans cette partie de l'économie publique. A l'époque où Colbert entreprit ses réformes financières, les lois qui régissaient l'industrie étaient très imparfaites, de même que les théories générales des sciences politiques, parce qu'un mystère systématique et impénétrable enveloppait toutes les opérations du gouvernement, et que les esprits spéculatifs n'avaient pas encore porté leurs investigations sur les matières économiques.

La science qui s'occupe de ces matières n'était pas formée; le commerce se guidait pourtant d'après des principes dont plusieurs étaient incontestables, et se sont perpétués jusqu'à nous. Il réclamait avec force contre les monopoles concédés à certains particuliers qui, autorisés par leurs traités à vendre seuls telle ou telle espèce de produits manufacturés, y mettaient le prix qui leur convenait, et faisaient la loi, sur le marché, au commerce et aux consommateurs. Les corps de marchands des grandes villes préconisaient à l'envi la liberté du commerce toutes les fois que l'autorité voulait entraver cette liberté au profit de quelque privilégié; mais leur propre intérêt les aveuglait, du moment qu'il était question d'opposer la concurrence étrangère à la production indigène. En pareille circonstance ils ne tenaient nul compte de l'intérêt des consommateurs, et se plaçaient sous la protection du gouvernement pour faire prohiber l'entrée des produits étrangers, capables de rivaliser avec ceux qu'ils fabriquaient eux-mêmes.

L'opinion des négociants sur les rapports des droits de douane ou de l'impôt avec la production industrielle du pays était parfaitement juste. Elle tendait à établir des droits modérés dans l'intérêt même du fisc, parce que plus un impôt qui grève l'industrie ou l'agriculture est exagéré, moins il attire de l'argent dans les caisses de l'État. L'assiette équitable de l'impôt permet au producteur de vendre à bon marché, et comme le bon marché a pour effet de stimuler la consommation, celle-ci, en multipliant les produits, multiplie les droits et enrichit le trésor. Malgré l'évidence de ce raisonnement, l'intérêt local, qui profitait en grande partie des droits de douane intérieure, avait longtemps prévalu contre les plaintes fondées du commerce.

L'agriculture souffrait plus encore que l'industrie de l'excès des charges publiques. Les cultivateurs qui ne pouvaient payer le montant de leurs tailles, ou qui tardaient trop à s'acquitter, y étaient contraints par la vente de leur chétif mobilier, de leurs instruments de travail; ils étaient même emprisonnés; enfin les mauvaises mesures de l'administration, aggravées par la rigueur cruelle des poursuites, jetèrent les contribuables de la campagne dans un profond découragement; ils abandonnèrent la culture de leurs champs, laissèrent dépérir leurs bestiaux; les terres dépourvues d'engrais et de bras devinrent stériles, et l'État semblait menacé d'une ruine prochaine, lorsque l'entrée de Colbert aux finances vint mettre un terme à ce déluge de maux.

Après avoir introduit une sévère économie dans tous les services publics, et réformé les offices inutiles, surtout dans les régies financières, Colbert parvint à réduire sensiblement le fardeau des tailles qui pesait sur le peuple. Il entreprit ensuite avec courage la liquidation des dettes dont l'État était obéré. La confusion calculée qui régnait dans l'administration des finances, et l'audace coupable avec laquelle les traitants pressuraient les contribuables, et trompaient le trésor, détermina Colbert à livrer les concussionnaires à une chambre de justice, malgré les inconvénients attachés à cette institution. Pendant que la chambre travaillait à faire rentrer dans les caisses publiques les sommes dont elles avaient été frustrées par des moyens illégitimes, le ministre s'occupait de faire restituer au roi ceux des domaines de la couronne qui avaient été usurpés, ou dont l'aliénation cachait quelque fraude, nuisible aux intérêts du trésor; il prenait en même temps des mesures pour assurer la perception des revenus, par un régime plus sévère à l'égard des comptables et plus doux à l'égard du public.

L'allégement apporté aux impôts dont l'agriculture était surchargée ne rendit pas aux cultivateurs l'aisance qu'ils avaient droit d'espérer, parce que les résultats utiles que produisit cette mesure furent annulés en partie par une législation vicieuse sur le commerce des grains. Colbert, dans cette circonstance, montra moins d'indépendance d'esprit que Sully; il subit l'influence d'un ancien préjugé qui s'était toujours déclaré contre l'emmagasinage ou la réserve des grains. Ce préjugé, qui régnait dans les parlements non moins que dans les conseils de la couronne, nuisait à la liberté du commerce de cette denrée, en ôtant aux négociants le droit de s'en approvisionner pour la revendre. L'interdiction des exportations occasionna une baisse croissante dans les prix, et réduisit les fermiers, aussi bien que les propriétaires, à une gêne qui les obligea de restreindre leurs consommations en toutes choses. L'industrie manufacturière et le commerce éprouvèrent, et durent éprouver par le ralentissement progressif de la demande du marché, le contre-coup de ce qu'il y avait d'absolu et d'exagéré dans le régime prohibitif adopté par Colbert.

En effet, ce régime, qui peut être justifié, qui même est indispensable en temps de disette, doit finir avec celle-ci ; dès que l'abondance renaît, il convient de permettre et d'encourager la sortie des grains. Mais, s'il importe dans ce cas aux producteurs que le gouvernement s'empresse de favoriser l'agriculture par l'exportation ou le libre échange de ses produits, il n'est pas moins utile aux consommateurs que l'administration appelle et favorise la concurrence étrangère sur les marchés nationaux, sitôt que les prix des grains indigènes tendent à dépasser le cours moyen, parce que si le pouvoir en usait autrement, il établirait aux dépens du public une prime en faveur de la production agricole et du commerce.

La révision du cadastre permit à Colbert d'asseoir l'impôt sur des bases à la fois plus larges et plus justes. Tous les biens anoblis depuis 1600 furent soumis à la taxe commune. L'administration obligea les propriétaires, dont la noblesse pouvait être contestée, à produire leurs titres qui ne furent admis que sur des preuves irrécusables; d'un autre côté, afin de protéger autant qu'il était en lui les cultivateurs contre la dureté des agents du fisc, Colbert fit publier un édit qui défendait de saisir pour contributions le lit de l'artisan ou du journalier, ses vêtements, son pain, ses outils, enfin les bœufs et les chevaux servant au labour.

S'il est vrai que ce ministre nuisit à l'agriculture par les entraves qu'il apporta au commerce des grains, il n'est pas exact de prétendre qu'il ait négligé de donner à cette partie si féconde et si utile de l'industrie nationale les développements qu'elle pouvait recevoir, par suite d'une prévention analogue à celle qui détourna Sully de favoriser l'établissement des manufactures; il commit, nous ne l'avons pas dissimulé, des erreurs qui influèrent d'une manière fâcheuse sur la prospérité de l'agriculture ; mais cette prospérité, quoiqu'elle n'ait pas été aussi étendue qu'elle aurait pu l'être, n'en fut pas moins son ouvrage.

On a justement reproché à Colbert de n'avoir pas suffisamment usé du crédit, c'est-à-dire des emprunts, pour faire face aux dépenses extraordinaires. Il craignait que Louis XIV n'abusât de cet expédient dangereux ; mais cette raison n'était pas concluante. Le crédit étant l'auxiliaire de l'impôt dans les temps de guerre, il aurait dû l'employer, ainsi que Louvois le lui conseillait, pour diminuer le fardeau des contribuables dans un siècle si belliqueux, et cette détermination l'aurait dispensé de recourir à des mesures financières indignes de lui et des belles années de son administration.

C'est dans le perfectionnement du commerce et de la navigation que Colbert fit briller les rares qualités d'un grand homme d'État. Le commerce extérieur de la France était presque nul, ou dominé par des compagnies privilégiées qui en paralysaient l'essor dans les colonies où elles résidaient, soit en voulant obtenir les produits naturels de celles-ci à un prix moins élevé que celui qui était offert aux producteurs par des étrangers, soit en affichant la prétention de vendre aux colons les denrées d'Europe à un prix plus haut que celui qui leur était demandé par les négociants hollandais et anglais. D'un autre côté, le fret de nos navires était plus cher que celui des navires de ces deux nations, qui tenaient, pour ainsi dire, dans leurs mains le principal commerce du globe. Colbert, qui méditait le projet de fonder la grandeur maritime de la France en même temps que la prospérité de son commerce, avait compris combien il importait au succès de ses desseins que la navigation et le commerce fussent menés de front et encouragés par une égale protection. Il savait que la marine marchande ne pouvait être créée que par le commerce, et que les forces navales d'un grand État ne pouvaient se maintenir et s'accroître que par des moyens de recrutement tirés de la navigation entretenue par un commerce riche et en possession d'envoyer au loin de nombreuses cargaisons de marchandises.

Colbert prescrivit la réparation du petit nombre de vaisseaux qui pourrissaient dans nos ports ; il en fit construire de nouveaux, et dès qu'il put mettre en mer une escadre, il la dirigea vers les côtes de Barbarie pour y réprimer les pirateries continuelles des Barbaresques qui troublaient notre commerce dans la Méditerranée. Cette expédition ne remplit pas tout à fait son but, qui était de contenir les forbans par un établissement militaire français dans leur propre pays, mais l'Europe sut au moins que la France était devenue une puissance maritime. Colbert, ayant résolu de former à tout prix des matelots, fit accorder des primes par le roi aux négociants qui construiraient des navires propres au transport des marchandises, et chaque prime devait être proportionnée à la capacité du bâtiment ; en outre, dans le dessein de fournir au commerce les moyens de pousser avec activité les constructions navales, il encouragea, par des gratifications, tout bâtiment français qui, monté par un équipage français, se livrerait de préférence au trafic dans la mer Baltique, et en reviendrait chargé de bois et de matières propres à la construction des vaisseaux.

Un conseil du commerce, composé de négociants élus dans tous les ports de mer et dans toutes les villes commerçantes du royaume, fut créé à Paris pour éclairer le gouvernement sur les causes capables d'influer d'une manière favorable ou défavorable sur l'état des manufactures et du commerce.

Le bail des droits de douane étant près d'expirer, Colbert jugea le moment opportun pour revoir le tarif des entrées et des sorties du royaume. Convaincu que la prospérité du commerce extérieur dépend de la combinaison des droits de sortie avec la facilité des exportations, et que l'activité du travail national ne peut être soutenue que par des droits d'entrée capables d'égaliser sur le marché intérieur les produits de l'industrie indigène avec ceux de l'industrie étrangère, il réduisit ou modifia les anciens droits de manière à remplir ce double but. L'édit de septembre 1664, qui pose les bases du nouveau tarif, supprime un grand nombre de droits dont la diversité et la confusion en interdisaient la connaissance aux régnicoles aussi bien qu'aux étrangers, et mettaient leurs facteurs, correspondants et voituriers, à la discrétion des commis des fermiers, lesquels étaient souvent d'une probité suspecte. Cette réforme fut un grand bienfait; mais, dans l'application, l'échelle des nouveaux droits excita de justes réclamations, parce que la fixation de la taxe n'était pas en rapport, à l'égard de certaines denrées, avec leur valeur réelle. Dans un travail aussi important et aussi minutieux, il était presque impossible d'éviter les erreurs, et le mérite de l'édit ne saurait en éprouver une atteinte réelle.

La réforme du tarif fut accompagnée de l'autorisation d'entreposer des marchandises pour les réexporter, sans payer de droits. L'entrepôt étant un des ressorts les plus utiles du commerce, cette mesure fut accueillie avec une vive reconnaissance par les négociants. Colbert était partisan, comme Sully, des adjudications publiques; il fit usage de cette méthode, afin d'éviter l'intrigue, les pots de vin, les pensions, abus inhérents alors aux traités de gré à gré, et qui, ayant pour effet de diminuer les recettes du trésor, sont aussi préjudiciables au souverain qu'au peuple. Ce mode de concession avait d'ailleurs l'avantage d'affranchir l'État de la dépendance où les compagnies permanentes affectaient de le tenir.

Tous les actes de l'administration de Colbert témoignent, aussi bien que celui dont nous venons de parler, de sa haute probité. Le régime protecteur sous lequel il plaça l'industrie française, et auquel les Italiens ont donné le nom de *colbertisme,* fut basé d'abord sur des prohibitions tempérées; mais ces prohibitions furent aggravées depuis, ainsi que le prouve le tarif de 1667. Colbert crut que la France pouvait se suffire à elle-même. C'était une illusion ; mais cette illusion était patriotique. Elle fut combattue, dès son origine, par des considérations d'une remarquable justesse et dignes de la hauteur de vue des grands économistes du dix-huitième siècle. En effet l'abbé de Choisy, dans ses Mémoires [1], dit avec raison que Colbert semblait avoir oublié que le Créateur n'a placé les différents biens de la terre dans les diverses contrées dont elle se compose qu'afin de lier entre les hommes une société commune, et de les obliger, pour leur propre bien-être, de se communiquer réciproquement les trésors répandus dans chaque pays.

Cette noble et judicieuse pensée, attribuée depuis à Turgot, avait déjà cours au dix-septième siècle, comme on vient de le voir, et prouve, ainsi que tant d'autres exemples, que la science en toutes choses collige plutôt qu'elle ne crée les principes fondamentaux qui la constituent. Quoique Colbert fût prohibitif, il ne l'était pas sans discernement. L'homme qui, en rendant compte au roi de l'état des finances, érigeait pour ainsi dire en axiome d'économie politique la nécessité de réduire les droits à la sortie sur les denrées et les produits des manufactures du royaume, de diminuer aux entrées les droits de tout ce qui sert aux fabriques, et de repousser par l'élévation des droits les produits des manufactures étrangères, n'était pas un adversaire systématique du libre échange. Les deux premières parties de cette doctrine sont inattaquables. Quant à la dernière, il y a lieu de croire qu'elle fut formulée sous l'influence des idées politiques qui avaient présidé au tarif du 18 avril 1667; car, si l'on considère la modération qui forme le caractère du tarif de 1664 dans ses rapports avec les produits étrangers, on demeure convaincu qu'au fond l'opinion du ministre était favorable à une prohibition

---

[1] Choisy, *Mémoires*, liv. II.

tempérée, c'est-à-dire en accord avec l'intérêt bien entendu de l'industrie nationale.

Quoi qu'il en soit, Colbert, préoccupé du désir de porter l'industrie française au plus haut degré de perfection, afin de triompher de la concurrence étrangère non seulement sur le marché national, mais dans tous les pays où les produits français pourraient être reçus, fit venir du dehors les ouvriers les plus habiles en tout genre, et soumit l'industrie à une discipline dont la sévérité ne fut, à vrai dire, qu'une intolérable tyrannie. En effet, les fabricants qui mettaient dans le commerce des produits d'une qualité inférieure à celle qu'ils devaient avoir étaient punissables d'une forte amende, et l'on confisquait ces produits après les avoir attachés, ainsi que le nom du manufacturier, au poteau avec un carcan. En cas de récidive, le fabricant était frappé de blâme; et s'il retombait une troisième fois en contravention, il était lui-même attaché au poteau. Ces rigueurs étaient d'autant plus condamnables qu'elles allaient contre leur propre but : car, loin de servir à perfectionner l'industrie française, elles devaient avoir pour effet d'en écarter les bras et les capitaux par un profond sentiment de crainte.

Du reste, Colbert s'efforça de relever le commerce et la condition du négociant dans l'opinion publique : un édit d'août 1669 déclara le commerce maritime compatible avec la noblesse, et permit à tout gentilhomme de s'y intéresser directement ou indirectement, sans déroger. Des inspecteurs furent envoyés dans les provinces manufacturières pour y diriger au besoin la fabrication et pour communiquer aux chefs d'industrie les procédés les plus nouveaux employés par les fabricants étrangers. Colbert traça aux consuls et aux ambassadeurs, dans des instructions pleines de prudence et de fermeté, la marche qu'ils auraient à tenir pour défendre les droits et les intérêts des négociants français à l'étranger. Enfin, ce grand administrateur dota la France de nouvelles voies de communication, et ouvrit au commerce, ainsi qu'à l'État, une source féconde de richesses par l'établissement du canal de Languedoc, qui opéra la jonction des deux mers.

Nous n'avons pu donner ici qu'une faible esquisse des travaux de Colbert, parce que nous nous sommes borné à les envisager uniquement dans leurs rapports avec l'objet du plan de cet ouvrage. Il accomplit de grandes choses en sachant unir à un esprit juste et hardi un courage inébranlable, courage sans lequel les conceptions les plus hautes périssent dans leur germe. Il fut haï des grands dont il réprima les passions égoïstes et cupides. Il ne craignit pas de faire entendre à son souverain des vérités dont la franchise était rehaussée par un noble et ardent patriotisme. Enfin, après avoir illustré son pays et son siècle par des institutions et des travaux qui ont immortalisé sa mémoire, il mourut dans la disgrâce du prince et méconnu par ses contemporains [1].

Le défaut d'institutions politiques et de pouvoir investi par la loi du droit de discuter l'assiette de l'impôt, et de contrôler la nécessité et l'emploi des dépenses publiques, a mis pendant des siècles la fortune de la France à la merci d'un surintendant ou d'un contrôleur général des finances, et, suivant que l'homme qui administrait les revenus du pays était habile ou peu expérimenté, probe ou d'une moralité suspecte, le bien-être général augmentait ou diminuait, sans autre cause que les qualités personnelles d'un seul homme. L'œuvre d'un ministre intègre et éclairé dépendait, après sa mort, non seulement du caractère plus ou moins faible du souverain, mais des circonstances les plus frivoles et les plus imprévues. Dans de telles conjonctures, les influences de cour avaient d'autant plus de poids qu'elles étaient plus méprisables, et les traitants, dont l'intérêt était d'entourer de ténèbres la manutention des

---

[1] Forbonnais, *Recherches et considérations sur les finances*, années 1661 et suivantes. Clément, *Histoire de la vie et de l'administration de Colbert*.

finances, afin de mieux dérober leurs manœuvres illicites ou coupables à la censure de l'administration, n'avaient d'autre but, dans les intrigues ourdies pour préparer le choix du nouveau ministre, que de gagner ces influences par l'appât de l'or, tout puissant sur elles.

Après Colbert, comme après Sully, le régime des expédients fut remis en pratique, et ce régime prévalut dans les affaires avec d'autant plus de force que les guerres continuelles de Louis XIV, ses profusions et ses revers, avaient obligé le sage Colbert lui-même à s'écarter des voies régulières où il n'avait cessé de marcher jusqu'alors. Ses successeurs, et surtout Pontchartrain et Chamillard, débordés par des besoins toujours croissants, mirent en oubli toute prudence, et s'abandonnèrent au cours des événements comme des hommes incapables de lutter contre les difficultés de la situation financière de la France, et de les trancher au besoin pour les résoudre.

Pendant que les principaux gardiens de la fortune publique se traînaient dans les voies dangereuses où s'étaient tant de fois engloutis les revenus de l'État, deux hommes courageux autant qu'utiles, attristés du désordre qui régnait dans l'administration des finances, et des vices profonds de cette administration, conçurent presque en même temps le projet de la reconstituer sur de nouvelles bases, en réformant le système de l'impôt et en posant d'une main hardie et sûre plusieurs des principes fondamentaux de l'économie politique.

Vauban, dont le nom est le symbole de la vertu, du patriotisme, et dont les travaux militaires contribuèrent si puissamment à la défense et à la gloire de la France, fut le premier qui dénonça avec énergie, dans un écrit intitulé *la Dîme royale*, les abus qui rongeaient la fortune publique [1]. Il décrivit, sans exagération comme sans faiblesse, la misère où les classes laborieuses étaient plongées, ainsi

---

[1] Vauban, *Projet d'une dîme royale*, édition de Guillaumin.

que la gêne éprouvée par celles que l'aisance ou la richesse plaçait à la tête de la société; et pour remédier à ces maux, il proposa de supprimer toutes les taxes comprises sous la dénomination de *tailles*, d'*aides*, de *douanes provinciales*, et de les remplacer par une contribution unique d'un dixième.

Cet impôt devait être perçu en nature sur le revenu de toutes les terres, et en argent sur le produit de tous les autres biens, tels que maisons, usines, rentes sur particuliers ou sur l'État, gages, pensions, traitements, salaires, profits d'offices et profits industriels. L'auteur exprimait le vœu que le nouvel impôt fût réparti dans une proportion égale entre tous les citoyens.

La mesure que l'on vient d'indiquer, et qui est la pensée dominante de la *Dîme royale*, était accompagnée de mesures accessoires ayant pour objet, d'organiser la levée et la perception de l'impôt de la manière la plus économique et la moins susceptible de froissements et de vexations pour les contribuables

La dîme royale était une conception vicieuse en ce qu'elle atteignait le revenu brut de la terre et non le produit net, le seul qui soit imposable; mais ce vice était aussi celui de la taille, et dans le système de Vauban, il était en quelque sorte compensé par l'abolition de cette foule de taxes qui étaient le prétexte de tant d'exactions, de tant d'absurdes rigueurs de la part des agents du fisc.

Du reste, l'impôt projeté eût été d'une perception facile. L'État aurait pu l'affermer comme il affermait les autres impôts, et cette méthode, suivie par le clergé pour la levée de la dîme ecclésiastique, n'aurait soulevé aucune critique ni causé aucun inconvénient. Ce qu'on ne saurait trop louer dans l'ouvrage de Vauban, ce sont les maximes générales qu'il a proclamées sur l'établissement des charges publiques, maximes qui forment aujourd'hui les prolégomènes des systèmes financiers les plus avancés des premières nations du globe.

Le second écrivain qui attaqua de front, comme Vauban, la mauvaise organisation des finances du royaume, fut Boisguilbert, lieutenant général du bailliage de Rouen. En recherchant, dans *le Détail de la France* [1], les causes de la misère publique, il fit justice du préjugé qui plaçait la richesse dans l'argent, et il établit que la source de celle-ci résidait dans les seuls biens consommables. Il s'éleva contre l'excès des tributs, leur mauvaise assiette et l'inégalité de leur répartition, qui entravent la production de ces biens et en général de toutes les valeurs susceptibles d'échange. Enfin, après avoir battu en brèche le régime financier des Pontchartrain et des Chamillard, qui était une dégénération de celui de Colbert, il proposa de réformer la taille et de la rendre générale, de supprimer les aides et les douanes intérieures, d'autoriser la liberté du commerce des grains tant au dehors qu'au dedans, d'abolir les douanes extérieures en conservant seulement des droits d'entrée modérés, et de s'abstenir de toute affaire extraordinaire, c'est-à-dire des expédients financiers créés par les traitants, ressource plus ruineuse pour le peuple qu'utile au trésor.

Les vœux exprimés par Vauban et Boisguilbert n'étaient pas fondés sur de vaines théories, mais sur une étude approfondie des faits et des actes de l'administration. Toutefois, non seulement ils ne furent pas réalisés, mais ils furent méprisés comme ne reposant que sur des idées chimériques, et ceux qui les avaient formés, malgré leur bonne foi et leur dévouement au prince, n'obtinrent pour prix de leurs travaux que la disgrâce ou l'exil.

La mort de Louis XIV, dont le règne fut en quelque sorte l'incarnation de l'autorité absolue, opéra dans les esprits une véritable révolution. La philosophie et la critique acquirent sur le dix-huitième siècle un ascendant qui eut pour effet de soumettre toutes les institutions sociales au contrôle de la raison. On scruta l'origine des pouvoirs pu-

---

[1] Boisguilbert, *Détail de la France*, édition de Guillaumin.

blics; le voile qui couvrait les mystères de la religion fut soulevé d'une main hardie. La science consulta plus la nature que les anciens, et la philosophie des mots fit place à la philosophie des choses.

Fontenelle, disciple de Descartes, fut dans le monde savant le premier apôtre de cette grande rénovation, à laquelle il avait préludé lors du débat littéraire qui marqua la fin du dix-septième siècle, et où il prit parti pour les modernes contre les anciens. L'*Histoire des Oracles*, qui lui ouvrit les portes de l'Académie des inscriptions, témoigne de cet esprit d'investigation et d'indépendance qui fut dès lors le flambeau de la critique.

Voltaire, contemporain de la fin du siècle de Louis XIV, de ce siècle tout littéraire, car l'esprit philosophique ne se montrait alors que dans les travaux de l'Académie des sciences, Voltaire, dis-je, paraissait alarmé du sort de la belle littérature, par la prédilection du sentiment public en faveur de la philosophie. Son imagination et son goût semblaient le convier à se reporter en arrière, tandis que la force et l'indépendance de son esprit le poussaient en avant comme l'écrivain le plus capable de populariser les tendances nouvelles. Voltaire obéit au double instinct de son génie; il accrut le trésor littéraire du passé, dont il fut le principal héritier, de richesses nouvelles, et il intronisa, pour ainsi dire, la philosophie dans le domaine des sciences morales et politiques.

La tolérance n'eut point d'apôtre plus ardent et plus éloquent. Ennemi de l'oppression, il l'attaqua dans le servage qui subsistait encore, et dans les lois criminelles dont la barbarie semblait se jouer de la vie des hommes. Enflammé de l'amour de l'humanité, il employa toutes les forces de son esprit et d'une volonté opiniâtre à réhabiliter la mémoire des victimes du fanatisme religieux ou des erreurs judiciaires. Enfin sa raison invincible, quand elle était exempte de passions, fit une guerre implacable à tous les abus et à tous les préjugés. Il fut, suivant l'horoscope de l'un de ses professeurs, frappé de la hardiesse précoce de ses idées et de l'indépendance de ses opinions, *le coryphée du déisme en France;* et cette mission accomplie dans un siècle où l'impiété comptait de si nombreux sectateurs, aurait tourné à sa gloire, en dépit de la timide orthodoxie qui avait inspiré l'auteur de la prédiction, s'il n'eût méconnu les bienfaits du christianisme et calomnié avec acharnement une religion qui a détruit l'esclavage et prêché la fraternité entre les hommes dans toutes les contrées où elle a pénétré.

Voltaire subit l'influence pernicieuse de la régence, et la propagea sans retenue par plusieurs de ses écrits, d'où s'exhale je ne sais quel souffle infect qui trahit l'impureté de cette époque dégradée. Sceptique dans un siècle ami du paradoxe, il ne craignit pas d'ébranler les croyances morales les plus respectées et les plus universelles pour discréditer une doctrine (l'optimisme), qui sans doute n'est pas inattaquable, mais qui est utile à la société, puisqu'elle honore la Providence et console l'homme.

L'auteur de *Candide* a prouvé combien l'abus de l'esprit peut être dangereux et coupable lorsqu'il n'est contenu par aucun frein. L'art a ses priviléges sans doute, mais ils doivent fléchir devant les droits de la morale, et ce n'est pas impunément que ces droits sont violés même par le génie. L'histoire a consacré dans ses annales des renommées littéraires qui furent aussi chastes que brillantes, et ses louanges ont assuré la gloire la plus pure aux écrivains qui en avaient été l'objet. Dans des conjonctures heureusement plus rares, elle est intervenue comme un vengeur pour briser une plume téméraire ou immorale, et l'arrêt qui en a condamné les égarements a imprimé au nom de l'écrivain même chargé de gloire une autre sorte d'immortalité, celle de la honte. Ce lot, mêlé de gloire et de honte, fut celui de Voltaire.

Le premier ouvrage de Montesquieu, malgré sa forme épistolaire, révéla dans cet écrivain une souplesse d'esprit où l'élévation de la pensée s'unit à la finesse des aperçus, et l'énergie de l'expression à une élégance quelquefois attique. Les *Lettres persanes* furent célèbres, dès leur apparition, parce qu'elles répondirent avec un merveilleux à propos, aux idées qui fermentaient dans le plus grand nombre des esprits. La piquante variété du style de l'auteur instruit ou amuse, et ce dernier, après avoir décrit, avec une admirable brièveté, les transformations primitives de la société, dans l'épisode exquis des Troglodytes, passe sans effort à des peintures moins graves, mais où le cœur et l'esprit sont tour à tour intéressés avec un art qui sait allier les contrastes les plus frappants et les plus harmonieux. Il fut déiste comme Voltaire, mais avec un sentiment plus vrai de la destinée immortelle de l'âme humaine, et s'il traita les dogmes du christianisme avec une légèreté dont il faut accuser sa jeunesse et l'esprit de son temps, il respecta, il chérit sa morale.

Les notions générales de droit public, dont il déposa le germe dans les *Lettres persanes,* furent, pour ainsi dire, les premiers linéaments de son grand ouvrage : de l'*Esprit des Lois*. Personne, avant lui, n'avait montré, dans une ordonnance aussi vaste, et sous des aspects aussi lumineux et aussi complets, les diverses formes des gouvernements, la nature et le principe de chacun d'eux, leurs avantages ou leurs inconvéniens, l'histoire des législations anciennes et modernes, en un mot le magnifique ensemble de l'économie publique des nations. Ce tableau brillant où l'induction historique de l'écrivain est presque toujours juste et instructive, alors même qu'elle n'est que conjecturale, influa profondément sur l'opinion du dix-huitième siècle, et devint le guide des hommes d'État en Europe.

Un écrivain né pour passionner et remuer les hommes par l'énergie ou le charme de ses sentiments, et par la magie de son style, Jean-Jacques Rousseau, pauvre, souffrant, et prévenu contre la société par l'inégalité extrême qui séparait le riche du pauvre, le faible du puissant, attaqua l'ordre social jusque dans ses fondements. Il se fit le champion de l'ignorance pour épurer la morale, dont il attribua la corruption aux sciences et aux arts, et il se déclara l'ennemi de la société civile pour préconiser l'état de nature qu'il supposait seul capable de rendre la condition des hommes plus heureuse et plus tranquille, en la rendant moins inégale.

Ce double paradoxe, qui inspira à Rousseau une censure aussi partiale qu'amère de toutes les sociétés policées, fut plutôt le fruit d'une gageure philosophique, ou d'une bizarre singularité d'esprit, que l'expression d'une conviction réelle et sincère. Quoi qu'il en soit, on ne saurait nier que Rousseau ne fût profondément irrité des abus de l'ordre social, et que ses critiques ne se soient attaquées souvent à des maux sérieux qui attendent encore un remède. Les études morales que renferment les discours qu'il a consacrés à la discussion de ces problèmes, plus dignes d'un esprit aventureux que d'un sage, le conduisirent à l'exécution d'un ouvrage célèbre, où il a essayé de dépasser Montesquieu, en s'élançant du monde réel dans la région des hypothèses et des abstractions.

Il remonte, en effet, dans ce livre, à la source des lois positives, et ne cesse de poursuivre ses investigations que lorsqu'il croit avoir reconnu une première convention expresse ou tacite formant le lien de toutes les sociétés. Ce point de vue purement hypothétique repose les esprits spéculatifs plus qu'il ne les satisfait, car loin que ce qui est appelé par Rousseau *Contrat social* existe dans les sociétés primitives, on n'en aperçoit pas la plus légère trace; les peuples qui constituent ces sociétés peuvent avoir l'instinct de ce pacte; mais il n'a été clairement compris que chez les nations modernes, et il n'a reçu la forme et la sanction d'un véritable contrat politique que parmi quelques-unes des plus civilisées.

Rousseau a énoncé des vues neuves et justes dans la partie de son livre où il cherche à établir que la souveraineté ne peut résider que dans le peuple. Il distingue avec un sens profond le corps politique ou national faisant acte de souveraineté d'avec l'État, se soumettant aux lois qu'il a lui-même portées, et le citoyen, membre du corps souverain, d'avec le sujet. Enfin il trace une ligne de démarcation ou plutôt une barrière infranchissable entre l'autorité souveraine à laquelle il confie la mission exclusive de décréter les lois, et le gouvernement qui n'en est que l'exécuteur. Il considère les magistrats investis du droit de gouverner, et désignés sous le nom de rois ou sous toute autre dénomination, comme des délégués du peuple souverain, exerçant en son nom le pouvoir qu'il leur a remis, et qu'il peut limiter, modifier et reprendre quand il lui plaît.

Il divise les gouvernements en démocratique, aristocratique et monarchique. La démocratie, dans la rigueur de l'acception, lui paraît impraticable, excepté pour un État très petit où le peuple soit facile à rassembler, et où chaque citoyen puisse aisément connaître tous les autres. Dans cette supposition même, le gouvernement populaire est sujet à tant d'agitation et de désordre, que son assiette semble toujours incertaine. L'aristocratie élective est, selon Rousseau, le meilleur des gouvernements. Quant à la forme monarchique, il l'adopte comme pouvant être propre aux grands États; mais comme elle laisse subsister trop de distance entre le monarque et le peuple, il pense que cette distance doit être remplie par des corps ou des magistrats intermédiaires capables de relier le peuple au chef du gouvernement.

Du reste, dans toutes les formes politiques qu'un État puisse revêtir, l'auteur considère la souveraineté du peuple comme inaliénable et indivisible. Il distingue entre le pouvoir et la volonté générale : le pouvoir peut se transmettre, mais non la volonté. Il suit de là, dans la pensée de Rousseau, que la souveraineté ne peut être représentée, par la même raison qu'elle ne peut être aliénée, et qu'une loi n'est obligatoire qu'autant qu'elle a été ratifiée par le peuple. Les députés de celui-ci, dans les assemblées de la nation, ne sont que des commissaires ; ils ne peuvent rien conclure définitivement.

La raison et l'expérience ont corrigé ce que ces doctrines renferment de trop absolu ou d'erroné. Le peuple est resté dépositaire de la souveraineté en puissance, mais non de la souveraineté effective. Il a délégué celle-ci à des représentants, soit pour constituer un gouvernement destiné à régir la nation, soit pour voter des lois, et il a considéré comme obligatoires pour lui les actes de ces représentants. Rousseau, malgré ses erreurs, n'en est pas moins le véritable auteur de l'émancipation politique des peuples. Non seulement il les a affranchis du joug d'un pouvoir usurpateur, mais il leur a révélé leur souveraineté suprême et leur propre grandeur.

L'humanité, la famille et l'éducation sont redevables à Rousseau d'un bienfait qui forme, sans contredit, son titre de gloire le plus éminent et le plus pur. Il défendit dans *Émile*, avec une éloquente sensibilité, les droits de l'enfance livrée à des soins mercenaires, et réveilla dans le cœur des mères les sentiments naïfs et sublimes que la nature y a déposés pour la conservation du genre humain. Rousseau ne fut pas seulement un apôtre ardent de l'humanité, il fut un écrivain religieux. Non content d'avoir protégé les jours de l'homme au berceau, il s'efforça de le consoler dans l'âge mûr par la perspective des récompenses infinies que la religion promet au juste au-delà du tombeau, et son éloquence, en parlant de la Divinité, s'élève jusqu'à celle des prophètes.

L'impulsion féconde et réformatrice imprimée à la pensée par Voltaire, Montesquieu et Rousseau, ses représentants les plus éminents, fut continuée par les encyclopédistes. Diderot et d'Alembert, placés à leur tête par le talent et par un esprit philosophique qui ne fut pas toujours assez contenu, entreprirent le vaste projet d'écrire l'histoire de l'origine et des progrès des connaissances humaines. La nouveauté des aperçus et la hardiesse de la critique soulevèrent contre eux et leurs collaborateurs la défiance du gouvernement, du parlement et du clergé. Ces trois pouvoirs, gardiens des traditions du passé, fondées sur le principe de l'autorité, ne virent pas sans effroi agiter, comme des problèmes, des questions sociales résolues par eux, en vue de l'affermissement de l'ordre religieux et politique ancien, plutôt que dans un but purement philosophique. La crainte les conduisit à entraver l'exécution d'un ouvrage qu'ils jugeaient contraire à la durée et à la propagation de leurs doctrines; ils n'épargnèrent ni persécutions ni poursuites contre les encyclopédistes; mais ceux-ci, soutenus par une conviction forte et par le crédit de quelques personnages considérables, amis des lettres et de la vérité, réussirent, après des vicissitudes diverses, à terminer des travaux qui, sans être irréprochables, répandirent une vive et utile clarté sur des matières entourées en grande partie jusque-là d'une sorte de mystère, et mises désormais à la portée de toutes les intelligences.

Les philosophes, représentés dans l'œuvre de l'Encyclopédie par Diderot et d'Alembert, s'annoncèrent d'abord comme les ennemis des fausses doctrines et des abus, et ils formèrent une sorte de croisade pour les combattre. Tant qu'ils se renfermèrent dans ce rôle, ils furent avoués ou secondés par les trois grands écrivains qui, les premiers, leur avaient frayé le chemin avec tant d'éclat; mais ils ne tardèrent pas à trop présumer d'eux-mêmes; aveuglés par l'orgueil qui abuse quelquefois les esprits absolus ou systématiques, ils formèrent une secte, un parti qui devint exclusif et intolérant, après avoir préconisé le doute et la tolérance; ils remplacèrent la superstition par une incrédulité fanatique, transformèrent l'homme en être purement matériel, et forcés, pour ne pas démentir leur système, de nier l'existence de toute spiritualité, ils firent de la sensation le principe et la fin des opérations de l'intelligence.

Cette doctrine eut et devait avoir pour effet de porter une perturbation profonde dans l'ordre moral. Duclos et Vauvenargues, qui en avaient étudié et retracé les lois, restèrent fidèles à l'école de Voltaire, de Montesquieu et de Rousseau. Je me trompe : Voltaire, moins ferme qu'eux dans ses principes, suivit le torrent de la philosophie sensualiste, et l'inconstance de son esprit le jeta dans des contradictions déplorables, qui n'ont pas peu contribué à ternir sa gloire littéraire. Duclos, sans subir le joug de la secte, n'osa point s'en séparer, et le contact qu'il eut avec elle répandit sur ses romans un reflet licencieux, qui n'était, du reste, que trop en accord avec l'esprit de la société. Vauvenargues seul resta pur au milieu des débordements de la philosophie. L'élévation et la chaleur de son âme rajeunirent, pour ainsi dire, la morale, et ses *Maximes* entourèrent son nom d'un respect et d'un éclat littéraire qui l'ont fait placer à côté du nom illustre de Fénelon.

La corruption de la philosophie fut un incident d'autant plus remarquable dans l'histoire morale du dix-huitième siècle, que ses principaux artisans, Diderot, d'Holbach et Helvétius, étaient des hommes capables de vertu, quoique destructeurs de toute morale. Voltaire, qui, par son penchant effréné à la raillerie, avait, le premier entre les philosophes, décrédité non seulement les choses les plus dignes de respect, mais le respect lui-même, n'était plus, dans la pensée de l'école sceptique, que le représentant d'un ordre d'idées suranné, qu'une idole tombée. Il s'était arrêté sur les limites du déisme, tandis que plusieurs de ses disciples, après avoir franchi les bornes immuables de la morale, étaient venus s'abîmer dans le gouffre de l'athéisme. Il exhala plus d'une fois son indignation contre leurs coupables écarts ; il écrivait à quelques amis restés fidèles aux saines maximes de la philosophie et au culte de sa renommée, qu'il ne fallait pas relâcher les liens de la société, ni briser les chaînes de la vertu. Mais combien de fois n'avait-il pas transgressé lui-même ce sage précepte !

La bonhomie de Diderot paraissait faire douter de sa sincérité dans les déclamations véhémentes échappées à sa fougue contre les prêtres et les rois et dans ses cyniques tableaux. Aussi la postérité, en répudiant quelques-uns de ses écrits, a-t-elle rendu justice au philosophe, quand il est de sens rassis, et surtout à la verve rapide et brillante de l'écrivain. L'homme qui a poussé l'abus de l'esprit jusqu'aux dernières limites du désordre, et pour ainsi dire jusqu'au délire, c'est Lamettrie. Cet écrivain, dénué de talent, et que Voltaire appelle *un philosophe ivre*, prétend que l'homme n'existe que dans les organes ; il copie ou plutôt il travestit en termes plats la belle poésie de Lucrèce, en niant comme lui la Divinité ; et loin de faire de la vertu un principe de bonheur, ainsi que son illustre modèle, il corrompt systématiquement toute morale ; il veut détruire toute conscience, et il a l'audace d'écrire ces infâmes paroles : qu'il n'y a pas de remords, et que l'homme doit se livrer au vice et au crime, si le vice et le crime le rendent heureux [1].

La philosophie du dix-huitième siècle était partagée entre les anciennes doctrines, appuyées sur la religion, et les théories du matérialisme. Condillac fut le fondateur d'une école intermédiaire, qui, dans la prédominance des sens, montrait la nécessité du principe intellectuel, existant par lui-même et indépendamment des sens, à la différence de Diderot et de ses prosélytes, qui ne voyaient dans ce principe que la fermentation de la matière et le jeu des organes. La cause du déisme et de la spiritualité de l'homme conserva, au surplus, des défenseurs dans le sein même de la philosophie jusqu'à la chute de l'ancien ordre social, et Rousseau eut la gloire d'en être le représentant le plus courageux et le plus élo-

---

[1] *Œuvres de Lamettrie.*

quent. Il fut même plus spiritualiste que Condillac. Celui-ci semble n'être touché que de la génération de la pensée, au lieu que Rousseau distingue dans l'organisme humain la raison et le sentiment, c'est-à-dire les phénomènes de la pensée et les faits de conscience [1].

La philosophie ne se borna point à examiner, avec une entière indépendance, l'origine des connaissances humaines et de toutes les institutions sociales; certains écrivains, aigris et humiliés de l'inégalité des conditions dans la société civile, osèrent s'attaquer aux bases de cette société, dont les principales assises sont fondées sur la propriété. Rousseau poussa un cri sauvage contre celle-ci, et proclama que la seule théorie rationnelle, pour ramener la concorde et la paix parmi les hommes, était de considérer les fruits de la terre comme appartenant à tous, et la terre comme n'étant à personne [2]. Cette espèce de communisme universel, dont le philosophe genevois, après d'autres rêveurs, avait jeté la semence dans le monde de la pensée plutôt que dans le monde réel, devint un thème d'après lequel deux écrivains, qui ne sont guère connus que des penseurs, essayèrent de formuler un nouvel ordre social fondé sur l'abnégation de soi et sur l'intérêt unique et exclusif de familles sociétaires calquées sur le modèle de la famille ordinaire [3].

Ces idées, qui ne furent remarquées d'abord que comme des saillies capricieuses d'une imagination romanesque, restèrent ensevelies dans l'oubli jusqu'au moment où une assemblée formidable, ayant conçu le projet de refaire l'œuvre de l'assemblée constituante, jugea nécessaire d'interroger les systèmes de réforme sociale les plus hardis, pour en tirer des matériaux propres à l'exécution d'une entreprise qui ne tendait à rien moins qu'à supprimer les instincts les

---

[1] Condillac, *Traité des sensations*, et ses autres ouvrages métaphysiques.
[2] *Discours sur l'origine de l'inégalité*, etc., 2º partie.
[3] Morelly, *Code de la nature*. Mably, *Traité de la législation*.

plus vivaces de la nature humaine, en vue d'une perfection chimérique.

A côté des novateurs qui avaient abordé cette tâche pleine de périls, on vit s'élever des financiers et des publicistes qui, loin de vouloir proscrire les institutions fondamentales du gouvernement établi, essayèrent de fortifier son action en lui offrant de nouveaux instruments de prospérité et de grandeur. Un Écossais, à qui la nature avait départi des facultés puissantes pour le calcul et inspiré le désir d'acquérir tout à la fois de la fortune et de la célébrité, Law, attiré en France, au commencement de l'administration du régent, par l'espoir de réparer les finances épuisées de ce royaume, y introduisit le crédit, l'institution des banques, institution qui, chez les peuples commerçants, vient en aide au numéraire, en donnant au papier la valeur et l'efficacité de l'argent considéré comme moyen d'échange. Law, ayant pris pour point de départ de son système un principe erroné, à savoir que l'abondance du numéraire est la cause de la prospérité des États et que l'on peut accroître cette abondance à volonté, exagéra la puissance du crédit pour en multiplier les ressources, et détruisit l'effet de celles-ci par l'exagération même de son procédé.

Il se fit illusion sur la nature de la richesse, laquelle consiste uniquement dans les produits résultant de l'activité du travail et dans leur consommation assurée par la facilité des échanges. Le numéraire est le principal ressort de ces derniers, et c'est en ce sens qu'il contribue à la formation des richesses; mais il est évident qu'il ne les constitue pas, puisque sa valeur comme monnaie est purement conventionnelle, et qu'il ne fait partie de la classe des richesses que par sa valeur intrinsèque. Toutefois, il afflue là où la production abonde, là où les demandes du consommateur sont en rapport avec celle-ci, et il arrive un moment où, ne pouvant suffire aux besoins de la circulation, il est suppléé par le papier, auquel le commerce est toujours tenté de donner la préférence, parce que cette sorte de monnaie est d'un usage plus facile, plus prompt et moins coûteux que le numéraire.

Law, autorisé par le régent à se concerter avec le conseil des finances pour réaliser en France ses vues sur le crédit, offrit d'établir une banque générale qui aurait embrassé dans ses opérations le crédit privé et public; mais le conseil, peu familiarisé, ainsi que la nation, avec les théories relatives à l'organisation du crédit et effrayé des vastes proportions du projet conçu par le financier écossais, repoussa les propositions de ce dernier, qui réduisit sa demande à l'établissement d'une banque privée. Cette banque réussit et eut pour effet de diminuer l'usure en fondant le crédit sur des bases régulières.

Ce succès rendit Law populaire et lui attira toute la confiance du régent. Il revint dès lors à sa première pensée, qui était de réunir dans une banque générale l'escompte des effets du commerce et la perception de tous les revenus publics. Les moyens d'exécution de son système consistaient dans deux sortes de ressources : dans l'émission d'un papier-monnaie pour les grands payements et dans une réserve d'espèces métalliques pour les petits. Law connaissait les lois du crédit et les avait habilement exposées dans un de ses écrits justement célèbres; mais il les transgressa, en multipliant outre mesure les émissions de la banque dont il était le fondateur. Il oublia que le crédit doit avoir pour base des valeurs certaines, c'est-à-dire appuyées sur un capital propre à en garantir le remboursement; que la solidité de ces valeurs doit être acceptée par la confiance, et que la force est impuissante pour les soutenir. C'est pour avoir méconnu ces vérités qu'il vit s'écrouler son ouvrage et qu'il précipita la France dans une catastrophe financière sans exemple [1].

---

[1] Law, *Considérations sur le numéraire et le commerce*, et Dutot, *Réflexions politiques sur les finances et le commerce*, collection Guillaumin. Voir aussi la Notice de M. Thiers sur le système de Law.

La ruine du système de Law rendit à l'agriculture la prépondérance qu'elle avait perdue depuis Sully. On imputa au crédit les fautes de l'aventurier de génie, qui en avait si étrangement abusé, et cette réaction fit éclore un nouveau système, dont la science fut redevable aux *économistes* et principalement au docteur Quesnay, leur chef. Le système agricole ou des économistes assigna pour but à l'activité humaine l'assujettissement et l'appropriation de la matière. Cette tendance conduisit les sectateurs de Quesnay, connus sous l'appellation de *physiocrates*, à faire de la substance matérielle le fond et le caractère de la richesse, et à mesurer l'utilité et la valeur du travail par la quantité de matière brute dont le producteur parvenait à se saisir. De là l'axiome qui attribuait exclusivement à l'agriculture le pouvoir de produire la richesse, car il était réservé à elle seule, disait-on, de la faire sortir de la terre et d'en obtenir plus que les travailleurs n'en peuvent consommer, à titre de subsistance ou de salaire, pendant la durée de leur tâche. Les physiocrates considéraient les industries qui mettent en œuvre les matières premières fournies par l'agriculture comme improductives, par cela qu'elles ne faisaient que transformer ou déplacer ces matières. Dans ce système, le produit brut était toute la richesse. Le propriétaire ou l'agriculteur, après avoir prélevé les frais de production de sa récolte, recueillait l'excédant de la valeur de celle-ci, et cet excédant, qui n'était autre que la rente territoriale, prit le nom de *produit net* dans l'idiome des économistes.

Le point de vue économique de la doctrine de Quesnay pèche par défaut d'étendue et de précision. Le cercle de la richesse n'est pas circonscrit dans la seule valeur des matières premières; toute modification subie par celles-ci et ajoutant à leur utilité originaire, ou, pour mieux dire, à leur valeur échangeable, fait partie de la richesse qu'elles constituent et l'accroît à mesure que les transformations se multiplient, pour faire passer le produit brut ainsi façonné dans le domaine des échanges ou des objets consommables.

Toutefois, si les physiocrates n'ont pas assigné à la main-d'œuvre la part qui lui appartient dans la formation de la richesse, ils n'en ont pas moins déterminé avec une rare sagacité les trois instruments principaux de la production : la terre, les capitaux et le travail. C'est à eux que le commerce doit les premières clartés qui dessillèrent les yeux des publicistes et des négociants sur le système mercantile, autrement dit la balance du commerce, lequel formait une des premières lois du droit commercial dans le monde civilisé. Ce système reposant sur le principe que les échanges qui ne se soldent pas par un appoint en espèces n'ajoutent rien à la masse des richesses, les économistes rétablirent la définition véritable de la richesse en prouvant que celle-ci ne consiste point en valeurs non consommables, telles que l'or et l'argent, mais en biens consommables reproduits par le travail continu de la société.

Quoique l'école physiocratique considérât les nations commerçantes comme subordonnées aux pays agricoles, en ce sens que ceux-ci pouvaient maîtriser seuls la production industrielle dans ses différentes formes, étant dépositaires des matières brutes et des subsistances, elle ne laissa point de réclamer en faveur du commerce la liberté du travail et des échanges, repoussa l'intervention du gouvernement dans les opérations de l'industrie, et voulut que l'activité industrielle fût abandonnée à elle-même, sans aucune restriction capable de gêner le mouvement des importations et des exportations. La doctrine de l'école se résumait, en définitive, dans ces mots : *Laissez faire, laissez passer.* Cet adage, qui fut le signal d'importantes réformes dans la science économiques, telles que l'abolition des monopoles industriels, des priviléges des corps de métier et des restrictions qui entravaient le développement du travail et du commerce, cet adage, disons-nous, devait engendrer de notre temps une concurrence effrénée, qui a fait descendre le travail à un rabais meurtrier, en opposant des machines à l'ouvrier qui ne possède que ses bras, et la loi fatale de la concurrence aux cruelles sollicitations de la faim qui assaillent les travailleurs.

Les physiocrates furent les éclaireurs et en quelque sorte les pionniers de l'économie politique moderne. Leur chef acquit un grand ascendant sur ses disciples et sur ses contemporains, parce qu'il sut rattacher sa doctrine à des vues générales de philosophie qui embrassent l'économie sociale tout entière. Ces vues ne sont pas neuves, mais elles déterminent avec tant de précision la nuance qui unit le juste à l'utile et le devoir au droit, elles contiennent des enseignements si nécessaires aux peuples et aux gouvernements, qu'elles préparent le lecteur par une morale forte, sans être outrée, à une étude qui n'a d'autre but que l'intérêt, que la richesse, et le tiennent en garde contre les passions qui naissent de la préoccupation de l'un et de l'autre [1].

Les doctrines des économistes pénétrèrent dans les conseils du gouvernement avec l'appui de Turgot, l'un d'eux, et leur représentant le plus éminent après Quesnay. L'expérience de cet administrateur justement renommé convertit leurs théories en faits dès qu'il fut promu aux fonctions de contrôleur général des finances. Ces fonctions étaient restées telles qu'elles existaient sous Sully et Colbert, ses illustres devanciers. Elles embrassaient les finances, le commerce, les manufactures, ainsi que la surintendance des travaux et des établissements publics. Turgot eut à combattre, dans ces diverses parties de l'administration, les mêmes abus que les deux grands ministres de Henri IV et de Louis XIV rencontrèrent sur leurs pas. Comme eux, il prit pour règle de ses actes la justice et pour but l'intérêt de la nation.

---

[1] Collection des Économistes de Guillaumin, *Physiocrates*. Voir aussi le savant Mémoire de M. Daire, couronné par l'Institut, sur les doctrines physiocratiques; il a été publié dans le *Journal des Économistes* par le même éditeur. Le rapport de M. Passy sur ce Mémoire mérite d'être consulté.

La première loi à laquelle il attacha son nom fut celle qui établissait la liberté du commerce des grains dans l'intérieur du royaume. Il détruisit en même temps les entraves locales qui auraient pu compromettre les bons effets que l'on attendait de cette loi. La circulation des vins fut assurée par un autre édit dans les localités où d'anciens priviléges s'y opposaient. Après avoir pourvu à l'intérêt de la propriété, il s'occupa d'un intérêt non moins sacré, celui des classes laborieuses. Il abolit les corvées qui pesaient exclusivement sur le peuple des campagnes, et les remplaça par une contribution foncière qui s'étendit à toutes les propriétés, quels qu'en fussent les possesseurs. L'industrie manufacturière fut aussi dégagée des vieux règlements qui enchaînaient la liberté des classes ouvrières dans les villes. Turgot proclama le droit du travail, ou plutôt la liberté du travail, comme un droit naturel et imprescriptible. Il supprima les jurandes et fit disparaître les obstacles que les maîtres opposaient à l'accroissement du nombre de leurs concurrents en prolongeant la durée des apprentissages, en hérissant les abords de la maîtrise de toutes sortes de difficultés, et en surchargeant les communautés de dépenses inutiles.

Turgot ne se borna point à fonder la liberté du commerce dans l'intérêt des producteurs et des consommateurs, c'est-à-dire dans l'intérêt général ; il conçut un vaste système de travaux pour rendre navigables les rivières qui en étaient susceptibles et pour perfectionner la navigation des grands fleuves. L'exécution de ces travaux, en activant les progrès de l'agriculture et de l'industrie, devait assurer à leurs produits une circulation plus étendue et plus facile et les mettre à la portée d'un plus grand nombre de consommateurs. Mais ce projet, faute de ressources suffisantes, ne put être réalisé qu'en partie.

L'auteur de tant de réformes importantes ne fléchit jamais devant les obstacles que lui opposaient le crédit, la faveur du prince et l'intrigue des traitants. Il attaqua tous les genres d'oppression, et les lois qu'il fit porter durant son ministère, ainsi que les réformes qu'il n'eut que le temps de préparer, furent consacrées au bonheur de toutes les classes de citoyens. Mais, malgré l'esprit de justice qui ne cessa de le guider dans sa carrière publique et surtout dans l'exercice de ses fonctions de contrôleur général, il succomba sous le poids des calomnies de ceux dont il voulut combattre les funestes priviléges ou les honteuses déprédations. L'homme d'État dont le vertueux mais faible Louis XVI avait dit : *Il n'y a que Turgot et moi qui aimions le peuple*, fut méconnu, de son vivant, comme Sully, comme Colbert; toutefois, la postérité, plus impartiale et plus juste, a conservé la mémoire des glorieux services qu'il rendit à la France et à l'humanité, et ses écrits sont comptés parmi les monuments les plus précieux de la science sociale [1].

Les écrits publiés par les philosophes, et surtout par Voltaire et Montesquieu, contre certaines condamnations judiciaires ou sur les principes qui doivent être le fondement d'une bonne législation criminelle, appelèrent l'attention des magistrats, des jurisconsultes et des publicistes sur les vices et les abus des lois pénales et des formes appliquées à l'instruction des procès criminels. Un des abus les plus oppressifs de l'ancienne législation, celui des lettres de cachet, fut attaqué avec autant de courage que de persévérance par le vertueux Malesherbes dans ses célèbres remontrances.

Plusieurs académies ou sociétés savantes encouragèrent les réformes invoquées par les philosophes, pour asseoir sur des bases plus solides les garanties publiques, et les travaux de Dupaty, de Servan, de Lacretelle aîné et d'autres écrivains moins connus, mais non moins utiles, introduisirent dans les matières criminelles un droit nouveau fondé sur des maximes conformes à la justice et à l'humanité. La nécessité de détruire les abus préoccupait tous les esprits, et quand Louis XVI réunit l'assemblée des notables, une

---

[1] *OEuvres de Turgot*, édition de Guillaumin. *Sa vie*, par Condorcet.

de ses premières promesses fut de pourvoir à la réformation de la justice civile et de la justice criminelle.

Nous avons cru devoir analyser avec quelque détail les croyances et les opinions qui ont régné pendant les deux siècles les plus célèbres de l'ancienne monarchie, afin de montrer à nu, par le témoignage même des contemporains les plus éclairés, aux sectateurs ignorants ou intéressés du passé les vices fondamentaux et organiques de cette monarchie. Il suffit de comparer les libertés et les garanties que nous possédons avec les institutions que notre première révolution a abolies, pour se convaincre de l'immense progrès que la France a fait depuis soixante ans dans la carrière de la civilisation. Ce que nous ne saurions trop admirer, c'est la pénétration et le courage des grands écrivains qui, ayant conjuré la ruine des vieux abus, ont fait germer avec tant de succès dans leur pays et dans le monde entier des idées qui doivent régénérer les peuples et les unir entre eux par une solidarité commune de droits et d'intérêts.

A aucune époque de la monarchie l'organisation traditionnelle de la société ne s'est mieux dessinée, non seulement en France, mais en Europe, que sous le règne de Louis XIV; c'est la société féodale dégagée de ses rudesses et de ses discordes, mais non de ses hauteurs, de son faste, de sa cupidité et de ses priviléges oppressifs. Au sommet de la hiérarchie sociale apparaissent le roi et sa cour, qui semblent n'avoir d'autre mission que de briller au loin pour imposer aux étrangers par la splendeur des réceptions et des fêtes royales. La noblesse est l'ornement et le bouclier de la royauté, comme la royauté est la source où la noblesse vient puiser l'éclat et l'honneur qui constituent la grandeur et la force de la majesté royale. Dans les moments de péril, le roi fait appel, non à la nation, mais à la noblesse, et celle-ci vole à la défense du trône, comme si la cause du roi n'était pas celle de la nation tout entière, comme s'il n'existait pas entre celle-ci et la royauté une corrélation plus intime qu'entre la royauté et la noblesse;

enfin, la nation, ou plutôt le tiers-état, car celui-ci en représentait l'immense majorité, sert le roi de son or et de son sang, et elle est exclue non seulement de sa présence, mais de ses faveurs et presque de son estime.

Tel était l'état social de la France à une époque où la bourgeoisie avait illustré le nom français dans tous les arts de l'esprit, et où le peuple prodiguait son sang dans les combats, sans autre mobile que l'amour de la patrie et sans autre ambition que l'honneur de l'avoir servie.

Un des plus beaux titres de gloire du dix-huitième siècle, c'est d'avoir réveillé dans le cœur des peuples le sentiment de leur toute-puissance et de leur propre souveraineté. La royauté de Louis XIV, que les partisans de la monarchie absolue ne cessent d'offrir comme un modèle achevé de gouvernement aux peuples et aux rois, ne représenterait en réalité que l'ordre dans le despotisme, que le faste et la profusion dans la richesse, si elle était dépouillée de ce cortége de grands hommes et de chefs-d'œuvre qui charment, qui fascinent l'imagination et qui ont entouré le nom français d'une auréole de gloire dont l'éclat resplendira dans tous les siècles.

Les mœurs du dix-septième siècle furent galantes, surtout à la cour. Le monarque tenta de séparer les hommes des femmes, dans ce brillant foyer de toutes les passions. Ne pouvant maintenir cette séparation, il prétendit soumettre au joug de l'étiquette, et à une sorte de discipline, les rapports des deux sexes; mais l'exemple de l'amant de mademoiselle de La Vallière, de madame de Montespan, et de mademoiselle de Fontanges, ôta toute créance aux paroles sévères du souverain; il finit donc par tolérer la galanterie chez les habitués de Versailles, mais jamais la dépravation [1].

Du reste, ces faiblesses de la haute société furent rachetées par des sentiments de piété que l'éloquence et la sainte

---

[1] Lafare, *Mémoires*, chap. V.

ferveur du clergé réchauffaient sans cesse en elle, et qui l'entraînaient des plaisirs du monde vers les pompes augustes de la religion. Cette réunion de goûts opposés, qui peint si bien la mobilité du cœur humain, fut loin de se soutenir durant la régence et pendant le règne de Louis XV. Non seulement le sentiment religieux s'éteignit, mais le sens moral lui-même fut ébranlé; les liens de la société et ceux de la famille se relâchèrent. On déversa le ridicule sur l'institution du mariage, et les époux affectaient de répudier le titre qui les unissait l'un à l'autre, et de secouer le joug domestique pour chercher la distraction et le plaisir dans des amours passagères, dont le scandale causait quelquefois leur déshonneur et leur ruine [1].

La contagion de la licence n'épargna pas même la cour de Louis XVI. L'honnêteté du prince et les vertus de sa sœur résistèrent seules au torrent. La corruption gagna la société comme la cour, et il semble que l'ouragan révolutionnaire qui se formait pouvait seul purifier et rafraîchir l'atmosphère infecte qui pesait sur la France.

CHAPITRE IV.

AMUSEMENTS DES HABITANTS DE PARIS. — FÊTES ET CÉRÉMONIES PUBLIQUES.

Tour ingénieux et délicat des amusements sous le règne de Louis XIV. — Romans et portraits. — Jeux. — Ses diverses espèces. — Promenades publiques : place Royale, jardin du Temple, jardin des Tuileries, Cours-la-Reine. — Ballets à la cour et à la ville. — Carnaval. — Danses. — Mascarades. — Divertissements. — Concerts spirituels. — Carrousels. — Théâtres. — Racine donne une nouvelle direction à la tragédie. — Molière et sa troupe. — Théâtres où l'on jouait toutes les pièces sans distinction de genre. — Théâtre Italien ou Bouffons. — Fusion générale des artistes jouant la tragédie et la comédie. — Auteurs comiques de second ordre : Regnard, Lesage, Dufresny et Dancourt. — Académie royale de

---

[1] Destouches, le Philosophe marié. La Chaussée, le Préjugé à la mode.

musique, désignée plus tard sous la dénomination d'Opéra.— Amusements du dix-huitième siècle. — Goûts et plaisirs littéraires, plus répandus que dans le siècle précédent. — Condition comparée des hommes de lettres des deux siècles. — Éclat des cercles littéraires. — Jeu. — Nouvelles promenades : jardin des Tuileries, embelli par l'art de Lenôtre; jardin du Luxembourg, Longchamp, bois de Boulogne, boulevard du Temple, jardin du Palais-Royal, Colysée, Wauxhall d'été. — Théâtre. — Voltaire opère à son tour une révolution dramatique. — La comédie est renouvelée comme la tragédie. — Marivaux. — Destouches. — Piron. — Gresset. — Collin d'Harleville. — Influence des mœurs du dix-huitième siècle sur la scène. — Nouveaux théâtres : Italien, Opéra-Comique, théâtre de la Foire, théâtre burlesque, théâtres de société.—Carrousel de 1662.—Réjouissances publiques. — Règlement de police sur les jours fériés.

Après les troubles de la Fronde, les amusements de la société se perfectionnèrent avec les mœurs, par la seule influence du grand siècle, du siècle de la politesse et de l'esprit. Anne d'Autriche brillait à la cour de son fils, moins par l'élévation de son rang que par le charme d'une représentation embellie tout à la fois par l'affabilité, les grâces majestueuses de sa personne, et un sentiment exquis des bienséances attachées aux fonctions de la royauté. La duchesse de Montpensier était aussi le centre d'une société illustre par la beauté, la courtoisie et les dons de l'esprit. D'autres cercles moins éclatants, mais plus agréables, parce que la contrainte de l'étiquette s'y faisait moins sentir, furent le berceau de ce savoir-vivre, de ce commerce élégant du monde, qui ne tarda pas à faire de Paris la capitale de la civilisation et le salon de l'Europe. Les femmes, dans les siècles précédents, étaient l'objet d'un culte chevaleresque; dans le siècle de Louis XIV elles conquirent les hommages de l'esprit, et imprimèrent à ce dernier un tour délicat et ingénieux qui répandit tant de charme sur les relations de la société. C'est ce genre d'esprit qui a fait la fortune de ces monuments gracieux que la poésie légère a consacrés à l'amour ou à la galanterie, et dont le secret et le goût semblent s'être perdus de nos jours avec la tradition des anciennes mœurs.

Dans les salons le passe-temps des femmes consistait à faire des nœuds de rubans, des écharpes, à lire les romans de mademoiselle de Scudéry, dont les grands coups d'épée avaient tant d'attrait pour madame de Sévigné, et ceux de madame de La Fayette que la postérité a mis au rang des productions les plus délicates de l'esprit. Les fables de La Fontaine, et quelques-uns de ses contes (je parle des moins licencieux), couraient de mains en mains. Boileau faisait des lectures de ses beaux vers dans les cercles les plus à la mode, et La Bruyère tenait en éveil la curiosité et la malice du public, par une suite de caractères et de tableaux dont le trait profondément creusé, et la vérité ingénieuse ou énergique, semblaient offrir aux yeux, non des portraits de fantaisie, mais des figures pleines de vie et saisissantes par leur ressemblance avec des personnages connus.

Cette forme de l'art d'écrire fut rendue d'autant plus piquante par le talent de La Bruyère, que de son temps l'usage s'était introduit parmi les beaux esprits et même chez les femmes du grand monde, de retracer dans des portraits les qualités et les défauts des personnes que la naissance, le rang ou l'esprit faisaient distinguer de leurs semblables. L'amitié, les rivalités de l'ambition, et quelquefois le penchant à la satire dirigeaient la plume de l'écrivain. Cet amusement subsista jusqu'à la régence.

Dans une cour où la représentation était regardée par le monarque comme un moyen de gouvernement, le jeu dut tenir une grande place parmi les amusements des princes et des courtisans. La noblesse mettait une sorte de point d'honneur à jouer sa fortune sur une carte, comme sa vie sur un champ de bataille. Dans quelques grandes maisons, l'on jouait au trente et quarante des bijoux, des points de Venise de grand prix, des rabats valant de soixante-dix à quatre-vingts pistoles. L'argent ne paraissait presque jamais sur la table ; à la fin du jeu on apportait une écritoire, chacun écrivait sur une carte ce qu'il devait à l'autre, et l'on payait le lendemain ce qu'on avait perdu, au porteur de cette carte[1].

---

[1] Gourville, *Mémoires*, p. 334, collection Petitot.

Le goût des jeux de hasard en multiplia le nombre. Celui dont la mode se maintint le plus longtemps à la cour, fut la bassette; on y jouait avec fureur. Dangeau, qui avait la tête d'un algébriste, quoique étranger aux mathématiques, excellait dans toutes sortes de jeux. Il s'y était enrichi par des combinaisons qu'il puisait dans ses seules réflexions, ce qui ne l'empêchait pas de conserver une parfaite liberté d'esprit au jeu du roi, et d'égayer celui des reines, en leur gagnant des sommes considérables [1]. Le quinquenove, le hoca et le lansquenet étaient, après la bassette, les jeux que l'on jouait le plus. Avant que le roi eût abandonné le jeu du hoca, qu'il avait fini par proscrire comme trop dangereux, il le tenait quelquefois chez la dauphine, et quand il perdait, il payait autant de louis que les courtisans mettaient de petites pièces [2]. Madame de Montespan, dans une soirée de la cour, où l'on jouait à la bassette, perdit quatre millions; toutefois, ayant continué de lutter contre la banque, elle parvint à s'acquitter dans la même soirée. Le lendemain la bassette fut supprimée [3].

La fraude dont plusieurs joueurs à la mode ne dédaignaient pas de se servir, dans les cercles les plus distingués, se glissa jusque dans les appartements du roi [4].

Les promenades publiques étaient rares à Paris. Elles se réduisaient à la place Royale (au Marais), au jardin du Temple, qui n'existe plus, et aux Tuileries. Le jardin des Tuileries n'était alors qu'une ébauche de ce qu'il est devenu depuis. Il avait moins d'étendue qu'aujourd'hui, et l'art de Lenôtre n'en avait pas fait un des plus beaux ornements de la capitale. Sur une partie de l'emplacement actuel des Champs-Élysées, il existait une promenade appelée le *Cours-la-Reine*, parce qu'elle avait été exécutée pendant la régence de Marie de Médicis. Cette promenade était fréquentée d'or-

---

[1] *Éloge de Fontenelle*, Dangeau.
[2] Madame de Caylus, *Souvenirs*, p. 136, édit. d'Amsterdam, 1770.
[3] Madame de Sévigné, t. III, *Lettre* n° 655, édition de Lefèvre, note 2.—
[4] *Ibid.*, t. I, *Lettre* n° 118, et *Mémoires du comte de Grammont*.

dinaire par la cour et le beau monde. On s'y rendait en voiture et à cheval; c'était le bois de Boulogne du temps [1].

Dès la première jeunesse du roi, les plaisirs et les fêtes se succédèrent à la cour aussi bien qu'à la ville. Louis XIV ne dédaignait pas les invitations qui lui étaient faites; il dansait et jouait dans les ballets des fêtes qu'on lui donnait comme dans ceux qui étaient représentés à sa cour. Les femmes les plus gracieuses de la haute noblesse et l'élite des artistes y figuraient avec le roi. Durant le carnaval, ce n'était que danses, mascarades et divertissements. L'arrivée du carême n'interrompait point les plaisirs; ils changeaient seulement de nature et de caractère. Les concerts spirituels et les carrousels, mieux assortis aux graves exercices qui appelaient les fidèles dans les temples, occupaient et charmaient la cour [2].

Nul amusement n'offrait pourtant un plus vif attrait à toutes les classes de la société que celui des représentations théâtrales. Parmi ces représentations, il en est qui contrastaient d'une manière pénible avec les mœurs douces et polies de la société; c'étaient celles d'un cirque ou plutôt d'une espèce d'arène où l'on faisait combattre des ours, des taureaux, des dogues, des lions, et autres animaux, pour le plaisir du jeune monarque et du public [3].

Le goût du théâtre devint si général que les jésuites composèrent dès lors des tragédies latines, et les firent jouer dans leurs colléges par les élèves les plus distingués, en présence de tout ce que l'Église, la cour et les lettres comptaient de plus illustre. La scène que Corneille avait enrichie de tant de chefs-d'œuvre avait besoin d'être renouvelée; outre que l'auteur de *Cinna* déclinait avec l'âge, la satiété du public semblait convier le génie dramatique de la France à marcher désormais dans une carrière non encore frayée et féconde en émotions nouvelles. Racine, à

---

[1] Walckenaer, *Mémoires sur madame de Sévigné*, 11e partie, p. 480 et suiv.

[2] Walckenaer, *Mémoires sur madame de Sévigné*, 11e partie, chap. II.

[3] Collection Lamoignon, ordonnance du 3 août 1645, t. XII, p. 607.

qui sa vocation de poëte avait révélé ce besoin intellectuel, comprit que, dans une cour galante, les sentiments tendres et les passions orageuses excitées par l'amour devaient ouvrir à l'écrivain dramatique un horizon nouveau et une source de beautés capable tout à la fois de ranimer et de rajeunir la scène tragique.

Après quelques essais imparfaits sur lesquels l'auteur semblait avoir voulu mesurer l'essor de son génie naissant, il composa *Andromaque,* qui fut le premier anneau de cette chaîne brillante de chefs-d'œuvre dont il dota le Théâtre-Français, et qui ont conduit son nom à l'immortalité. Racine fut admis à la cour, ainsi que Molière et Boileau. Le roi avait pour lui des égards particuliers, à cause de son admirable talent et de la distinction de ses manières; il se plaisait dans ses entretiens, et il en avait fait son lecteur favori, malgré le privilége des lecteurs brevetés de sa cour. Louis XIV donna des pensions à Molière et à Boileau; il y ajouta, à plusieurs reprises, des libéralités importantes; mais Racine fut traité avec plus de munificence que ses rivaux de gloire, qui furent en même temps ses amis.

Jusqu'à la fin du dix-septième siècle, toutes les compositions scéniques étaient jouées, sans distinction de genre, sur les théâtres de l'hôtel de Bourgogne, du Marais et du Palais-Royal. Molière, qui fut inimitable comme auteur comique, excellait aussi dans l'art théâtral. Après avoir donné en octobre 1568, avec sa troupe, une représentation au Louvre devant la cour, il obtint du roi l'autorisation de jouer dans la salle du Petit-Bourbon, place Saint-Germain-l'Auxerrois, alternativement avec les comédiens italiens, dont le répertoire consistait aussi en pièces françaises, mais d'une nature bouffonne. Cette salle ayant été démolie quelque temps après, les deux troupes furent autorisées à s'installer sur le théâtre du Palais-Royal. En 1673, après la mort de Molière, les comédiens qu'il avait formés, réunis à ceux du Marais, vinrent s'établir dans la salle de la rue Mazarine, en face de la rue Guénégaud. Cette situation dura jusqu'en 1680, époque à laquelle il s'opéra une fusion générale entre ces artistes et la troupe de l'hôtel de Bourgogne. De ce moment, le théâtre de la rue Mazarine offrit, pour la première fois, au public des représentations tous les jours, usage qui s'est maintenu depuis dans tous les spectacles. Neuf ans après, les acteurs de ce théâtre transportèrent leur établissement rue Neuve-des-Fossés-Saint-Germain-des-Prés (aujourd'hui rue de l'Ancienne-Comédie) [1].

Regnard, qui tint le premier rang parmi les auteurs comiques du second ordre, car Molière ne connut point de rival, laissa des traces brillantes de son passage dans la haute comédie; mais la vivacité et la gaieté de son esprit le rendaient plus propre à écrire la comédie de mœurs que la comédie de caractère. Lesage, sous ce dernier point de vue, approcherait plus que Regnard de notre grand comique. Dufresny et Dancourt, bien inférieurs à l'auteur du *Joueur* et du *Légataire universel*, ont enregistré dans les annales du théâtre les travers qu'ils voyaient passer, et leurs ébauches, surtout celles du second, sont pleines de naturel et de franchise.

L'Académie royale de Musique fut ouverte, en 1671, dans la rue Mazarine. On la transféra ensuite rue de Vaugirard, près du Luxembourg. En 1673, Lulli, son directeur, prit possession de la salle du Palais-Royal, et depuis cette époque ce théâtre, qui changea de titre et prit celui d'Opéra, ne quitta plus la partie septentrionale de Paris. L'Académie royale de Musique pourvoyait ordinairement aux spectacles de la cour. On jouait des opéras ou des fragments d'opéras à Versailles, à Fontainebleau, à Marly, à Choisy et dans les principales résidences royales. Ce genre de spectacle, joint à quelques pièces des théâtres Français et Italien, et à d'anciens ballets, composait tout le répertoire du théâtre de la cour [2].

---

[1] Catalogue de la bibliothèque dramatique de M. de Soleinne, rédigé par le bibliophile Jacob, t. III.

[2] Catalogue de la bibliothèque dramatique de M. de Soleinne, t. III. Collection Lamoignon, ordonn. des 28 juin 1669 et mars 1672, t. XV, p. 503 et 988.

La société du dix-huitième siècle fut peut-être plus littéraire que celle du siècle précédent, si l'on considère l'influence que les gens de lettres exercèrent sur les esprits et sur le progrès des institutions. Sous Louis XIV, que l'on peut regarder comme le plus ferme soutien de l'ordre hiérarchique en France, les hommes de lettres, même les plus éminents, étaient moins les familiers que les clients de la haute noblesse. Vardes et Dangeau passaient pour des courtisans souples et déliés que la faveur du prince avait rendus importants, au lieu que Racine n'était qu'un grand poëte. Il fallait qu'un homme de lettres subît la protection d'un personnage considéré à la cour pour obtenir une modique pension, ou qu'il se résignât à être pauvre. La munificence tant vantée de Louis XIV pour les gens de lettres et les savants n'était, en réalité, qu'une pure ostentation, et c'est pourquoi elle s'étendit plus sur les étrangers que sur les régnicoles. Si l'on excepte ceux que le roi avait admis dans son intimité, et que nous avons déjà eu l'occasion de nommer, combien d'hommes supérieurs ou distingués dans les lettres et les sciences restèrent étrangers à la distribution de ses libéralités ! Pendant le dix-huitième siècle, le successeur du grand roi fut beaucoup moins porté que ce dernier à encourager les arts de l'esprit ; il fut surtout moins généreux envers ceux qui les cultivaient, et il exclut tout à fait de ses dons les écrivains philosophes, qu'il semblait redouter comme des novateurs dangereux ; mais si les gens de lettres furent pauvres en général sous son règne, ils se montrèrent plus jaloux de leur indépendance que leurs devanciers, et ils recherchaient moins ce qu'on appelait les hommes de qualité, qu'ils n'en étaient recherchés.

En exposant les usages de la société, au dix-huitième siècle, nous avons fait connaître les cercles que les hommes de lettres avaient rendus célèbres par leurs spirituelles causeries. La verve, ou, comme on dirait aujourd'hui, la fantaisie de quelques-uns d'entre eux, était inépuisable, et se reproduisait sous les formes les plus piquantes. Les poësies de Voltaire, ses pamphlets, et même ses lettres, étaient colportés avec empressement dans les salons à la mode par ses admirateurs. Montesquieu, quand il voulait donner carrière à son esprit, brillait par une conversation pleine de trait, et relevée par une bienveillance naturelle qui en redoublait le charme. Enfin, en aucun temps, les cercles de Paris n'attirèrent plus d'étrangers de marque et ne furent plus goûtés par eux.

Le jeu avait envahi tous les salons; les cercles littéraires, ou du moins quelques-uns d'entre eux, soutinrent les droits de l'esprit contre cette invasion aussi sotte que ruineuse, et parvinrent à rétablir la suprématie des lettres dans la haute société. De nouvelles promenades embellissaient Paris; outre les Tuileries et le jardin du Luxembourg, on fréquentait la promenade de Longchamp, qui était fort brillante : on y étalait un grand luxe dans les équipages et dans les toilettes; une jeunesse empressée, montée sur des chevaux de prix, formait pour ainsi dire le cortége des jolies femmes; les filles entretenues dépensaient des sommes énormes pour y éclipser les femmes des plus riches fermiers généraux et des plus grands seigneurs. Le même spectacle attirait les yeux au bois de Boulogne.

Les boulevards du Temple devinrent à leur tour le rendez-vous de la meilleure compagnie. Chaque jour, et principalement le jeudi, de nombreuses voitures allaient, venaient, ou stationnaient le long des contre-allées de ces boulevards, qui étaient garnis de cafés ou animés par de joyeuses parades. Des cavaliers élégants caracolaient, comme à Longchamp, autour des voitures. Enfin, les contre-allées, ou les bas-côtés, étaient remplies de promeneurs qui se plaisaient à contempler les jolies femmes et l'éclat de leurs parures, ou à lancer des épigrammes contre celles qui ne leur paraissaient pas dignes de figurer dans la brillante élite des beautés parisiennes.

Le jardin du Palais-Royal formait une des promenades les plus agréables de Paris ; il était plus vaste qu'il ne l'est maintenant : les galeries qui le bordent n'existaient pas encore. Sur le côté gauche, on voyait s'élever une longue allée plantée de beaux arbres dont le feuillage touffu était impénétrable aux rayons du soleil, et sous lequel venait s'asseoir la bonne compagnie, en grande parure. Les femmes d'une certaine condition et ceux qui les recherchaient s'étaient séparés de celle-ci, et réfugiés sous les quinconces du jardin.

L'Opéra occupait alors le théâtre du Palais-Royal. Dans les jours d'été, le spectacle finissait à huit heures et demie, et en sortant de la salle, le monde élégant venait se promener dans le jardin. Les dames, selon la mode du temps, y portaient de gros bouquets, et le parfum qu'ils exhalaient, joint à celui que répandaient les poudres odoriférantes dont les cheveux de chacun étaient couverts, embaumait l'air qu'on y respirait. Les plaisirs simples que l'on chercha d'abord dans ces soirées furent assaisonnés ensuite de morceaux de chant et de musique exécutés par les meilleurs artistes ; on y jouait de la harpe et de la guitare. Garat et Alsévédo y faisaient entendre les accents d'une voix tendre et mélodieuse, et le fameux Saint-Georges de brillants concerts de violon.

Un nouveau passe-temps fut offert au public par le Colysée construit dans un des grands carrés des Champs-Élysées, et formant une immense rotonde. Au milieu était un lac rempli d'eau limpide, et sur lequel on représentait des jeux nautiques. De larges allées sablées et garnies de siéges régnaient tout autour. Les personnes qui n'assistaient pas aux joûtes y prenaient le plaisir de la promenade. Dès que la nuit était close, on se réunissait dans une vaste salle où des artistes distingués exécutaient un concert à grand orchestre.

A peu près dans le même temps, le Wauxhall d'été, situé sur le boulevard du Temple, attirait aussi une nombreuse affluence. Cet établissement n'était autre chose qu'un grand jardin destiné à la promenade, et autour duquel s'élevaient des gradins couverts. On s'y réunissait de jour dans la belle saison, et la soirée finissait par un feu d'artifice splendide [1].

Les amusements dramatiques pendant le dix-huitième siècle continuèrent à garder la prééminence sur tous les autres ; cette prééminence fut même plus marquée. Voltaire tenta sur le Théâtre-Français une révolution semblable à celle qui fonda la gloire littéraire de Racine ; il ouvrit à de nouvelles passions l'arène tumultueuse de la tragédie, et en changeant la face du théâtre, il en ranima le goût, qui commençait à se blaser. Cette tâche, œuvre d'un génie élevé, fut accomplie par lui avec un talent poétique moins parfait que celui de Racine, mais avec une imagination plus passionnée et une âme plus ardente.

L'esprit rénovateur du temps fit subir aussi à la comédie des métamorphoses qui furent moins heureuses que celles dont la tragédie éprouva l'influence ; en effet, loin d'engager l'art dans une voie de progrès, elles le détournèrent de son ancienne carrière, où il avait répandu tant d'éclat, pour le jeter dans des essais tels que le drame bourgeois et le marivaudage. Heureusement, la tradition de l'école de Molière et de celle de Regnard ne fut point délaissée. Destouches, Piron, Gresset et Collin d'Harleville continuèrent cette génération charmante autant qu'utile d'écrivains dont les ouvrages nous instruisent en nous amusant, et nous guérissent de nos travers en nous égayant sur ceux de nos semblables. Un essaim d'auteurs plus légers, mais non moins ingénieux, retraça dans des esquisses pleines de finesse et de naturel, non plus les passions et les vices qui assaillent incessamment le cœur humain, mais les ridicules qui voltigent pour ainsi dire sur la surface de la société et les intrigues ourdies dans son sein par la coquetterie ou l'amour.

Les mœurs du dix-huitième siècle poussèrent la politesse

---

[1] *Souvenirs de madame Vigée-Lebrun*, t. I, Lettres II et III.

jusqu'au raffinement et à l'afféterie, quoique les bienséances qu'imposent certaines professions fussent, d'ailleurs, étrangement méconnues. On vit dans les salons de jeunes abbés chanter des romances en s'accompagnant sur la guitare, tandis que des colonels faisaient de la tapisserie [1]. La régularité des mœurs était taxée, dans une certaine région de la société, de petitesse et de niaiserie chez les jeunes gens, et il n'était pas rare qu'une mère de famille préférât de donner pour mari à sa fille un homme éventé et à bonnes fortunes, plutôt qu'un jeune homme recommandable par sa conduite et son mérite. Ces traits de mœurs devaient être communs, puisqu'ils furent traduits sur la scène [2]. Les grands seigneurs et les magistrats étaient parodiés en plein théâtre, et non seulement ils souffraient qu'un valet réformateur leur donnât des leçons, mais ils se mêlaient comme spectateurs au public, qui insultait à leur caractère, et ils battaient des mains avec lui. De tels symptômes accusaient la décadence morale du siècle, et faisaient pressentir l'approche d'une crise sociale [3].

La liste des théâtres reçut plusieurs accroissements. Il s'établit en 1716, dans l'ancienne salle de l'hôtel de Bourgogne, un spectacle où l'on représentait des pièces et des canevas italiens. Ce spectacle prit le nom de *Nouveau théâtre italien*. Il éprouva, comme la plupart des théâtres qui l'avaient précédé, des vicissitudes diverses. Le même sort fut réservé à l'Opéra-Comique, ouvert en 1789 sous le nom de *Théâtre de Monsieur*. Il fut installé dans la salle des Tuileries.

Le théâtre de la Foire et le théâtre Burlesque occupèrent une grande place dans les plaisirs du dix-huitième siècle ; nos pères riaient beaucoup des pièces facétieuses, égrillardes ou grotesques qu'on y représentait. Les pièces du premier de ces spectacles, arrangées en opéras comiques ou

---

[1] *Le Cercle*, comédie de Poinsinet.
[2] OEuvres de madame de Staal, *la Mode*, comédie.
[3] Théâtre de Beaumarchais, *le Mariage de Figaro*.

en vaudevilles, furent écrites par des hommes dont plusieurs ont laissé un nom durable dans la comédie. Je me contenterai de citer parmi eux les noms de Lesage, Collé, Panard, Favart et Vadé [1].

La société polie de Paris ne ne bornait pas à fréquenter les spectacles ; on jouait de spirituelles comédies, et même des opéras comiques dans quelques grandes maisons et dans plusieurs châteaux voisins de la capitale. Ces comédies, écrites pour les spectateurs choisis qui devaient assister à leur représentation, n'étaient imprimées que pour eux. Les acteurs et les actrices étaient pris parmi les joyeux élus de ces fêtes intimes. Les théâtres de société les plus renommés étaient ceux de mademoiselle Dangeville, du comte de Montalembert, de M. de Lagarde, de M. de la Popelinière, de mesdemoiselles Thévenin et Guimard de l'Opéra [2].

Madame d'Épinay raconte dans ses Mémoires qu'elle joua plusieurs fois la comédie sur un joli théâtre que son beau-père avait fait construire dans son château d'Épinay. Elle débuta, ainsi que madame d'Houdetot, dans *l'Engagement téméraire*, comédie de Jean-Jacques Rousseau. Cette pièce, qui n'eût pas réussi sur un grand théâtre, fut fort applaudie à Épinay. L'auteur y joua un rôle [3]. Là où l'on ne donnait pas de représentations théâtrales, on lisait au milieu d'un cercle nombreux les tragédies et les comédies de nos meilleurs auteurs. Plusieurs dames du grand monde excellaient dans la lecture de la comédie. Le goût des plaisirs littéraires ne s'éteignit qu'avec l'ancienne civilisation, laquelle fut ensevelie sous les décombres de la vieille monarchie.

Une des fêtes les plus remarquables qui signalèrent le règne de Louis XIV, fut le carrousel qui eut lieu en 1662, devant le palais des Tuileries, sur le vaste espace formant

---

[1] Catalogue de la bibliothèque dramatique de M. de Soleinne, t. III.
[2] *Mémoires de Marmontel*, t. I, liv. IV.
[3] *Mémoires de madame d'Épinay*, t. I, p. 201, 3ᵉ édition.

aujourd'hui la place dite du Carrousel, en souvenir des courses brillantes dont elle fut le théâtre à cette époque. Le camp, large d'environ quarante-cinq toises, était fermé de doubles barrières, distantes l'une de l'autre de quinze toises pour le passage des quadrilles. Les chevaux de main des chevaliers occupaient l'espace resté libre au delà de la dernière barrière, et séparant celle-ci de l'amphithéâtre dressé autour du camp pour les personnes invitées. Cet amphithéâtre était composé de quatre rangs de gradins capables de contenir environ quinze mille spectateurs.

Au milieu de la façade principale des Tuileries, on avait élevé une tribune destinée aux deux reines, aux princes et aux princesses de la cour.

Les quadrilles devant concourir aux courses de têtes et de bagues ordonnées par le roi, étaient au nombre de cinq, et représentaient les nations les plus célèbres, c'est-à-dire les Romains, les Persans, les Turcs, les Indiens et les sauvages de l'Amérique.

Le roi commandait les Romains, *Monsieur* les Persans, le prince de Condé les Turcs, le duc d'Enghien les Indiens, et le duc de Guise les Américains. Chaque quadrille portait le costume propre à la nation qu'il représentait.

Le maréchal de Grammont fut chargé de diriger la fête avec le titre de maréchal de camp général.

L'ouverture des courses ayant été fixée au 5 juin, les gardes suisses et françaises furent rangées dès le matin en haie le long des rues de Richelieu, Saint-Honoré et Saint-Nicaise, à partir de la place Vendôme où les quadrilles devaient se réunir.

En tête de ceux-ci marchait le maréchal de camp général, vêtu à la romaine, d'un habit orné de broderies d'or et d'argent, sur un fond de satin couleur de feu; ses brodequins avaient la même couleur, qui, du reste, était celle du quadrille royal.

Une multitude de rubis et de pierreries brillait sur son costume, et relevait l'éclat de son casque ombragé d'un grand bouquet de plumes couleur de feu, du milieu duquel se détachait avec élégance une aigrette noire.

Le maréchal de camp général portait en sa main le bâton de commandant, qui était d'or. Sur le harnais de son cheval étaient figurés de grands aigles, entourés de riches broderies. Les crins et la queue du coursier étaient ornés de rubans.

Cet officier général était suivi de quatre aides de camp superbement vêtus. Il se posta à l'entrée de l'amphithéâtre pour y recevoir les quadrilles. Celui du roi se présenta le premier, et défila dans l'espace compris entre les deux barrières, devant la tribune où les reines étaient assises, ayant à leur côté ou autour d'elles la reine d'Angleterre, Madame, Mademoiselle, ainsi que les princesses et dames de la cour. Parmi celles-ci, une des plus belles et des plus modestes, mademoiselle de La Vallière, tendrement aimée du roi, était l'héroïne cachée de la fête.

Cette tribune était surmontée d'un dais de velours violet enrichi de grandes fleurs de lys d'or, de même que les draperies qui couvraient la balustrade.

Au-dessous siégeaient quatre maréchaux faisant l'office de juges du camp; près d'eux étaient les ambassadeurs et ministres étrangers.

Sur le front du quadrille du roi marchaient à cheval un timbalier et des trompettes sonnant des fanfares.

Après eux venait un écuyer ordinaire suivi de vingt chevaux de main des chevaliers composant le quadrille. Ces chevaux, allant deux à deux, étaient menés chacun par deux palefreniers.

Vingt-quatre pages portant des javelines étaient conduits par deux écuyers, précédés de l'écuyer de la grande écurie.

A leur suite on voyait cinquante chevaux de main du roi, menés comme les précédents, sous les ordres de l'écuyer de la petite écurie;

Puis trois timbaliers et huit trompettes, après lesquels

marchaient cinquante valets de pied, représentant des licteurs qui portaient des faisceaux d'or ;

Enfin, deux écuyers de la grande écurie du roi, le premier portant la lance du monarque, et l'autre l'écu de sa devise, lequel représentait un soleil dissipant des nuages, avec ces mots : *ut vidi vici.*

Le comte de Noailles, capitaine des gardes du corps, maréchal de camp du quadrille royal, et vêtu à la romaine, comme tous ceux qui le composaient, précédait le roi qui marchait seul, et dont la mine haute et majestueuse était parfaitement assortie au costume des maîtres du monde.

A quelques pas en avant du roi, et après lui, venaient deux écuyers, tous quatre enseignes des gardes du corps. Les chevaliers ou aventuriers du quadrille royal défilèrent à la suite du monarque, d'un air noble et martial. Ce quadrille était fermé par un écuyer ordinaire, tenant à la main l'épée du roi, et suivi de quarante estaffiers, ainsi que de vingt pages, portant les lances et les écus des chevaliers.

Après le défilé, le quadrille du roi entra dans le grand carré de la course, où il se posta, en décrivant un large demi-cercle dont le monarque occupa le milieu.

Tous les autres chefs avaient la même suite, et gardaient le même ordre.

Les couleurs distinctives du premier quadrille étaient la couleur de feu et le noir.

Le deuxième avait pour couleurs l'incarnat et le blanc ; le troisième, le blanc et le noir ; le quatrième, la couleur de chair et le jaune, et le cinquième le vert et le blanc.

Les quadrilles, ayant défilé devant les reines, se séparèrent tous en fort bel ordre, et chacun d'eux fut prendre place au poste marqué par son maréchal de camp, en attendant le signal de la course. Le maréchal de camp général, ayant fait poser les têtes et fermer les barrières, ordonna la distribution d'imprimés qui contenaient les lois du camp.

Le chevalier ayant emporté le plus de têtes dans la course devait obtenir le prix. Celle-ci, qui d'ordinaire n'était faite que par un seul homme, se fit par quatre chevaliers, simultanément, ce qui la rendit plus difficile et plus intéressante.

Chaque chevalier courait la lance à la main, le long de la barrière, et tâchait d'emporter une tête de Turc posée sur un buste de bois doré tenant à la barrière même; puis, quittant la lance, il prenait un javelot, et venait darder une tête de More placée sur un autre buste. Après avoir exécuté plusieurs évolutions, les quatre chevaliers venaient darder la tête d'une Méduse présentée dans un bouclier par un Persée, qui tenait dans l'autre main une épée comme pour se défendre; enfin les champions de la course tentaient une dernière épreuve, qui consistait à emporter, l'épée à la main, une tête posée sur un buste à un pied de terre.

Tous les chevaliers qui prirent part à la course montrèrent dans leurs exercices autant d'adresse que de grâce. Le roi, qui courut avec eux et leur disputa le prix avec beaucoup d'ardeur, emporta toutes les têtes; mais il ne satisfit pas aussi complétement aux règles du camp que le marquis de Bellefond, l'un des chevaliers du quadrille de Monsieur. Ce dernier, ayant été proclamé vainqueur, reçut des mains de la reine, au bruit des fanfares et des trompettes, une magnifique boîte garnie de diamants.

La course de bague eut lieu le lendemain.

Les quadrilles partirent de l'Arsenal pour se rendre vers le camp, en traversant la place Royale, la rue Saint-Antoine, plusieurs autres rues et la rue Saint-Honoré, jusqu'à celle qui conduisait directement à la place du carrousel.

Le roi étant arrivé sur le lieu de la course et la famille royale, ainsi que la cour, ayant pris place dans les tribunes qui leur étaient réservées, la course commença avec la même cérémonie, en présence d'une foule immense qui se pressait non seulement sur l'amphithéâtre établi autour du camp, mais jusque sur les toits du palais des Tuileries et des maisons voisines. Les chevaliers se signalèrent tous par une grande dextérité, ainsi que le roi, qui emporta la bague.

Toutefois, il fut surpassé en adresse et en bonne grâce par le comte de Sault, chevalier du quadrille du prince de Condé, lequel reçut à titre de prix, des mains de la reine mère, un très beau diamant, qui lui fut décerné aux applaudissements de tous les spectateurs et au bruit des fanfares [1].

Dans les réjouissances publiques, la police substitua les illuminations aux feux de joie, et cette sage innovation a été constamment maintenue [2].

Nous devons applaudir aussi à un autre changement. Au lieu du plaisir stérile produit par les feux d'artifice, on eut la pensée tout à la fois généreuse et patriotique de célébrer les événements qui intéressaient la nation par le mariage de plusieurs filles pauvres, que la ville dotait, et par la délivrance des prisonniers que leur bonne conduite et leur repentir avaient rendus dignes de pardon. Ce changement ne fut pourtant pas définitif; car dans plusieurs circonstances, on revenait à l'ancien usage des feux d'artifice, que l'on combinait souvent avec des mariages et l'exercice de la clémence.

La munificence municipale faisait dresser, pendant les jours de réjouissance publique, des buffets auxquels on conviait la multitude par de pompeuses descriptions, qui se résolvaient presque toujours en orgies. Les fontaines de vin, coutume immémoriale, donnaient lieu aussi, dans la foule, à des ondulations ou à des mêlées orageuses, dont le but était de conquérir un seau de vin, et qui occasionnaient des luttes et des incidents fort divertissants pour la petite bourgeoisie.

Il en était de même des symphonies, des rondes et des danses exécutées sur des tréteaux par des joueurs d'instru-

---

[1] Registre contenant la description coloriée et le texte des courses faites, en 1662, devant les Thuileries. Imprimerie royale, 1670. On peut consulter ce registre à la Bibliothèque nationale, section des estampes.
[2] Collection Lamoignon, *Ordonn. de police*, 24 août 1739, t. XXXIII, p. 600.

ments de bas étage, lesquels attiraient autour d'eux une foule dont les ébats ressemblaient plus à une bachanale bruyante et grossière qu'à une fête patriotique [1].

L'importance attachée par Louis XIV aux pratiques de la religion catholique le rendit très sévère sur l'observation des règlements de police touchant l'observation des jours fériés. Quoique Louis XV n'eût pas le droit, à cause des scandales révoltants de sa cour, de se montrer aussi difficile que son aïeul, qui lui-même n'était pas exempt de blâme sous ce rapport, il maintint en vigueur les anciennes ordonnances, ainsi que Louis XVI, le seul des trois qui, par la pureté de ses mœurs, put véritablement exiger de son peuple une exacte obéissance à des prescriptions auxquelles il se conformait lui-même, moins par étiquette que par conviction [2].

---

[1] Mercier, *Tableau de Paris*, chap. CCXXIII.
[2] Delamare, t, I, p. 376 et suiv.

TITRE TROISIÈME.

DE LA POLICE DANS SES RAPPORTS AVEC LES DOCTRINES RELIGIEUSES, LA LIBERTÉ D'ÉCRIRE, LE MAINTIEN DES BONNES MOEURS ET LA PAIX PUBLIQUE.

CHAPITRE UNIQUE.

Situation des protestants sous le ministère de Mazarin et sous celui de Colbert. — Ils jouissent des prérogatives des autres citoyens et ils contribuent à enrichir l'État par leur industrie. — Changement de système provoqué par Louvois. — Ils sont exclus des emplois et froissés de nouveau dans leurs croyances. — Conversions par insinuation, par distribution d'argent, par violence. — Révocation de l'édit de Nantes. — Politique du régent, plus humaine envers les protestants. — Retour du duc de Bourbon aux rigueurs des anciens édits. — Louis XVI rend l'état civil aux protestants. — De la liberté d'écrire au dix-septième et au dix-huitième siècle. — Profusion des lois somptuaires. — Jeu, ses diverses espèces. — Régime des cabarets, des maisons garnies. — Prostitution. — Mendicité et vagabondage. — Paix publique. — Lois répressives du duel.

Nous avons dit que, pendant le ministère du cardinal Mazarin, les dissidences religieuses, qui avaient tant de fois troublé l'État, semblèrent faire place à une tolérance mutuelle entre les catholiques et les réformés, et que le gouvernement personnel de Louis XIV favorisa cette tolérance en admettant les protestants à tous les emplois, pour les incorporer plus complétement dans la nation.

Cette tendance, que Colbert encourageait afin de maintenir la sécurité nécessaire aux progrès de la fortune publique, fut combattue avec persévérance par les remontrances du clergé, par les insinuations des jésuites et par l'inimitié combinée de Le Tellier et de Louvois, tous deux jaloux du crédit de leur collègue dans le conseil du roi.

Louis XIV, peu instruit du fond de la doctrine des réformés, n'était malheureusement que trop porté à se défier de leur fidélité comme sujets. Il n'entra toutefois qu'avec hésitation dans la carrière d'intolérance où le clergé l'entraîna, de concert avec quelques-uns de ses ministres; mais du moment qu'il y eut fait les premiers pas, son autorité, intéressée à vaincre la résistance des dissidents qui voyaient dans ces tentatives de contrainte du gouvernement un attentat à la liberté de conscience, employa tous les moyens capables de saper la religion protestante dans ses fondements. Il fit fermer les temples des réformés sous le moindre prétexte, leur interdit d'épouser des filles catholiques. Les intendants et les évêques ne négligeaient aucune occasion de leur ôter leurs enfants pour les élever dans les principes du catholicisme. Colbert reçut ordre de ne plus admettre les réformés dans les fermes, et on en vint jusqu'à les exclure des communautés des arts et métiers. Néanmoins, le roi exigea qu'on n'usât envers eux d'aucune violence. On procédait par insinuation autant que par voie de sévérité; et quand on jugeait nécessaire de recourir à la rigueur, on cherchait à la revêtir des formes de la justice [1].

L'argent fut le ressort le plus efficace que l'on mit en usage pour obtenir des conversions. Dans la classe indigente, de petites sommes distribuées avec discernement multiplièrent le nombre des convertis. On présentait au roi, tous les trois mois, la liste de ceux qui avaient cédé, durant cet intervalle, à la crainte ou à l'appât de l'argent; on lui faisait entrevoir une moisson plus abondante s'il consentait à faire de sa puissance un emploi moins prudent et plus vigoureux [2].

Louis XIV, naturellement enclin au despotisme, couvrit, dans cette circonstance, du manteau de la religion la con-

---

[1] Isambert, *Recueil général des anciennes lois*, ordonn., 11 janvier 1657, t. XVI, p. 346; ordonn., 19 mai 1681, p. 268.
[2] Rulhières, *Éclaircissements sur la révocation de l'édit de Nantes*, t. I.

descendance qu'il montra envers la partie de son conseil qui voulait précipiter la ruine du protestantisme par l'emploi de mesures extrêmes. Il donna une déclaration qui admettait les enfants des réformés à renoncer à leur religion dès l'âge de sept ans, et pour mieux assurer l'effet de cet acte, les intendants furent autorisés, en cas d'opposition de la part des parents, à placer chez eux des gens de guerre en permanence et à se saisir de leurs enfants pour les faire abjurer [1].

Louvois, comme ministre de la guerre, usa de ce moyen violent avec si peu de retenue qu'il porta l'alarme dans toutes les familles protestantes et que plusieurs d'entre elles préférèrent de s'expatrier plutôt que de supporter l'oppression morale qu'on voulait faire subir à leurs enfants. Le nombre des émigrants s'accrut de plus en plus, et les étrangers se hâtèrent de leur offrir l'hospitalité pour profiter de l'industrie ou des richesses qu'ils emportaient avec eux. L'Angleterre surtout, ainsi que le Danemark et la Hollande, accueillirent les fugitifs avec une bienveillance marquée, et se montrèrent avec raison beaucoup moins touchés de leur fortune que des arts industriels dans lesquels plusieurs d'entre eux excellaient.

Le gouvernement, craignant pour l'industrie nationale l'effet toujours croissant des émigrations, essaya d'en arrêter le cours en punissant des galères ceux qui tenteraient de s'échapper [2]. Le désir d'opposer un obstacle décisif à cette disposition des réformés le détermina à frapper rétroactivement de confiscation les immeubles que des familles calvinistes auraient vendus pour se ménager des moyens de fuite [3]. On redoubla de sévérité envers les ministres protestants; les religionnaires eux-mêmes furent exclus des offices de notaire, de procureur, et même des

---

[1] Isambert, *Ordonn.*, 17 juin 1681, t. XIX, p. 268. — [2] *Ibid.*, ordonn., 18 mai 1682, t. XIX, p. 388. — [3] *Ibid.*, ordonn., 14 juillet 1682, même tome, p. 395.

fonctions d'avocat[1]. Leurs temples étaient frappés d'interdit sur la plus légère infraction et les consistoires dépouillés, au profit des hôpitaux, des rentes qui leur étaient laissées par testament[2].

On suscitait tous les jours de nouveaux embarras ou de nouvelles persécutions aux protestants. Les maîtres d'école voués à l'éducation des enfants de ceux-ci ne pouvaient recevoir des pensionnaires[3]. L'exercice des charges de cour fut interdit aux réformés. On soumit leurs pasteurs à la taille; en un mot, on priva les calvinistes de tous les priviléges dont ils jouissaient[4]. L'esprit de prosélytisme fut réchauffé dans le clergé catholique et puni chez les pasteurs réformés d'un bannissement perpétuel.

Toutes ces mesures, en jetant la terreur parmi les protestants, augmentèrent leur opiniâtreté. Tel a toujours été l'effet des persécutions dirigées contre la liberté de conscience. De ce moment, on crut que l'occasion était propice pour remplacer la persuasion par la violence, les missionnaires par les dragons. L'esprit de la cour, imbu alors plus que jamais de la maxime qu'un roi ne doit jamais céder, poussa Louis XIV à des résolutions tyranniques. Le monarque, calme dans sa force, aurait voulu que l'usage de son autorité fût tempéré autant que possible par des vues de modération; mais ses agents ne tinrent aucun compte de ce vœu dans un grand nombre de localités. En effet, des troupes ayant été envoyées dans les villes où il y avait le plus de protestants, afin de réunir ceux-ci à l'Église par l'intimidation, les dragons, assez mal disciplinés dans ce temps-là, se signalèrent par des excès qui reçurent le nom de dragonnades. Un délégué de l'autorité ecclésiastique ou de l'administration marchait à la tête de chaque expé-

---

[1] Isambert, *Ordonn.*, 28 juin 1681, 11 juillet 1685, t. XIX, p. 273-520. — [2] *Ibid.*, ordonn., 15 janvier 1683, p. 413. Autre ordonn. du 21 août 1684, p. 455. — [3] *Ibid.*, Ordonn., janvier 1683, t. XIX, p. 412. — [4] *Ibid.*, ordonn., 4 mars 1683, p. 419. Ordonn., 8 janvier 1685, p. 469.

dition. Les familles protestantes qui passaient pour les moins obstinées dans leurs croyances étaient rassemblées; on les faisait renoncer à leur religion au nom de la masse, et celles qui repoussaient toute idée d'abjuration étaient livrées aux soldats, qui se permettaient envers elles toute sorte de mauvais traitements, sans pouvoir toutefois attenter à leur vie [1].

Paris fut exempt de ces vexations, non par l'effet de la bienveillance du gouvernement, mais parce que les clameurs des victimes auraient pu se faire entendre du monarque de trop près. L'homme qui avait osé exprimer la pensée d'ensevelir la Hollande sous les eaux, qui mit le Palatinat en cendres, Louvois, plus méchant encore qu'ambitieux, après avoir miné la religion réformée de toute part, finit par en consommer la ruine. Aidé du concours du vieux chancelier Le Tellier, il fit révoquer l'édit de Nantes, qui était la déclaration des droits du protestantisme. Tous les temples furent démolis et l'exercice du culte protestant interdit dans les maisons particulières [2].

Les conseillers calvinistes introduits, en vertu de cet édit, dans le parlement de Paris pour assurer à leurs coreligionnaires une impartiale justice, eurent ordre de se défaire de leurs charges [3]. Il fut enjoint aux pasteurs qui ne voudraient pas se convertir au catholicisme de quitter la France dans le plus bref délai. Ceux, au contraire, qui faisaient abjuration, étaient exemptés de la taille et du logement des gens de guerre. Ils jouissaient, durant leur vie, d'une pension réversible sur la tête de leur veuve. Les enfants nouveau-nés devaient être baptisés par les curés de leurs paroisses et élevés dans la religion catholique [4]. Ceux qui étaient âgés de cinq à seize ans furent confiés, par l'auto-

---

[1] Rulhières, *Éclaircissements sur la révocation de l'édit de Nantes.*
[2] Delamare, *Ordonn.*, octobre 1685, t. I, p. 320.
[3] Isambert, *Ordonn.*, 23 novembre 1685, t. XIX, p. 635.
[4] Delamare, *Ordonn.*, octobre 1685, t. I, p. 320.

rité, à leurs parents catholiques ou, à défaut de ceux-ci, à des personnes désignées par le juge, lesquelles en prirent soin moyennant une pension qui leur était payée par les pères et mères. Dans le cas où ceux-ci étaient hors d'état d'acquitter la pension, les enfants étaient déposés dans l'hospice le plus proche [1].

Les émigrés qui rentrèrent quatre mois après la publication de l'édit de révocation furent réintégrés dans la propriété de leurs biens, et l'on interdit à ceux qui n'avaient pas cessé d'habiter la France de transporter leur fortune et leur domicile ailleurs, sous peine des galères. Ils obtinrent, du reste, l'autorisation de continuer leur commerce en France et de jouir de leurs biens, pourvu qu'ils ne se livrassent à aucun exercice du culte protestant [2].

Le jour même où l'acte qui abrogeait l'édit de Nantes fut mis en vigueur, le temple que les protestants avaient fait construire à Charenton, près Paris, fut démoli. Cette démolition eut lieu sous la surveillance de Delamare, l'un des deux commissaires de police désignés pour cet effet. Les actes de décès des protestants étant portés sur des registres spéciaux tenus par les pasteurs de leur Église, il fut décidé que désormais les déclarations de décès auraient lieu devant les juges du roi ou des seigneurs [3]. Les formes établies pour constater l'état civil des protestants avaient même précédé la publication de l'acte révocatoire; ils pouvaient recevoir la bénédiction nuptiale par le ministère de leurs pasteurs, et l'acte civil de leur mariage était enregistré au greffe de la justice du lieu. Le même esprit d'ordre et de bonne police qui avait dicté ces dispositions présidait au baptême des enfants des religionnaires et à la rédaction de leur acte de naissance.

Les pasteurs émigrés, qui voulurent rentrer en France sans renoncer à leur foi, furent punis de mort. Les peines

---

[1] Delamare, *Ordonn.*, janvier 1686, t. I, p. 322. — [2] *Ibid.*, ordonn., octobre 1685, t. I, p. 320. — [3] *Ibid.*, t. I, p. 321-322.

les plus graves étaient appliquées à ceux qui leur donnaient asile[1]. Les assemblées de protestants, même les plus inoffensives, devaient être dispersées par la force, et, malgré l'impitoyable répression dont elles furent l'objet dans plusieurs provinces, l'indomptable énergie du sentiment religieux ne cessa d'affronter les terribles exécutions que l'histoire a flétries sous le nom de dragonnades[2].

Les religionnaires ne purent vendre leurs immeubles avant trois années. Plus tard, cette vente ne fut valable qu'avec la permission du gouvernement[3].

On sait que dans les conseils de Louis XIV deux opinions opposées se contrebalançaient en ce qui concerne les protestants, et prévalurent tour à tour pendant un certain temps, suivant que les circonstances faisaient pencher le roi vers la sévérité ou la douceur. On voit, par les instructions envoyées aux intendants sur la conduite qu'ils avaient à tenir à l'égard des religionnaires, que le gouvernement n'avait point de parti arrêté, si ce n'est dans les cas de rébellion, qui étaient rares. Alors il ordonnait sans hésiter l'emploi de moyens de répression énergiques. Mais, en tout ce qui regardait le culte, il invitait ses agents à ne prendre conseil que des circonstances et à ne considérer les mesures de rigueur que comme des mesures comminatoires, excepté dans certaines occurrences sur lesquelles la politique ou les exigences du clergé influaient beaucoup plus que les sentiments personnels du monarque[4].

La tolérance dont la ville de Paris était en possession fut respectée même sous l'empire de l'édit qui avait proclamé l'extinction du protestantisme. Cette tolérance n'était pas avouée, et lorsqu'il fut question de l'exécution du nouvel édit dans la capitale, le lieutenant de police reçut des instructions secrètes qui lui interdirent *de faire au sujet de la*

---

[1] Delamare, *Ordonn.*, 1er juillet 1686, t. I, p. 323. — [2] *Ibid.*, ordonn., 12 mars 1689, t. I, p. 324.

[3] Isambert, *Ordonn.*, 5 mai 1699, t. XX, p. 337.

[4] Clément, *Le gouvernement de Louis XIV.* Voir aux *Preuves*, pièce n° 9.

religion réformée aucune recherche, ni des vivants ni des morts, pourvu qu'il n'y eût point d'assemblées ni de scandale public.

Au surplus, il paraît certain, d'après les pièces les plus authentiques, que dans toutes les circonstances on ne consulta, pour déterminer le sort des protestants, ni l'utilité de l'État, ni les vrais intérêts de la religion, mais le succès plus ou moins durable des partis qui agitaient la cour et le clergé. La vieillesse du roi et les scrupules inquiets d'une dévotion dont le grand âge du prince avait fait un instrument de domination dans les mains des jésuites, aggravèrent l'infortune des protestants, et hâtèrent leur ruine, en fermant sans retour le cœur du monarque aux sentiments d'humanité qui avaient adouci pendant de longues années en leur faveur l'extrême rigueur des lois sans la détruire.

Après la mort de Louis XIV, le régent accorda aux protestants une tolérance assez étendue; les querelles religieuses furent méprisées, et il est probable que le système de persécution surpris à Louis XIV, ou plutôt imposé à sa vieillesse, aurait été renversé, si le duc d'Orléans n'avait été retenu par les exigences de ses propres intérêts. Il rendit toutefois à la liberté les infortunés qui gémissaient dans les cachots et les galères, en maintenant les défenses portées contre les assemblées. Il fut permis aux protestants de sortir librement du royaume, et cette marque de confiance de l'autorité suspendit l'émigration [1].

La fin de la régence ayant porté le duc de Bourbon à la tête de l'administration, celui-ci eut la faiblesse de consentir à faire revivre les déclarations de Louis XIV, qui paraissaient être tombées en désuétude; il renchérit même sur la rigueur des mesures oppressives qu'elles ordonnaient [2]. Les religionnaires virent dès lors s'évanouir les espérances que l'administration douce et tolérante du duc d'Orléans leur

---

[1] Rulhières, *Éclaircissements sur la révocation de l'édit de Nantes*, t. II.
[2] Isambert, *Ordonn.*, 14 mai 1724, t. XXI, p. 261 et suiv.

avait fait entrevoir. Une jurisprudence nouvelle, réprouvée par l'opinion et par le sens donné jusque-là aux anciennes ordonnances, les dépouilla de leurs droits civils. Leurs femmes furent regardées comme des concubines, et la naissance de leurs enfants fut entachée de bâtardise. Une persécution inexorable éclata contre eux presque dans tout le royaume. Les assemblées que l'on surprenait dans les champs étaient dissipées ou détruites par la force armée. Les échafauds furent ensanglantés, et les galères se remplirent de nouvelles victimes. Les intendants et les parlements réunirent leurs efforts pour forcer les calvinistes à des actes de catholicité.

Ces infortunés, frappés de mort civile, et né pouvant invoquer la protection des lois communes aux autres citoyens, soumirent leurs différends à des arbitres choisis par eux-mêmes. Leurs pasteurs, dépositaires des actes qui constataient leur état civil, devinrent en même temps juges des difficultés nées de l'interprétation de ces actes. Ils acquirent ainsi une autorité beaucoup plus importante que celle dont Louis XIV avait voulu les dépouiller. On aurait pu confondre aisément les protestants dans la masse de la nation, en les plaçant sous l'empire du droit commun; mais en voulant satisfaire de vieilles et implacables haines, on les transforma de nouveau en sectes religieuses régies, à défaut de lois, par leur propre discipline.

L'émigration aurait bientôt recommencé, si l'on n'eût imaginé des palliatifs pour suspendre une partie des maux qui affligeaient la population protestante. On réduisit les actes de baptême à une formalité insignifiante, et les preuves légales du mariage à la seule notoriété de la possession d'état. Ces palliatifs, qui furent accueillis par les réformés comme un bienfait, devaient être remplacés par des mesures plus sérieuses; mais les dissensions qui s'élevèrent entre le gouvernement et la magistrature firent ajourner ce projet jusqu'à l'avénement au pouvoir de M. de Malesherbes. Ce magistrat illustre fit publier un édit ayant pour objet de rendre aux Français *non catholiques* un état civil, qui ne laissât aucun doute sur la légitimité de leur mariage, sur la naissance de leurs enfants, et sur la date de leur décès[1]. Cet édit reconnut en outre, à cette classe de Français, la capacité de disposer de tous les biens et de tous les droits qui pourraient leur appartenir, soit à titre de propriété, soit à titre successif. Ils purent exercer librement leurs commerce, arts, métiers et professions. Mais un reste de préjugé les fit exclure des places de judicature et des fonctions de maire, ainsi que du droit d'enseigner[2].

Le vœu de la nation que la convocation des états généraux ne tarda pas à faire connaître, affranchit enfin les protestants de toute espèce d'entraves, et les fit réintégrer dans tous leurs droits politiques et religieux.

La liberté d'écrire sous le siècle de Louis XIV fut contenue dans de sages limites, moins par l'autorité des lois que par la dignité morale des esprits, et par le sentiment inviolable du respect. A aucune époque de la monarchie, l'autorité royale n'avait apparu aux yeux de tous sous un jour plus éclatant, dans une perspective plus majestueuse. La discipline que l'honnêteté publique avait introduite dans les mœurs, et la subordination que le monarque avait imposée à toutes les classes de la société par l'énergie de son caractère et par son habileté dans l'art de régner, devaient influer puissamment sur la pensée et sur les écrivains. Celle-ci, nous en avons fait la remarque précédemment, fut irréprochable au point de vue moral, dans la forme comme dans le fond. L'absence de toute controverse politique dans les livres accusait moins l'indifférence du public que l'habitude d'une obéissance passive chez tous, habitude rendue légère ou plutôt consacrée par la réunion de tous les mérites, de toutes les vertus, de toutes les gloires autour du chef de l'État.

La presse ne devint un sujet réel d'inquiétude et de pré-

---

[1] Rulhières, t. II, p. 19 et suiv.
[2] Isambert, t. XXVIII, p. 472 et suiv.

voyance constante pour le gouvernement, que pendant le dix-huitième siècle ; l'esprit réformateur qui domina dans ce siècle imprima une forte impulsion à la censure. La librairie et l'imprimerie furent soumises successivement à divers règlements, qui en modifièrent la discipline, en maintenant toutefois les professions de libraire et d'imprimeur dans leurs vieilles franchises. Distinguées des arts mécaniques, et placées sous la sauvegarde de l'université, la loi les affranchit des impôts qui grevaient les corps de métiers. Les livres, tant manuscrits qu'imprimés, malgré l'immense développement que le goût de l'instruction et le progrès des lumières avaient donné à la presse, ne payaient aucun droit d'entrée ni de sortie dans l'État. Les caractères et les matières propres à l'impression jouissaient de la même exemption. A la suite des immunités que l'on vient d'indiquer, la loi traça les obligations générales des imprimeurs et des libraires, en ce qui touche la police de ces professions. Les souscriptions proposées par ceux-ci au public furent entourées de diverses précautions capables de garantir l'intérêt des souscripteurs. On régla les rapports des apprentis et des compagnons avec les patrons, ainsi que les formalités qui devaient présider à la réception de ceux-ci. On détermina les droits de leurs veuves, quant à l'exercice de leurs professions. Les correcteurs, les fondeurs de caractères, les colporteurs et afficheurs, enfin les libraires forains furent aussi l'objet de dispositions particulières.

On pourvut à l'administration des communautés de ces professions, ainsi qu'aux visites à faire par les syndics dans les imprimeries et les magasins des libraires, pour constater les contraventions aux dispositions des règlements. L'impression, la distribution ou la vente des livres défendus et des libelles diffamatoires, firent encourir aux imprimeurs, libraires ou colporteurs, outre les peines sévères portées par les ordonnances, la déchéance de leurs franchises, et la privation du droit d'exercer leur profession. L'on renouvela la défense d'imprimer dans le royaume aucun livre sans privilége ou permission. Enfin, on fixa les règles à suivre pour la vente, l'inventaire et la prisée des bibliothèques, des imprimeries et des fonds de librairie [1].

L'esprit philosophique ayant cité pour ainsi dire toutes les institutions sociales devant son tribunal, une lutte formidable s'établit entre le gouvernement, gardien de ces institutions, et les réformateurs. L'autorité essaya de comprimer les idées nouvelles par la force. Mais ces idées étant l'expression d'un ordre politique dont la nécessité était comprise de tous, finirent par triompher. La guerre déclarée à la pensée par l'autorité fut si acharnée, qu'un édit punit de la peine capitale ceux qui auraient composé et imprimé des écrits tendant à troubler la tranquillité publique. Quiconque faisait imprimer, sans observer les formalités prescrites, était passible de la peine des galères [2]. On interdit toute discussion par la voie de la presse sur les questions de finance et sur les matières de religion [3]. Les deux premiers volumes de l'Encyclopédie furent supprimés, et plus tard on révoqua les lettres de privilége accordées aux éditeurs de ce grand ouvrage [4]. Cependant la rigueur déployée contre les écrivains placés à la tête de sa rédaction ne dura que quelques années, et l'œuvre des encyclopédistes ayant été reprise avec ardeur fut achevée non sans éprouver, néanmoins, de nouvelles entraves. L'auteur de *l'Esprit des Lois*, craignant que la censure ne mutilât le chef-d'œuvre immortel auquel il avait consacré vingt années de sa vie, jugea prudent de le faire imprimer à l'étranger. Le conseil du roi et le parlement semblaient rivaliser de zèle pour étouffer par leurs arrêts le développement des idées de réforme que la presse propageait avec un

---

[1] *Collection des lois de police*, par Peuchet, arrêts de règlement des 28 février 1723 et 10 juillet 1745.

[2] Isambert, *Ordonn.*, 16 avril 1757, t. XXII, p. 272. — [3] *Ibid.*, ordonn., 28 mars 1764, p. 400 ; arrêt du parlement, p. 467.

[4] *Ibid.*, arrêt du conseil, 7 février 1752, t. XXII, p. 250; autre arrêt du 8 mars 1759, p. 280, même tome.

courage infatigable. Voltaire, obligé de chercher un asile sur la terre étrangère pour manifester librement sa pensée, ne put soustraire une partie de ses œuvres à la proscription qui avait longtemps menacé sa personne[1]. Les épreuves de sa fortune littéraire ne furent pas néanmoins sans compensation pour sa vieillesse et pour la haute illustration de son nom ; il vint recevoir, à l'âge de quatre-vingt-dix ans, les palmes du triomphe dans le sein même de la grande cité où une sorte de réprobation avait été fulminée contre les travaux de son génie, et il ne manqua à la gloire dont il jouit de son vivant que le bonheur d'avoir vu les saines maximes de sa philosophie présider à la régénération de sa patrie.

De toutes les lois mises en vigueur sous l'ancienne monarchie, les lois somptuaires furent celles qui tombèrent le plus aisément dans l'oubli. Le goût du public pour le luxe était si vif, que Louis XIV ne publia pas moins de quatorze édits sans pouvoir le contenir dans des limites précises. La rigueur et l'opiniâtreté que ce prince déploya dans cette conjoncture sont d'autant plus remarquables qu'aucun roi de France ne porta peut-être aussi loin que lui l'amour du faste et de la représentation. Les Mémoires du temps sont remplis de détails sur les fêtes et les réceptions royales de Versailles. Pendant que le monarque sévissait ainsi contre l'emploi de l'or et de l'argent dans les habits, l'ameublement et les équipages, il se montrait charmé du luxe que la noblesse étalait à sa cour, et il tenait lui-même si peu de compte de la sévérité de ses propres édits, qu'ayant paru un jour à un grand couvert avec un habit chargé d'or et de pierreries, le poids de cet habit l'incommoda tellement qu'il en perdit connaissance.

Quoi qu'il en soit, la multiplicité de ces édits s'explique par les difficultés que tous les gouvernements de l'Europe

---

[1] Isambert, arrêt du conseil, 3 juin 1785, t. XXVIII p. 63.

opposaient à la libre circulation de l'or et de l'argent; ils mettaient une égale importance à l'attirer chez eux et à l'empêcher de sortir : de là vient que le commerce et le monnayage éprouvaient par intervalles de graves embarras dans le cours de leurs opérations, et que l'ignorance des vrais principes de l'économie politique jeta partout l'administration dans les voies de l'arbitraire. Un autre intérêt parut guider l'autorité dans les mesures qu'elle prit pour prévenir la disette des métaux précieux; mais cet intérêt, qui avait pour but de préserver les familles de la ruine qu'un luxe désordonné entraîne souvent à sa suite, ne fut que secondaire: La cause principale, la cause réelle de ces mesures, fut la nécessité d'entretenir l'abondance de l'or et de l'argent dans le royaume.

Le gouvernement proscrivit, en outre, les objets de passementerie, les dentelles et les ouvrages de fil fabriqués en pays étranger. La mode des chapeaux de castor en ayant augmenté considérablement la valeur, il fut défendu de porter aucun chapeau, de quelque matière qu'il pût être, dont le prix excéderait cinquante livres [1].

L'exécution de ces mesures donna lieu à des manœuvres criminelles de la part de quelques individus prenant, sans droit, la qualité d'officiers de justice. Mus, en apparence, par un mandat légal, et, dans le vrai, par l'unique dessein de voler ou d'exciter à la sédition, ils arrêtaient arbitrairement les passants, sous prétexte qu'ils étaient en contravention aux dispositions des édits contre le luxe. On essaya de remédier à cet abus en ordonnant que nul, à l'exception des commissaires de police, ne pourrait constater ces sortes de contravention [2].

Les passementiers ayant éludé pendant quelque temps les défenses qui les concernaient, le roi les renouvela et les

---

[1] Delamare, *Ordonn.*, 31 mai et 12 décembre 1644, 26 octobre 1656, t. I, p. 431-434.
Collection Lamoignon, *Ordonn.*, 6 novembre 1656, t. XIII, p. 635.

étendit aux ornements de soie qu'on serait tenté d'ajouter aux habits, lors même que ces ornements seraient le produit de manufactures françaises. De vives réclamations s'élevèrent alors, de la part des passementiers, contre la rigueur des dernières prohibitions, et ces réclamations eurent pour effet de les restreindre aux dentelles et ouvrages de passementerie, ainsi qu'aux tissus de soie fabriqués en pays étranger [1]. Toutefois, comme les règlements étaient mal observés, le lieutenant général de police rendit plusieurs ordonnances pour en recommander la stricte exécution [2].

Après avoir réformé le luxe des habits et des équipages, on essaya de supprimer l'usage des gros ouvrages d'orfèvrerie. Cet essai fut encore moins heureux que les autres. Les orfèvres ayant réuni leurs efforts pour le combattre, ils furent autorisés à donner plus de développement à leur fabrication, en se renfermant dans des limites qu'il fut interdit de franchir; mais ce développement ne tarda pas à prendre des proportions plus étendues que celles qui lui avaient été assignées. Les orfèvres ne se contentèrent pas de confectionner des bassins, des plats et d'autres parties de vaisselle nécessaires aux usages ordinaires, ce qui n'aurait souffert aucune difficulté, mais des tables, des guéridons, des chenets, des grilles de cheminée et des meubles en argent massif. L'or, quoique moins employé, ne fut pas ménagé davantage.

La fortune et non la condition étant devenue la mesure réelle de la dépense dans chaque famille, le roi interdit de fabriquer et de vendre aucune partie de vaisselle d'or pour l'usage de la table. Le poids des pièces d'argenterie destinées au même usage fut assujetti à un maximum qui ne put être dépassé. Enfin, on défendit la mise en vente des

---

[1] Delamare, *Ordonn.*, 27 novembre 1660, 27 mai 1661, t. I, p. 435-437. — [2] *Ibid.*, *Ordonn. de police*, 13 avril et 9 juillet 1669; autre du 14 février 1670, t. I, p. 431-439.

ustensiles ou des effets mobiliers en argent destinés à l'ornement des buffets ou à l'ameublement des appartements. Les vases d'église seuls ne furent soumis à aucune limitation de poids [1]. Le lieutenant général de police rappela par intervalles, dans plusieurs ordonnances, les prohibitions émanées de l'autorité royale ; mais la passion du luxe ne paraissait s'amortir que pour se réveiller ensuite avec plus de force [2].

Pendant la minorité de Louis XV, on défendit de porter des diamants et autres pierres précieuses, et l'on renouvela les anciennes prohibitions à l'égard des ouvrages d'or et de la vaisselle plate d'argent. Les premiers ne purent excéder un poids qui leur fut assigné comme limite ; quant à la vaisselle plate, il fallut se pourvoir d'une permission de l'autorité pour pouvoir en fabriquer [3].

Nous avons fait connaître les diverses espèces de jeux usités dans les salons et les lieux publics pendant la seconde moitié du dix-septième siècle et le siècle suivant. Nous n'en reparlerons ici que pour expliquer les mesures répressives dont ils furent l'objet. Ces jeux, c'est-à-dire le hocca, la bassette, le lansquenet, le pharaon, le jeu des lignes, autrement dit le jeu des fortifications et du monde, furent poursuivis avec une persévérance infatigable. Le hocca et la bassette étaient tolérés par les chefs de corps dans les rangs même de l'armée. Ils s'y cachèrent pendant quelque temps sous les noms de barbacolle, de pour et de contre ; mais on ne tarda pas à les découvrir sous ces déguisements et à les interdire [4].

Les banquiers, les locataires des lieux où l'on donnait à jouer et même les propriétaires des maisons qui recelaient

---

[1] Delamare, *Ordonn.*, 26 avril 1672, 10 février 1687, t. I, p. 441 et suiv.
— [2] *Ibid.*, *Ordonn. de police*, 7 janvier 1673 et autres, t. I, p. 442.
[3] Isambert, *Ordonn.*, 4 février 1720, t. XXI, p. 176 ; 23 novembre 1721, même tome, p. 202.
[4] Delamare, *Ordonn. de police*, 6 avril 1655, et autres, ainsi que les arrêts du parlement relatés à la suite, t. I, p. 492 et suiv.

des jeux illicites étaient passibles d'amendes considérables ; toutefois, la cupidité qui animait les banquiers assurés de la plus grande partie des chances du jeu et la fureur aveugle des joueurs bravaient les menaces de la loi et s'efforçaient de tromper les recherches de l'autorité.

Les cercles s'étant multipliés dans les beaux quartiers, plusieurs d'entre eux furent placés sous la protection de personnages considérables. Le plus grand nombre n'était composé en réalité que de maisons de jeu ; on y attirait les oisifs ou les curieux par de brillantes soirées annoncées dans des billets d'invitation à la main ou imprimés, que l'on faisait distribuer avec profusion. Des joueurs suspects, mais de bon ton, parvenaient presque toujours à s'introduire dans ces réunions et à y faire de nombreuses dupes. L'administration veillait pour maintenir l'exécution des lois ; mais sa vigilance était souvent tenue en échec par le haut rang des personnes qui patronaient et fréquentaient ces dangereuses assemblées. Le roi les défendit, sans pouvoir les dissoudre entièrement [1].

Dès les premières années de la minorité de Louis XIV, le jeu de billard fut rangé parmi les jeux défendus. L'administration l'interdit par une ordonnance de police du 6 avril 1655, qui renouvela en même temps les anciennes défenses portées contre les cartes, brelans et jeux de dés [2].

On essaya de mettre les loteries à la mode. Cette sorte de jeu inspirait une juste défiance à l'autorité lorsqu'elle ne pouvait y intervenir pour garantir l'intérêt des joueurs ; aussi les loteries privées furent généralement interdites [3]. On permit celles qui avaient pour but une œuvre de charité, soit à Paris, soit dans les provinces, mais sous la condition que le tirage des lots aurait lieu en présence de magistrats

---

[1] Collection Lamoignon, *Ordonn.*, 4 décembre 1717, t. XXVI, p. 298.
[2] Voir cette ordonnance dans Delamare, t. I, p. 492 et suiv., et dans la Collection Lamoignon, t. XIII, p. 363.
[3] Delamare, arrêts du 16 janvier 1658, 11 mai 1661 ; ordonn. de police du 29 mars 1670, et autres, t. I, p. 506 et suiv.

et de notables citoyens. Le gouvernement établit une loterie publique pour son propre compte, laquelle lui fournit le moyen de réaliser une somme de dix millions, contre une constitution de cinq cent mille livres de rentes viagères divisées en plusieurs lots, dont les plus forts étaient de vingt mille livres de rente et les moindres de trois cents livres. La perspective offerte au public d'un ou plusieurs lots qui pouvaient assurer, moyennant une faible mise, aux joueurs favorisés du sort un revenu plus ou moins considérable pendant le cours de leur vie, rendit ce jeu populaire, et le gouvernement profita de la faveur qui s'y était attachée pour le faire servir quelquefois aux besoins de l'État [1].

En 1747, il existait à Paris trois loteries autorisées, l'une pour aider à la construction ou à l'entretien de l'église Saint-Sulpice, l'autre pour subventionner l'hôpital des enfants trouvés, et la troisième dans l'intérêt de plusieurs communautés religieuses. Ces loteries étaient administrées par des directeurs et des commissaires. Les recettes étaient effectuées par des receveurs particuliers, qui faisaient distribuer les billets par des colporteurs pourvus d'une commission contenant leur pouvoir et d'une plaque en cuivre placée devant leur habit et indiquant leur qualité [2].

Un arrêt du conseil réitéra, quelques années plus tard, la défense de publier ou d'afficher aucune loterie à Paris sans une permission écrite du lieutenant général de police. Dans les provinces, cette permission devait émaner des intendants ou commissaires départis [3].

On sait que les cabaretiers étaient tout à la fois débitants de vin et traiteurs, tandis que les taverniers ne pouvaient vendre que du vin à pot. Le temps amena une sorte d'assimilation entre ces deux industries. Les taverniers purent tenir nappe, pain et assiette ; mais il leur fut interdit d'avoir

---

[1] Delamare, arrêt du conseil du 11 mai 1700, t. I, p. 506 et suiv.
[2] Collection Lamoignon, *Ordonn. de police*, 8 novembre 1747 et 30 octobre 1748, t. XXXVIII, p. 306 et 481. — [3] *Ibid.*, arrêt du conseil, 9 avril 1752, t. XL.

un cuisinier. Ils obtinrent cependant la permission de vendre de la viande cuite, sans pouvoir la mettre en étalage [1].

Le régime des maisons garnies n'éprouva aucune modification grave. La police y faisait de fréquentes inspections et arrêtait les gens sans aveu qui n'étaient point munis de certificats de bonnes vie et mœurs [2].

Les règlements sur la prostitution reçurent de notables améliorations. L'autorité punissait avec sévérité les scandales causés par les femmes de mauvaise vie, soit que ces scandales lui fussent signalés par les voisins de la maison qu'elles habitaient, soit qu'ils fussent constatés par ses propres agents. Les délits étaient jugés sommairement et sans appel à l'audience de police présidée par le lieutenant civil.

Si le lieu de débauche établi dans la maison signalée à l'administration n'était pas au nombre de ceux que celle-ci tolérait, les filles qui l'occupaient devaient déloger immédiatement. Dans le cas où les informations prises par le commissaire de police du quartier lui auraient fait connaître que cette maison avait servi plusieurs fois de retraite à des femmes de mauvaise vie, il pouvait provoquer des poursuites contre le propriétaire ou le principal locataire. Ces poursuites se résolvaient, suivant la gravité des circonstances et le nombre des récidives, ou en amende ou en clôture de la maison, dont les portes pouvaient rester murées pendant six mois [3].

Les filles publiques incorrigibles et les jeunes filles dont les mœurs, sans être corrompues, étaient pourtant irrégulières, pouvaient être détenues dans l'hôpital de la Salpétrière. Cet établissement était à la fois un hospice et une maison de correction.

Il y avait en outre deux asiles ouverts aux filles dont les

---

[1] Delamare, *Ordonn.*, 20 novembre 1680, t. III, p. 724.
[2] Collection Lamoignon, *Ordonn.*, 23 août 1733, t. XXX, p. 574.
[3] Delamare, *Ordonn. de police*, 17 septembre 1644, t. I, p. 526.

parents avaient obtenu la séquestration pour les soustraire au désordre que leurs mauvais penchants donnaient lieu de craindre. Ces établissements étaient connus sous le nom de *Refuge* et de *Filles de la Madeleine*. On n'y était admis qu'en payant pension. Les filles pauvres, dont la vie n'était pas sans reproche, mais qui néanmoins paraissaient capables de repentir, et ne pouvaient s'amender parce qu'elles manquaient d'un asile hospitalier et gratuit, furent réunies par une femme pieuse, madame de Cambé, dans une maison de retraite, qui reçut le nom de maison du *Bon Pasteur*. Dans cette maison, comme dans les autres établissements du même genre, les femmes partageaient leur temps entre le travail et la piété. Les exercices de celles-ci y étaient, du reste, trop multipliés et trop mystiques, et devaient contribuer à faire plutôt des hypocrites que des femmes honnêtes [1].

La prostitution a ses degrés comme les autres vices. L'actrice, la femme entretenue, la courtisane et la fille publique forment autant de classes vouées au même métier. Quoique le but de toutes ces femmes ne diffère en aucune façon, la vanité a établi entre elles des nuances marquées par la dénomination de la classe où le caprice, le manége, un peu d'art ou d'esprit, le sort et l'indigence les ont placées.

La fille d'opéra ne peut pas ignorer qu'elle est recherchée au même titre que la fille publique, et cependant elle rougirait d'être assimilée à celle-ci. Étrange point d'honneur, dont l'effet a été d'établir une sorte de hiérarchie parmi des femmes dignes d'un égal mépris!

La fille publique n'est en réalité un objet de dédain pour les femmes galantes de tous les degrés, que parce qu'elle est avilie par la misère autant et plus peut-être que par la débauche. Pendant la période qui nous occupe, il y avait parmi les prostituées des personnes si dénuées de toutes

---

[1] Delamare, t. 1, p. 527 et suiv.

choses, qu'elles louaient à des matrones ou à des marchandes de modes des *robes*, des *pelisses*, des *mantelets* et *autres ajustements*. Ces locations, interdites par les règlements, étaient faites à la semaine ou à la journée, et absorbaient par leur prix usuraire une grande portion du salaire infâme de ces malheureuses.

La police exerçait sur elles une surveillance sévère, parce que l'usage les autorisait, dès la chute du jour, à provoquer publiquement les hommes dans les rues, et que la licence qu'elles paraissaient pratiquer sous la protection des lois avait besoin d'être contenue dans des limites assez restreintes, pour que la pudeur publique n'en fût pas trop offensée. Exposées à de fréquents outrages, leurs défenseurs, qui étaient en même temps leurs amants, les protégeaient contre l'arbitraire des agents de police, mais en revanche ils les rançonnaient par des exigences d'argent accompagnées quelquefois de brutalités ou de violences. Ces hommes, plus vils encore que les êtres faibles et corrompus auxquels ils ne craignaient pas de s'associer, appartenaient d'ordinaire à la classe des vagabonds ou des repris de justice, et il n'était pas rare qu'ils fissent de leur maîtresse, quand ils se livraient à la filouterie ou au vol, l'auxiliaire de leur coupable industrie.

Toutes les semaines la police faisait enlever, pendant la nuit, un certain nombre de filles publiques, parmi celles qui étaient les plus indisciplinées, et ses agents les conduisaient dans une prison située rue Saint-Martin. Le dernier vendredi de chaque mois elles étaient traduites devant le tribunal de police, qui les jugeait sur leurs seules explications, contredites par la partie publique. Quand elles étaient reconnues coupables, elles recevaient à genoux la sentence qui les condamnait à être renfermées à la Salpêtrière.

Le lendemain on les dirigeait sur cet hospice, dans un long chariot non couvert, où elles étaient toutes debout et pressées par leur grand nombre. Plusieurs pleuraient de honte ou se cachaient le visage ; d'autres soutenaient avec impudence les regards de la populace qui les apostrophait, et semblaient braver les huées qui s'élevaient sur leur passage. Arrivées à l'hospice on les visitait, et l'on envoyait à Bicêtre celles qui étaient infectées pour y être traitées [1].

Depuis longtemps les sociétés charitables qui s'occupaient de perfectionner la bienfaisance publique à Paris, méditaient le projet d'établir des dépôts de mendicité, et de centraliser dans un établissement unique ces dépôts, ainsi que tous les hôpitaux et hospices de cette grande cité. Ce projet, dont l'accomplissement exigeait nécessairement le concours et l'appui du gouvernement, fut repris et abandonné à plusieurs époques différentes. Enfin M. de Bellièvre, premier président du parlement, l'un des défenseurs les plus ardents et les plus éclairés des idées qui tendaient à l'extirpation de la mendicité et du vagabondage, formula, pour la formation d'un hôpital général, un plan qu'il rendit public. L'efficacité de ce plan rencontra un grand nombre d'indifférents et d'incrédules; mais la persévérance et le crédit de ses principaux auteurs finirent par triompher des doutes et des difficultés opposés à son exécution, non seulement par les particuliers, mais par le gouvernement lui-même.

Le roi accepta le titre de protecteur de l'hôpital général. On créa deux directeurs, qui furent le premier président et le procureur général du parlement. L'administration fut placée dans un conseil soumis à l'autorité supérieure des directeurs. Le roi ordonna que tous les établissements hospitaliers, tels que la Pitié, le Refuge, l'hôpital Scipion, la Savonnerie, Bicêtre et la Salpétrière, seraient incorporés à l'hôpital général, avec leurs revenus mobiliers et immobiliers.

Le but que nous nous sommes proposé, en parlant de l'hôpital général, étant de faire connaître les mesures adoptées pour la répression de la mendicité, nous nous contenterons d'indiquer ici les principales dispositions dont se

---

[1] Mercier, *Tableau de Paris*, chap. CCXXXVIII.

composaient ces mesures. On expulsa d'abord de Paris les vagabonds et les gens sans aveu. Quant aux mendiants proprement dits, qu'ils fussent valides ou invalides, on les enferma dans des dépôts où ils furent employés à des travaux d'industrie. Les mendiants mariés n'eurent droit qu'à des secours, et restèrent étrangers à la population de l'hôpital général. Ceux qui traversaient Paris pour se rendre à une destination marquée, étaient hébergés dans des maisons spéciales durant quelques jours, et recevaient des secours proportionnés à la durée de la résidence qui leur était permise.

Il fut défendu de mendier publiquement ou secrètement. Les hommes arrêtés en contravention pouvaient être punis du fouet, et en cas de récidive des galères. Les femmes et les filles étaient passibles de la peine du bannissement. Les inculpés furent enlevés à la juridiction ordinaire pour être jugés par le conseil d'administration de l'hôpital, auquel le roi attribua la police, la juridiction et la correction des pauvres. On établit à cet effet dans l'hôpital des poteaux, des carcans, des prisons et des basses-fosses. La juridiction du conseil embrassait les contraventions intérieures et extérieures, et ses décisions étaient exécutoires sans appel. On avait attaché au service de l'hôpital général un bailli, des sergents, des gardes et des agents, chargés de la capture des mendiants et de leur conduite à l'hôpital.

Le bailli, et la force dont il disposait, parcouraient chaque jour les rues de Paris pour y arrêter les mendiants. Ils pouvaient, au besoin, requérir l'assistance de l'autorité militaire et même celle de la bourgeoisie. L'aumône fut déclarée illicite et punie d'une amende. Quiconque donnait asile à un mendiant était sujet à une amende de cent francs, et à la confiscation du lit qui avait servi à son coucher. Les quarteniers, centeniers et dizainiers devaient expulser des quartiers confiés à leur surveillance les individus privés de tous moyens d'existence, excepté les pauvres honteux secourus par leurs paroisses. Les communautés religieuses, les corps laïques et les corps de métiers furent autorisés à se cotiser pour l'entretien de l'hôpital général, et le roi conféra aux directeurs de ce dernier le droit d'accepter tous dons et legs qui pourraient leur advenir [1].

En mai 1657, époque de l'ouverture de l'hôpital général, le nombre des mendiants des deux sexes formant la population des dépôts, s'élevait de cinq à six mille. Chaque travailleur avait droit au tiers du produit de son travail. La pitié publique, malgré la sévérité des règlements, se laissait aller, cependant, à des actes de bienfaisance cachés, qui étaient communs à la domesticité des classes nobles, aux bourgeois, aux artisans, aux soldats et au menu peuple. Afin de mettre obstacle à ces dons, le gouvernement rendit les maîtres civilement responsables de leurs domestiques, les capitaines de leurs soldats, les marchands et artisans de leurs compagnons et apprentis [2].

En 1720, on cessa d'admettre à l'hôpital général les mendiants valides. Ils furent renvoyés dans les communes où ils étaient domiciliés, à moins qu'ils ne voulussent se livrer à des professions utiles. Ceux qui continuaient à végéter dans l'état de vagabondage étaient arrêtés et dirigés sur les colonies. On renouvela aux habitants de Paris la défense de loger les gens sans aveu ou de les aider à subsister par des aumônes. Le lieutenant général de police fut chargé de statuer sur le sort de ceux qui se disaient soldats porteurs de faux congés, des individus qui contrefaisaient les estropiés, et de ceux qui alléguaient pour excuse des maladies feintes. Ils étaient passibles de la peine du carcan, du fouet ou des galères, suivant les circonstances [3].

Quand un mendiant ou vagabond était arrêté, on le con-

---

[1] Collection Lamoignon, *Ordonn.* d'avril 1656, règlement du 27 avril et arrêt du 16 juillet, même année, t. XIII, p. 497 et suiv. — [2] *Ibid.*, ordonn., 10 octobre 1669, t. XV, p. 664. — [3] *Ibid.*, ordonn., 10 mars 1720, t. XXVII, p. 39.

duisait à la prison la plus voisine, où un officier de police lui faisait subir un interrogatoire, en présence des archers qui avaient procédé à son arrestation. Un rapport était adressé au lieutenant général de police, qui ordonnait la mise en liberté de l'inculpé, s'il était repris pour la première fois et réclamé par un des maîtres chez qui il avait travaillé. Dans le cas où les informations prises par les agents de l'administration le désignaient comme vivant habituellement en état de vagabondage, il était écroué jusqu'à jugement. Les archers, dans leurs rondes, marchaient par brigade et en costume; un exempt les commandait, afin de prévenir les abus et d'empêcher que nul ne fût arrêté hors des cas prévus par la loi [1].

Les ressources des hôpitaux dans les provinces étant insuffisantes pour subvenir aux frais d'entretien des pauvres invalides, et beaucoup d'individus valides ne pouvant trouver du travail à Paris, ni dans les ateliers, ni dans les hôpitaux, le gouvernement prit des mesures pour fournir aux besoins de chacun de ces établissements, et créa des moyens de travail assez abondants pour ôter tout prétexte d'oisiveté aux fainéants et aux vagabonds. Les pauvres invalides venus des provinces furent mis dans les hôpitaux, et occupés à des travaux proportionnés à leurs forces. Quant aux valides manquant d'ouvrage, ils furent inscrits sur un registre spécial, et organisés en compagnies placées chacune sous le commandement d'un sergent, qui les conduisait tous les jours dans des ateliers de travaux publics, dont ils ne pouvaient s'absenter sans sa permission. Les journées étaient payées entre les mains du conducteur, qui en tenait compte à l'hôpital général.

C'est sur le prix de ces journées que les directeurs de l'hôpital général imputaient les frais de nourriture et d'entretien des travailleurs. Ceux-ci recevaient, du reste, à la fin de chaque semaine, une gratification égale au sixième

---

[1] Collection Lamoignon, *Ordonn*, 3 mai 1720, t. XXVII, p. 67.

environ du montant de leur salaire. Si l'un d'eux venait à trouver un emploi propre à le faire subsister hors de l'hôpital, les administrateurs de ce dernier, après information, lui délivraient son congé. Ils l'accordaient également à ceux qui désiraient prendre du service dans les armées du roi. Quant aux inscrits qui abandonnaient l'hôpital sans permission, ils étaient poursuivis extraordinairement et condamnés à cinq ans de galères.

Les mendiants étrangers à la ville de Paris étaient dirigés, d'après leur demande, sur le lieu de leur naissance, avec un passeport qui contenait leur signalement et l'indication de la commune où ils comptaient se fixer. Ils ne pouvaient s'écarter de la ligne tracée par leur itinéraire, et ils devaient faire viser leurs passeports dans tous les lieux où ils passaient. Les peines portées contre la mendicité devinrent plus sévères. On emprisonnait dans l'hôpital le plus voisin ceux qui avaient été arrêtés en flagrant délit, et en cas de récidive, ils étaient marqués au bras de la lettre M, en vertu d'un jugement rendu par le tribunal de police, sans que cette marque emportât infamie.

Afin de connaître plus aisément ceux qui feraient métier de mendier, on établit à Paris un bureau de correspondance, par lequel l'hôpital général se mit en rapport avec tous les hôpitaux du royaume. Ce bureau ouvrit un vaste sommier dans lequel il inscrivit non seulement les noms et prénoms des mendiants arrêtés dans la capitale, mais encore les noms de ceux qui lui étaient désignés par les provinces. Les bulletins nominatifs de ces derniers devaient retracer, outre leur signalement, toutes les circonstances capables d'éclairer l'autorité sur leur vie antérieure. L'hôpital général envoyait, de son côté, à tous les hôpitaux les bulletins signalétiques des mendiants contre lesquels il avait eu l'occasion de sévir directement pour un premier délit ou de provoquer des poursuites judiciaires. Les condamnations, à Paris, étaient prononcées en dernier ressort par le lieutenant général de police ou par un des lieutenants du Châtelet [1].

Parmi les travaux auxquels les pauvres des deux sexes étaient employés dans l'hôpital général, ceux des manufactures occupaient le plus de bras; mais comme les travailleurs n'étaient liés par aucun contrat d'apprentissage, l'établissement n'avait pas le droit de mettre obstacle à la sortie de ceux de ses ouvriers qui étaient réclamés du dehors par des maîtres de leur profession ou par leurs parents. Afin d'obvier à cet inconvénient, qui nuisait beaucoup à l'activité et au perfectionnement des ateliers de l'hôpital général, le conseil d'administration demanda au gouvernement et obtint que nul pauvre, entretenu à ce titre par la bienfaisance publique et faisant partie d'un atelier de manufacture de l'hôpital général, ne pourrait quitter cet établissement avant six années écoulées depuis le jour de son inscription sur le registre de cet atelier.

En cas d'évasion, l'ouvrier pouvait être réclamé, en quelque lieu qu'il se fût retiré, et condamné à six mois d'emprisonnement [2].

La haute direction de l'hôpital général, confiée d'abord au premier président et au procureur général du parlement de Paris, fut partagée plus tard entre ces magistrats et l'archevêque de Paris, le premier président de la cour des comptes, celui de la cour des aides, le lieutenant général de police et le prévôt des marchands. Les chefs de l'administration générale des établissements hospitaliers étaient obligés par les règlements de visiter au moins une fois par mois chacun de ces établissements, de recevoir les plaintes qui pourraient leur être faites contre les agents des divers services, de s'informer par eux-mêmes si tous les employés s'acquittaient exactement de leur devoir, et de donner provisoirement les ordres qu'ils jugeraient nécessaires au bien

---

[1] Collection Lamoignon, *Ordonn.*, 16 juillet 1724, t. XXVIII, p. 174 et suiv. — [2] *Ibid.*, arrêt du conseil, 3 août 1750, t. XXXIX, p. 374.

de l'hospice, sauf à en référer au conseil supérieur d'administration [1].

La principale plaie de l'ancienne société, comme celle de la société actuelle, était l'insuffisance des moyens de travail. Le mal avait d'autant plus de gravité sous l'ancienne monarchie que le travail n'était pas libre. L'institution des maîtrises et des jurandes ne le rendait accessible qu'aux ouvriers et aux apprentis résolus de se soumettre aux exigences onéreuses des corporations, exigences dont le but évident était de restreindre la concurrence dans tous les degrés de la hiérarchie industrielle, au profit des maîtres, des compagnons et des apprentis formés en corps de métiers. De là ces innombrables vagabonds et mendiants répandus sur toute la surface du royaume, et dont le trop plein était renvoyé de ville en ville et d'une province à l'autre. Car, il ne faut pas s'y tromper, le vagabondage n'était pas toujours l'effet de la fainéantise : il était commandé bien souvent par le défaut de travail. Les ressources de l'État, absorbées par des guerres presque continuelles, soit contre les factions armées, soit contre l'étranger, laissaient sans exécution ou longtemps interrompus les travaux publics projetés ou déjà commencés.

Louis XIV lui-même, qui prétendait faire l'aumône en dépensant beaucoup et dont la prétention n'était pas, à certains égards, dénuée de fondement, dissipait la plus grande partie des richesses créées par Colbert dans des guerres d'ambition et de conquête, au lieu de les employer à des entreprises d'utilité publique. L'esprit d'agrandissement de ce prince, dérobant au travail ce qu'il donnait à la guerre, favorisait à son insu la mendicité et le vagabondage, et c'est ainsi que le gouvernement, abusé sur la véritable origine de cette double lèpre des sociétés civilisées, se trouvait entraîné à réprimer par la force les instruments involontaires des

---

[1] Collection Lamoignon, *Ordonn.*, 24 mars 1751, t. XL, p. 17.

désordres et des maux de la société, dont il était le premier auteur, pour ne pas dire le principal coupable.

Sous le règne de Louis XV, cette funeste illusion fit confondre par l'autorité publique les malheureux qui mendiaient en tous lieux, faute de travail, avec des gens sans aveu livrés au vagabondage, par aversion pour une vie réglée et laborieuse, et la législation punit les uns et les autres de la peine des galères, peine draconienne pour ceux-là mêmes qui méritaient réellement un châtiment, à cause de leurs mauvaises mœurs et de leur fainéantise habituelle [1].

Avant qu'on eût fondé l'hôpital général, les mendiants avaient choisi pour retraite des logis infimes situés dans les rues les plus anciennes, les plus sales et les plus mal habitées de la ville. Les lieux qu'ils fréquentaient de préférence s'appelaient vulgairement cours des Miracles. Celle de ces cours que l'histoire nous a dépeinte comme la plus curieuse, existait entre la rue Montorgueil et la rue Neuve-Saint-Sauveur. Elle consistait dans un vaste emplacement bordé de petites masures basses, obscures, dont les murs étaient en terre ou pétris de boue. Les hôtes justement méprisés de ces bouges infects simulaient avec un art infini toutes les infirmités capables d'émouvoir la pitié publique; le métier de mendiant était pour eux une véritable industrie, et cette industrie employait sans pudeur les artifices les plus mensongers et les plus extraordinaires pour arriver à son but, qui était de mettre les passants à contribution en excitant fortement leur sensibilité.

Ces misérables, accoutumés par l'habitude et par le calcul à une vie de souffrance apparente et à des gémissements qui cachaient un fond réel d'indifférence et de raillerie, recouvraient le soir par enchantement, dans les sentines qui formaient leur habitation, le libre usage de leurs membres; ils faisaient disparaître leurs plaies factices, déridaient leurs

---

[1] Collection du Louvre, année 1764, ordonn. du 3 août.

visages patibulaires et se livraient à la joie, en faisant bonne chère aux dépens du public, qui les défrayait tous les jours à son insu. Les métamorphoses hardies et surprenantes qui s'opéraient incessamment dans ces retraites de la paresse et de la dépravation expliquent pourquoi elles étaient appelées *cours des Miracles* [1].

A aucune époque on n'apporta autant de sollicitude que sous le règne de Louis XIV à l'organisation de la charité légale. Outre les immenses richesses du clergé, outre le domaine et les revenus des hospices, il existait à Paris, comme dans le reste de la France, une taxe des pauvres, dont la perception était garantie par les mêmes procédés et les mêmes voies de contrainte que l'impôt ordinaire. Les classes ouvrières ou agricoles n'y avaient droit que là où il n'y avait pas de travail. La destination sacrée des fonds de cette taxe, dont l'origine était ancienne, ne fut pas toujours respectée par le pouvoir. Louis XIV, pressé par la pénurie du trésor, durant les années malheureuses de la fin de son règne, ne se fit pas scrupule de disposer d'une somme importante provenant de la taxe des pauvres [2].

Quoi qu'il en soit, l'intérêt de la classe indigente fut l'objet constant des prévisions du gouvernement, et ces prévisions ne furent jamais séparées des mesures d'ordre et de sûreté qui sont si étroitement liées à la condition des masses populaires. On mena de front la répression du vagabondage avec une sage distribution des secours publics ; mais le vagabondage, qui participe de l'inertie de la paresse, dont il est le résultat funeste, ne put jamais être dompté efficacement, malgré les mesures despotiques et inhumaines de l'autorité. Les agents subalternes de celle-ci, accoutumés à faire peu de cas de la liberté d'une classe qu'ils considéraient comme une superfétation dangereuse de la société,

---

[1] Sauval, *Antiquités de Paris*, t. I, p. 510 et suiv. Mercier, *Tableau de Paris*, t. III, p. 219 et suiv.

[2] Peuchet, arrêt du 20 octobre 1693, *Collection des lois de police*, t. I, p. 531.

se laissèrent aller quelquefois à des excès de pouvoir condamnables à l'égard de personnes honnêtes, qu'une oisiveté forcée leur fit confondre avec des vagabonds, quoiqu'elles ne fussent véritablement que des ouvriers sans ouvrage.

Durant le règne de Louis XIV, les jurements et les blasphèmes furent punis avec la dernière rigueur. L'amende, le carcan, le pilori, l'amputation des lèvres et enfin la perte de la langue furent les peines applicables aux inculpés, selon la gravité des faits et le nombre des récidives[1]. Les poursuites contre cette espèce de crime se relâchèrent graduellement sous les règnes suivants, à mesure que l'esprit philosophique se répandit davantage dans les rangs de la société.

Depuis les troubles de la fronde, dont nous aurons l'occasion de faire bientôt le récit, jusqu'à la révolution de 1789, la paix publique en France éprouva de rares atteintes. Il y eut à de longs intervalles quelques émotions populaires causées par la disette des subsistances; mais aucune d'elles ne revêtit un caractère politique. La seule dont nous parlerons ici, attendu qu'elle a une origine particulière et qu'elle ne saurait être mieux placée ailleurs, est celle qui, en 1750, fut excitée par des bruits tendant à accréditer l'idée que l'autorité faisait enlever des enfants.

Celle-ci, pour combattre le penchant funeste du vagabondage, avait pris le parti, ainsi que nous l'avons fait connaître, d'ordonner l'enlèvement périodique des gens sans aveu qui encombraient la capitale. Ces enlèvements comprenaient et devaient comprendre plusieurs des nombreux enfants qui pullulent dans les halles, dans les faubourgs pauvres et partout où l'activité du commerce peut leur faire espérer d'être chargés de quelque commission et d'en retirer un modeste salaire. Les agents de police, peu ménagers alors de la liberté publique, étaient non seulement accusés d'ar-

---

[1] Delamare, *Ordonn.*, 7 septembre 1651 et 30 juillet 1666, t. 1, p. 550.

bitraire et de violence dans ces pénibles expéditions, mais soupçonnés de spéculer sur la capture de quelques enfants étourdis et turbulents qui appartenaient à des familles aisées. Ce soupçon prit un caractère très grave à l'occasion d'un enlèvement qui fut opéré dans le courant de mai 1750. Plusieurs mères de famille dont les enfants avaient disparu semèrent l'alarme dans divers quartiers populeux, et firent éclater l'indignation générale contre les exempts de police, les unes en annonçant que ceux-ci leur avaient demandé de l'argent pour leur rendre leurs enfants, les autres en faisant entendre sur les places publiques les cris du désespoir.

Des attroupements ne tardèrent pas à se former : on murmurait contre l'autorité ; on s'excitait à l'envi ; les rumeurs les plus étranges furent répandues dans la foule. On en vint jusqu'à prétendre que des médecins avaient conseillé à un grand personnage de prendre des bains de sang humain pour restaurer le sien, épuisé par ses débauches, et ce personnage n'était rien moins, disait-on, que le roi. La multitude soulevée se mit à faire la guerre aux agents de police qu'elle rencontrait : l'un d'eux fut tué. Les séditieux s'étant portés en tumulte sur l'hôtel du lieutenant de police Berryer, ce dernier s'évada par les jardins, et vint se réfugier dans la demeure du premier président du parlement de Paris. C'était alors Maupeou. La foule suivit les traces du fugitif, et parlait d'escalader les murs de l'hôtel pour se saisir de sa personne, lorsque Maupeou ayant fait ouvrir les portes et adressé aux mutins des paroles sévères, les chefs de l'attroupement, frappés du calme et de l'intrépidité du premier président, renoncèrent à leur projet, et se dispersèrent avec la foule dans plusieurs directions. Ces émotions se reproduisirent pendant trois jours dans les quartiers du centre. Le guet fut obligé de tirer en plusieurs endroits pour contenir le peuple : quelques personnes furent grièvement blessées. Le parlement sévit contre les perturbateurs les plus coupables, et en même temps il enjoignit au lieutenant de police de veiller avec plus de soin sur la conduite de ses agents.

Le roi, depuis ces événements, évita de se montrer aux regards des Parisiens : étant obligé de traverser Paris lorsqu'il se rendait à Compiègne, il voulut échapper à cette nécessité, en faisant construire à la hâte un chemin de Versailles à Saint-Denis, qui fut appelé le *chemin de la Révolte* [1].

Les troubles qui agitèrent la minorité de Louis XIV eurent pour effet de paralyser l'exécution des anciens édits sur le duel. Mazarin crut, en les abrogeant et en soumettant à l'unité les diverses dispositions pénales introduites par ces édits, simplifier l'action de la justice et fortifier la répression ; mais la faiblesse du gouvernement et l'esprit de fronde qui régnait alors rendirent illusoire le nouvel édit [2].

Le duel ne fut efficacement réprimé que lorsque Louis XIV prit en main les rênes de l'État. Après avoir préparé l'accomplissement de son projet par l'édit de 1651, il le consomma par celui de 1679. Ce dernier édit renfermait tout à la fois des dispositions préventives pour étouffer le duel dans son germe et des dispositions pénales qui devaient servir à le réprimer quand on n'avait pu réussir à l'empêcher.

Les maréchaux de France, restés juges souverains du point d'honneur, furent autorisés à commettre dans chaque bailliage ou sénéchaussée plusieurs gentilshommes chargés de prévenir les duels en s'interposant comme arbitres. Ces délégués n'étaient pas revêtus seulement d'un ministère de paix, ils pouvaient, aussi bien que les gouverneurs de provinces et leurs lieutenants généraux, ordonner des mesures coercitives à l'égard des contendants, les constituer prisonniers, saisir leurs biens, et faire, en un mot, toutes

---

[1] Lacretelle, *Histoire de France pendant le dix-huitième siècle*, t. III, p. 175. Peuchet, *Collection des lois de police*, 2ᵉ série, arrêt de mai 1750, t. VI, p. 12.

[2] Ordonnance de juin 1643.

les dispositions capables d'empêcher le recours à la voie des armes. Si les parties ne jugeaient pas à propos de se soumettre à leurs jugements, elles pouvaient en appeler au tribunal d'honneur.

Du reste, dans tous les cas, les gentilshommes délégués, ainsi que les premiers présidents et les procureurs généraux des parlements, devaient informer les ministres sous l'autorité desquels ils étaient placés des duels survenus dans l'étendue du territoire de leur commandement ou de leur ressort. Les édits promettaient, en outre, des récompenses aux particuliers qui auraient donné avis au gouvernement des combats arrivés dans les provinces et des moyens de s'en procurer les preuves.

Les diverses autorités investies du pouvoir de concilier les différends qui touchaient au point d'honneur avaient le droit de faire conduire devant elles, par la force publique, ceux qui se seraient pris de querelle par suite de quelque offense; et après avoir imposé à l'agresseur les satisfactions dues à la personne offensée, elles pouvaient prononcer contre lui l'emprisonnement, le bannissement ou l'amende. En cas de disparition du condamné, on mettait garnisaire chez lui, et l'on saisissait ses revenus jusqu'à ce qu'il eût obéi à la loi.

L'offensé, qui, sans avoir recours aux juges du point d'honneur, aurait provoqué en duel celui dont il aurait reçu un outrage, était également sujet à des peines graves, lesquelles pouvaient être communes à ceux qui l'auraient aidé de leur entremise dans les préliminaires du duel. Le combat, encore bien qu'il n'eût été suivi ni de blessure ni de mort, emportait la peine capitale contre les combattants et la confiscation de leurs biens. Si l'un d'eux avait succombé, son corps était privé de sépulture et ses biens confisqués. La confiscation atteignait aussi dans ce cas le survivant, qui devait être condamné irrémissiblement à la peine de mort. Les seconds n'étaient pas traités avec moins de rigueur.

La loi ne distinguait pas entre le duel consommé sur la frontière et celui qui avait lieu dans l'intérieur. Afin d'extirper plus sûrement cette funeste coutume, le législateur comprit dans ses prescriptions non seulement ceux qui auraient porté les cartels, mais les domestiques des combattants, et même les spectateurs présents au combat. Les peines décernées contre eux étaient toutefois modérées et mises en rapport avec le délit ou l'acte qualifié tel.

En cas de duel, les crimes et délits qui s'y rattachaient étaient jugés par les juridictions prévôtales et d'autres tribunaux d'exception, concurremment avec les juges ordinaires, et, en cas d'appel, par les parlements. L'édit de 1679, dont nous venons de faire connaître les principales dispositions, est conçu dans un esprit tellement inexorable envers le duel, qu'il déclare que ce crime ne pourra être éteint ni par la mort des combattants survenue avant la plainte formée contre eux, ni par la prescription même la plus longue. Dans ce cas, on faisait le procès à leur mémoire, ne pouvant le faire à leur personne [1].

La juste sévérité déployée par Louis XIV corrigea peu à peu de la fureur du duel les Français et les nations voisines qui avaient suivi leur exemple. L'énergie avec laquelle il poursuivit et punit les premiers infracteurs de l'édit fit rentrer la noblesse et l'armée dans les bornes de la modération ; et pendant tout le cours de son règne, le seul ascendant de son autorité suffit pour opérer une réforme que des édits accumulés, mais faiblement exécutés, avaient entreprise vainement avant lui.

Sous les règnes suivants, la répression s'affaiblit, quoique la loi fût restée la même. Le progrès des mœurs, en adoucissant les esprits, produisit par sa seule influence une diminution sensible dans le nombre des duels. Cette coutume

---

[1] Peuchet, *Collection des lois de la police*, ordonn. d'août 1679, 2ᵉ série, t. I, p. 338 et suiv.; ordonn. du 14 décembre, même année, p. 339, et ordonn. du 28 octobre 1711, t. II, 313.

cessa d'être une cause d'enivrement et de folie dans la noblesse ; elle ne continua de subsister que parmi quelques gentilshommes, comme une affaire de mode ou de travers.

Louis XV essaya de faire disparaître entièrement, par un nouvel édit, les restes de cet usage opiniâtre ; mais le préjugé, soutenu par l'indulgence de l'opinion publique, dont l'empire commençait dès lors à s'établir, fut plus fort que la législation [1]. Ce préjugé avait conservé assez de force, du temps même de Louis XVI, pour obliger deux princes de sa famille, dont un était son propre frère, à croiser le fer dans une querelle grave survenue entre eux.

L'autorité du conseil des maréchaux reçut une plus grande extension de l'édit promulgué par Louis XV. Les attributions conférées aux tribunaux leur furent enlevées, et passèrent dans les mains du conseil des maréchaux, qui fut juge souverain et unique du crime de duel.

---

[1] Isambert, Édit du 22 février 1723, t. XXI, p. 213 et suiv.

TITRE QUATRIÈME.

DE LA POLICE DE SURETÉ, DE LA POLICE POLITIQUE ET DE L'ADMINISTRATION DES PRISONS.

CHAPITRE I.

DE LA POLICE DE SURETÉ.

Détails sur une classe de malfaiteurs appelés *grecs*, ou filous au jeu. — Cercles qu'ils fréquentaient. — Énormités de leurs bénéfices dans les jeux de hasard. — Suppression de ces cercles. — Les grecs appliquent leur coupable industrie aux jeux de commerce. — Femmes galantes. — Leurs complices. — Artifices employés par elles pour attirer dans de brillants salons les joueurs honnêtes dont elles voulaient faire leurs dupes. — *Endormeurs*. — Leurs manœuvres. — Classes de personnes qu'ils recherchaient de préférence pour les dépouiller. — Modifications apportées à l'organisation des juridictions chargées de la connaissance des crimes et délits et de l'instruction de ceux-ci. — Nomenclature des peines de divers degrés. — Violation du secret des lettres considérée comme moyen de gouvernement. — Lettres de cachet, autre moyen du pouvoir arbitraire. — Tribunaux domestiques, leur compétence, leurs abus. — Nombreux règlements des lieutenants généraux de police, et du parlement de Paris, concernant la sûreté des personnes et des propriétés. — Pouvoirs du lieutenant de police et du prévôt des marchands mal délimités. — Accidents déplorables occasionnés par les fêtes du mariage du dauphin avec Marie-Antoinette d'Autriche, par suite de la mauvaise organisation de la police. — Remèdes apportés aux vices de cette organisation.

Les détails que nous avons donnés, dans le troisième livre de cet ouvrage, sur l'organisation des malfaiteurs à Paris, forment un tableau curieux comprenant la première moitié du dix-septième siècle. Il est à regretter que l'histoire de cette organisation n'ait pas été continuée par les contemporains. La suite n'aurait pu sans doute faire connaître que des variétés nouvelles de dol ; mais ces variétés, qui constatent les progrès de la science du mal, auraient renoué les temps nouveaux aux temps anciens, et nous auraient permis de sonder dans toute leur profondeur les couches de la société, où se méditaient alors les spéculations du crime. Un écrivain du dix-huitième siècle, d'ailleurs peu connu, nous a laissé la monographie d'une classe de malfaiteurs qui infestait les maisons de jeu, et qui s'est perpétuée jusqu'à nous sous le nom de *grecs*, ou de filous au jeu. On a donné à ces malfaiteurs le nom de grecs, parce que leur industrie criminelle exigeait beaucoup d'astuce et la connaissance de l'art de tromper, sans éveiller la défiance des joueurs honnêtes. L'hôtel de Gèvres et celui de Soissons, occupés par des cercles où abondaient les gros joueurs, furent les principaux théâtres des exploits des grecs. Ces hôtels, alors trop connus, virent s'écrouler tant de grandes fortunes, que l'autorité crut devoir ordonner la suppression des réunions qui s'y étaient formées.

La vigilance de l'administration ayant rendu plus rares les jeux de hasard, les filous de bel air qui faisaient profession de jouer, et qui s'étaient partagé dans le cours d'une année plus d'un million de bénéfice, abordèrent les jeux de commerce avec non moins de succès que les jeux de hasard, et ils façonnèrent avec une fatale habileté plusieurs femmes galantes à des artifices d'autant plus dangereux, dans la pratique des jeux les plus répandus, qu'elles savaient amorcer les joueurs par les agréments de leur commerce et de leur entretien, et prévenir leurs soupçons ou désarmer leur colère par un air de candeur et de bonne foi qui fascinait les plus méfiants.

Cette horde élégante et spoliatrice se rendait, à l'approche de la saison des eaux, dans les villes de France et de l'étranger, où affluait l'élite de la haute société. Les filous qui couraient ainsi les aventures prenaient des titres et des airs de gentilshommes ; ils s'efforçaient de plaire, par leur courtoisie et la souplesse de leur caractère, afin d'être admis dans l'intimité des personnages les plus considérables et les plus riches; ils affichaient eux-mêmes un grand état de maison, et après avoir circonvenu les hommes les plus accessibles de la société qu'ils s'étaient faite, ils engageaient avec eux, par forme de passe-temps, des parties de jeu où ils savaient corriger la fortune avec assez d'audace et de subtilité, pour ne pas en être les plus maltraités [1].

Il existait vers la même époque une classe d'individus qui subsistait des produits d'une espèce particulière de vol alors très fructueuse, bien qu'elle ne fût pas nouvelle, et dont les adeptes étaient connus sous le nom d'*endormeurs*. Ces malfaiteurs attiraient au cabaret, ou dans des maisons mal famées, des hommes simples qu'ils enivraient ou qu'ils endormaient en leur offrant du tabac à priser, dont ils avaient fait un soporifique au moyen d'une poudre qu'ils y avaient mêlée. Ils étaient principalement à l'affût des garçons de caisse ou des porteurs d'argent, dont ils convoitaient les sacoches comme une riche proie [2].

Nous avons essayé de faire connaître, dans notre second livre, les efforts tentés sous Louis XII et sous François Ier pour régulariser l'organisation judiciaire et l'instruction criminelle. Ces efforts, ayant continué avec éclat l'œuvre laborieuse des siècles précédents, permirent à Louis XIV de codifier les lois rédigées ou perfectionnées par les grands magistrats du seizième siècle. L'instruction criminelle reçut en effet sa dernière forme de l'ordonnance de 1670, et elle n'éprouva presque aucun changement jusqu'à la destruction de l'ancienne monarchie. Louis XVI y apporta quelque adoucissement; mais ces timides améliorations étaient loin de répondre au vœu de l'opinion publique [3].

Sans nier l'importance des améliorations apportées par Louis XIV à l'organisation judiciaire, nous pensons que

---

[1] *Histoire des grecs ou de ceux qui corrigent la fortune au jeu.*
[2] *Mémoires secrets de Buchaumont*, t. XV, p. 34.
[3] Isambert, *Ordonn.*, 24 août 1780 et 1er mai 1788.

le nombre des tribunaux ne fut pas assez réduit. La juridiction ordinaire aurait dû absorber une grande partie des juges d'exception; mais dans un temps où le privilége était encore si vivace, il était encore bien difficile de heurter les vieilles institutions.

Les commissions extraordinaires répudiées par la magistrature, et haïes autant que redoutées par toutes les classes de citoyens, furent conservées par Louis XIV comme des instruments extrêmes, dont il aurait jugé imprudent de se priver, mais qu'il méprisait.

Les peines appliquées sous le régime de l'ordonnance de 1670 étant en grande partie le résumé de l'ancien système pénal de la monarchie, nous en donnerons ici la nomenclature. Les principales étaient le feu, la roue, l'écartèlement, la décapitation pour les nobles, et la potence pour les roturiers. Certains condamnés étaient traînés au supplice sur la claie, et soumis à d'horribles cruautés avant d'être mis à mort.

En seconde ligne venaient les galères à perpétuité, le bannissement et la réclusion également perpétuels, et la confiscation.

Enfin, il y avait un troisième ordre de peines : la question préparatoire ou préalable, la mutilation par le fer ou le feu, la perforation de la langue ou des lèvres, le fouet jusqu'à effusion du sang, le fouet sous la custode, c'est-à-dire administré par le geôlier dans la prison, la suspension par les aisselles, les galères ou l'exil à temps, l'amende honorable, la flétrissure, le pilori, le carcan et le blâme.

Cette longue énumération ne comprend pas du reste les peines capitales ou afflictives réservées aux militaires, aux marins, aux esclaves, aux ecclésiastiques ou aux régicides.

Quoique la législation, comme on vient de le voir, ne fût pas sobre de pénalité, le gouvernement voulut, pour ne rien ôter à l'épouvante du châtiment, que le juge restât en possession de l'ancien pouvoir arbitraire qui lui permettait d'enchérir sur la loi selon l'énormité du crime ou l'horreur qu'il lui inspirait [1].

L'autorité était armée de toutes pièces pour prévenir comme pour réprimer les excès de la licence. La violation du secret des lettres était considérée par elle comme un droit acquis à tout gouvernement, et ce prétendu droit pesait sur les princes les plus rapprochés du trône aussi bien que sur les particuliers les plus obscurs. Les lettres de cachet donnaient action au pouvoir sur la liberté de tous et de chacun, et cette prérogative était d'autant plus redoutable, qu'elle n'entraînait contre le fonctionnaire qui en usait aucune sorte de responsabilité. Un homme était enlevé de son domicile et jeté dans une forteresse, sans autre motif que le bon plaisir d'un ministre qui se retranchait derrière l'autorité absolue du monarque. La raison d'État n'était pas la seule cause de ces détentions arbitraires ; les discordes intestines qui divisaient les familles, les vengeances privées et l'intrigue y contribuèrent pour une grande part. Les lettres de cachet servirent plus d'une fois la haine d'un mari contre sa femme et d'une femme contre son mari.

La vie de famille était beaucoup plus sévère qu'elle ne l'est de nos jours. Le respect pour l'autorité paternelle exerçait un ascendant puissant et salutaire sur les mœurs publiques. Ce respect, universellement reconnu et pratiqué comme une loi pour ainsi dire instinctive, fit établir dans les familles une sorte de tribunal domestique autorisé à juger les actes des enfants ou des membres de la famille susceptibles de correction. Lorsque la sentence condamnait ces actes, le coupable était enfermé dans une prison ou dans une forteresse.

Parmi les individus atteints par les jugements domestiques, on peut affirmer que le plus grand nombre avait mérité son sort ; mais combien qui étaient victimes de la

---

[1] Isambert, ordonnance d'août 1670, t. XVIII, p. 415.

haine d'une marâtre, ou de l'égoïsme d'une mère remariée pour qui les devoirs de la tutelle des enfants du premier lit étaient importuns et sacrifiés à de nouvelles affections! Ces abus prirent une si grande extension, que l'on avait fini par jeter dans les prisons, sous prétexte de correction paternelle, des hommes qui n'avaient pas moins de trente ans, et jusqu'à des prêtres. Le législateur ne pouvait rester indifférent à de tels abus; afin de les prévenir autant que possible, il exigea que les jugements des tribunaux de famille fussent approuvés dans certains cas par le lieutenant civil [1]. Cette mesure obligea les tribunaux domestiques à se montrer plus circonspects et moins accessibles aux calculs et aux mauvaises passions des familles.

Les lieutenants généraux de police perfectionnèrent graduellement les anciens règlements touchant la sûreté des personnes et des propriétés, et dès que de nouveaux besoins conseillèrent de nouvelles mesures, ils firent de celles-ci la matière d'ordonnances spéciales. Pour donner une juste idée des sages prévisions de ces administrateurs et du parlement, il faudrait descendre dans des détails qui sont incompatibles avec le point de vue général sous lequel nous avons jugé convenable d'envisager les diverses parties de la police. Nous nous contenterons de citer les sources auxquelles on pourra recourir pour connaître le fond des dispositions réglementaires elles-mêmes [2].

La ligne de démarcation qui séparait les attributions du lieutenant de police de celles du prévôt des marchands n'étant pas nettement tracée, il s'élevait fréquemment des conflits entre ces deux administrateurs. Il ne fallut pas moins qu'une catastrophe pour les faire disparaître, tant il y avait d'opiniâtreté dans les prétentions respectives des

---

[1] Collection Lamoignon, arrêt du 9 mars 1673, t. XVI, p. 84.
[2] *Ibid.*, Ordonn. de police, 10 mai 1673, t. XVI, p. 152; 26 mars 1725, t. XXVIII, p. 354; 20 avril 1725, même tome, p. 365; août 1737, t. XXXII, p. 463. Arrêts des 19 février 1691 et 7 septembre 1725, même collection.

autorités rivales et de tendance à temporiser, ou de répulsion pour les réformes, dans le gouvernement.

Les fêtes qui eurent lieu à Paris, le 30 mai 1770, à l'occasion du mariage de Marie-Antoinette, archiduchesse d'Autriche, avec le dauphin, depuis Louis XVI, attirèrent un concours de monde prodigieux. Outre l'immense population de Paris, les curieux affluaient de la campagne et des villes voisines, dans un rayon de près de trois lieues.

La ville fit préparer sur la place Louis XV un feu d'artifice qui devait être très brillant. Les monuments publics et les plus riches quartiers de Paris devaient aussi contribuer à la splendeur de la fête par des illuminations d'un genre nouveau. Aussitôt que le feu eut été tiré, la foule qui était sur la place se dirigea vers les boulevards pour jouir du spectacle des illuminations, tandis que d'autres masses de curieux débouchaient de ces mêmes boulevards, par la rue Royale, afin de voir les illuminations qui ornaient les monuments ou les hôtels bordant cette place, ainsi que celles des Champs-Élysées. Ce flux et ce reflux de curieux occasionna, au point de jonction des deux colonnes, une presse telle que beaucoup de personnes furent étouffées.

Pour surcroît de malheur, les carrosses se mirent en mouvement dans ce moment critique, et ayant rétréci encore les passages déjà insuffisants par où le peuple s'écoulait, ils augmentèrent la presse et par suite les accidents. Un fiacre s'étant abattu dans la rue Royale, fut escaladé par un grand nombre de personnes impatientes de franchir ce nouvel obstacle; mais la voiture s'abîma sous leur pieds; les chevaux périrent par les mêmes causes, et des flots de peuple, se précipitant presque sans intervalle sur le même point, s'amoncelaient les uns sur les autres et disparaissaient sous le poids de ceux qui les suivaient. La confusion fut encore augmentée par la chute d'un if de lampions placé dans la rue Royale. L'embarras causé par cet accident vint ajouter de nouvelles victimes au nombre des infortunés qui succombèrent dans ce désastre.

Enfin, les officiers de la ville, car c'étaient eux qui avaient présidé à l'ordonnance et à la police des fêtes, étant parvenus à ouvrir d'autres issues à la multitude effarée, réussirent à arrêter le désordre. Le lieutenant de police et le lieutenant criminel, avertis par la rumeur publique des événements malheureux qui avaient changé le théâtre du feu d'artifice en une scène de deuil, accoururent sur les lieux lorsque la circulation commençait à se rétablir. Cette catastrophe occasionna la mort de cent trente-deux personnes; il y eut trente-six blessés.

A cette époque, la police était administrée par M. de Sartine, et les affaires de la ville par M. Bignon, prévôt des marchands. La concurrence de ces deux magistrats dans la police des fêtes et la négligence ou l'insuffisance de leurs dispositions privèrent la population des garanties d'ordre et de sûreté qu'elle avait droit d'attendre de l'administration locale. Des plaintes vives et universelles s'élevèrent contre le prévôt des marchands et le lieutenant de police. Le parlement évoqua l'affaire. Il se fit rendre compte par ces deux magistrats des mesures qu'ils avaient prises pour prévenir les accidents et maintenir le bon ordre. Chacun d'eux fut soutenu, à la cour comme à la ville, par des personnages puissants et par de nombreux amis. Le parlement prit toutefois une décision qui restreignit l'intervention du prévôt des marchands dans les cérémonies publiques au seul local de l'hôtel de ville et aux précautions à prendre sur les ports de la rivière. Toutes les autres dispositions furent abandonnées au lieutenant de police, qui resta ainsi chargé de la direction des fêtes pour tout ce qui concernait la sûreté, la tranquillité et les mesures d'ordre public [1].

---

[1] Peuchet, *Collection des lois de police*, 2ᵉ série, t. II, p. 18 et suiv.

CHAPITRE II.

DE LA POLICE POLITIQUE SOUS LES RÈGNES DE LOUIS XIV ET DE LOUIS XV.

Troubles de la Fronde. — Procès du surintendant Fouquet. — Conspiration de Cellamare. — Attentat de Damiens sur la personne de Louis XV. — Expulsion des jésuites. — Procès de Lally-Tolendal. — Résistance du parlement aux édits de prorogation de plusieurs impôts. — Union politique du parlement de Paris avec les autres parlements. — Tendance de l'opinion publique vers la régénération de la société. — Police secrète du roi. — Mort de madame de Pompadour. — Cette mort suivie de celles du dauphin et de la reine. — Le roi cherche à se distraire de son affliction par les plaisirs du Parc-aux-Cerfs. — Lit de justice à l'occasion de la doctrine sur l'unité et la solidarité des parlements. — Faveur de la Dubarry. — Intrigues contre le duc de Choiseul. — Sa disgrâce. — Participation du parlement de Paris au procès du duc d'Aiguillon. — Conflit à ce sujet entre le roi et cette compagnie, soutenue par les autres parlements. — Suppression du parlement de Paris et de plusieurs cours souveraines. — Changement total de l'ordre judiciaire. — Tous les parlements sont dissous.

La police politique, ombrageuse et tyrannique pendant l'administration du cardinal de Richelieu, fut douce, quoique vigilante et même artificieuse, durant la régence d'Anne d'Autriche, dont le cardinal Mazarin devint le principal ministre. Les premières années de cette régence furent tranquilles, prospères, et les lauriers de la bataille de Rocroi, qui fit briller d'un si vif éclat la valeur du prince de Condé, alors duc d'Enghien, protégèrent le berceau du jeune roi, en déjouant les espérances ambitieuses que l'Espagne avait placées dans les difficultés d'une régence nouvellement fondée.

D'ailleurs, Anne d'Autriche, pour se créer des amis capables d'appuyer le pouvoir illimité que le parlement lui avait conféré, malgré les dernières volontés de Louis XIII, répandit parmi les princes du sang et la haute noblesse qui formait sa cour les dons, les places et toutes les faveurs dont son autorité souveraine lui permettait de disposer. Le duc de Beaufort, traité par elle avec une distinction particulière, s'était flatté d'abord d'entrer dans le conseil et d'en être le personnage le plus important; mais dès que Mazarin eut été nommé premier ministre, il en conçut un dépit amer, et non content de déclamer contre lui et contre la régente elle-même, il se mit à la tête de quelques gentilshommes mécontents, dont les conciliabules et les menées mystérieuses firent d'eux une sorte de faction qu'on appela par dérision la faction des importants. Les prétentions de cette faction, qui n'avaient paru que ridicules dans l'origine, finirent par lasser l'autorité. Celle-ci bannit les importants de Paris, après avoir fait arrêter leur chef, qui fut détenu dans une prison d'État.

Mazarin, disciple de Richelieu, avait maintenu, dans tous les services de l'administration, les pratiques et les traditions établies par son prédécesseur. L'humeur fière et impérieuse de ce dernier avait donné à l'action du gouvernement une impulsion rapide et violente qui renversa les règles de la justice et des finances, et qui soumit la vie et les biens des citoyens à la volonté absolue du roi. Mazarin, modéré et cauteleux par caractère, mit avec prudence cette politique d'expédient en réserve, et s'abstint d'user de moyens extraordinaires en finance, tant que les ressources du trésor permirent de faire face aux besoins de l'État.

Les libéralités de la reine ayant hâté plus qu'on ne s'y attendait la nécessité de recourir à l'emploi de ces ressources, Émery, surintendant des finances, familier avec les opérations usuraires des traitants, s'entendit avec eux pour combler les vides du trésor. Au lieu d'apporter un discernement réfléchi et une économie sévère dans l'assiette et la perception des nouveaux impôts, il suivit aveuglément les conseils des traitants, lesquels, abusés par l'ordre qui régnait dans le pays et par l'obéissance complète que l'autorité avait obtenue jusque-là, provoquèrent l'établissement de subsides, qui vinrent assaillir coup sur coup les facultés contributives des villes et des campagnes, et qui, après avoir pressuré toutes les classes soumises à l'impôt, ouvrirent la porte à des exactions qui rappelaient les plus mauvais jours de la monarchie. Ainsi, l'on créa de nouveaux offices, on s'empara des gages des anciens officiers. Les rentiers de l'État ou de la ville de Paris furent privés d'une partie de leurs revenus; on eut recours à des emprunts forcés. Enfin, quand toutes ces ressources abusives furent épuisées, on voulut prendre les gages des chambres des comptes, des cours des aides et du grand conseil; mais les membres de ces compagnies portèrent leurs plaintes au parlement, qui, à cette occasion, rendit un arrêt célèbre, par lequel il conclut avec elles un traité d'union, auquel les autres parlements du royaume donnèrent leur adhésion.

Le désordre des finances suscita contre Mazarin et la cour un parti puissant : ce fut celui des frondeurs, qui comptait des affiliés dans tous les rangs de la société.

Les créatures de Mazarin, les amis des traitants, intéressés dans les emprunts, et ceux qui, par conscience, désiraient maintenir le repos de l'État, formaient un autre parti dévoué aux volontés de la cour.

Enfin, un parti mitoyen, composé du plus grand nombre, s'efforçait de modérer l'emportement des frondeurs ou d'aiguillonner la mollesse des amis du premier ministre, ce qui le rapprochait ou l'éloignait tour à tour des uns ou des autres, selon les occasions.

Ces nuances politiques existaient aussi dans le sein du parlement, où elles se manifestaient par des tendances diverses. La fronde y comptait des appuis énergiques. On y attaquait les favoris et les dilapidations des finances, dont les ressources étaient détournées des emplois les plus utiles pour passer dans les mains des courtisans ou pour servir à détacher du parti opposé au cardinal Mazarin les hommes que l'on redoutait le plus.

Le parlement, échauffé par les manœuvres des frondeurs, s'assemblait tous les jours pour opérer la réformation de l'État. Il avait refusé l'enregistrement de plusieurs édits qui créaient des taxes nouvelles et révoqué les intendants de quelques provinces. Il prétendait même se faire rendre compte de tous les deniers levés depuis la régence. D'autre part, Mazarin tâchait d'échapper au contrôle du parlement en s'efforçant d'obtenir la cessation de ses assemblées politiques; le duc d'Orléans, le premier président Molé et d'autres magistrats considérables agissaient de concert pour parvenir à ce but. Le cardinal, afin de mieux assurer le succès de leurs démarches, fit approuver par le roi les arrêts que le parlement avait rendus contre les derniers édits; mais cette condescendance, et en général les voies de douceur dont Mazarin usait envers ses adversaires, étaient regardées par eux comme des marques de faiblesse et de crainte et n'exercèrent pas sur la conduite du parlement l'influence pacifique sur laquelle le cardinal avait compté.

Le duc d'Enghien, devenu prince de Condé, ayant remporté une nouvelle victoire sur les Espagnols dans les plaines de Lens, le conseil du roi, enorgueilli de ce succès, résolut de combattre par la force les entreprises de la fronde, que le temps et la patience du gouvernement n'avaient fait qu'accroître et encourager. Il prit le parti de faire arrêter les magistrats du parlement qui montraient le plus d'animosité contre les ministres, et principalement Broussel. Ce dernier, conseiller en la grand'chambre, avait vieilli dans la haine des favoris. Ses attaques courageuses contre le pouvoir, sa probité reconnue et son grand âge avaient fait de lui le chef le plus accrédité des frondeurs dans le parlement. Le peuple, qui connaissait ses efforts continuels pour le soulager des impôts dont il était surchargé, lui témoignait une vive affection et l'appelait son père.

L'arrestation d'un tel homme pouvait avoir des suites dangereuses. L'événement le prouva. Un lieutenant des gardes de la reine, accompagné d'une quinzaine d'hommes, alla, le matin même du jour où l'on chanta à Notre-Dame le *Te Deum* de la victoire de Lens, se saisir de la personne de Broussel, dans sa maison peu distante du port Saint-Landry, près de la cathédrale. Ce magistrat achevait de dîner. L'officier des gardes lui enjoignit de le suivre, par ordre de la reine, et ne voulut pas même lui laisser le temps de prendre son manteau. Broussel ne put que dire à ses enfants ces paroles remarquables : « Mes enfants, je « n'espère pas vous revoir ; je vous donne ma bénédiction. « Je ne vous laisse point de bien ; mais je vous laisse un peu « d'honneur : ayez soin de le conserver. »

Le président de Blancménil, engagé dans la fronde comme Broussel, fut aussi arrêté, et on les conduisit tous les deux hors la ville, en lieu de sûreté, pour être transférés à Sédan.

Deux heures après que le bruit de l'enlèvement de Broussel se fut répandu, les bourgeois du quartier Notre-Dame et des rues Saint-Martin, Saint-Denis et Saint-Honoré fermèrent leurs boutiques et prirent les armes ; leur exemple fut suivi de proche en proche dans les rues voisines. La foule demandait à grands cris qu'on lui rendît Broussel. Les grands, les ministres et les personnes les plus qualifiées accoururent au Palais-Royal, dans cette conjoncture, pour protester de leur dévouement à la reine et affectèrent de parler avec mépris de l'émotion populaire qui venait d'éclater. Retz, coadjuteur de Paris, promu depuis au cardinalat, se présenta aussi à la cour, et loin de déguiser la gravité du mal, comme les flatteurs qui se pressaient autour de la reine, il signala le danger de la situation et offrit à la régente le concours de son zèle ainsi que ses avis, qui furent également mal reçus. Mazarin, connaissant l'ambition du coadjuteur et son penchant pour l'intrigue, avait prévenu la reine contre lui, et fut cause que ce dernier, irrité de ses mauvais procédés, se livra tout entier à la fronde, dont il devint un des chefs les plus importants et les plus actifs.

Cependant la reine donna ordre aux maréchaux de La Meilleraye et de Lhopital de se rendre sur le lieu de l'émeute, avec ce qu'ils pourraient rassembler de gentilshommes de leurs amis, pour contenir le peuple par un exemple sévère de justice; mais les séditieux étaient trop nombreux pour qu'il fût possible de les attaquer avec des forces si inférieures : le tumulte s'apaisa néanmoins dès que la nuit fut venue. Le lendemain, le chancelier, étant allé porter au Palais une déclaration du roi qui défendait les assemblées des chambres du parlement, fut reconnu par plusieurs individus qui avaient joué un rôle dans la sédition de la veille. Leurs cris ameutèrent aussitôt la populace, laquelle poursuivit son carrosse jusqu'à l'hôtel de Luynes, où elle pénétra en tumulte à la suite de ce magistrat pour l'immoler à sa haine, car il passait pour le protecteur de la maltôte et de ceux qu'elle enrichissait.

Heureusement il se déroba aux poursuites des séditieux et fut mis en lieu sûr par les gens de l'hôtel, qui, ayant envoyé un exprès au Palais-Royal pour y faire connaître les dangers que courait le chancelier, donnèrent au maréchal de La Meilleraye le moyen d'accourir avec quelques compagnies des gardes, qui firent une décharge sur les factieux, et délivrèrent celui qu'ils tenaient assiégé. Cette démonstration, dont les suites furent meurtrières parmi les insurgés, souleva toute la ville : le peuple ferma les boutiques, tendit les chaînes dans les rues, et fit des barricades qu'il poussa jusqu'aux environs du Palais-Royal.

Pendant que l'émeute grondait, le parlement délibérait sur les avantages qu'il pourrait y avoir, dans les circonstances, à provoquer la mise en liberté de ceux de ses membres que les ministres retenaient prisonniers. Il espérait que leur délivrance calmerait le peuple ; dans cet espoir, il résolut de se rendre en corps au Palais-Royal, pour la demander. Les bourgeois étaient sous les armes dans toutes les rues qu'il eut à parcourir : les uns le menaçaient s'il ne ramenait Broussel ; les autres, en réclamant aussi la liberté de ce dernier, l'engageaient à ne rien craindre, disant qu'ils étaient prêts, s'il le fallait, à périr pour sa défense. Tous paraissaient décidés à ne déposer les armes que lorsque celui qu'ils appelaient *le père de la patrie* leur aurait été rendu.

Le parlement, introduit devant la régente, entourée des princes du sang, des ministres et des grands du royaume, lui représenta que la justice et la prudence conseillaient à Sa Majesté de se montrer sensible au vœu formé par tous les magistrats réunis devant elle pour la mise en liberté de leurs collègues détenus ; que ce vœu méritait d'autant plus de fixer son attention, qu'il était appuyé par cent mille hommes armés, attendant avec inquiétude et dans une morne douleur l'issue de la démarche de la compagnie.

La reine répondit qu'étant dépositaire de l'autorité sacrée du roi, son fils, elle ne consentirait jamais qu'on y portât atteinte pour satisfaire les passions d'une multitude égarée ; que c'était à ceux qui avaient excité la sédition à l'apaiser, et qu'il appartenait au parlement d'user de tous ses moyens de persuasion pour faire rentrer les mutins dans le devoir.

De nouvelles instances ayant été tentées en vain par les magistrats pour fléchir la résistance de la reine, ils se remirent en marche vers le Palais pour délibérer sur le refus du gouvernement ; mais, arrivés à la première barricade, le peuple leur demanda s'ils avaient obtenu la liberté de Broussel, et voyant, à leur air consterné, qu'ils n'avaient pas réussi dans leur tentative, il exigea qu'ils retournassent auprès de la reine, en disant que si dans deux heures Broussel n'était pas libre, deux cent mille hommes marcheraient en armes sur le Palais-Royal pour supplier la reine de satisfaire à leur vœu, et qu'ils extermineraient les ministres, seuls auteurs de la sédition.

Le parlement revint en effet à la cour pour rendre compte à la reine et à son conseil de l'état d'exaspération des esprits. Il représenta qu'il n'avait pu maîtriser la fureur des séditieux, et qu'une plus longue résistance de l'autorité pourrait mettre la couronne en péril. On tint conseil sur ces nouvelles représentations, et le duc d'Orléans, ainsi que le cardinal Mazarin, furent d'avis, contre le sentiment de la reine, d'autoriser la mise en liberté des prisonniers. Le parlement fit savoir au peuple cette décision ; mais les bourgeois continuèrent à demeurer sous les armes jusqu'à ce que Broussel eût été remis entre leurs mains. Son arrivée parmi eux fut saluée par les feux de toute la mousqueterie ; il fut ensuite reconduit triomphalement jusqu'au Palais, où il reçut, ainsi que le président Blancménil, les félicitations du parlement. Les mêmes acclamations de joie de la foule l'accompagnèrent jusqu'à sa demeure.

Le parlement acquit dans cette circonstance de nouvelles forces contre la cour, et beaucoup de gens de qualité, soit par intérêt, soit par amour du changement, travaillèrent, de concert avec les frondeurs, au renversement de Mazarin. Pendant les troubles occasionnés par les barricades, le duc de Beaufort s'évada de sa prison. L'administration des finances fut ôtée à Émery ; mais le désordre était si grand dans la manutention des deniers publics, qu'un changement de personne ne pouvait seul remédier aux maux de l'État. On poursuivit donc, en apparence, les premiers projets de réformation qu'on avait conçus ; mais, en réalité, on ne songeait qu'à perdre le cardinal, dont la faiblesse lui suscitait tous les jours de nouveaux ennemis. Il fut désigné et attaqué dans une assemblée des chambres du parlement comme la principale cause du désastre des finances et des malheurs publics, et le parlement vota l'envoi d'une députation solennelle vers le duc d'Orléans, le prince de Condé et le prince de Conti, pour les engager à se joindre à lui, dans la vue de rechercher et de corriger les abus qui s'étaient glissés dans tous les services de l'Etat.

La cour était à Ruel lorsque cette prise à partie dirigée contre le cardinal éclata dans le parlement. Le prince de

Condé, en qui Mazarin avait placé en ce moment toute sa confiance pour le soutenir contre le parlement, écrivit à ce dernier d'envoyer des députés à Saint-Germain, afin de discuter dans une conférence les moyens les plus propres à faire cesser les divisions qui troublaient l'État. On convint dans cette conférence des bases d'une déclaration du roi, laquelle suspendit pendant quelque temps la querelle des partis. Malheureusement, les princes étaient entourés d'intrigants qui les abusaient pour avancer leur propre fortune. Ainsi, l'abbé de La Rivière, dont l'ambition était d'obtenir le chapeau de cardinal, malgré les prétentions rivales du prince de Conti, était admis dans la confiance la plus intime du duc d'Orléans, et ce dernier ne s'était pas fait scrupule de combattre de tout son crédit la concurrence d'un prince du sang pour satisfaire la vanité de son protégé. Afin d'attacher La Rivière à ses intérêts, Mazarin lui avait donné des espérances; mais, dans le vrai, ces espérances n'étaient qu'un leurre, parce qu'il ne jugeait pas qu'il lui convînt de souffrir dans le conseil du roi une personne revêtue de la même dignité que lui.

Le duc d'Orléans ayant appris à le connaître dans diverses occasions, et voyant d'ailleurs qu'il ajournait sans cesse l'accomplissement des promesses qu'il avait faites à La Rivière, se montrait aigri contre lui. Le roi avait quitté Saint-Germain pour revenir à Paris avec toute la cour; mais le duc affectait de ne paraître que très rarement au Palais-Royal : le conseil ne prenait aucune résolution, et le nom du duc d'Orléans était devenu le point de ralliement de tous les mécontents et des magistrats qui passaient pour frondeurs. Parmi ces derniers, les plus opposés à la cour étaient Broussel, Longueuil, le président de Novion, Blancménil et Viole, qui se réunissaient tous dans une haine commune contre le cardinal; toutefois le personnage le plus important du parti de l'opposition, par le génie, l'audace et l'habileté, était le coadjuteur de l'archevêque de Paris. C'est lui qui travailla le plus efficacement, par l'entremise de ses amis dans le parlement et de ses émissaires dans le peuple, à former un parti, de l'union de tous les deux. Le duc d'Orléans étant trop faible de caractère et trop indécis pour devenir le chef de ce parti, le coadjuteur jeta les yeux sur le prince de Condé pour lui en offrir le titre et les prérogatives ; mais le prince ayant refusé les ouvertures qui lui furent faites, le coadjuteur crut pouvoir s'adresser au prince de Conti, indisposé contre la cour, parce que la reine ne l'avait pas admis dans le conseil, et mécontent du prince de Condé, son frère, à cause du peu de cas que celui-ci faisait de sa capacité.

Au surplus, le prince de Conti n'avait, en effet, d'autre titre que sa naissance au choix dont il avait été l'objet. Gouverné par madame de Longueville, sa sœur, laquelle était également brouillée avec le prince de Condé, il accepta le rôle que le coadjuteur lui offrit, et tous les deux se lièrent par un traité avec les frondeurs. Cependant la cour avait ramené le duc d'Orléans, et persuadé au prince de Condé que le parlement, appuyé par les frondeurs, avait l'intention d'empiéter sur les droits de la royauté, en voulant influer sur la nomination des ministres et en prétendant connaître des opérations militaires. Les larmes de la reine et les embrassements du jeune roi, joints aux sollicitations des amis du prince, le firent sortir de la neutralité qu'il s'était proposé de garder envers tous les partis, et le forcèrent à se prononcer avec énergie contre les prétentions du parlement. Peu épris de la popularité, il était doué à un haut degré de l'instinct du commandement, et il possédait plutôt les qualités d'un grand capitaine que celles d'un homme d'État. Renommé par sa suprême valeur dans les combats et par une fermeté indomptable dans l'adversité, il était néanmoins incapable de diriger les affaires publiques, qui exigent, par-dessus tout, de la prudence, du tact et de la modération : naturellement impétueux, la contradiction le choquait, et il tranchait les difficultés au lieu de les résoudre.

Dans une séance du parlement à laquelle le prince de Condé assistait à côté du duc d'Orléans, Viole, l'un des conseillers, ayant invoqué le Saint-Esprit pour éclairer les princes de ses lumières sur la conduite du cardinal, le prince de Condé se lève, et, d'un ton brusque, lui ordonne de se taire. Cette saillie inattendue, et indigne de la gravité de l'assemblée, excite les murmures des jeunes conseillers; mais ces murmures, loin de le rendre plus retenu, enflamment sa colère, et il s'emporte en menaces contre ceux qui viennent de le désapprouver. Une pareille façon d'agir lui fit perdre l'affection du parlement et lui suscita dans le monde de nombreux ennemis, sans compter le blâme de ceux qui respectaient encore en lui le vainqueur de Rocroi et de Lens.

La cour profita de ce premier conflit pour pousser le prince de Condé à réduire par la crainte le parlement à une soumission absolue. Le roi, dans ce dessein, sortit secrètement de Paris avec la reine, le cardinal Mazarin et toute la maison royale, et se rendit à Saint-Germain, où les grands et les ministres arrivèrent le même jour. Le conseil s'étant assemblé, il fut arrêté que l'on préparerait immédiatement le blocus de Paris. Le départ du roi, que le peuple qualifia d'enlèvement, donna de la joie aux frondeurs et causa de l'affliction aux personnes sages, qui crurent voir avec raison, dans cette fuite, une atteinte portée à la dignité de la couronne. Le peuple, au surplus, ne parut pas effrayé du blocus projeté contre la capitale, et se montra au contraire résolu à en affronter les suites. Il n'en fut pas de même du parlement, qui jugea convenable de députer les gens du roi à Saint-Germain pour y porter des paroles de conciliation et des offres avantageuses à la cour, que celle-ci refusa.

Le lendemain, les députés ayant annoncé au parlement qu'ils n'avaient pu être admis auprès de la reine, ni remplir par conséquent l'objet de leur mission, l'assemblée indignée déclara le cardinal ennemi de l'État; des levées de gens de guerre furent ordonnées; les corps judiciaires se taxèrent volontairement; on pourvut à l'approvisionnement de la ville, et le peuple concourut avec ardeur aux préparatifs de défense de la cité.

Cependant, le prince de Condé, à la tête de six à sept mille hommes, vint effectuer le blocus de Paris, en se saisissant de Lagny, Corbeil, Saint-Cloud, Saint-Denis et Charenton. Le parlement nomma le prince de Conti généralissime des forces qui devaient être chargées de la défense de la capitale, et lui adjoignit le duc d'Elbeuf, le duc de Bouillon et le maréchal de La Motte. Le public ignorant la mésintelligence qui existait entre le prince de Conti et son frère, qui était le véritable chef de l'entreprise contre Paris, ne pouvait croire à la sincérité des intentions de celui qu'on avait mis à la tête de l'armée parisienne, et pour calmer la défiance générale, madame de Longueville se crut obligée, dans l'intérêt du prince de Conti, de venir fixer sa demeure à l'hôtel de ville. Les ministres ayant été informés que le maréchal de Turenne, qui commandait l'armée d'Allemagne, entretenait des rapports secrets avec le duc de Bouillon, son frère, l'un des chefs de la fronde, lui ôtèrent son commandement.

Sur ces entrefaites, le duc de Beaufort étant rentré à Paris, après avoir erré dans plusieurs provinces, vint offrir ses services au parlement, qui l'admit au nombre de ses généraux. Le peuple accueillit cette nomination avec faveur, parce que le duc de Beaufort était affable, et qu'il avait su acquérir l'affection populaire par un langage et des manières dont la simplicité et la rondeur plaisaient beaucoup aux artisans, et surtout aux dames de la halle. Le prince de Condé était maître de presque tous les postes des environs de Paris, et opposait de grandes difficultés à l'arrivée des convois qui apportaient des vivres à cette ville. Mais l'occupation du poste de Charenton par les troupes de la fronde, assurant de ce côté l'approvisionnement des Parisiens, il résolut d'attaquer ce poste, et il l'enleva, bien que les forces des frondeurs fussent supérieures en nombre aux troupes royales qu'il commandait. Il remporta de semblables avantages sur d'autres points peu distants de Paris.

Les succès obtenus par la cour, et les maux que la guerre civile fait éprouver aux peuples en même temps qu'aux gouvernements, engagèrent les parties belligérantes à négocier. Ces négociations amenèrent une amnistie et la conclusion de la paix.

Le prince de Conti fut admis, selon son désir, à faire partie du conseil, et, ce qui valait mieux pour sa fortune, il vit s'accroître le nombre de ses possessions. La cour, pour complaire à d'autres personnages qu'elle avait intérêt à ménager, eut aussi égard à leurs prétentions. Mais le coadjuteur, le duc de Beaufort, et d'autres généraux de la fronde, n'eurent aucune part aux arrangements secrets que la régente prit avec ces personnages, moins fidèles qu'eux à leur parti.

Mazarin, qui pendant sa détresse avait subi patiemment les airs de domination du prince de Condé, à la cour, essaya de s'affranchir d'un joug qui lui pesait. Il voulut, pour consolider sa fortune ébranlée, l'appuyer sur de grandes alliances, et forma le dessein d'unir une de ses nièces avec le duc de Mercœur, qui était de la maison de Vendôme. Le prince de Condé parut d'abord ne témoigner aucun ombrage de cette union; mais son beau-frère, le duc de Longueville, excita son humeur et sa colère contre le cardinal, en lui représentant que l'alliance recherchée par ce dernier accusait son ingratitude, puisqu'il ne se faisait pas scrupule de tendre la main à une famille ennemie de la maison de Condé. Les observations du duc de Longueville exercèrent une telle influence sur l'esprit du prince de Condé, que celui-ci ne garda plus aucune mesure envers le cardinal, et qu'il n'épargna ni invectives contre sa personne, ni railleries contre l'ambitieux mariage, dont la politique du premier ministre paraissait vouloir se faire un instrument pour contre-balancer son crédit.

La fourbe et la mauvaise foi de Mazarin dans des pourparlers qui eurent lieu entre des amis communs pour prévenir une rupture ouverte, ne firent que précipiter le résultat que l'on voulait éviter. Le cardinal avait fait offrir au prince de nouveaux établissements, dans le cas où il demeurerait attaché à la cause de la régence; mais quoique à plusieurs reprises il eût pu saisir l'occasion de remplir sa promesse, il allégua toujours un prétexte pour l'éluder. Le prince, éclairé par l'expérience, jugea que le cardinal n'était pas sincère, et qu'il abusait ses amis. Les chefs de la fronde s'étaient abstenus, depuis la paix, de provoquer contre le cardinal aucune manifestation populaire; toutefois ils ne laissaient pas d'entretenir la défiance contre lui dans les masses et le parlement. Le prince de Conti était resté à leur tête, et son entrée au conseil, ainsi que les autres avantages qu'il devait au crédit de son frère, l'avait uni à toutes les volontés de ce dernier.

La cour était alors à Compiègne. Mazarin craignant que l'animosité du peuple contre lui ne fût pas tout à fait éteinte, malgré la paix, hésitait à ramener le roi à Paris. Le prince de Condé se chargea de cette mission et y réussit. Placé entre les séductions trompeuses de la cour et les sollicitations des frondeurs, qui fomentaient sans cesse au-dedans de lui des sentiments de défiance contre Mazarin, il flotta longtemps entre les deux partis, passant alternativement de l'un à l'autre, sans pouvoir se fixer à aucun; cette incertitude nuisit beaucoup à son crédit parmi les frondeurs, dont le peuple épousait aveuglément les affections et les haines politiques. Ceux de ses proches qui appartenaient à la fronde lui restèrent pourtant fidèles.

Mazarin, humilié de plus en plus par les hauteurs et les emportements du prince de Condé qui tirait parti de toutes les occasions, sinon pour le supplanter, du moins pour le perdre dans l'esprit de la régente, résolut de se venger de lui en le faisant arrêter. L'exécution de ce dessein était difficile; mais il surmonta avec habileté les obstacles qui s'y opposaient, en rompant la liaison particulière qui existait entre le prince et le duc d'Orléans, et en se réconciliant avec les principaux frondeurs par un traité secret, que le peuple et le parlement devaient ignorer, afin que ce traité ne pût altérer l'influence de ceux-ci sur l'un et sur l'autre. Joly, créature du coadjuteur, fut l'instrument dont le cardinal se servit pour faire entrer la fronde dans ses sentiments de haine et de vengeance.

Parmi le grand nombre de personnes qui se plaignaient le plus de la mauvaise administration des affaires publiques, on comptait principalement les rentiers de l'hôtel de ville, à qui le gouvernement avait retranché une partie considérable de leurs rentes. On voyait tous les jours une foule de gens réduits à la dernière nécessité, suivre le roi et la reine dans les rues et dans les églises, pour leur demander justice contre la dureté des surintendants. Plusieurs portèrent leurs plaintes au parlement, et Joly, qui s'était joint à eux dans la grand'chambre, parla des abus de l'administration des finances avec une véhémence extraordinaire. Le lendemain, comme il se rendait au Palais pour y suivre l'effet de ses observations de la veille, on tira plusieurs coups de pistolet dans le carrosse où il était, sans qu'il en fût atteint. On ne put découvrir l'auteur de cet attentat, dont quelques-uns voulurent faire tomber la responsabilité sur le cardinal. Les efforts que l'on fit dans cette occasion pour émouvoir le peuple ne produisirent au reste qu'un léger trouble, lequel s'apaisa de lui-même.

Cependant, les agents de l'ancienne fronde, qui, par leurs relations avec celle-ci, étaient dans le cas d'inspirer le plus de défiance au gouvernement, crurent devoir s'assembler le soir afin d'aviser aux moyens de se garantir des poursuites dont ils pourraient être l'objet. Le cardinal, pour amener le prince de Condé à rompre entièrement avec ce parti et à se priver ainsi du seul soutien qui eût pu rendre son arrestation embarrassante pour la cour, fit répandre le bruit que le crime tenté contre la personne de Joly avait été provoqué par les frondeurs, dans l'espoir de soulever le peuple par ce moyen et d'intimider la cour. En même temps, il fit écrire par un membre du conseil au prince de Condé que la sédition du matin avait été préparée dans le dessein d'attenter à ses jours et que les chefs de la fronde en étaient les fauteurs. Le billet qui contenait cet avis ajoutait qu'à l'heure même un rassemblement s'était formé dans l'île du Palais, vis-à-vis du cheval de bronze, et qu'il manifestait des intentions hostiles contre lui.

Le prince donna communication de cet avis à la reine, au duc d'Orléans et au cardinal lui-même, qui en parut plus surpris que les autres. Des doutes s'étant élevés sur l'exactitude de l'information, il fut résolu que, pour s'en éclaircir, le prince enverrait immédiatement son carrosse et ses gens au Palais, sans s'exposer lui-même, et qu'en passant par le lieu indiqué, devant les personnes qui composaient le rassemblement, ses serviteurs pourraient se convaincre de la nature des intentions de ces personnes. La chose eut lieu comme elle avait été arrêtée, et le carrosse étant arrivé non loin du cheval de bronze, des hommes inconnus l'assaillirent de plusieurs coups de feu, dont un blessa un des domestiques placés derrière la voiture. Le prince, ayant appris cette fâcheuse nouvelle au Palais-Royal où il se trouvait, demanda justice au roi et à la reine de la tentative d'assassinat que les frondeurs avaient dirigée contre lui. Le cardinal témoigna la plus vive indignation à l'occasion de ce prétendu projet, et il dissimula avec tant d'art le fond de sa pensée que le prince fut complètement dupe de ses protestations de dévouement et des faux semblants de zèle qu'il fit paraître pour le châtiment des coupables.

D'un autre côté, les frondeurs repoussèrent avec énergie l'accusation portée contre eux. Le duc de Beaufort et le coadjuteur usèrent de toute sorte de moyens envers le prince de Condé et madame de Longueville pour les persuader de leur innocence ; mais ceux-ci fermèrent l'oreille à leur justification et le prince saisit la justice de sa plainte. La fronde, représentée par les deux chefs que nous venons de nommer, accepta le débat, et l'on s'apprêta des deux parts à une vive discussion. Le cardinal, dont le prince répugnait à suspecter la franchise dans cette circonstance, malgré les avertissements de quelques amis, jugea qu'il était temps de sceller par des engagements définitifs le traité qu'il avait passé avec les frondeurs, et leur offrit la protection de la cour.

La négociation du mariage du duc de Richelieu avec madame de Pons, négociation qui avait réussi sans la participation de la cour et sous les auspices seuls du prince de Condé, fut regardée par le cardinal et par le conseil du roi comme une entreprise téméraire et même criminelle, parce qu'on supposait au prince le désir de s'assurer du Havre, dont le duc de Richelieu était gouverneur. Comme il restait au prince de Condé un dernier appui dans le duc d'Orléans, on essaya de le lui enlever en accusant l'abbé de La Rivière, qui, depuis longues années, était le confident et le conseil de celui-ci, de rapporter déloyalement ses paroles et ses sentiments aux principaux chefs de la maison de Condé. C'est madame de Chevreuse que le cardinal mit en avant pour conduire cette intrigue, et elle eut d'autant moins de peine à réussir qu'on savait que l'abbé de La Rivière avait un grand intérêt à ménager le prince de Condé, pour n'être point troublé par lui à Rome dans sa prétention au chapeau de cardinal.

Mazarin, habile dans l'art de tromper, ne s'arrêta pas là. Il fit entendre au duc d'Orléans que le prince de Condé aspirait à être connétable, malgré les titres qu'il avait lui-même par sa naissance à cette dignité; il parla de conférences secrètes qui auraient eu lieu à ce sujet entre lui et le duc de Rohan, que le prince aurait chargé de ses intérêts, et il fit si bien par ses artifices que le duc d'Orléans crut à la réalité d'un projet qui n'était qu'une pure invention du cardinal. Blessé d'un procédé qu'il jugeait peu sincère et peu respectueux envers lui, il tint dès lors le prince de Condé pour suspect et il n'opposa aucune difficulté à ce qu'il fût arrêté et retenu prisonnier. Son arrestation eut lieu, en effet, au Palais-Royal, ainsi que celle du prince de Conti et du duc de Longueville. La cour avait aussi résolu de se saisir de madame de Longueville; mais celle-ci eut le temps de prendre la fuite et de passer à l'étranger.

La princesse de Condé, mère des deux princes mis en état d'arrestation, se rendit peu de temps après à Bordeaux pour y organiser un parti en faveur de ses fils, et y fut suivie par de nombreux gentilshommes dévoués à sa maison. Les habitants de cette ville s'étant déclarés pour la cause des princes détenus, le roi, qui s'était rendu sur les lieux, fit investir la ville par ses troupes et en ordonna le siége. Après treize jours de tranchée ouverte, les assiégeants n'ayant pu faire aucun progrès, et se trouvant rebutés par une résistance d'autant plus opiniâtre que les assiégés espéraient recevoir des secours de l'Espagne et des renforts de l'intérieur, la cour crut devoir entendre des propositions de paix qui lui furent faites par le parlement de Bordeaux et des députés de cette ville. Un accommodement ayant été conclu, le roi fit son entrée dans Bordeaux et les troubles cessèrent.

Pendant que le monarque pressait le siége de cette ville, le maréchal de Turenne, qui s'était rallié au parti des princes, avait traité avec l'Espagne pour porter la guerre en France. Il pénétra, en effet, dans le royaume à la tête d'un corps de troupes étrangères, auxquelles il avait réuni une partie de celles qui avaient servi sous le prince de Condé; il s'était emparé de plusieurs places et il avait décidé les Espagnols à marcher droit sur Paris, lorsque ceux-ci, ayant appris que les princes qui y étaient détenus avaient été conduits à Marcoussis, refusèrent de passer outre, soit qu'ils ne voulussent pas se hasarder davantage pour des intérêts qui ne les touchaient pas directement, soit qu'ils craignissent que les troupes royales ne leur ôtassent toute communication avec les Pays-Bas.

L'entreprise des Espagnols hâta le retour du roi et de la

cour à Paris. Le cardinal, fier d'avoir pacifié la Guyenne et soustrait les princes aux influences des frondeurs en les transférant de Marcoussis au Havre, assembla un corps d'armée, dont il donna le commandement au maréchal Duplessis-Praslin, et le fit partir pour investir Rethel, occupé par les Espagnols. Le chef qui était à leur tête, n'ayant pas tenu assez longtemps pour permettre à M. de Turenne de secourir la place, contraignit ce dernier de combattre avec désavantage les troupes du maréchal Duplessis-Praslin et lui fit perdre la bataille.

Le cardinal, ébloui de cette nouvelle faveur de la fortune, y vit un moyen de reconquérir son ancienne domination, et affectant dès lors de se mettre au-dessus des cabales, il réveilla contre lui l'envie et la haine publique. Les frondeurs, dans ces conjonctures, jugèrent à propos de se rapprocher du prince de Condé, et dans ce dessein ils entrèrent en pourparlers avec le président de Viole et plusieurs autres personnes dévouées à ses intérêts. La princesse Palatine, en raison de la confiance dont elle jouissait auprès de la reine et de ses liaisons soit avec la famille de Condé, soit avec les chefs de la fronde, fut l'intermédiaire que ceux-ci choisirent pour obtenir la liberté des princes en même temps que le renvoi du cardinal. Le duc d'Orléans avait donné son acquiescement tacite à l'exécution de ce projet; mais le duc de La Rochefoucauld, un des amis les plus actifs du prince de Condé, engagea la princesse Palatine, dont il était le confident, à ne pas accepter immédiatement les propositions des frondeurs, à cause du bouleversement qu'elles produiraient dans l'État, et à faire comprendre au cardinal combien il lui serait avantageux de réaliser seul le vœu de la capitale et du parlement pour la mise en liberté des princes.

Mazarin, au lieu de trancher tout de suite cette question, dont la solution ne pouvait être différée sans péril pour sa domination, traîna en longueur, suivant sa coutume; mais pendant qu'il tergiversait de la sorte, le duc d'Orléans renoua ouvertement ses premières relations avec les frondeurs, et les princes, en ayant eu avis, mandèrent au duc de La Rochefoucauld de se réconcilier avec eux et d'entrer dans le traité de la fronde, au nom de toute la maison de Condé. Cet accord inattendu, mais ardemment désiré parmi le peuple, donna lieu à une effervescence générale, qui jeta le cardinal dans la consternation. Les bourgeois, craignant une résistance énergique de la part de la cour, prirent les armes, se rendirent maîtres des portes de la ville et concertèrent si bien leurs mesures qu'en moins de quelques heures le roi et la reine furent mis dans l'impossibilité de sortir de Paris. La noblesse s'assembla, de son côté, pour aider à la délivrance des princes, et l'irritation contre le cardinal s'était accrue à un tel point qu'on osait demander hautement sa tête. Cet homme, naguère si puissant, fut abandonné d'une partie de la maison du roi, de plusieurs des ministres et d'un grand nombre de ses créatures. Cet abandon ne fut pas ostensible; mais ceux sur lesquels il comptait le plus appuyaient secrètement les espérances de M. de Châteauneuf, que l'on désignait comme le successeur présumé de Mazarin.

Ce dernier, sachant qu'il avait tout à craindre de la fureur du peuple, sortit le soir de Paris, à cheval, sans rencontrer d'obstacle, et se rendit à Saint-Germain, suivi de quelques-uns de ses amis. Cette retraite, loin de rassurer les esprits, fut généralement considérée comme le prélude du départ du roi. Les soupçons que l'on avait conçus à cet égard firent prendre de nouvelles précautions. Les postes placés aux portes de la ville furent doublés, et l'on fit garder avec soin les issues des rues aboutissant au Palais-Royal.

Dans ce même temps, le parlement ne cessait de protester en faveur de la liberté des princes. Les esprits étaient aigris de plus en plus par les réponses ambiguës de la reine ou par des ajournements qu'elle renouvelait sans cesse ; enfin, le mécontentement étant parvenu à son comble, la reine finit par promettre solennellement qu'elle aurait égard au désir du parlement; en effet, elle donna mission au duc de La Rochefoucauld de se transporter au Havre avec un secrétaire d'État et un capitaine des gardes pour opérer la mise en liberté des princes, et au même instant elle fit expédier au cardinal, qui était près d'arriver dans cette ville, une dépêche qui l'autorisait à disposer du sort de ces mêmes princes, ainsi qu'il le trouverait bon, et malgré tout ordre contraire, pendant qu'elle chercherait elle-même à tirer le roi hors de Paris.

Le cardinal, cédant à une politique aussi habile que sage, résolut d'ouvrir généreusement aux princes les portes de la prison, où il les retenait depuis treize mois; en même temps, pour conjurer la tempête déchaînée contre lui, il se retira du côté de Liége. La captivité du prince de Condé avait ajouté un nouveau lustre à sa gloire. Son entrée à Paris fut un véritable triomphe. Une foule innombrable, au sein de laquelle on voyait des personnes de toutes conditions, se porta au devant de lui jusqu'à Pontoise. Le duc d'Orléans, un peu avant son arrivée dans la capitale, lui présenta le duc de Beaufort et le coadjuteur. Il fut conduit, avec le prince de Conti et le duc de Longueville qui l'accompagnaient, au Palais-Royal, au milieu des acclamations publiques.

Le roi, la reine et le duc d'Anjou, entourés des seuls officiers de leurs maisons, reçurent les captifs triomphants avec une bienveillance plus affectée que sincère.

Le prince de Condé, qui était inconstant et hautain, mais qui avait peu de penchant pour les factions, résista noblement à des insinuations qui l'encourageaient à dépouiller la reine de la régence, et à se faire investir par le parlement du pouvoir suprême qui y était attaché. Il repoussa d'un autre côté les grands avantages que la princesse Palatine lui offrit au nom de la reine pour favoriser le retour du cardinal, qui s'était fixé à Cologne.

Cependant la noblesse, qui avait pris parti en faveur des

princes, n'avait pas cessé de s'assembler, quoiqu'ils eussent recouvré leur liberté, et elle demandait, pour remédier aux désordres de l'État, la convocation des états généraux. Mais le duc d'Orléans et le prince de Condé, voulant complaire à la cour et au parlement, qui redoutaient également les états généraux, ne songèrent qu'aux moyens de dissoudre adroitement l'assemblée, en lui promettant, au nom de la cour, que les états seraient réunis six mois après la majorité du roi.

La cour était pleine d'intrigues, et les cabales qui la divisaient s'accordaient toutes néanmoins pour empêcher le retour du cardinal, lequel, du reste, dans son exil, n'avait cessé de tenir les rênes du gouvernement. L'affection et la confiance de la reine pour son favori paraissaient s'accroître avec la haine de ses ennemis. Le garde des sceaux de Châteauneuf, dévoué à la régente, mais adversaire implacable de Mazarin, lui fut sacrifié. Chavigny, qui avait été secrétaire d'État et ministre, fut rappelé au conseil par la reine, et entra pleinement dans les intérêts du prince de Condé.

Celui-ci, dont le crédit était assez puissant pour procurer aux chefs de la fronde qui l'avaient appuyé, soit des places, soit de l'argent, négligea leurs intérêts pour ne s'occuper que des siens ; il fut nommé au gouvernement de Guyenne. Un traité ayant été négocié entre le prince et la reine, les négociateurs apportèrent dans la discussion des bases de ce traité une telle mauvaise foi, qu'ils attribuèrent réciproquement aux parties intéressées des intentions et des paroles désavouées par elles ; ces désaveux eurent pour effet de les aigrir l'une contre l'autre, et de détruire les espérances d'une réconciliation durable entre la cour et la maison de Condé.

La rupture qui en fut la suite donna lieu au coadjuteur de nouer avec la reine, au nom des chefs de la fronde, mécontents du prince de Condé, des relations utiles au pouvoir du roi. Ces relations durent demeurer secrètes pour ne pas affaiblir l'influence qu'ils avaient sur l'esprit du peuple, lequel n'avait pas cessé de les considérer comme les ennemis du cardinal. La cour et les principaux frondeurs étant également irrités contre le prince de Condé, on résolut de s'assurer de nouveau de sa personne. Le prince, ne pouvant s'abuser sur sa disgrâce et sur les intentions hostiles que les frondeurs, d'accord avec la cour, avaient manifestées plusieurs fois contre lui, se réconcilia avec madame de Longueville et le duc de La Rochefoucauld, dont il s'était aliéné l'affection, et il quitta Paris pour se retirer à Saint-Maur, où il fut suivi par la princesse sa mère, le prince de Conti et madame de Longueville. Le château qu'il habitait devint le rendez-vous d'un grand nombre de personnes de qualité, que l'intérêt et le plaisir rassemblaient autour du prince. Leur réunion formait une sorte de cour dont la politique s'efforça d'augmenter les attraits ; on y trouvait, outre les délices d'une table exquise, des divertissements de toutes sortes, tels que le jeu, la danse, la comédie et la chasse.

Cependant, le prince de Condé employait tous les moyens qui étaient en son pouvoir pour justifier auprès du parlement et du peuple les sujets de plainte qu'il avait contre la cour. Flottant entre la paix et la guerre, il voulait, dans le cas où les événements le porteraient à prendre ce dernier parti, le colorer d'un prétexte plausible, en se présentant comme l'objet de la haine et des persécutions de la cour. Le peuple, instruit vaguement de l'intelligence qui existait entre celle-ci et les frondeurs, inclinait vers le prince de Condé, et recevait aisément les impressions qu'il convenait au prince de lui donner. Son retour inattendu à Paris fut jugé par ses créatures et ses amis comme un acte de conduite fier et hardi ; il organisa son parti de manière à pouvoir lutter au besoin contre la cour, et dans le même temps il disposa tout secrètement pour la guerre civile. Les pourparlers qui eurent lieu à cet égard, en son nom, avec M. de Turenne, furent infructueux ; mais il ne laissa pas de recruter des partisans et de continuer ses préparatifs, après s'être concerté avec le commandant en chef des troupes espagnoles rassemblées sur la frontière de Flandre.

Le parlement était partagé entre la cour et le prince de Condé; le premier président, surtout, était fort prévenu contre ce dernier, dans la persuasion que les sceaux lui avaient été retirés d'après ses instances, pour être donnés à M. de Châteauneuf. Les frondeurs affectaient de se rendre avec exactitude au parlement, sous prétexte de veiller aux intérêts du peuple, et ils n'omettaient rien de ce qui pouvait contrarier les desseins du prince de Condé. Dans le commencement ils apportèrent une certaine retenue dans leurs manœuvres contre lui; mais le coadjuteur, se voyant appuyé par la cour, ne garda plus de mesure, et s'opposa systématiquement, dans les assemblées où le prince se trouvait, à toutes ses propositions.

Il ne se fit même pas scrupule de se rendre au palais, accompagné de ses amis et d'un grand nombre de gens armés. Quoique le prince de Condé fût blessé de ce procédé, il dédaigna d'abord de répondre aux bravades d'un prêtre ambitieux et intrigant; mais le soin de sa sûreté le détermina enfin à n'aller au parlement qu'entouré des personnes qui soutenaient ses intérêts.

Cet appareil hostile de deux personnages qui s'appuyaient l'un et l'autre sur un grand nombre de partisans, et les démonstrations menaçantes dont leur présence au palais fut parfois l'occasion entre leurs amis, excitèrent de vives inquiétudes dans le sein du parlement. Un jour, le prince et le coadjuteur s'étant rendus au palais avec tous leurs adhérents, des paroles piquantes furent échangées de part et d'autre, et comme la grand'salle était remplie de gens armés, on vint dire au premier président qu'une collision était imminente entre les partis, si l'on ne prenait la précaution de les séparer.

Le premier président crut devoir en conséquence engager le prince, au nom de la grand'chambre, à congédier les personnes qui l'avaient suivi, et celui-ci ordonna immédiatement au duc de La Rochefoucauld de les faire sortir sans désordre. Mais le coadjuteur, voulant paraître l'égal du prince, se leva et dit qu'il allait aussi renvoyer les siens. Dans le même instant, et sans attendre qu'on lui répondît, il quitta l'assemblée pour aller parler à ses amis. Le duc de La Rochefoucauld, choqué de la vanité du coadjuteur, le suivit; à peine ce dernier eut-il paru dans la grand'salle, que ses partisans mirent l'épée à la main, par un mouvement indélibéré et unanime, et que les amis du prince de Condé en firent autant. Chacun se rangea du côté de son parti, et les deux troupes, placées en présence l'une de l'autre, n'étaient séparées que de la longueur de leurs épées. Cette manifestation offensive ne donna lieu cependant à aucune agression.

Le coadjuteur, qui en avait été l'auteur involontaire, ne jugeant pas à propos de rester plus longtemps dans la salle, de peur que sa présence n'excitât les partis à en venir aux mains, retourna dans la grand'chambre; en arrivant à la porte par où il était sorti, il s'aperçut que le duc de La Rochefoucauld s'en était rendu maître. Il l'ouvrit avec effort; mais comme il rentrait, le duc la referma brusquement, et arrêta le coadjuteur ayant la tête passée du côté du parquet des huissiers et le corps dans la grand'salle. Le fils du premier président accourut aussitôt pour le dégager, et le duc de La Rochefoucauld, dès qu'il le vit arriver, se retira pour aller reprendre sa place sur les bancs de la compagnie. Le coadjuteur, troublé, le suivit de près dans le sein de celle-ci, et se plaignit de l'acte de violence que le duc avait commis envers lui, acte d'autant plus condamnable, dit-il, qu'il pouvait mettre sa vie à la merci de ses ennemis. Le duc de La Rochefoucauld répondit avec adresse et non sans malice à la plainte du coadjuteur; et cette affaire, loin d'ajouter de nouveaux éléments de désordre à ceux qui existaient déjà, comme on aurait pu le craindre, eut pour effet d'éloigner du parlement toute chance nouvelle de collision entre les partis, par le soin que mirent les deux chefs à s'abstenir d'aller au palais.

Au surplus, le roi ayant atteint sa majorité, la régente, toujours prévenue contre le prince de Condé, proposa et obtint l'autorisation de faire rentrer M. de Châteauneuf dans le conseil, de rendre les sceaux au premier président Molé, et de confier l'administration des finances à M. de la Vieuville. Le choix de ces trois ministres, ennemis particuliers du prince de Condé, acheva de lui ôter toute espérance d'accommodement avec la cour, et le jeta dans les horreurs de la guerre civile, au préjudice de ses vrais intérêts et de sa gloire. Un traité ayant été conclu en son nom avec les Espagnols, le prince partit pour Bordeaux, où il fut suivi de près par sa mère, et le duc d'Enghien; le prince de Conti et la duchesse de Longueville vinrent le rejoindre ensuite. Arrivé dans cette ville, siége principal de son gouvernement, il y fut reçu par le peuple et le parlement avec de grandes démonstrations de joie et de dévouement. Il avait envoyé le duc de Nemours dans le nord pour prendre le commandement de l'armée de Flandre, composée des troupes françaises favorables à ses intérêts, et des Espagnols. Sur ces entrefaites, Mazarin rentra en France et reprit la haute direction des affaires. Le retour du cardinal auprès du roi fournit le prétexte au duc d'Orléans et au parlement de Paris de se déclarer de nouveau contre la cour. Ce retour eut lieu pendant que le roi encourageait, par sa présence, les efforts de l'armée française chargée de résister aux troupes du duc de Nemours.

Le prince de Condé, mal secondé par ses lieutenants, et traversé à Bordeaux par des factions que fomentaient les divisions du prince de Conti et de la duchesse de Longueville, se vit contraint de quitter la Guyenne et de porter la guerre à Paris. Il avait appris avec une vive satisfaction que l'armée de Flandre, commandée par le duc de Nemours, et les troupes du duc d'Orléans commandées par le duc de

Beaufort, avaient fait leur jonction et marchaient vers la Loire; mais la joie qu'il en ressentit fit place à une grande affliction, quand il sut que les deux généraux étaient jaloux l'un de l'autre, et que leur mésintelligence, en tenant leurs forces séparées, les mettait hors d'état de lutter contre l'armée du roi, commandée par les maréchaux de Turenne et d'Hocquincourt. Cette rivalité haineuse de généraux, que le prince de Condé regardait comme les appuis les plus importants de son parti, jointe au dissentiment qui existait entre lui et le duc d'Orléans sur la direction des opérations militaires, le fit accourir vers l'armée du duc de Nemours, qu'il rejoignit, non sans avoir éprouvé beaucoup de contretemps et de dangers. Son arrivée, accueillie avec enthousiasme par les troupes, fit cesser les divisions des principaux chefs, en lui permettant de prendre le commandement suprême des forces réunies. Ayant battu, à la première rencontre, les troupes du roi placées sous les ordres du maréchal d'Hocquincourt, il se mesura ensuite avec celles de Turenne, qui venait au secours de ce dernier; et après un combat opiniâtre de part et d'autre, l'avantage resta aux troupes de Turenne. Toutefois, l'armée du roi s'étant retirée à Gien, le prince de Condé fit prendre à la sienne le chemin de Châtillon, et se rendit à Paris avec le duc de Beaufort et le duc de La Rochefoucauld.

Ce voyage, qu'il fit à la sollicitation de Chavigny, fut déterminé par l'espoir de soustraire le duc d'Orléans à l'influence du coadjuteur, devenu cardinal de Retz. Le prince, d'ailleurs, devait compter sur le peuple, à cause de la victoire qu'il avait remportée dans l'engagement qu'il avait eu avec d'Hocquincourt, et sur le parlement, attendu que ce dernier avait mis à prix la tête de Mazarin. Il ne fut pas trompé dans son attente, car son arrivée à Paris excita les transports les plus vifs d'allégresse.

Cependant les cabales s'agitaient autour de lui, soit pour le conduire à faire la paix, soit pour l'exciter à continuer la guerre. Des négociations furent ouvertes avec le cardinal pour un arrangement amiable; mais ce dernier n'avait, en réalité, d'autre but que de se servir de ces négociations comme d'un piége, afin de faire diversion à l'humeur belliqueuse des amis du prince, qui l'engageaient à poursuivre les hostilités. D'un autre côté, les exigences du prince de Condé et des chefs les plus considérables de son parti ne cessant de s'accroître, le cardinal avait donné ordre à Turenne et à d'Hocquincourt de tenir toujours la campagne. Le siége fut mis devant Étampes, où les troupes du prince s'étaient retirées. Les frondeurs comptaient sur les secours du duc de Lorraine pour mettre en fuite les assiégants; mais celui-ci trahit les intérêts qu'il s'était obligé de défendre pour servir ceux de la cour, et les assiégés, par suite de cette défection, furent réduits à la nécessité d'évacuer la place, pressés de plus en plus par les troupes royales.

Le prince de Condé, ayant été informé que son armée avait été forcée d'abandonner Étampes, se hâta d'aller la rejoindre, et la conduisit à Villejuif; elle fut ensuite dirigée sur Saint-Cloud, où elle fit un assez long séjour. Ces mouvements militaires n'interrompirent pas le cours des conférences qui se tenaient toujours en vue de la paix; mais cette situation équivoque et bizarre ne pouvait pas durer.

L'arrivée du maréchal de La Ferté à Saint-Cloud avec une partie des troupes du roi, dont le moindre corps était supérieur aux forces réunies du prince de Condé, obligea celui-ci de quitter le poste qu'il occupait pour gagner Charenton. Turenne partit presque aussitôt que lui avec ce qu'il avait de troupes, afin de harceler sa marche jusqu'à ce que le maréchal de La Ferté eût été en état de le joindre. Le roi vint assister sur les hauteurs de Charonne au combat, qui, selon les apparences, semblait devoir ruiner le parti du prince de Condé et mettre fin à la guerre civile. Ce dernier, ayant été attaqué dans le faubourg Saint-Antoine, fut assez heureux pour trouver sur le lieu même de l'attaque et dans les rues voisines, des retranchements et des barricades que les bourgeois y avaient construits quelques jours auparavant, dans le dessein de se préserver du pillage des troupes étrangères qui faisaient partie de l'armée du roi. Ces travaux de défense servirent de refuge à quelques escadrons de l'arrière-garde du prince de Condé, qui, chargés dans le faubourg Saint-Martin par un fort détachement envoyé contre eux par Turenne, se retirèrent en désordre du côté où leur général avait pris position, et se disposèrent à prendre part à l'action qui allait s'engager.

Turenne, qui se croyait sûr de la victoire, ne perdit pas de temps pour ordonner l'attaque. Il détacha un bataillon pour enlever le retranchement le plus considérable; mais sitôt que ses gens furent à trente pas de cet ouvrage de défense, le prince de Condé s'élança sur eux, l'épée à la main, suivi seulement de trente ou quarante gentilshommes qu'il avait gardés auprès de lui parce qu'ils n'avaient pas de commandement. L'ardeur de cette poignée de braves, et surtout de leur chef, fut telle, qu'ils enfoncèrent le bataillon, firent une partie des officiers prisonniers, et rentrèrent dans le retranchement, emportant avec eux le drapeau de la troupe qu'ils avaient défaite. D'autres attaques eurent lieu avec une grande vigueur contre les postes occupés par les lieutenants du prince; mais elles furent toutes repoussées avec succès, et ce dernier se porta partout où le danger pouvait rendre sa présence nécessaire. Ce combat, quoique peu important par le nombre de ceux qui y prirent part, fut néanmoins très sanglant, et beaucoup d'officiers y perdirent la vie.

Le maréchal de La Ferté, qui était arrivé sur le terrain avec des troupes fraîches, se préparait à recommencer le feu, lorsque les Parisiens, restés spectateurs tranquilles du premier combat, se prononcèrent en faveur du prince de Condé, en apprenant que les hostilités, dont ils venaient de voir les terribles effets, loin d'avoir été concertées entre Mazarin et le prince de Condé comme un moyen de donner le change au public sur la paix particulière qu'on supposait avoir été conclue par ce dernier avec la cour, étaient au contraire le résultat d'une inimitié réelle et profonde entre les deux partis. Le duc d'Orléans, dominé à son insu par le cardinal de Retz, ennemi du prince de Condé, avait accrédité l'erreur qui avait abusé quelque temps le peuple, en ne donnant aucun ordre dans la ville pour secourir le prince ; mais mademoiselle de Montpensier, sa fille, le tira de la léthargie, qui avait paralysé jusque-là son caractère irrésolu, et obtint de lui qu'il donnât immédiatement des ordres pour faire armer les bourgeois. Elle les porta elle-même à l'hôtel de ville ; et après s'être rendue à la Bastille, où elle fit tirer le canon sur les troupes du roi, elle accourut à la porte Saint-Antoine, et par ses exhortations courageuses elle disposa les bourgeois non seulement à recevoir en amis le prince de Condé et ses troupes, mais à relever celles-ci quand elles rentreraient et à continuer le feu à leur place. Le peuple fut surtout ému à la vue des gentilshommes morts ou blessés que l'on rapportait à chaque instant, et ce spectacle le rallia tout à fait à la cause du prince.

Cependant le cardinal Mazarin crut d'abord, en entendant le canon de la Bastille, que Paris s'était déclaré contre son ennemi, et qu'il allait en triompher ; mais il connut bientôt la vérité, et dès qu'il en fut informé, il commanda la retraite des troupes du roi sur Saint-Denis. Cette journée, qui se passa sous les yeux des Parisiens, et dont ils furent tout à la fois les acteurs et les témoins, fit ressortir avec un nouvel éclat le coup d'œil militaire et la valeur personnelle du prince de Condé. Des amis de celui-ci, appuyés de la faveur populaire, provoquèrent une assemblée à l'hôtel de ville dans le dessein de faire reconnaître le duc d'Orléans lieutenant général du royaume, et de s'unir entre eux par des liens indissolubles pour assurer à tout prix l'éloignement du cardinal Mazarin. Le duc de Beaufort devait être chargé du gouvernement de Paris, et Broussel des fonctions de prévôt des marchands.

Pendant que l'assemblée était réunie, des gens armés, poussés par une main inconnue, vinrent crier aux portes de l'hôtel de ville qu'il fallait que les membres de cette assemblée se conformassent, sans délibérer, aux vues du duc d'Orléans et du prince de Condé, et qu'ils livrassent sur-le-champ au peuple toutes les personnes qui pourraient conserver quelque affection pour le cardinal Mazarin. On ne tint d'abord aucun compte de ces cris, que l'on crut être l'effet ordinaire de l'impatience du menu peuple ; mais le tumulte s'étant accru avec la foule, et un certain nombre d'officiers et de soldats ayant pris part à la sédition, l'assemblée conçut, pour sa propre sûreté, une inquiétude d'autant plus vive, que l'on mit le feu aux portes de l'hôtel et que l'on tira sur les croisées. Plusieurs, pour éviter le feu, osèrent affronter la fureur du peuple, et la confusion occasionnée par cet attentat fut telle, soit dans l'hôtel de ville, soit au dehors, que l'on eut à déplorer la mort de beaucoup de gens de toute condition et de tous les partis.

Il paraît que ce mouvement populaire fut préparé par le duc de Beaufort, comme un épouvantail propre à tenir en échec les partisans de Mazarin qui se seraient rencontrés dans l'assemblée, et qu'en réalité il devait être inoffensif. Le désordre fut, du reste, bientôt apaisé, et l'on s'occupa de créer un conseil supérieur chargé de décider toutes les affaires de haute administration. Une question de préséance vint troubler et affliger profondément ce conseil. Cette difficulté ayant occasionné une querelle entre le duc de Beaufort et le duc de Nemours, celui-ci fut blessé à mort dans un duel au pistolet.

Le roi, qui s'était retiré à Pontoise, y transféra le parlement ; mais il n'y eut que quatorze magistrats qui s'y rendirent. Les autres restèrent à Paris. Les premiers, quoiqu'ils eussent fait preuve, en apparence, d'un entier dévouement à la royauté en se séparant de leurs collègues, obtinrent néanmoins, par leurs remontrances, l'éloignement du cardinal, qui partit en effet pour Bouillon. Les troubles s'apaisèrent peu à peu; les excès commis à l'hôtel de ville firent éprouver à chacun le besoin de la paix et ôtèrent désormais tout crédit aux chefs de la fronde.

Le roi, ayant accordé une amnistie générale, revint à Paris le jour même de sa publication. Le prince de Condé en était sorti cinq jours auparavant, pour aller se jeter dans les bras des Espagnols. Blois fut choisi par le duc d'Orléans comme le lieu de sa retraite, et le cardinal de Retz fut enfermé au château de Vincennes. On le transféra ensuite à la citadelle de Nantes, d'où il se sauva. Le maréchal de Turenne, investi du commandement de l'armée du roi, marcha contre les troupes espagnoles qui occupaient plusieurs villes importantes du royaume, et les repoussa hors des frontières.

Le cardinal Mazarin fut rappelé. Sa fortune, traversée par tant d'orages, finit par triompher de tous les obstacles et le rendit plus puissant qu'il n'avait jamais été. Le peuple, las des discordes civiles, le vit rentrer à Paris avec respect; il vint loger au Louvre, où les princes, les ambassadeurs et le parlement s'empressèrent de lui porter leurs hommages.

La fronde fut une guerre d'intrigue où quelques femmes, illustres par leur naissance, jouèrent un rôle important, soit afin de servir l'ambition de leurs amants engagés dans ce parti, soit pour satisfaire leur propre vanité en rendant leur entremise nécessaire aux projets de la cour ou aux entreprises ambitieuses des cabales et des partis. Un sordide intérêt fit agir la plupart des frondeurs. Le parlement seul, sauf quelques exceptions, fut animé, dans son opposition aux mauvaises mesures du gouvernement, d'un attachement sincère au bien public et de la ferme volonté d'établir des garanties durables pour préserver la liberté des citoyens de l'abus des lettres de cachet [1].

---

[1] *Mémoires du duc de La Rochefoucauld, du cardinal de Retz, d'Omer Talon, de madame de Motteville*, etc.

C'est avec un douloureux étonnement que l'on voit à la tête du parti de la fronde deux grands capitaines, deux héros, qui, non contents de déployer le drapeau de la révolte contre un roi enfant, osèrent appeler au secours de leurs projets ambitieux et criminels l'intervention d'une puissance étrangère, et unir les débris infidèles de quelques corps français avec les troupes de cette puissance pour envahir le sol de leur patrie, et baigner leurs mains sacriléges dans le sang de leurs concitoyens. Les noms de Condé et de Turenne sont glorieux sans doute; mais il a fallu que ces guerriers donnassent à leur souverain des témoignages éclatants de repentir, il a fallu qu'ils missent à ses pieds les trophées de cent combats rendus dans l'intérêt de la nation qu'ils avaient trahie, pour effacer la souillure qu'un égarement passager avait imprimée sur leurs fronts.

Les déprédations sans nombre commises par Mazarin dans les finances, sous le nom des surintendants qui couvraient sa responsabilité et se dévouaient par cupidité à la haine publique, ne cessèrent qu'avec sa vie. Émery, l'un d'eux, fut chargé de malédictions durant son administration, et forcé de se retirer des affaires, sans encourir pourtant d'autre châtiment que la réprobation universelle. Il était réservé à Fouquet, homme de rapine comme la plupart de ses devanciers, mais naturellement généreux et libéral, de subir la peine de tous, en expiant par une affreuse catastrophe la plus haute fortune à laquelle un homme public eût jamais osé aspirer.

Complaisant de Mazarin, dont il accrut le trésor personnel de sommes immenses, son vaste crédit et son ardente ambition avaient fini par causer de l'ombrage au premier ministre, quoique le caractère despotique de celui-ci ne négligeât rien pour mettre un frein aux allures d'indépendance que le surintendant laissa percer quelquefois dans ses fonctions. Colbert, intendant de Mazarin, était tout à la fois le confident intime de ses pensées et l'organe habituel de ses exigences auprès de Fouquet. Il excitait même en lui outre mesure cette soif de l'or que la mort seule pouvait éteindre et qui lui fit amasser, dans l'espace de dix-huit ans que dura son ministère, une fortune colossale s'élevant à près de cinquante millions.

Appelé par ses fonctions à contrôler les fournitures nécessaires aux services publics, Mazarin méconnut les devoirs de la place éminente qu'il occupait, de telle sorte qu'il ne craignit pas de se charger pour son propre compte du rôle d'entrepreneur des munitions des armées du roi. Outre les profits qu'il retirait de ces sortes d'entreprises, il rançonnait, par l'entremise de Fouquet, les hommes d'affaires et les partisans avec lesquels ce dernier négociait des emprunts ou l'exploitation des fermes des revenus de l'État. Les sommes qu'on lui remettait étaient censées destinées au service du roi; mais il était notoire dans l'administration des finances que le premier ministre en usait pour ses propres intérêts aussi bien que pour ceux de son maître.

Le surintendant, enhardi ou plutôt corrompu par un exemple descendu de si haut, prit de son côté, sous des noms supposés, un intérêt dans les marchés les plus importants, et lorsqu'il n'avait point de part à ces marchés, il exigeait des traitants le payement de pensions proportionnées à la valeur de leurs entreprises. Il s'était entouré de quelques hommes sûrs et intelligents, dont sa confiance fit la fortune en les accréditant auprès des financiers. Ces hommes, que l'on vit tour à tour courtiers ou traitants, n'oubliaient pas leurs intérêts particuliers en servant ceux de leur protecteur par des moyens illicites, et ils furent les instruments les plus funestes de la ruine des finances du royaume.

Après la mort de Mazarin, le roi, ayant voulu gouverner par lui-même, donna toute sa confiance à Colbert, dont il connaissait la haute capacité, et le chargea de sonder d'une main ferme les plaies du système financier suivi par Fouquet. Un contrôle sévère et approfondi avait été reconnu d'autant plus nécessaire par le roi que le surintendant avait multiplié les abus à l'excès depuis la mort du cardinal, dont la vigilance inquiète et ombrageuse l'obligea de son vivant de garder prudemment une certaine mesure dans le désordre de ses opérations financières.

Colbert, instruit des principales causes de ce désordre, fut bientôt à portée de démêler par quels moyens le surintendant dérobait à la connaissance du roi l'état vrai de l'épargne, c'est-à-dire du trésor public. Il expliqua ces moyens au roi avec une telle clarté que, de ce moment, la disgrâce de Fouquet fut arrêtée dans l'esprit de Louis XIV. Endormi dans une fausse sécurité par l'affabilité calculée de ce dernier, le surintendant ne mit plus de borne à son ambition. Comptant sur les nombreux amis que ses libéralités lui avaient faits à la cour comme à la ville, il essaya de s'insinuer dans les bonnes grâces de mademoiselle de La Vallière, dont le roi était alors passionnément épris, et conçut l'espérance de l'intéresser à sa fortune politique par l'appât de grandes richesses. Il se flattait d'ailleurs de résister ainsi aux manœuvres de Colbert, dont il redoutait les talents autant que la rivalité.

Cette espérance fut loin de se réaliser, car mademoiselle de La Vallière, avant qu'elle eut aucun dessein sur le cœur de Louis XIV, ayant repoussé avec indignation une offre de deux cent mille livres que Fouquet lui avait faite pour obtenir ses faveurs, ne pouvait, depuis qu'elle s'était donnée au roi, prendre pour confident celui qu'elle avait refusé comme amant. Quoi qu'il en soit, le surintendant, toujours abusé par la dissimulation adroite et les faux semblants d'affection de Louis XIV, le pria d'accepter une fête qu'il s'était proposé de lui donner dans sa maison de Vaux. Cette maison, ou plutôt ce palais, était une résidence vraiment royale. Il était orné d'eaux jaillissantes, alors fort rares, et d'immenses jardins dessinés en grande partie par la main de Le Nôtre. Ce domaine avait coûté à Fouquet dix-huit millions. Les châteaux de Saint-Germain et de Fontainebleau, les seules maisons de plaisance habitées par le roi, n'approchaient pas de la beauté de Vaux.

Louis XIV, ébloui de la magnificence de la fête dont il était l'objet, mais choqué en même temps de la supériorité que le goût et le luxe de la maison de Vaux lui donnaient sur les résidences royales, en éprouva un profond dépit et une vive irritation. Le faste étalé sous ses yeux par le surintendant, l'importance qu'il s'était acquise par ses libéralités et l'ambition téméraire qu'il affichait justifiaient les accusations de ses ennemis. Aussi le roi, qui nourrissait déjà contre lui un secret ressentiment à cause des prétentions qu'il avait élevées à l'égard de mademoiselle de La Vallière, l'aurait fait arrêter au milieu de la fête, sans les représentations de la reine mère qui le couvrit de sa protection.

Fouquet cumulait les fonctions de surintendant avec celles de procureur général du parlement de Paris. On l'engagea, par un artifice peu honorable, à vendre cette dernière charge, afin de le dépouiller du privilége qu'elle lui donnait, en cas de mise en accusation, d'être jugé par les chambres assemblées. Ne se doutant pas du piége qu'on lui tendait, il se défit de sa charge au prix de quatorze cent mille francs, et comme on lui dit que le roi avait besoin d'un million pour une dépense urgente, il versa cette somme à l'épargne avec une générosité dont on ne lui tint aucun compte depuis, mais qui prouvait que ses dissipations tenaient plus à un naturel libéral et désintéressé qu'à un vil sentiment de lucre. Colbert ôta au surintendant son dernier appui en usant de l'influence de la duchesse de Chevreuse pour le priver de la protection de la reine mère. On avait prévenu Louis XIV non seulement contre la fidélité de sa gestion financière, mais contre sa soumission comme sujet. On lui fit savoir qu'il fortifiait Belle-Ile, place de guerre qui lui appartenait, et l'on insinua en même temps qu'il n'était pas sans danger de laisser en liberté un homme que de tels préparatifs devaient rendre suspect et qui avait, d'ailleurs, tant de liaisons au dehors et au dedans du royaume. Il fut attiré avec adresse à Nantes, où on l'arrêta. De là il fut conduit à Paris : on le mit à la Bastille et ensuite à Vincennes.

Des perquisitions furent ordonnées dans sa maison de Vaux, dans celle de Saint-Mandé, où il avait prodigué aussi tous les raffinements du luxe, et dans son hôtel de Paris. On découvrit malheureusement, parmi ses papiers, un projet de résistance dans lequel il traçait les moyens de défense qu'on devait employer pour sa sûreté dans le cas où il serait arrêté et livré aux tribunaux pour des faits de gestion comme surintendant. Ce projet, dont l'exécution était subordonnée à plusieurs éventualités dépendant du cours de son procès, fut considéré comme un crime d'État et déféré à une chambre de justice, c'est-à-dire à une commission, ainsi que les malversations qu'on lui reprochait d'avoir commises pendant son administration.

Fouquet prétendit que sa double qualité de surintendant et de vétéran du parlement lui donnait le droit d'être jugé par la juridiction ordinaire; mais un arrêt du conseil du roi reconnut la compétence de la commission pour tous les faits de l'accusation, et il fut passé outre. La chambre de justice siégeait à l'Arsenal. Après avoir entendu les réquisitions du procureur général, les réponses de l'accusé, qui fut à la fois habile et énergique, et enfin les conclusions des commissaires chargés du rapport du procès, la chambre condamna Fouquet à un bannissement perpétuel et ordonna que ses biens seraient confisqués. Sur vingt-deux commissaires, neuf opinèrent pour la mort.

Dès que le roi fut informé de cet arrêt, il pensa qu'il pourrait y avoir du péril à laisser sortir Fouquet du royaume, à cause de la connaissance particulière qu'il avait des affaires les plus importantes de l'État, et sans avoir égard au vœu des ordonnances, sans écouter le cri de l'humanité qui permet aux rois d'user de clémence envers un condamné, mais non d'aggraver son sort, il commua la peine du bannissement en une prison perpétuelle, et fit transférer le malheureux Fouquet au château de Pignerol, où il mourut après une longue captivité.

La commission qui le jugea fut travaillée par des haines secrètes et par des influences puissantes émanées du conseil des ministres et de la cour elle-même, où le surintendant avait répandu tant de libéralités. Toutefois, la voix courageuse de d'Ormesson, l'un des rapporteurs, et la sévère impartialité de la majorité des juges combattirent les mauvaises passions du dehors et sauvèrent la vie à celui qui, par ses dilapidations, avait mérité sans doute un châtiment exemplaire, mais qui en même temps s'était acquis des titres à l'indulgence de la commission, ayant su se concilier l'intérêt général par un caractère bienveillant et généreux [1].

Après la condamnation de Fouquet, la place de surintendant fut supprimée et Colbert, qui lui succéda, reçut le titre de contrôleur général des finances, avec entrée au conseil. Duplessis-Guénégaud, secrétaire d'État de la maison du roi, paya de la plus grande partie de sa fortune la part qu'il avait prise aux opérations de finances de Fouquet, et fut obligé de vendre sa charge, que Colbert acheta. Ses grandes alliances n'empêchèrent pas sa disgrâce. La chambre de justice décerna des poursuites ou sévit contre de nombreux coupables. Quelle eût été sa conduite si Mazarin, le promoteur de toutes ces déprédations, eût vécu? Il est à croire que le crédit d'un si haut personnage aurait empêché, dès leur origine, des poursuites qui eussent inévitablement rejailli sur lui si Fouquet avait été livré à la justice.

La concurrence du duc d'Orléans et du duc du Maine pour la régence, après la mort de Louis XIV, suscita entre eux des collisions que le parlement étouffa dans leur germe par une appréciation prompte et sévère du testament du

---

[1] *Défenses de Fouquet. Lettres de madame de Sévigné*, de la lettre 32 à la lettre 44, t. I, édition de Lefèvre, 1843.
Voltaire, *Siècle de Louis XIV*, t. II, chap. XXV.

grand roi, lequel fut cassé, ainsi que ce dernier l'avait, du reste, prévu. Le duc d'Orléans fut déclaré régent, quoique le feu roi ne l'eût désigné dans l'acte contenant ses dernières volontés que comme chef d'un conseil de régence, dont il avait lui-même nommé les membres. Tout devait se faire par ce conseil, même la nomination aux emplois. L'éducation, la sûreté et la conservation du roi mineur avaient été confiées au duc du Maine, ainsi que le commandement des troupes de sa maison.

Toutefois, ces dispositions furent révoquées par le parlement, qui attribua directement au duc d'Orléans le choix du conseil de régence, ainsi que le commandement de la maison militaire du roi et le droit de nommer aux emplois. Le duc du Maine ne conserva que la surintendance de l'éducation du jeune roi, sans répondre de sa personne, fonctions qui étaient en réalité purement honorifiques, car le maréchal de Villeroi, comme gouverneur, était, après le régent, le seul sur qui pesât sérieusement la responsabilité de la personne royale.

Plus tard, le duc du Maine et le comte de Toulouse, son frère, furent dépouillés de la qualité de princes du sang, que Louis XIV, dont ils étaient les fils naturels et légitimés, leur avait conférée, en les déclarant habiles à succéder à la couronne, après l'extinction des vrais princes du sang. L'édit qui leur ôta le rang et les priviléges que les obsessions de madame de Maintenon avaient arrachés à la faiblesse du vieux monarque, fut provoqué par les héritiers légitimes eux-mêmes. Un autre édit, complément de celui qui précède, réduisit les princes légitimés au rang de leur pairie, et fit passer la surintendance de l'éducation du roi des mains du duc du Maine dans celles du duc de Bourbon.

La déchéance d'un si haut rang et la profonde humiliation dont elle fut accompagnée par la publicité solennelle qu'elle reçut, plongèrent le duc du Maine dans un morne abattement. Dépourvu d'énergie et de résolution, il dut se résigner à sa triste destinée; mais le caractère de la duchesse, fier et irritable, se souleva contre cette espèce de dégradation du nom qu'elle portait. Son goût pour les plaisirs et le progrès des lettres avait fait de sa brillante demeure de Sceaux le centre d'une réunion de beaux esprits et d'hommes distingués, qui rivalisaient de zèle pour lui plaire et dont les productions ingénieuses et la courtoisie délicate charmaient et embellissaient ses loisirs. Le cardinal de Polignac, Malezieu, Fontenelle, Chaulieu, Vertot, et une foule de gens aimables formaient le cercle ordinaire de la duchesse de Maine et composaient en quelque sorte sa cour. L'administration et les mœurs du duc d'Orléans y étaient jugées avec sévérité et surtout avec malice. Les chansons et les épigrammes y abondaient et étaient applaudies par la dame du lieu, qui les faisait ensuite répandre dans Paris. Le régent savait que la petite cour de Sceaux était un foyer d'opposition à son gouvernement, et que le ressentiment de la duchesse n'épargnait ni sa personne ni ses mœurs; mais naturellement insouciant, il affectait de dédaigner les satires dont il était l'objet.

Cependant, la duchesse du Maine méditait, à l'ombre de cette opposition frivole, de plus graves desseins. Le traité conclu entre la France et l'Angleterre, traité qui obtint l'accession de l'Autriche, ayant rompu l'union que Louis XIV croyait avoir cimentée entre la France et l'Espagne par le Pacte de famille, Alberoni, ministre audacieux et entreprenant, recourut à tous les moyens pour troubler le repos de l'Angleterre et de la France; il noua des intrigues avec quelques grands seigneurs ennemis du régent, et avec la duchesse du Maine, en laquelle il mit son principal espoir. Par elle, il se flattait de perdre le duc d'Orléans en faisant rappeler en France, sous le titre de régent, Philippe V, oncle du roi mineur, dont les renonciations forcées auraient été annulées.

L'extrême timidité du duc du Maine semblait devoir rassurer le gouvernement sur toute entreprise sérieuse et agressive de sa part et enhardir par cela même la duchesse à se jeter dans les bras de l'Espagne pour satisfaire sa vengeance. L'effervescence causée dans toutes les classes de la population par les folles exagérations du système de Law, la résistance des états de Bretagne à des impôts qu'on voulait les obliger de voter malgré leurs plaintes réitérées, la facilité que l'on espérait trouver à soulever le Languedoc, dont le duc du Maine était gouverneur, toutes ces chances de guerre civile, ajoutées à l'intervention d'une armée d'Espagne, dont le concours avait été promis pour assurer le renversement de l'autorité du duc d'Orléans, entraînèrent l'épouse hautaine et téméraire du duc du Maine dans une conspiration, qu'elle ourdit avec le prince de Cellamare, ambassadeur d'Espagne à Paris. Le comte de Laval, le duc de Richelieu et le marquis de Pompadour avaient consenti à seconder les projets périlleux de la duchesse. Le cardinal de Polignac et Malezieu composaient des mémoires, des manifestes, inventaient des chiffres; mais ils n'étaient pas hommes d'action.

Alberoni, dont la sagacité avait prévu la catastrophe que les expériences, toujours plus hasardées, de l'auteur du système devaient occasionner, d'un moment à l'autre, dans les finances de la France, aurait voulu faire éclater la conspiration projetée, en même temps que les émeutes populaires, qu'il supposait devoir être la suite nécessaire de cette catastrophe. Il était donc impatient de recevoir les manifestes et les lettres qui avaient été rédigées à Paris par les soins de la duchesse du Maine, et que la cour d'Espagne se proposait de rendre publics le jour que les conjurés mettraient leurs desseins à exécution.

L'ambassadeur, peu propre aux conspirations, suivait avec répugnance celle dont il était l'intermédiaire obligé; néanmoins, voulant complaire au principal ministre, de qui dépendait sa fortune politique, il choisit l'abbé Porto-Carréro pour lui porter les papiers qu'il attendait. Ce dernier ne fit point la diligence que réclamait un tel message.

Un des secrétaires de l'ambassade, épris d'une courtisane qui vivait dans une maison dont la surveillante avait des liaisons secrètes avec l'abbé Dubois et même avec le duc d'Orléans, commit, pour s'excuser auprès de sa maîtresse d'avoir passé quelques jours sans la voir, une indiscrétion qui eut les conséquences les plus graves. Ayant parlé à cette fille, d'un ton important et mystérieux, de papiers qu'il aurait transcrits pour l'abbé Porto-Carréro, prêt à se rendre à Madrid, ce propos fut répété à la surveillante, qui courut en donner avis à l'abbé Dubois.

Ce dernier, préoccupé depuis longtemps d'une intelligence dangereuse qu'il supposait exister entre l'Espagne et la duchesse du Maine, imagina que l'abbé Porto-Carréro pourrait bien porter avec lui quelques preuves de cette intelligence, et il prit des mesures pour le faire arrêter. L'émissaire de Cellamare fut atteint à Poitiers; on visita sa voiture, et on y trouva des preuves non équivoques d'une conspiration. Après s'être emparé des papiers qui établissaient ces preuves, on permit à l'abbé de continuer sa route. Il dépêcha sur le champ au prince Cellamare un courrier pour l'informer de ce qui lui était arrivé. Ce courrier, ayant devancé de beaucoup celui qui portait la même nouvelle au régent, mit l'ambassadeur à portée de faire disparaître les papiers les plus capables de le compromettre. Le loisir qu'il eut à cet égard se prolongea d'autant plus que le paquet expédié au régent lui ayant été annoncé dans le courant de la nuit, pendant qu'il était en agréable compagnie, il en remit l'ouverture au lendemain.

La lecture des pièces contenues dans ce paquet lui fit connaître les projets odieux formés contre lui. En ayant rendu compte au conseil de régence, il témoigna plus de regret des actes de rigueur que ses informations devaient nécessairement amener contre les coupables, que de passion et d'esprit de vengeance. Quoi qu'il en soit, le conseil jugea nécessaire de faire arrêter le prince Cellamare; et le régent, pour justifier cette mesure extraordinaire aux yeux de la nation et de l'Europe, fit publier quelques pièces de la correspondance de cet ambassadeur, qui appelaient sur la France le double fléau de la guerre civile et de la guerre étrangère.

Le marquis de Pompadour et plusieurs autres personnes impliquées dans la conspiration furent mis à la Bastille. Le régent crut devoir user de grands ménagements à l'égard de la duchesse du Maine et de sa famille. Cette princesse apprenait chaque jour l'arrestation de quelques-uns des hommes qui s'étaient compromis pour servir son ressentiment, et ces nouvelles, qui lui faisaient pressentir son propre sort, la jetaient dans une cruelle incertitude. Ce n'est que lorsque sa participation à la conspiration fut notoire dans le public, que le régent fit conduire le mari de la duchesse au château de Dourlens, et celle-ci au château de Dijon, où elle fut commise à la garde du duc de Bourbon, son neveu, gouverneur de Bourgogne. On exila les deux fils du duc du Maine à Eu, et sa fille à Montbuisson.

Le cardinal de Polignac, à cause de sa qualité de prince de l'Église, ne fut point emprisonné; on se contenta de le reléguer dans son abbaye d'Anchin. Malezieu et quelques autres qui avaient contribué à la rédaction du mémoire des princes légitimés, furent mis à la Bastille.

Le chevalier Dumesnil, sans avoir conspiré, avait reçu en dépôt les papiers d'un des principaux agents de la conspiration, l'abbé Brigaut; il fut, pour ce seul motif, enfermé à la Bastille, ainsi que ce dernier. Mademoiselle Delaunay, attachée à la personne de la duchesse du Maine, ne put se soustraire au sort de celle-ci, dont elle avait été la confidente. Sa détention dans la même prison que le chevalier Dumesnil établit entre eux des rapports qui adoucirent leur captivité par un amour mutuel, dont la durée eut pour terme la liberté des amants, circonstance qui paraissait devoir au contraire resserrer leurs nœuds par un engagement plus sérieux et plus doux. Mademoiselle Delaunay, qui ne fut ni la moins éprise ni la moins fidèle des deux, nous a laissé deux monuments de cet amour (des mémoires et des lettres), que la postérité a conservés avec soin, moins à cause de la sympathie qu'une tendre et sincère passion inspire toujours, qu'à titre de modèles des nouvelles formes que les progrès de la langue française imprimèrent au style à cette époque de renouvellement littéraire.

Ce n'est que longtemps après ces premières arrestations, qu'eut lieu celle du duc de Richelieu, quoi qu'il eût joué dans le complot un rôle beaucoup plus important que la plupart de ses complices. Deux charmantes rivales, entre lesquelles il partageait ses soins, mademoiselle de Charolais, sœur du duc de Bourbon, et mademoiselle de Valois, fille du régent, firent abnégation de leur amour-propre pour désarmer, par de communs efforts, la rigueur du duc d'Orléans, et obtenir la mise en liberté d'un amant trop aimé. Mais le prince fut inflexible. Cependant, au bout de quelque temps, touché des instantes prières de sa fille, il permit à celle-ci de voir et de consoler le prisonnier fortuné dont toutes les femmes semblaient avoir épousé la cause et les intérêts.

Le régent était impatient de trouver l'occasion d'user de clémence envers des ennemis dont plusieurs avaient montré dans la captivité une constance qu'il honorait. Il fit tout ce qui dépendait de lui pour adoucir leur sort, en prodiguant des secours à ceux qui étaient malades, et en leur laissant dans l'intérieur de la prison toute la liberté compatible avec le respect dû aux arrêts de la justice. Le duc du Maine, dont il était, du reste, l'allié, fut l'objet dans le lieu de son exil des plus grands égards, et la situation de la duchesse, encore que celle-ci méritât moins de ménagements, parce qu'elle était le principal auteur des machinations ourdies contre le régent, se ressentit aussi de la bonté naturelle de ce prince. Enfin il eut la générosité de renvoyer en Espagne l'ambassadeur coupable qui avait violé envers lui les lois sacrées du droit des gens.

Cependant, après quelques mois de résignation, l'épouse

du duc du Maine ayant fait connaître au régent que la détention qu'elle subissait avait altéré sa santé, et que ses jours même étaient en péril, elle fut transférée dans une jolie maison de campagne, à Savigny, où elle jouit d'une plus grande liberté, et obtint la permission d'entretenir une correspondance avec sa mère. Celle-ci, préoccupée des moyens de rendre la liberté à sa fille et à tous ceux de ses proches dont celle-ci avait compromis la sûreté, ne crut pouvoir mieux y réussir qu'en la déterminant à faire des aveux pénibles mais nécessaires. Après quelque résistance la duchesse céda aux conseils de sa mère, et envoya au régent une déclaration où elle confessa ses torts, en faisant peser sur elle seule la responsabilité capitale de l'entreprise. Elle disculpa entièrement son mari, qui n'avait coopéré par aucun acte direct à la conspiration, mais qui en attendait l'issue pour en profiter, si les circonstances l'eussent permis.

La duchesse ne ménagea dans ses révélations que les prisonniers qui lui étaient personnellement attachés. Quant aux autres, bien qu'ils eussent été entraînés par son influence ou ses menées dans le complot, elle ne fit aucun effort pour atténuer les charges que la justice avait recueillies contre eux. Elle s'expliqua même sur le compte de plusieurs en des termes qu'elle aurait dû s'interdire, pour ne pas ajouter à la déloyauté de sa conduite l'outrage envers le malheur. L'histoire lui a sévèrement reproché les conséquences de la déclaration qu'elle fit à l'égard des nobles de Bretagne qui s'étaient associés à ses projets, et qui devaient, pour en seconder l'exécution, favoriser l'entrée d'une flotte espagnole à Port-Louis. Elle aurait dû prévoir que la révolte ayant éclaté sur quelques points de la province, par suite de ses excitations, ceux qui auraient été pris les armes à la main couraient risque de payer de leur tête le dévoûment qu'ils avaient montré à sa cause, et que nul, dès lors, n'avait plus qu'elle-même de motif pour couvrir d'un voile épais cette scène cachée dans l'arrière-plan de la conspiration.

Mais l'égoïsme et la légèreté qui l'avaient poussée dans la voie des factions, étouffèrent en elle les sentiments d'humanité et de reconnaissance qui lui imposaient le devoir de garder un secret inviolable sur les actes d'amis qu'elle ne pouvait que perdre en les nommant. N'ayant pas su se taire, le régent s'empara de ses aveux et crut devoir, pour l'exemple, excepter du pardon qu'il méditait les nobles bretons convaincus du crime de rébellion armée. Quatre de leurs chefs eurent la tête tranchée et seize autres, qui avaient pris la fuite, subirent la même peine en effigie.

Lorsque ces sanglantes exécutions eurent lieu, la duchesse et le duc du Maine avaient recouvré leur liberté, ainsi que leur famille et les prisonniers détenus pour la même cause qu'eux. Le régent fit lire en plein conseil les lettres de grâce de la duchesse, quoiqu'il eût pris l'engagement de lui épargner cette humiliation. Une simple formalité remplie à huis clos, quelque pénible qu'elle fût d'ailleurs pour un personnage du rang de la duchesse du Maine, était une bien faible expiation du sang que celle-ci avait fait couler à Nantes [1].

Dans les temps de troubles, le fanatisme politique ou religieux suscite presque toujours quelque homme dont l'orgueil, l'exaltation ou le sombre caractère emprunte des circonstances un ressort extraordinaire, ressort qui tend, par une force secrète et invincible, à détruire la cause vraie ou supposée du malaise général et les désordres qui l'entretiennent. Comme cette cause réside, d'ordinaire, dans un roi, un ministre, un chef de faction ou un sectaire, c'est sur l'un de ces personnages que la haine publique s'amasse et c'est contre lui que des conjurés ou un fanatique isolé dirigent leurs coups.

La superstition, qui arma le bras de Jacques Clément contre Henri III, de Jean Châtel et de Ravaillac contre

---

[1] *Mémoires de madame de Staal* (mademoiselle Delaunay), et *Mémoires de Saint-Simon.*

Henri IV, poussa aussi Damiens à attenter à la vie de Louis XV. Le principe de cette superstition fut sans doute plus énergique et plus vrai dans les trois premiers de ces assassins ; mais quelles que soient les circonstances accessoires qui aient contribué à la fatale résolution de Damiens, il est incontestable, d'après ses aveux, que la querelle des billets de confession, dans laquelle le clergé et le parlement prirent parti avec tant de violence l'un contre l'autre, fut la cause déterminante de l'attentat consommé sur la personne de Louis XV.

Damiens, né dans un village peu distant d'Arras, avait été longtemps domestique à Paris dans plusieurs maisons. Il était marié et père de famille. Il servait en dernier lieu un négociant russe, qui habitait cette capitale et à qui il déroba deux cent quarante louis. Sitôt qu'il eut commis ce vol, il prit la fuite et se réfugia en pays étranger, où il changea de nom. Cet homme était violent, d'humeur sombre, vain, frondeur et avide de renommée. Sa figure annonçait un homme hardi et résolu. Errant sur les frontières de la Flandre française, il recherchait avec une curiosité inquiète des nouvelles sur l'état de Paris. C'était à l'époque où cette ville était agitée par les querelles du parlement et du clergé, à propos des billets de confession. Un jour, il dit à un ouvrier qu'il fréquentait habituellement :
« *Si je reviens en France... Oui, j'y reviendrai, j'y mour-*
« *rai et le plus grand de la terre mourra aussi. Vous enten-*
« *drez parler de moi.* »

Damiens savait que le vol dont il s'était rendu coupable avait donné lieu à des poursuites contre lui, ce qui ne l'empêcha pas de rentrer en France. Craignant d'être reconnu, il ne demeurait que peu de jours dans la même localité et n'osait se fixer nulle part. Toutefois, étant venu à Arras, il y séjourna quelque temps. Il passait ses journées à jouer et à boire dans une tabagie. Il était peu communicatif. Tourmenté par les ardeurs d'un sang naturellement échauffé et qui paraissait bouillonner dans ses veines, il avait besoin de recourir de temps en temps à d'abondantes saignées pour calmer ses sens presque toujours agités. Il faisait un grand usage d'opium dans le même but. Étant allé voir, tout près d'Arras, un fermier de ses parents, il lui tint des propos qui décelaient un esprit déréglé et obsédé de sinistres pressentiments; il s'écria, en le quittant, que *le royaume, sa fille et sa femme étaient perdus*. Revenu à Arras, il y donna plusieurs fois des marques d'une exaltation extraordinaire et ne présageait que des malheurs.

Il ne tarda pas à se rendre à Paris sous un nom supposé; mais il n'y resta que quelques jours. Il alla résider à Versailles. Assailli par des idées noires, on le voyait rôder souvent dans les cours ou dans les dépendances du château. Se défiant de lui-même et des fougues de son funeste tempérament, il pria l'hôtesse chez laquelle il demeurait d'envoyer chercher un chirurgien, dont il avait besoin, disait-il, pour se faire saigner. Celle-ci, le soupçonnant d'avoir un caractère fantasque et bizarre, crut qu'il plaisantait et lui répondit sur le même ton.

Le 5 janvier, sur les cinq heures de l'après-midi, le roi, se disposant à partir de Versailles pour s'en retourner à Trianon, où il avait établi sa résidence, sortit des appartements du château accompagné de toute sa cour et du dauphin. Damiens s'était caché dans un petit renfoncement, au bas de l'escalier, près de la voûte. Au moment où le roi s'apprêtait à monter en voiture appuyé sur le grand écuyer, Damiens fend les rangs pressés des courtisans et des gardes du corps, qui le laissent passer, le prenant pour un serviteur de la maison royale. Dans la rapidité de sa marche, il heurte le dauphin et le capitaine des gardes, et allant droit au roi, il le frappe d'un coup de canif au côté droit.

Louis XV dit aussitôt : « *On m'a donné un furieux coup « de poing;* » puis, passant la main sous sa veste, il la retira teinte de quelques gouttes de sang et s'écria qu'il était blessé. Dans le même instant il se retourna, et apercevant Damiens qui avait gardé son chapeau sur la tête, il ajouta :

« *C'est cet homme qui m'a frappé; qu'on l'arrête et qu'on ne
« lui fasse pas de mal.* » Un valet de pied s'étant saisi en
même temps de Damiens, le remit entre les mains des
gardes du corps. Ceux-ci le conduisirent dans leur salle,
où il fut fouillé. On trouva sur lui l'instrument du crime,
c'est-à-dire un couteau à ressort, qui portait d'un côté une
longue lame pointue et de l'autre un canif d'environ quatre
pouces de longueur.

Il paraît que le meurtrier avait eu le temps d'essuyer le
fer dont il s'était servi, car on n'aperçut sur les deux lames
aucune trace de sang. Quoique la blessure du roi fût légère,
le trouble public était considérable, parce que le défaut de
renseignements positifs sur l'état du monarque ouvrait le
champ à toutes les conjectures.

L'alarme redoubla lorsqu'on sut que Damiens avait dit,
d'un air effaré, à ceux qui le conduisirent en lieu de sûreté :
« *Qu'on prenne garde à M. le dauphin; que M. le dauphin
« ne sorte pas de la journée.* » Pressé de déclarer ses complices, il repartit *qu'ils étaient bien loin, qu'on ne les
trouverait plus; que s'il les faisait connaître, tout serait
fini.* Ces paroles semèrent l'effroi dans Versailles; elles
annonçaient une conspiration, ce qui eût été beaucoup plus
grave que l'attentat d'un homme isolé. Quelques gardes du
corps, espérant obtenir par la douleur des aveux plus explicites de la bouche de Damiens, l'approchèrent d'un feu
ardent, sous les yeux et avec l'assentiment du garde des
sceaux, et le tenaillèrent aux jambes avec des pincettes
rougies; mais cet odieux essai de torture ne produisit pas
de nouvelle lumière.

Le grand prévôt de l'hôtel commença les premiers actes
de l'information. Un exempt des gardes de la prévôté,
ayant obtenu quelque confiance sur l'esprit bouleversé de
Damiens, le détermina à écrire au roi pour lui faire l'aveu
de son crime et pour se recommander à sa clémence. Cette
lettre découvre l'origine de son coupable projet. On y voit
que les plaintes du public contre l'archevêque, à propos

du refus des sacrements, avaient troublé sa raison et l'avaient conduit à attenter à la vie du roi, parce que ce dernier ne s'était pas opposé aux persécutions autorisées par un prélat opiniâtre et fanatique. Quoique, dans un billet joint à sa lettre, Damiens engageât le roi à soutenir le parlement contre le clergé, et qu'il nommât même plusieurs membres de cette compagnie, comme s'il les connaissait, Louis XV ne fit aucune difficulté de remettre à la grande chambre le jugement de l'accusé. Il voulut seulement que les princes et les pairs concourussent au jugement, afin de le rendre plus solennel et plus authentique par leur présence.

Dans tous les interrogatoires que Damiens subit au parlement, il ne contredit aucune des explications qu'il avait données dans sa lettre; il précisa d'une manière plus nette encore les causes de son attentat, qu'il attribua au refus des sacrements, à l'arbitraire de l'archevêque et aux disgrâces du parlement, dont plusieurs membres avaient donné leur démission. Il ne varia que sur la question de complicité. L'instruction du procès fit évanouir tous les soupçons que l'auteur du crime s'était plu à accréditer par orgueil et pour se rendre plus important. Il niait du reste avoir jamais eu l'intention de tuer le roi, ce qui était évident; il en parlait même avec affection; et ayant été confronté avec la maîtresse de l'auberge où il logeait à Versailles, il dit que si cette femme n'avait pas refusé de le faire saigner la veille de l'attentat, le délire dont il était transporté eût été calmé par l'effet de la saignée, et qu'il n'eût pas consommé son crime.

Après une longue procédure, Damiens fut condamné à la peine des régicides. L'arrêt ordonna que le coupable serait mis à la question avant d'être conduit au supplice. Le lendemain du prononcé de la sentence, on fit monter le condamné, à sept heures du matin, dans la chambre de la question. Le greffier lui fit lecture de l'arrêt de condamnation, qu'il écouta à genoux, avec un calme intrépide; il se releva ensuite en disant que la journée serait rude. A huit heures, le premier président, un président de chambre, les deux rapporteurs et deux conseillers, désignés comme commissaires pour assurer l'exécution de l'arrêt, se rendirent tous ensemble dans la chambre où se trouvait le condamné; ils y furent précédés par deux chirurgiens. On fit placer Damiens sur la sellette et il y subit un dernier interrogatoire qui dura près d'une heure et demie. Sa fermeté ne se démentit pas.

Les préparatifs de la question commencèrent ensuite. Le parlement avait choisi le genre de torture le moins dangereux, pour prévenir les accidents qui auraient pu priver le condamné de la vie. On plaça les jambes de ce dernier dans des brodequins dont les cordes furent serrées avec plus de force que d'ordinaire. Damiens jeta de grands cris et parut même s'évanouir; mais les hommes de l'art s'étant approchés de lui, déclarèrent que l'évanouissement ne pouvait avoir de graves conséquences. Le patient ayant demandé à boire, on lui donna d'abord de l'eau, mais il voulut qu'on y mêlât du vin, en disant qu'il fallait ici de l'énergie. La question des brodequins consistait dans des coins en fer ou en bois qu'on enfonçait entre les genoux du patient, serrés entre deux planches. Ce ne fut qu'une demi-heure après la ligature qu'on enfonça le premier coin, afin de laisser passer l'engourdissement produit ordinairement par cet appareil. Les premiers effets de la torture arrachèrent des cris horribles à Damiens. Pendant ce temps, le premier président lui renouvela les interrogations qui lui avaient été déjà faites sur ses complices. Il désigna deux personnes, qu'une information ultérieure fit reconnaître innocentes.

On mit un intervalle d'un quart d'heure entre l'introduction de chaque coin, qui était toujours suivie de hurlements affreux. Les interrogations du magistrat étaient de plus en plus pressantes. Enfin, après deux heures de torture non interrompue, les hommes de l'art avertirent les commissaires qu'il pourrait y avoir péril à la prolonger plus longtemps. Le condamné fut alors délié et mis sur un matelas ; le greffier lui fit lecture du procès-verbal de torture, lequel contenait le détail des interrogations qui lui avaient été faites, ainsi que ses réponses. Il ne voulut rien rétracter de ce qu'il avait dit.

Transporté de la chambre de la question dans la chapelle de la Conciergerie, il y resta jusqu'à trois heures. A ce moment, on fut avertir les commissaires que tout était prêt pour le supplice. Ils se rendirent aussitôt à l'hôtel de ville, précédés, suivant l'usage, des officiers et archers du lieutenant de robe courte. On avait depuis plusieurs jours réservé sur la place de Grève un espace d'environ cent pieds carrés, lequel était entouré de palissades et n'offrait que deux issues, l'une devant servir d'entrée au criminel et à la force publique, l'autre étant en communication avec l'hôtel de ville.

Cet espace était gardé à l'intérieur par le lieutenant de robe courte et sa compagnie, et à l'extérieur par les soldats du guet à pied. Des piquets de gardes françaises stationnaient de distance en distance sur le chemin que le condamné devait suivre pour aller au supplice. Il fut conduit d'abord à l'église de Notre-Dame, pour y faire amende honorable, accompagné de deux prêtres qui ne le quittèrent qu'à son dernier soupir. Arrivé à la Grève, il demanda à parler aux commissaires, qui donnèrent ordre de le faire monter à l'hôtel de ville. Dès qu'il parut devant eux, il les pria instamment de protéger sa femme et sa fille, étrangères toutes deux à son crime, et il affirma hautement qu'il l'avait conçu et exécuté seul sans le concours de personne.

Damiens fut ensuite reconduit sur la place de Grève, et les apprêts de l'exécution n'étant pas encore terminés, il eut la douleur d'attendre, au pied de l'échafaud, qu'on y eût mis la dernière main. Le bourreau devait être puni de ce retard inhumain, et il le fut sévèrement. Le condamné ayant été dépouillé de ses vêtements, on remarqua qu'il considérait ses membres avec attention. Il porta ensuite ses regards avec fermeté sur la foule qui environnait le lieu du supplice.

Il était cinq heures lorsqu'il monta sur l'échafaud. La main sacrilège qui avait frappé la personne du roi fut placée sur un feu de soufre et consumée entièrement. A ce premier supplice, qui causa de cruelles douleurs au patient, succéda le tenaillement aux bras, aux cuisses et aux mamelles. Chacun des actes de ce long martyre était annoncé au loin par les cris lamentables du condamné. Dans un siècle où l'on préconisait l'humanité avec enthousiasme, le pouvoir fut le dernier à comprendre le mouvement des esprits, ou plutôt le sentiment public. Il ne voulut pas renoncer aux vieux raffinements de barbarie qui avaient accompagné le supplice d'un ou deux régicides dans les siècles passés. Damiens fut traité comme Ravaillac, quoiqu'il y eût une grande distance entre le crime de l'un et le crime de l'autre. Le bourreau répandit avec un sang-froid infernal sur les plaies de ce malheureux de l'huile bouillante, du plomb et de la poix résine fondus. Il eut ordre cependant d'excepter de cette épouvantable infusion les morsures faites aux mamelles par les affreuses tenailles.

Enfin, il fut procédé à l'exécution suprême, à l'écartèlement. Après avoir lié les bras, les jambes et les cuisses de l'homme qu'on avait déjà soumis à tant de tortures, on attela des chevaux robustes à chaque membre, et malgré des tirades longtemps réitérées, au milieu des cris d'une affreuse agonie, aucun membre ne céda. Les efforts des chevaux ne produisirent d'autre effet que de donner aux quatre membres une longueur démesurée et hideuse à cause de son étrangeté.

Les médecins ayant déclaré aux commissaires que le démembrement ne pourrait avoir lieu si l'on n'aidait les efforts des chevaux par l'amputation des nerfs principaux, l'exécuteur opéra cette amputation aux jointures des bras et des cuisses, et après plusieurs secousses occasionnées par de nouvelles tirades, on vit se détacher une cuisse et un bras. Damiens, écrasé sous le poids d'une immense douleur, conserva néanmoins sa connaissance jusqu'à la séparation du dernier bras; alors il expira. On jeta dans un bûcher allumé près de l'échafaud le tronc et les membres du condamné, lesquels furent réduits en cendre. Sa famille fut bannie du royaume, excepté ses frères et sœurs, à qui l'on ordonna de changer de nom. La maison où il avait pris naissance fut rasée [1].

Les ennemis des jésuites, et ils étaient nombreux, car jamais corporation religieuse ne fut plus puissante ni plus détestée, les ennemis des jésuites profitèrent de l'attentat de Damiens pour renouveler leurs attaques contre eux; ils remirent en lumière leur doctrine sur le régicide, afin de décréditer leur institut dans l'esprit du roi; et ils furent secondés à cet égard au-delà de toutes leurs espérances par les jansénistes, les parlements et les philosophes. Ceux-ci ne haïssaient dans les jésuites que leur intolérance et leur esprit de persécution, indifférents, d'ailleurs, aux querelles religieuses, dont le souvenir paraissait avoir réveillé avec force le ressentiment des jansénistes et des parlements. Le duc de Choiseul, ami des philosophes et de la magistrature, était en opposition ouverte avec les jésuites et avec le dauphin, sur la conduite politique duquel ils exerçaient un grand ascendant. Madame de Pompadour, méprisée par l'héritier présomptif de la couronne et par les moines ambitieux qui avaient capté la confiance de ce prince, partageait envers ces derniers les sentiments du principal ministre, et elle avait semé contre eux, dans l'esprit du roi, des défiances que le temps et des événements imprévus ne tardèrent pas à faire éclater.

Les jésuites avaient fondé dans l'Amérique méridionale

---

[1] *Pièces originales du procès de Damiens*, et *Précis historique en tête de ces pièces*, in-4°, 1757.

des missions dont le but était de tirer les Indiens de la barbarie, en les façonnant aux usages de la civilisation, et en échangeant leur vie nomade contre les mœurs plus douces, plus commodes et plus régulières des pays agricoles. Après les avoir convertis au christianisme, ils leur firent bâtir des villages, des églises, les employèrent à la culture de vastes domaines, et les mirent en état de créer avec le temps des richesses considérables. Ces richesses, administrées par les missionnaires, permettaient aux Indiens de vivre dans une aisance qu'ils n'avaient pas connue jusque-là.

Le père Lavalette, jésuite français, procureur des missions à la Martinique, y était chargé des intérêts mercantiles de leurs établissements. Ses opérations furent longtemps heureuses; mais plusieurs des vaisseaux affectés à son commerce ayant été enlevés par les Anglais, en 1755, ainsi qu'une grande partie de la marine marchande de France, avant toute déclaration de guerre, Lavalette ne put réparer avec ses propres moyens une si grande perte, et les chefs de son ordre, dont il réclama les secours, jugeant que ses entreprises ne pouvaient plus être qu'onéreuses à la société, prirent le honteux parti de l'abandonner. Un négociant de Lyon, le sieur Lioncy, porteur de lettres de change souscrites par Lavalette pour plus d'un million et protestées, actionna l'ordre entier des jésuites pour obtenir le payement de ces traites, et sur le refus opposé par l'ordre à la demande du créancier de Lavalette, ce dernier se vit contraint de déclarer une faillite, qui ne fut pas moindre de trois millions. La nouveauté d'un religieux mis en état de faillite excita dans tout le royaume autant d'indignation que de scandale. Les chefs de la société eurent beau essayer de colorer leur refus en se retranchant dans les règles de leur institut, qui interdisaient le commerce à la communauté tout entière. Ce motif ne fut regardé que comme un prétexte, et en effet ils n'avaient eu garde de s'en prévaloir contre le père Lavalette tant que ses spéculations commerciales avaient été prospères.

Cette affaire ayant été portée devant le parlement de Paris, la grand'chambre en fut saisie et les débats furent entourés d'une grande solennité. L'éloquence de Gerbier, qui plaida dans cette circonstance contre la célèbre société, jeta un vif éclat sur une cause que ses adversaires eussent voulu réduire aux proportions d'un procès ordinaire, mais qu'il sut élever à la hauteur d'une cause toute politique. La grand'chambre demanda communication des constitutions invoquées par la société, et elle en remit l'examen à quatre commissaires qui en scrutèrent les dispositions d'un œil sévère et jaloux, et qui ne manquèrent pas de faire ressortir celles que leur fondateur y avait introduites contre l'ordre civil et le pouvoir politique des États.

Le général des jésuites et tous les membres de la communauté furent condamnés solidairement, le 8 mai 1761, à satisfaire les créanciers du père Lavalette. Le public accueillit le prononcé de l'arrêt avec les plus vifs applaudissements. Dans toutes les villes servant de siége aux parlements, ceux-ci échauffèrent les esprits par des recherches semblables à celles qui avaient été ordonnées par le parlement de Paris. Partout la polémique s'engagea sur les maximes des constitutions, qui tendaient à faire prédominer le pouvoir spirituel sur l'autorité temporelle. L'abbé de Chauvelin, conseiller au parlement de Paris; Montclar, procureur général au Parlement d'Aix; et la Chalotais, procureur général au parlement de Rennes, se distinguèrent parmi les antagonistes les plus ardents de l'ordre des jésuites. Il s'éleva un concert d'accusations contre eux, non seulement dans le sein de la haute magistrature, mais parmi les jansénistes, si respectés pour leur piété, dans une grande partie du clergé séculier et des ordres monastiques, qui supportaient avec impatience la longue faveur que le gouvernement avait accordée à une corporation rivale, et enfin dans les rangs des philosophes.

La méfiance et la crainte, inspirées en France par l'institut des jésuites, éclatèrent presque en même temps dans tous les États de l'Europe. A Venise, à Gênes, à Turin et à Vienne, les priviléges dont ils jouissaient comme corps enseignant furent limités ou supprimés. Tous les princes de la maison de Bourbon, à Madrid, à Naples et à Parme, se rangèrent parmi leurs ennemis. Leur expulsion du Portugal, provoquée par le marquis de Pombal, ministre tout puissant dans ce royaume, fut l'origine de la disgrace qu'ils éprouvèrent en Europe et dans leurs établissements les plus lointains.

Madame de Pompadour et le duc de Choiseul, après avoir porté les premiers coups au crédit des jésuites, réunirent leurs efforts pour en amener la ruine complète. Protégés par les dévots scrupules que Louis XV conservait au milieu de ses débauches et par l'aversion qu'il éprouvait contre les jansénistes et les philosophes, ces moines redoutés furent enfin accablés par les attaques opiniâtres d'une favorite dont ils avaient tenté plus d'une fois de détruire l'empire sur le faible caractère du monarque. Le parlement de Paris avait ajourné, par un arrêt du 6 août 1761, sa décision sur les constitutions des jésuites, et, en attendant, il avait ordonné la clôture de leurs colléges. Mais le gouvernement intervint pour mettre obstacle à cette clôture, et le clergé ayant été consulté sur les constitutions, quarante évêques déclarèrent qu'elles ne pouvaient être un sujet sérieux de crainte pour l'État. Le roi, fortifié par cet avis dans son penchant pour les jésuites, rendit un édit qui, en modifiant leur institut, les laissa en possession de leurs priviléges. Toutefois, le parlement, excité secrètement par le duc de Choiseul, refusa d'enregistrer l'édit. Le roi, mécontent de cette résistance dans le premier moment, parut bientôt avoir oublié son édit, et finit, au bout de quelques mois, par le retirer.

Le parlement ayant attendu, pour frapper un coup décisif, que le terme de l'ajournement qu'il avait prononcé fût arrivé, rendit, le 6 août 1762, un arrêt par lequel il condamnait l'institut des jésuites, incorporait ceux-ci dans le clergé séculier, et ordonnait la vente de leurs biens. Le roi, travaillé incessamment par les obsessions de son premier ministre et de madame de Pompadour, apprit la décision du parlement sans montrer la moindre contrariété; et lorsqu'il fut question de prendre des mesures pour l'exécution de l'arrêt, le duc de Choiseul n'éprouva aucune peine pour obtenir son consentement. Enfin, après dix ans de négociations avec la cour de Rome, le gouvernement français, soutenu par les cours de Madrid, de Naples, de Portugal, et par l'assentiment de l'opinion publique en Europe, obtint, le 20 juillet 1773, du pape Clément XIV, un bref qui supprimait définitivement l'ordre des jésuites [1].

Parmi les erreurs judiciaires, celle dont le comte de Lally fut victime est une des plus déplorables que la justice humaine puisse se reprocher. Commandant général des établissements français dans les Indes orientales, ce guerrier intrépide, qui s'était couvert de gloire à Fontenoi et qui avait accepté un commandement si lointain et si hasardeux dans l'espoir d'y gagner le bâton de maréchal, débuta dans son expédition par des succès, qui furent suivis de traverses et de malheurs imputables non à de mauvaises combinaisons militaires, mais à l'insuffisance de ses troupes et à la disette des choses nécessaires à leur subsistance et à leur entretien. Les discordes nées entre le conseil de la compagnie des Indes et le général vinrent compliquer les embarras de ce dernier et le placèrent, pour ainsi dire, entre deux ennemis : l'un, son adversaire caché, et ce n'était pas le moins dangereux, qui siégeait, pour ainsi dire, dans son camp et qui ne semait que des obstacles autour de lui; l'autre, son adversaire ostensible, c'est-à-dire l'armée char-

---

[1] Voltaire, *Histoire du parlement de Paris*, chap. LXVIII. *Siècle de Louis XIV*, chap. XXXVIII. *Mercure historique et politique de La Haye*, juin, août et septembre 1761, mai, juin, juillet et août 1762. Lacretelle, *Histoire de France pendant le dix-huitième siècle*, t. IV, p. 25 et suiv. Sismondi, *Histoire des Français*, t. XXIX, p. 228 et suiv.

gée de défendre les possessions de l'Angleterre dans la même contrée. Le général Lally était honnête et plein de droiture; mais il manquait de modération, et la dureté inflexible de son caractère lui aliéna une foule d'hommes d'argent et d'employés, qui furent d'autant plus aigris contre lui qu'en réprimant leurs rapines et les honteux désordres de leur conduite, il usa du pouvoir que le roi lui avait remis, non comme un magistrat impassible, mais comme un chef passionné et despotique.

Lally disputa pied à pied aux Anglais les principales villes que la France occupait dans la partie du territoire indien placée sous son autorité; mais sa petite armée, affaiblie par des privations de tout genre, par la révolte et la désertion, fut contrainte de se rendre, ainsi que lui, aux Anglais, dont les forces étaient supérieures en nombre et maintenues dans le devoir par l'abondance de toutes choses, une sévère discipline et le parfait accord de leurs chefs. Les prisonniers furent conduits en Angleterre. Le général comptait de nombreux partisans parmi les officiers du régiment de son nom; dans le reste de l'armée, presque tous les autres officiers étaient ses ennemis déclarés. On écrivait dans chaque parti aux ministres de France pour les éclairer sur les causes prétendues du désastre de l'armée et de la compagnie, mais en réalité pour dénoncer comme coupables les chefs des partis opposés. Lally obtint, sur sa parole, du gouvernement anglais la permission de repasser en France. La plupart de ses ennemis revinrent en même temps que lui. Ceux qui se montrèrent les plus acharnés contre le général furent, d'une part, la compagnie ruinée dans ses opérations de commerce, et d'autre part, les employés appartenant soit à ses comptoirs, soit à l'administration, lesquels étaient dénués de tout. Tous firent éclater à Paris contre Lally des plaintes et des accusations, qui venaient corroborer celles dont les ministres étaient déjà nantis. Les actionnaires, alarmés sur leur fortune, se joignirent à eux, ainsi que leurs familles, et l'influence de cette masse irritée d'intéressés ne pouvait être contrebalancée que par les assertions opposées du petit nombre de partisans restés fidèles au brave officier qui était l'objet de ce déchaînement universel.

On l'accusait d'actes nombreux de despotisme, de cruauté, de rapine et de concussion. Le ministre des finances, protecteur naturel d'une compagnie dont la ruine pouvait avoir des conséquences si préjudiciables pour le royaume, devait, comme il le fit, provoquer un examen sévère de la conduite de Lally. Le gouvernement, entraîné par les clameurs de l'opinion publique, ordonna que ce dernier serait enfermé à la Bastille. Sur un libelle du jésuite Lavaur, non signé, le procureur général rendit plainte de concussion et de haute trahison contre le général. Le parlement ayant ordonné au Châtelet d'instruire sur cette plainte, le lieutenant criminel recueillit tous les témoignages qui pouvaient être à la charge de l'accusé ou à sa décharge. Cette instruction terminée, des lettres-patentes attribuèrent le procès à la grand'chambre du parlement, transformée par cette attribution même en commission, et lui ordonnèrent d'informer de tous les délits commis dans les possessions françaises de l'Inde, tant avant que depuis l'envoi du comte de Lally en qualité de commandant en chef. Le procureur général et le rapporteur, au lieu d'étendre les poursuites à tous les délinquants sans acception de personne ni limitation d'époque, selon les termes des lettres-patentes, les dirigèrent exclusivement contre Lally. Un conseil fut demandé, à plusieurs reprises, par l'accusé; il lui fut constamment refusé.

Les témoins étaient presque tous animés contre lui d'une implacable haine. Durant la confrontation, le général leur répondit avec l'énergie et la véhémence d'un homme violent, mais consciencieux. A ceux qui le taxaient de despotisme, il reprochait des actes coupables de rébellion. Il qualifiait de lâches et de perfides les témoins qui avaient tenté de noircir sa réputation en le dépeignant comme un homme intraitable et cruel. L'emportement de sa défense révélait, au surplus, les véritables torts de sa conduite et de son caractère. On y voyait un chef militaire, un fonctionnaire éminent, qui, trop préoccupé de sa responsabilité et des droits de l'autorité dont il était revêtu, ne savait pas envisager de sang-froid les obstacles qu'il rencontrait dans sa marche, et les brisait violemment au lieu de les éviter ou de les aplanir. C'est en procédant de la sorte qu'il souleva contre lui tant d'ennemis et qu'il éprouva tant de traverses et de malheurs.

Après deux ans de débats enveloppés d'un profond secret, le gouvernement résolut de clore précipitamment l'instruction du procès. On pressa le conseiller rapporteur de faire son rapport, et l'infortuné qu'on avait laissé dix-sept mois en prison sans l'interroger, ne put obtenir un court délai de huit jours pour mettre sa défense en état. Le procureur général conclut à la peine de mort. Le jour de son interrogatoire, Lally, à l'aspect de la sellette, découvrit sa tête et sa poitrine, et montrant à ses juges ses cheveux blancs et ses nobles cicatrices, il s'écria : « *Voilà donc la récompense* « *de vingt-cinq ans de services !* »

Le 6 mai 1766, il fut déclaré non coupable des crimes de concussion et de haute trahison, qui formaient les principales bases de la prévention ; mais le même arrêt qui le renvoyait absous de ces deux chefs d'accusation, le déclara atteint et convaincu *d'avoir trahi les intérêts du roi, de l'État, de la compagnie des Indes*, et le condamna, sans énoncer aucun fait positif, sans fournir aucune preuve de culpabilité, à avoir la tête tranchée. Cet arrêt, par le vague même de ses termes, qui pouvaient s'appliquer à un simple délit de contrebande aussi bien qu'à un crime capital, fut considéré par les bons esprits comme une atroce iniquité. Le premier président permit de surseoir pendant trois jours à l'exécution de l'arrêt ; mais une députation du parlement se rendit auprès du roi pour le prémunir contre toute pensée de clémence.

Le roi, troublé par une profonde perplexité, s'étant retiré à Choisy pour se soustraire aux rumeurs contradictoires excitées par l'arrêt du parlement, le prince de Soubise parvint toutefois à être admis auprès de lui, et lui demanda à genoux, au nom de l'armée, la grâce du général. Comme le duc de Choiseul, ministre de la guerre, était avec lui et qu'il voulut joindre ses instances à celles du prince, le roi, le regardant fixement, lui dit : « *C'est vous qui l'avez fait arrêter ! Il est trop tard ; ils l'ont jugé.* »

Lally, instruit des conclusions du procureur général et de l'arrêt fatal qui en avait été la suite, avait placé quelque espérance de salut dans le sursis; mais ce dernier espoir s'évanouit lorsque, conduit à la chapelle de la Conciergerie, il se vit au milieu d'hommes armés et en présence d'un prêtre, dont l'attitude annonçait tout à la fois la commisération et la douleur. Le greffier tremblant ayant commencé à lire le préambule de l'arrêt : « *Abrégez*, dit le condamné, ou plutôt la victime, *arrivez au prononcé.* » Lorsqu'il entendit ces mots : *Avoir trahi les intérêts du roi, de l'État*, il interrompit le greffier, en disant d'une voix tonnante : « *Cela n'est pas vrai ; jamais ! jamais !* » Il s'éleva avec indignation contre ses juges, contre le rapporteur, et surtout contre le ministre de la guerre, qu'il accusait de sa perte, parce qu'il avait poussé le conseil du roi à le faire arrêter. Il parut, après cette sortie véhémente, comme abîmé dans de noires pensées, fit quelques pas, une main dans son habit et l'autre sur son cœur ; puis, feignant de s'agenouiller, il se plongea dans le sein un compas, qui pénétra de quatre pouces. Le mouvement qu'il avait fait en se baissant préserva le cœur. Le compas fut retiré sanglant de la blessure par un des assistants et remis au prêtre, qui, dès lors, s'empara de l'infortuné Lally pour lui prodiguer les secours de la religion. Le rapporteur et un autre commissaire de la grand'chambre se présentèrent devant le condamné et le requirent durement de déclarer ses complices et ses excitateurs, en ajoutant qu'il n'avait plus de grâce à espérer. Lally détourna la tête pour ne pas les voir, et leur fit dire par son confesseur qu'il n'avait d'autre réponse à leur faire, si ce n'est qu'il pardonnait à ses juges. Il fit une nouvelle tentative pour se donner la mort; mais elle échoua.

Il s'entretenait avec le prêtre, quand le bourreau, les yeux baissés et n'osant lui adresser la parole, vint lui présenter par ordre un infâme bâillon, à l'usage duquel on avait songé, dit-on, de peur qu'il n'avalât sa langue, ou qu'il ne mordît, dans sa fureur, quelqu'un de ceux qui devaient l'accompagner au supplice. Cette crainte fit devancer de six heures l'exécution, laquelle avait été fixée, par exception, à la chute du jour, sur la prière qui en avait été faite au roi par sa propre famille. On avait eu le dessein de mener le condamné dans un carrosse noir, grâce à la même intercession; mais l'heure de l'exécution ayant été subitement avancée, Lally fut mis dans un tombereau, avec des menottes aux mains, comme le dernier des criminels. Arrivé sur le lieu fatal, les deux commissaires, qui se trouvaient à l'hôtel de ville, firent encore demander au général s'il n'avait aucune révélation à faire. Il répondit à l'envoyé : « *Qu'on leur dise que Dieu me fait la grâce de leur par-* « *donner en ce moment, et que si je les voyais une fois de* « *plus, je n'en aurais pas le courage.* » Quelques instants après, il reçut le coup mortel.

Le public, que la mort de Lally ne révolta point, comme on aurait dû s'y attendre, par suite d'une prévention fatale et presque universelle, blâma hautement les ministres d'avoir permis qu'on fît usage d'un tombereau et d'un bâillon à l'égard d'un officier général qui avait répandu tant de fois sur le champ de bataille son sang pour la France. Le temps, à qui la Providence a réservé le soin de réparer les erreurs des hommes sur la terre, finit par dissiper entièrement cette injuste prévention et laissa entrer l'équité dans les cœurs avec la commisération. Celui que les directeurs de la Compagnie des Indes avaient accusé de rapines, et dont ils faisaient monter les trésors à dix-sept millions, ne possédait, en réalité, qu'une fortune médiocre, qui ne put suffire aux charges imposées à sa famille par l'arrêt. Sa mémoire était déjà rétablie dans l'opinion, quand son fils présenta une requête juridique au conseil du roi pour demander la cassation de cet arrêt. Sur le rapport de M. Lambert, l'un des magistrats les plus recommandables du conseil, la requête fut admise unanimement. Après trente-deux séances consacrées par une commission à l'examen des pièces du procès, l'arrêt du parlement fut cassé par le roi, en son conseil, à la suite d'un délibéré où soixante-douze magistrats se prononcèrent pour la cassation. Cette décision du conseil fut rendue le 21 mai 1778, dix ans après la consommation du meurtre commis sur la personne de Lally avec le glaive de la justice. Le roi accorda aux parents de la victime plusieurs grâces, pour réparer, autant qu'il était en lui, la perte affreuse qu'ils avaient faite; mais elles ne purent les consoler de l'ignominie trop longtemps attachée au nom du général [1].

Les défaites essuyées par l'armée française, ou plutôt par ses chefs incapables, durant la guerre de sept ans, et la paix humiliante pour l'honneur national qui mit fin à cette guerre, avaient complétement discrédité le ministère, dont madame de Pompadour et le duc de Choiseul étaient les principaux soutiens. La nation espérait que la cessation des hostilités amènerait la réduction des impôts; mais cette espérance ne fut qu'une illusion, car les taxes de guerre, dont le terme était expiré, furent prorogées pour six années, ainsi que les dons gratuits des villes et bourgs du royaume. Bertier, alors contrôleur-général des finances, craignant que ses édits de prorogation ne fussent repous-

---

[1] *Mercure historique et politique*, mai 1766. *Lettres de madame du Deffant*, tome I, p. 31. Voltaire, *Mélanges, Fragments historiques sur l'Inde*, année 1773. *Mémoires, plaidoyers et pièces justificatives concernant la réhabilitation de Lally-Tolendal. Biographie universelle* de Michaud, au mot *Lally*.

sés par le parlement, les fit enregistrer dans un lit de justice tenu par le roi, avec un grand appareil militaire. Le cérémonial usité ne permettant pas de délibérer devant le roi, le parlement souffrit l'enregistrement en silence; mais cet acquiescement ne fut qu'apparent. Toutes les chambres, s'étant assemblées peu de jours après, décidèrent que des remontrances seraient adressées au roi contre les édits. Ces remontrances n'ayant produit aucun effet, le parlement les renouvela jusqu'à trois fois [1].

La cour des aides, la chambre des comptes, la cour des monnaies et les parlements de province imitèrent l'exemple du parlement de Paris; la haute magistrature ayant établi en principe que tous les parlements du royaume ne formaient qu'un seul corps divisé en classes, le parlement de Paris fut secondé dans les circonstances difficiles où il se trouva depuis par les parlements de province avec une telle unanimité et une telle énergie, que lors de la vérification des édits bursaux, dont il vient d'être question, il fallut recourir à l'intervention des commandants de province pour en forcer l'enregistrement. Le roi et madame de Pompadour, irrités de la résistance de tous les grands corps judiciaires, remplacèrent le chancelier Lamoignon par Maupeou, premier président du parlement de Paris, homme d'une docilité ou pour mieux dire d'une servilité à toute épreuve. C'était le père de celui qui, plus tard, devait, du moins pour un temps, anéantir non seulement les prérogatives, mais l'existence des parlements. Un nouveau contrôleur général des finances ayant été nommé, et cet administrateur paraissant vouloir entrer dans la voie des réformes et des économies, les parlements se radoucirent, et le gouvernement n'éprouva plus aucune entrave de leur part [2].

Les tendances libérales, qui donnaient tant de hardiesse

---

[1] *Mercure historique et politique*, juin 1763. — [2] *Ibid.*, septembre, octobre et décembre 1763. *Biographie universelle*, article Lamoignon, t. XXIII, p. 304; article Maupeou, t. XXVII, p. 513.

aux remontrances des parlements se manifestaient partout, dans les salons, dans les cercles de la cour et surtout dans les écrits des philosophes. Les souffrances et la misère des classes pauvres étaient le texte habituel de ces écrits, et les parlements de plusieurs provinces en retracèrent le tableau dans leurs doléances avec une franchise aussi austère que courageuse. Toutefois, ces corps, si prompts à la censure quand il fallait opposer une barrière aux abus du pouvoir, se montraient accessibles à tous les préjugés et aux influences de la passion ou de la haine, dans l'exercice de leurs fonctions juridiques. Ils affectaient, pour faire preuve d'impartialité, de sévir contre des opinions opposées, et après avoir déployé contre les jésuites une sévérité outrée, ils usèrent contre les incrédules et les protestants de procédés non moins violents [1].

Le mystère, principe et sauvegarde des gouvernements absolus, couvrait d'un voile épais le goût de Louis XV pour l'espionnage. A côté de la diplomatie patente et officielle de son ministère, le monarque avait établi une diplomatie secrète et extra légale. Quoiqu'il parût dédaigner par indolence les affaires de l'État, il s'occupait avec intérêt des relations de ce dernier avec les autres nations; il entretint pendant douze ans, par l'intermédiaire du prince de Conti, une correspondance suivie avec les cours de Constantinople, de Varsovie, de Stockholm et de Berlin, et il avait écrit de sa main aux ambassadeurs accrédités près de ces cours d'exécuter les instructions qu'il leur ferait parvenir, de préférence à celles qui leur seraient transmises par ses ministres. Les papiers et les chiffres de cette correspondance passèrent des mains du prince de Conti dans celles du comte de Broglie et de M. Février, premier commis des affaires étrangères.

Pendant le ministère du duc de Choiseul, les rapports

---

[1] *Mercure historique* juillet et août 1763. OEuvres de Turgot, *Ses travaux comme intendant de Limoges.*

de ceux-ci avec certains ambassadeurs redoublèrent d'activité, et ce ministre ne se douta de la double direction à laquelle ils étaient soumis que dans les circonstances où sa politique, en opposition avec celle du roi, éprouvait des difficultés et des contradictions opiniâtres qui aboutissaient quelquefois à une désobéissance formelle et à l'emploi de mesures que le ministre n'avait pas ordonnées. Ces conflits jetaient du désordre dans l'administration, en affaiblissant les liens de la discipline et en portant atteinte aux règles de la hiérarchie.

Avant de provoquer l'établissement de cette diplomatie occulte, mais qui n'était pas indigne d'un esprit sérieux, Louis XV, entraîné, par ses penchants licencieux et par une frivole curiosité, autorisa dans l'administration des postes une pratique ignoble autant qu'immorale tendant à violer le secret des lettres pour y découvrir la trace de quelque intrigue galante et à faire de ces sortes de missives des extraits que l'intendant des postes mettait sous ses yeux tous les dimanches. Plusieurs commis, experts dans l'art de décacheter les lettres sans altérer l'empreinte des cachets, étaient chargés de la rédaction de ces extraits [1].

Pour contrôler l'administration intérieure, Louis XV avait établi un mode d'espionnage plus condamnable encore que celui qui pesait sur la diplomatie. L'abbé de Broglie était à la tête de cette police secrète; il avait formé des relations avec tous ceux qui, par inimitié ou rivalité, étaient portés à scruter d'un œil sévère la conduite du duc de Choiseul. Ainsi il recherchait avec empressement les amis des jésuites, ceux du dauphin et ceux du duc d'Aiguillon, commandant de Bretagne, tous acharnés à la perte du duc de Choiseul. La France, échauffée alors par les questions qui touchaient à la réforme politique et à la régénération de la

---

[1] Flassan, *Histoire de la diplomatie*, t. V, p. 365 et suiv. Madame du Hausset, *Mémoires*, p. 63 et suiv. Besenval, *Mémoires*, t. I, p. 280.

société, était divisée en deux partis : celui du progrès avait pour chef le duc de Choiseul, et le parti stationnaire, composé des sectateurs du pouvoir absolu, était dirigé par le duc d'Aiguillon. L'ardeur des écrivains politiques et des parlements entretenait une lutte perpétuelle entre ces deux partis, quoique, dans le vrai, les fauteurs de cette lutte ne fussent d'accord que pour combattre le pouvoir absolu, étant divisés d'ailleurs sur les questions sociales. En effet, les premiers voulaient trancher celles-ci par des réformes fondamentales, tandis que les seconds espéraient en trouver la solution dans des garanties qui, en conservant la monarchie avec ses anciennes bases, auraient protégé les citoyens contre l'arbitraire par la seule autorité des lois. L'effervescence excitée par les doctrines des philosophes et des encyclopédistes faisait pressentir au roi de grands changements dans l'État; mais il ne semblait s'inquiéter que de maintenir l'intégrité de son propre pouvoir, ne montrant nul souci des difficultés et des périls que l'avenir réservait au gouvernement de ses successeurs [1].

Madame de Pompadour posséda jusqu'à sa mort l'empire qu'une longue habitude d'intimité et ses honteuses complaisances lui avaient acquis sur l'esprit de Louis XV. Une maladie secrète minait ses forces. Le roi, averti par les médecins de la fin prochaine de la favorite, dans les mains de laquelle il avait déposé les principaux attributs de sa puissance, la fit conduire dans le palais de Versailles, quoique l'étiquette ne souffrît pas que d'autres personnes que les princes mourussent dans la demeure royale. Elle voulut user de sa faveur jusqu'à ses derniers moments, et faisait discuter devant elle les intérêts de l'État. Lorsque la nouvelle de sa mort fut portée au roi, il ne manifesta aucune émotion qui trahît une vive douleur [2].

---

[1] Besenval, *Mémoires*, t. I, p. 362. *Souvenirs du cardinal de Brienne*, à la suite des *Mémoires* de madame du Hausset, p. 312.
[2] Lacretelle, t. IV, p. 58 et suiv.

Une perte plus importante, et qui contrista le public non moins que la famille royale, fut la mort du dauphin, à peine âgé de trente-six ans. Les deuils se succédèrent dès ce moment sous les yeux du monarque avec une fatale rapidité; il eut à déplorer, presque coup sur coup, la fin de la dauphine et de la reine. Le souvenir des vertus de son auguste épouse et de l'état d'abandon où il l'avait laissée fit naître en lui un repentir profond qui éclata par des sanglots et par des marques d'affliction qu'on n'aurait osé attendre d'une âme que l'égoïsme et les déportements d'une infâme débauche avaient plongée dans le dernier avilissement. Les habitudes impudiques qui suivirent bientôt cette louable affliction prouvèrent que le vice avait ressaisi sa proie. On rouvrit le Parc-aux-Cerfs pour distraire et pour consoler le monarque. Malgré l'approche de la vieillesse, il se livra aux désordres de l'incontinence avec une brutale fureur. L'égoïsme, surexcité par la crainte de l'avenir, développa dans son âme une sordide avarice; et tandis que les finances de l'État étaient appauvries par une mauvaise administration et l'avidité des courtisans, il avait recours aux moyens les plus honteux pour grossir ses épargnes particulières [1].

Les pertes douloureuses qui avaient accablé la famille royale firent diversion pendant assez longtemps aux débats qui divisaient le roi et les parlements. La question la plus importante et la plus épineuse élevée par ceux-ci était l'unité et la solidarité de ces corps qui auraient été réunis en un seul, quoique formant autant de classes distinctes. Cette prétention à l'unité, qui ne s'était jamais dessinée avec tant de hardiesse et de netteté, avait fini par offusquer Louis XV et son gouvernement; elle tendait à placer dans le corps réputé indivisible des parlements le principal fondement de la monarchie; à faire de lui tout à la fois le siége, le tribunal, l'organe de la nation; à le constituer arbitre entre

---

[1] Lacretelle, t. IV, p. 72-77.

le roi et son peuple, en commettant à sa garde l'équilibre du gouvernement, ainsi que la répression des excès de la liberté et des abus du pouvoir. Enfin les parlements s'attribuaient le droit de coopérer, avec la puissance souveraine, à l'établissement des lois, de s'opposer à l'exécution des ordres qu'ils jugeraient surpris à l'autorité ; et dans le cas où cette opposition amènerait un conflit, ils considéraient comme un devoir impérieux d'abandonner leurs fonctions et de se démettre de leurs offices, sans reconnaître, toutefois, au roi le pouvoir d'accepter leurs démissions.

L'inaction politique à laquelle Louis XV s'était résolu momentanément fit prendre le change aux parlements, qui se flattaient de faire prévaloir ces théories dans les conseils de la couronne ; mais leur illusion ne fut pas de longue durée. Le 3 mars 1746, le roi, accompagné des princes, des princesses, de plusieurs pairs et d'un détachement de ses gardes, vint tenir au parlement un lit de justice, dans lequel il annonça qu'il avait cru devoir répondre lui-même à toutes les remontrances qui lui avaient été adressées depuis quelque temps par cette compagnie. Le comte de Saint-Florentin, ministre de sa maison, fit lire par le dernier des quatre conseillers d'État dont il était assisté un discours où le monarque, après avoir dénié aux parlements une existence collective, et combattu, l'une après l'autre, les prérogatives revendiquées par eux comme autant de droits inhérents à leur autorité, déclara que la source de cette autorité, purement déléguée, résidait en la personne du souverain, et que l'usage n'en pouvait jamais être tourné contre lui ; qu'il possédait seul le pouvoir législatif, et que les officiers des cours instituées par lui procédaient non à la confection, mais à l'enregistrement, à la publication et à l'exécution de la loi ; qu'il leur était permis de lui soumettre des observations sur les imperfections qu'elle pourrait contenir, pourvu toutefois que ces observations fussent tenues secrètes et s'arrêtassent devant la volonté expresse du roi ; qu'au surplus, l'ordre public tout entier émanait du prince, qu'il en était le gardien suprême, et que les droits, ainsi que les intérêts de la nation, de laquelle on avait osé faire un corps séparé du monarque, étaient nécessairement unis avec les siens propres, et ne reposaient qu'en ses mains [1].

Le roi adressa les mêmes réprimandes, appuyées sur les mêmes principes, aux parlements de Rouen, de Grenoble et de Besançon [2].

La constitution autour de laquelle les parlements s'étaient groupés avec empressement n'était écrite nulle part. Ils avaient essayé de la fonder avec une persévérance opiniâtre durant le cours des siècles, aux applaudissements des générations qui s'étaient succédé; mais ces tentatives ne reçurent jamais l'assentiment du pouvoir souverain. Sa résistance fut aussi ferme que les efforts du parlement étaient obstinés, et quoique la nation ait fini par conquérir son indépendance et le droit de se faire représenter par des assemblées de son choix, il est impossible de nier que l'organisation, les prérogatives et les attributions des parlements ne fussent, d'après des précédents certains, absolument semblables à celles qui sont formulées dans le discours remarquable dont nous n'avons pu offrir ici qu'une insuffisante analyse.

Une courtisane connue sous le nom de mademoiselle Lange, que le comte du Barry, son amant, avait placée à la tête d'une maison de jeu, dont les bénéfices servaient à défrayer ses dépenses ainsi que celles de sa maîtresse, fut vantée devant Louis XV par un valet de chambre, ministre secret de ses plaisirs, comme une femme d'une grande beauté. Sa hardiesse, ses saillies plus obscènes ou grossières qu'originales, et des attraits qui subjuguèrent par une savante lubricité le monarque blasé, firent en un moment de

---

[1] Procès-verbal du lit de justice du 3 mars 1766, consigné dans le *Mercure historique* de la même date.

[2] *Mercure historique*, mars 1766, avril et juillet même année.

mademoiselle Lange l'idole du roi de France. Épousée pour la forme par le frère de celui qui en avait fait l'ornement d'un tripot, elle prit le nom de comtesse du Barry, et malgré les chansons et les libelles répandus contre elle, non seulement à Paris et à Versailles, mais dans le propre palais du roi, elle fut reçue et installée à la cour sur le même pied que madame de Pompadour.

Le duc de Choiseul, qui avait voulu appuyer son pouvoir sur l'opinion publique, ne dissimula pas son dédain pour une personne dont les débuts dans la galanterie avaient été si honteux. Ce ministre ayant refusé de fléchir le genou devant celle qui avait enchaîné le cœur du faible Louis XV, le duc d'Aiguillon, moins scrupuleux, devint le pivot d'une intrigue dont le but était de renverser le chef du ministère et de former un nouveau cabinet, à la tête duquel on avait le dessein de placer le chancelier Maupeou, qui avait récemment succédé à son père dans les fonctions de cette charge. L'abbé Terray, contrôleur général des finances, connaissait ainsi que Maupeou les manœuvres du duc d'Aiguillon, et travaillait non moins activement que le chancelier à la réussite d'un projet qui devait avoir pour effet de les maintenir tous deux en place dans la nouvelle administration, grâce à la protection de madame du Barry, dont ils étaient les fervents adorateurs [1].

Dans le procès de La Chalotais et de plusieurs autres magistrats appartenant au parlement de Bretagne, ce dernier s'était montré hostile au duc d'Aiguillon, commandant de la province, à cause des mesures acerbes et arbitraires qu'il avait prises à cette occasion contre les inculpés. Ces magistrats étaient accusés d'avoir adressé au roi deux lettres anonymes sur les troubles de Bretagne, et d'avoir soutenu avec énergie la doctrine de l'unité et de la solidarité politique des parlements, doctrine qui avait été dénoncée comme criminelle, parce qu'elle tendait à mettre des

---

[1] Lacretelle, t. IV, p. 222 et suiv. *Ibid.*, p. 244-245.

bornes à l'autorité royale. Les accusés, après avoir protesté qu'ils n'avaient eu aucune part à la rédaction de ces lettres, récusèrent les juges qu'on leur avait donnés. Cette affaire émut tous les parlements, qui intercédèrent à l'envi en faveur des accusés. Afin d'éluder la question de récusation, le roi évoqua l'affaire devant son conseil ; la procédure y traîna en longueur pendant plusieurs années. Louis XV, espérant calmer l'irritation du parlement de Bretagne en étouffant le procès, dont celui-ci avait fait pour ainsi dire le sien propre, ordonna que la commission établie pour juger les accusés serait supprimée, et que tous les actes de l'instruction seraient réputés nuls ; mais il déclara en même temps, que bien qu'il reconnût l'innocence des accusés, il ne pouvait consentir à ce qu'ils fussent réintégrés dans leurs fonctions [1].

Le parlement de Bretagne ne voulut point se soumettre à un expédient qui laissait planer sur plusieurs de ses membres des soupçons qui lui paraissaient injustes. De leur côté, les inculpés demandaient à se justifier ; ils offraient de prouver que le duc d'Aiguillon avait suborné contre eux de nombreux témoins par des promesses, des menaces ou de l'argent, et qu'il avait même essayé de corrompre leurs juges. Le parlement décida que des informations auraient lieu sur ces faits. Le duc récrimina à son tour contre ses ennemis, et publia des mémoires qui furent lacérés et brûlés par la main du bourreau, en exécution des arrêts du parlement [2].

Pour mettre fin à une lutte que les passions des contendants paraissaient devoir envenimer de plus en plus, le chancelier Maupeou fit renvoyer devant le parlement de Paris, transformé en cour des pairs, le procès intenté au duc d'Aiguillon ; par l'effet de ce renvoi, tous les membres du parlement, ainsi que les pairs du royaume, se transportè-

---

[1] *Mercure historique*, janvier et février 1766. Lacretelle, t. IV, p. 116-123.
[2] *Mercure historique*, avril, mai et juin 1770.

rent à Versailles, le roi ayant annoncé l'intention d'assister au jugement. Après les premières séances, Louis XV cessa de paraître dans le sein du parlement, et donna au duc d'Aiguillon des signes éclatants de faveur.

Le parlement était revenu à Paris ; froissé dans son autorité et dans son orgueil, comme cour des pairs, par la conduite du roi, il blâma sévèrement l'ordre qui exilait La Chalotais et son fils, saisit avec ardeur cette nouvelle occasion de s'élever contre les lettres de cachet, et ses délibérations commençaient à prendre un caractère inquiétant, lorsqu'il lui fut enjoint de se rendre à Versailles, où le roi avait le dessein de tenir un lit de justice. Après une allocution du premier président, qui ne dissimulait point ce qu'une semblable mesure avait d'insolite par l'influence qu'elle pouvait exercer sur le jugement de la cour des pairs, le chancelier prit la parole pour y répondre, et lut ensuite des lettres patentes qui contenaient un court historique du procès du duc d'Aiguillon, et qui, considérant la conduite de ce dernier comme irréprochable, déclaraient nulles toutes les procédures existantes, afin d'éteindre jusqu'au souvenir d'une instruction susceptible par sa nature d'entretenir dans les esprits une fermentation dangereuse[1].

Le roi ayant interdit aux princes et aux pairs de paraître le lendemain à la séance du parlement, ils obéirent ; mais les conseillers s'assemblèrent, comme de coutume, se firent représenter les informations déjà recueillies, y trouvèrent les indices graves de plusieurs délits, et sans s'arrêter aux dernières lettres patentes, ils intimèrent l'ordre au duc d'Aiguillon de s'abtenir des fonctions de pair, jusqu'à ce qu'il eût été statué sur les faits qui compromettaient son honneur[2]. Dès le lendemain cette décision fut annulée par le conseil d'État, qui leva l'interdit prononcé contre le duc.

---

[1] *Mercure historique*, juillet et août 1770. — [2] *Ibid.*, août 1770. Lacretelle, t. IV, p. 252.

L'opposition manifestée par le parlement de Paris contre l'autorité royale à propos des mesures qu'elle avait prises touchant les faits imputés au duc d'Aiguillon, gagna les autres parlements, et jeta le trouble dans tout le royaume. Les vacances firent renaître un peu de calme dans les esprits; mais à la rentrée les magistrats persistèrent dans leur opposition; ils refusèrent d'enregistrer un édit qui leur interdisait de correspondre avec les autres parlements, de les considérer comme des classes ou des fractions d'un même corps; et comme cet édit n'était sanctionné par aucune peine, pas plus que les précédents, ils comptaient sur la protection du duc de Choiseul pour en éluder l'effet.

Cependant, le parlement ayant été mandé tout à coup à Versailles, le roi, entouré de dix princes du sang, d'un grand nombre de pairs parmi lesquels figurait le duc d'Aiguillon et des principaux officiers de sa maison, vint tenir un lit de justice, au milieu d'un grand déploiement de force militaire. Maupeou s'éleva de nouveau contre les doctrines parlementaires que le roi avait déjà proscrites, et fit lecture d'un édit qui menaçait tout conseiller sectateur de ces doctrines de la privation de son office et de poursuites personnelles comme ayant désobéi aux ordres du roi [1].

Le lendemain, les magistrats arrivèrent au palais transportés de colère, et résolurent de suspendre le cours de la justice. Cette détermination fut consignée dans un arrêt particulier, que Maupeou attendait avec impatience pour frapper un coup décisif. Le parti de madame du Barry, conduit par le chancelier, sacrifia d'abord à son ambition le duc de Choiseul, protecteur déclaré des parlements, lequel fut remplacé par le duc d'Aiguillon. Le ministère fut remanié selon les vœux de ce parti, et dominé par un triumvirat composé du duc d'Aiguillon, de Maupeou et de l'abbé Terray. Dès ce moment, toute l'attention des ministres se

---

[1] *Mercure historique,* septembre, octobre et décembre 1770, janvier 1771. Lacretelle, t. IV, p. 257. Besenval, t. I, p. 367.

porta sur le parlement de Paris, qui ne voulait reprendre ses fonctions qu'après que l'édit publié au dernier lit de justice serait révoqué.

Cependant les lettres de jussion du monarque se succédaient pour vaincre la résistance des magistrats; la sévérité des termes de ces lettres finit par se changer en menaces qui furent réalisées dans la nuit du 19 au 20 janvier 1771. Deux mousquetaires se présentèrent au domicile de chaque conseiller, et lui remirent un ordre écrit du roi qui leur enjoignait de reprendre leurs fonctions, et de faire connaître immédiatement leur intention par *oui* ou par *non*, réponse qu'ils devaient signer. Plusieurs, cédant aux instances de leurs familles et à la terreur qui s'était emparée d'elles, répondirent affirmativement sans pouvoir ajouter au monosyllabe prescrit la plus brève explication; c'était le plus petit nombre, car la majorité se prononça pour la négative. Les adhérents, enhardis par la fermeté de leurs collègues, et jaloux de conserver intact l'honneur de leur compagnie, révoquèrent leurs signatures. Mais, la nuit suivante, on leur signifia un arrêt du grand conseil, qui déclarait leurs charges confisquées, et leur défendait de prendre désormais la qualité de membres du parlement de Paris. Des mousquetaires vinrent les enlever le lendemain pour les conduire dans divers lieux éloignés de la capitale, où ils avaient été exilés [1].

Maupeou, en faisant supprimer le parlement de Paris, s'était proposé deux buts différents. Le premier, purement politique, tendait à affranchir la couronne des remontrances d'un corps qui avait affiché la prétention de partager avec elle la puissance législative, et de contrôler l'établissement des impôts. Le second avait pour objet d'introduire dans l'ordre judiciaire la réforme de plusieurs abus contre lesquels l'opinion publique s'était prononcée. Il voulait

---

[1] *Mercure historique*, janvier, février et mars 1771. Lacretelle, t. IV, p. 257 et suiv.

abolir la vénalité des offices, et réduire l'immense ressort du parlement de Paris, lequel obligeait les plaideurs à des déplacements ruineux.

Une commission du grand conseil fut établie provisoirement, le 23 janvier 1771, pour remplacer le parlement comme corps judiciaire. Cette commission étant insuffisante, on essaya d'augmenter le nombre de ses membres, en proposant aux avocats les plus distingués d'en faire partie; mais ceux-ci refusèrent. Le chancelier se vit, dès lors, obligé de faire choix des officiers dont il avait besoin dans une classe de personnes qui appartenaient à des familles parlementaires honorables, mais qui avaient compromis leur réputation par des écarts de jeunesse, ou que des études médiocres avaient éloignées jusque-là des fonctions judiciaires; c'est ainsi que *le parlement Maupeou* fut frappé de discrédit dès son origine.

Au mois de février suivant, il parut un édit qui portait création de six nouvelles cours souveraines, auxquelles on distribua le territoire que Maupeou avait résolu de retrancher au ressort trop étendu du parlement de Paris. Ces cours furent désignées sous le nom de conseils supérieurs. La justice devait y être rendue gratuitement, et il était interdit aux juges de recevoir d'autre rétribution que les gages attachés à leurs offices. Quoique ces innovations fussent utiles et désirées depuis longtemps, elles ne purent concilier aux nouvelles institutions judiciaires le respect des citoyens, parce que ceux-ci connaissaient les basses intrigues auxquelles le chancelier avait eu recours pour parvenir à la suppression du parlement, et les vices ou le défaut de savoir de la plupart des membres des cours récemment créées [1].

Les gens du roi de l'ancien parlement avaient manifesté l'intention de déposer leur démission avant le commencement du lit de justice; mais elle ne fut point acceptée, et

---

[1] Lacretelle, t. IV, p. 264 et suiv. *Mercure historique*, avril 1771.

le ministère public ayant été invité à prendre la parole après le chancelier, l'avocat général Séguier exprima, dans un discours austère et énergique tout à la fois, la douleur de ne plus voir siéger sur les bancs de la cour les membres du premier corps judiciaire du royaume, et réclama avec force la révocation des mesures de rigueur prises contre eux, ainsi que leur rappel. Le chancelier, sans daigner répondre à ces courageuses observations, fit lire un édit par lequel il supprimait la cour des aides, qui s'était constamment associée aux principes du parlement, et dont les remontrances fermes et persévérantes, écrites par Lamoignon de Malesherbes, son premier président, fondèrent la réputation de cet illustre magistrat. L'avocat général Séguier protesta encore contre l'abolition de cette compagnie; mais ce fut en vain. Le roi fit lui-même la clôture du lit de justice en termes sévères, et dès le lendemain tout le parquet de l'ancien parlement donna sa démission [1].

Ces mesures extrêmes et despotiques soulevèrent une vive réprobation parmi les princes et les pairs. Une protestation fut signée contre elles par le duc d'Orléans et son fils, le prince de Condé, qui fut également imité par son fils, et par le comte de Clermont et le prince de Conti. Sur trente-sept ducs et pairs qu'il y avait alors, treize apposèrent leur signature sur la protestation [2]. Le Châtelet qui, à l'instar de la cour des aides, n'avait point séparé son existence de celle du parlement, fut un des premiers à s'élever contre le coup d'État qui l'avait renversé, et il ne tarda pas à éprouver les effets du ressentiment du chancelier, car il fut frappé à son tour. Les avocats et les procureurs dévoués aux intérêts du parlement légitime se rendaient exactement aux audiences, pour ne pas contrevenir à l'ordre formel qu'ils en avaient reçu; mais tantôt sous un prétexte, tantôt

---

[1] *Mercure historique et politique*, mars, avril et mai 1771. — [2] *Ibid.*, mai et juin 1771. Besenval, *Mémoires*, t. I, p. 369. Lacretelle, t. IV, p. 270.

sous un autre, ils faisaient remettre les causes dont ils étaient chargés, et les magistrats étaient obligés de lever l'audience, sans pouvoir faire aucun acte de leurs fonctions [1].

Les parlements de province ne pouvaient rester indifférents à de telles rigueurs. Maupeou s'attendait à des représentations vigoureuses de leur part, et l'événement ne tarda pas à vérifier ses prévisions. Les parlements d'Aix, de Rouen, de Rennes, de Toulouse et de Dijon déposèrent, dans des remontrances successives, l'expression de leurs sympathies pour le parlement de Paris, et donnèrent à leurs protestations un grand retentissement, afin de gagner la faveur populaire, dont ils avaient plus besoin que jamais. Le chancelier feignit de considérer ces remontrances comme apocryphes et les fit condamner sans éclat; mais en même temps il s'apprêtait secrètement à faire subir aux parlements de province le même sort qu'au parlement de Paris. Il supprima d'abord les parlements de Besançon, de Douai, de Toulouse, de Bordeaux, de Rouen, d'Aix, et enfin tous les autres, qu'il remplaça par des corps composés de ses créatures [2].

Le temps et le poids d'une disgrâce que les princes et les pairs habitués au séjour de Versailles ne pouvaient plus supporter, amenèrent entre eux et le ministère des négociations, qui firent reparaître à la cour la plupart de ceux qui s'étaient réunis dans une opposition commune. Les membres du parlement de Paris eux-mêmes, séparés de leurs familles par un exil dont ils n'entrevoyaient pas le terme, furent réduits à la douloureuse nécessité de fléchir devant le chancelier, auteur de leur ruine, pour obtenir de lui la faveur de rentrer dans leurs foyers, ainsi que le remboursement de leurs charges. Le gouvernement, en ayant égard à leur demande, exigea qu'ils donnassent leur dé-

---

[1] *Mercure historique*, mars et mai 1771. — [2] *Ibid.*, août, septembre, octobre et novembre 1771.

mission, et peu d'entre eux s'y refusèrent. Revenus à Paris, ils virent, non sans une amère jalousie, le nouveau corps qui les avait remplacés en pleine activité, ainsi que le barreau, que le soin de son propre intérêt avait rapproché avec d'autant moins de répugnance de ce corps qu'il n'ignorait pas que le plus grand nombre des anciens magistrats s'étaient démis volontairement de leurs charges, après en avoir reçu le remboursement [1].

CHAPITRE III.

DE LA POLICE POLITIQUE SOUS LE RÈGNE DE LOUIS XVI ET DE L'ADMINISTRATION DES PRISONS.

Avénement de Louis XVI. — Nouveaux ministres. — Maurepas chef du conseil. — Rétablissement des parlements. — Vastes projets de Turgot appuyés par Malesherbes. — Mouvements séditieux. — Intrigues à la cour contre le ministre novateur. — Il fait rendre six édits que le parlement refuse d'enregistrer. — Démission de Malesherbes et de Turgot. — Opérations du contrôleur général Cluny. — Il est remplacé par Necker. — Les projets de réforme de celui-ci soulèvent les grands contre lui. — Les finances, dirigées après Necker par Joly de Fleury et d'Ormesson. — Calonne, contrôleur général. — Ses fautes. — Assemblée des notables. — Éloignement de Calonne. — Affaire du collier. — Votes de l'assemblée des notables. — Brienne appelé à l'administration des finances. — Vifs débats dans le parlement sur l'impôt du timbre et l'impôt territorial. — Le parlement transféré à Troyes. — Son retour à Paris. — Nouveau conflit entre cette compagnie et les ministres. — Rôle du duc d'Orléans et de plusieurs conseillers dans ce conflit. — Leur exil. — Coup d'État médité contre les parlements. — Institution projetée de grands bailliages et d'une cour plénière. — Ce projet, éventé, soulève le parlement contre les ministres. — Arrestation de deux conseillers. — Les parlements déclarés en vacances. — Mécontentement général. — Protestation des grands corps de l'État. — Renvoi de Brienne. — Necker mis à la tête des affaires. — Le calme renaît. — Rappel des parlements. — Troubles occasionnés par la rentrée du parlement de Paris. — Convocation des états généraux pour le 1er mai 1789. — Débats dans le parlement à propos de la double représentation du tiers-état et de la délibération en commun des ordres réunis. — Seconde as-

---

[1] Lacretelle, t. IV, p. 276 et suivantes. *Mercure historique*, janvier et février 1773.

semblée des notables. — Elle se prononce contre le doublement du tiers-état. — Déclaration du roi qui autorise ce doublement, et prescrit la délibération des ordres en commun. — Élections des députés aux états généraux. — Améliorations dans le régime des prisons.

Louis XV étant mort, ce grand événement fut envisagé par la nation comme un symptôme de délivrance et comme étant le gage d'un avenir meilleur. Toutes les espérances se reportèrent sur un jeune prince de vingt ans qui, par ses vertus, promettait un règne honoré et capable de tirer la France du profond abaissement où l'égoïsme et l'insouciance de son aïeul l'avaient réduite. Louis XVI, comme homme privé, méritait tous les respects dont il était environné lors de son avènement; mais la timidité naturelle de son caractère et la méfiance outrée qu'on lui inspira de ses propres forces ne permirent pas à ses contemporains de prévoir ce qu'ils devaient attendre de lui comme souverain. La disgrâce honorable que Maurepas, ancien ministre de Louis XV, avait encourue pour quelques épigrammes qu'il avait lancées contre madame de Pompadour, le discernement, l'expérience et l'habileté dont il avait fait preuve dans les affaires, enfin ses agréments comme homme de cour, appelèrent sur lui la confiance de Louis XVI. Celui-ci le nomma son premier ministre [1]. Le cabinet, composé des créatures de madame du Barry, fut renouvelé presque tout entier. Le renvoi du chancelier Maupeou et de l'abbé Terray obtint l'approbation générale. La multitude fit éclater dans cette circonstance une joie turbulente. Plus de dix mille individus attroupés brûlèrent un mannequin qui représentait le chancelier, et firent essuyer de semblables outrages à l'abbé Terray. Le duc d'Aiguillon, quoique proche parent de Maurepas, succomba aussi à la haine publique et aux attaques de la reine, qui ne lui avait pas pardonné les intrigues qu'il avait ourdies pour éloigner du pouvoir le duc de Choiseul, négociateur de son mariage avec Louis XVI. Il ne restait

---

[1] *Mercure historique*, juin 1774.

plus au conseil que de faibles adversaires des parlements. Turgot, M. de Vergennes et le comte Du Muy entrèrent au ministère avec la réputation d'hommes probes et éclairés. Le premier fut placé aux finances, le second aux affaires étrangères et le troisième au département de la guerre [1].

Le comte de Maurepas était indifférent au bien public. Il mettait tous ses soins à conserver son crédit à la cour, afin de régner sans obstacle sur l'esprit du jeune monarque. Cependant, malgré son égoïsme et sa légèreté, il crut faire un acte de bonne politique en conseillant au roi de rappeler les parlements. Il espérait ainsi se rendre populaire, ranimer le crédit et opposer un contre-poids puissant à l'ambition du clergé et à l'influence toujours croissante des écrivains philosophes. Il trouva sur cette question des contradicteurs décidés dans Turgot et Du Muy; mais son opinion fut adoptée par Louis XVI [2].

Le roi tint en conséquence, à Paris, un lit de justice où les princes et les pairs vinrent prendre séance, et il leur déclara qu'il avait résolu de rétablir l'ancien parlement et de rendre au nouveau le titre et les fonctions de grand conseil. Les magistrats qui appartenaient au premier de ces corps avant sa destruction ayant été introduits, le roi leur adressa un discours plein de bienveillance et annonça qu'il comptait sur le zèle et l'obéissance de l'illustre compagnie dont il avait restauré l'institution et l'autorité. Le garde des sceaux, Hue de Miroménil, lut ensuite plusieurs édits, qui soumettaient le parlement qu'on venait de réinstaller aux règles d'une nouvelle discipline. Ce dernier recouvra l'exercice du droit de remontrance, mais sous la condition qu'il serait procédé par lui sans opposition à l'enregistrement des lois dans le cas où le roi, malgré son avis, ne jugerait pas utile de changer les dispositions qu'il aurait arrêtées. Ce n'est qu'après l'enregistrement que les édits

---

[1] *Mercure historique*, septembre 1774. — [2] Marmontel, *Mémoires*, t. III, p. 280 et suiv. De Lévis, *Souvenirs et portraits*. Maurepas.

de réformation permettaient d'*itératives remontrances*. On profita de cette solennité pour réintégrer aussi la cour des aides dans ses fonctions.

Le parlement parut moins sensible que le public au rétablissement de son autorité. Il accepta comme une simple réparation, qui, à son gré, aurait dû être moins tardive, l'acte auquel la nation, plus désintéressée, applaudit comme à une garantie tutélaire et à un bienfait. Les clercs ne furent pas les moins ardents à célébrer la restauration d'un corps dont ils étaient accoutumés à respecter les vertus et l'ascendant moral. La mesure prise en faveur de l'ancien parlement de Paris devait nécessairement profiter à ceux des provinces, qui tous avaient partagé courageusement ses opinions et sa mauvaise fortune. Aussi, ils ne tardèrent pas à reprendre possession de leurs siéges. La cour des aides fut également rétablie, ainsi que les autres cours souveraines [1].

Turgot, dont les doctrines et les travaux avaient puissamment contribué à accréditer et à répandre les idées des économistes, jugea que le moment était venu de faire pénétrer ces idées dans la pratique de l'administration et par conséquent dans les lois. Les difficultés financières, que le temps n'avait fait qu'augmenter, préoccupaient fortement son esprit. Il était obligé de les surmonter pour éviter l'écueil contre lequel ses devanciers avaient échoué, et il ne pouvait espérer d'y réussir que par la réduction des dépenses, l'économie des revenus, l'abolition des priviléges onéreux au commerce et à l'agriculture, et enfin par une égale répartition de l'impôt entre tous les citoyens, sans distinction de classes. Turgot, animé d'un sincère patriotisme, avait gagné la confiance de Louis XVI, qui ne respirait que la justice et l'amour de l'humanité. Plein d'estime pour le caractère et les lumières de son nouveau ministre, il aimait à répéter ces paroles qui peignent la bonté de son

---

[1] *Mercure historique*, novembre et décembre 1774.

cœur : « *Il n'y a que Turgot et moi qui aimions le peuple.* » Les marques de faveur prodiguées par ce prince à un homme d'État dont les philosophes et la bourgeoisie préconisaient les vues sages autant que hardies, excitèrent la jalousie de Maurepas, qui, de ce moment, forma le dessein d'exclure du ministère celui dont il avait fondé l'importance politique.

Turgot, avec des intentions droites, manquait de dextérité dans la conduite des affaires et de cette souplesse de caractère sans laquelle on ne réussit pas à la cour. Inflexible dans ses principes, on taxait de raideur ce qui n'était en lui que le respect du droit et l'aversion qu'il éprouvait pour les dons et les faveurs dont le crédit est avide et que la justice désavoue. Les courtisans, blessés de la tranquillité ferme de ses refus, prenaient en revanche un malin plaisir à travestir ses projets en les présentant comme des abstractions ou comme des rêves chimériques, dont le moindre défaut était d'être repoussés par les esprits pratiques. Il subissait, comme les économistes, dont il partageait les doctrines, la défaveur qui s'attache presque toujours aux nouveautés qui ont pour objet de remplacer les théories surannées. Il avait contre lui les amants du passé, et il était à la tête de ceux qui semaient pour l'amélioration de l'avenir. La vaste étendue de ses projets nuisit à leur exécution, en alarmant de nombreux intérêts.

Son plan ne tendait pas seulement à la réforme des institutions financières d'alors, il embrassait dans son ensemble la régénération de l'ordre social, telle qu'elle fut accomplie quatorze ans plus tard. Le clergé et la noblesse, se voyant menacés dans leurs priviléges, unirent leurs efforts pour paralyser les projets de Turgot et attirèrent le parlement à la défense de leur cause, en lui faisant craindre que les novateurs ne fussent bientôt enhardis par le succès à diriger leurs attaques contre ses propres prérogatives. Turgot était partisan de la liberté illimitée du commerce des grains. Dans l'arrêt du conseil et dans l'édit qu'il fit rendre au sujet de ce commerce, il combattait les craintes du peuple sur l'exportation des grains hors du royaume ; il différa cependant de l'autoriser, et par une sage réserve il n'accorda la liberté de ce commerce que dans l'intérieur du royaume. Il était difficile de supposer qu'une liberté ainsi limitée pût amener la disette. Les ennemis du ministre trouvèrent pourtant un prétexte dans la crainte de celle-ci pour attaquer l'édit qui consacrait cette liberté, bien qu'il eût principalement pour objet de répandre l'abondance et la vie dans toutes les parties de la France.

Le reproche adressé à Turgot était d'autant plus perfide que la récolte avait été mauvaise et que deux villes de Bourgogne avaient été le théâtre de mouvements séditieux qu'on aurait pu aisément prévenir avec quelque fermeté. Les adversaires du ministre avaient concerté leurs menées pour soulever le bas peuple dans la capitale même, afin de porter des coups plus décisifs à celui dont ils sapaient depuis longtemps l'autorité et le crédit ; ils organisèrent dans quelques localités voisines de Paris des bandes de vagabonds qui criaient qu'ils manquaient de pain, quoiqu'ils payassent sans difficulté le blé qu'ils forçaient les marchands de leur céder à vil prix et qu'ils revendaient ensuite avec avantage. Il est d'autant plus permis de croire que ces misérables étaient les agents d'une disette factice, qu'ils cherchaient à ameuter le peuple partout où ils passaient avec de faux arrêts du conseil, imprimés, et qu'ils pillèrent successivement les marchés le long de la basse Seine et de l'Oise, jetant les grains à la rivière, brûlant les granges et détruisant les moulins.

La force publique, enchaînée par la mollesse ou l'inaction de ses chefs, ne prit aucune mesure sérieuse pour empêcher les pillards d'entrer à Paris. Ils se ruèrent sur quelques boutiques de boulangers, où ils commirent des dégâts considérables, après avoir essayé en vain d'exciter le peuple à la révolte pour grossir leurs rangs. La facilité qu'ils avaient trouvée à pénétrer dans Paris les enhardit à s'avancer jusqu'à Versailles. Ils remplirent les avenues du château de leurs clameurs, et le roi, pour les apaiser, leur adressa quelques paroles bienveillantes du haut d'un balcon. Turgot vit, dans les circonstances qui accompagnèrent tous ces désordres, un dessein prémédité d'affamer Paris. L'argent, l'or même que les séditieux portaient avec eux, la régularité avec laquelle leurs mouvements étaient combinés, l'application qu'ils mettaient à détruire toutes les denrées qui leur tombaient sous la main, pendant que les cris de la faim s'échappaient de leurs bouches, enfin le droit qu'ils s'arrogeaient de taxer les subsistances, tout dénotait un système suivi de rébellion et de pillage.

Il fallait opposer à l'accroissement du mal des mesures promptes et énergiques; il les prit, et elles eurent l'effet qu'il s'en était promis. Le lieutenant de police de Paris et le commandant du guet, dont l'inertie et la faiblesse pendant l'irruption des pillards dans la capitale ressemblaient à une sorte de complicité avec les fauteurs cachés du désordre, furent destitués. Le parlement troublé rendit, le jour même de l'émeute, à l'entrée de la nuit, un arrêt qui, en défendant les attroupements, statuait que le roi serait prié de faire baisser le prix du pain. Turgot, en ayant été instruit, se concerta avec le monarque et les ministres pour prévenir les suites funestes de cet arrêt, qu'on avait affiché. Les affiches furent couvertes par des placards défendant, au nom du roi, les attroupements, sous peine de mort, et le lendemain le parlement, appelé à Versailles, apprit dans un lit de justice que le roi cassait son arrêt et attribuait aux prévôts de la maréchaussée le jugement des rebelles. Quelques exemples sévères de la justice prévôtale mirent fin aux troubles; mais les instigateurs puissants de ceux-ci furent impunis, et aucune information ne fut même prescrite contre eux [1].

Le roi, en approuvant l'ensemble des réformes conçues

---

[1] *Mercure historique*, mai et juillet 1775. Marmontel, *Mémoires*, t. III, p. 291. Condorcet, *Vie de Turgot*, p. 108 et suiv.

par Turgot, reculait toujours devant l'exécution d'un plan dont il semblait craindre d'assumer la responsabilité. Il appréhendait surtout l'effet que pouvait produire sur l'esprit du parlement la mesure tendant à faire peser sur tous les privilégiés la contribution foncière dont le trésor avait besoin pour combler le vide laissé dans ses ressources. Sur ces entrefaites, le duc de la Vrillière, ministre de la maison du roi, le seul des ministres qui fût encore en place et l'un des plus décriés, ayant été renvoyé, M. de Malesherbes fut nommé pour le remplacer. Il n'accepta le ministère qui lui était offert que sur les instances de Turgot. Les fonctions de ce ministère, que la Vrillière avait rendues redoutables par l'abus des lettres de cachet, n'étaient en effet pas dignes de ses talents et de son nom. Quoi qu'il en soit, nul ne pouvait mieux que lui prémunir l'autorité souveraine contre les actes d'oppression que provoquait trop souvent la délivrance irréfléchie des lettres de cachet, et personne n'était plus capable de comprendre l'élévation des vues de Turgot et d'en seconder l'exécution.

Le comte de Saint-Germain avait succédé au maréchal Du Muy dans le département de la guerre. Voulant aider autant qu'il était en lui à la réduction des dépenses publiques, il fit supprimer plusieurs corps de la maison militaire du roi. Cette mesure excita contre les ministres le ressentiment de la cour et surtout des nobles, qui occupaient les plus hauts emplois dans les corps atteints par la réforme. Les mécontents songèrent à unir la reine et Maurepas pour combattre dans ses premiers essais l'espèce de révolution administrative entreprise par Turgot et Malesherbes. Marie-Antoinette n'avait pris jusque-là aucune part importante aux affaires de l'État. Parée de toutes les grâces de la jeunesse et de la beauté, entourée de tous les prestiges de la grandeur, elle ne semblait occupée qu'à jouir des délices de la faveur publique, qu'elle possédait alors tout entière. Le rusé vieillard qui présidait le conseil des ministres reçut avec joie la proposition qui lui fut faite par le baron de Besenval d'une ligue entre la reine et lui, quoique cette proposition dût avoir pour effet de diminuer beaucoup son influence sur la marche des affaires. Le roi, qui aimait tendrement la reine, vit avec plaisir le bon accord de celle-ci avec son premier ministre, sans connaître le but secret de cette ligue.

Telles étaient les intrigues qui se traînaient à la cour, lorsque Turgot se crut assez fort pour faire adopter par le roi six projets d'édits qui remédiaient aux abus les plus odieux dans les villes et dans les campagnes. Le premier supprimait les corvées pour les grandes routes, et les remplaçait par une contribution dont les privilégiés n'étaient pas exempts. Le second et le troisième édit avaient pour objet d'affranchir la police des grains de règlements mal entendus et vexatoires, ou d'abolir de ridicules offices établis dans un but fiscal pour l'examen de diverses sortes de marchandises. Le quatrième abolissait les jurandes et communautés de commerce, et proclamait la liberté de l'industrie. Enfin, les deux derniers supprimaient ou modifiaient des établissements particuliers qui se rattachaient aux jurandes de commerce.

Ces édits excitèrent des critiques passionnées parmi les personnes qui profitaient des abus réformés, et Turgot s'y attendait, car elles étaient nombreuses et puissantes. Le parlement refusa d'enregistrer les édits, à l'exception d'un seul. Son opposition fut dirigée principalement contre ceux qui supprimaient les corvées et les jurandes. Il fallut recourir à un lit de justice pour vaincre sa résistance. Les philosophes et les économistes se réjouirent de cet acte de vigueur, et en tirèrent un augure favorable aux autres projets du ministre réformateur; mais ce dernier, et Malesherbes, virent à l'air de la cour qu'ils n'avaient obtenu qu'un triomphe éphémère. Le conseil était partagé entre Turgot et Maurepas. La plupart des ministres taxaient le premier d'esprit systématique, parce qu'il était partisan d'une administration progressive, et marchaient sous la bannière de Maurepas, ayant pour symbole l'immobilité. Le roi était devenu froid et réservé à l'égard de Turgot et de Malesherbes, dont il recherchait auparavant les entretiens et dans la compagnie desquels il aimait à épancher son cœur. Les propositions nouvelles de ces ministres n'étaient accueillies qu'avec défiance. Enfin, il était évident qu'il n'existait plus de communauté de vues entre les membres qui composaient le cabinet, et que les allures réservées du roi à l'égard des ministres les plus avancés dans la voie du progrès annonçaient leur disgrâce prochaine. Malesherbes résolut de la prévenir par une retraite volontaire, et il fut bientôt suivi de Turgot, qui, non moins susceptible que lui, mais plus ferme de caractère, ne voulut céder que devant la volonté expresse du roi [1].

Clugny lui succéda dans les fonctions de contrôleur général. Le grand mot de la cour était de rester fidèle aux usages antiques et de repousser les innovations. Les procédés de Clugny furent conformes à ce vœu, car il semblait avoir pris à tâche de détruire toutes les dispositions faites par son prédécesseur pour accréditer dans l'opinion une direction politique plus favorable aux intérêts du peuple. Celles qui ne furent point révoquées tombèrent en désuétude. Le système de Clugny, pour être conséquent, devait aboutir à l'annulation des édits dont le roi avait commandé l'enregistrement dans un lit de justice. Bien qu'une rétractation si importante et si prompte accusât la légèreté et l'inconsistance du gouvernement, le contrôleur général ne fut touché que du seul besoin de conformer ses actes aux idées rétrogrades qui avaient définitivement prévalu dans le conseil du roi. Il fit paraître un édit pour le rétablissement des jurandes et maîtrises, et après avoir suspendu provisoirement l'exécution de l'édit qui abolissait les corvées, il finit par le révoquer. Du reste, l'administration des finances, durant son exercice, ne

---

[1] Marmontel, *Mémoires*, t. III, p. 286-293. Condorcet, *Vie de Turgot*, p. 54-118.

fut que désordre et pillage, et le roi, indigné de la confusion qu'il y avait introduite, s'occupait de lui chercher un successeur, lorsqu'il fut atteint d'une maladie qui le conduisit au tombeau [1].

Après le court passage de Taboureau dans un emploi que les circonstances avaient rendu si difficile et dont il déposa le fardeau comme étant au-dessus de ses forces, Necker, l'un des banquiers les plus renommés de l'Europe et justement environné de l'estime publique, fut indiqué au roi par Maurepas comme l'homme le plus capable de restaurer les finances, sans faire craindre les secousses que les théories de Turgot avaient provoquées. Louis XVI lui confia donc la gestion du trésor, sous le titre de directeur général. Les vues économiques de ces deux hommes d'État étaient diamétralement opposées sur des questions importantes, et en particulier sur la liberté illimitée du commerce des grains. L'un répugnait à l'intervention du gouvernement dans les choses qui touchaient à l'industrie et au commerce, tandis que l'autre, sans admettre dans toute sa rigueur le système prohibitif, pensait qu'il était d'une bonne administration de protéger par des règlements sages le développement du travail national [2].

Du moment que Necker eut en main la haute direction des finances, son premier soin fut d'en débrouiller le chaos. Il constata que Clugny avait laissé un déficit annuel de vingt-quatre millions dans les caisses du trésor, et à cette époque un tel vide était énorme. Necker sut trouver les moyens de le remplir en diminuant les frais de perception des impôts, ainsi que la quotité des dépenses. Cependant il fallait pourvoir aux frais d'une expédition maritime que l'on projetait pour aider les colonies anglaises établies dans l'Amérique septentrionale à s'affranchir du joug de la métropole ; les insurgents avaient déclaré leur indépendance et

---

[1] Marmontel, *Mémoires*, t. III, p. 293. — [2] *Ibid.*, p. 293 et suiv. De Lévis, *Souvenirs et portraits*. Necker.

constitué une république fédérale sous le nom d'États-Unis d'Amérique. La nation française, humiliée par les revers que l'Angleterre lui avait fait éprouver sous le dernier règne, appelait de tous ses vœux le succès des Américains. La cour elle-même partageait ces vœux, et plusieurs jeunes nobles s'étaient embarqués pour voler à la défense de l'indépendance américaine, que l'on considérait comme la cause de la liberté dans les Deux-Mondes. Le marquis de Lafayette fut un des premiers volontaires qui offrirent aux insurgés le secours de leurs bras. Il combattit valeureusement à côté de Washington, et ses exploits l'élevèrent au grade de major général des troupes commandées par ce grand homme.

Les irrésolutions de Louis XVI sur la guerre que l'on préparait contre la Grande-Bretagne, ralentirent le départ de l'escadre équipée dans nos ports pour soutenir l'émancipation des colonies américaines; mais l'ascendant de l'opinion publique finit par dissiper les scrupules du faible monarque et la guerre fut résolue. Malgré les infidélités de l'administration qui avait précédé la sienne, Necker était parvenu, en ministre habile, à relever le crédit abattu. Afin de subvenir aux dépenses de la guerre, il contracta des emprunts qu'il sut rendre faciles en éclairant la confiance des souscripteurs par des tableaux complets et précis de la situation des finances, situation qui établissait une juste balance entre les ressources du trésor et les engagements auxquels il devait satisfaire.

La guerre se prolongea pendant plusieurs années. Necker, qui avait intérêt à un prompt dénouement des hostilités pour réduire les charges de l'administration des finances, apprit avec peine que l'escadre française, malgré l'ardeur des marins et des soldats qu'elle portait, semblait éviter les occasions d'engager une action générale et décisive, pour ne pas courir les risques d'une défaite. Instruit que l'indécision et la prudence exagérée des chefs devaient être imputées à l'insuffisance de Sartines, ministre de la marine, et au défaut d'énergie du prince de Montbarrey, qui dirigeait le département de la guerre, il exigea l'éloignement de ces deux ministres.

Maurepas ne paraissait pas disposé à opérer des changements dans le conseil; mais la nécessité de maintenir intact un système d'économie qui, jusque-là, malgré tant de dépenses, n'avait coûté aucun sacrifice important ni à la reine, ni aux princes, rallia le ministre courtisan à l'opinion du directeur des finances. Le marquis de Castries fut nommé au ministère de la marine, et le marquis de Ségur à celui de la guerre. Necker fut d'autant plus satisfait de ce double choix, qu'il l'avait indiqué lui-même comme le plus capable d'imprimer aux opérations de la flotte française une impulsion plus active et plus éclairée [1].

C'est dans ces circonstances qu'enhardi par plusieurs amis de la reine, Necker crut devoir publier, avec l'assentiment de Louis XVI, le compte qu'il lui avait rendu en janvier 1781, et dans lequel il établissait, par des pièces justificatives, que les revenus du trésor excédaient à cette époque de dix millions deux cent mille livres la dépense ordinaire et annuelle de l'État. Cette publication, qui était flatteuse pour l'administration de Necker, lui fut peut-être suggérée par le désir de rehausser les services importants qu'il avait rendus à l'État; mais, dans tous les cas, elle ne pouvait être que satisfaisante pour le roi et rassurante pour le crédit. Ce compte n'était pas seulement l'œuvre d'un financier, mais d'un homme d'État capable d'apprécier, avec un jugement sûr, les considérations morales et politiques qui peuvent influer sur la fortune publique. Quoique les vues d'amélioration de l'auteur ne fussent pas en harmonie, sous beaucoup de rapports, avec les théories des économistes, il partageait cependant l'opinion de Turgot, qu'en matière d'impôt il ne devait pas exister de privilèges.

---

[1] Marmontel, *Mémoires*, t. III, p. 298-308.

Cette opinion, repoussée par l'orgueil des grands, causa d'autant plus d'ombrage à la cour, qu'elle ne dissimulait pas son mécontentement de la probité sévère de Necker. Ce dernier, en effet, n'avait pas voulu jusque-là se prêter aux échanges, aux cessions, aux ventes et à toutes les affaires que les personnages en crédit avaient coutume de négocier avec le roi. Non seulement il eût été incapable de fermer les yeux sur les articles secrets d'un bail, d'un marché, d'un privilége, en un mot, sur les piéges tendus à la facilité du prince pour lui surprendre quelques faveurs, mais il lui avait conseillé d'attendre la fin de chaque année pour distribuer les dons et les grâces, afin de ne point détourner de leurs destinations les fonds qui avaient été réservés pour un service spécial, et de ne faire servir à la munificence royale que les sommes restées libres sur les assignations. Un homme qui condamnait hautement les bénéfices clandestins sur lesquels spéculaient tant de courtisans ne pouvait manquer d'être haï.

D'un autre côté, l'intégrité de son caractère devait lui procurer des appuis et un grand crédit dans la classe des capitalistes, des commerçants et des rentiers, dont la sécucérité ne peut être garantie que par une administration loyale, probe et énergique. C'est cette classe nombreuse qui le soutint par sa vive sympathie contre ses ennemis ; mais l'accueil favorable fait par Maurepas et les frères du roi à certains détracteurs qui accusaient le compte rendu de Necker d'infidélité blessa profondément la fierté de ce dernier. Persuadé qu'un témoignage public de la confiance du monarque lui était indispensable pour détruire l'effet des insinuations calomnieuses de ceux qui avaient conjuré la ruine de son crédit, il demanda son entrée au conseil d'État ; cette demande si légitime lui ayant été refusée parce qu'il était protestant, il donna sa démission [1].

---

[1] Marmontel, *Mémoires*, t. III, p. 308-316.

Joly de Fleury, ancien conseiller d'État, le remplaça. On rétablit pour lui le titre de contrôleur général. Il trouva dans le trésor une somme de deux cents millions que Necker avait amassée pour les besoins de la guerre. Toutefois, malgré cette ressource importante et l'allocation par le parlement de cinquante millions d'impôts, il tomba bientôt dans la détresse faute de crédit, et il fut renvoyé six mois après la mort de Maurepas, qui l'avait fait nommer. D'Ormesson, moins agréable aux courtisans que Fleury, dont les fonctions lui avaient été conférées, n'était guère recommandable que par une haute probité. Il essaya de rétablir quelque ordre dans les finances par la prudence et l'économie; mais, dépourvu de talent et d'expérience, assailli par les nécessités incessantes du trésor et pressé par les exigences avides des courtisans, il aima mieux se retirer que de conserver le pouvoir par d'indignes condescendances [1].

La paix avait été conclue entre toutes les puissances belligérantes. Calonne, fortement appuyé par le comte d'Artois, fut nommé contrôleur général; c'était un homme d'esprit et de talent qui travaillait avec une merveilleuse facilité, mais qui n'était pas financier. L'aménité de son caractère, des formes élégantes et une obligeance inépuisable, qui devint fatale au trésor, lui acquirent de nombreux amis. Persuadé que l'art de plaire devait être la première qualité d'un homme en place, il ne songeait qu'à se créer des appuis, et surtout à se rendre agréable à ceux qui se font craindre pour se faire acheter. Il traitait avec gaieté les affaires les plus sérieuses, et son travail avec le roi n'était qu'un amusement. Aucun de ses prédécesseurs ne recourut avec plus d'aisance aux emprunts, aux anticipations, aux édits bursaux, et enfin à toutes les ressources familières aux administrateurs imprévoyants et dépourvus

---

[1] Marmontel, *Mémoires*, t. III, p. 319-321.

d'économie. Bien que ces opérations imprudentes eussent dû inspirer aux capitalistes et aux banquiers des craintes pour l'avenir, la confiance affectée par le contrôleur général et le charme qu'il répandait sur le langage des affaires dissipaient tous les doutes, prévenaient toutes les inquiétudes [1]. Le parlement était loin de partager cette sécurité. Se défiant des emprunts et des anticipations, il refusa d'enregistrer un édit qui créait un emprunt de quatre-vingts millions. Après trois remontrances successives, ayant été forcé de céder, il n'enregistra l'édit qu'en protestant par écrit au bas de la formule d'enregistrement. Mandé à Versailles pour voir biffer cette protestation, il se soumit docilement; mais Louis XVI, dont la faiblesse répugnait aux moyens d'intimidation, éprouva dans cette circonstance un trouble visible [2].

Calonne, après trois ans d'efforts soutenus pour lutter contre le déficit, ayant vainement épuisé les moyens de ranimer le crédit qui s'affaiblissait d'une manière alarmante, eut le courage de proposer au roi la réunion d'une assemblée de notables. Il se proposait de mettre sous les yeux de cette assemblée plusieurs projets d'édits qu'il croyait assez bien combinés pour combler le déficit que ses devanciers, disait-il, avaient laissé dans le trésor, et que la guerre n'avait fait qu'augmenter. Cette assemblée fut ouverte par le roi, à Versailles, le 22 février 1787. Calonne y fit connaître les vœux du gouvernement pour subvenir à l'insuffisance des ressources du trésor. Le produit nouveau sur lequel il paraissait compter le plus était un impôt territorial qui devait être substitué aux tailles, aux vingtièmes, et qui aurait pesé également sur tous sans qu'on eût égard à aucune espèce de privilége. Cet impôt offrait l'inconvénient d'être recouvrable en nature comme la dîme; mais si

---

[1] Marmontel, *Mémoires*, t. III, p. 322 et suiv. De Lévis, *Souvenirs et portraits*. Calonne.
[2] Lacretelle, *Histoire du dix-huitième siècle*, t. VI, p. 10-12.

le principe eût été admis, on aurait pu aisément le percevoir en argent. La suppression d'un grand nombre d'abus dont les gens de cour profitaient devait accroître les revenus du roi, en ajoutant à la richesse publique. Enfin, le contrôleur général promettait dans son exposé de modifier l'impôt de la gabelle, d'abolir les corvées, d'affranchir le commerce de plusieurs entraves gênantes, et de créer des assemblées provinciales.

Les notables, après des débats peu importants, firent à Calonne plusieurs concessions, mais ils se prononcèrent contre l'impôt territorial, auquel, malheureusement pour l'État, ils avaient toujours voulu se soustraire, et ils repoussèrent le mode d'organisation qu'il avait conçu pour les assemblées provinciales. Calonne voulut répondre à ses adversaires dans une séance générale. Quoiqu'il eût le pressentiment de sa chute, il ne se montra pas découragé, il affecta même de croire que l'ensemble de son système avait obtenu l'assentiment de l'assemblée, et qu'il ne s'était manifesté de divergence que sur les détails. Cette assertion, qui supposait peu de bonne foi dans son auteur, puisqu'elle était contraire aux intentions non équivoques de l'assemblée, fut interrompue par des murmures. Dès le lendemain, le premier bureau, présidé par Monsieur, protesta contre la supposition du contrôleur général, en s'élevant contre toute espèce d'imposition territoriale, et il signa une déclaration qui désapprouvait les principales vues émises dans le sein de l'assemblée par le premier ministre. Tous les autres bureaux, sans en excepter celui du comte d'Artois, protecteur de Calonne, prirent la même mesure.

Ces déclarations furent rendues publiques avec la permission du roi, qui répugnait pourtant à se détacher d'un ministre dont il aimait le caractère et goûtait le travail. Les ennemis de Calonne, ayant persuadé au roi que l'opposition de l'assemblée avait été dirigée plutôt contre son premier ministre qui ne lui inspirait pas de confiance, que contre le fond de ses projets, le roi se résolut à lui faire demander sa démission ; mais le garde des sceaux, l'un de ses adversaires les plus déclarés, dut également résigner ses fonctions. Fourqueux, vieux conseiller d'État, fut appelé à se charger de la gestion des finances, et le président de Lamoignon devint garde des sceaux [1].

Le ministère de Calonne, dont les fautes furent si funestes à la monarchie, eut à surmonter non seulement ses propres embarras, mais les difficultés que suscitèrent à l'autorité royale les intrigues d'une aventurière et la crédule fatuité d'un prince de l'Église, victime d'une infâme supercherie autant que de son ambition et de ses penchants voluptueux. Le prince Louis de Rohan avait une figure noble, une belle taille et des manières agréables. Il aimait le monde, où il plaisait par son esprit, mais il était dépourvu de jugement. Ambassadeur à Vienne, pendant les premières négociations du mariage de Louis XVI, il jugea d'une manière défavorable, dans une de ses dépêches, la jeune princesse qui devait régner sur la France. Elle le sut et ne lui pardonna point.

Marie-Antoinette, devenue reine, ne dissimulait pas la haine qu'elle avait avait conçue pour le prince Louis. Celui-ci, nommé, malgré elle, grand aumônier et cardinal, se résignait avec peine à une disgrâce dont l'éclat de sa fortune et de ses dignités aurait pu aisément le consoler. Il essaya de désarmer le ressentiment de l'archiduchesse; mais il fut repoussé avec dédain et même avec dureté. Ses espérances commençaient à s'éteindre, quand une circonstance imprévue les ranima.

Une femme douée de grâce et d'esprit, que l'on disait descendue de Henri II par les comtes de Saint-Remy et qui portait en effet le nom de Valois, lui fut présentée comme digne de sa protection. Mariée depuis peu au comte de La Motte, elle avait traversé dans sa première jeunesse des

---

[1] Marmontel, *Mémoires*, t. III, p. 326-331. Lacretelle, *Histoire du dix-huitième siècle*, t. VI, p. 152-172.

épreuves qui ajoutaient aux charmes de sa personne un intérêt tout à fait romanesque. Le cardinal de Rohan, homme de mœurs galantes, vivement intéressé par les récits de l'artificieuse comtesse, devint son bienfaiteur et son ami. Madame de La Motte, en se prévalant de sa naissance et en invoquant les malheurs de sa famille, avait obtenu sur le trésor royal une pension de huit cents livres. Elle s'était insinuée par son adresse dans les bonnes grâces de madame Élisabeth, et elle aspirait à une protection plus haute, à celle de la reine.

Louis de Rohan, pendant son ambassade, avait, dit-on, poursuivi Marie-Antoinette d'hommages indiscrets, et s'en était vanté avec une insolente légèreté. Cette façon d'agir, déjà très blâmable, dut aigrir d'autant plus la princesse, que la conduite de l'ambassadeur vint aggraver encore les torts du gentilhomme, ainsi que nous l'avons dit. Quelque créance que méritent ces bruits accueillis et répandus par la malignité, il paraît certain que le cardinal, ayant appris par madame de La Motte qu'elle avait présenté un placet à la reine et que celle-ci lui avait exprimé le désir de la voir, crut avoir trouvé dans cette ombre de faveur le moyen de se rapprocher de celle qu'il avait blessée par ses procédés étourdis et présomptueux.

Il pria son amie de l'aider de son entremise pour opérer ce rapprochement. Elle y consentit, et ses premières démarches, vraies ou supposées, eurent pour effet d'autoriser le cardinal à se justifier. Il écrivit; sa lettre, quoiqu'il n'eût osé l'espérer, fut suivie d'une réponse. Il hasarda une nouvelle lettre, et madame de La Motte conduisit la négociation, dont elle s'était chargée, avec tant d'art et de succès qu'une correspondance suivie s'établit entre lui et la reine. Le ton des lettres attribuées à celle-ci, froid d'abord et réservé, prit une couleur dont les nuances s'adoucirent graduellement. De l'indulgence elles aboutirent, par une succession de sentiments divers, mais habilement ménagés, à un état de l'âme qui, sans annoncer une tendre sympathie, était pourtant de nature à réveiller dans le cœur de celui qui en paraissait l'objet une passion mal éteinte.

Le prince de Rohan se crut aimé, et quoique sa qualité de grand aumônier lui permît de voir la reine fréquemment, il ne put contenir son impatience; il fit demander à Marie-Antoinette une audience particulière par madame de La Motte. Dans les derniers jours du mois d'août, les jardins de Versailles furent témoins d'une scène que l'amour ou les artifices coupables d'une intrigante pouvaient seuls concevoir et réaliser avec une assurance égale à la témérité de l'entreprise. Vers minuit, un homme déguisé paraît au bas du tapis vert et s'enfonce dans un bosquet, où l'attendait une femme qui, en le voyant venir à elle, lui remit une rose et se déroba. Cet homme était le cardinal de Rohan; cette femme était la reine ou une personne qui n'avait pas craint d'abuser de son nom pour tromper un homme vain et aveuglé par sa passion.

Cet enchaînement de circonstances, quoique étrange par rapport aux personnages qui se trouvaient en scène, semblait néanmoins déposer du crédit de madame de La Motte, et amena un changement inattendu dans sa situation et sa fortune. Cette femme, qui jusqu'alors avait vécu d'une faible pension et de quelques secours que le trésor lui accordait de temps en temps sur ses prières et par égard pour sa naissance, parut tout à coup dans le monde avec une toilette brillante; elle avait une voiture, des chevaux de main; elle tenait maison et recevait dans ses salons la meilleure compagnie. Elle se targuait de ses relations avec la reine, et l'opinion qu'on avait de son influence cachée faisait rechercher l'honneur de lui être présenté. L'opulence subite qu'elle fit paraître fut une énigme pour beaucoup de personnes; mais ceux qui connaissaient ses liaisons avec le prince Louis de Rohan ne se méprirent pas sur la véritable source du grand train qu'elle menait; ils savaient que le cardinal jouissait d'une immense fortune, qu'il était généreux et galant, et ils devaient naturellement en induire que la métamorphose opérée dans la situation de madame de La Motte ne pouvait être rapportée qu'à l'empire que celle-ci avait acquis sur le prince.

Cependant, ces deux êtres si contents d'eux-mêmes touchaient à une catastrophe imminente. Les joailliers de la couronne, Boëhmer et Bossange, possédaient un collier d'un grand prix, qu'ils avaient offert plusieurs fois à la reine. Cette parure vraiment royale ne valait pas moins d'un million six cent mille francs. Après la naissance de son premier enfant, Louis XVI offrit ce collier à Marie-Antoinette dans un magnifique écrin; la reine jeta sur le joyau un regard de dédain et le refusa avec une sorte d'affectation. Cette offre lui fut renouvelée lorsqu'elle accoucha du premier dauphin, et elle y répondit par un nouveau refus, exprimé en des termes dont l'animation parut inexplicable au roi, qui se retira tout interdit. Boëhmer, ayant appris que madame de La Motte jouissait d'un certain crédit auprès de la reine, essaya de l'intéresser, par l'offre de présents considérables, au succès de la négociation qu'il poursuivait avec tant de persévérance, quoique Louis XVI lui-même n'eût pu la conduire à bonne fin. Dès l'abord, sa proposition fut rejetée; toutefois, quelque temps après, madame de La Motte se rendit chez MM. Boëhmer et Bossange pour leur annoncer que le cardinal de Rohan devait venir voir le collier, qu'il était chargé d'acheter pour Marie-Antoinette. Le cardinal vint en effet, demanda le prix de la parure que les joailliers mirent sous ses yeux, et leur déclara qu'il se proposait d'en faire l'acquisition, non pour lui, mais pour une personne qu'il ne pouvait nommer.

Deux jours après, M. de Rohan écrit aux joailliers pour les inviter à lui apporter *l'objet en question*. Il consent à payer le prix qui lui avait été demandé, mais en plusieurs termes. Dans une autre entrevue, il leur confie, sous le sceau du secret, que le collier est acheté pour le compte de la reine, et il leur montre un papier sur lequel sont portées les propositions par eux acceptées et qui est revêtu d'un approuvé de Marie-Antoinette. Le cardinal, dépositaire du collier, se rend à Versailles ; il était déguisé et un valet de chambre l'accompagnait. Arrivé chez madame de La Motte, il entre tenant à la main une boîte qui renfermait le collier. Quelques instants après, on annonce un messager de la reine. Le cardinal se retire dans une alcôve qui était entr'ouverte. Madame de La Motte reçoit l'étranger, qui lui remet un billet ; elle en prend lecture et le fait passer aussitôt à M. de Rohan. Par ce billet on demandait l'envoi du collier. Celui qui devait en être porteur se nommait Lescloux ; il appartenait, comme valet de chambre, au service particulier de la reine. Le cardinal devait le connaître, car il lui remit la boîte sans hésitation et sans reçu.

Madame de La Motte, à la fin de la journée, prévint M. de Rohan que le lendemain la reine lui ferait connaître, près de l'Œil-de-Bœuf, par un signe convenu, qu'elle avait reçu le collier. C'est, en effet, ce qui arriva. Plus tard, madame de La Motte transmit au cardinal une lettre par laquelle la reine, trouvant le prix du collier beaucoup trop élevé, demanda une réduction de deux cent mille livres. Comme elle annonçait le dessein de rompre le marché, en cas de refus, les joailliers y souscrivirent non sans regret. Alors le cardinal, pour mettre sa responsabilité à couvert, leur fit écrire sous sa dictée une lettre à la reine, par laquelle ils l'informaient que, pour lui donner une nouvelle preuve de soumission et de dévouement, ils avaient accepté les derniers arrangements qui leur avaient été proposés en son nom. Cette lettre fut remise à la reine par Boëhmer comme elle entrait dans sa bibliothèque. Marie-Antoinette la lut à haute voix devant madame Campan, présente à cette scène, et s'étant approchée d'une bougie qui se trouvait allumée, elle brûla négligemment le papier en disant : « *Cela ne vaut « pas la peine d'être gardé.* »

Le premier terme du payement étant sur le point d'expirer, le prince de Rohan manda les joailliers pour leur apprendre que la reine se trouvait contrainte de leur demander une remise; qu'en attendant, elle les priait de recevoir trente mille livres pour les intérêts. Boëhmer et Bossange, consternés, se récrièrent fortement contre un résultat si imprévu, et le cardinal exigea de nouveau, pour sa propre responsabilité, que la quittance de la somme comptée par lui portât le nom de la reine.

Cependant, le baron de Breteuil, ennemi déclaré du cardinal de Rohan, apprend les détails de la négociation dont ce dernier était le principal auteur; il se rend chez la reine, lui fait part des bruits dans lesquels son nom se trouve compromis par un criminel abus, et lui demande ses ordres. Marie-Antoinette, étonnée et vivement émue, déclare qu'elle est étrangère aux faits dont il vient de l'entretenir. Bientôt des rumeurs menaçantes se répandent contre le cardinal et arrivent jusqu'à lui. Au lieu de courir chez madame de La Motte pour exiger d'elle l'explication des bruits qui portent atteinte à son caractère et peuvent compromettre sa sûreté en même temps que son honneur, toute sa sollicitude, toutes ses alarmes se concentrent sur celle qui est la cause première des embarras et des périls dont il est assailli. Il l'attire dans son hôtel et l'y retient cachée. Il la presse de fuir et de quitter la France, de peur qu'étant arrêtée, elle ne vînt à dévoiler le secret de la correspondance dont elle avait été l'intermédiaire. Mais madame de La Motte s'y refuse et ne montre nulle inquiétude, nulle crainte sur son sort.

Le 15 août 1785, jour de l'Assomption, la cour était réunie pour se rendre à la chapelle. Le cardinal de Rohan, revêtu de ses habits pontificaux, se trouvait confondu parmi les courtisans. Tout à coup, on l'appelle dans le cabinet du roi; il entre, et Louis XVI, en présence de Marie-Antoinette, du garde des sceaux et du baron de Breteuil, lui demande ce qu'il devait penser d'un collier qu'il aurait procuré à la reine. A ces mots, dont il fut frappé comme d'un coup de foudre, le cardinal, troublé, éperdu, répondit qu'on l'avait trompé. Marie-Antoinette l'ayant invité à s'expliquer plus clairement, M. de Rohan, sans lui répondre, protesta devant le roi de son innocence; mais Louis XVI, malgré ses protestations, lui annonça qu'il allait être arrêté. Le cardinal, le cœur brisé de douleur, le supplia de lui épargner la honte de subir un pareil affront, en habits pontificaux et aux yeux de toute la cour. *Il faut que cela soit*, reprit le monarque. Arrêté, en effet, par ordre de M. de Breteuil, il fut livré à un jeune lieutenant des gardes pour être conduit à la Bastille. Comme ils traversaient ensemble la galerie de la chapelle, le cardinal rencontre son heiduque, lui adresse quelques mots en allemand, et le serviteur, l'ayant quitté, monte à cheval, se rend à Paris en toute hâte et arrivé à l'hôtel de Rohan, il invite l'abbé Georgel, familier du cardinal, à faire disparaître la correspondance de ce dernier.

Cette arrestation plongea la capitale dans une sorte de stupeur. Le roi ayant offert au cardinal de Rohan l'option de s'en rapporter à sa clémence ou d'être jugé par le parlement, le prévenu déclara qu'il trouvait préférable, dans l'intérêt de son honneur, de remettre son sort à la justice ordinaire. Le haut clergé s'éleva contre la juridiction du parlement et réclama la connaissance de l'affaire. M. de Rohan invoqua de son côté la juridiction ecclésiastique; mais le gouvernement n'eut point égard à cette double protestation. Madame de La Motte fut arrêtée à Bar-sur-Aube, qu'elle avait longtemps habité pendant qu'elle était pauvre et où elle s'était retirée depuis la détention du cardinal pour attendre les événements. Elle avait brûlé ses papiers lorsqu'elle tomba dans les mains de l'autorité.

Les poursuites ayant été commencées, les premières informations amenèrent des découvertes importantes. Une jeune fille nommée d'Oliva, qui avait été arrêtée à Bruxelles, déclara qu'elle avait été entraînée par les promesses séduisantes que madame de La Motte lui avait faites à jouer dans la scène nocturne du parc de Versailles le personnage de la reine. On apprit, d'un autre côté, par le propre aveu d'un certain Rétaux de Villette, qu'à l'instigation de madame de La Motte, il avait contrefait, sous les yeux de celle-ci, la signature de la reine et écrit en marge des propositions faites aux joailliers l'*approuvé* faussement attribué à Marie-Antoinette. Enfin, il fut constaté, par le témoignage d'un joaillier de Londres appelé Gray, qu'il avait acheté de M. de La Motte pour dix mille livres sterling de diamants.

Cagliostro se trouva impliqué dans le procès sur la dénonciation de madame de La Motte, qui le soupçonnait de l'avoir desservie auprès du cardinal de Rohan et qui s'en vengea par une calomnie.

Ce procès extraordinaire partagea l'opinion publique en deux partis. La famille de Rohan était une des plus considérables du royaume et formait le noyau du parti opposé à la reine, parti autour duquel étaient venus se grouper les mécontents et tous ceux qui souhaitaient l'affaiblissement de la monarchie, dans l'espoir d'arriver plus tôt à une révolution. La masse du peuple, sans se déclarer ouvertement pour le prince Louis de Rohan, inclinait en sa faveur par cela seul qu'il était accusé et que ses accusateurs, protégés par l'inviolabilité royale, ne couraient aucun péril. Les partisans de Marie-Antoinette parlaient avec indignation de madame de La Motte et l'accusaient d'avoir abusé de la crédulité du cardinal en calomniant sa souveraine. Les mémoires publiés en faveur des accusés et par les joailliers Boëhmer et Bossange jetaient des lumières diverses sur le fond du procès et rendaient perplexes tous les esprits non prévenus, parce qu'on savait qu'une pression extérieure et puissante tendait à influencer non seulement les juges, mais les principaux accusés, en les intéressant à écarter le nom de la reine des débats, les uns par l'assurance de se rendre agréables à la cour, les autres par l'espoir d'appeler sur eux l'indulgence du tribunal et de se ménager au besoin des titres à la clémence royale.

La confrontation des accusés entre eux ou des témoins

avec ceux-ci fut soutenue par madame de La Motte avec une audace qui intimida tous ceux dont les témoignages ou les déclarations contenaient des charges contre elle; le cardinal de Rohan lui-même évitait son regard avec affectation, et l'embarras qu'il montrait en sa présence trahissait la situation équivoque où les circonstances l'avaient placé vis-à-vis d'elle. Le système de défense qu'elle s'était tracé était, du reste, empreint d'une circonspection et d'une contrainte à l'égard de la reine qui l'irritaient quelquefois contre elle-même, à cause des contradictions que les juges relevaient dans ses réponses et de l'impuissance où elle se trouvait de les prévenir en déchirant le voile qui cachait la vérité au tribunal. Dans quelques occasions, cette irritation éclata en emportements, mêlés de demi-mots et de réticences, qui ne faisaient qu'accroître l'incertitude et l'anxiété des juges.

Cependant, l'atteinte portée au nom de la reine par ce procès plein de mystère ne permettait pas d'en prolonger le cours plus longtemps. Le procureur général porta la parole et conclut à ce que Villette et le comte de La Motte, qui était en état de contumace, fussent condamnés aux galères à perpétuité, et madame de La Motte à être fouettée, marquée et renfermée à l'hôpital pour le reste de ses jours. Les mêmes conclusions tendaient à l'absolution de la d'Oliva, de Cagliostro, et à ce que le cardinal fût banni de la présence du roi et de la reine, et dépouillé de ses charges et de ses dignités.

Avant que l'arrêt fût prononcé, les accusés, selon l'usage, furent soumis à un dernier interrogatoire. Villette parut le premier sur la sellette; ses yeux étaient baignés de larmes; il ne prit la parole que pour protester de son repentir. Madame de La Motte, ayant été ensuite introduite, s'avança d'un pas ferme; elle ne put contenir l'émotion dont elle fut saisie à l'aspect du siége d'opprobre qui lui était destiné; mais elle surmonta presque aussitôt sa douleur et répondit avec assurance. Le cardinal fut loin de montrer la même fermeté. Lorsqu'il entra, la sellette avait disparu. Sa figure était pâle et son regard consterné. Il portait un habit long et de cérémonie. Invité à s'asseoir, son attitude et les paroles qui sortirent de sa bouche furent celles d'un suppliant. Elles touchèrent ses juges, qui ne purent se défendre d'un vif sentiment de pitié.

Le jour où l'arrêt devait être rendu, les membres de la maison de Rohan et leurs nombreux amis se rendirent au Palais en habits de deuil. Le public affluait de tous côtés et inondait les galeries. Le cardinal, qui n'était connu que par ses vices, puisa dans son infortune une popularité à laquelle il était loin de s'attendre. La faveur populaire fut pour lui l'occasion d'un véritable triomphe quand l'arrêt proclama son acquittement. Des cris de *Vive le parlement! vive M. le cardinal!* retentirent de toutes parts dans les vastes salles du Palais. La foule redoubla ses acclamations lorsque les magistrats sortirent de la chambre; les femmes de la halle se précipitaient au devant d'eux pour leur adresser des paroles de reconnaissance et leur offrir des bouquets. L'intérêt semblait s'être fixé tout entier sur la tête du cardinal, car nul ne paraissait s'occuper soit de Villette, frappé d'un bannissement perpétuel, soit du comte de La Motte, condamné aux galères, soit de madame de La Motte enfin, qui devait subir la plus infamante des peines, la flétrissure, et se voir confinée dans un hospice.

Quoiqu'il eût été déchargé de l'accusation portée contre lui, le cardinal de Rohan fut banni du royaume. Cagliostro, déclaré innocent, éprouva le même sort. En apprenant le châtiment et la flétrissure qui lui étaient réservés, madame de La Motte fut en proie à des accès de fureur qui lui arrachèrent des cris et des hurlements affreux. Invitée à se mettre à genoux pour entendre la lecture de sa sentence, elle s'y refusa et opposa une résistance invincible aux efforts de ceux qui voulurent l'y contraindre. Pour l'entraîner dans la cour du Palais, où la main du bourreau devait lui imprimer le stigmate de l'infamie, il fallut la lier avec des cordes. Au milieu des cris qu'elle faisait entendre, on recueillit ces mots qui frappèrent les assistants : « *C'est ma faute si je subis cette ignominie ; je n'avais qu'à dire un mot et j'étais pendue.* » On lui mit alors un bâillon dans la bouche. Quand l'exécuteur s'approcha d'elle afin de remplir son fatal ministère, échevelée et demi-nue, elle se débattit entre ses mains avec désespoir, et le fer qui devait la marquer sur l'épaule la marqua sur le sein. Transportée à la Salpétrière, elle ne fit entendre que des imprécations pendant tout le trajet.

Madame de La Motte était à peine arrivée à l'hospice, que la princesse de Lamballe y fut introduite mystérieusement, et après s'être informée de son état, elle déposa des secours pour elle dans les mains de la supérieure. Au bout de quelques mois, on ménagea secrètement à madame de La Motte les moyens de s'évader. Déguisée sous des vêtements d'homme, elle quitta Paris pour se rendre à Londres, où son mari l'attendait.

Cette affaire célèbre, qui n'est pas encore éclaircie malgré les nombreux mémoires auxquels elle a donné naissance, ternit la réputation de la reine, altérée déjà par sa légèreté et ses imprudences, et fut l'origine de cette suite de diffamations qui l'assaillirent pendant les dernières années de sa vie. L'acharnement que l'on mit à attaquer ses mœurs ne fut pas étranger à la chute de la monarchie, et cette reine infortunée, abreuvée de tant d'outrages, se vit contrainte devant des sicaires, décorés du nom de juges, de faire un appel à l'instinct des mères de famille qui se trouvaient dans le prétoire du tribunal révolutionnaire pour défendre son honneur de femme et sa piété maternelle contre d'infâmes soupçons [1].

Nous allons reprendre maintenant l'exposé des opérations de l'assemblée des notables.

---

[1] *Mémoires de l'abbé Georgel, du comte Beugnot, des défenseurs des accusés, des joailliers Boehmer et Bossange, de Besenval, de mademoiselle Bertin, de madame Campan. Compte rendu des séances du parlement, pendant le procès.*

L'éloignement de Calonne fit renaître le calme dans cette assemblée et éclater son patriotisme; aider le roi à rétablir les finances, tel fut le cri général. Les projets qui tendaient à proscrire la corvée, la gabelle et tant d'autres abus furent adoptés, après avoir été repoussés d'abord avec une sorte d'effroi. L'impôt qui paraissait le plus antipathique aux privilégiés, c'est-à-dire l'impôt foncier, fut voté par eux sans nulle restriction; et comme le produit qu'on en attendait ne pouvait seul suffire à mettre en équilibre la recette avec la dépense de l'État, on y ajouta un autre impôt basé sur le timbre et qui fut évalué à trente millions. L'économie, dont le nom résonnait si mal à la cour, fut préconisée comme la source la moins suspecte et la plus féconde de la richesse publique. Le roi qui présidait l'assemblée, et les princes placés à la tête de chaque bureau, furent invités à réduire leurs maisons ainsi que leurs dépenses, afin de mettre l'État à portée de faire honneur à ses engagements. L'importance des sacrifices consentis par les notables fut rehaussée encore par les témoignages de la plus vive affection envers la famille royale, et ce résultat inespéré fut l'ouvrage de Loménie de Brienne, archevêque de Toulouse, qui en reçut le prix, en entrant au ministère sous le titre de chef du conseil des finances.

L'assemblée des notables fut close le 25 mai 1787, dans une séance solennelle où le roi et l'assemblée, se livrant à un sentiment commun de satisfaction, firent éclater l'un envers l'autre des expressions de gratitude ou de dévouement, qui semblaient promettre à la nation un avenir plus heureux. Toutefois l'expérience ne tarda pas à détruire l'espoir qu'on avait fondé sur ce bon accord. Le prestige résultant de l'unanimité qui avait fait voter l'assemblée comme un seul homme, se dissipa devant le parlement de Paris[1].

Brienne unissait à l'adresse de Maurepas l'esprit vif, léger

---

[1] Lacretelle, *Histoire du dix-huitième siècle*, t. VI, p. 172-177.

et résolu de Calonne, mais il ne possédait que des connaissances superficielles, et dans les grandes affaires il avait plus de facilité à saisir les détails que de capacité pour embrasser l'ensemble [1]. Les édits votés par les notables furent apportés par lui au parlement à d'assez longs intervalles. Cette compagnie enregistra sans beaucoup de difficulté l'édit qui supprimait les corvées, ainsi que celui qui autorisait la libre circulation des grains dans l'intérieur et leur exportation hors du royaume; mais il comptait opposer une forte résistance aux édits bursaux et principalement à celui qui créait un impôt territorial. Le premier sur lequel il eut à s'expliquer fut l'édit concernant l'impôt du timbre.

Le public savait que les intentions du parlement étaient hostiles à la cour. Les idées de liberté et de réforme politique agitaient alors tous les esprits et principalement les jeunes avocats, les étudiants et la nombreuse corporation des clercs connue sous le nom de *basoche*. Ces idées exerçaient aussi une grande influence sur l'opinion des jeunes conseillers, dont quelques-uns semblaient vouloir marcher sur les traces des orateurs politiques du parlement d'Angleterre. Parmi ces derniers, d'Espréménil et Duport se faisaient remarquer par leur ardeur.

Il n'était donc pas extraordinaire que l'impôt sur le timbre, qui, du reste, avait servi de prétexte au soulèvement des colonies américaines contre leur métropole, eût donné occasion à quelques jeunes têtes bouillantes du parlement de Paris, séduites ou entraînées par cet exemple, de remuer les bornes antiques qui avaient défendu jusque-là les prérogatives de la royauté contre les entreprises des pouvoirs secondaires, et de discuter ces questions de droit public si critiques et si délicates qui devaient substituer plus tard une révolution politique et sociale à une révolution économique.

---

[1] De Lévis, *Souvenirs et portraits*. Brienne.

Le parlement, avant de se prononcer sur la question des impôts proposés, voulut s'éclairer sur les besoins de l'État, en demandant la communication des états de finance. Cette communication lui était due, à moins d'exiger de lui un acquiescement aveugle; mais Brienne la refusa par une fausse interprétation des droits respectifs du parlement et de l'autorité royale. Ce refus aigrit les esprits, et plusieurs conseillers, dans la chaleur de la discussion, en vinrent à décliner leur propre compétence et à invoquer la réunion des états généraux. Ce mot fit fortune parmi le public, et dans une seconde séance, où les pairs s'étaient rendus, la majorité des voix parut se prononcer en faveur de l'antique assemblée, qui, malgré le mauvais vouloir de l'autorité royale et la jalousie du parlement lui-même, dominé encore par ses vieilles prétentions au droit de représenter la nation, avait seule le pouvoir de consentir l'impôt.

Le roi, à qui ce vœu du parlement fut adressé, vint ordonner dans un lit de justice l'enregistrement de l'impôt du timbre et de la contribution assise sur la propriété foncière. Le lendemain, le parlement déclara nul tout ce qui s'était fait dans la séance royale. Monsieur et le comte d'Artois furent chargés de se rendre, l'un à la chambre des comptes et l'autre à la cour des aides, pour faire opérer l'enregistrement des mêmes édits. Le premier, qui passait pour opposant à l'esprit de résistance de la cour, fut salué par les acclamations du peuple, tandis que le second fut poursuivi dans sa voiture par des vociférations injurieuses et accablé d'outrages. L'agitation se prolongea pendant plusieurs jours et faisait craindre un soulèvement général, lorsque le gouvernement ordonna la translation du parlement à Troyes. Cette mesure énergique, à laquelle les magistrats se soumirent avec résignation, étouffa le principe de l'agitation; mais elle eut pour effet de suspendre le cours de la justice, le barreau ayant refusé de suivre le parlement dans son nouveau séjour[1].

---

[1] Marmontel, *Mémoires*, t. IV, p. 1-9. Lacretelle, *Histoire du dix-huitième siècle*, t. VI, p. 179, 187, 190 et 191.

Dans cette situation, les finances n'étaient soutenues qu'à force d'expédients. Brienne semblait flotter sans boussole et ne savait quel mouvement donner au timon de l'État. Il essaya de deux contrôleurs généraux, Villedeuil et Lambert, dans le court espace de quelques mois; mais que pouvait-il attendre d'hommes inexpérimentés ou à courtes vues? La voix publique demandait le rappel de Necker. Importuné de la réputation d'un financier éprouvé dont il craignait le voisinage, il répondait que le roi et la reine n'en voulaient pas. Ils avaient été prévenus, en effet, l'un et l'autre contre lui par les prétendus défauts de son caractère, que ses ennemis ou ses rivaux affectaient de déprécier, en le taxant de hauteur et de domination.

Le roi, pour donner plus de force à l'administration de Brienne, le nomma premier ministre, quoiqu'il le fût de fait par la prépondérance de ses avis dans le conseil. Le maréchal de Ségur et le maréchal de Castries, répugnant à l'idée de recevoir les ordres d'un archevêque et craignant de porter la responsabilité des fautes que l'imprévoyance et le défaut de vues de ce dernier lui faisaient commettre fréquemment, résolurent de se retirer du ministère. Ils furent remplacés, le premier par le comte de Brienne, frère de l'archevêque, et le second par M. de La Luzerne. Pendant que le premier ministre ne cessait de recommander l'économie et de provoquer des réformes qui n'épargnaient pas même les courtisans les plus chers au monarque, il ne cessait d'augmenter ses revenus. Il se faisait pourvoir des bénéfices les plus considérables, des meilleures abbayes. C'est ainsi qu'il échangea l'archevêché de Toulouse contre celui de Sens, parce que ce dernier était plus productif. Quoique cette avidité n'ajoutât rien aux charges de l'État, elle déplaisait néanmoins au public et excitait les murmures des hommes de la cour qui avaient à supporter les réformes ordonnées par l'archevêque[1]. L'avarice de ce ministre, rap-

---

[1] Lacretelle, *Histoire du dix-huitième siècle*, t. VI, p. 227-231.

prochée du désintéressement de Necker, augmentait les regrets emportés par ce dernier dans sa retraite.

Le parlement, durant son absence, reçut à plusieurs reprises des témoignages éclatants de l'estime de la capitale. Des hommes considérables, animés d'un vif patriotisme et même des femmes d'un haut rang se rendirent tout exprès à Troyes, pour adoucir la disgrâce des magistrats exilés par des visites et des protestations pleines de respect et de dévouement. Brienne, ayant entamé par ses émissaires des négociations avec plusieurs conseillers influents dans leur compagnie, réussit, au bout de deux mois, à conclure avec les chefs de l'opposition un arrangement, d'après lequel le gouvernement retirerait les projets d'édit concernant l'impôt territorial et celui du timbre, à condition que le parlement donnerait son assentiment à la prorogation du second vingtième. Cette prorogation fut en effet approuvée à Troyes, et le parlement obtint la permission de faire dans Paris une rentrée solennelle. Son retour fut célébré par l'allégresse publique comme un triomphe sur le despotisme ministériel. Le duc d'Orléans et ses amis, dont l'opposition avait une portée qu'ils n'osaient pas encore avouer ouvertement, blâmèrent en secret les magistrats de leur condescendance [1].

Le roi se rendit au parlement, le 19 novembre 1787, accompagné des princes du sang et des pairs. Le garde des sceaux Lamoignon apportait deux édits qu'il avait le dessein de faire enregistrer : l'un créait des emprunts qui devaient être réalisés successivement dans l'espace de quatre années et qui s'élevaient en totalité à quatre cent vingt millions, et l'autre rendait aux protestants la jouissance des droits civils. Après quelques paroles prononcées par le roi, suivant l'usage, le garde des sceaux fit connaître au parlement les motifs des édits qui lui étaient présentés, et

---

[1] Marmontel, *Mémoires*, t. VI, p. 10-11. Lacretelle, *Histoire du dix-huitième siècle*, t. VI, p. 231-237.

il se manifesta dans l'assemblée une vive sensation quand le garde des sceaux annonça que le roi prenait l'engagement de convoquer les états généraux en 1792.

La discussion s'engagea sur le premier de ces édits, le roi ayant permis que l'on délibérât en sa présence. Des discours véhéments furent prononcés, où la politique générale tenait plus de place encore que l'examen des emprunts. Louis XVI ne donna toutefois aucune marque de désapprobation ni d'impatience pendant l'espace de sept heures que durèrent les opinions.

Malgré les remontrances plus que hardies de d'Esprémenil, de Robert Saint-Vincent, de Freteau et des abbés Sabatier et Le Coigneux, la majorité paraissait se déclarer pour l'enregistrement des emprunts, lorsque le duc d'Orléans demanda au roi, d'un ton de voix calme mais ferme, si la séance devait être considérée comme un lit de justice. Le roi répondit que c'était une séance royale. Le prince répliqua que cette séance portait néanmoins tous les caractères d'un lit de justice, formalité décréditée dans les meilleurs esprits, parce qu'elle était contraire aux lois du royaume. Il déclara en conséquence qu'il ne pouvait s'empêcher de regarder comme illégal un édit qui serait enregistré sous de tels auspices, et qu'il jugeait nécessaire pour la décharge des personnes qui auraient concouru à la délibération d'énoncer au procès-verbal de la séance que l'enregistrement avait eu lieu par exprès commandement du roi.

Ces paroles, qu'on n'aurait osé attendre du duc d'Orléans, relevèrent le courage des membres du parlement, lequel avait été déjà excité par les discours des orateurs courageux que nous avons déjà nommés et qui avaient opiné avant lui. Le roi, ayant gardé d'abord le silence, ordonna brusquement l'enregistrement de l'emprunt et sortit sans avoir clos la séance, suivi des princes et des ministres. Le duc d'Orléans, qui, pour faire montre d'un respect hypocrite, avait accompagné le roi, rentre bientôt dans la salle des délibérations; il est entouré d'un grand nombre de magistrats, qui lui adressent des félicitations et exaltent son patriotisme. Ceux qui avaient voté d'une manière conforme au désir du gouvernement se taisent ou se rétractent, et le parlement déclare que, les voix n'ayant pas été comptées conformément à l'usage établi, la délibération n'a pas été complète, et qu'il n'entend prendre aucune part à la transcription ordonnée sur ses registres de l'édit concernant les emprunts [1].

Une pareille résolution ne pouvait être que funeste aux emprunts et ajouter une nouvelle défaite à celle que le ministère avait déjà éprouvée en renonçant forcément aux impôts qu'il avait d'abord demandés. Cependant, l'autorité royale ne pouvait, à moins d'abdiquer, se dispenser de laver l'affront qu'elle avait reçu. Le duc d'Orléans fut exilé à Villers-Cotterets, et les conseillers Freteau et Sabatier furent arrêtés et conduits dans des prisons d'État. Le parlement protesta, en termes menaçants, contre ces actes énergiques, et ses protestations trouvèrent de l'écho dans toutes les autres cours souveraines. Quoique le duc d'Orléans eût été relégué dans un de ses châteaux, où il pouvait se procurer toute sorte de distractions et de plaisirs, il ne tarda pas à démentir par sa faiblesse les éloges qui avaient été prodigués à son patriotisme dans le sein du parlement. La duchesse son épouse, d'après ses instances, ne cessait d'entretenir le roi et la reine du chagrin que lui causait leur trop légitime ressentiment. Celle-ci reçut même du prince une lettre pleine de soumission et de repentir, dont elle fut touchée. Enfin, le roi, pressé par les supplications de la duchesse, permit à son mari d'habiter le Raincy, de revenir ensuite à Paris, et, au bout de quelque temps, de se présenter à Versailles, où il eut avec lui un entretien particulier, qui se termina, à la satisfaction de tous les deux [2].

Marmontel, *Mémoires*, t. VI, p. 15-19. Lacretelle, *Histoire du dix-huitième siècle*, t. VI, p. 236-239.

[2] Marmontel, *Mémoires*, t. IV, p. 19. Lacretelle, *Histoire du dix-huitième siècle*, t. VI, p. 239-242.

L'esprit indocile et entreprenant des jeunes conseillers qui dominaient par le nombre et l'activité dans les chambres des enquêtes et des requêtes du parlement, fit concevoir au garde des sceaux Lamoignon la pensée de réduire le parlement à soixante-seize membres, en supprimant plusieurs de ces chambres. Le but de ce projet, concerté avec le principal ministre, était d'écarter les jeunes conseillers qui, presque tous, avaient pris parti contre la cour. D'après le plan arrêté entre les deux ministres, le ressort du parlement de Paris, dont la trop vaste étendue excitait depuis longtemps des réclamations, devait être considérablement diminué par l'établissement de six grands bailliages institués comme juges d'appel. Là ne devait pas s'arrêter la réforme. Il était question de dépouiller le parlement de sa plus haute prérogative, en transportant à une cour plénière le droit dont il était si jaloux, d'enregistrer tous les actes de l'autorité royale. Cette cour devait être composée du roi, du chancelier, en l'absence de celui-ci, du garde des sceaux, des présidents du parlement de Paris, des princes du sang, du grand-aumônier et des autres grands-officiers de la couronne, des pairs, de deux archevêques, deux évêques, deux maréchaux de France, deux commandants de province, deux lieutenants généraux, de quatre personnes qualifiées, de plusieurs conseillers d'État et maîtres des requêtes, et d'un député de chaque province ; les magistrats absents étaient remplacés par des membres du grand conseil.

D'Espréménil étant parvenu à se procurer une copie des édits qui réglaient les détails de ces réformes fondamentales, ou, pour mieux dire, de ce coup d'État, s'empressa de donner l'alarme à ceux de ses collègues qui partageaient ses opinions politiques, et ils provoquèrent une réunion générale des chambres. D'Espréménil ayant communiqué les projets d'édits à l'assemblée, celle-ci, entraînée par le sentiment du péril qui menaçait l'existence du parlement, s'unit pour maintenir entières toutes les prérogatives appartenant à ce grand corps. Une protestation énergique fut rédigée et signée dans ce but sans la moindre division. Brienne, irrité autant que surpris des manœuvres par lesquelles on avait éventé ses projets en les divulguant avec éclat dans le parlement de Paris, fit arrêter deux conseillers, d'Esprémenil et Goislard de Montsabert, qui avaient été les promoteurs les plus actifs et les plus véhéments de la protestation émanée du parlement.

Le marquis d'Agoust, capitaine des gardes françaises, se présenta pendant la nuit dans leur domicile pour les faire enlever par un détachement des gardes qu'il commandait. Mais, prévenus de la tentative qu'on avait résolue contre eux, ils avaient pris la fuite. D'Esprémenil se mit en rapport, dès le point du jour, avec plusieurs de ses collègues, et, d'après ses observations, une assemblée fut convoquée. Le péril auquel il avait échappé ayant été connu du public, des attroupements se formèrent autour du Palais. Dix mille personnes, dont plusieurs étaient armées, et dont le plus grand nombre exhalait sa colère en propos menaçants, circulaient dans les longues galeries du Palais, ou stationnaient par groupes au dehors, couvrant d'opprobre les noms de Brienne, de Lamoignon, du comte d'Artois, de la reine et du roi lui-même. Tous juraient de faire à d'Esprémenil un rempart de leurs corps.

Le parlement, soutenu de la présence de plusieurs pairs restés fidèles à sa cause, étant en séance, le marquis d'Agoust, escorté de quelques grenadiers, entre dans la salle. *Le roi m'ordonne,* dit-il, *d'arrêter MM. d'Esprémenil et de Montsabert. Je n'ai pas l'honneur de les connaître, mais je les invite à se conformer aux ordres de Sa Majesté.* Ces paroles furent suivies d'un silence profond. Chaque magistrat évitait de trahir par le moindre signe la présence des conseillers qu'on était venu arrêter jusque dans le sein du parlement assemblé. D'Agoust ayant répété la même sommation, d'Esprémenil se lève, et dit : *Je suis un de ceux que vous cherchez. J'obéis à l'autorité, mais je pro-*

teste contre la violence. Montsabert se déclara également, et tous deux, pour prévenir un choc très probable entre la force publique et la foule mutinée, sortirent avec l'officier auquel ils s'étaient livrés par des issues secrètes, et furent conduits, le premier aux îles Sainte-Marguerite, et le second au fort de Pierre-Cise. Le parlement, qui avait été sommé de se dissoudre, obéit. Les gardes françaises fermèrent les portes du Palais, et la foule, désappointée du dénouement calme de cette scène, se retira en insultant les différents postes du guet qu'elle rencontra sur son passage.

Le surlendemain, le parlement se rend à Versailles, où il avait été appelé par ordre du roi ; les édits sont enregistrés en présence de ce dernier, dans un lit de justice, au milieu d'un morne silence qui témoigne du respect, mais aussi de la douleur de la magistrature suprême. Le roi sort, et celle-ci ne se sépare qu'après avoir renouvelé sa protestation contre la violence morale qu'elle vient d'éprouver. Ces événements furent le signal d'une agitation entretenue par des moteurs secrets ayant pour auxiliaires des milliers de vagabonds qui semblaient se recruter parmi des masses invisibles. Le duc d'Orléans passait pour être le centre mystérieux d'où partait cette agitation, qui devint en quelque sorte permanente [1].

Pour prévenir toute opposition à l'établissement des grands bailliages, Brienne et Lamoignon avaient déclaré tous les parlements du royaume en vacances. Mais l'honneur et l'esprit de corps imposèrent silence à l'intérêt personnel parmi les membres des juridictions inférieures ; et non seulement ceux-ci ne recherchèrent point les dépouilles des parlements, mais ils osèrent les refuser. L'opinion publique était d'ailleurs en éveil pour empêcher toute défec-

---

[1] Marmontel, *Mémoires*, t. IV, p. 19-22. Lacretelle, *Histoire du dix-huitième siècle*, t. VI, p. 243-254.

tion dans les rangs de la magistrature qu'elle couvrait de sa protection.

Un coup d'État tel que celui qu'on venait d'entreprendre n'aurait pu avoir quelque chance de succès qu'avec un gouvernement loyal et éclairé. Or, Brienne gouvernait les finances comme un ministre qui non seulement ne s'était tracé aucun plan, mais qui, dépourvu de lumières et réduit aux abois, semblait avoir abandonné sa fortune et celle de la France au hasard des événements. Il usait des ressources du trésor avec une telle imprévoyance, qu'alors même qu'il ne craignait pas de lutter contre le pouvoir formidable des parlements, il était hors d'état de subvenir aux services publics pendant les quatre derniers mois de l'année. Ce ministre décrié, ce prélat athée, pressé par le dénûment du trésor, ne respecta même pas les fonds dont le gouvernement était dépositaire pour des œuvres importantes de bienfaisance. C'est ainsi qu'il détourna au profit de son administration des fonds accumulés pour la fondation de quatre nouveaux hôpitaux dans la capitale et pour soulager les pertes essuyées par les habitants de plusieurs villages qui avaient été frappés de la grêle.

La clôture des parlements avait excité une grande effervescence dans toutes les provinces. La noblesse, ainsi que le clergé, avaient pris parti en faveur des corps judiciaires mutilés par la dernière réforme. La Bretagne et le Dauphiné furent le théâtre des troubles les plus graves. Dans la première de ces provinces, les officiers généraux qui avaient en main le commandement militaire eurent à réprimer des scènes violentes qui éclatèrent entre les nobles et les troupes du roi. Dans la seconde, la noblesse, moins impétueuse, mais plus habile, s'unit au tiers état, qui avait à sa tête Mounier, homme considéré dans sa province pour la droiture de son caractère et l'étendue de ses lumières. Le clergé ne tarda pas à venir fortifier cette ligue de son concours, et les trois ordres demandèrent le rétablissement des États particuliers du Dauphiné.

Cette demande, jointe aux protestations exprimées dans une assemblée générale du clergé de France contre les édits, et surtout contre l'institution d'une cour plénière, ébranla fortement le crédit du premier ministre. Celui-ci, admis dans le sein de cette assemblée pour y défendre son ouvrage, n'y donna que de faibles explications qui n'apportèrent aucun changement au vœu de l'assemblée. Le roi déclara dès lors, dans trois arrêts du conseil, qu'il renonçait à l'établissement de la cour plénière, que le terme fixé pour la réunion des états généraux serait avancé et fixé au 1er mai 1789, et que tous les corps du royaume, ainsi que les sociétés savantes, étaient invités à faire connaître au gouvernement leurs opinions sur le meilleur mode de composition des états.

Brienne ne pouvait soustraire l'État à une banqueroute certaine, quoiqu'il mît tout en œuvre pour la conjurer. Les mesures financières qu'il avait prises depuis son entrée au ministère n'étaient qu'une longue suite d'avortements dont il avait essayé de pallier les suites funestes, en affectant devant ses collègues et devant le roi lui-même une confiance aussi insensée que coupable. Mais ce déguisement devait avoir un terme. Craignant de compromettre son pouvoir, et peut-être sa tête, par une catastrophe qu'il ne se sentait pas capable de maîtriser, il proposa au roi de rendre à Necker l'administration des finances, en lui donnant entrée au conseil. Ce poste, qui plaçait l'habile financier dans une situation secondaire à l'égard du premier ministre, ne devait pas lui convenir. En effet, malgré les instances du roi et de la reine, il refusa de l'accepter pour ne pas user son crédit, en le prêtant à un ministre qui était sur le penchant de sa ruine.

Brienne découvrit alors toute la profondeur de la détresse du trésor, en faisant signer au roi un arrêt du conseil qui statuait que les rentes de l'hôtel de ville seraient payées, deux cinquièmes en numéraire et les trois autres en assignats portant intérêts. Cette mesure désespérée souleva contre elle tous les rentiers. Le peuple s'en émut et partagea leur indignation. Les esprits échauffés n'attendaient qu'une étincelle pour éclater, quand les frères du roi, saisis d'épouvante, ainsi que toute la cour, vinrent le supplier de mettre un terme aux désordres produits par l'administration déplorable de l'archevêque de Sens. La reine, qui le soutenait, lui retira sa protection, et l'archevêque lui-même confessa son insuffisance, en ajoutant que Necker pouvait seul raffermir l'autorité royale ébranlée en ranimant la confiance publique et en faisant affluer dans le trésor des ressources nouvelles. Necker, peu disposé dans les premiers moments à reprendre la direction des affaires dans la situation critique où le pouvoir se trouvait placé, céda enfin aux prières de ses amis et surtout aux sollicitations affectueuses de la reine [1].

Le caractère honorable et l'habileté éprouvée de Necker firent renaître le calme dans la capitale comme par enchantement. Il vint au secours du trésor épuisé avec ses propres fonds, et les capitalistes, impatients du rétablissement du crédit, lui offrirent leur appui avec un louable empressement. Necker entra franchement dans la carrière des réformes, où son prédécesseur n'avait marché que d'un pas timide et mal assuré, et il se proposa pour but dans sa nouvelle administration, comme dans ses écrits, l'union de la morale et du crédit public. L'opinion secondait ses desseins en le considérant comme l'organe de ses intérêts et de ses vœux auprès du trône. Convaincu qu'il ne pourrait réussir qu'avec son assistance dans la tâche épineuse qu'il avait entreprise, il suivait fidèlement son impulsion quand il ne la devançait pas. Un des premiers redressements exigés par elle fut le rappel des parlements. Bien que plusieurs grands bailliages eussent déjà été organisés, il fallut céder au vœu public, et le retour des magis-

---

[1] Marmontel, *Mémoires*, t. IV, p. 22-29. Lacretelle, *Histoire du dix-huitième siècle*, t. VI, p. 255-265.

ats exilés fut le signal de la retraite du garde des sceaux Lamoignon, qui était le principal auteur de la révolution opérée dans l'ordre judiciaire.

Le jour où le parlement fit sa rentrée fut célébré comme un jour de fête. Néanmoins, l'allégresse publique fut attristée par des scènes de désordre et de violence qui eurent lieu dans plusieurs quartiers de Paris. Des attroupements composés d'hommes de la lie du peuple parcoururent les rues en proférant des cris, dont plusieurs étaient outrageants pour le roi même, qu'ils accusaient de n'avoir consenti au rappel du parlement que par crainte et par l'impuissance où il était d'agir autrement. Ils lançaient des fusées et des pétards, en même temps qu'ils faisaient entendre leurs vociférations, et plusieurs les dirigeaient contre ceux des passants qui paraissaient voir avec déplaisir la grossièreté de leurs jeux et la licence de leurs manifestations. Quelques femmes furent blessées. Les perturbateurs poursuivaient avec fureur les agents de police qui faisaient mine de vouloir empêcher leurs excès, et ils commirent sur eux des voies de fait très graves.

Ce tumulte recommença pendant plusieurs jours, accompagné des mêmes violences, et ses auteurs ne craignirent pas de lever une contribution sur les passants, afin de fournir aux frais des fusées et des pétards dont ils abusaient si étrangement. Ils attaquèrent les corps de garde du guet à force ouverte et en démolirent plusieurs. L'attroupement le plus considérable stationnait sur le Pont-Neuf, autour de la statue de Henri IV. Les personnes désignées aux perturbateurs, ou connues par eux comme ayant fait de l'opposition à la cause parlementaire, étaient arrêtées et conduites de force aux pieds de la statue pour y faire amende honorable. Ils prodiguaient l'outrage avec une joie cruelle à deux mannequins, représentant l'un Brienne en habits pontificaux, et l'autre Lamoignon en simarre. Les hôtels de ces deux ministres impopulaires, assaillis et menacés du pillage, furent protégés par la fermeté de quelques soldats invalides. Une masse considérable de ces misérables s'étant portée vers le domicile du commandant du guet, qui avait fait preuve contre eux d'une grande vigueur, celui-ci s'entoura des hommes les plus énergiques de sa troupe pour résister à leurs attaques; les premières démonstrations hostiles qu'ils firent contre le commandant furent suivies d'une décharge de ses soldats, qui fit périr un grand nombre des assaillants et mit en fuite le reste de la bande [1].

Les alarmes causées par ces désordres ne durèrent que peu de temps. La question des états généraux, posée de nouveau par Necker, les dissipa, en réveillant toutes les espérances et en appelant sur cette question vitale pour le pays toute l'attention du public. Parmi les nombreux écrits qui traitaient de l'organisation des nouveaux états généraux, plusieurs proposaient de donner au tiers état une double représentation, laquelle, d'ailleurs, était hautement réclamée par cet ordre dédaigné et rabaissé dans nos anciennes assemblées nationales. Le clergé et la noblesse, qui espéraient faire confirmer et étendre, par la prochaine assemblée, les prérogatives dont ils étaient en possession, s'inquiétaient néanmoins de la faveur avec laquelle la presse avait accueilli la prétention du tiers état, et redoutaient le moment où leurs priviléges seraient soumis à l'examen de ce dernier et peut-être anéantis.

La déclaration du roi, portant convocation des états généraux pour le 1er mai 1789, avait été envoyée au parlement afin d'être enregistrée. L'assentiment donné à cette convocation par plusieurs de ses membres n'avait pas été sincère; mais il était impossible de le rétracter. D'Espréménil, qui, par ses discours, son courage et son ascendant sur beaucoup de membres du parlement, avait fait pencher leurs suffrages en faveur des états généraux, se montra tout à coup refroidi

---

[1] Marmontel, *Mémoires*, t. IV, p. 30 et suiv. Lacretelle, *Histoire du dix-huitième siècle*, t. VI, p. 267-273.

sur une question qui l'avait tant occupé. Il savait que Duport, connu pour être un des chefs du parti philosophique du parlement, travaillait à faire obtenir au tiers état le droit de double représentation et celui de délibérer en commun avec les deux autres ordres. Le but que se proposait Duport tendait à élever le tiers état au niveau du clergé et de la noblesse, qui l'avaient annulé jusque-là par le concert de leurs résolutions, et à le mettre à portée de leur disputer la majorité dans les délibérations par le nombre autant que par les lumières.

D'Espréménil, qui avait été et qui était encore l'idole du peuple, commençait à le craindre. Son imagination était assiégée de sinistres présages; une secrète préférence l'attirait vers la royauté qu'il avait combattue si souvent dans ses ministres, et il forma le projet de la défendre contre les difficultés et les périls qui la menaçaient. Le parlement ayant mis en délibération l'enregistrement de l'édit portant convocation des états généraux, d'Espréménil, le front soucieux et dissimulant mal son embarras, demanda que cette compagnie ne consentît à l'enregistrement qu'autant que le ministère observerait fidèlement les formes de convocation des états de 1614. Le tiers état y avait été représenté à peu près dans la même proportion que les deux premiers ordres; mais ceux-ci avaient délibéré séparément. Duport et plusieurs de ses amis réclamèrent avec force contre cette proposition, qui tranchait une des questions les plus importantes du moment, celle de la délibération en commun; toutefois, la majorité du parlement, voyant dans l'avis de d'Espréménil un gage de salut pour lui-même et pour la noblesse, adopta la proposition.

Cette détermination fut le signal d'une rupture ouverte entre le tiers état et les privilégiés. Instruit de l'atteinte que la restriction indiquée par le parlement portait à ses droits, le peuple passa subitement de l'enthousiasme qu'il avait conçu pour lui à une extrême aversion. Les hommes de loi et les clercs nombreux qui jusqu'alors s'étaient serrés autour du parlement, se séparèrent de lui et vinrent renforcer le parti populaire, qui commençait à acquérir une grande importance. Ce parti avait des ramifications jusque dans le parlement, et Duport en était le représentant le plus énergique et le plus éminent.

La division éclata dans le sein même de la cour. Le duc d'Orléans, qui déjà dans des circonstances solennelles avait montré par ses opinions qu'il aspirait à la popularité, continua de jouer le rôle d'un homme d'opposition, saisissant toutes les occasions de défendre les intérêts du tiers état, quoiqu'en réalité ce rôle hypocrite ne fût que celui d'un factieux. Une grande partie des nobles qui avaient pris part à la guerre d'Amérique se prononça aussi en faveur du tiers. La multitude, qui pressentait que le triomphe des droits de la bourgeoisie la relèverait de son abaissement, et que les plus précieux de ces droits devaient lui profiter à elle-même, sinon immédiatement, du moins dans un avenir prochain, ajoutait aux réclamations du tiers état un poids irrésistible en s'unissant à lui.

Toutes les classes deshéritées des avantages que donnait le privilége, s'évertuaient pour opposer l'insuffisance inique de leur lot et l'incertitude de leur position dans la société au bien-être ou à l'opulence des hautes classes. Ceux qui occupaient les derniers degrés de l'échelle sociale aspiraient à monter, tandis que ceux qui siégeaient aux premiers degrés ne voulaient pas même sacrifier une faible partie de leur riche superflu. L'inégale répartition des avantages sociaux, qui offrait des contrastes si choquants et si odieux entre le pauvre et le riche, tenait précisément aux inégalités morales et politiques, dont le tiers état éprouvait le besoin de secouer le joug. Les droits et les intérêts de chaque ordre mis en jeu dans la révolution qui se préparait sourdement, devaient se heurter et faire sortir de leurs luttes un état de choses plus compatible avec la dignité morale et le bonheur des masses, qui n'étaient que trop méconnues et négligées dans l'ancien ordre social.

Necker, rappelé au pouvoir durant le travail de cette décomposition générale, espérait rapprocher les opinions et les intérêts en les soumettant à des sacrifices mutuels, sans considérer que les éléments intrinsèques de la société se trouvaient placés dans des conditions d'existence devenues incompatibles, et qu'aucun étai ne pouvait désormais maintenir debout un édifice qui allait s'écrouler. Il espérait arriver à ce but en adoptant la double représentation du tiers état et en rejetant la délibération des ordres en commun. Afin de mieux assurer le succès dont il se flattait, il fit donc convoquer de nouveau par le roi l'assemblée des notables, dans la confiance qu'elle serait favorable à ses vues. Le tiers état s'inquiétait peu, au surplus, du résultat des délibérations de cette assemblée; il avait le sentiment de sa force autant que de ses droits, et il était résolu à se mettre en possession de ceux-ci dans le cas où ils lui seraient disputés par le pouvoir. Il est aisé de comprendre qu'avec de tels desseins il devait être moins préoccupé du rang qui lui était assigné dans les états généraux, que des moyens d'y faire voter des lois dignes du dix-huitième siècle. Ces lois, destinées principalement à fonder la société nouvelle d'après des principes conformes à ses besoins, le touchaient d'autant plus que les constitutions du royaume invoquées tour à tour par l'autorité royale et les parlements n'étaient pas écrites, et qu'il était loisible à chacun d'y chercher un point d'appui pour asseoir son système et justifier ses opinions. Les doctrines contradictoires attribuées à ces constitutions avaient fini par leur ôter tout crédit et inspirer des doutes sérieux sur leur existence.

L'appel fait par le gouvernement à tous les écrivains pour éclairer la question de l'établissement des états généraux, donna naissance à une foule de brochures, dont plusieurs soutenaient la cause populaire avec autant de talent que de vigueur. Les deux pamphlets les plus remarquables sur ce sujet furent l'*Essai sur les priviléges* et celui qui avait pour titre : *Qu'est-ce que le tiers état?* Ces deux écrits, dus à l'esprit éminent, à la logique inflexible et à la plume incisive de l'abbé Sieyès, résumaient à eux seuls les principales causes de la révolution à laquelle on préludait par la discussion des griefs et la demande des garanties qui allaient la faire éclater [1].

Le roi fit l'ouverture de la seconde assemblée des notables le 9 novembre 1788. Necker, chargé par lui de faire connaître à l'assemblée les intentions du gouvernement touchant la forme à donner aux états généraux, exprima le vœu que le tiers état y jouît d'une double représentation, mais il évita de s'expliquer nettement sur la seconde question, à savoir la délibération des états par ordre ou par tête ; il parut incliner toutefois vers le mode de délibération suivi dans les états de 1614. Les notables divisèrent, comme la première fois, l'assemblée en six bureaux, présidés par les princes. Les premières séances furent consacrées à des recherches historiques propres à éclairer les travaux de l'assemblée. Le comte d'Artois et les princes des deux maisons de Condé n'attendirent pas que leur bureau eût fait connaître son opinion sur les prétentions du tiers état pour énoncer la leur ; ils se prononcèrent immédiatement et sans balancer contre ces prétentions. Des six bureaux de l'assemblée des notables, un seul, celui de Monsieur, vota en faveur de la double représentation du tiers état ; l'opinion contraire ne fut au surplus adoptée dans les autres bureaux qu'à une faible majorité. L'importance numérique de la minorité, quoique le vote de celle-ci n'eût pas prévalu, soutint les espérances du parti populaire, qui jugea, d'après la comparaison générale des votes, qu'il avait dans le clergé et la noblesse de nombreux adhérents.

La seconde assemblée des notables fut close le 12 décembre 1788 ; l'échec que le tiers état y éprouva excita en lui

---

[1] Marmontel, *Mémoires*, t. IV, p. 33-41. Lacretelle, *Histoire du dix-huitième siècle*, t. VI, p. 273-282.

plus d'indignation que de crainte. La nation parut dès lors placer toute sa confiance dans la générosité de Louis XVI et dans le patriotisme de Necker, qu'elle regardait comme le défenseur le plus sincère de ses intérêts dans le gouvernement. Ce ministre crut faire un acte de courage aussi bien que de modération, en persistant dans ses premières propositions ; il fit donc signer au roi, le 27 décembre, malgré l'avis des notables, une déclaration portant que les députés du tiers état seraient égaux en nombre à ceux des deux premiers ordres réunis ; mais pour ne pas s'aliéner complètement ceux-ci, en se dévouant sans réserve aux intérêts du tiers état, il fit décider par la même déclaration que les trois ordres délibéreraient séparément suivant l'ancienne coutume. Cette manière de procéder fut taxée de pusillanimité, comme tous les partis mitoyens, par les ordres privilégiés aussi bien que par le tiers état, et de ce moment la popularité de Necker commença à décliner.

Cependant, la nation se préparait à élire les députés aux états généraux, dont la réunion avait été remise au 5 mai 1789. Les notables s'étaient entendus avec le gouvernement pour soumettre la nomination des députés à deux degrés d'élection. Des assemblées primaires devaient choisir les électeurs, et ceux-ci conféraient ensuite la qualité de député aux personnes élues par eux, qui avaient obtenu le plus grand nombre de suffrages.

Dans plusieurs bailliages, les nobles portèrent leurs voix sur des partisans déclarés de la cause populaire. Les curés, en beaucoup d'endroits, luttèrent avec avantage, comme candidats, contre leurs évêques ou d'opulents bénéficiers. La noblesse de Bretagne, soit par orgueil, soit en haine des idées nouvelles, n'envoya aucun député à l'assemblée. Mais, en dernier résultat, les élections générales assurèrent au parti démocratique une imposante majorité.

Il suffit de parcourir les *cahiers* ou *doléances* des bailliages pour reconnaître que, bien avant la convocation des états généraux, il s'était opéré dans les esprits de la masse pure, éclairée et énergique de la nation, une révolution morale qui fut légalement proclamée par les états généraux, lesquels prirent d'abord le nom d'assemblée nationale, et ensuite celui d'assemblée constituante. L'insurrection mémorable du 14 juillet 1789, propagée comme un éclair électrique dans toutes les provinces, n'éclata que pour briser la résistance cachée mais opiniâtre de la cour au triomphe définitif de cette révolution, d'où devait sortir, après un enfantement douloureux et terrible, les institutions et les garanties de la société actuelle [1].

Le respect des lois et la civilisation influèrent avec le temps, non seulement sur la nature et la gravité des peines, mais sur le régime intérieur des prisons. Le droit d'entrée et de sortie exigé des prisonniers par le directeur de la maison où ils étaient détenus fut supprimé et déclaré illicite, excepté pour une classe d'entre eux que nous ferons connaître. Plusieurs arrêts de règlement contiennent à cet égard des défenses sévères. L'ordonnance criminelle d'août 1670 renferme un titre spécial sur le régime et la police des prisons ; ce titre résume les dispositions générales déjà en vigueur ou en introduit de nouvelles qui toutes ont pour objet de protéger les détenus contre les exactions et les abus de pouvoir du directeur de la prison et de ses employés. Afin d'éviter les redites qui seraient la suite de l'analyse des nombreux arrêts de règlement rendus par le parlement de Paris sur le régime des prisons, nous nous contenterons de faire connaître celui de 1717, le plus récent ou, tout au moins, l'un des plus récents. Ce règlement s'occupe d'abord de tracer les devoirs religieux des prisonniers, et il entre ensuite dans les détails du service intérieur des prisons.

Les chambres et cachots clairs étaient ouverts à six heures du matin ou à sept heures, suivant les saisons, et

---

[1] Marmontel, *Mémoires*, t. IV, p. 41 et suiv. Lacretelle, *Histoire du dix-huitième siècle*, t. VI, p. 282 et suiv.

l'on renfermait les prisonniers le soir, aux mêmes heures. Les détenus étaient classés d'après leur condition; on accordait au plus ancien la chambre ou la place la plus commode; le dernier venu devait balayer la chambre ou le cachot qu'il habitait avec d'autres détenus, jusqu'à ce qu'il survînt un autre prisonnier qui lui était substitué dans l'accomplissement de cette obligation.

Les femmes et les filles détenues étaient séparées des hommes; elles avaient la liberté d'aller sur le préau ou dans la cour, tous les jours, depuis midi jusqu'à deux heures, et, pendant ce temps, les hommes prisonniers demeuraient renfermés. Il était défendu aux geôliers et guichetiers, à peine de destitution, de laisser entrer dans la prison aucune femme ou fille autres que les mères, femmes, filles ou sœurs des détenus, lesquelles ne pouvaient leur parler ailleurs qu'au préau ou dans la cour en présence d'un guichetier. Le règlement faisait toutefois une exception en faveur des femmes, qui pouvaient entrer dans la chambre de leur mari seulement. Les femmes et les filles étrangères aux prisonniers n'étaient admises à leur parler qu'à la morgue, c'est-à-dire dans une pièce précédant l'entrée de la prison et dans laquelle le règlement permettait que l'on gardât quelque temps les individus arrêtés, soit pour les écrouer, soit pour permettre aux guichetiers de les examiner. L'entretien ne pouvait avoir lieu qu'en présence d'un guichetier.

Il était interdit au prévôt ou autres anciens prisonniers (le prévôt était le plus ancien) d'exiger ou de recevoir des nouveaux venus aucune pièce d'argent ou don en nature, sous quelque prétexte que ce fût; ils ne pouvaient non plus les maltraiter à peine, dans un cas comme dans l'autre, d'être mis au cachot pendant quinze jours, et d'encourir même, selon les circonstances, une punition plus sévère. Les personnes charitables qui venaient visiter les prisonniers avaient la faculté de leur distribuer des secours sur le préau ou dans la cour de la prison; s'il arrivait que le prisonnier à qui elles destinaient leur don fût renfermé dans un cachot noir, ce don lui était remis par le guichetier en présence du visiteur lui-même. Les prisonniers qui couchaient sur la paille ne payaient aucun droit d'entrée ni de sortie, mais seulement un sou par jour au geôlier, lequel devait fournir à chacun d'eux une ration de pain d'une livre et demie au moins et de la paille fraîche tous les mois. Dans les cachots noirs, la paille était renouvelée à la fin de chaque quinzaine.

Quant aux prisonniers qui couchaient dans les chambres et dans les lits, ils étaient assujettis au payement d'un droit d'entrée de dix sous et d'une pareille somme pour leur sortie de la prison. Il n'était pas permis aux prisonniers de coucher plus de deux dans le même lit. Les commensaux du geôlier couchant seuls dans un lit payaient environ trois livres par jour à titre de pensionnaires, sans être assujettis à aucun droit. Les jours d'entrée et de sortie de chaque prisonnier devaient être inscrits par le geôlier sur un registre spécial, ainsi que les frais de gîte, de geôlage et de nourriture. Les prisonniers pensionnaires mis en demeure d'acquitter le prix de leur pension pouvaient être placés, au bout de huit jours, en cas de non payement, dans la catégorie commune des prisonniers pour le couchage comme pour tout le reste.

Le règlement imposait aux geôliers le devoir de nourrir leurs guichetiers et de leur payer au moins cent francs de gages par an. Ceux-ci ne pouvaient recevoir aucune sorte d'émolument ni d'indemnité, soit des prisonniers, soit des personnes qui, par leur bienfaisance ou à quelque autre titre, seraient mises en rapport avec eux ; le geôlier ou le directeur de la prison, ainsi que ses employés, devaient s'abstenir d'injurier, de battre ou de maltraiter les prisonniers ou de leur vendre aucune marchandise et denrée qui ne seraient pas recevables d'après les ordonnances de police. Les écritures et les droits de greffe de la prison, en ce qui touche les écrous, les recommandations, les élargissements et décharges, sont déterminés par des dispositions spéciales du règlement. Aux termes de ce dernier, lorsqu'un créancier avait été mis en demeure, par une signification de son débiteur prisonnier, de consigner les aliments qui lui étaient nécessaires où qu'il y avait été condamné par jugement, les greffiers des geôles ou les geôliers devaient exiger qu'il leur fût remis, avec ces aliments, ceux qui n'avaient pas été payés, ainsi que les frais de signification et de jugement avancés ou dus par le prisonnier. La mise en liberté d'un détenu arrêté pour crime et n'ayant point de partie civile, était opérée de plein droit, en vertu de la décision du juge, sans qu'elle pût éprouver aucun obstacle par suite du défaut de payement des droits attribués au geôlier pour entrée et sortie du prisonnier, ou pour toutes autres sommes à lui dues par ce dernier. Il était autorisé toutefois à se faire délivrer une obligation par le détenu afin de se pourvoir sur ses biens.

Le greffier de la juridiction où le procès criminel avait été jugé devait donner lecture dans la prison à l'accusé de la décision qui prononçait son acquittement, le jour même où elle avait été rendue ; et s'il n'y avait point d'appel de la partie publique, ou si le prisonnier n'était retenu pour d'autres motifs, il devait être mis en liberté dans les vingt-quatre heures, sans que l'élargissement pût être différé sous le prétexte que le prisonnier n'aurait pas acquitté les épices ou les frais de levée de la sentence d'absolution. Le parlement commettait tous les ans plusieurs de ses membres pour visiter les prisons de la ville de Paris, conjointement avec des substituts du procureur général. Ces visites étaient indépendantes de celles faites par ce magistrat ou par les officiers de son parquet [1].

---

[1] Isambert, arrêt de la Cour des aides du 30 avril 1650, t. XVII, p. 207 et suiv.; ordonn. d'août 1670, titre XIII, t. XVIII, p. 393 et suiv. Peuchet, Collection des lois de police, 2ᵉ série; Police moderne; arrêt du 18 juin 1717, t. II, p. 362 et suiv.

Une ordonnance de Louis XVI prescrivit des améliorations notables dans quelques prisons de Paris et l'établissement d'une nouvelle maison de force destinée aux détenus pour dettes. On construisit dans la Conciergerie des infirmeries spacieuses et aérées où l'on réunit tous les prisonniers malades, qui furent couchés seuls dans chaque lit. L'hôtel de la Force fut transformé en prison de la dette ; on y exécuta les travaux nécessaires pour l'approprier à sa nouvelle destination : deux préaux séparés y furent établis pour les hommes et les femmes, ainsi que des infirmeries. On transféra dans cette prison les détenus pour dettes qui se trouvaient à la Conciergerie, au grand Châtelet, et surtout dans les prisons du For-l'Évêque et du petit Châtelet. Ces deux dernières maisons furent démolies, et les premières ne servirent désormais à aucun autre usage qu'à la séquestration des prisonniers arrêtés pour crimes. On supprima les cachots souterrains qui existaient au grand Châtelet. Un arrêt du parlement, basé sur celui de 1717, régla le service intérieur et la discipline de la prison de la Force [1].

Sous le règne de Louis XIV, la royauté ne trafiquait plus du droit de grâce pour combler le vide de ses finances; toutefois ce prince, quoique redoutable aux méchants, ne fut pas inaccessible à la clémence. Circonvenu quelquefois par l'intrigue, ou abusé par des sollicitations irréfléchies, il sut respecter les arrêts de la justice quand il lui apparut que l'usage du droit de grâce serait une atteinte portée à l'honnêteté publique et à l'indépendance des tribunaux. Ayant un jour scellé le pardon illégal d'un coupable en présence du chancelier Voisin qui lui avait soumis des représentations demeurées sans effet, le monarque invita le chancelier à reprendre les sceaux ; mais ce dernier les repoussa, en disant : « Ils sont souillés ; je n'en veux plus. »

---

[1] Isambert, *Ordonn.*, 30 août 1780, t. XXVI, p. 376 et suiv. ; arrêt du 19 février 1782, t. XXVII. p. 149.

Louis XIV, frappé de ces paroles magnanimes, y répondit par un acte digne d'un grand roi : il jeta au feu les lettres de grâce, et le chancelier reprit les sceaux ; triomphe aussi honorable pour la majesté du trône que pour l'inflexible probité de la magistrature.

TITRE CINQUIÈME.

DE LA POLICE DANS SES RAPPORTS AVEC LES SUBSISTANCES, L'HYGIÈNE PUBLIQUE, LA VOIRIE, LA NAVIGATION ET LE COMMERCE.

CHAPITRE I.

DES SUBSISTANCES.

Sollicitude de Louis XIV pour les subsistances. — Les boulangers placés sous l'autorité exclusive du prévôt. — Le grand panetier n'est plus chargé que de ce qui touche aux brevets d'apprentissage, aux chefs-d'œuvre et à la maitrise. — Indication des diverses sortes de pains fabriquées par les boulangers. — Circulation des grains encouragée dans les provinces. — Exportations permises, excepté dans les temps de disette. — Pendant la durée de celle-ci, on favorisait les importations.— Distribution de pain à bas prix aux classes pauvres, sur les fonds de la cassette du roi. — Mesures prises pour assurer l'approvisionnement des marchés — Services éminents rendus à la capitale par les grandes assemblées de police durant les crises de subsistances. — Les mesures restrictives qui pesaient sur le commerce des grains sont révoquées ou adoucies sous Louis XV. — Les théories nouvelles sur la liberté commerciale influent aussi sur le système des exportations. — La ville de Paris, maintenue d'abord sous le joug des anciens usages, participe enfin aux bienfaits de la liberté du commerce. — Dans les temps de disette, l'administration revenait au système prohibitif établi par les vieux règlements. — Améliorations introduites dans le régime des marchés affectés à la vente des bestiaux. — Création du marché de Sceaux et de la caisse de Poissy. — Difficultés apportées par les bouchers à l'adoption générale et définitive des abattoirs. — Les boucheries collectives et particulières soumises au contrôle d'une inspection officielle. — Le marché de la volaille transporté du quai de la Mégisserie au quai des Augustins. — Légers changements apportés au régime du commerce des œufs, du beurre et du fromage. — Commerce du poisson de mer. — Établissement de la halle aux vins ou de l'Entrepôt. — Les taverniers autorisés à donner à manger chez eux, aussi bien que les cabaretiers et les hôteliers. — Commerce du bois à brûler. — Ses abus réprimés. — Règlements qui gouvernaient le commerce du charbon. — Conflits entre le prévôt des marchands et celui de Paris à propos du commerce du foin.—Leurs attributions sont délimitées. — Nomenclature des ports de la capitale en 1789.

La police des subsistances, sous Louis XIV, fut l'objet d'une sollicitude inquiète et presque religieuse de la part du gouvernement. Pendant les années de disette, le roi s'occupait des moyens de pourvoir aux besoins publics avec non moins d'activité et de vigilance que ses ministres. Les moulins qui avaient été longtemps circonscrits dans la capitale se multiplièrent dans les villages voisins, et furent tous soumis à une égale surveillance [1]. La corporation des boulangers fut régularisée et placée irrévocablement, quant à la police, sous la juridiction exclusive du prévôt. Les officiers du grand panetier et ses jurés cessèrent, grâce à la fermeté de l'administration, de faire des visites dans les boutiques des boulangers, et ceux-ci ne conservèrent des rapports avec ce personnage que pour ce qui regardait les brevets d'apprentissage, les chefs-d'œuvre et les formalités de réception comme maîtres. L'ancien hommage féodal imposé aux maîtres nouvellement reçus dans le corps des boulangers, et qui consistait dans un pot de terre accompagné de nieulles, fut remplacé, vers le milieu du dix-septième siècle, par l'offrande d'un louis d'or faite au grand-panetier [2]. Par un édit de mars 1673, tous les marchands et artisans des faubourgs de Paris ayant été admis, moyennant finance, dans les corps de métiers de la ville, les boulangers établis hors Paris invoquèrent pour eux-mêmes le bénéfice de cette admission, et se firent délivrer des lettres de maîtrise par le lieutenant du grand-panetier; mais, sur la plainte des maîtres boulangers de la ville, ces lettres furent annulées par un arrêt du parlement rendu contradictoirement entre toutes les parties, et

---

[1] Delamare, *Ordonn. de police*, 26 juillet 1667, t. II, p. 164. — [2] *Ibid.*, t. II, p. 197.

il fut défendu aux boulangers des faubourgs d'exercer leur industrie dans la ville [1].

Le pain fabriqué par les boulangers était divisé en deux classes : le petit pain et le gros pain. La première se composait de quatre sortes de pain, savoir : du pain de chapitre pesant dix onces, du pain de Chailly, pesant douze onces, et du pain bis blanc, appelé pain bourgeois, du poids de seize onces valant une livre. Il y avait une quatrième espèce de pain, inférieure à la dernière, qu'on appelait pain de brode ou des pauvres gens, et qui pesait vingt-quatre onces. Les boulangers ne pouvaient vendre de gros pain à un prix moindre de trois sous. Ceux qui apportaient du pain de la banlieue pour le vendre au marché ou sur les places publiques, concurremment avec les boulangers résidant à Paris, étaient tenus de faire connaître le poids des diverses espèces de pain mises en vente par une marque inhérente à chaque pain, et de ne pas exiger au-delà du prix réglé par le prévôt [2].

Louis XIV autorisa la circulation des grains dans l'intérieur du royaume et leur exportation à l'étranger, par des règlements plus favorables à la liberté du commerce que ceux de ses prédécesseurs. Ces derniers firent des traites foraines un sujet de spéculation pour grossir les recettes de leur épargne, et leur but sous ce rapport ne fut qu'imparfaitement atteint, car les bureaux de traites étaient mal informés ou abusé, par des fonctionnaires subalternes, lesquels célaient ou altéraient la vérité, étant intéressés, par des transactions clandestines, dans le commerce des grains, malgré les défenses des règlements. Louis XIV et le ministre qui réunissait dans ses attributions l'agriculture et le commerce, surent déjouer les manœuvres de la fraude et de la cupidité par des mesures décisives. Le ministre était instruit tous les ans par les intendants

---

[1] Delamare, arrêts du conseil des 22 août 1682 et 15 avril 1684, p. 215 et 220. — [2] *Ibid.*, *Ordonn. de police*, 1er juillet 1645, et arrêt du 28 août 1662, t. II, p. 263-264.

de province et par d'autres agents particuliers dont les renseignements lui servaient à contrôler la correspondance des intendants, des quantités de grains existant dans tout le royaume. Colbert, qui avait alors la haute direction de cette partie du service du roi, établit un ordre si bien entendu dans la délivrance des permissions pour traites foraines, que les provinces les plus favorisées par l'abondance de leurs récoltes, purent écouler sans entraves l'excédant de leurs produits sur les marchés de celles qui se trouvaient hors d'état de subvenir à leurs besoins par leurs seules ressources, et le commerce, après avoir pourvu aux nécessités intérieures, était autorisé à exporter le reste de ses approvisionnements à l'étranger. Colbert, qui savait qu'en enrichissant les négociants adonnés à ce genre d'industrie, il augmentait les facultés contributives qui alimentent le trésor, fit dispenser les grains exportés de tout droit de sortie en temps de paix, et ne les soumit dans les circonstances difficiles, c'est-à-dire en temps de guerre, qu'à la moitié du droit [1].

Aux époques de disette, les exportations de grains étaient rigoureusement interdites; mais en revanche le gouvernement prenait les mesures les plus propres à encourager et à faciliter les importations. La première de ces mesures consistait dans la libre entrée des grains étrangers et dans leur exemption de toute espèce de droits. Les provenances des pays étrangers où l'abondance n'avait pas cessé de régner, offraient aux provinces françaises qui éprouvaient des besoins, les moyens de compléter ou d'assurer leurs approvisionnements [2].

Les denrées, autres que les grains, introduites par l'étranger ou transportées par le commerce d'une province à

---

[1] Delamare, arrêts du conseil, 20 mai 1669, 16 septembre même année, 4 octobre 1670, 31 décembre 1671, 2 avril 1672, 31 mai, 3 juin, 26 octobre, 6 novembre, même année; 25 avril 1673, etc., t. II, p. 285 et suiv. — [2] *Ibid.*, arrêt du conseil, 22 septembre 1693, t. II, p. 321.

une autre, étaient aussi exemptes de droits[1]. On prohibait, suivant l'usage établi, durant les mauvaises années, l'emploi des grains dans la fabrication de la bière ou de l'eau-de-vie, pour accroître la réserve des greniers d'abondance[2].

Non seulement le roi favorisait les importations, mais il faisait faire sur les fonds du trésor des achats considérables de grains dans les pays étrangers les plus fertiles en blé, et de nombreux navires chargés de ces acquisitions étaient expédiés en toute diligence sur les lieux du royaume où la disette se faisait le plus sentir, et principalement sur Paris. Les autorités locales devaient veiller à ce que la vente de ces grains dans les marchés ne profitât point aux accapareurs, mais aux bourgeois et aux nécessiteux pour leur usage habituel. C'est dans ce but que les quantités cédées aux acheteurs ne pouvaient dépasser un certain poids. Le roi, dans les conjonctures les plus difficiles, faisait annoncer dans Paris, à son de trompe et par voie d'affiches, des distributions de pain à bas prix. Ces distributions avaient lieu sur plusieurs points, au Louvre, aux Tuileries, au Luxembourg et à la Bastille; elles étaient payées sur la cassette royale, ainsi qu'une partie considérable des secours en argent remis par les curés aux pauvres honteux. Les mendiants étrangers à la ville étaient logés et nourris à l'hôpital général, autant que les localités de cet établissement pouvaient le permettre, et ceux qui, faute de place dans l'hospice, se trouvaient sans asile, étaient renvoyés dans leurs provinces[3].

La mesure la plus efficace pour l'approvisionnement des marchés consistait dans l'envoi de commissaires dans les campagnes pour visiter les fermes et obliger les détenteurs de grains de les faire conduire dans les ports les plus voisins et sur les bords des rivières, d'où on les transportait

---

[1] Delamare, arrêt du conseil du 22 décembre 1693, et autres, t. II, p. 322 et suiv. — [2] *Ibid.*, t. II, p. 327 et suiv. — [3] *Ibid.*, t. II, p. 399.

dans les principales villes, et de proche en proche, jusqu'à Paris. Les fermiers, propriétaires ou marchands, convaincus de monopole, étaient passibles de punition corporelle, et leurs grains frappés de confiscation étaient vendus au profit des pauvres. Le retentissement que l'on donnait dans chaque province aux actes de sévérité exercés par la justice contre quelques accapareurs, que leur conduite abjecte et odieuse avait rendus indignes de toute indulgence, produisait presque toujours une alarme salutaire parmi les laboureurs et surtout parmi les spéculateurs en blé. La crainte d'une descente de commissaires et des mesures de rigueur qui pouvaient en être la suite faisait taire les suggestions intéressées de l'avarice, et un grand nombre d'individus se hâtaient de vider leurs granges et leurs greniers, pour envoyer les dépôts de grains qu'ils possédaient aux marchés les plus voisins. L'administration autorisait, du reste, sans difficulté chaque détenteur à garder une réserve pour sa provision et pour les semailles.

L'arrivage de ces grains dans les marchés où les habitants des villes voisines avaient coutume de se pourvoir des denrées qui leur étaient nécessaires, rétablissait, au moins pour quelque temps, l'équilibre entre les besoins et les ressources et faisait baisser les prix. Il donnait, enfin, le temps à l'importation de rendre à chaque marché son état normal, et de répondre d'une manière plus sûre et plus continue à la demande des consommateurs. Les quarante dernières années du règne de Louis XIV furent affligées trois fois du fléau d'une extrême disette. Les privations des classes nécessiteuses se prolongèrent, à chaque reprise du fléau, pendant plusieurs années consécutives, et furent l'occasion, en beaucoup d'endroits, de révoltes fréquentes engendrées par l'irrésistible besoin de la faim. L'hiver de 1709, qu'on appela le grand hiver, détruisit radicalement le germe des récoltes dans la plupart des provinces du royaume. L'administration déploya dans cette terrible épreuve un dévouement sans bornes et une fécondité inépuisable de moyens pour lutter contre le fléau. Un instinct irréfléchi mit en avant plus d'une fois, dans les grandes crises, l'idée de soumettre le prix des grains à un maximum; mais le bon sens la fit toujours écarter [1].

Les lumières et l'assistance des grandes assemblées de police, qui furent convoquées dans ces temps de calamités, rendirent d'éminents services au pays. Colbert joua un rôle capital dans celle qui se tint, en avril 1662, chez le chancelier Séguier [2].

Les restrictions apportées par le système prohibitif au commerce des grains furent levées, en 1763, par une déclaration du roi. On permit à chacun, quelle que fût sa condition, de spéculer sur les grains et d'en faire trafic. Il fut loisible également de les garder en dépôt dans des magasins particuliers; enfin, le commerce eut la faculté de transporter dans toute l'étendue du royaume, sans congé de l'autorité et sans payer d'autres droits que les droits d'octroi, les quantités de grains conservées par lui à titre d'approvisionnement ou achetées directement chez les cultivateurs. Les règlements qui régissaient la ville de Paris, en ce qui touche la police des grains, furent, du reste, maintenus [3].

D'un autre côté, les formalités de l'exportation subirent aussi des modifications favorables à la liberté commerciale. On établit une échelle mobile, et quand le prix du marché s'élevait à un certain taux, la sortie des grains hors du royaume demeurait interdite par ce seul fait [4]. Toutefois, le nouveau régime, dénoncé au roi, dans des remontrances du parlement, comme ayant plutôt accru que diminué la cherté des grains, fut provisoirement suspendu, en 1769, par un arrêt de cette compagnie, qui remit en vigueur, de

---

[1] Delamare, t. II, p. 373 jusqu'à 389. — [2] *Ibid.*, t. II, p. 2 et suiv. du Supplément, *in fine*.

[3] Déclaration du 25 mai 1763. Peuchet, 2ᵉ série, t. VII, p. 221. Lettres patentes du 3 mars 1764. *Ibid.*, t. VII, p. 288.

[4] Édit de juillet 1764. *Ibid.*, t. VII, p. 318.

sa propre autorité, les anciens règlements. Cet arrêt, entaché d'excès de pouvoir, fut cassé par un arrêt du conseil [1].

Les financiers et les gens d'affaires qui, sous la protection du régime prohibitif et avec la connivence intéressée de la cour, avaient concentré longtemps dans leurs mains le commerce des grains, se prévalurent des remontrances réitérées en 1770 par le parlement et de l'arrêt qui en fut la suite, pour faire rapporter les édits qui avaient organisé la liberté du commerce des grains [2]. Ils réussirent, en effet, à atteindre ce but, car le roi donna, en janvier 1771, des lettres patentes qui remirent en vigueur les formalités prescrites par les anciens règlements [3].

La liberté du commerce des grains retrouva plus tard dans Turgot un champion énergique. Le gouvernement, malgré les préjugés populaires et les manœuvres secrètes des spéculateurs privilégiés, eut la force de s'affranchir du joug de précédents surannés et de rendre au commerce son indépendance. Pour activer même les opérations des négociants qui se livraient à l'importation, il leur accorda des primes et les autorisa, ainsi que les étrangers, à réexporter, sans payer aucun droit, les grains qu'ils auraient fait entrer dans le royaume. Il fut sursis d'ailleurs, jusqu'à ce que les circonstances fussent devenues plus favorables, à statuer sur la liberté des exportations [4].

La capitale, privée par des considérations de prudence trop timides des franchises attribuées aux provinces, en ce qui touche le commerce des blés, fut admise, en 1776, à jouir du bénéfice du droit commun. Les entraves éprouvées jusque-là par les marchands ou détenteurs de grains, soit

---

[1] Arrêt du parlement du 20 janvier 1769, et arrêt infirmatif du conseil du 22 janvier, même année. Peuchet, 2ᵉ série, t. VIII, p. 176-178.

[2] Arrêt du 29 août 1770. *Ibid.*, t. VIII.

[3] Ordonn. du 1ᵉʳ janvier 1771. *Ibid.*, t. VIIII, p. 369.

[4] Arrêt du conseil du 13 septembre 1774. Lettres patentes du 2 novembre même année. Isambert, t. XXIII, p. 30 et suiv., et t. XXVIII, p. 318 et suiv.

dans l'intérieur de la ville, soit dans la zone prohibée, disparurent complétement[1]. La limite imposée aux exportations, qui n'étaient permises que lorsque les prix n'excédaient pas un certain taux, fut supprimée[2]. Toutefois, ces doctrines de liberté ne prévalurent pas longtemps dans la pratique. Les difficultés de la disette ramenèrent l'administration aux anciens usages, sinon d'une manière permanente, au moins pendant la durée des crises, à cause de la rareté des subsistances[3].

Il existait sur le territoire du Bourg-la-Reine une foire et un marché pour la vente des bestiaux. Le marché fut transféré à Sceaux. Colbert, à qui les terrains formant l'emplacement du nouveau marché appartenaient, fit élever à ses frais les constructions qu'exigeait cet établissement, et malgré les améliorations considérables qu'il y introduisit sur la demande des bouchers de Paris et des marchands forains, il réduisit de moitié les droits perçus dans l'ancien marché[4]. Les différends qui s'élevaient entre les bouchers résidants et les forains étaient jugés par le lieutenant général de police. Ces différends ayant donné lieu à de nombreux procès, un règlement particulier détermina l'ordre qui devait être observé dans le commerce des bestiaux. Les marchands furent déclarés garants pendant neuf jours de la mort des bœufs par eux vendus. Les bouchers durent, de leur côté, payer aux premiers le prix de leurs marchandises en argent comptant ou en billets à terme, sans que, dans ce dernier cas, les séparations de biens qui existeraient entre eux et leurs femmes pussent être opposées valablement à leurs créanciers, à moins qu'elles n'eussent été publiquement prononcées avant la vente et inscrites sur un tableau affiché dans le marché.

---

[1] Arrêt du conseil du 3 juin 1775, et déclaration du 5 février 1776. Isambert, t. XXIII, p. 187.
[2] Déclaration du 14 juin 1787. Isambert, t. XXVIII, p. 361.
[3] Arrêt du conseil du 23 novembre 1788. Autre arrêt du 23 avril 1789. Isambert, t. XXVIII, p. 629 et 663.
[4] Delamare, ordonn. de mai 1667, t. II, p. 504 et suiv.

Une disposition du règlement interdit aux forains, suivant les anciens usages, de se servir de facteurs ou commissionnaires pour effectuer la vente de leurs bestiaux; ils furent astreints à y procéder par eux-mêmes, leurs enfants, domestiques ou associés. Aucun sergent ou huissier ne pouvait opérer de saisie sur les bestiaux mis en vente dans le marché, ni sur ceux qu'on y conduisait [1]. Le marché de Sceaux subsista spécialement pour l'approvisionnement de Paris en même temps que celui de Poissy, et dans l'un comme dans l'autre il fut permis de vendre toutes sortes de bestiaux [2]. On créa près du marché de Poissy une bourse, ou une caisse de crédit destinée à pourvoir au paiement immédiat des marchands forains, et cette institution fut un bienfait pour ceux-ci aussi bien que pour les bouchers. Le sort de cette caisse fut soumis à des vicissitudes diverses. Supprimée et rétablie plusieurs fois, l'expérience a fini, de nos jours, par en régulariser l'établissement, et elle est devenue une des institutions municipales les plus utiles [3].

Le régime des abattoirs, malgré la sagesse des règlements, ne s'était pas amélioré. Quelques uns avaient été construits dans les faubourgs, mais un grand nombre de bouchers tuaient encore leurs bestiaux dans l'intérieur de la ville, quoique dans plusieurs grandes cités, telles que Lyon, Nantes, Rennes et autres, l'abattage eût été rejeté à l'extrémité des faubourgs. Les protestations de l'échevinage et les nombreuses plaintes renouvelées sans cesse par le public contre les inconvénients qui résultaient du maintien des vieux usages de la boucherie parisienne pour la salubrité et la commodité des habitations voisines des abattoirs particuliers, échouèrent toujours contre la force d'inertie et les intrigues des bouchers.

---

[1] Delamare, arrêt du 13 juillet 1699. — [2] *Ibid.*, t. II, p. 606.
[3] Delamare, t. II, p. 607. Peuchet, *Collection des lois de police,* arrêt du conseil du 10 novembre 1733, t. IV, 2ᵉ série, p. 111. Isambert. Édits de février 1776 et de mars 1779, t. XXIII, p. 349, et t. XXVI, p. 52.

L'administration, en reconnaissant la gravité des inconvénients qui lui étaient signalés, craignit que la translation de toutes les boucheries particulières hors la ville ne troublât ou ne ralentît l'approvisionnement de la capitale par la distance considérable qui séparerait les abattoirs des étaux, et que la facilité de la circulation ne fût compromise par l'encombrement auquel donneraient lieu les nombreuses voitures ou chevaux qu'il faudrait employer pour apporter les chairs dans chaque étal. Un troisième obstacle lui apparut, c'était la crainte que le public, et surtout le bas peuple, ne se récriât contre la nécessité d'élever les prix des diverses natures de viande, nécessité reconnue indispensable pour subvenir aux frais des constructions importantes et étendues qu'exigerait l'établissement d'abattoirs collectifs; enfin l'autorité fut touchée d'une dernière difficulté : elle voulut éviter que les droits perçus sur chaque tête de bétail n'éprouvassent une trop grande diminution par suite des issues nombreuses qui seraient ouvertes à la fraude [1]. Tous ces motifs invoqués par les bouchers, et qui n'étaient que spécieux, prévalurent dans l'esprit de l'administration. Au surplus, les boucheries collectives et particulières établies dans les faubourgs ou dans le sein de la cité furent soumises à une inspection générale pour prévenir l'introduction de mauvaises viandes dans le commerce et pour assurer la stricte exécution des règlements de police concernant la salubrité [2].

Le marché de la vallée, établi sur le quai de la Mégisserie pour la vente de la volaille et du gibier, fut transféré successivement en plusieurs endroits. Le choix du dernier emplacement, qui paraissait devoir être définitif, fut jugé, après quelques mois d'occupation, si peu compatible avec les bonnes conditions d'un marché de ce genre, qu'il souleva les clameurs de tous les propriétaires du quartier. Créé en 1672, pour complaire à des personnes qualifiées

---

[1] Delamare, t. II, p. 619-626. — [2] *Ibid.*, p. 627 et suiv.

qui en avaient obtenu la concession, il ne fallut pas moins de sept ans de plaintes et de luttes de la part de l'autorité municipale et du public pour en obtenir la suppression. En juin 1675, il fut transféré sur le quai des Augustins, où il est encore [1].

Les règlements publiés sur le commerce des œufs, du beurre et du fromage, ne contiennent que des dispositions ayant pour objet de délimiter les droits respectifs des diverses professions qui se faisaient concurrence dans ce commerce, ou d'augmenter, en raison de la pénurie des finances, le nombre des officiers du marché préposés à la vente ou à d'autres opérations [2].

Le commerce du poisson de mer fut également surchargé de nouveaux offices. Il y avait des officiers compteurs et déchargeurs, des contrôleurs, des jurés vendeurs. Le nombre de tous ces préposés variait moins d'après les besoins du marché que d'après les nécessités financières. La halle au poisson de mer continua de subsister. On en créa une spéciale, rue de la Cossonnerie, pour la vente du poisson d'eau douce [3].

Les halles de l'hôtel de ville, qui servaient d'abri dans certaines saisons aux vins amenés sur la rivière par les forains, étant insuffisantes, Louis XIV permit, en 1656, de construire près la porte Saint-Bernard une halle destinée spécialement à l'entrepôt de ces mêmes vins. L'usage de cette halle n'était pas obligatoire. L'administration avait entendu seulement offrir aux marchands un moyen commode de mettre leur vin à couvert des ardeurs du soleil et de l'intempérie des saisons [4]. Le nombre des officiers préposés au commerce des vins fut accru, pour faire face aux besoins du trésor, ainsi qu'on en avait usé à la même époque pour d'autres branches du commerce [5]. Les taver-

---

[1] Delamare, t. II, p. 780 et suiv. — [2] *Ibid.*, t. II, p. 804 et suiv. — [3] *Ibid.*, t. III, p. 139 et suiv., p. 329.— [4] *Ibid.*, p. 650 et suiv.— [5] *Ibid.*, p. 664 et suiv.

niers, les cabaretiers et les hôteliers ayant été réunis dans une même communauté, les premiers obtinrent, moyennant finance, la permission de donner à manger chez eux aussi bien que les deux autres, sans néanmoins pouvoir fournir aux consommateurs d'autres viandes que celles que l'on vendait cuites chez les rôtisseurs. Ce système restrictif dominait toutes les industries, et la fraude, rendant ses effets presque toujours illusoire, donnait lieu à une foule de plaintes et de procès de la part des industries froissées dans leurs intérêts [1].

Le commerce du bois à brûler se composait de deux espèces de bois, de bois neuf et de bois flotté. Ce commerce était entaché, comme tous les autres, de monopole, de fraude et d'exactions. La disette était une source abondante de gain pour les marchands; l'élévation des prix était maintenue jusqu'au dernier moment, et il fallait très souvent l'intervention de l'autorité pour ramener ces prix à leur véritable niveau. Le prévôt des marchands et les échevins étant chargés principalement de la police de la rivière, envoyaient des inspecteurs en amont et en aval pour s'assurer de l'importance des approvisionnements faits dans les lieux qui étaient en possession de pourvoir à la consommation de la ville de Paris. Ils s'informaient des causes qui retardaient les arrivages, et si elles se rattachaient à quelque abus, ils le signalaient pour le faire disparaître [2].

Le régime de la rivière fut réglé en 1672 par une ordonnance royale beaucoup plus complète que celle de 1415. Nous en donnerons un aperçu quand il sera question de la navigation; un chapitre important y est consacré au transport, non seulement du bois de chauffage, mais aussi du bois de construction [3]. Le bureau de la ville, outre la police du flottage sur la rivière, avait aussi la surveillance des

---

[1] Delamare, t. III, p. 719 et suiv. — [2] Ibid., arrêt du 13 juillet 1668, t. III, p. 872.

[3] Delamare, ordonn. de décembre 1672, chap. XVII, t. III, p. 874 et suivantes.

chantiers; c'est elle qui déterminait la hauteur des piles et des théâtres de bois pour prévenir les éboulements [1].

La même ordonnance détermina le mode qui devait être suivi pour la vente du charbon. La marchandise, soit qu'elle consistât en charbon de bois ou de terre, était conduite par celui à qui elle appartenait dans les ports ou sur les places affectés à cette espèce de commerce. Les mesureurs, dès qu'ils étaient avisés de l'arrivée d'un bateau ou d'une voiture de charbon, allaient visiter la marchandise sur le lieu où elle avait été déposée; ils en constataient la quantité et la qualité, et ils portaient à l'hôtel de ville un échantillon de chaque espèce de charbon pour en faire taxer le prix par un des échevins commis à cet effet.

Nul ne pouvait former un entrepôt ou magasin de charbon sans une permission expresse du prévôt des marchands ou des échevins. Il était même interdit de le faire séjourner dans les hôtelleries et en d'autres endroits que ceux indiqués par les règlements, sous peine de confiscation. Les marchands forains, qui amenaient du charbon à somme ou sur chevaux, avaient la faculté de le vendre dans les rues aux bourgeois et artisans dans des sacs d'une contenance déterminée et au prix fixé par le prévôt des marchands. Une plaque attachée au poitrail de chaque cheval faisait connaître la contenance des sacs et le prix de la taxe.

Le marchand du charbon vendu sur place ou en bateau était également astreint à se renfermer dans les limites de la taxe, et une banderolle indiquait chaque jour la fixation de celle-ci. Les chandeliers, fruitiers et les femmes de gagne-deniers, vulgairement appelés garçons de la pelle, étaient autorisés à vendre du charbon à petite mesure, pourvu que la quantité qu'ils auraient en dépôt n'excédât point une limite déterminée. Le règlement que nous ana-

---

[1] Delamare, ordonnance du bureau de la ville du 8 février 1683, t. III, p. 87.

lysons s'occupe de régler aussi le débit des regrattiers. Le charbon de terre appartenant à des marchands forains devait être vendu aux artisans et forgerons, par préférence aux marchands de Paris qui en faisaient trafic. Quant au charbon appartenant à ces derniers, il ne pouvait être distrait du port où il avait été apporté avant trois jours. Pendant ce laps de temps, les artisans et forgerons avaient seuls le droit d'en acheter, et, après l'expiration de ce terme, les marchands avaient la faculté de faire conduire en leurs maisons le charbon qui leur restait, sans pouvoir le vendre à un plus haut prix que celui des ports. Le prix originaire de la mise en vente ne pouvait, d'ailleurs, être augmenté, et si, dans le cours du débit, le marchand consentait à un rabais, le prix réduit servait de règle pour la continuation de la vente [1].

Les actes de l'autorité royale, qui règlent le commerce du foin à Paris pendant la période qui fait l'objet de notre examen, ne s'occupent guère que des nombreux officiers attachés à ce commerce, et sont dès lors sans intérêt quant au point de vue général de cet ouvrage [2]. Malgré la possession non interrompue du prévôt de Paris, en ce qui touche les attributions dont se compose la police du commerce du foin, le prévôt des marchands a presque toujours convoité ces attributions, et sa convoitise s'est traduite même quelquefois en usurpations particulières qui ont rendu nécessaire un règlement spécial du parlement, dans lequel sont déterminées toutes les attributions du prévôt de Paris et de ses officiers sur la matière.

Le prévôt, pour assurer l'approvisionnement de la capitale, a le droit d'envoyer des commissaires du Châtelet le long des rivières et sur les lieux où le foin est récolté, afin d'en faire la visite et de reconnaître s'il y aura abondance

---

[1] Delamare, ordonn. de décembre 1672, chap. XXI, t. III, p. 939-940. Voir dans le même auteur les ordonnances subséquentes, t. III, p. 940 et suiv. — [2] *Ibid.*, t. III, p. 1007 et suiv.

ou disette. Il est chargé de donner les ordres nécessaires pour faire conduire à Paris la denrée disponible, d'empêcher qu'elle ne soit arrêtée en chemin, et d'informer des abus qui pourraient être commis dans la vente, l'achat, la conduite et le débit de la marchandise. Il règle le poids et le bottelage de celle-ci et doit veiller par ses préposés à ce que l'on n'aille pas au-devant des bateaux qui en seraient chargés. Dès qu'ils sont arrivés dans les ports destinés à les recevoir, il lui appartient de mettre le prix à la denrée selon sa qualité, et de surveiller toutes les opérations de la vente jusqu'au départ des bateaux, lequel ne peut avoir lieu sans sa permission [1].

Nous avons essayé de faire connaître, sinon en totalité, du moins en partie, le nombre des ports destinés au commerce durant les diverses périodes que nous avons parcourues ; il nous a semblé à propos d'énumérer dans notre dernier livre les ports les plus importants et les plus fréquentés de la capitale ; en voici la nomenclature.

On comptait, en 1789, à Paris, vingt-cinq ports, dont les principaux étaient :

Le *port de la Grève*, où stationnaient les bateaux chargés de foin, de blé, d'avoine, d'orge, de chaux, et de charbon de bois ;

Le *port Saint-Nicolas*, situé vis-à-vis du Louvre ; c'est là où arrivaient et se déchargeaient les marchandises venant de Rouen, de Provence, du Havre, de Dieppe, et de Hollande, telles que huile, savon, oranges, poivre, café, morue, harengs, huîtres, cidre, vins de Languedoc, vins étrangers, eaux-de-vie, liqueurs, plomb et blocs de marbre ;

Le *port Saint-Bernard*, faisant face à la halle au vin, et servant de gare aux vins qui devaient y être contrôlés ;

Le *port Saint-Paul* ; c'est là où arrivaient et d'où partaient les coches d'eau. On y déchargeait toutes sortes de

---

[1] Delamare, arrêt du 28 juillet 1673, t. III, p. 1087.

marchandises venues par la rivière, telles que fers, vins, liqueurs, etc.;

Le *port Saint-Landry*, en la Cité.

Outre ces ports, il y en avait d'autres non moins intéressants à connaître : c'était le *port au Plâtre*, au-dessous du bois de Charenton ; le *port au-dessus du Mail* pour le bois flotté et les bateaux chargés de fruits ; *le port au-dessous du pont de Grammont* pour les bateaux portant du charbon de terre ; le *port de la Conférence*, où se déchargeaient les pierres de Saint-Leu, de liais, et le bois flotté ; le *port de la Salpêtrière*, pour le bois de charpente et de charronnage; le *port au-dessous du pont de la Tournelle*, pour le bois neuf ; le *port des Miramiones*, pour les ardoises, tuiles, briques, fruits, le foin et le charbon en vente ; le *port de la Grenouillière* pour les trains de bois flotté, et le *port des Invalides* pour les provisions de cet hôtel [1].

CHAPITRE II.

DE L'HYGIÈNE PUBLIQUE, DE LA VOIRIE, DE LA NAVIGATION ET DU COMMERCE.

La police du nettoiement est améliorée dans toutes ses parties. — Voiries, mises à la charge des finances du roi. — Précautions dont elles sont l'objet dans l'intérêt de la salubrité.—Fosses vétérinaires.—Ateliers d'équarrissage. — Le service des fontaines ne peut être assuré que par la révocation des concessions faites à des particuliers qui en abusaient. — Assainissement des eaux de la Seine. — Origine et avantages de l'édilité médicale. — Les inhumations dans les temples et dans l'enceinte des habitations sont interdites. — Boîtes fumigatoires et postes de secours établis pour les noyés et les asphyxiés. — Réforme des hôpitaux. — Tableau de l'Hôtel-Dieu. — Mesures sanitaires prises pour préserver Paris des grandes contagions. — Ravages de la petite vérole. — Inoculation. — Voirie. — Sa division en grande et petite voirie. — Attributions de la grande voirie dévolues aux trésoriers de France. — Limites de la compétence du lieutenant de police, en ce qui touche certains cas de grande voirie. — L'administration de la

---

[1] Perrot, *Dictionnaire de voirie*, au mot *Ports*.

petite voirie appartient à ce magistrat. — Police des bâtiments, perfectionnée sous le rapport de la salubrité publique. — Experts. — Juridiction des bâtiments. — Plaques scellées au coin des rues pour en indiquer le nom. — Incendies. — Mesures prises pour les éteindre. — Usage des pompiers. — La force armée employée comme auxiliaire des pompiers. — Inondations. — Les plus importantes causées par la Seine. — Nomenclature des ponts et quais de Paris, à la fin du dix-huitième siècle. — Éclairage. — Création d'un corps de porte-lanternes et de porte-flambeaux. — Détails sur l'éclairage permanent de la ville. — Usage de l'huile substitué à celui de la chandelle pour le service des lanternes. — Saillies fixes autorisées dans la construction des bâtiments comme objets de décoration. — Voitures à l'heure ou à la journée, appelées *fiacres*. — Autres voitures à cinq sous la place, analogues aux *omnibus*.—Chaises à porteurs et chaises à deux roues, dites *brouettes*. — Les contraventions occasionnées par le service des voitures jugées par le lieutenant général de police. — La police des voitures de roulage appartenait, selon leur destination, au prévôt des marchands ou au lieutenant général de police. — Navigation. — Analyse de l'ordonnance de 1672 concernant la police de la rivière de Seine. — État du commerce dans ses rapports avec les corps de métiers.

L'hygiène publique n'a pris en France une véritable importance et un développement progressif, que du moment où l'Académie des sciences comprit la nécessité de faire servir les anciennes découvertes scientifiques et les siennes propres à la prospérité de l'État, en améliorant la condition des masses par la salubrité des habitations et en mettant autant que possible à leur portée les commodités et les jouissances de la vie.

La police du nettoiement ayant été placée en 1643 sous l'autorité immédiate du lieutenant civil, ce dernier fit revivre l'ancien système d'administration fondé sur le concours de la bourgeoisie, et confia la direction du service actif ainsi que la perception des taxes de cotisation à des assemblées de notables. On apporta successivement à cette partie de l'administration toutes les améliorations indiquées par l'expérience, et en 1663 il intervint un règlement général dont les dispositions embrassent l'ensemble du service. En exécution de ce règlement, les assemblées élurent dans chaque quartier un ou plusieurs directeurs, dont la moitié cessait ses fonctions à la fin de chaque semestre, de telle sorte que les nouveaux élus pussent profiter des lumières des directeurs restés en exercice. On établit un receveur général par quartier, afin de centraliser la dépense, et un receveur particulier par dizaine. L'obstacle principal qui avait entravé jusqu'alors la marche du service, et qui était né de la résistance des classes privilégiées au payement de la cotisation, fut levé par l'adoption d'une mesure qui eut pour effet de rendre vaine, en grande partie, cette résistance. En effet, outre que les propriétaires et les principaux locataires pouvaient être contraints à payer pour leurs locataires, les intendants, trésoriers, secrétaires et maîtres d'hôtels des personnes de qualité, étaient également soumis aux voies de contrainte pour le compte de celles-ci, sauf le recours que la loi leur donnait contre les débiteurs directs de la taxe [1].

Malgré les garanties de payement qui semblaient résulter de cette dernière disposition, le règlement ne fut exécuté que très imparfaitement. La levée des taxes était toujours entourée de difficultés ; les directeurs s'étudiaient à réduire la dépense avec une économie outrée, pour rendre moins lourd aux habitants le fardeau de la cotisation; les entrepreneurs mal payés négligeaient les travaux qui leur étaient imposés par leur marché; en un mot, le nettoiement de Paris laissait beaucoup à désirer.

Louis XIV, qui se faisait rendre compte fréquemment de cette partie de l'administration, institua un conseil général de police, composé du chancelier Séguier, du maréchal de Villeroi, de huit conseillers d'État et de Colbert. Il remit à ce conseil le soin de proposer à son gouvernement toutes les améliorations dont les diverses branches de la police lui paraîtraient susceptibles, et l'attention de ses membres fut appelée principalement sur la question du nettoiement. Paris étant alors divisé en seize quartiers, chaque conseiller d'État prit la direction de deux quartiers, en s'éclairant dans des conférences particulières des vues

---

[1] Delamare, arrêt du 30 avril 1663, t. IV, p. 225 et suiv.

des deux commissaires de police préposés à leur surveillance; le conseil s'assemblait un jour de la semaine chez le chancelier. Le lieutenant civil, le procureur du roi, et les seize commissaires de police y étaient convoqués et entendus. Après six mois d'étude et de discussion, le conseil de police soumit au gouvernement un travail spécial que ce dernier lui avait demandé sur le nettoiement et la sûreté publique. La création de la charge de lieutenant de police fut un des fruits les plus précieux de ce travail, qui mit en lumière, avec une haute sagesse, l'utilité qu'il y aurait pour toutes les branches de la police d'en confier la direction à un administrateur qui pût se livrer sans partage à des fonctions si importantes, si variées et si actives [1].

Le système de nettoiement alors en vigueur fut maintenu. Les assemblées d'où partait l'impulsion administrative dans chaque quartier furent appelées directions de quartiers, et les magistrats les plus éminents, tels que les chefs des grands corps judiciaires, jaloux de coopérer à une entreprise aussi vaste et aussi utile, acceptèrent avec empressement la mission de présider aux opérations de ces assemblées. On dressa dans chaque quartier un rôle général des maisons ayant face sur chaque rue, sans en excepter les églises, les monastères et maisons religieuses, les hôtels des princes et des grands seigneurs, et même les maisons royales. Ce rôle, énonçant la taxe assignée à chaque édifice et revêtu de l'ordonnance du magistrat de police, était exécuté par extraits, et les contribuables pouvaient être contraints au payement des taxes par saisies et ventes de leurs meubles opérées immédiatement. Les notables composant les assemblées des divers quartiers étaient renouvelés tous les ans par moitié, au choix des principaux habitants; et les agents de la comptabilité, tels que les receveurs généraux et les receveurs particuliers, étaient également désignés par l'élection. Enfin, on pourvut par des dispositions claires et précises au

---

[1] Delamare, t. IV, p. 229 et suiv.

recouvrement des taxes et à l'établissement d'une comptabilité régulière.

L'assiette des taxes étant fixée, ainsi que nous l'avons dit, avec une stricte économie dans l'intérêt des contribuables, les recettes s'élevaient rarement au-dessus de la dépense; aussi, dans certaines années où les hivers étaient plus longs et plus rigoureux que de coutume, le roi accordait sur les fonds du trésor un supplément de crédit, qui permettait de rembourser complétement les excédants de dépense. Lorsqu'il survenait quelque différend pour réduction ou dégrèvement de taxe entre les contribuables et les collecteurs, le cas était déféré au lieutenant général de police, qui statuait comme juge. Ce magistrat connaissait, au même titre, des négligences et prévarications des entrepreneurs[1]. Le service du nettoiement, dans son nouvel état, reçut un tel degré de perfectionnement que les puissances étrangères demandèrent au gouvernement communication des règlements, pour les proposer comme modèles à leurs propres administrations[2].

Le roi, ayant autorisé les habitants de la capitale à se racheter de l'ancienne taxe du nettoiement par une imposition spéciale moins onéreuse pour eux, décida que la dépense générale du service serait acquittée sur ses finances. L'organisation du personnel ayant été établie sur de nouvelles bases, les bourgeois furent déchargés de la recette des taxes; mais ils continuèrent à prendre part à l'administration du service. Les receveurs généraux et les receveurs particuliers, dont les commissions avaient été converties en offices, furent autorisés à en faire liquider le prix; on créa à leur place quatre trésoriers généraux des deniers de police et quatre contrôleurs généraux des trésoriers. Les payements étaient effectués par les premiers sur le produit de leurs recettes, et les pièces justificatives de la dépense étaient contrôlées par les seconds, dont le visa pou-

---

[1] Delamare, t. IV, p. 230-232. — [2] *Ibid*, p. 233.

vait seul assurer la validité de chaque payement. Le lieutenant général de police fut chargé d'apurer en premier ordre le compte en recette et en dépense des trésoriers généraux, et la chambre des comptes statua définitivement [1].

Le gouvernement ne se borna pas à ces changements. Il soumit les entrepreneurs, dans leur circonscription respective, à la surveillance d'inspecteurs, qui les obligèrent à redoubler de vigilance, pour assurer la régularité de leur service. Les inspecteurs rendaient compte de leur tournée aux commissaires de police, sous l'autorité desquels ils étaient placés, et ceux-ci, en cas d'infraction aux ordonnances, poursuivaient les contrevenants devant le lieutenant général de police. On réduisit à deux les places de trésoriers généraux et celles de contrôleurs. Les dépenses furent ordonnancées par le chef de l'administration de la police, et l'on continua d'observer d'ailleurs les formalités ordinaires, quant à l'apurement des comptes.

Dans le cours des phases diverses éprouvées par le service du nettoiement de Paris, ce service a été adjugé tour à tour à des entrepreneurs généraux, à des compagnies, à des entrepreneurs particuliers. L'expérience répétée de ces divers modes d'adjudication a constaté que plus le service matériel a été centralisé, moins il a été régulier. Les baux particuliers sont ceux dont l'exécution a souffert le moins d'embarras et de difficulté [2].

Dès que l'État eut trouvé bon de prendre en main l'administration active du service du nettoiement, les entrepreneurs, affranchis de toute surveillance autre que celle des agents de la force publique, durent combiner leurs efforts avec les obligations imposées par les ordonnances de police à l'universalité des habitants pour maintenir la propreté de la voie publique. Ceux-ci ne furent plus chargés que de balayer le devant de leur maison et de déposer les immondices le long des murs, afin d'en faciliter l'enlève-

---

[1] Delamare, t. IV, p. 237-242. — [2] *Ibid.*, p. 252.

ment. Le magistrat de police fit, d'ailleurs, surveiller avec un soin particulier les opérations industrielles des marchands, des artisans et des gens de métier, dont la profession ou le commerce était de nature à accroître les difficultés du nettoiement; mais il ne perdit pas de vue la nécessité de concilier les exigences de ce service avec les besoins d'une immense population telle que celle de la capitale, et toutes les mesures émanées de lui tendirent vers ce double but [1].

La grande assemblée de police qui se tint chez le chancelier Séguier s'occupa aussi des moyens de nettoyer les égouts. On proposa d'ouvrir dans cette vue un canal de ceinture autour de Paris; mais Colbert remarqua judicieusement qu'en multipliant les fontaines et en faisant couler plusieurs fois par jour des eaux abondantes dans les ruisseaux des principales rues, on arriverait à ce résultat plus aisément et avec moins de dépense que par la confection d'un canal [2].

Avant que les justices seigneuriales dans Paris eussent été réunies au Châtelet, les voiries étaient fournies par elles; mais depuis cette réunion, qui s'est effectuée en 1674, c'est le roi, comme seul dépositaire du pouvoir suprême, qui a pourvu sur ses finances à l'acquisition et à l'entretien de ces établissements. On distinguait deux sortes de voiries : les emplacements destinés à servir de lieux de décharge aux boues et immondices enlevées par les entrepreneurs du nettoiement, et les grands espaces de terrain où les fosses dans lesquels on déposait les matières corrompues ou sujettes à corruption que les vidangeurs y transportaient. Les voiries ne pouvaient être établies qu'à une grande distance de la ville et des faubourgs. On les tenait également éloignées des grands chemins, pour ne pas détériorer le pavé des chaussées par le fréquent passage des voitures et pour éviter d'incommoder les voyageurs. Les décharges affectées

---

[1] Delamare, t. IV, p. 258 et suiv. — [2] *Ibid.*, p. 276.

au service du nettoiement ne recevant que des boues et des immondices que l'on pouvait, sans inconvénient, employer immédiatement à l'amendement des terres, les cultivateurs de la banlieue étaient encouragés à s'en servir pour débarrasser les bassins où elles étaient déposées, et au besoin on les contraignit par voie de réquisition à procéder à leur enlèvement [1].

Quant aux matières transportées dans les voiries ou dans les fosses publiques destinées à recevoir les produits de la vidange des retraits ou des fosses d'aisance, elles ne pouvaient être livrées aux cultivateurs pour fumer leurs terres qu'après trois ans de séjour dans la même fosse. Ce délai avait paru nécessaire pour ne pas nuire, par un emploi trop précoce des matières, aux récoltes et à la santé publique. Les mesures de police qui règlent la discipline du métier de vidangeur ont été de tout temps l'objet de la vigilance particulière de l'administration [2].

L'équarrissage fut toujours éloigné du centre de la ville et placé loin des habitations; mais les emplacements sur lesquels les équarrisseurs faisaient leurs opérations s'étant trouvés englobés progressivement dans les nouveaux quartiers, les habitants de ceux-ci, incommodés par leur voisinage, obtinrent qu'ils seraient relégués dans des localités situées hors de Paris et de ses faubourgs. Quelques équarrisseurs établirent spontanément leurs ateliers tout près des fosses vétérinaires destinées à recevoir les débris des animaux qu'ils avaient dépecés, et les autres imitèrent ou furent forcés d'imiter successivement leur exemple [3]. Une industrie qu'on ne commença guère à connaître que dans les premières années du dix-huitième siècle, celle des chiffonniers, créa dans Paris une cause nouvelle d'insalubrité. L'administration s'empressa d'en combattre l'influence avec d'autant plus

---

[1] Delamare, t. IV, p. 279 et suiv. Ordonn. du 31 décembre 1720, p. 282.

[2] Delamare, ordonn. de police du 31 mai 1726, t. IV, p. 290.

[3] *Ibid.*, p. 284. Ordonn. de police du 18 juillet 1727, p. 285. Isambert, ordonn. du 5 avril 1780, t. XXVI, p. 303.

d'énergie que les hommes singuliers adonnés à ce métier rebutant y joignaient celui d'équarrisseur, qui n'était certes pas fait pour le relever [1].

Afin d'augmenter l'abondance des eaux dans Paris, Louis XIV ordonna un examen approfondi du régime auquel la distribution de ces eaux était soumise ; il fit faire des recherches et des fouilles pour s'assurer de l'état des sources et des conduits qui amenaient les eaux à Paris, et voulut que les ouvrages nécessaires à la distribution de celles-ci fussent vérifiés et que le prévôt des marchands et les échevins pourvussent à la réparation de ceux que le temps aurait dégradés, ainsi qu'à l'entretien de l'ensemble de ces ouvrages. Les principales sources qui alimentaient les fontaines de la capitale et desservaient les concessions des particuliers, étaient celles de Rungis, de Belleville, du pré Saint-Gervais. Les fontaines publiques se trouvant appauvries par le trop grand nombre des concessions et par l'abus que les titulaires en faisaient, le roi révoqua celles qui avaient été consenties par le bureau de l'hôtel de ville, et prescrivit la destruction de tous les travaux qui détourneraient, au profit d'usages privés, les eaux destinées au service des fontaines [2].

Les porteurs d'eau s'étaient rendus maîtres des fontaines dans certains quartiers de Paris ; ils en disputaient l'approche non seulement aux habitants ou à leurs serviteurs, mais aux personnes de leur profession, dans lesquelles ils voyaient de nouveaux concurrents et qu'ils voulaient assujettir à un droit abusif en leur faveur. Parmi ceux dont la possession n'était pas contestée, il y en avait qui affichaient la prétention de remplir plus de deux seaux, et même des tonneaux qu'ils voituraient dans la ville. L'administration porta remède à ces désordres par de sages mesures, qui furent exécutées avec fermeté [3].

---

[1] Delamare, ordonn. de police du 10 juin 1701, t. I, p. 575.
[2] Delamare, t. IV, p. 384-385. — [3] *Ibid.*, ordonn. de police des 22 juillet 1729 et 14 juin 1731, t. IV, p. 389-390.

L'assainissement des eaux de la Seine, dont le lit servait de réceptacle à toute sorte d'immondices et de décharge à de nombreux égouts, fut l'objet de plusieurs règlements. Les tanneurs, les teinturiers et les autres artisans accoutumés à se servir de l'eau de la rivière pour l'exploitation de leur industrie, furent éloignés du centre de la ville et transférés au-dessous de celle-ci. Il s'en établit plusieurs sur la Bièvre et sur la rivière des Gobelins. Le prévôt des marchands et le magistrat de police étant investis, chacun dans le cercle de sa compétence, du droit de réglementer l'usage des eaux de la Seine, les limites de leurs attributions furent fixées de manière à prévenir tous conflits entre eux. La première de ces autorités, instituée pour maintenir la liberté et la commodité de la navigation du fleuve, fut chargée de délivrer des permissions à ceux qui auraient besoin de placer à demeure des bateaux sur ce dernier, et la seconde dut assurer la discipline et l'ordre parmi les artisans qui voudraient seulement faire usage de l'eau pour l'exercice de leur profession, sans anticiper sur le lit ou les berges du fleuve[1].

Des ordonnances de police, renouvelées par intervalles dans l'intérêt de la santé publique, indiquaient aux porteurs d'eau les endroits de la rivière où ils devaient s'abstenir de puiser, parce que l'eau dans ces endroits était infecte et malsaine. L'industrie des blanchisseuses fut également restreinte dans le même but par des prohibitions spéciales[2].

L'influence salutaire que le progrès des sciences physiques exerça sur le bien-être des peuples, depuis le dix-septième siècle, alla toujours croissant. L'administration aimait à s'entourer des lumières des savants dans les questions d'hygiène publique. La fondation de la Société

---

[1] Delamare, arrêts du conseil des 28 octobre 1672 et 24 février 1673, ordonn. d'octobre 1673 et juin 1700, t. I, p. 587-588. — [2] *Ibid.*, ordonn. du 19 juin 1666, et autres, t. I, p. 589-590.

royale de médecine, préparée par Turgot, mais qu'il ne lui fut pas donné de réaliser, devint pour les magistrats de police une source abondante d'études et de conseils, qui dirigèrent ses pas dans beaucoup de circonstances difficiles. Les médecins, jusqu'alors isolés et sans correspondance, trouvèrent un point de ralliement dans cette société, devenue depuis l'Académie de médecine. Vicq-d'Azyr, qui possédait la confiance de Turgot, et que l'on peut considérer comme le véritable promoteur de cet utile établissement, en fut le secrétaire perpétuel.

La médecine, agrandie dans ses applications, prit une part importante au développement de plusieurs branches de l'économie publique. Elle dut rechercher les moyens de combattre les cas d'épizootie et d'épidémie, surveiller les exhumations, la vente des médicaments, le choix de la nourriture de l'homme et des animaux, les causes capables d'engendrer le méphitisme, en un mot, pourvoir à tous les cas d'hygiène publique et d'édilité médicale [1].

La Société de médecine publia le premier volume de ses travaux en 1776. Malgré les services incontestables qu'elle avait rendus à l'administration pour assurer la salubrité de la capitale, on sentait généralement qu'un pareil office conviendrait mieux à un conseil composé de physiciens et de chimistes qu'à un corps essentiellement médical. La plupart des écrivains qui s'occupaient d'économie publique sollicitaient avec chaleur la création d'un conseil spécial de salubrité, lorsque l'ancienne monarchie disparut dans la tempête révolutionnaire. Leur vœu ne fut réalisé qu'en 1802, époque du rétablissement de l'ordre et de la renaissance des bonnes doctrines.

Le même esprit d'amélioration qui avait déjà produit des réformes utiles, en signala une qui ne pouvait être plus urgente, c'était celle des inhumations qui avaient lieu non

---

[1] Notice de Moreau de la Sarthe, en tête des *Éloges historiques de Vicq d'Azyr*.

seulement dans l'intérieur des villes où les cimetières étaient généralement établis, mais dans les temples même, quoique la réunion de nombreux fidèles y fût déjà une cause réelle d'insalubrité. Le gouvernement parvint à détruire cette dangereuse coutume dans les provinces, qui transportèrent le lieu de leurs inhumations hors de l'enceinte des habitations ; mais à Paris la superstition et le fanatisme opposèrent à tout changement de cette nature des obstacles qu'on ne put aplanir qu'avec le temps [1].

Ce n'est qu'en 1786 que le gouvernement crut pouvoir ordonner la suppression du cimetière des Innocents et la translation hors des murs de la ville des corps qu'un usage immémorial y avait fait déposer. L'exhumation de ces corps, quoique périlleuse et hérissée de difficultés, fut conduite avec autant d'habileté que de courage par Thouret et Fourcroy, deux chimistes distingués, dont le dernier a laissé un nom célèbre dans les annales de la science [2].

L'administration, pour rappeler les noyés à la vie, autorisa vers la même époque l'emploi de boîtes fumigatoires, qui furent disposées dans des postes de secours établis le long de la rivière. Elle accorda en même temps des gratifications aux mariniers et à toute autre personne qui auraient contribué par leur dévouement à conserver les jours d'un de ces infortunés qui sont victimes ou d'un accident ou de leur propre désespoir. Avant l'introduction de cet usage bienfaisant, l'ignorance suspendait le noyé par les pieds, afin de lui faire rendre l'eau qui l'avait instantanément privé de la respiration et de toute énergie vitale ; mais ce prétendu remède était à peu près illusoire, car presqu'aucun noyé n'échappait à la mort, tandis que la prompte application du nouveau secours inventé par la science sauva la vie à un grand nombre d'entre

---

[1] Isambert, ordonnance du 10 mars 1776, t. XXIII, p. 391.
[2] Cuvier, *Éloges historiques*, t. II, p. 53.

eux [1]. Il en fut de même des asphyxiés : exposés presque tous à une mort certaine, ils furent rendus à la vie par des procédés très simples dont la connaissance, publiée dans des instructions populaires, se répandit pour le bien de l'humanité dans les campagnes aussi bien que dans les villes [2].

A ces précieuses découvertes qui honorent le dix-huitième siècle, il faut ajouter la création de cinq chaires au collége de chirurgie de Paris, lequel devint le germe de la Faculté actuelle de médecine. Les chirurgiens, privés de rapports entre eux, furent réunis en académie comme les médecins. L'ouverture des cours de clinique, si utiles pour former d'utiles opérateurs et de bons médecins, date à peu près de la même époque [3]. On avait créé un hôpital particulier pour le traitement des accidents regardés comme exceptionnels dans le domaine de la chirurgie. Cet établissement, le seul qui fût dirigé, à Paris, selon les lumières de la science, fit naître des comparaisons peu favorables aux hôpitaux existants. Des écrits éloquents appelèrent une réforme radicale dans ces hôpitaux, et principalement dans celui de l'Hôtel-Dieu.

L'administration, ne pouvant étendre en superficie ce dernier établissement, l'avait élevé de plusieurs étages; malgré l'addition de ces nouvelles localités, l'encombrement des malades subsista comme auparavant. Ces infortunés gisaient au nombre de quatre et quelquefois de six sur un grabat de quatre pieds; le ciel du lit servait lui-même de coucher à plusieurs d'entre eux. Serrés les uns contre les autres, ils ne pouvaient pas remuer et leur respiration était à peine libre. Ils sentaient souvent un ou deux morts entre eux pendant des heures entières. Pour comble d'imprévoyance, les administrateurs de cet hôpital, d'autant plus inexcusables qu'ils dépendaient de l'auto-

---

[1] Mercier, *Tableau de Paris*, chap. XLVI. — [2] *Ibid.*, même chapitre.
[3] Cuvier, *Éloges historiques*, t. II, p. 278.

rité ecclésiastique, souffraient que les malades fussent confondus pêle-mêle, sans distinction de maladies, et ne paraissaient même pas s'inquiéter de celles qui étaient contagieuses. Aussi les affections cutanées régnaient avec fureur dans tous les quartiers de l'établissement. L'administration avait si peu d'égard à la nature des maladies, que les femmes en couche et les enfants nouveau-nés reposaient à côté d'hommes atteints de la petite vérole. On voyait des insensés, en proie à d'horribles convulsions, s'agiter et hurler auprès de blessés qu'on opérait. L'air était si corrompu dans ce foyer de toutes les misères, que le malade survivait rarement à l'opération la plus habile et que la plaie était presque aussitôt envahie par une gangrène dévorante. Les témoignages contemporains évaluent à un quart du nombre total des malades ceux qui succombaient dans l'épouvantable gouffre de l'Hôtel-Dieu [1].

On avait songé, à diverses époques, à diminuer la population de cet hôpital, en le divisant; il fut même question de le transférer sur un plus vaste emplacement; mais la tiédeur avec laquelle l'autorité accueillait les améliorations les plus importantes, la sourde résistance de la routine et de quelques intérêts subalternes, mirent obstacle à tous les projets. Louis XVI ayant ordonné, en 1785, à l'Académie des sciences de lui faire un rapport sur la situation générale des hôpitaux, l'administration de l'Hôtel-Dieu refusa aux commissaires désignés par cette académie l'entrée des salles et la communication des règlements, ainsi que des registres. L'un des chirurgiens les plus renommés du temps, M. Tenon, qui, depuis nombre d'années, recueillait sur le régime des hôpitaux de Paris des notes qui lui étaient fournies secrètement par des médecins et chirurgiens de ses amis employés dans ces divers établissements, suppléa aux renseignements que l'acadé-

---

[1] Cuvier, *Éloges historiques*, t. II, p. 284-287.

mie n'avait pu se procurer. Il fit connaître avec précision, dans plusieurs Mémoires, les vices déplorables de l'organisation de l'Hôtel-Dieu et l'insuffisance des autres hôpitaux.

Bailly, chargé de rédiger le rapport de l'académie, se contenta de laisser parler les faits qu'il puisa dans les Mémoires de M. Tenon, et son exposé simple, mais courageusement véridique, produisit sur la compagnie un effet extraordinaire. Le roi partagea la profonde émotion de celle-ci, et le public n'apprit qu'avec horreur les affreux détails du traitement que les pauvres malades éprouvaient à l'Hôtel-Dieu. On fit un appel à la bienfaisance de tous les habitants de la capitale, et en trois jours on obtint une souscription de plusieurs millions pour la construction de quatre hôpitaux. Mais, en 1788, un ministère inepte et méprisé, se trouvant réduit aux derniers expédients, mit la main sur ce dépôt sacré, et, par une violation coupable de la foi publique, il anéantit en un instant le fruit d'un généreux dévouement et l'espoir du malheur [1].

Pour préserver la capitale des grandes contagions l'on prenait diverses précautions, soit par rapport aux choses, soit par rapport aux personnes qui avaient traversé le foyer de la maladie. Toutes relations étaient interdites entre la ville infectée et les lieux sains. On posait des gardes aux abords de la première pour intercepter les communications, hormis celles qui étaient jugées nécessaires aux besoins de la cité par le conseil de santé établi dans une des localités les plus proches. Les marchandises qui provenaient de cette cité devaient être mises à l'évent pendant quarante jours, en plein air, à quelque distance des villes auxquelles elles étaient destinées. Le gouvernement avait exclu du commerce les matières textiles et les étoffes en laine ou coton, ainsi que les étoupes et fourrures, parce que ces marchandises étaient réputées plus susceptibles que les autres de

---

[1] Cuvier, *Éloges historiques*, t. II, p. 287-289.

recevoir et de propager la contagion. Les personnes venant de la ville infectée étaient assujetties, comme les choses, à une quarantaine, et celles qui étaient parties de lieux sains n'étaient admises ailleurs que sur des certificats de santé qu'elles devaient faire viser dans toutes les localités où elles passaient.

Les lettres envoyées à Paris des lieux infectés étaient transmises de poste en poste par des messagers accompagnés de deux gardes, et, avant d'être déposées à la première poste, on les purifiait. Quand elles étaient parvenues aux faubourgs de Paris, un commissaire du Châtelet les faisait éventer en sa présence, et, après cette dernière précaution, les facteurs les distribuaient à domicile [1].

Une des maladies contagieuses qui furent le plus funestes au genre humain est la petite vérole, ou la variole. L'expérience ayant prouvé, dans plusieurs parties du monde, que la variole spontanée était plus dangereuse que celle que l'on provoquait par l'insertion dans le corps d'un enfant d'un bouton extrait de l'éruption variolique la plus complète et la plus favorable, l'usage de cette opération se répandit de proche en proche, et reçut en France le nom d'inoculation. Les Anglais, malgré la défiance que toute nouveauté importante fait naître d'abord dans l'esprit du plus grand nombre, n'hésitèrent pas à mettre à profit, avant nous, les avantages d'une coutume qu'ils entreprirent de perfectionner, en la soumettant à une méthode capable de rendre ses effets plus certains.

L'inoculation ayant été reçue en France, dès l'origine, non seulement avec défaveur, mais avec une répulsion manifeste, Voltaire, qui en avait observé l'influence bienfaisante chez les Anglais, défendit sa cause en 1727 avec zèle et persévérance. Ceux des écrivains français qui étaient animés comme lui de l'esprit philosophique partagèrent

---

[1] Delamare, arrêts des 18 et 19 avril 1668, t. I, p. 671 et suiv.

ses opinions, et firent tous leurs efforts pour les propager. Le savant La Condamine fut un des apôtres les plus ardents de cette pratique. Il publia ses premiers travaux en 1732, et les recherches auxquelles il se livra pour réunir tous les faits favorables à l'inoculation ne se ralentirent pas un moment depuis cette époque. Les hommes de l'art étaient divisés entre eux, et cette division, jointe au fanatisme absurde de quelques théologiens, qui voyaient un cas de conscience dans une question purement médicale, ne faisait qu'augmenter l'inquiétude et la défiance publiques.

Le parlement, averti par le lieutenant général de police des alarmes que les adversaires de l'inoculation ne cessaient de répandre dans le sein des familles, prescrivit à la Faculté de médecine de se prononcer sur l'utilité ou les inconvénients de la contagion artificielle. Douze commissaires furent nommés par la Faculté pour examiner la question et lui en faire un rapport. Les voix ayant été partagées, l'un des partisans de l'inoculation, Antoine Petit, réfuta dans de savants Mémoires les assertions de ses contradicteurs avec tant de force, et leur opposa une masse de faits si imposante, que la Faculté adopta l'avis des six commissaires dont il était l'organe, et prit, à la pluralité de cinquante-deux voix contre vingt-six, une résolution tendant à autoriser la pratique de l'inoculation en France. Ce décret de la science fut promulgué en 1765, un an après l'initiative prise par le parlement auprès de la Faculté pour éclairer l'opinion publique.

Du reste, les hautes classes de la société n'avaient pas attendu cette manifestation pour se déclarer en faveur de l'inoculation. Leur exemple, celui de Louis XVI, de ses frères et de la femme de l'un d'eux, n'exercèrent pas moins d'influence sur l'esprit de la bourgeoisie et de la multitude que l'adhésion éclatante de la Faculté. Pendant les dernières années du dix-huitième siècle, la cause de l'inoculation triomphant de toutes parts, la longue controverse dont elle avait été l'objet s'éteignit dans l'indifférence et l'oubli universels [1].

Nous avons fait connaître dans le livre précédent que l'administration et la juridiction du pavé de Paris avaient passé des mains du prévôt et des officiers du Châtelet dans celles des trésoriers de France et du bureau des finances. Ce régime a subsisté sans interruption jusqu'à la destruction de l'ancienne monarchie. Nous n'avons plus dès lors à nous en occuper, puisqu'à l'époque de l'institution des lieutenants de police le prévôt se trouvait déjà dessaisi de cette attribution. Nous ferons toutefois observer que les principes généraux de l'administration du pavé n'avaient pas changé.

La voirie se divisait en deux branches principales: la grande et la petite voirie.

La police des bâtiments appartenait, ainsi que le pavage, à la grande voirie. Elle avait été attribuée, comme nous l'avons déjà dit, aux trésoriers de France, soit pour la délivrance des alignements et les autres opérations purement administratives, soit pour le contentieux; néanmoins, le lieutenant de police étant resté chargé de maintenir la liberté de la voie publique, le parlement, saisi de plusieurs conflits d'attribution survenus entre ce magistrat et les trésoriers de France, à l'occasion d'encombrements permanents ou passagers qui embarrassaient le cours de cette voie, rendit plusieurs arrêts pour délimiter les attributions de ces officiers. Il résulte de sa jurisprudence que les trésoriers de France étaient autorisés à connaître, sans concurrence, des alignements et constructions des bâtiments et des ouvrages saillants des maisons élevées dans Paris, et que le lieutenant de police était compétent pour statuer au même titre que les trésoriers de France, et, par prévention,

---

[1] Voltaire, *Lettres philosophiques*, 11e lettre, dans les *Mélanges*. *Dictionnaire des sciences médicales*, au mot *variole*, t. LVIII, § 13, p. 95. Collection Lamoignon, arrêt du 8 juin 1763, t, XLI, p. 451.

sur les périls imminents des maisons et sur tout ce qui pouvait compromettre la sûreté de la voie publique par suite de la chute des édifices menaçant ruine.

Quant à l'administration de la petite voirie et aux contraventions qui s'y rattachent, le lieutenant de police avait seul le pouvoir de délivrer les permissions et de réprimer les atteintes portées aux règlements. Il autorisait l'établissement des saillies fixes et mobiles, et il lui appartenait d'ordonner l'enlèvement de tous les dépôts ou la suppression des encombrements capables de nuire à la commodité de la voie publique [1].

On distinguait trois sortes de rues : les grandes, les moyennes et les petites.

Les grandes rues avaient communément de sept à dix toises de largeur.

Les moyennes, appelées rues de communication et de distribution, étaient de trois, quatre et cinq toises.

Et les petites, considérées comme rues de dégagement, étaient de six, de neuf et de dix-huit pieds de large.

Quoique la largeur des rues ne fût pas déterminée, en général, et que les voies publiques projetées sur des emplacements non bâtis pussent avoir une largeur plus ou moins considérable, suivant les convenances de celui qui demandait la permission de les ouvrir, il fallait que l'autorité approuvât le plan de chaque rue et par conséquent sa largeur. La même latitude n'existait pas quand il s'agissait d'élargir ou de redresser des rues déjà bâties; dans ce cas, l'administrateur chargé de délivrer l'alignement devait prendre tout à la fois en considération la liberté du passage et les avantages du commerce, et le propriétaire, ainsi que l'entrepreneur, étaient astreints à se renfermer dans les limites du tracé de l'alignement [2].

La hauteur des maisons fut longtemps arbitraire comme

---

[1] Perrot, *Dictionnaire de voirie*, aux mots *Trésoriers de France* et *Juges de police*. — [2] *Ibid.*, au mot *rues*.

la largeur des rues, car on en comptait beaucoup qui avaient de sept à huit étages; mais l'expérience fit ressortir avec tant d'évidence les inconvénients des bâtiments trop élevés, en ce qui concerne la circulation de l'air et l'accès de la lumière, que les propriétaires aussi bien que l'administration reconnurent la nécessité d'en mesurer la hauteur proportionnellement à la largeur des rues [1].

La ville de Paris et ses faubourgs ayant pris un grand accroissement sous le règne de Louis XIV, les fonctions d'expert furent attribuées à un corps unique composé de deux classes, l'une d'architectes bourgeois et l'autre d'entrepreneurs de bâtiments. Ces fonctions furent érigées en titre d'offices, sans distinction de classes. Cet état de choses parut plus régulier que le précédent, où certains experts étaient jurés et d'autres ne l'étaient pas [2].

La juridiction des bâtiments, établie par saint Louis et dont l'exercice fut confié dans l'origine au maître maçon du roi, changea de main en 1645. Elle échut aux trois maîtres généraux des bâtiments, qui en remplirent les fonctions alternativement dans des audiences réglées. Ils recevaient à la maîtrise les compagnons maçons et jugeaient les différends sur le fait de la maçonnerie, ainsi que les rapports des contraventions que les experts et les maîtres maçons découvraient dans les ateliers de Paris [3].

Nous avons eu l'occasion de remarquer que les maisons dans Paris n'avaient été numérotées, par mesure générale, que fort tard. Une disposition non moins utile et non moins urgente fut prise à l'égard des noms des rues. En 1729, une ordonnance de police enjoignit aux propriétaires des maisons formant encoignure de faire placer sur le mur de face de leur propriété une plaque en tôle portant indication, en lettres fortes et apparentes, du nom de la rue. Cette plaque

---

[1] Perrot, *Dictionnaire de voirie*, au mot *mur*.
[2] Delamare, Édit de mai 1690, t. IV, p. 62.
[3] Perrot, au mot *juges de la maçonnerie*.

fut remplacée, l'année suivante, par une tablette en pierre de liais. Quoique cette disposition soit beaucoup plus ancienne que celle qui prescrit le numérotage des maisons, il est à regretter qu'elle ait été si tardive[1].

La police des incendies avait un double objet : celui de prévenir le fléau et celui d'y porter remède. Parmi les précautions les plus importantes à prendre contre les incendies, il convient de placer en première ligne le mode de construction des cheminées, les règles auxquelles sont soumis les artificiers et ceux qui font commerce de la poudre à canon, la défense de tirer des pétards ou des fusées dans les rues et d'y brûler de la paille, enfin, l'obligation imposée aux voituriers de se servir de lanternes ou de chandeliers à plaque dans les écuries[2].

Quant aux remèdes, le commissaire de police de chaque quartier avait plusieurs moyens d'y pourvoir. Au premier avis d'un incendie, il devait requérir l'assistance des maîtres des divers métiers concernant le bâtiment par une sommation expresse. Cette sommation restant presque toujours sans effet en raison de l'absence habituelle de l'entrepreneur, on avait recours au tocsin, lequel faisait accourir sur le théâtre de l'incendie, indépendamment des maîtres, des masses d'ouvriers, de compagnons et d'apprentis. Des outils propres à éteindre l'incendie étaient déposés dans tous les quartiers de Paris, au domicile des conseillers de ville, des quarteniers, des anciens échevins, des cinquanteniers, des dizainiers et de plusieurs notables bourgeois[3].

L'eau, dont le secours est si nécessaire dans de pareils dangers, était tirée non seulement des fontaines, mais des puits. Les propriétaires des maisons qui renfermaient ces puits étaient tenus, sous peine d'amende, de les tenir garnis

---

[1] Collection Lamoignon, *Ordonn. de police*, 30 juillet 1729 et 3 juin 1730, t. XXIX, p. 604, et t. XXX, p. 151.

[2] Delamare, t. IV, p. 136 et suiv. — [3] *Ibid.*, ordonn. de police du 7 mars 1670, p. 153. Ordonn. du prévôt des marchands du 31 juillet 1681, p. 155.

de cordes et de poulies, ainsi que d'un ou plusieurs seaux. L'usage des pompes rendit plus prompt et plus efficace le service des personnes employées à éteindre les incendies. Ces pompes furent établies en 1699 : d'abord il n'y en eut que treize. En 1722, elles furent portées à trente et distribuées dans tous les quartiers par les ordres du lieutenant général de police. Leur conservation et leur emploi étaient placés sous l'autorité d'un préposé supérieur désigné sous le titre de directeur général des pompes. Celles-ci étaient manœuvrées par soixante hommes, appelés garde-pompes et commandés par le chef du service. Le magistrat de police visitait tous les mois l'état des pompes, en présence des hommes chargés de les manœuvrer. Outre ces pompes, il en existait d'autres à l'hôtel de ville, dont le prévôt des marchands pouvait seul disposer dans les nécessités publiques [1].

L'usage des quêtes anciennement établies au profit des incendiés se perpétua ; ils étaient exempts pendant six mois de la contrainte par corps et de toutes saisies réelles ou mobilières [2].

L'auteur d'un incendie étant punissable d'une amende, cette circonstance influa d'une manière fâcheuse sur l'extension du fléau. En effet, les particuliers qui se trouvaient dans ce cas, espérant se soustraire à l'amende en s'efforçant d'éteindre eux-mêmes le feu, avec le secours de quelques voisins, il en résulta que l'incendie s'accrut et que plusieurs maisons furent consumées par les flammes. Le gouvernement, pour ôter à ceux qui auraient mis le feu chez eux tout prétexte de recourir à l'assistance publique, supprima l'amende, et, de ce moment, l'intervention opportune des pompiers prévint la propagation du feu dès ses premières manifestations. La force armée, et notamment les gardes françaises, furent un auxiliaire puissant dans ces circons-

---

[1] Delamare, ordonn. de police du 4 juillet 1670, p. 156. Ordonn. du 17 avril 1722, p. 157. — [2] *Ibid.*, arrêt du 3 mai 1738, p. 163.

tances pour étouffer ou circonscrire le foyer de l'incendie [1].

La crainte des inondations, causées par la Seine dans les quartiers voisins de son lit, était une des préoccupations les plus importantes de l'administration. En 1649 et 1651, une partie de la ville fut envahie par les eaux de la rivière, qui occasionnèrent la chute d'un grand nombre de maisons et en ébranlèrent beaucoup d'autres. Les communications furent interrompues et par suite le commerce. Sept ans après la dernière de ces calamités, on eut à déplorer d'autres désastres. L'effort des eaux rompit plusieurs arches du pont Marie et renversa les maisons construites sur ce pont. Cinquante-cinq personnes y perdirent la vie et plusieurs autres tout ce qu'elles possédaient. Le débordement de la rivière fut tel que les eaux couvrirent plus de la moitié de Paris et qu'une partie des habitants fut obligée de pourvoir à la subsistance de l'autre [2].

Dans l'espace de soixante-quinze ans, depuis l'inondation que nous venons de décrire, Paris fut affligé de quatre désastres semblables. En février 1726, la rivière ayant disparu sous la glace, il ne semblait pas que l'on eût de débordement à craindre; néanmoins, le 18 du même mois, les eaux de la Marne montèrent de trois pieds en deux heures. Le bras de la Seine allant de la pointe de l'île Louviers à la place aux Veaux se trouva pris, à cause de la grande quantité de bateaux qu'on y avait laissés; les eaux provenant de la crue de la Marne ayant disjoint les glaces, celles-ci, entraînées avec force par la rapidité du courant, causèrent de grands dommages. Environ deux cents bateaux chargés de denrées pour la consommation de Paris furent coulés à fond ou fracassés. Tous ces bateaux et les glaçons qui venaient se heurter contre les piles du pont Rouge ou du pont Notre-Dame formèrent un encombrement qui intercepta le passage des arches, en sorte que

---

[1] Mercier, *Tableau de Paris*, t. IV, chap. LXIV.
[2] Delamare, t. IV, p. 297.

cette partie de la rivière était couverte de glaçons amoncelés et de débris de bateaux mêlés et confondus avec eux. Les locataires des maisons bâties sur les ponts, craignant que la sûreté de ceux-ci ne fût compromise par la débâcle de ces amas de glaces et de débris, se hâtèrent de déloger. Les premiers glaçons qui se détachèrent entraînèrent avec eux, du pont Notre-Dame au pont au Change, quatre moulins établis dans cette partie de la rivière; l'un d'eux alla échouer au pont Royal et l'autre fut arrêté à Sèvres. Quant aux deux autres, étant partis de front, ils trouvèrent, sous l'une des arches du Pont-Neuf, un obstacle qui les obligea de stationner en cet endroit. Ce temps d'arrêt ne fut pas long; car le feu ayant pris à ces moulins, sans qu'on pût y porter remède, ils furent consumés par les flammes[1].

Les débordements de la rivière des Gobelins furent prévenus, en soumettant le régime de celle-ci à un ordre plus régulier. On réprima toutes les entreprises et anticipations faites par les riverains, et après de grands travaux d'assainissement et de canalisation, le lit et les berges de la rivière furent rétablis dans leur état normal, pour l'avantage du commerce et la commodité du public[2].

Comme nous n'avons pu donner jusqu'à présent, dans les limites des périodes formant les principales divisions de cet ouvrage, qu'une nomenclature incomplète des ponts et des quais de Paris, faute de renseignements précis sur l'époque de leur construction, nous complétons ici cette nomenclature.

Il y avait à Paris douze ponts qui facilitaient la communication des deux parties de la ville entre elles et en même temps celle des îles, savoir :

Pont de Grammont, allant, d'une part, au quai des Célestins, et de l'autre, à l'île Louviers.

Pont aux Biches ou *aux Tripes*, lequel conduisait de la rue Fer-à-Moulin à la rue Censier.

---

[1] Delamare, t. IV, p. 297-298. — [2] *Ibid.*, p. 300 et suiv.

Pont Marie, s'appuyant sur le quai Saint-Paul et sur celui de la Tournelle.

Pont de la Tournelle, communiquant du quai des Miramiones à la rue des Deux-Ponts.

Pont Rouge, reliant l'île Saint-Louis à la Cité.

Petit pont de l'Hôtel-Dieu, donnant de la rue de la Bûcherie à la rue l'Évêque.

Pont Notre-Dame. Il débouchait, d'un côté, rue Planche-Mibray, et de l'autre, rue de la Lanterne.

Petit-Pont, le plus ancien de tous; il conduisait de la rue du Marché-Palu à celle du Petit-Pont.

Pont au Change.

Pont Saint-Michel. Tenait à la rue de la Barillerie et à la place du pont Saint-Michel.

Pont-Neuf. Ce pont était composé de douze arches, sept sur le grand cours de l'eau, du côté du Louvre, et cinq sur le bras de la Seine du côté des Augustins.

Pont Royal. Donnant, d'un côté, sur le palais des Tuileries, et de l'autre sur la rue du Bac [1].

Les quais étaient au nombre de vingt-trois:

Le *quai d'Alençon* ou *d'Anjou*, quartier de la Cité;

Le *quai des Augustins* ou *de la Vallée*, quartier Saint-André;

Le *quai des Balcons* ou *Dauphin*, tenant d'un bout au pont de la Tournelle, de l'autre à la pointe de l'île;

Le *quai de Bourbon*, situé entre le pont Rouge et le pont Marie;

Le *quai des Célestins*, quartier de l'Arsenal;

Le *quai de Conti*, faubourg Saint-Germain;

Le *quai de l'École*, quartier du Louvre;

Le *quai de la Ferraille* ou *de la Mégisserie*, allant du pont Neuf au grand Châtelet;

Le *quai des galeries du Louvre*, contigu à celui des Tuileries et à celui de l'École;

---

[1] Perrot, *Dictionnaire de voirie*, au mot *ponts*.

Le *quai de Gèvres* n'était qu'un passage pour les gens de pied ; il était fermé pendant la nuit, et avait son entrée, d'un bout par le quai Pelletier, et de l'autre par une rue.

Le *quai de la Grève*, commençait à la place de ce nom et finissait à la place de l'ancien marché aux Veaux ;

Le *quai de l'Horloge* ou *des Morfondus*, quartier de la Cité ;

Le *quai Malaquais* ou *des Théatins*, faubourg Saint-Germain ;

Le *quai du Marché-Neuf*, tenant au marché de ce nom et au pont Saint-Michel ;

Le *quai des Miramiones* ou *de la Tournelle*, tenant d'un côté à la rue Saint-Bernard et de l'autre à la rue des Grands-Degrés ;

Le *quai d'Orléans* allant du pont de la Tournelle au pont Rouge ;

Le *quai des Orfèvres*, situé entre la rue Saint-Louis et le milieu du Pont-Neuf ;

Le *quai des Ormes*, contigu à celui de Saint-Paul et à l'ancienne place aux Veaux ;

Le *quai d'Orçay* ou *de la Grenouillière*, donnant d'un côté au pont Royal, et de l'autre aux Invalides ;

Le *quai Pelletier*, tenant au pont Notre-Dame et à la place de Grève ;

Le *quai des Quatre-Nations* ; finissant d'un bout au quai Conti, de l'autre au quai des Théatins ;

Le *quai Saint-Paul*, tenant au port de ce nom et au quai des Ormes ;

Le *quai des Tuileries* ou *de la Conférence*, tenant d'un bout au pont Royal et de l'autre à la porte de la Conférence [1].

En 1662, l'éclairage par les lanternes établies dans plusieurs rues et carrefours de Paris ne fournissant pas une clarté suffisante, l'abbé Laudati Caraffe obtint le privilége

---

[1] Perrot, *Dictionnaire de voirie*, au mot *quai*.

de former dans cette ville un corps de porte-lanternes et de porte-flambeaux. Les individus attachés à ce service étaient distribués sur les points les plus fréquentés : aux environs du Louvre, des lieux d'assemblée, des carrefours et des places publiques. Les lanternes étaient à huile et éclairées par plusieurs becs, pour être distinguées de celles des bourgeois et pour résister au vent et à la pluie. Les flambeaux devaient être du poids d'une livre et demie, en cire jaune. Cette industrie, qui aurait reçu un très grand développement si elle eût prospéré, échoua au bout de quelque temps [1].

Lorsqu'en 1667 la charge de lieutenant de police fut créée, M. de La Reynie, qui en fut pourvu le premier, donna une impulsion nouvelle à tous les services de la police, et principalement à celui de l'éclairage. Des lanternes furent placées dans tous les quartiers et jusque dans les faubourgs. Chacune d'elles était garnie d'une chandelle, suivant l'ancien mode d'illumination. D'abord on ne les alluma que depuis le 1er novembre jusqu'aux derniers jours de février; mais on sentit bientôt la nécessité d'éclairer la voie publique pendant un plus long espace de temps, et il fut décidé que la durée de l'éclairage se prolongerait du 20 octobre à la fin de mars [2]. L'administration du service continua d'être dirigée par les bourgeois, et on pourvut à la dépense à l'aide de cotisations personnelles. Cet impôt fut racheté par les cotisés en même temps que la taxe du nettoiement, et imputé sur les finances du roi [3].

En 1774, il existait à Paris huit mille lanternes; l'usage de la chandelle, comme moyen d'éclairage, donnait lieu à tant d'inconvénients, qu'on résolut de le supprimer pour y

---

[1] Félibien, *Histoire de Paris*, aux *Preuves*, t. V, p. 191. M. Montmerqué, opuscule intitulé *Les carrosses à cinq sous*.

[2] Delamare, t. IV, p. 230. Félibien, arrêt du 23 mai 1671, t. V, p. 214.

[3] Collection Lamoignon, arrêt du conseil du 28 janvier 1668, t. XV, p. 246, et ordonn. de police du 3 mars suivant, t. XV, p. 271. Delamare, Édit de janvier 1704, t. IV, p. 239.

substituer des réverbères éclairés à l'huile. Au lieu d'une lumière pâle et vacillante que fournissait l'ancien système d'illumination, l'administration obtint une lumière vive et plus fixe. En 1780, on comptait douze cents réverbères. Le roi fournissait à leur entretien au moyen d'une taxe imposée tous les vingt ans, sur les propriétaires, c'est-à-dire sur les anciens cotisés [1].

Le goût de l'architecture s'étant perfectionné, et les arts ayant été mis en honneur, les rues devinrent plus spacieuses, et le commerce acquit plus d'étendue et d'activité. Dans cette situation les saillies furent considérées, sous certains rapports, comme un objet de décoration, et sous d'autres comme un objet d'utilité. L'usage s'introduisit de les employer dans les constructions, et elles devinrent l'objet de plusieurs règlements de l'administration [2].

Les carrosses, qui ne semblaient faits d'abord que pour l'usage des grands et des riches, furent appliquées aux besoins du public, grâce à l'idée ingénieuse autant qu'utile d'un nommé Sauvage, qui s'avisa d'entretenir des chevaux et des carrosses pour les louer aux particuliers qui voudraient s'en servir, soit pour la suite de leurs affaires, soit pour leurs plaisirs. Son entreprise, établie rue Saint-Martin, dans une grande maison qu'on appelait l'hôtel Saint-Fiacre, eut tout le succès qu'il pouvait en attendre, et encouragea dans d'autres quartiers l'exécution d'entreprises semblables. Il était loisible à chacun de louer ces voitures, à l'heure ou à la journée, et elles reçurent dès 1645 le nom de fiacres, par allusion à celui du saint qui était représenté sur l'enseigne de la maison formant le siége principal de l'établissement. On ignore si dans l'origine ces carrosses stationnaient sur les places, les carrefours, ou si

---

[1] Mercier, *Tableau de Paris*, chap. LXV.
[2] Perrot, *Dictionnaire de voirie*. Arrêt du conseil du 19 novembre 1666, p. 489. Ordonn. du bureau des finances du 1er avril 1697, p. 508. Édit du 22 octobre 1733, p. 559.

on allait les chercher au domicile de l'entrepreneur [1].

M. de Givry tenta le premier, en 1657, la voie du privilége dans cette partie. Il fut autorisé à exposer dans les lieux publics les plus commodes de la ville et des faubourgs, un certain nombre de carrosses, calèches et chariots attelés de deux chevaux, pour rester depuis sept heures du matin jusqu'à sept heures du soir, à la disposition du public, qui pouvait les louer par heure, demi-heure, journée ou autrement. Il n'était pas permis de s'en servir pour une distance plus éloignée de cinq lieues. M. de Givry ne se pressa pas d'user de son privilége. Il obtint l'autorisation de prendre des associés, et en vertu de ce pouvoir il céda son privilége aux frères Francini.

La concession de ce privilége ne nuisit point d'ailleurs au louage des carrosses stationnant dans certaines maisons, et désignés sous le nom de carrosses de remise [2].

Cependant on venait d'établir de nouvelles voitures, à cinq sous par place, lesquelles, étant à la portée des moindres fortunes, furent accueillies avec une faveur universelle (c'étaient nos *omnibus*). Elles devaient suivre dans l'intérieur de Paris des routes déterminées et partir à des heures fixes. La première ligne fut ouverte le 18 mars 1662; elle allait de la porte Saint-Antoine au Luxembourg; sept carrosses la parcoururent successivement.

La seconde route, qui commençait à la rue Saint-Antoine, vis-à-vis de la place Royale, et se terminait à la rue Saint-Honoré, à la hauteur de Saint-Roch, fut mise en activité le 11 avril; et enfin la troisième route, partant de la rue Montmartre, au coin de la rue Neuve-Saint-Eustache, et aboutissant au Luxembourg, fut livrée à la circulation le 22 mai.

La vogue des carrosses à cinq sous fut si grande, qu'un acteur du théâtre du Marais fit une comédie en trois actes et en vers, qu'il intitula *l'Intrigue des carrosses à cinq sous*.

---

[1] Delamare, t. IV, p. 437. — [2] *Ibid.*, p. 438 et 448.

Cette entreprise, quoique très utile, ne put se soutenir parce qu'elle fut mal administrée [1].

Les chaises à porteur et les chaises à deux roues, dites brouettes, étaient particulièrement en usage dans la bourgeoisie. Leur service fut réglementé comme celui des autres moyens de locomotion [2].

Les voitures de place furent soumises à une surveillance sévère quant à leur solidité, et l'on établit à l'égard des cochers une discipline propre à garantir au public un service exact et fidèle. Il en fut de même des carrosses de remise et des chaises portatives ou roulantes.

Tous les différends et les contraventions nés du service des voitures et des chaises de louage devaient être déférés au lieutenant général de police, juge spécial en cette matière [3].

La police des voituriers et des charretiers de Paris était partagée entre les échevins et le lieutenant général de police. Ceux qui fréquentaient les ports devaient se conformer aux règles établies par le bureau de la ville, et les voituriers, tels que brasseurs, plâtriers, gravatiers et autres, étrangers au commerce des ports, dépendaient de l'autorité du magistrat de police. Tous étaient également astreints à faire apposer sur leurs voitures des plaques en fer indiquant, sur un fond de couleur blanche, le numéro de la voiture, ainsi que les noms et surnoms du voiturier. L'inscription devait être effectuée en lettres et chiffres noirs; elle était annotée sur un registre par l'administration, en même temps que l'indication du domicile du voiturier [4].

L'ordonnance de 1672, sur la juridiction du prévôt des marchands et des échevins de la ville de Paris, est un

---

[1] Delamare, t. IV, p. 438 et suiv. *Antiquités de Paris*, par Sauval, t. I, p. 192. Monmerqué, opuscule dit *Les carrosses à cinq sous*.

[2] Delamare, t. IV, p. 451 et suiv.

[3] Delamare, actes législatifs rapportés au titre XII des voitures de louage dans Paris.

[4] Delamare, t. IV, p. 456 et suiv.

des beaux monuments de la législation du dix-septième siècle. Elle est, aussi bien que l'ordonnance de 1415, dont elle reproduit les principales dispositions, le fondement de la jurisprudence sur la police des approvisionnements par eau de la capitale. On peut la considérer comme la charte administrative de celle-ci en ce qui concerne la navigation fluviale.

Ce règlement a deux objets : l'un de défendre le lit et les bords de la Seine contre toute entreprise, et l'autre de veiller à ce que le cours des eaux qui affluent dans cette rivière ne soit altéré par aucun ouvrage illicite. La liberté du chemin de hallage et l'éloignement de toute immondice ou de tout dépôt du bassin de la rivière, sont, au nombre des mesures conservatrices, les plus propres à assurer la navigation du fleuve. Les nombreux agents de cette navigation sont investis du droit de constater les infractions portées au règlement et d'en poursuivre la répression. Après avoir organisé la police de conservation de la rivière, le législateur s'occupe de la conduite des marchandises sur la voie fluviale, de l'arrivée des bateaux dans les ports, des fonctions des maîtres des ponts et de leurs aides pour le passage des bateaux, de la décharge des marchandises parvenues au port de destination, de leur garde, et du remontage des bateaux vides dans des lieux spéciaux de stationnement.

L'ordonnance réglementaire a pourvu aussi aux moyens de faciliter l'enlèvement de la marchandise, sitôt qu'elle a été mise en vente sur le port. Elle impose dans ce but aux voituriers l'obligation de se trouver sur ce dernier, aux heures de la vente, avec leurs charrettes et haquets attelés, pour procéder au transport des marchandises, sur la demande de l'acheteur, et au prix de la taxe faite par le prévôt des marchands. Les devoirs des charretiers envers les acheteurs et les vendeurs y sont tracés avec prudence et équité.

Le service des bateaux-coches est l'objet d'un chapitre particulier où le bien-être des voyageurs est assuré avec un soin égal à celui qui préside à la garde de leurs hardes et paquets. La vente des diverses espèces de marchandises qui composent l'approvisionnement de Paris est réglée avec détail dans des chapitres séparés. Nous avons rapporté les principales de ces règles en parlant des subsistances. Le dernier chapitre de l'ordonnance traite du contentieux des diverses matières qui sont l'objet de celle-ci : le prévôt des marchands et les échevins prononcent sur les lieux pour les cas sommaires, et à l'audience pour les litiges proprement dits [1].

En faisant connaître les travaux de Colbert et de Law, sur le commerce ou le crédit, de quelques publicistes qui se sont livrés à de fortes études sur ces matières, et des économistes qui ont porté les premiers coups à l'antique système des jurandes, nous croyons avoir répandu assez de lumières sur l'état du commerce, dans les deux derniers siècles, pour nous dispenser de revenir sur des explications, qui ne seraient plus que des redites. L'esprit fiscal introduit par Henri III, et la manie réglementaire qui, des lois financières, s'infiltra dans la police administrative, furent portés au plus haut degré d'exagération durant le dix-septième siècle. Les finances du roi, épuisées par les dépenses pressantes de la guerre, furent restaurées par l'établissement dans toutes les villes et bourgs du royaume de corps de jurandes. Ces corps, dont l'extension se rattache à l'édit de mars 1673, se multiplièrent à l'infini, et il n'y eut presque aucune espèce de travail et d'industrie qui échappât aux regards avides des traitants; ces hommes, justement haïs du public, ne reculaient devant aucun expédient pour procurer de l'argent à un gouvernement écrasé de besoins et de dettes. Indépendamment des taxes considérables qu'ils retirèrent des jurandes, ils firent créer de nouvelles impositions déguisées sous le titre d'*érec-*

---

[1] Peuchet, *Collection des lois de police.*, ordonn. de décembre 1672.

tion de maîtrise, de syndicat, d'inspection, de garde, de contrôle.

Depuis cette époque funeste de 1673, qui porta une profonde atteinte aux capitaux de l'industrie, on créa plus de quarante mille offices avec attribution de droits différents, soit sur les marchands et artisans, soit sur les denrées et marchandises. La plupart de ces offices, qui n'étaient que des titres vains et illusoires, furent acquis par les communautés moyennant une finance, qu'elles ne purent réaliser que par des emprunts ruineux. Les droits attachés aux offices n'en continuèrent pas moins d'être perçus; le gouvernement les abandonna aux communautés qui les avaient réunis.

Le grand nombre de taxes payées par chaque membre des corps et communautés, soit pour parvenir à la maîtrise, soit depuis sa réception, formait un capital dont le marchand et l'artisan se remboursaient sur le consommateur. On pourra juger de la grandeur de l'impôt qui grevait le commerce et l'industrie par la multitude d'ouvriers, de marchands et de fabricants qui y étaient assujettis. A Paris, où il existait cent dix-neuf corps et communautés, cet impôt frappait quarante mille maîtres et un nombre triple d'apprentis et de compagnons.

Les charges et dépenses annuelles des communautés, leurs nombreux procès contre les particuliers ou entre elles, leurs dettes, dont la masse augmentait tous les jours, furent autant de motifs qui suggérèrent aux meilleurs esprits la pensée de provoquer leur abolition. Tous avaient compris que les règlements des manufactures n'étaient plus de saison; que, dans l'origine, on les imposa aux fabricants plutôt comme des instructions que comme des lois; qu'il fallait alors former des ouvriers et des fabricants, créer un commerce en France et se hâter d'élever nos producteurs au niveau de ceux des autres nations commerçantes de l'Europe; que les auteurs de ces règlements, placés par leur habileté à la tête de l'industrie française, avaient répandu de saines notions sur les détails de leur art, mais qu'ils avaient trop présumé d'eux-mêmes en voulant prescrire des bornes à l'industrie humaine. Les fabricants étant obligés de donner à leurs produits une forme invariable et de se conformer aux règlements sous les peines les plus sévères, l'esprit d'invention rencontrait des obstacles qu'il lui était impossible de surmonter, sitôt qu'il voulait introduire une méthode nouvelle pour agrandir le cercle de la fabrication et en vivifier les sources.

Cette lutte entre les anciennes et les nouvelles tendances de l'industrie ne pouvait se terminer que par l'abolition des jurandes. Turgot eut le courage et l'honneur d'accomplir ce grand œuvre. Son entreprise, applaudie par les économistes et les administrateurs éclairés, fut un moment suspendue par les manœuvres et les efforts des anciennes communautés ; mais elle finit par prévaloir et par occuper une place éminente dans la régénération féconde et universelle de nos institutions nationales [1].

---

[1] *Encyclopédie méthodique, commerce*, t. II, consulter le mot *jurande*.

FIN.

TABLE DES MATIÈRES.

LIVRE TROISIÈME.
1567-1639.

TITRE PREMIER.
De la topographie de Paris et des autorités préposées à sa police.

CHAPITRE UNIQUE.

Situation politique de la France. — Résidence du roi et de la famille royale au Louvre et aux Tuileries. — Les grands se logent dans les faubourgs Saint-Honoré et Saint-Germain. — Embellissements de Paris. — Faubourgs Saint-Honoré et Montmartre compris dans la circonscription de la ville. — Cinquième enceinte. — Nombre des quartiers portés à dix-sept. — Essai d'un bureau de police pour les affaires sommaires. — Cette institution remplacée par des juges de police élus dans chaque quartier.—Leurs sentences déférées par voie de plainte à une assemblée présidée par le prévôt de Paris. — Le prévôt des marchands ou un échevin assiste à cette assemblée. — Les juges élus concourent à la police administrative. — Inspection des marchés et autres lieux par les lieutenants et conseillers du Châtelet. — Le prévôt des marchands et les échevins inspectent aussi les lieux et établissements confiés à leur vigilance.—Appels des sentences des deux prévôts jugés sommairement par le parlement.—Rapports périodiques de police au chancelier.—Règlement d'attribution entre le prévôt de l'île et le lieutenant de robe courte du prévôt de Paris. — Le lieutenant civil mis en possession définitive de la présidence du tribunal de police—Conseils généraux assistant ce lieutenant pour l'amélioration des diverses branches de la police.—Attribution au tribunal de police du Châtelet du droit de juger en dernier ressort et sans concurrence les voleurs, les vagabonds et les filles publiques. — Le parlement est augmenté de deux chambres. . . . . Page 1

TITRE DEUXIÈME.
Des mœurs et usages des habitants de Paris, de leurs croyances, de leurs opinions, de leurs amusements. — Des fêtes et cérémonies publiques.

CHAPITRE UNIQUE.

Observations préliminaires.—Nourriture. — Ameublement. — Habillement des Parisiens. — Croyances. — Tendance croissante vers la liberté religieuse. — Astrologie. — Opinions. — Lhopital. — Montaigne, son influence sur le seizième siècle. — Ayrault, un des premiers réformateurs de la législation criminelle. — Sully. — Oratoriens, doctrinaires. — Hôtel Rambouillet. — Académie française. — Descartes. — État moral de la cour et de la société. — Amusements. — Spectacles. — Mystères sacrés remplacés au théâtre de l'hôtel de Bourgogne par la tragédie et la comédie. —Établissement d'un nouveau théâtre au Marais, qui adopte le même genre de spectacle.— Progrès de l'art dramatique.— Pierre Corneille.— Fêtes et Cérémonies publiques. — Carrousel de la place Royale. — Règlement de police sur l'observation des fêtes religieuses. 8

TITRE TROISIÈME.

De la police dans ses rapports avec les doctrines religieuses, la liberté d'écrire, le maintien des bonnes mœurs et la paix publique.

CHAPITRE UNIQUE.

Efforts du chancelier Lhopital pour calmer les haines religieuses.— Divisions du conseil du roi sur la liberté de conscience. — Nouveaux conflits entre les catholiques et les réformés. — Disgrâce de Lhopital. — Difficultés éprouvées par Henri IV pour la publication de l'édit de Nantes. — Ordonnances rendues pour la répression des délits de la presse. — Édits somptuaires. — Obligation pour les chefs de famille de délivrer des certificats de moralité aux domestiques ayant quitté leur service. — Jeux de hasard, rigueurs que l'on déploye pour les abolir. — Régime intérieur des maisons garnies, leur police. — Clôture des maisons de prostitution. — Dispositions pénales contre les propriétaires et locataires qui souffriraient dans leurs habitations des filles publiques. — Mesures prises pour combattre le vagabondage et la mendicité. — Blasphémateurs. — Atteintes portées par les grands à la tranquillité publique. — Humeur querelleuse de certaines classes de la société. — Ordre aux habitants de Paris de déposer leurs armes à feu à l'hôtel de ville. — Législation sur les duels. 40

TITRE QUATRIÈME.

De la police de sûreté, de la police politique et de l'administration des prisons.

CHAPITRE I.

DE LA POLICE DE SURETÉ.

Mesures de précautions imposées durant la nuit aux habitants de Paris.— Des filous connus sous le nom de *tireurs de laine* et de *coupeurs de bourse*. — Leurs manœuvres.— Comment ils se recrutaient— Associations et bandes. Noviciat et maîtrise des malfaiteurs. — Lieux habituellement fréquentés par les filous. — Récits de plusieurs vols singuliers. — Stratagèmes employés par les filous dans les églises. — Quêtes à domicile par de faux religieux. — Traits d'audace de ces derniers. — Vol curieux commis à la suite d'une partie de boule. — Autre espèce particulière de vol. — Rôle des indicateurs de vols. — Récit. — Détails sur l'organisation des bandes de voleurs et sur leur manière de vivre. — Escrocs qui volaient au jeu. — Amorces qu'ils employaient pour attirer des joueurs. — Voleurs de pierres précieuses. — Marchandises payées avec de la monnaie fausse. — Manége des voleurs pour arriver à leur but. — *Poire d'angoisse*, instrument à l'usage de certains voleurs. — Vols nocturnes dans les boutiques.— Les rougets et les grisons. — Assassins. 63

CHAPITRE II.

DE LA POLICE POLITIQUE ET DE L'ADMINISTRATION DES PRISONS.

Les protestants exerçaient leur culte dans deux temples; l'un était situé rue Popincourt, l'autre rue Mouffetard.— Conflit sanglant entre les protestants qui fréquentaient ce dernier temple et les catholiques de l'église Saint-Médard. — Dévastation du temple de la rue Popincourt par le connétable de Montmorency. — Sa réparation et établissement d'un second temple rue de l'Égout, faubourg Saint-Jacques. — Ces deux temples livrés aux flammes par le connétable. — Célébration de la cène chez les frères Gâtines. — Ils sont condamnés au dernier supplice. — Alternatives de guerre et de paix entre les catholiques et les protestants. — Mariage de Marguerite de Valois et du prince de Béarn. — Ce mariage cache un piége tendant à la destruction du parti protestant. — Concessions et faveurs faites aux protestants pour mieux colorer ce piége. — Ballets, mascarades et festins à l'occasion du mariage. — Tentative d'assassinat sur la personne de Coligny. — Blessures de ce dernier. — Conduite artificieuse du roi et de sa famille à l'égard de l'amiral. — Pressentiments sinistres de la plupart des seigneurs protestants. — Journée de la Saint-Barthélemy. — Mort de Charles IX. — Ses derniers moments. — Supplice de Montgommery. — Origine de la ligue, ses progrès. — Meurtre du duc de Guise et du cardinal, son frère. — Henri III assassiné. — Meurtre tenté par Châtel sur la personne de Henri IV. — Exécution du meurtrier. — Détresse où Paris est réduit par la ligue. — Henri IV se convertit au catholicisme. — Son entrée dans la capitale. — Condamnation du maréchal de Biron à la peine de mort. — Son exécution. — Attentat de Ravaillac, qui ôte la vie à Henri IV. — Supplice du coupable. — Mort du maréchal d'Ancre et de sa femme. — Administration des prisons. 86

TITRE CINQUIÈME.

De la police dans ses rapports avec les subsistances, l'hygiène publique, la voirie, la navigation et le commerce.

CHAPITRE I.

DES SUBSISTANCES.

Améliorations introduites dans la police des subsistances par le chancelier de Lhopital. — Établissement de greniers de réserve dans les grandes villes. —Devoirs des marchands de grains, domiciliés ou forains. — Réduction du nombre des employés des marchés affectés à la vente des grains. — Boulangers des faubourgs de la capitale, d'abord libres, et ensuite assujettis aux mêmes conditions que les boulangers de celle-ci.—Procédés de l'administration en cas de disette. — Commerce de la boucherie, nouveaux marchés. — Tueries. — Mesures de salubrité. — Marchés de la volaille et du gibier réduits à un seul. — Inconvénients des règlements de police sur les tavernes et autres lieux publics. — Les distillateurs et marchands de liqueurs fortes érigés en corporation. — Améliorations dans le commerce du bois. — Répression de divers abus préjudiciables au commerce des fourrages. — Officiers particuliers préposés à la police des marchés de fourrages. 175

CHAPITRE II.
DE L'HYGIÈNE PUBLIQUE, DE LA VOIRIE, DE LA NAVIGATION ET DU COMMERCE.

Nettoiement de la voie publique donné à entreprise. — Taxe spéciale de ce service remplacée par un droit d'octroi. — Division de l'entreprise en plusieurs baux, eu égard au nombre des quartiers. — Une compagnie est substituée aux entrepreneurs particuliers. — Abandon de ce système et retour à l'intervention directe de la bourgeoisie, ainsi qu'au payement de la dépense par cotisations. — Adoption de nouveaux moyens de contrainte pour vaincre la résistance des ecclésiastiques et des nobles compris dans le rôle des contribuables. — Ces moyens échouent, et les agents de la perception abandonnent le service. — L'administration du nettoiement attribuée au lieutenant civil. — Obligations imposées aux habitants pour faciliter l'enlèvement des boues et assurer la propreté de la voie publique. — Fontaines publiques. — Surveillance des comestibles. — Discipline des apothicaires et droguistes. — Léproseries. — Maladies épidémiques ou contagieuses. — Mesures nouvelles de police prises dans l'intérêt de la santé publique. — Phases diverses de l'administration du pavé de Paris. — Police des bâtiments. — Incendies, moyens de les prévenir ou d'y porter remède. — Secours aux incendiés. — Inondations. — Éclairage. — Saillies des bâtiments sur la voie publique. — Perfectionnement du régime de la voirie par Henri IV. — Carrosses et autres espèces de voitures ou de moyens de transport. — Commerce. 182

LIVRE QUATRIÈME.
1639-1789.

TITRE PREMIER.
De la topographie de Paris et des autorités préposées à sa police.

CHAPITRE UNIQUE.

Observations générales. — Nouveaux accroissements de Paris. — Sous Louis XIV, les fossés du mur d'enceinte sont comblés et plantés d'arbres.

— Promenade du cours. — Délimitation nouvelle de Paris, pour mettre obstacle à l'ardeur de bâtir hors de ses murs. — Division de la ville en vingt quartiers. — Mesures adoptées par Louis XV pour la circonscription de Paris et de ses faubourgs. — Nouveau mur d'enceinte construit sous Louis XVI. — Zone dans l'étendue de laquelle il est défendu de bâtir. — Justices seigneuriales incorporées au Châtelet. — Division du Châtelet en deux siéges présidiaux. — Création de deux lieutenants de police, remplacés plus tard par un lieutenant général de police. — Nombre des commissaires de police augmenté. — Suppression du nouveau présidial. — Changements apportés par le temps à l'autorité du prévôt. — Relations directes du lieutenant général de police avec le roi. — Le parlement dépouillé du droit de remontrance. — Sa surveillance éludée par les lieutenants généraux de police. — Changements apportés par Louis XIV au régime municipal. — Aspect nouveau du pouvoir administratif. . . . 199

TITRE DEUXIÈME.

Des mœurs et usages des habitants de Paris, de leurs croyances, de leurs opinions, de leurs amusements. — Des fêtes et cérémonies publiques.

CHAPITRE I.

MŒURS ET USAGES DES HABITANTS DE PARIS.

L'usage du café, du thé et du chocolat s'introduit en France. — Établissement des cafés à Paris. — Leur influence morale sur les habitudes. — La bonne société abandonne les cabarets. — L'ivresse diminue. — Vogue du café Procope et de celui de la Régence. — De la pomme de terre, comme substance alimentaire. — Variations dans les heures des repas. — Chansons bachiques et couplets badins usités dans les dîners. — Société du Temple. — Salons de mesdames de Lambert, de Tencin, Du Deffant et Geoffrin. — Société de mademoiselle Lespinasse. — Dîners littéraires. — Soirées du dix-huitième siècle. — Divertissements. — Soupers. — Table de Louis XIV. — Logement de la noblesse. — Service intérieur des hôtels. — Ruelles des chambres à coucher, alcôves, cabinets ou boudoirs, devenus successivement le centre de la société. — Ameublement. — Costumes pendant la régence d'Anne d'Autriche, sous Louis XIV, Louis XV et Louis XVI. 210

CHAPITRE II.

CROYANCES RELIGIEUSES.

Établissements charitables fondés par Vincent de Paul. — Influence des idées religieuses et du clergé. — Bossuet et Fénelon. — Directeurs de conscience. — Prédicateurs. — Affaire de la régale. — Assemblée générale du clergé en 1682. — Maximes de l'Église gallicane. — Jansénisme. — Quiétisme. — Le livre des *Maximes des Saints*. — Révocation de l'Édit de Nantes. — Réflexions morales du père Quesnel. — Bulle unigenitus. — Astrologues et magiciens. — Réactions contre les idées religieuses sous la régence. — Succès extraordinaire du *Petit Carême de Massillon*. — Déclin de l'éloquence de la chaire. — Hardiesse politique des prédicateurs. — Miracles attribués au diacre Pâris. — Convulsionnaires. — Billets de confession. 226

CHAPITRE III.

OPINIONS.

Considérations générales sur la régence d'Anne d'Autriche et sur la politique de Louis XIV. — L'opinion publique mise en parallèle avec celle-ci. — — Écrivains moralistes : Molière, Boileau, La Bruyère, Fénelon, Saint-Simon. — Influence du sentiment religieux sur la littérature et les sciences durant le dix-septième siècle. — Économie publique : Colbert, Vauban, Boisguilbert. — Philosophie du dix-huitième siècle ; Écrivains déistes : Fontenelle, Voltaire, Montesquieu, Rousseau ; Encyclopédistes : Diderot d'Alembert et leurs disciples ; École sceptique ou sensualiste. — Duclos et Vauvenargues se séparent de la secte des incrédules. — Corruption de la philosophie ; Diderot, d'Holbach et Helvétius ses principaux artisans ; Voltaire, leur complice, combat trop tard les doctrines anti-sociales. — Dépravation du philosophe Lamettrie ; Condillac admet dans la sensation le principe intellectuel. — Écrivains réformateurs : Rousseau, Morelly et Mably. — Économie politique : Law et son système. — Quesnay, fondateur de l'école physiocratique ; doctrine des écrivains de cette école. — Turgot, aperçu de ses travaux. — État moral de la France. 262

CHAPITRE IV.

AMUSEMENTS DES HABITANTS DE PARIS. — FÊTES ET CÉRÉMONIES PUBLIQUES.

Tour ingénieux et délicat des amusements sous le règne de Louis XIV. — Romans et portraits. — Jeux. — Ses diverses espèces. — Promenades publiques : place Royale, jardin du Temple, jardin des Tuileries, Cours-la-Reine. — Ballets à la cour et à la ville. — Carnaval. — Danses. — Mascarades. — Divertissements. — Concerts spirituels. — Carrousels. — Théâtres. — Racine donne une nouvelle direction à la tragédie. — Molière et sa troupe. — Théâtres où l'on jouait toutes les pièces sans distinction de genre. — Théâtre Italien ou Bouffons. — Fusion générale des artistes jouant la tragédie et la comédie. — Auteurs comiques de second ordre : Regnard, Lesage, Dufresny et Dancourt. — Académie royale de musique, désignée plus tard sous la dénomination d'Opéra. — Amusements du dix-huitième siècle. — Goûts et plaisirs littéraires, plus répandus que dans le siècle précédent. — Condition comparée des hommes de lettres des deux siècles. — Éclat des cercles littéraires. — Jeu. — Nouvelles promenades : jardin des Tuileries, embelli par l'art de Lenôtre ; jardin du Luxembourg, Longchamp, bois de Boulogne, boulevard du Temple, jardin du Palais-Royal, Colysée, Wauxhall d'été. — Théâtre. — Voltaire opère à son tour une révolution dramatique. — La comédie est renouvelée comme la tragédie. — Marivaux. — Destouches. — Piron. — Gresset. — Collin d'Harleville. — Influence des mœurs du dix-huitième siècle sur la scène. — Nouveaux théâtres : Italiens, Opéra-Comique, théâtre de la Foire, théâtre burlesque, théâtres de société. — Carrousel de 1662. — Réjouissances publiques. — Règlement de police sur les jours fériés. 305

TITRE TROISIÈME.

De la police dans ses rapports avec les doctrines religieuses, la liberté d'écrire, le maintien des bonnes mœurs et la paix publique.

CHAPITRE UNIQUE.

Situation des protestants sous le ministère de Mazarin et sous celui de Colbert. — Ils jouissent des prérogatives des autres citoyens et ils contribuent à enrichir l'État par leur industrie. — Changement de système provoqué par Louvois. — Ils sont exclus des emplois et froissés de nouveau dans leurs croyances. — Conversions par insinuation, par distribution d'argent, par violence. — Révocation de l'édit de Nantes. — Politique du régent, plus humaine envers les protestants. — Retour du duc de Bourbon aux rigueurs des anciens édits. — Louis XVI rend l'état civil aux protestants. — De la liberté d'écrire au dix-septième et au dix-huitième siècle. — Profusion des lois somptuaires. — Jeu, ses diverses espèces. — Régime des cabarets, des maisons garnies. — Prostitution. — Mendicité et vagabondage. — Paix publique. — Lois répressives du duel. 323

TITRE QUATRIÈME.

De la police de sûreté, de la police politique et de l'administration des prisons.

CHAPITRE I.

DE LA POLICE DE SURETÉ.

Détails sur une classe de malfaiteurs appelés *grecs*, ou filous au jeu. — Cercles qu'ils fréquentaient. — Énormité de leurs bénéfices dans les jeux de hasard. — Suppression de ces cercles. — Les grecs appliquent leur coupable industrie aux jeux de commerce. — Femmes galantes, leurs complices. — Artifices employés par elles pour attirer dans de brillants salons les joueurs honnêtes dont elles voulaient faire leurs dupes. — *Endormeurs.* — Leurs manœuvres. — Classes de personnes qu'ils recherchaient de préférence pour les dépouiller. — Modifications apportées à l'organisation des juridictions chargées de la connaissance des crimes et délits et de l'instruction de ceux-ci. — Nomenclature des peines de divers degrés. — Violation du secret des lettres considérée comme moyen de gouvernement. — Lettres de cachet, autre moyen du pouvoir arbitraire. — Tribunaux domestiques, leur compétence, leurs abus. — Nombreux règlements des lieutenants généraux de police, et du parlement de Paris, concernant la sûreté des personnes et des propriétés. — Pouvoirs du lieutenant de police et du prévôt des marchands mal délimités. — Accidents déplorables occasionnés par les fêtes du mariage du dauphin avec Marie-Antoinette d'Autriche, par suite de la mauvaise organisation de la police. — Remèdes apportés aux vices de cette organisation. 359

CHAPITRE II.

DE LA POLICE POLITIQUE SOUS LES RÈGNES DE LOUIS XIV ET DE LOUIS XV.

Troubles de la Fronde. — Procès du surintendant Fouquet. — Conspiration de Cellamare. — Attentat de Damiens sur la personne de Louis XV. — Expulsion des jésuites. — Procès de Lally-Tolendal. — Résistance du parlement aux édits de prorogation de plusieurs impôts. — Union politique du parlement de Paris avec les autres parlements. — Tendance de l'opinion publique vers la régénération de la société. — Police secrète du roi. — Mort de madame de Pompadour. — Cette mort suivie de celles du dauphin et de la reine. — Le roi cherche à se distraire de son affliction par les plaisirs du Parc-aux-Cerfs. — Lit de justice à l'occasion de la doctrine sur l'unité et la solidarité des parlements. — Faveur de la Dubarry. — Intrigues contre le duc de Choiseul. — Sa disgrâce. — Participation du parlement de Paris au procès du duc d'Aiguillon. — Conflit à ce sujet entre le roi et cette compagnie, soutenue par les autres parlements. — Suppression du parlement de Paris et de plusieurs cours souveraines. — Changement total de l'ordre judiciaire. — Tous les parlements sont dissous. 367

CHAPITRE III.

DE LA POLICE POLITIQUE SOUS LE RÈGNE DE LOUIS XVI ET DE L'ADMINISTRATION DES PRISONS.

Avénement de Louis XVI. — Nouveaux ministres. — Maurepas chef du conseil. — Rétablissement des parlements. — Vastes projets de Turgot appuyés par Malesherbes. — Mouvements séditieux. — Intrigues à la cour contre le ministre novateur. — Il fait rendre six édits que le parlement refuse d'enregistrer. — Démission de Malesherbes et de Turgot. — Opérations du contrôleur général Cluny. — Il est remplacé par Necker. — Les projets de réforme de celui-ci soulèvent les grands contre lui. — Les finances, dirigées après Necker par Joly de Fleury et d'Ormesson. — Calonne, contrôleur général. — Ses fautes. — Assemblée des notables. — Éloignement de Calonne. — Affaire du collier. — Votes de l'assemblée des notables. — Brienne appelé à l'administration des finances. — Vifs débats dans le parlement sur l'impôt du timbre et l'impôt territorial. — Le parlement transféré à Troyes. — Son retour à Paris. — Nouveau conflit entre cette compagnie et les ministres. — Rôle du duc d'Orléans et de plusieurs conseillers dans ce conflit. — Leur exil. — Coup d'État médité contre les parlements. — Institution projetée de grands bailliages et d'une cour plénière. — Ce projet, éventé, soulève le parlement contre les ministres. — Arrestation de deux conseillers. — Les parlements déclarés en vacances. — — Mécontentement général. — Protestation des grands corps de l'État. — Renvoi de Brienne. — Necker mis à la tête des affaires. — Le calme renaît. — Rappel des parlements. — Troubles occasionnés par la rentrée du parlement de Paris. — Convocation des états généraux pour le 1er mai 1789. — Débats dans le parlement à propos de la double représentation du tiers-état et de la délibération en commun des ordres réunis. — Seconde assemblée des notables. — Elle se prononce contre le doublement du tiers-état. — Déclaration du roi qui autorise ce doublement, et prescrit la délibération des ordres en commun. — Élections des députés aux états généraux. — Améliorations dans le régime des prisons. 446

TITRE CINQUIÈME.

De la police dans ses rapports avec les subsistances, l'hygiène publique, la voirie, la navigation et le commerce.

CHAPITRE I.
DES SUBSISTANCES.

Sollicitude de Louis XIV pour les subsistances. — Les boulangers placés sous l'autorité exclusive du prévôt. — Le grand panetier n'est plus chargé que de ce qui touche aux brevets d'apprentissage, aux chefs-d'œuvre et à la maitrise. — Indication des diverses sortes de pains fabriquées par les boulangers. — Circulation des grains encouragée dans les provinces. — Exportations permises, excepté dans les temps de disette. — Pendant la durée de celle-ci, on favorisait les importations.— Distribution de pain à bas prix aux classes pauvres, sur les fonds de la cassette du roi. — Mesures prises pour assurer l'approvisionnement des marchés. — Services éminents rendus à la capitale par les grandes assemblées de police durant les crises de subsistances. — Les mesures restrictives qui pesaient sur le commerce des grains sont révoquées ou adoucies sous Louis XV. — Les théories nouvelles sur la liberté commerciale influent aussi sur le système des exportations. — La ville de Paris, maintenue d'abord sous le joug des anciens usages, participe enfin aux bienfaits de la liberté du commerce. — Dans les temps de disette, l'administration revenait au système prohibitif établi par les vieux règlements. — Améliorations introduites dans le régime des marchés affectés à la vente des bestiaux. — Création du marché de Sceaux et de la caisse de Poissy. — Difficultés apportées par les bouchers à l'adoption générale et définitive des abattoirs. — Les boucheries collectives et particulières soumises au contrôle d'une inspection officielle. — Le marché de la volaille transporté du quai de la Mégisserie au quai des Augustins. — Légers changements apportés au régime du commerce des œufs, du beurre et du fromage. — Commerce du poisson de mer. — Établissement de la halle aux vins ou de l'Entrepôt. — Les taverniers autorisés à donner à manger chez eux, aussi bien que les cabaretiers et les hôteliers. — Commerce du bois à brûler. — Ses abus réprimés. — Règlements qui gouvernaient le commerce du charbon. — Conflits entre le prévôt des marchands et celui de Paris à propos du commerce du foin.—Leurs attributions sont délimitées. — Nomenclature des ports de la capitale en 1789. 500

CHAPITRE II.
DE L'HYGIÈNE PUBLIQUE, DE LA VOIRIE, DE LA NAVIGATION ET DU COMMERCE.

La police du nettoiement est améliorée dans toutes ses parties. — Voiries, mises à la charge des finances du roi. — Précautions dont elles sont l'objet dans l'intérêt de la salubrité.—Fosses vétérinaires.—Ateliers d'équarrissage. — Le service des fontaines ne peut être assuré que par la révocation des concessions faites à des particuliers qui en abusaient. — Assainissement des eaux de la Seine. — Origine et avantages de l'édilité médicale. — Les inhumations dans les temples et dans l'enceinte des habitations sont interdites. — Boîtes fumigatoires et postes de secours établis pour les noyés et les asphyxiés. — Réforme des hôpitaux. — Tableau de l'Hôtel-Dieu. — Mesures sanitaires prises pour préserver Paris des grandes contagions. — Ravages de la petite vérole. — Inoculation. — Voirie. — Sa division en grande et petite voirie. — Attributions de la grande voirie dévolues aux trésoriers de France. — Limites de la compétence du lieutenant de police, en ce qui touche certains cas de grande voirie. — L'administration de la petite voirie appartient à ce magistrat. — Police des bâtiments, perfectionnée sous le rapport de la salubrité publique. — Experts. — Juridiction des bâtiments. — Plaques scellées au coin des rues pour en indiquer le nom. — Incendies. — Mesures prises pour les éteindre. — Usage des pompiers. — La force armée employée comme auxiliaire des pompiers. — Inondations. — Les plus importantes causées par la Seine. — Nomenclature des ponts et quais de Paris, à la fin du dix-huitième siècle. — Éclairage. — Création d'un corps de porte-lanternes et de porte-flambeaux. — Détails sur l'éclairage permanent de la ville. — Usage de l'huile substitué à celui de la chandelle pour le service des lanternes. — Saillies fixes autorisées dans la construction des bâtiments comme objets de décoration. — Voitures à l'heure ou à la journée, appelées *fiacres*. — Autres voitures à cinq sous la place, analogues aux *omnibus*.—Chaises à porteurs et chaises à deux roues, dites *brouettes*. — Les contraventions occasionnées par le service des voitures jugées par le lieutenant général de police. — La police des voitures de roulage appartenait, selon leur destination, au prévôt des marchands ou au lieutenant général de police. — Navigation. — Analyse de l'ordonnance de 1672 concernant la police de la rivière de Seine. — État du commerce dans ses rapports avec les corps de métiers. . . . 516

FIN DE LA TABLE DES MATIÈRES.

Imprimerie de GUSTAVE GRATIOT, 11, rue de la Monnaie.

www.ingramcontent.com/pod-product-compliance
Lightning Source LLC
Chambersburg PA
CBHW060759230426
43667CB00010B/1633